東大法・蒲島郁夫ゼミ編

有権者の肖像
―55年体制崩壊後の投票行動―

山本耕資（代表）

石高　晴奈	菅原　　琢
今井　亮佑	高園英太郎
内　　和美	中條　美和
遠藤　素子	鍋島　　学
岡田　芳和	原　　圭助
奥津　康祐	東　健太郎
金子　幸正	福間　善規
国枝　　玄	松田　なつ
小松　　政	水野　忠幸
下田　玲子	村上　史佳

木鐸社刊

はしがき

　本書は東京大学法学部における第3期蒲島ゼミの研究成果である．本書『有権者の肖像』は政治変動期における一人一人の有権者の意識と行動を丹念に分析したものである．具体的には，JES Ⅱグループによって実施された，1993年衆院選直前から1996年衆院選後までの7回のパネル調査に加えて，2000年衆院選後に8回目のパネル調査を実施し，その8回の調査すべてに答えてくれた有権者の意識と行動の変化（あるいは不変化）を丁寧に記述した．それによって，統計分析では決して得られない，有権者の心の揺れや行動の変化がより浮き彫りになったと思う．研究者のみならず，有権者の意識を測りかねている政治家やマスコミの必読書となろう．

　蒲島ゼミでは，毎年，日本政治の重要な研究課題で，かつ，一人の研究者では手に負えない大きなテーマを選んできた．そこでは，50年後，100年後でも貴重な資料として残るように，徹底した実証主義を採用している．第1期ゼミの『新党全記録』（全3巻，木鐸社刊），第2期ゼミの『現代日本の政治家像』（全2巻，木鐸社刊）は，今となっては貴重な資料集で，専門家の評価も高く，多くの研究に引用されている．第3期ゼミもこの知的伝統をよく引継ぎ，困難な研究をよく成し遂げてくれたと思う．第3期ゼミが始まったのが1999年10月，それから約1年半の間，ゼミ生はほぼ連日，このテーマと格闘しつづけてきた．その結果，学生が自ら「知の創造」に参加する喜びを味わい，東大生として生きた大きな証を残すことができたのである．

　ゼミ生は，官庁，企業，マスコミ，大学院とそれぞれ違った道を進むことになる．彼らは優秀であるがために，世間の過大な期待を背負い，優秀さの「コスト」を払い続けなければならない．その意味では「不自由」な人生である．

　いつかゼミの集まりで，ルソーのリベルテ・モラル（精神の自由）の話をした．千葉真教授によると，それは「みずから内を省みて天地に恥じることのない公明正大さを有していれば，敵がいかに大勢で強力であろうとも，正々

堂々と立ち向かうことができ，また自分の精神的能力を十分に発揮できるという意味である．この天地に恥じることなきリベルテ・モラルが発露しているところでは，良心の平和と安心が与えられ，抑圧的権威や権力にも卑屈になることはない．またそれは『五慾六悪』という自己の内に巣くう悪しき欲望によっても支配されることのない精神の健全さ，公明正大の境地，進取の精神」である（千葉真『デモクラシー』岩波書店，2000年）．ゼミ生にリベルテ・モラルという言葉を贈り，前途を祝したい．

　最後になったが，若者と夢を共有し，本書を出版された木鐸社の能島豊社長と坂口節子編集長に心から感謝したい．

2001年4月

蒲島郁夫

目　次

はしがき　　　　　　　　　　　　　　　　　　　　　　　　蒲島郁夫 (3)
プロフィール対象有権者の選挙区別分布状況　　　　　　　　　　　　(7)
本書の目的と構成　　　　　　　　　　　　　　　　　　　　山本耕資 (15)

調査時期の政治状況　　　　　　　　　　　　　　　水野忠幸・国枝　玄 (20)
用語について　　　　　　　　　　　　　　　　　　　　　　鍋島　学 (28)

第1部　有権者プロフィール

第1章　分析の枠組　　　　　　　　　　　　　　　山本耕資・菅原　琢 (31)
　　　1. はじめに
　　　2. 分析手法
　　　　（1）有権者プロフィール
　　　　（2）類型化
　　　　（3）解題
　　　3. 分析手法に関する留意点
　　　　（1）プロフィール対象サンプルのバイアス
　　　　（2）類型化方法
　　　4. 有権者プロフィールの読み方（凡例）
　　　　（1）掲載順
　　　　（2）サンプル番号と表題
　　　　（3）基本的属性データ
　　　　（4）表
　　　　（5）本文
第2章　A類型：自民党投票（93）－自公保投票（00比例）
　　　　解題　　　　　　　　　　　　　　　　　　　　　原　圭助 (53)
　　　　有権者プロフィール（A-001〜A-114）
第3章　B類型：自民党投票（93）－民主党投票（00比例）
　　　　解題　　　　　　　　　　　　　　　　　　　　　小松　政 (173)
　　　　有権者プロフィール（B-001〜B-035）
第4章　C類型：自民党投票（93）－他党投票（00比例）
　　　　解題　　　　　　　　　　　　　　　　　　　　東　健太郎 (215)
　　　　有権者プロフィール（C-001〜C-028）
第5章　D類型：旧野党投票（93）－自公保投票（00比例）
　　　　解題　　　　　　　　　　　　　　　　　　　高園英太郎 (253)
　　　　有権者プロフィール（D-001〜D-019）

第6章　E類型：旧野党投票（93）－民主党投票（00比例）
　　　　解題　　　　　　　　　　　　　　　　　　　　内　和美（277）
　　　　有権者プロフィール（E-001～E-036）
第7章　F類型：旧野党投票（93）－他党投票（00比例）
　　　　解題　　　　　　　　　　　　　　　　　　　下田玲子（323）
　　　　有権者プロフィール（F-001～F-051）
第8章　G類型：3新党投票（93）－自公保投票（00比例）
　　　　解題　　　　　　　　　　　　　　　　　　　福間善規（381）
　　　　有権者プロフィール（G-001～G-027）
第9章　H類型：3新党投票（93）－民主党投票（00比例）
　　　　解題　　　　　　　　　　　　　　　　　　　国枝　玄（415）
　　　　有権者プロフィール（H-001～H-033）
第10章　I類型：3新党投票（93）－他党投票（00比例）
　　　　解題　　　　　　　　　　　　　　　　　　　金子幸正（455）
　　　　有権者プロフィール（I-001～I-027）
第11章　J類型：共産党投票（93）
　　　　解題　　　　　　　　　　　　　　　　　　　水野忠幸（491）
　　　　有権者プロフィール（J-001～J-023）
第12章　K類型：公明党投票（93）
　　　　解題　　　　　　　　　　　　　　　　　　　鍋島　学（519）
　　　　有権者プロフィール（K-001～K-024）
第13章　L類型：A～K以外のサンプル
　　　　解題　　　　　　　　　　　　　　　　　　　原　圭助（553）
　　　　有権者プロフィール（L-001～L-056）

第2部　論文編

第1章　2000年総選挙─地方の「王国」と都市の反乱　　蒲島郁夫（613）
第2章　2000年総選挙─党首評価と投票行動　　蒲島郁夫・今井亮佑（627）
第3章　投票行動と政権形態　　　　　　　　　　　　　中條美和（645）
　　　　―2000年選挙における民主党・自由党投票者―

第3部　資料

資料A　JESⅡ調査（第1回～第7回）の主な質問文　　下田玲子（661）
資料B　2000年衆議院選挙調査の概要と全質問文，回答状況　菅原　琢（671）

あとがき　　　　　　　　　　　　　　　　　　　　　　原　圭助（685）
執筆者紹介

プロフィール対象有権者の選挙区別分布状況

　ここでは各有権者プロフィールを都道府県，小選挙区，旧中選挙区，類型名，類型内の番号という優先順位で並べてある．都道府県の順番は，自治省によるコードを用いた．

北海道	新2区	(旧1区)	D-001	E-001					
北海道	新3区	(旧1区)	L-001						
北海道	新4区	(旧1区)	A-001						
北海道	新6区	(旧2区)	A-002						
北海道	新8区	(旧3区)	A-003	D-002	E-002	F-001	F-002	F-003	J-001	J-002
北海道	新9区	(旧4区)	A-004	E-003	F-004	H-001			
北海道	新11区	(旧5区)	A-005	B-001					
北海道	新13区	(旧5区)	G-001	I-001					
青森	新1区	(旧1区)	H-002	I-002					
		(旧2区)	A-006	E-004	G-002	J-003			
青森	新3区	(旧1区)	A-007	C-001	I-003				
岩手	新2区	(旧1区)	A-008	L-002					
岩手	新4区	(旧2区)	E-005	E-006					
宮城	新1区	(旧1区)	B-002	I-004	K-001	L-003			
宮城	新3区	(旧1区)	F-005	I-005	L-004				
宮城	新5区	(旧2区)	B-003	C-002					
秋田	新1区	(旧1区)	A-009	A-010	B-004				
秋田	新3区	(旧2区)	F-006	F-007	F-008	I-006	I-007		
山形	新3区	(旧1区)	A-011	A-012	A-013	D-003			
山形	新4区	(旧2区)	A-014	E-007	L-005				
福島	新2区	(旧1区)	A-015	A-016	I-008				
福島	新3区	(旧2区)	B-005						
福島	新5区	(旧3区)	E-008						
茨城	新1区	(旧1区)	A-017	E-009	F-009				
		(旧3区)	A-018	K-002					
茨城	新4区	(旧2区)	A-019	A-020	B-006	C-003	D-004	D-005	
			E-010	F-010	H-003	H-004			
栃木	新2区	(旧1区)	G-003	G-004	L-006				
群馬	新1区	(旧1区)	A-021	A-022					
群馬	新3区	(旧2区)	A-023	L-007					
群馬	新4区	(旧3区)	A-024	A-025	G-005	H-005	I-009		
埼玉	新3区	(旧1区)	A-026	G-006	K-003				
埼玉	新4区	(旧5区)	A-027	B-007	J-004	K-004			
埼玉	新5区	(旧5区)	F-011	I-008	L-009				
埼玉	新11区	(旧3区)	A-028	A-029	B-008	F-012	H-006	H-007	
			H-008	H-009	I-010	L-010	L-011		
埼玉	新13区	(旧4区)	F-013						
千葉	新3区	(旧1区)	F-014	G-007	G-008				
千葉	新5区	(旧4区)	I-011						
千葉	新6区	(旧4区)	H-010						
千葉	新9区	(旧2区)	D-006	D-007	F-015	L-012	L-013		
千葉	新12区	(旧3区)	A-030	A-031	A-032	B-009	C-004		
東京	新1区	(旧1区)	A-033						
東京	新2区	(旧8区)	A-034	J-005					
東京	新4区	(旧2区)	A-035	C-005	I-012	L-014			
東京	新5区	(旧3区)	L-015						
東京	新6区	(旧3区)	J-006	L-016					
東京	新7区	(旧4区)	H-011	J-007					
東京	新8区	(旧4区)	A-036	I-013					
東京	新10区	(旧5区)	A-037	C-006	E-011	H-012	J-008	L-017	
東京	新11区	(旧9区)	A-038						
東京	新13区	(旧10区)	A-039	K-005					

8　プロフィール対象有権者の選挙区別分布状況

東京	新15区	(旧6区)	A-040					
東京	新17区	(旧10区)	E-012	F-016				
東京	新18区	(旧7区)	E-013	K-006				
東京	新22区	(旧11区)	H-013	J-009	L-018			
東京	新24区	(旧11区)	A-041	K-007				
東京	新25区	(旧11区)	A-042	C-007				
神奈川	新1区	(旧4区)	G-009	G-010	L-019			
神奈川	新2区	(旧1区)	E-014	E-015				
神奈川	新4区	(旧2区)	B-010	F-017	G-012	H-014	K-008	
		(旧4区)	E-016	G-011	I-014			
神奈川	新6区	(旧4区)	F-018	F-019	J-010			
神奈川	新7区	(旧1区)	F-020					
神奈川	新9区	(旧2区)	K-009					
神奈川	新12区	(旧3区)	A-043	C-008				
神奈川	新14区	(旧3区)	F-021					
神奈川	新15区	(旧5区)	H-015	L-020				
神奈川	新16区	(旧5区)	H-016					
新潟	新1区	(旧1区)	G-013					
新潟	新2区	(旧3区)	A-044	A-045	F-022	G-014	L-021	L-022
新潟	新4区	(旧2区)	C-009	F-023	L-023	L-024		
新潟	新6区	(旧4区)	J-011					
富山	新1区	(旧1区)	A-046	B-011	B-012	I-015		
富山	新3区	(旧2区)	A-047	A-048	A-049	A-050	A-051	C-010
石川	新2区	(旧1区)	A-052					
石川	新3区	(旧2区)	B-013	B-014	C-011	L-025		
福井	新1区	(旧1区)	A-053	A-054	L-026			
山梨	新2区	(旧1区)	A-055	A-056	A-057	A-058		
長野	新1区	(旧1区)	A-059	B-015	H-017	H-018		
長野	新2区	(旧4区)	A-060	F-024	F-025	G-015	G-016	J-012
長野	新3区	(旧2区)	H-019	H-020	H-021			
長野	新4区	(旧3区)	C-012					
岐阜	新1区	(旧1区)	A-061	B-016	E-017	F-026	H-022	I-016
岐阜	新2区	(旧1区)	A-062	K-010				
岐阜	新4区	(旧2区)	A-063	A-064	A-065	C-013	C-014	
岐阜	新5区	(旧2区)	A-066	A-067	A-068			
静岡	新3区	(旧3区)	B-017	C-015	D-008	E-018		
静岡	新4区	(旧1区)	F-027	F-028	I-017	K-011	L-027	L-028	L-029
静岡	新5区	(旧2区)	E-019	E-020	I-018			
静岡	新8区	(旧3区)	A-069	A-070	A-071	E-021		
愛知	新2区	(旧1区)	A-072	F-029	I-019	L-030		
愛知	新3区	(旧6区)	I-020					
愛知	新4区	(旧6区)	E-022	J-013				
愛知	新7区	(旧2区)	A-073	E-023	E-024	G-017	J-014	K-012
			L-031	L-032	L-033			
愛知	新9区	(旧3区)	A-074	H-023				
愛知	新11区	(旧4区)	B-018	E-025	E-026			
愛知	新13区	(旧4区)	B-019					
愛知	新14区	(旧5区)	G-018					
愛知	新15区	(旧5区)	A-075	A-076	C-016	L-034	L-035	
三重	新1区	(旧1区)	A-077					
三重	新2区	(旧1区)	B-020	B-021	D-009	E-027	E-028	F-030	H-024
三重	新5区	(旧2区)	E-029	L-036				
滋賀	新2区	(旧1区)	A-078	A-079	C-017	D-010	D-011	D-012
			F-031	G-019	L-037	L-038		
京都	新2区	(旧1区)	I-021	J-015				
京都	新4区	(旧2区)	F-032					
京都	新6区	(旧2区)	B-022	F-033	L-039			

プロフィール対象有権者の選挙区別分布状況

大阪	新3区	(旧1区)	C-018						
大阪	新4区	(旧2区)	A-080	I-022	J-016				
大阪	新5区	(旧2区)	J-017	K-013					
大阪	新7区	(旧3区)	D-013	E-030	F-034	F-035	J-018		
大阪	新8区	(旧3区)	D-014	F-036	I-023	L-040			
大阪	新11区	(旧7区)	K-014						
大阪	新13区	(旧4区)	D-015						
大阪	新14区	(旧4区)	B-023	K-015					
大阪	新15区	(旧4区)	F-037	K-016					
大阪	新17区	(旧5区)	B-024	K-017	K-018				
大阪	新18区	(旧5区)	A-081						
兵庫	新4区	(旧3区)	G-020	G-021	I-024	I-025	L-041		
兵庫	新5区	(旧5区)	A-082	B-025					
兵庫	新11区	(旧4区)	C-019	F-038	K-019				
奈良	新2区	(旧1区)	F-039	L-042					
奈良	新3区	(旧1区)	A-083	E-031	H-025	K-020			
和歌山	新1区	(旧1区)	D-016	L-043					
和歌山	新3区	(旧2区)	H-026						
鳥取	新1区	(旧1区)	C-020	E-032	L-044				
鳥取	新2区	(旧1区)	B-026	F-040					
岡山	新2区	(旧1区)	B-027	D-017	J-019	K-021			
岡山	新3区	(旧1区)	D-018	K-022	L-045				
岡山	新5区	(旧2区)	A-084						
広島	新1区	(旧1区)	A-085	A-086	A-087	A-088			
広島	新2区	(旧1区)	C-021	L-046					
広島	新4区	(旧1区)	A-089	A-090	A-091	A-092	A-093	C-022	
広島	新5区	(旧2区)	A-094	B-028	B-029	J-020			
広島	新6区	(旧3区)	A-095	A-096	A-097	C-023	F-041	L-047	
山口	新1区	(旧2区)	K-023						
徳島	新1区	(旧1区)	C-024	L-048					
徳島	新2区	(旧1区)	C-025	H-027					
香川	新1区	(旧1区)	A-098	A-099	A-100				
香川	新3区	(旧2区)	G-022	L-049					
愛媛	新1区	(旧1区)	H-028	L-050					
愛媛	新3区	(旧2区)	B-030	E-033	E-034				
愛媛	新4区	(旧3区)	B-031	B-032					
高知	新2区	(旧1区)	A-101	F-042					
福岡	新2区	(旧1区)	A-102	F-043	G-023	J-021			
福岡	新5区	(旧1区)	J-022						
福岡	新6区	(旧3区)	A-103	C-026	C-027	E-035	F-044	G-024	I-026 K-024
福岡	新9区	(旧2区)	D-019	H-029					
福岡	新10区	(旧4区)	H-030	H-031					
佐賀	新1区	(旧1区)	H-032	L-051	L-052				
佐賀	新2区	(旧1区)	A-104	F-045					
佐賀	新3区	(旧1区)	L-053	L-054					
長崎	新1区	(旧1区)	A-105	E-036	L-055				
長崎	新3区	(旧2区)	F-046	G-025					
熊本	新1区	(旧1区)	A-106	A-107	H-033	J-023			
熊本	新2区	(旧1区)	A-108						
熊本	新4区	(旧2区)	A-109						
大分	新1区	(旧1区)	A-110	B-033	B-034	G-026	G-027	I-027	
大分	新4区	(旧2区)	A-111	L-056					
宮崎	新2区	(旧1区)	F-047	F-048					
宮崎	新3区	(旧2区)	A-112	F-049					
鹿児島	新4区	(旧2区)	A-113	C-028	F-050	F-051			
鹿児島	新5区	(旧3区)	A-114	B-035					

図表一覧

第1部　有権者プロフィール
第1章　分析の枠組
図1-1　各類型の生年分布　34
図1-2　各類型の世帯年収　35
図1-3　各類型の都市規模（有権者人口と選挙区都市度）　37
図1-4　473人と全サンプルの生年比較　40
図1-5　473人と全サンプルの世帯年収比較　40
図1-6　473人と全サンプルの居住年数比較　41
図1-7　473人と全サンプルの家族構成比較　41
図1-8　473人と全サンプルの集中度比較　42
表1-1　各類型の定義とサンプル数　33
表1-2　各類型の性別割合　34
表1-3　各類型の学歴　35
表1-4　各類型別職業分布と労組加入率　36
表1-5　各類型と地方の関係　36
表1-6　473人と全サンプルの性別比較　39
表1-7　473人と全サンプルの学歴比較　40
表1-8　473人と全サンプルの職業比較　40
表1-9　473人と全サンプルの居住地方比較　41
表1-10　ロジスティック回帰分析結果（8回連続参加要因）　42
表1-11　93年投票政党からの分岐　49
表1-12　2000年比例区投票政党への結集　50
表1-13　93年と2000年比例区での投票政党によるパターン　51

第2章　A類型
図2-1　希望する与野党の勢力比　55
図2-2　知人に働きかけをした割合　56
図2-3　公明党への感情温度・拒否政党の割合　57
図2-4　自公保連立政権の枠組への評価　58
表2-1　サンプル群の定義　54

第3章　B類型
図3-1　年代別年齢構成比の比較　173
表3-1　プロフィールのグループ分け　174
表3-2　00年自民党支持者の比例投票先によるグループ分け　176
表3-3　00年自民党支持者の比例投票先でみる政党感情温度・公明拒否割合　177

第4章　C類型
図4-1　保革イデオロギー変遷　216
図4-2　野党・党首の感情温度　222
図4-3　望ましい政党制（00年）　222
表4-1　グループ別サンプル一覧　217

表 4-2　各総選挙における投票政党　219
表 4-3　00年の投票政党　221
第 5 章　D類型
図 5-1　保革イデオロギー変遷　253
図 5-2　(1) と (2) の好感度の比較　255
図 5-3　全体とD類型との好感度比較　255
表 5-1　D類型における衆議院選挙の投票行動　254
第 6 章　E類型
図 6-1　保革イデオロギー変遷　279
図 6-2　内閣評価　279
図 6-3　社会党の政策転換に対する評価　280
図 6-4　望む国会の議席比　280
図 6-5　望ましい政権形態　281
図 6-6　政権担当政党　281
図 6-7　社会党・民主党への好感度　282
表 6-1　D′・E′・F′の比較　278
第 7 章　F類型
図 7-1　民主党・鳩山由紀夫感情温度比較　326
図 7-2　社会党（社民党）感情温度変遷　328
表 7-1　投票変遷　324
第 8 章　G類型
図 8-1　G類型における各政党の支持者数の変遷　383
第 9 章　H類型
図 9-1　保革イデオロギー分布　416
図 9-2　96年投票政党別好感度　420
図 9-3　小沢一郎好感度全サンプル　421
図 9-4　小沢一郎好感度H類型　421
図 9-5　小沢一郎好感度00年自由党投票者　421
表 9-1　(1) 類型の投票政党　417
表 9-2　(2) 類型の投票政党　418
表 9-3　(3) 類型の投票政党　419
第10章　I類型
図10-1　政治への満足度　455
図10-2　選挙争点について（93年事前）　456
図10-3　小沢一郎と「小沢の党」に対する感情温度　458
表10-1　投票行動による類型化　457
表10-2　00年自由党投票型の96年衆院選支持政党に着目した細類型化　458
第11章　J類型
図11-1　共産党投票者の変動　493
表11-1　J類型各サンプルの投票先　492
第12章　K類型

- 図12-1 保革イデオロギー分布　520
- 図12-2 93年公明党投票者の変動　521
- 図12-3 友人・知人への働きかけ　522
- 図12-4 宗教的支持者の感情温度　523
- 図12-5 政府は増税してでも社会福祉を充実させるべきか　523
- 図12-6 政治関心　523
- 図12-7 00年（比例区）公明党への結集　525
- 図12-8 （参考）公明党・新進党投票者の変動　526
- 表12-1 支持態様による分類　521

第13章　L類型
- 表13-1 L類型の内訳　553

第2部　論文編

第1章　2000年総選挙──地方の「王国」と都市の反乱
- 図1-1 都市度と投票率の上昇　617
- 図1-2 無党派層の投票行動（NHK出口調査）　617
- 図1-3 都市度と各党の相対得票率（比例区）　618
- 図1-4 都市度と相対得票率（小選挙区）　619
- 図1-5 政党別に見た議員の政策位置　624
- 表1-1 選挙結果の比較（1996年－2000年）　614
- 表1-2 公明協力票の大きさと当落予想シミュレーション　622-623
- 表1-3 自民党候補者得票伸び率の規定要因　626
- 表1-4 分割投票の規定要因　626

第2章　2000年総選挙──党首評価と投票行動
- 図2-1 投票行動における党首評価モデル　639
- 表2-1 大統領評価と下院投票；政党帰属意識・大統領感情温度ごとの共和党候補者への投票割合（1970）　629
- 表2-2 支持政党ごとの党首感情温度平均　631
- 表2-3 ピアソンモデル－政党支持，党首評価と投票　632
- 表2-4 ピアソンモデル－2票の使い方　633
- 表2-5 2000年総選挙における党首評価の影響　635
- 表2-6 小選挙区自民党投票者の分割投票（ロジット分析）　636
- 表2-7 森首相評価（回帰分析）　637
- 表2-8 2票の使い方と党首評価　642

第3章　投票行動と政権形態──2000年総選挙における民主党・自由党投票者──　645
- 図3-1 フローチャート　649
- 図3-2 政治意識と00年比例区投票政党　651
- 表3-1 93年政治意識の主成分分析結果　650
- 表3-2 00年政治意識の主成分分析結果　651
- 表3-3 2000年ロジスティック回帰分析結果　653

有権者の肖像

本書の目的と構成

山本耕資

1. 目的と方法の概要

　1993年にいわゆる55年体制が崩壊して以後今日に至る数年間は，後世からも日本政治にとって大きな変動期であったと評価されることであろう．それは政党や政治家にとっての変動期というだけでなく，それらを見つめつづけた"名もなき大多数の人々"にとっても激動の時代であった．

　この時代の変動，すなわち政党の結成や分裂，政権をめぐる激しい攻防などは，幾人かの政治家が演じるドラマとしてしばしばクローズアップされた．しかし同時に，政治的リーダーとは無縁の"名もなき大多数の人々"も，それぞれの思いを持って政治の成り行きを見守り，やや文学的に言えば，それぞれの胸の内でそれぞれに固有のドラマを展開していたはずである．そもそも政治というものをどのように考えるのか，自分の価値観をいかに整理し，政治を考える際に何を重視し，現在の政治状況を見てどのような政治的立場をとり，行動するのか——ある人によっては何があっても自らの主義を貫いていくドラマであり，またある人にとっては葛藤と苦悩の続く激動のドラマである．そしてある人々にとっては，何の重要性もないドラマであろう．

　このように，それぞれ固有のドラマを演じる"名もなき"一人一人に注目することにより，変動期さらにはそれ以後の政治を読み解く手がかりが得られるものと確信する．これが本書の基本的な認識である．

　本書は，次の3つの方向から，同時代の有権者の政治意識と投票行動を明らかにしようと試みている．

　1. 有権者個々の意識と行動，またその変化の態様をパネル調査に基づいて描写・記録する．
　2. 有権者全体をいくつかのグループに分け，それぞれを分析する．
　3. オリジナルデータを用いて，2000年衆院選挙の投票行動を計量的に分析する．

　つまり，一人一人の政治との関わりを見るミクロな視点と，有権者を集合的に見るマクロな視点に，いくつかの同質的な有権者群を想定する中間的な視点を加え，立体的に有権者の実像を示そうとするものである．

　有権者の態様の描写・記録の具体的手法としては，パネル調査対象の有権者個々について有権者プロフィールを作成した．これは，政治意識・投票行動に関する8回にわたるパネル調査の調査票から，調査対象者の思考と行動の様式を読み取り，

書き綴ったものである．これまで，投票行動研究においては，統計的手法により有権者の一群をマクロに捉えて説明する整然としたモデルが構築されてきたが，やや誇張して言えばそれらが示すのはあくまで投票行動の傾向である．これに対し本書では，研究の原点である調査票と無心に向き合い，有権者のありのままの"声"を拾い上げ，プロフィールという形にまとめた．掲載対象となったのは8回の調査すべてに回答した473サンプルであり，全有権者から見るとその代表性にはかなり偏りがあるが，個々のプロフィールを読む限りではそれは問題とはならない．むしろ，ミクロ的な叙述は，継続性，個々のサンプルについてのデータ量の多さというパネル調査の利点を最大限に生かした手法であろう．投票行動・政治意識研究にあたり，膨大なデータを丹念に読み解くことから新たなインスピレーションを得ることができるであろうが，多忙な研究者たちにとってそれは非常に困難なことである．我々は学生という身分を有効に活用し，膨大な作業を成し遂げ，有権者プロフィールを完成させた．これにより本書は投票行動研究，ひいては現代政治研究に貢献するものと確信している．

しかしながら，この作業には，おのずと限界がある．第一に，パネル調査によって個々のサンプルについて膨大なデータが集められていたが，紙幅の関係上，またプライバシー保護の観点から，その大部分はプロフィールの文面に表せなかった．換言すれば隠さざるをえなかったわけであるから，データを隠蔽して執筆者に都合よくプロフィールが作られるということがないよう，幾度にもわたる相互批評によって客観的な検証に努力した．第二に，JESⅡ調査は基本的にマクロ的分析を前提とした調査であったため，ある種の設問に関してはその回答がミクロ的に意味があるのかどうか判断の難しい場合がしばしばあった．例えば，政党の好感度を0度から100度までの数値で答えてもらう設問で，ある対象者のある政党に対する数値が多少変化したとしても，本人の認識が変化したかどうかは推測によるしかない．第三に，JESⅡ調査は大規模な調査であったため，調査員間で調査方法にばらつきが存在したらしいことが調査票から看取できる．このため，他の有権者との比較のために重要な情報が欠けるなどして，十分な描写ができなかったケースもあった．

ミクロな描写に丹精を込めたとしても，それらが寄せ集めにされただけでは価値は半減するであろう．本書では有権者プロフィールに類型化を施して同類型に該当するサンプルを集めて配置し，類型間での行動・意識態様の比較や，各類型内のサンプル間での類似性・相違性の把握が可能になっている．各類型におのおの付されている解題は，他の類型との比較，または類型内のサンプル間での比較などによりその類型の特徴を表そうとしたものである．これらの作業はミクロとマクロの中間に位置するものである．

有権者の諸側面を明らかにするために，長年にわたって蓄積され数多くの成果を上げてきた統計的な手法による研究はやはり重要である．本書では特に今日の日本政治にとって重要なテーマについてマクロ的に分析し，成果を論文として掲載した．

最後に有権者への見方を述べておきたい．人間の意識や行動は科学においては研究対象であり，当然客観的に観察・分析されるべきものであるが，他者の意識の内をよりよく理解するにはそれを感性により想像することも必要であろう．「有権者一人一人に愛情を持って」という蒲島教授の言葉を執筆者全員が心に留めつつ，有権者像を探求した．こうした見方によって，有権者のありのままの意識を明らかにできたのではないかと考える．

2. 構成

本書は3部構成となっている．
第1部　有権者プロフィール
　第1章では，有権者プロフィールの方法の解説，本書に収録された有権者のバイアスの検証，さらに類型化の方法や各類型に付されている解題についての解説，各類型間の差の基本的なデータでの検証を行う．その後，第2章から第13章まで，各類型の該当サンプルを分析する解題と該当する有権者プロフィールが並ぶ．
第2部　論文編
　2000年衆院選のオリジナルデータ（第8回調査）を主に用い，それぞれのテーマから有権者像を明らかにする分析である．
第3部　資料
　JESⅡ調査の主な質問文と，第8回調査の概要，全質問文および回答状況．

3. 使用したデータ

本書では主に7回に及ぶJESⅡ調査および第3期蒲島ゼミによる第8回調査のデータを用いている．

JESⅡ調査の主体は蒲島郁夫，綿貫譲治，三宅一郎，小林良彰，池田謙一の五教授からなる「日本人の選挙行動研究会」である．第1回調査は1993年衆院選直前（7月8日～7月15日）の面接調査，第2回調査は93年衆院選直後（7月21日～7月28日）の面接調査，第3回調査は94年2月23日～3月14日の郵送調査，第4回調査は95年2月20日～3月14日の郵送調査，第5回調査は95年参院選直後（7月24日～8月6日）の面接調査，第6回調査は96年衆院選直前（10月9日～10月18日）の面接調査，第7回調査は96年衆院選直後（10月21日～11月4日）の面接調査であった．全国の満20歳以上の男女を母集団として3000人をサンプルとして開始され，調査が不可能となったサンプル分については新規対象者を加えてサンプル数の維持が図られたが，基本的にはパネル調査である．調査について，詳しくは『JESⅡコードブック』（蒲島・綿貫・三宅・小林・池田，木鐸社，1998年）を参照していただきたい．第1回から第7回までの調査すべてに回答したサンプルの数は589であった．当初，有権者プロフィールはこの589名の有権者を対象に作成された．

第3期蒲島ゼミでは，2000年衆院選（6月25日実施）時にJESⅡ調査を引き継ぐ

形で第8回目にあたる調査を郵送および電話によって行った．郵送調査の対象は以前第3回調査の対象となった2682名であり，2000年衆院選直前（6月23日投函）に調査票を郵送し，9月6日に返送が到着した分までを有効とした．815名から返送があり（30.4％を回収），実際に分析可能なサンプル数は803であった．電話調査は，第1回から第7回までの調査すべてに回答していた589名のうち郵送調査で当初返送のなかった227名を対象として8月4日から8月27日にかけて行われた．電話調査は，支持政党，小選挙区と比例区での投票政党，今後行われる調査への協力の可否のみを尋ねる簡略なもので，96名から有効な回答を得た（電話で回答してさらに調査票の返送もしてくれたサンプルは郵送回答とした）．最終的に，有権者プロフィール執筆の対象は589サンプルからさらに絞られ，第1回から第7回までの調査すべてに有効に回答し（589サンプルのうち明らかに本人以外の回答が含まれる1サンプルは除外された）かつ第8回調査に有効に回答した473サンプル（第8回は郵送回答378，電話回答95）となった（第3部資料B参照）．

4. 第3期蒲島ゼミの作業経過

　本書は東京大学法学部第3期蒲島ゼミの成果である．蒲島ゼミではすでに第1期，第2期が研究成果を出版している．

　第3期ゼミは1999年度の冬学期（後期），2000年度の夏学期（前期）にわたり，学部生と院生の混合形態で開かれた．公務員，法曹や研究者志望の学部生たちに加え，過去に出版に携わった学生・助手や，海外4カ国の学生など，総勢28名の多彩な面々が集い，1999年度冬学期中にプロフィール執筆と，衆院選後にJESⅡ後継の第8回調査を行う予定であったが，この間に解散総選挙はなく，プロフィール執筆も思うように進まなかった．その後，ゼミ生それぞれの事情により参加者は減り，2000年度夏学期はそれぞれに就職活動や国家試験などもあり苦しい状況であったが，2000年6月に行われた衆院選での調査のデータ入力作業などを通じて蘇生し，プロフィールの作成と類型化を成し終え，その一方で論文も完成に至った．

　蒲島ゼミは参加型，作業型の特徴あるゼミである．このような作業型のゼミにおいては誰かが作業を続け，モティベーションを持ちつづける（蒲島教授の言葉を借りれば「たいまつを灯しつづける」）ということが非常に重要であった．当初の予定に比べると本書の刊行は大幅に遅れたが，それでもなんとかゼミが続いたのは，おのおのの参加意識が──希薄化することはあったにせよ──失われることがなかったからだと言えよう．それに加えて，このゼミに様々な形で協力してくださった方々のおかげである．

5. 謝辞

　最後に，本書の刊行にあたってお世話になった方々に感謝の気持ちを表したい．ゼミの出発点となった調査票を快く提供してくださったJESⅡメンバーの各教授

には心からお礼を申し上げたい．また，以前に調査票を整理しておいてくださったのは第1期蒲島ゼミ生の方々である．水崎節文教授（椙山女学園大学）・森裕城助教授（京都女子大学）にはデータの提供にあたってお世話になった．

　第8回調査にあたっては，調査への協力を求めるためにこの調査を紹介するパンフレットを作成したが，その際石川毅氏をはじめとする日本キャド印刷の方々には色々と無理を聞いていただいた．中央調査社はJESⅡの7回の調査を受託してこられたが，今回も同社の笠原徹郎氏に大変お世話になった．

　本書の出版は遅れに遅れたものであった．それでも木鐸社の能島豊氏，坂口節子氏は原稿の完成を励ましながら待ってくださり，それがあってこそなんとか刊行にこぎつけることができた．心から感謝したい．

　第3期ゼミには執筆者以外も参加しており，本書の完成に大きく貢献している．第2期ゼミ長の尾野嘉邦氏は当初よりゼミ運営に関して助言をくださり，励ましつづけてくださった．第1期ゼミ生の上ノ原秀晃氏，第2期ゼミ生のIan Wood氏や，郭定平氏，金燦東氏，Sherry Martin氏，下斗米一明氏にも多大な協力を頂いた．

　作業には蒲島研究室を有効に活用させていただいた．その際には秘書の西川弘子氏からいつも暖かい気遣いと激励をいただいた．改めて感謝を申し上げたい．研究室のパソコンの保守や整備，さらに第8回調査のパンフレット作成には相沢星樹氏が全面的に協力してくださった．学生の出入りのため，研究室がお隣の樋口範雄教授には今回も大変ご迷惑をおかけしてしまい，ただただ反省するばかりである．

　本書は有権者の方々への調査をもとにしている．調査に快く回答してくださった方々は，一種のボランティアだと言えよう．特に，調査員を見放すことなく何度も重ねて調査に応じてくださった方々にこの上ない感謝を申し上げたい．電話調査を行う中で感じたことだが，調査対象の方々はしばしば自らの考え方に気後れし回答を遠慮しようとするようである．しかし，調査する者としては対象となる方々の率直な回答を求めているのであり，どのような回答であっても何ら気後れすることなく堂々と応じていただけるよう切に願っていることを，この場を借りて述べておきたい．また，JESⅡの調査票からは，回答してもらおうとする調査員の方々の粘り強い努力の跡が垣間見える．調査員の方々に大いに感謝と敬意を表したい．

　蒲島郁夫教授には，いつもこのゼミを心配していただき，暖かく見守りながら励ましつづけていただいた．教授でありながら，ご自身の貴重な時間を大幅に割いて，大学における一般的な"教育"以上に学生と関わり，ゼミを支え，苦楽をゼミ生と共にしてくださった．蒲島教授が「参加型教育」を大切にされ，このような機会を与えてくださったことに，この上なく大きな感謝を表したい．

調査時期の政治状況

水野忠幸・国枝玄

　本書における研究の素材は有権者からのアンケート調査である．そこからは，有権者の典型例などは挙げ難いほど，有権者の多様な姿が見て取れる．しかし他方で，この調査においては，どの有権者も日本国内で生活しているという共通点があることも確かである．影響力の大小はもちろんあるにしても，日本政治の影響を受けて有権者たちは日々暮らし，メディアなどを通じて政治の動きと関わっているのである．そのなにげない一つ一つの接触が，有権者の政治意識の変化につながりうるように思える．そこで，ここではやや詳しく，社会や経済の重大ニュースと絡ませて，調査時期の日本の政治状況を追ってみたい．

(1) 第1・2回調査（93年衆院選前・後調査）

　政治改革関連3法案が廃案になったことにより，海部俊樹首相は退陣し，1991年11月，本格政権を掲げて宮沢喜一政権が登場した．宮沢政権に対する当初の支持率は50％ほどであったが，宮沢派事務総長であった阿部文男代議士の「共和」スキャンダルや，「佐川急便」疑惑などにより，一気に20％ほどまでに下がった．それでも，国際貢献と絡んで議論のあったPKO法案は，公明党・民社党の協力で可決にこぎつけた．92年7月26日の参院選では，自民党は議席を僅かに減らしたが，改選議席が86年大勝時のものであったことを考えると，実質的勝利をおさめたと言える．この年の5月に細川護煕前熊本県知事によって結成された日本新党は，比例区で4名の当選者を出し，政治スキャンダルが数多く報道される中で，政治に新風を巻き起こした．

　宮沢政権は安定してきたと思われたが，再び政治スキャンダルが表面化する．金丸信自民党副総裁が，東京佐川急便から5億円の資金提供を受けたことが明らかになり，略式起訴されたのである．副総裁を辞任した金丸信は，結局議員も辞職し，同時に竹下派会長も退いた．これを受けて，後継会長を巡って竹下派内部の確執が噴出し，小渕派と羽田派に分裂した．

　93年に入ると，宮沢政権の支持率は，東証平均株価が1年ぶりに2万円台を回復し，皇太子妃も決定するなど明るいムードの中，回復基調に入る．しかし，3月には金丸前副総裁が脱税容疑で逮捕され，世論の政治改革への風圧は強まり，宮沢政権の支持率は再び下降した．一方でカンボジアでは，選挙監視の日本人ボランティア，日本人文民警察官が相次いで射殺され，国際貢献のあり方が問われることとなった．

93年6月中旬になると，国会の会期切れを迎えて政局は緊迫していた．自民党若手や羽田派などの選挙制度改革推進グループは，政治改革関連法案の成立を求め，宮沢首相も政治改革について「この国会でやらないといけない．やるんです」と断言した．しかし，今国会での法案成立が見送られると，自民党内の亀裂が決定的となり，宮沢内閣不信任案は羽田派の賛成によって可決された．一方で，この日，自民党の若手衆議院議員10人が，不信任案に反対票を投じたにもかかわらず自民党を突如離党し，新党さきがけ（代表武村正義）を結成した．続いて羽田派も自民党を離党し，衆議院議員36人，参議院議員8人で新生党（党首羽田孜，代表幹事小沢一郎）を結成した．宮沢首相は不信任案の可決を受けて衆議院を解散し，7月18日を投票日に決定した．第1回調査（93年衆院選前調査）は，この時期に実施された．

　総選挙の結果，自民党は223議席と過半数を割った．一方，社会党は過去最低の70議席と惨敗．その分，日本新党と新生党が躍進し，新党さきがけと合わせて103議席を獲得した（新生党55，日本新党35，さきがけ13）．また，公明党，民社党，共産党はそれぞれ51，15，15議席を取り，非自民勢力が過半数を上回る議席を獲得した．第2回調査（93年衆院選後調査）は，この時期に実施された．

(2) 第3回調査（94年2月調査）

　宮沢内閣は93年8月に，在任期間1年9ヶ月で総辞職した．すでに自民党総裁には，渡辺美智雄を総裁選で破った河野洋平が就任していた．首相には，細川日本新党党首が指名され，非自民・非共産の8党派連立政権が発足した．発足当初の細川政権の支持率は，70％を越える空前の数字を記録する．連立与党第一党となった社会党では，土井たか子が女性としては初めて国会議長に就いた．他方衆院選での大敗を受けて山花貞夫委員長は辞任し，村山富市が委員長に就任する．

　この時期，ゼネコン汚職の捜査が広がり，茨城県知事や宮城県知事が逮捕されている．一時代を築いた田中角栄元首相が死去，失業率も87年以来の高水準と，暗いニュースが続く．

　93年後半は政治改革国会であり，法案の審議が続いていた．選挙制度改革をめぐる審議は難航し，年明けの細川首相と河野自民党総裁とのトップ会談においてようやく決着をみた．これにより，小選挙区比例代表並立制の導入が決定される．93年12月には政治課題として上がっていたコメの部分開放も決定しており，これで細川政権は，自民党政権時代からの大きな懸案を二つ片付けたことになる．

　細川政権は順調なように思われたが，細川首相が2月3日未明に突如として発表した国民福祉税構想は，連立政権を構成していた社会党やさきがけの猛反発を招いた．内閣改造でも対立するなど，小沢新生党代表幹事と，官房長官である武村さきがけ代表の確執が高まっていた．さらに，細川首相の佐川急便グループからの1億円借入問題が表面化するのもこの頃である．ただ，依然として細川首相の人気は衰えず，支持率は60％ほどを保っていた．第3回調査（94年調査）は，この時期に実

(3) 第4回調査（95年2月調査）

だが，細川首相は94年4月に突然辞職した．小沢新生党代表幹事らは，自民党の渡辺元副総理の首相擁立工作を行い，それに呼応して鹿野道彦らが新党みらいを，柿沢弘治らが自由党を結成して自民党から離党した．しかし，結局渡辺元副総理は自民党にとどまり，後継首相には，羽田新生党党首が指名された．しかし，組閣前の段階で新会派「改新」の結成に反発した社会党は連立を離脱し，さきがけも閣外協力を決めていたため，羽田政権は少数連立政権とならざるを得なかった．政局は混迷し，羽田首相は在任期間僅か2ヶ月足らずで6月に退陣した．この間，社民連は解党して日本新党に合流し，民社党では大内啓伍委員長が辞任して後任には米沢隆が就いた．製造物責任法（PL法）が成立し，松本サリン事件も起こっている．

後継首相には，自民党，社会党，さきがけに擁立された村山富市社会党委員長が，新生党などが推す海部俊樹元首相を破って選ばれた．自民党総裁の河野洋平は外相兼副総理に就任する．村山首相は，衆院の代表質問に答える形で「自衛隊合憲」「日米安保条約の堅持」「君が代・日の丸の尊重」を表明し，これまでの社会党の基本政策を大転換した．政府は9月に入ると景気回復を宣言し，また10月にはウルグアイ・ラウンド対策費として6兆円を計上している．12月には社会党が長年主張していた被爆者援護法が成立し，村山首相個人の人気にも支えられて村山政権は安定していった．

一方，94年12月には新進党が結成され，非自民連立政権を支えた新生党，公明党，日本新党，民社党などがこれに参加した．党首には自民党を離党した海部元首相，幹事長には小沢新生党代表幹事が就任した．柿沢弘治や大内元民社党委員長は新進党には入党せず，自由連合を結成する．

社会党の党勢が弱体化している中で，山花貞夫前社会党委員長を中心として新党結成の動きがあったが予定日の95年1月17日当日に起こった阪神淡路大震災のため凍結せざるをえなかった．構想が失敗に終わった新党設立派は，後に民主党に合流することとなる．第4回調査（95年調査）は，この時期に実施された．

(4) 第5回調査（95年参院選後調査）

この時期はまた，無党派層が増大した時期でもある．その象徴として，4月の統一地方選において，東京都知事に青島幸男が，大阪府知事に横山ノックが当選したことが挙げられる．他方，地下鉄サリン事件，国松警察庁長官狙撃事件，全日空機ハイジャック事件が起こり，世の中に不安感が広がった．オウム真理教の麻原彰晃代表は，殺人容疑で5月に逮捕される．

95年7月23日の参院選は，93年衆院選で自民党が下野し，その後の連立政権の時代に入って初めての国政選挙として注目された．結果は，自民党49，新進党40，社

会党16，共産党8，さきがけが3議席をそれぞれ獲得した．投票率は44.5%と参院選史上最低であった．自民党，社会党，さきがけの連立与党が大幅に後退し，新進党が健闘した．新進党は複数改選区で社会党に競り勝ち，多くの場合自民党を制してトップ当選を果たしている．1人区では自民党が圧勝したものの，比例区と選挙区の得票率では新進党が自民党を抑えて第一党となった．阪神淡路大震災やオウム事件でのリーダーシップ不足も，与党敗北の一因であろう．第5回調査（95年参院選後調査）は，この時期に実施された．

(5) 第6・7回調査（96年衆院選前・後調査）

95年9月，河野洋平に代わって橋本龍太郎が自民党総裁に就任し，副総理も継いだ．一方，新進党では12月に党首選挙が行なわれ，小沢幹事長が羽田元首相を大差で破った．9月には，沖縄で少女が米兵の暴行を受ける事件が起こり，米軍が容疑者の引き渡しを拒否したため反発が強まり，日米安保体制の見直しが政治問題に発展する．失業率も3.4%になり，1953年以来最悪となる．

年が明けて96年になると，村山首相は退陣を表明し，禅譲の形で橋本政権が誕生した．自民党首班の内閣は，宮沢政権以来2年5ヶ月ぶりである．社会党は，党名を「社会民主党」に変更し，党首には村山富市に代わって，土井たか子が再登板した．この時期は，経済，社会の分野で重大な出来事が続いた．住専の不良債権処理問題，薬害エイズ問題，沖縄の米軍基地の整理・縮小問題，厚生省の贈収賄事件，O-157による食中毒などがそうである．住専問題では，新進党がピケを組み，国会は空転した．

「解散風」の強まる中，9月にはさきがけや社民党からの離党者を中心に，民主党が結成され，鳩山由紀夫，菅直人の2人が代表となった．社民党は，党全体での新党への移行を断念した．第6回調査（96年衆院選前調査）は，この時期に実施された．

10月20日の衆院選は，小選挙区比例代表並立制で行なわれた最初の選挙である．投票率は59.6%で史上最低であった．選挙の結果，自民党239，新進党156，民主党52，共産党26，社民党15，さきがけ2，その他が10議席をそれぞれ獲得した．新制度の導入が2大政党制に結びつくかは意見の分かれるところであるが，小選挙区だけを見ると，自民党と新進党の2政党が激しく競争し，第3党以下の政党は議席をあまり獲得できなかったことは確かである．第7回調査（96年衆院選後調査）は，この時期に実施された．

(6) 第8回調査（00年衆院選後調査）

96年衆院選で，自民党は復調ぶりを見せたものの単独過半数には届かず，不振の社民党・さきがけは埋没を恐れて政権参加に慎重で，閣外協力という形にとどまった．民主党が政権入りをすることもなく，第2次橋本内閣は単独少数政権としてス

タートした．支持率は，橋本政権発足以来の最高値となる47％であった．橋本首相は行政改革などの「五つ（のち六つ）の改革」を最重要課題に掲げ，自ら委員長を務める行政改革会議も始動した．

一方衆院選で後退した新進党では小沢党首の責任問題が浮上し，羽田・細川両元首相らも離党の動きを見せるなど求心力低下が目立ち始めた．年末には羽田元首相を中心とする衆参両院議員13人が離党して太陽党を結成するに至り，新進党は結成2年で分裂した．97年早々には新進党の友部達夫がオレンジ共済事件で逮捕され，新進党の支持率も急落し，旧日本新党系や旧公明党系の勉強会も発足した．

4月には，景気回復の足取りが不確かなまま消費税率の5％への引き上げが実施に移された．自民党内での「保保連合」と「自社さ」の路線対立や，野党各党間での連携が模索される中，世論の関心を呼んだ駐留軍用地特別措置法改正案が，自民，新進，民主，太陽，さきがけなどの圧倒的多数で可決された．これに際し社民党は党としては反対したが，閣外協力を解消するまでには至らなかった．この国会では環境影響評価（アセスメント）法，医療保険改正法，金融監督庁設置法，臓器移植法などの重要法案が成立している．

一方，4月にペルー日本大使公邸占拠事件が解決するが，5月末には'酒鬼薔薇'事件が起こり，その後も少年による凶悪犯罪が続き，世間に衝撃を与えた．

9月には，相次ぐ新進党からの復党者などで，自民党は衆院で過半数議席を回復した．橋本首相は自民党総裁選で無投票再選されたのを機に内閣改造を行なったが，政権の要であった梶山静六官房長官の退任に加え，ロッキード事件で有罪判決を受けていた佐藤孝行の総務庁長官任命問題では世論の反発を受け，政権の求心力に陰りも見え始める．

橋本行革は，内閣強化，中央省庁再編などについて行政改革審議会の最終報告書が出され，財政構造改革法も成立するなど，着実に進展していった．介護保険法も成立し，また地球温暖化防止京都会議も開催された．しかし一方で，11月に北海道拓殖銀行が都銀ではじめて破綻し，ついで山一證券が自主廃業，やや持ち直していた失業率も3.5％に上昇するなど，景気減速と雇用情勢の悪化が目立ち，97年のGDPは，当時の基準で23年ぶりのマイナス成長で，戦後最悪となった．景気対策への不満を主因に内閣支持率は35％に下がってきた．

新進党は，12月の党首選で小沢一郎が僅差で再選を果たしたものの，党首選で敗れた鹿野道彦の支持グループや旧公明党系との亀裂は修復し難く，ついに解党を決定した．先に離党していた細川元首相らのフロムファイブに加え，小沢一郎らの自由党，鹿野道彦らの国民の声，旧民社党系の新党友愛，旧公明党系の新党平和，黎明クラブ，小沢辰男らの改革クラブに分裂することとなった．政党助成金の分配が，年末を基準にするという事情も，解党を早める要因になった．

98年の年明けには，民主党の提唱を契機にして，自由党や公明系を除く野党6党が，統一会派「民主友愛太陽国民連合」をつくり，そのうち太陽党，フロムファイ

ブ，国民の声の3党は，羽田元首相を党首に民政党を結成した．さらに，4月には民主党や民政党などに所属する議員131人が新「民主党」に結集し，代表に菅直人，幹事長に羽田孜をあてた．2月には冬季オリンピックが長野で開催された．

通常国会では当初，大蔵省汚職に伴う三塚蔵相の辞任や，経済政策の方向性が争点となった．橋本首相は財政構造改革を重視し，公債発行を伴う減税には反対であったが，野党や世論の減税による景気対策を求める声の高まりに，財政改革から景気回復の優先に転換を余儀なくされた．改正財革法を2年間凍結し，特別減税や「真水」約12兆円の総合経済対策を決定し，また金融安定化2法も成立させた．民主党を中心とする野党共闘が奏功しない一方，自民党は長崎，東京などの補選で連勝したが，参院選を控えて反執行部の動きが活発化した．参院選を前にした6月，社民党とさきがけは閣外協力を解消し，自社さ政権は4年で幕を閉じた．

景気回復のめどが立たず，恒久減税で揺れる橋本内閣の支持率が30%を切る中で，7月12日に参院選があり，自民党は45議席と大方の予想以上の惨敗を喫し，民主党は27議席，共産党は16議席と躍進した．この選挙は，有権者が橋本政権の経済政策を拒否した「業績投票」が日本で初めて起こったとの解釈がある．投票率は58.8%と前回よりアップし，無党派層は有権者の6割にも達した．自民党への批判票を民主党や共産党が吸収し，また都市部での自民党の地盤沈下が目立った．

これにより橋本首相は退陣し，自民党総裁選で梶山静六，小泉純一郎を破った小渕恵三が首相に就任する．小渕内閣は経済対策を重視した実務型内閣を標榜したが，小渕首相本人は「冷めたピザ」と揶揄され，支持率は25%であった．

臨時国会では，銀行の経営難が噂される中で金融システム安定に審議が集中し，公的資金の投入が決定され，野党案をほぼ丸呑みした金融再生関連法が成立した．12月には財政改革法凍結法が成立し，経営難に陥った日本長期信用銀行に続いて日本債権信用銀行も一時国有化が決定される．

参院選で好調であった民主党は，菅直人代表のスキャンダルが発覚し，勢いに水を差される．自民党内では派閥の代替わりや分裂・結合がなされつつ，自由党や，新党平和と公明が合流した新「公明党」との間で連携が模索された．景気対策として公明党の提唱した地域振興券も実現する．自由党との政策協議は，消費税の福祉目的税化，副大臣制，議員定数削減を中心になされ，99年2月には自自連立小渕改造内閣が成立した．国会では公明党の賛成で，予算案が最速で衆院を通過し，焦点はガイドライン法案に移った．小渕内閣支持率は30%を越えるようになってきた．4月には東京都，大阪府など12の知事選を含む統一地方選挙が行なわれ，東京では各政党の候補者を抑えて石原慎太郎が勝ち，大阪でも横山ノックが再選を果たした．

衆議院の解散総選挙の時期を図りながらの展開となった国会では，ガイドライン関連法が自公の賛成で5月に成立した．これを機に公明党の与党よりの姿勢が鮮明となり，他にも大きな社会的反響を呼んだ，通信傍受法を含む組織犯罪対策三法案や，国旗国歌法案，また中央省庁改革関連法案や地方分権法案などの重要法案が，

民主党らの反対を自自公の多数で押し切って可決された．ただ，この間，完全失業率は6月，7月に4.9%まで上昇している．

9月の党総裁選で加藤紘一，山崎拓を破って再選を果たした小渕首相は，10月に公明党を加えた自自公連立内閣を成立させた．50%近かった内閣支持率が40%を切るなど，自自公連立には世論の批判が大きかった．これより前，民主党では代表選で菅直人代表，横路孝弘総務会長を破った鳩山由紀夫が新代表についた．

金融界では，日本興業銀行，第一勧業銀行，富士銀行の3行統合発表に始まり再編が急激に進み始める中，17兆円を超える緊急経済対策が打ち出され，99年度の新規国債発行額は38兆円を超え，公債依存率が43%と過去最高の水準に達した．また給付水準抑制を柱とする年金法改正案審議で国会は紛糾した．

一方，連立での埋没の危機を感じる自由党の小沢党首は，先に合意された定数削減の実現を迫り，連立政権離脱で揺さぶりをかけた．与党側は衆院比例区20削減案を採決しようとしたが，野党側は反発して欠席し，2週間審議拒否を続けた．この異例の状況のまま法案は可決され，施政演説もなされるなど，国会は混乱を極めた．この通常国会から憲法調査会が両院に設置され，憲法のあり方を問う公式の場が設けられた．党首討論も制度化されている．

年明けにはコンピュータ2000年問題が懸念されたが，十分な対応によって，それほど混乱はなかった．2000年2月には，東証平均株価が2年半ぶりに2万円台を回復する．

自由党の小沢党首は，さらなる連立合意の実現を求めたが小渕首相や公明党に容れられず，4月2日に連立を解消することを決定した．自由党の中で，離脱に反対する野田毅のグループは連立残留を決めた（後に保守党を結成）が，直後に小渕首相が脳梗塞で重体に陥り（5月に死去），4月5日に小渕内閣は総辞職した．

これを受けて自民党幹事長の森喜朗が自民党総裁選出を経て，首相に指名された．森内閣の当初の支持率は33%であったが，小渕前首相の臨時代理手続きへの疑念や，森首相の「神の国」発言等の一連の失言により，支持率は18%に急落し，不支持率は54%であった．小渕前首相の後見役として政界で依然影響力を持っていた竹下登元首相も，衆院選の直前に死去している．

6月25日の衆院選について新聞各紙は，態度未定の無党派層が多いものの自民党が過半数を確保するとの見通しを報じていた．無党派層が多いことから，投票率の高低が勝敗にそのまま反映すると予測され，森首相の「寝ててくれれば」発言にもつながった．実際は自民党233，民主党127，公明党31，自由党22，共産党20，社民党19，保守党が7議席を獲得した．自公保3与党は絶対安定多数は確保したものの議席を激減させ，民主党が躍進する結果に終わった．第8回調査（00年衆院選後調査）は，この時期に実施された．

参考文献：石川真澄『戦後政治史』岩波書店，1995年．
　　　　　蒲島郁夫『政権交代と有権者の態度変容』木鐸社，1998年．
　　　　　草野厚『連立政権　日本の政治1993〜』文芸春秋，1999年．
　　　　　佐々木毅編『政治改革1800日の真実』講談社，1999年．
　　　　　なお，支持率は時事世論調査に拠った．

用語について

　本書はJESⅡを基礎に作成されたため，プロフィール等の記述にあたって調査の質問文などの言葉を借用した箇所がある．詳しくは資料A・Bの質問文を参照されたい．ここでは特に，一般的にはわかりにくい語，注意すべき語について説明する．
　　　　　　　　　　　　　　　　　　　　　　　　　　　（担当　鍋島）

NA・DK　調査の質問への対応のうち，NAは「答えない（No Answer）」，DKは「わからない（Don't Know）」の意．

感情温度　調査対象者が政党や党首などに対して好感，嫌悪感をどれぐらいもっているかということ．調査では温度計の図を示し，50℃を中立として0℃から100℃までの間で答えてもらった．（＝好感度）

拒否政党　調査対象者が絶対に支持したくないと思っている政党．

自由回答欄　調査の中で設問に対して選択肢ではなく，自分の言葉によって回答してもらった箇所．郵送調査では調査対象者が自筆で記入し，面接調査では有権者が口頭で話したことを調査員が書き取っている．

政権担当能力　ある政党が政権に参加したとき，うまく政治を行う能力．

望ましい政権像　どの政党が，（単独であるいは連立して）政権を構成することが望ましいかということ．（＝望ましい政権形態）

保革イデオロギー（の自己認識）　調査対象者が保守的か革新的かということ．調査では保守－革新の軸を示し，調査対象者がどこに位置するか数値で答えてもらっている．（＝イデオロギー）

バッファー・プレイヤー　自民党が与党であることを願いつつも，自民党が勝ち過ぎることは望まず与野党伯仲状態を望む有権者．自民党が勝ち過ぎそうなときは野党に投票する．

パネル調査　任意に抽出した対象者集団の行動を一定期間にわたって定期的に調査すること．対象者が同一なので態度変化の変遷を正確に把握できる．調査に回答しない対象者もいるため，全回答の対象者は調査毎に減っていく傾向がある．

分割投票　選挙区と比例区で別々の政党に投票すること．

第1部

有権者プロフィール

第1章
分析の枠組

山本耕資・菅原 琢

1. はじめに

　1990年代は，日本の政治にとってまさしく変動期であった．日本新党を皮切りに数々の新党が生まれては消えていったが，これら新党は自民党を下野させ，衆議院の選挙制度改革の原動力となるなど政治に多大な影響を与えた．また，単独で政権を維持できなくなった自民党が，長年にわたって敵対してきた社会党や，宗教法人法をめぐり対立した創価学会を母体とする公明党と連立を組むなど，それ以前とは全く違った政治状況が生まれた．

　有権者の意識と行動はこのような政治変動を生み出す一方で，こうした政治状況とその所産である選挙制度改革による影響を受けた．結果的に，有権者の行動を分析する側にも従来の理論の再検証や発想の転換が求められることとなった．例えば三宅一郎は候補者を重視する投票選択が今後も続くであろうと述べたが[1]，その前提である衆議院の中選挙区制は廃止され新たな制度が導入された．蒲島郁夫は「自民党政権だが与野党の伯仲状況」を望む有権者をバッファー・プレイヤーと呼び，日本の有権者特有の政治意識であると主張したが[2]，この議論の前提である自民党による政権政党イメージの独占は自民党の下野と新党の出現，経済運営の失敗などで崩れ始めている．このように，政治変動のインパクトによって従来の投票行動理論は再検証を迫られ，新たな理論の構築が期待されるようになったと言えよう．これには，個々の有権者の観察が必要だと我々は考えた．

　第1部は，同時代の有権者の行動を詳細に描写してその背景にある心理に迫り，そこから研究の方向性の一端を明らかにすることを目的としている．本章では，まずこの目的のために採用した有権者プロフィール，類型化，解題という分析手法について次節で詳説し，第3節ではこれらの手法についての留意点として，サンプルのバイアスと類型化に関する限界について触れる．最後に第4節で，有権者プロフィールを読むにあたって必要となる，各頁の構成や記述上のルールを示している．

2. 分析手法

(1) 有権者プロフィール

8回・約7年間のパネル調査をもとに，個々の有権者について政治意識と投票行動の変遷をまとめ，さらにその背景にある思考様式を探ったものが，有権者プロフィールである．この方法を採ったのは，一般化を目的とする多くの投票行動分析が捨象してしまう生の人間性に着目するためである．

有権者プロフィールの執筆は，当初JES II 調査全7回に回答した589サンプルを対象としたが，第8回調査後に全8回の調査に有効に回答した473サンプルに絞り込んだ．これらについて地域ごとに担当者を決め，それぞれの担当者が責任を持ってプロフィールを執筆した[3]．

有権者プロフィールの作成は，基本的な情報をまず書き出して人物像をイメージし，その上で投票行動を説明するような背景を調査票全体から探すという手順で行われた．有権者一人一人が異なる思考方法を持っているため，当然，どの情報に着目したかはプロフィールの対象者によって異なる．特に多く使用されたJES II 調査の質問項目と，第8回調査の質問項目については第3部資料に質問文を掲載したので参照されたい．

なお，一般に約7年にもわたってすべての調査に回答するのは困難なことであり，8回の調査に全回答した473サンプルは全有権者に対して一定の偏りを有していることが予想される．すなわち，473サンプルを全有権者の単純な縮図と見るには一定の考慮が必要である．これについては第3節(1)で検証する．

(2) 類型化

本書では有権者を投票行動のパターンによりグループ化することを類型化と呼ぶ．これを行うのは行動のパターンにより，政治に対する意識にも違いがあると想定されるためである．特に93年から2000年という期間においては，有権者の行動の変化または一貫性は政治状況との関連で重要な意味を持つ．例えば長年自民党に投票し続けてきたが2000年衆院選で民主党に投票したような有権者は，自公連立を拒否しての行動である場合が多い．

類型化は，有権者の投票の変遷を追いながら，93年衆院選と2000年衆院選比例区の投票政党を基準とすることにした[4]．この2回の選挙を基準としたのは，JES II 調査の開始時から第8回調査までの期間中で最初と最後の投票政党によって有権者を分けることによって，その間の有権者の政治に対する態度の変遷を最大限考慮できると考えたからである．2000年衆院選について小選挙区ではなく比例区での投票政党を用いたのは，比例区の方が選択の幅が広く有権者の意識をより直接に反映すると考えられるからである．小選挙区は有権者による戦略的投票が行われやすいということも考慮に入れた．

類型化の基準は，具体的には次のように決められた．①93年衆院選と2000年衆院選比例区での投票政党をそれぞれ与党と野党に分ける．これは，現政権への評価により基本的な政治的志向が相違すると考えたためである．②93年衆院選時の野党を，

3新党とそれ以外の野党とに分ける．3新党が93年衆院選において重要な役割を果たしたと考えてこれに注目した．③2000年衆院選時の野党を，民主党とそれ以外の野党とに分ける．この選挙では，民主党の候補者が多くの小選挙区で当選するか当選圏で争い，他方，民主党以外の野党は主に比例区での得票によって当選者を確保した．このような違いは選挙制度と有権者の政治意識の関連から生じているはずである．④共産党，公明党については，その支持層が特に固い一貫性を持つとされているため，別個にカテゴリーを設ける．

このような基準により，93年衆院選での投票先を自民，旧野党（社会・民社・社民連），3新党の3カテゴリーに，2000年衆院選比例区での投票先を自公保，民主，その他（棄権を含む）の3カテゴリーに分け，その組み合わせにより3×3＝9カテゴリーを設けた．これらから独立して93年衆院選で共産党に投票したサンプル，同じく公明党に投票したサンプルというカテゴリーを設けた．以上の11カテゴリーに該当しない，93年に無所属候補に投票したサンプルと棄権したサンプル，93年と2000年のうちいずれかの投票先を忘れたサンプルと答えないサンプルは，その他のサンプルとしてまとめた．

こうして，表1-1のような12の類型を設けた．

表1-1 各類型の定義とサンプル数

93年投票政党	2000年比例区投票政党			NA
	自公保	民主党	社民・自由・共産・その他・棄権	
自民党	A 114	B 35	C 28	(L)
旧野党 （社会・民社・社民連）	D 19	E 36	F 51	
3新党 （新生・日本新・さきがけ）	G 27	H 33	I 27	
共産党	J 23			
公明党	K 24			
無所属・棄権・忘れ・NA	L 計56			

(3) 解題

類型化は有権者の意識・行動と政治状況・選挙制度との関連を考慮にいれてなされたが，これらについて具体的にプロフィールや回答データをもとに分析するのが各類型ごとに設けられた解題である．本項では解題がどのような手順で行われたか

34　第1部　有権者プロフィール

を示し，全体を概観する．

a．定型分析

　解題の目的の1つは，その類型に属する有権者がどのような人々であるのか，その像を示すことである．そのために各解題第2節の定型分析では，基本的な属性データについて簡単に全体との比較を行っている．比較する項目として統一したのは男女比，年齢（93年時点），教育程度（プロフィールの基本的属性の表記方法を基準としている．第4節(3)の①参照），本人職業（93年時点），世帯年収（93年時点），保革イデオロギー自己認識の数値，であり，これ以外の項目についても各類型で必要に応じて示されている．ただし，各類型に付された定型分析ではすべての類型を見渡すことができないので，比較の視点からここで全類型の対象者の属性データを示しておく．なお，各類型の母数は特に断りのない限り表1-1のとおりである．

①性別（表1-2）　次節の「サンプルのバイアス」のところで述べるとおり473サンプルは男性をやや多く代表しているが，それでもなおF類型では約4分の3が男性であり特徴的である．一方JとLの女性率がやや高い．

表1-2　各類型の性別割合（単位%）

	A	B	C	D	E	F	G	H	I	J	K	L	全体
女性	44.7	48.6	46.4	36.8	44.4	25.5	44.4	39.4	44.4	52.2	45.8	55.4	44.0
男性	55.3	51.4	53.6	63.2	55.6	74.5	55.6	60.6	55.6	47.8	54.2	44.6	56.0

図1-1　各類型の生年分布

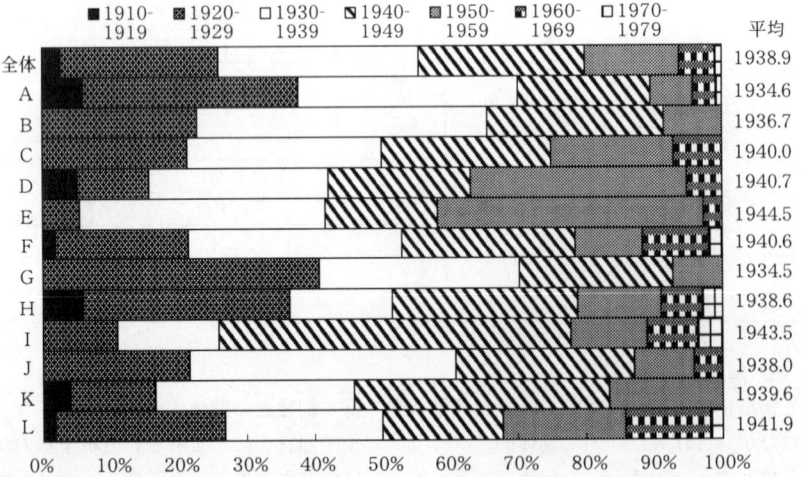

②生年（図1-1）　A類型の平均年齢が非常に高い一方，93年自民党に投票しながら2000年には野党に投票したB，C各類型の平均年齢はAより低く，より若年層が自民党から離反したことがわかる．最も平均年齢の高かったGは，第1回調査で27人中18人が自民党支持と答えておりAに近い．離党した候補者を支持しつづけたため，たまたま93年だけ自民党以外に投票したというパターンが多い．平均年齢が低いのはEとIである．Iは1940年代生まれが他に比べ非常に多い．

③教育（表1-3）　年齢の分布に多分に影響されているが，ほぼ同じ年齢構成であるCとFでは後者がかなり高学歴であることがわかる．表からは新党を含む野党投票者は高学歴であることになるが，93年旧野党・新党投票グループの中では2000年に与党に投票するDとGがA類型と似た傾向にある．2000年に

表1-3　各類型の学歴

	A	B	C	D	E	F	G	H	I	J	K	L	全体
中学等	33.3	37.1	28.6	31.6	16.7	15.7	40.7	15.2	19.2	17.4	33.3	21.4	26.3
高校等	50.0	40.0	53.6	42.1	36.1	43.1	44.4	48.5	50.0	73.9	50.0	48.2	47.9
短大・高専等	8.8	17.1	10.7	15.8	16.7	11.8	11.1	12.1	11.5	4.3	12.5	17.9	12.3
大学等	7.9	5.7	7.1	10.5	30.6	29.4	3.7	24.2	19.2	4.3	4.2	12.5	13.6

図1-2　各類型の世帯年収

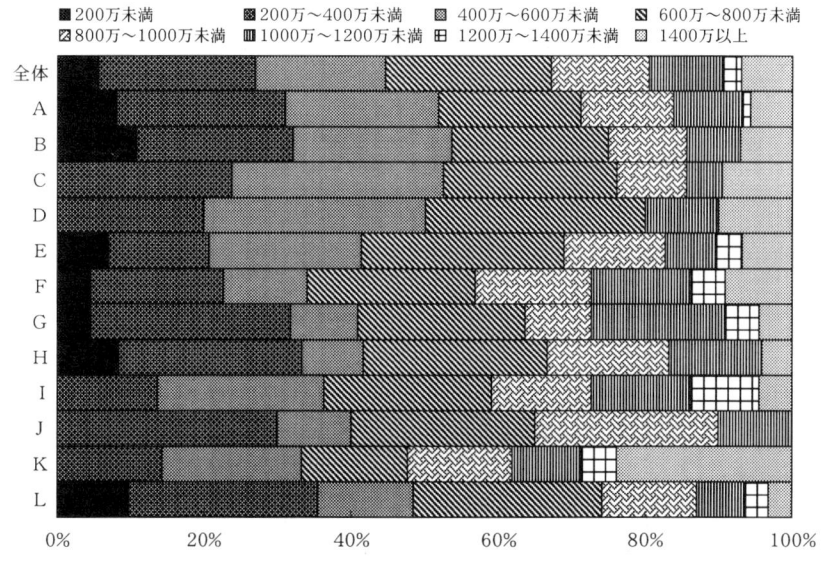

■200万未満　▩200万〜400万未満　▧400万〜600万未満　▨600万〜800万未満
▤800万〜1000万未満　▥1000万〜1200万未満　⊞1200万〜1400万未満　▦1400万以上

(DK・NAは除外した)

民主党に投票しているHは，平均年齢が若干高いにも関わらず高学歴である．

④世帯年収（図1-2）　公明党投票グループKの世帯年収が高いのが目立つ．FとIも若干高めであるが，これは93年当時に50歳代の人々が多いためである．

⑤職業（表1-4）　93年旧野党投票グループ（D, E, F）の勤めの比率が圧倒的に高い．そのため，労組に加入している人の割合も高くなっている．一方，新党投票グループ（G, H, I）は自民党投票グループと同様自営業の割合が高いが，その中では2000年に民主党に投票したHは若干少ない．その分Hは無職

表 1-4　各類型別職業分布と労組加入率

	勤め	自営	家族従業	学生	主婦	無職	その他	答えない	労組加入率
A	30.7	25.4	7.0		19.3	16.7	0.9		3.5
B	34.3	25.7	5.7		14.3	20.0			5.7
C	28.6	21.4	3.6		25.0	21.4			7.1
D	57.9	10.5	5.3		10.5	15.8			31.6
E	55.6	11.1			25.0	8.3			25.0
F	56.9	7.8	3.9	2.0	9.8	17.6		2.0	19.6
G	33.3	33.3	7.4		11.1	14.8			7.4
H	36.4	18.2	9.1		12.1	24.2			6.1
I	33.3	29.6	7.4	3.7	18.5	7.4			3.7
J	30.4	26.1			30.4	8.7	4.3		13.0
K	41.7	12.5	12.5		20.8	8.3	4.2		12.5
L	33.9	16.1	3.6		25.0	21.4			3.6
全体	38.3	20.1	5.5	0.4	18.6	16.3	0.6	0.2	9.7

表 1-5　各類型と地方の関係

	北海道	東北	関東	北陸	東山	東海	近畿	中国	四国	北九州	南九州
A	4.4 (5)	9.6 (11)	23.7 (27)	9.6 (11)	12.3 (14)	7.9 (9)	5.3 (6)	12.3 (14)	3.5 (4)	5.3 (6)	6.1 (7)
B	2.9 (1)	11.4 (4)	14.3 (5)	11.4 (4)	5.7 (2)	14.3 (5)	11.4 (4)	11.4 (4)	8.6 (3)	5.7 (2)	2.9 (1)
C		7.1 (2)	21.4 (6)	10.7 (3)	10.7 (3)	7.1 (2)	10.7 (3)	14.3 (4)	7.1 (2)	7.1 (2)	3.6 (1)
D	10.5 (2)	5.3 (1)	21.1 (4)			10.5 (2)	36.8 (7)	10.5 (2)		5.3 (1)	3.6 (1)
E	8.3 (3)	13.9 (5)	22.2 (8)		2.8 (1)	33.3 (12)	5.6 (2)	2.8 (1)	5.6 (2)	5.6 (2)	
F	7.8 (4)	7.8 (4)	25.5 (13)	3.9 (2)	5.9 (3)	7.8 (4)	17.6 (9)	3.9 (2)	2.0 (1)	7.8 (4)	9.8 (5)
G	3.7 (1)	3.7 (1)	37.0 (10)	7.4 (2)	7.4 (2)	7.4 (2)	11.1 (3)		3.7 (1)	18.5 (5)	9.8 (5)
H	3.0 (1)	3.0 (1)	42.4 (14)		18.2 (6)	6.1 (2)	6.1 (2)		6.1 (2)	12.1 (4)	3.0 (1)
I	3.7 (1)	25.9 (7)	22.2 (6)	3.7 (1)	3.7 (1)	14.8 (4)	18.5 (5)			7.4 (2)	3.0 (1)
J	8.7 (2)	4.3 (1)	30.4 (7)	4.3 (1)	4.3 (1)	8.7 (2)	17.4 (4)	8.7 (2)		8.7 (2)	4.3 (1)
K		4.2 (1)	33.3 (8)		4.2 (1)	8.3 (2)	33.3 (8)	12.5 (3)		4.2 (1)	4.3 (1)
L	1.8 (1)	7.1 (4)	26.8 (15)	10.7 (6)		17.9 (10)	12.5 (7)	7.1 (4)	5.4 (3)	10.7 (6)	
全体	4.4 (21)	8.9 (42)	26.0 (123)	6.3 (30)	7.2 (34)	11.8 (56)	12.7 (60)	7.6 (36)	3.8 (18)	7.8 (37)	3.4 (16)

の割合が高めである．

⑥地方（表1-5）　　公明党投票グループKと旧野党から与党に変えたグループDの近畿地方の割合が高い．Eの東海地方の割合が高いのは旧民社党の影響であろう．新党から民主党以外の野党に投票したIで東北地方の割合が高いのは，自由党に加え社民党の投票者も多くいるためである．そのほか93年自民党投票グループで中国・四国の割合が高いのが目立つ．

⑦都市規模（図1-3）　　J，K，Iでは大都市居住者が多い．2000年民主党以外の野党に投票したグループの中では，Iの都市性は際立っている．一方勤めの多い93年旧野党投票グループだが，それほど都市に住んでいるわけではない．一貫して与党に投票しているAと旧野党→民主党のEは，全体の平均と隔たりが少ない．与党から野党に投票を変えたB，Cは都市に居住する割合が低い．

図1-3　各類型の都市規模（有権者人口と選挙区都市度）

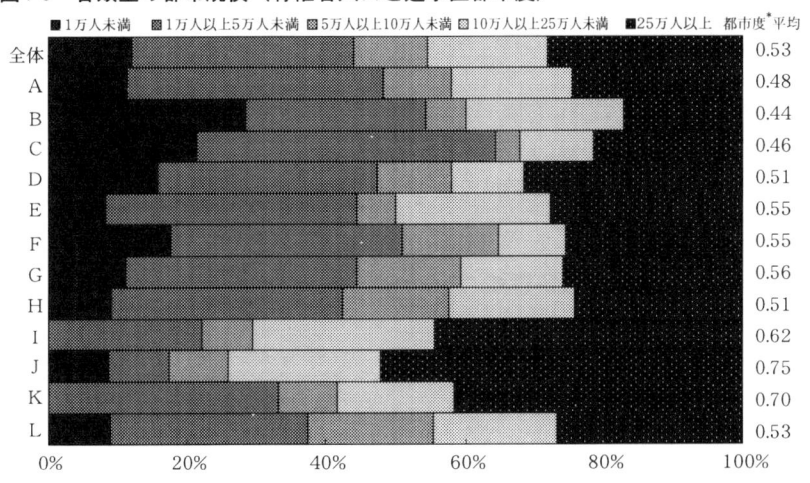

類型	都市度*平均
全体	0.53
A	0.48
B	0.44
C	0.46
D	0.51
E	0.55
F	0.55
G	0.56
H	0.51
I	0.62
J	0.75
K	0.70
L	0.53

＊DID都市度（選挙区人口に占めるDID地区（人口集中地区）人口の比で，0から1の値をとる）

b．類型ごとのテーマ

　各類型は93年，2000年の選挙で同じ行動をとった有権者によって構成されてはいるが，行動の背後にある有権者の意識は様々である．したがって，投票に影響を与えたと考えられる政治に対する意識を細かく観察する必要がある．各解題では有権者をなんらかの基準でグループ分けをし，類型の性質によっては投票行動に関する個別のテーマを設定し分析することとした．そこで，各類型に最適なグループ分けやテーマを設定するために，各類型の担当者にフリーハンドを与えて分析してもらった．やや雑多な観があるかもしれないが，このような方法を採ったおかげで様々な「面白い」発見が可能となった．以下，各解題で分析されたテーマを紹介する．

最もサンプル数の多いA類型では，公明党との関係に注目している．2000年の衆院選の重要な論点である自民党と公明党との関係は，主に拒否感や感情温度という尺度を用いて他の類型の解題でも多く扱われている．変化に着目する本書にとって重要な類型の1つであるBでは，分割投票を扱っている．社会党を中心とする旧野党に投票した人々を，2000年の投票によりD, E, Fと3分割したが，労組の影響や社会党への失望，反自民感情などの存在が明らかとされている．各類型間の相違と類似点に注目されたい．93年に新党に投票したグループ（G, H, I）では，支持する議員・候補者の政党移動，党リーダーへの評価，金権スキャンダルに対する反発などを有権者の行動の背景として示している．党リーダーの影響についてはC類型でも触れられている．独自の存在と認識し，他の政党と別扱いにしたJ類型（共産党投票グループ）では，行動とその要因における非一貫性という意外な発見がなされたのに対しK類型（公明党投票者グループ）はその同質性に着目し，同党支持者の政治認識が克明に描き出されている．

有権者の行動を説明するために上記のような様々な視点が必要であった，というのは指摘しておくべきことであろう．人それぞれに重要な考慮事項，規範あるいは経験があり，それが投票に影響をあたえているということは実は当然のことであるのだが，個別的なために計量的な分析では明らかにしにくい．だが，有権者の意識もばらばらではなく，ある意識はある行動（群）と密接に関わっている．この点で視野を分割し，個別に対処するという手法は有効であったと言えよう．

3. 分析手法に関する留意点

これまでに述べてきた，有権者プロフィール，類型化と解題という第1部での分析手法には，いくつか留意点がある．ここでは特に指摘すべき点として，プロフィール執筆対象となった473サンプルのバイアスの問題と類型化方法に関する問題を検討する．

(1) プロフィール対象サンプルのバイアス

a. この項の目的

先に述べたとおり，プロフィールとしてまとめられた473人の有権者は8回の調査全てに回答している．1回数十分かかる調査への回答はかなりの労力を要し，これを8回も行える人というのは有権者の中でもある種の特徴を持つ人々が多いと考えられる．したがって，473人の有権者を一般の有権者の代表として見なすには，このバイアスを考慮に入れなければならない．このような意識のもと本項では，473人と一般有権者との間にどのような乖離があるのか（ないのか）を示していく．具体的には，一般の有権者を代表していると考えられるJES Ⅱの93年全体のサンプルと473サンプルを，性別，職業，居住地域など93年に調査された本人属性により比

較し,図表と統計的手法を用いてその差の存在を調べる.

そこで,以下,まず比較の対象となる JES II のサンプルについてふれ,次に属性ごとの比較を行い,最後に属性間の影響を考慮してまとめていく.

b. JES II のサンプル

本項で473人の比較の対象とするのは,93年衆院選前に行われた JES II 第1回調査と衆院選後に行われた第2回調査の両方,もしくはどちらかに応じた2682人(以下 JES II 全サンプル)である. JES II 調査では第3回調査以降1303人をサンプルに新たに加えているが,同一時のデータで比較するという必要性からここではあつかわない.

JES II では,層化2段無作為抽出法で3000のサンプルが選び出されている.『JES II コードブック』の第1章では1990年国勢調査との比較を行っているが,これによると93年の第1回調査の3000サンプルと全国民とのズレは,女性がやや少なく40～60代の中高年層がやや多くなっている. JES II 全サンプルについても同様の傾向が見られるが,特に20歳代の標本数割合が男女ともに国勢調査による20代人口割合の3分の2となっており,過少代表となっている.すなわち, JES II 全サンプルにも回答者としてのバイアスが若干あるということに注意が必要である.

c. 属性ごとの比較

473人と JES II 全サンプルの比較は,2682人が第1回と第2回のどちらかで必ず回答している本人に関する質問項目(フェイス・シートの項目)を用いる.以下,なるべく図表を用いて可視化しながら,年齢(生年)と選挙区集中度については t 検定,その他は χ^2 検定を用いて分布の差を示していく. t 検定で平均の値に有意な差があると出た場合,χ^2 検定で分布が同じでないと有意に示された場合は「*」を付した.

①性別(表1-6)　473人の方は非常に女性が少ない.男性の方が,政治的関心が高いということを示しているのかもしれない.

②年齢(図1-4)　473サンプルの6割が太平洋戦争の始まる前に生まれている.高度成長期以降(1960年～)に生まれた人の割合は,全体では2割近くに達しているのに対し,473人では6%に過ぎない(*).473人の平均年齢は全体より5.3歳高い(*).このように,我々のプロフィールは非常に年齢の高い層を選び,書かれていることがわかる.高齢者の方が引っ越すことが少なく,また時間も比較的取りやすいためと考えられる.

表1-6　473人と全サンプルの性別比較

	女性	男性
473人	44.0	56.0
JES II 全	48.2	51.8

③教育（表1-7）　473人は中学校卒（旧小学校卒含む）が多く，大学卒が少ない．高学歴なほど政治に関心があり，回答するというわけではないようだ．ただしこれは年齢と職業の影響を多分に受けていると考えられる．

④世帯年収（図1-5）と職業（表1-8）　図1-5から，473人の世帯年収は中間層が少ないことがわかる．年齢が高いので，比較的年収が高い層と年金生活のために年収の低くなる層の両方の割合が増すためである．年金生活者が多いので，無職の割合が増え，会社などに勤めている割合が少ない．勤めが少ない（＊）のは，転勤などで引っ越すためでもあろう．勤めが少ないことは労組への加入率（＊）にも影響し，JESⅡ全サンプルの14％に対し，473人は10％である．

⑤住居形態と居住年数（図1-6）　一戸建の持家に住んでいるのは，JESⅡ全サンプルでは70％であるのに対し473人では実に84％

図1-4　473人と全サンプルの生年比較

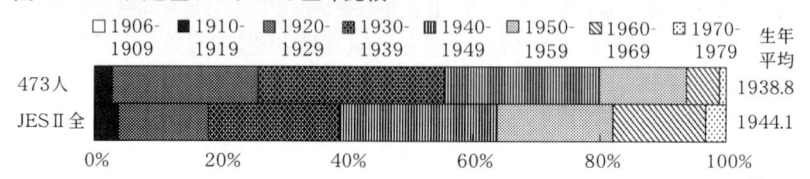

表 1-7　473人と全サンプルの学歴比較

	中学等	高校等	短大等	大学等
473人	26.3	47.9	12.3	13.6
JESⅡ全	23.6	46.2	14.0	16.2

図1-5　473人と全サンプルの世帯年収比較

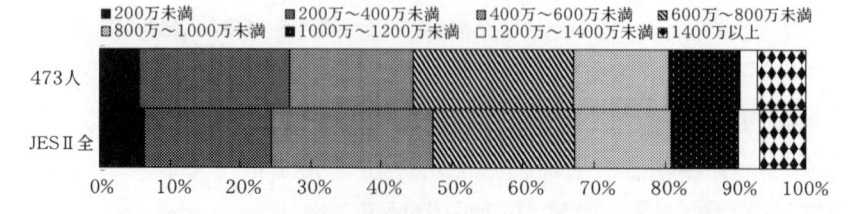

表 1-8　473人と全サンプルの職業比較

	勤め	自営	家族従業	学生	主婦	無職	その他	労組加入率
473人	38.3	20.1	5.5	0.4	18.6	16.3	0.6	9.7
JESⅡ全	46.1	16.1	4.7	1.3	19.5	11.7	0.6	13.9

にものぼる（＊）．一方民間の賃貸アパートに住んでいるのは8％（JESⅡ）と2％（473人）と，これも大きな開きがある（＊）．これは図1-6に示されるような地域定着年数と大きく関係している．生来同じ地域に住んでいる人の割合は，473人では25％，全体では21％である（＊）．一方で住み始めてまだ3年未満の人は，473人では2％であるのに対し全体では8％である（＊）．一戸建の家を建てて，その地域で長年くらしている人でないと調査に8回も連続して答えないということである．

⑥家族構成（図1-7）　　473人では単身世帯は少なく（＊），夫婦のみの世帯がかなり多く（＊）なっている．これは若年層が少なく高齢層が多いことによる当然の帰結である．未婚の子供のいる世帯も少なく（＊），持家率の高さゆえか，既婚の子供と暮らす人は若干JESⅡ全体より多い．

⑦地方（表1-9）と都市度（図1-8）　　表1-9に示されるとおり各地方の人口バランスにはズレがある．過剰に代表されているのが東山地方（＊）（山梨，長野，岐阜），東海地方（静岡，愛知，三重）で，過少代表となっているのは近畿（＊），関東（＊），南九州の各地方である．一般に人口の流動性は都市の方が高いが，都市度（用いたのは選挙区集中度．選挙区内で「住宅」・「商工業」地区に住む人口比によって決まる）の平均は473人が2.46，全サンプルが2.19と0.27

図1-6　473人と全サンプルの居住年数比較

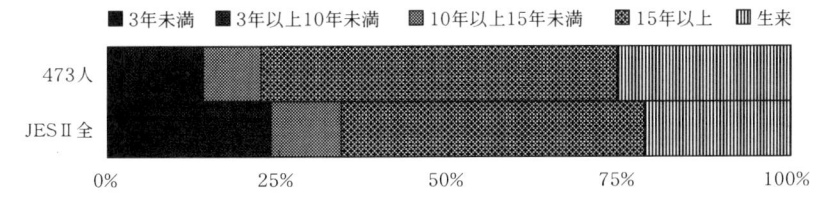

図1-7　473人と全サンプルの家族構成比較

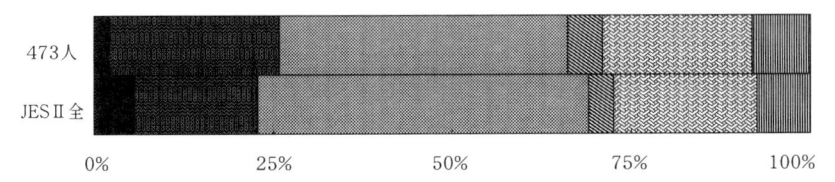

表 1-9　473人と全サンプルの居住地方比較

	北海道	東北	関東	北陸	東山	東海	近畿	中国	四国	北九州	南九州
473人	4.4	8.9	26.0	6.3	7.2	11.8	12.7	7.6	3.8	7.8	3.4
JESⅡ全	4.5	7.9	30.9	4.8	4.1	9.6	16.9	6.4	3.5	6.9	4.5

図1-8 473人と全サンプルの集中度比較

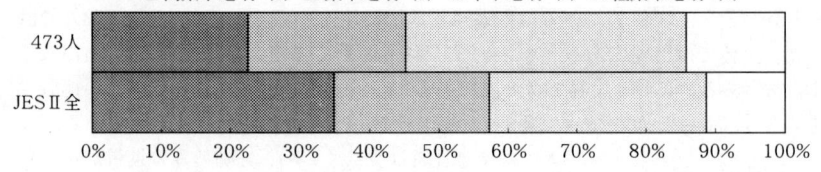

■高集中地域（4） ■集中地域（3） ■平準地域（2） □低集中地域（1）

表1-10 ロジスティック回帰分析結果（8回連続参加要因）

		調査に8回参加したか		
		係数	wald	有意確率（p）
定数		47.50	22.8	(0.00)
性別		0.18	1.8	(0.18)
生年		−0.03	25.7	(0.00)
学歴		0.13	5.1	(0.02)
職業	勤め	−0.06	0.1	(0.71)
	家族従業	0.16	0.4	(0.54)
	主婦	0.06	0.1	(0.78)
	無職	0.01	0.0	(0.96)
	労組加入	−0.19	1.0	(0.31)
世帯	単身	−0.88	5.6	(0.02)
	夫婦のみ	0.19	1.0	(0.31)
	未婚の子	0.04	0.0	(0.84)
	親と同居	−0.21	1.2	(0.27)
住居形態	一戸建て	0.42	5.0	(0.03)
	賃貸住宅	−0.30	1.4	(0.24)
居住年数		0.11	0.6	(0.43)
選挙区集中度		−0.25	19.9	(0.00)

-2 Log Likelihood $=2337.2$
Cox & Snell 擬似 $R^2=0.06$
的中率$=82.3\%$
$N=2666$

（＊）の差である．高集中度選挙区に住んでいる人はJES Ⅱ全体で35％，473人だと23％，低集中度選挙区に住む人の割合はJES Ⅱでは11％，473人では14％であり，473人は都市代表が少ないことが明らかである．

d．まとめ

以上見てきたように，我々がプロフィールの執筆対象とした473サンプルにはバイアスが存在する．しかし，これらの属性は互いに影響しあっていると考えられるので，これらの関係を整理する必要がある．そこで，8回の調査に答えた473人を1，そ

うでない2209人を0とした従属変数を，各独立変数で説明するロジスティック回帰分析を行い，実際に回答状況に影響を与えている変数を抽出してみる[5]．投入する独立変数は次のとおりである．性別（0＝女性，1＝男性），生年，学歴（中卒＝1，高卒＝2，短大卒＝3，大卒＝4），勤め（該当＝1，非該当＝0，以下同じ），家族従業，主婦，無職，労組加入，単身世帯，夫婦のみ世帯，夫婦と未婚の子供の世帯，親と同居している世帯，一戸建に居住，民間・公営の賃貸住宅・アパートに居住，今住んでいる地域への居住年数の長さ（15年以上＝1，15年未満＝0）選挙区集中度（4＝高集中地域，3＝集中地域，2＝平準地域，1＝低集中地域）．世帯年収については関係性が確認されなかったのでここでは分析から除外した．また，地域についてはダミー変数の数が増えてしまうので投入しなかった（表1-10参照）．

5％以下で有意となった項目は，生年，学歴，単身世帯，一戸建て，選挙区集中度である．この中では学歴が観測とは逆に，正の方向に影響を与えていることが注目される．他は観察通りで，年齢が高く，一戸建てに住むような人が473人には代表され，単身世帯であり都市に居住する人は過少に代表されているということになる．

この結果で重要なのは，説明力（擬似R^2）が低いことである．これは，473人と全体との間に明確な相違があるわけではないということを示唆するものである．したがって，全体と473人とのバイアスは第2章以降の解題とプロフィールを読むに当たってそれほど大きな障害ではないと言うことができる．

(2) 類型化方法

本書で行われている類型化方法にはいくつかの限界がある．まず，2000年衆院選の小選挙区での投票行動や，96年衆院選の投票行動も，類型化の基準として考えられたが，第2節(2)で述べた理由により，本書では採用していない．これらについては必要に応じて各解題で分析に用いた．また，93年の投票は中選挙区制で行われているが，これはあくまで候補者への投票であり，選挙区の事情に多分に影響され，また政党というラベルが必ず存在するわけではない．例えば，93年には無所属候補に投票した有権者が数多く存在するが，投票政党というラベルがないためにその他という類型（L類型）に属することとなった．

なお，類型化の基準とした回答については次のような断りをしたい．93年衆院選後調査の投票に関する設問は，まず投票した政党名を尋ね，その上でその選挙区のどの候補に投票したかを尋ねるという方法をとった．そのため，回答した投票政党（以下「回答した政党」）と回答した投票候補者の所属政党（以下「候補者の政党」）とが食い違うサンプル（15名）が存在する．ここで，類型化の基準として「回答した政党」か「候補者の政党」のいずれを用いるかという問題が生じる．実際に投票用紙に記入したのは回答した候補者名だと考えるのが自然であり，たとえ有権者がその党に投票したと認識していなくても「候補者の政党」を類型化の基準として用

いるべきだという意見もあった．しかし，本書では投票行動を説明する有権者の意識を明らかにする目的のため，対象者自身の認識を用いることが有効だと考えた．このような理由により，本書では類型化に際し，93年衆院選に投票政党としてサンプルが回答した政党を基準として用いている [6]．

4．有権者プロフィールの読み方（凡例）

　有権者プロフィールは1サンプルにつきそれぞれ1ページを使って掲載されている．1ページは大きく分けて，サンプル番号と表題（1行目，下の例のA），基本的属性データ（2・3行目，B），投票・支持などの変遷を示す表（C），そしてプロフィールの本文（D）という4つの部分からなっている．これらについて以下の（2）～（5）で例を示しながら概説する．

```
L-001  反自民から新党に期待，そして政治離れへ                         ………A
北海道  旧1区／新3区  1930年代生まれ  男性  ①中学  ②400～600万円（95年）
③サービス業→無職（95年）  ④労組                                    ………B

        支持政党       選挙区          比例     拒否政党   保革
93.7    （なし）       阿部康彦（無所属）         なし      6
94.2    さきがけ                                            3
95.2    新進                                                5         ………C
95.7    （なし）       新進           新進      なし      DK
96.10   （NA）        NA（その他）    民主      DK        DK
00.6    NA           棄権           棄権       ※        ※

　道内最大の都市札幌を抱える旧北海道1区は，93年には定数6に対して12人が争う
激戦区であった．小選挙区制導入後の3区では96年，自民・新進・民主・共産の有力………D
（中略）
は棄権している．（小松）
```

(1) 掲載順

　プロフィールの掲載順は次のようになっている．まず類型別に分け，類型内では各有権者が属する選挙区を基準に都道府県（自治省のコードによる）の順，同じ都道府県内では小選挙区順，同じ小選挙区内ではその地域が属していた旧中選挙区順に並べ，これらすべてが同じサンプルについてはJESⅡ調査で用いられたIDの順に並べた．なお，選挙区別の分布については，「プロフィール対象有権者の選挙区別分布状況」を参照されたい．

(2) サンプル番号と表題（A）

　サンプル番号は，アルファベットで示される類型名と類型内での番号（掲載順）からなっている．表題はそのサンプルの行動・意識の特徴を端的に表現することを目的としてつけられている．

(3) 基本的属性データ (B)

この部分では，選挙区，生年年代，性別に加え，①教育程度，②世帯年収，③本人職業，④所属経験のある団体を示している．

選挙区は，都道府県名，中選挙区時代の選挙区，小選挙区での選挙区の順に示されている．生年についてはプライバシー保護の観点から西暦で年代を示すにとどめた．

①は教育程度を表す．最後に卒業あるいは中退した学校，または在学している学校を「新制中学・旧制小学・旧制高等小学」「新制高校・旧制中学」「高専・短大・専修学校」「大学・大学院」という種類に分けて尋ねており，それぞれ「中学」，「高校」，「短大」，「大学」として掲載した．93年衆院選前（第1回），95年参院選後（第5回），96年衆院選前（第7回）調査に教育程度の設問があり，回答が一貫していない，あるいは無回答のサンプルが少なからず存在したが，該当サンプルが有効に答えた最初の調査の回答を採用した．

②は世帯年収を表す．「～200万円」「200～400万円」「400～600万円」「600～800万円」「800～1000万円」「1000～1200万円」「1200～1400万円」「1400万円～」という8つの選択肢がある．これも①の教育程度と同様に3度調査されているが，該当サンプルが有効に答えた最初の回答を採用した．一つも有効回答がない場合は「不明」とした．時期による経済状況の違いを考慮するため，回答を採用した調査年を括弧書きで示した．

③は本人職業を表す．これは本人の自由回答に基づいて記述した．ただし，プライバシー保護のため本人が特定されないように留意した．①②と同様に3度調査されているが，その間に転職や退職をしたと考えられる場合には「公務員→無職（95年）」（当初公務員であったが95年調査時からは無職となったことを示す）などと変化後の状態とそれが明らかになった調査年を示した．

④は所属経験のある団体を示す．93年衆院選後（第2回）と96年衆院選後（第7回）の調査で加入団体として「労働組合」「商工業関係の同業組合・団体」「農協，その他の農林・漁業団体」「自治会，町内会，地区会」「住民運動・消費者運動・市民運動・婦人運動の団体」「生活協同組合」「宗教団体」の中から挙げたことがあるものをそれぞれ「労組」「商工」「農協」「自治」「住民」「生協」「宗教」と略記した．また，93年衆院選前（第1回），95年参院選後（第5回），96年衆院選前（第6回）の調査の本人の職業に関する設問の中で労働組合に加入していると答えた場合も労働組合を所属経験のある団体とした．

(4) 表 (C)

表では，縦に時系列をとり，支持政党・投票行動・拒否政党・自己が認識する保革イデオロギーの数値が示される．

調査時は「93.7」「94.2」「95.2」「95.7」「96.10」「00.6」と記されているが，それぞれ93年衆院選前後（第1回・第2回），94年2月（第3回），95年2月（第4回），95年参院選後（第5回），96年衆院選前後（第6回・第7回），2000年衆院選後（第8回）の調査を示している．

「支持政党」欄には，支持すると答えた政党名が記される．「93.7」「96.10」の欄ではそれぞれ93年衆院選後（第2回），96年衆院選後（第7回）調査での支持政党が用いられている．支持の熱心さの設問で自らを熱心な支持者だと答えた場合には政党名がゴシック体で強調されている．支持政党が特にない，わからない，あるいは答えないサンプルに対しては，好ましい政党として挙げた回答に括弧をつけて記した．2000年調査には支持の熱心さの設問と好ましい政党の設問がないためこの欄で太字や括弧書きの記載はされないことになる．なお，DKは「わからない」，NAは「答えない」の意味である．

「選挙区」欄と「比例」欄では投票行動が示される．

「選挙区」欄では，衆院選は93年の中選挙区，96年と2000年の小選挙区選挙で，投票した候補者に政党名を括弧書きで付して記した．回答した候補者の実際の所属政党が回答した政党名と異なる場合には，「武村正義（自民？）」のように政党名に「？」をつけており，その齟齬については可能な限り本文中で説明を加えた．2000年衆院選後調査には投票候補者名の設問がないため，投票政党名の回答からその選挙区における候補者を特定して記した．その選挙区に投票したと回答した政党の公認候補がいない場合，「公認なし（公明？）」のように記し（その政党が推薦・支持する候補がいる場合もある），可能な限り本文中で解説した．2000年に無所属候補に投票したと回答しているがその選挙区に無所属候補がいない場合は「該当なし（無所属？）」とし，その選挙区に複数の無所属候補が立候補していた場合，「非特定（無所属）」とした．

95年参院選の選挙区選挙については，投票した候補者の設問がなく，政党名のみを「選挙区」欄に示した．その際，実際にはその選挙区に公認候補を立てていない政党を回答している場合には，「社会？」のように政党名に「？」をつけた．

「比例」欄には，95年参院選，96年衆院選，2000年衆院選の比例区で投票した政党名を記した．

「選挙区」欄と「比例」欄の両方で，投票政党を「わからない」「答えない」「棄権」「忘れた」とした場合はそれぞれ「DK」「NA」「棄権」「忘れた」と記した．投票した政党は答えており候補者名のみ「わからない」「答えない」とした場合は「DK（自民）」「NA（社会）」のように記した．なお，調査では「白票」という選択肢はなかったが，自ら書き込むなどして白票を投じたことが判明している場合には「白票」と記されている．

「拒否政党」欄には，93年衆院選前（第1回），95年参院選後（第5回），96年衆院選前（第6回），2000年衆院選後（第8回）の調査で拒否政党（絶対支持したく

ない政党）として複数回答で挙げられた政党が示される．欄内には政党名を略した1文字が4文字まで列挙されており，5党以上の政党を拒否政党としている場合は「5党以上」とした．政党の略称については後に示す．拒否政党を挙げない場合は「なし」，「わからない」「答えない」とした場合はそれぞれ「DK」「NA」とした．なお，2000年衆院選後の電話調査での回答者には拒否政党の回答がないため，「※」を記載した．

「保革」欄には，保革イデオロギーの自己認識の数値が示される．これは1（最も革新的）から10（最も保守的）までの保革イデオロギー尺度上に自らの立場を位置付けてもらったものである．「わからない」「答えない」とした場合はそれぞれ「DK」「NA」とした．「93.7」「96.10」の欄ではそれぞれ93年衆院選後（第2回），96年衆院選後（第7回）調査での回答が用いられている．2000年衆院選後の電話調査での回答者には保革イデオロギーの回答がないため，「※」を記載した．

以上の設問の詳細については，資料の質問文も参照されたい．

なお，表では政党名は次のように表記されている．（）内は1文字の略称を示す（拒否政党の選択肢となっていない政党に1文字の略称はない）．
「自民」（自）「社会」（社）「社民」（社）「公明」（公）「民社」（民）「共産」（共）「社民連」（連）「新生」（生）「さきがけ」（さ）「日本新」（日）「新進」（進）「民主」（民）「平和市民」「二院ク」「スポーツ」「連合」「保守」（保）「自由」（由）「無所属」「その他」（他）
（「民」という略称が93年～94年には民社党，96年以降は民主党を示すことに注意されたい．）

(5) 本文（D）

本文中では対象となっている有権者のことを「彼」または「彼女」という語で指している．直前に出てきた候補者などを指すわけではないことに注意されたい．

該当する選挙区の事情が本文中で触れられるが，注意すべきなのは，各サンプルの居住する地域は実際には小選挙区より小さな単位（市町村，特別区，政令指定都市の区）まで把握されているが，プライバシー保護のため個人が特定されないようにそれらは伏せてあるということである．「この地域では（候補者名）の得票が多い」などという記述がしばしば登場するが，これは該当する市町村などでの得票数から判断しているものである．

候補者について文中で「現職」「元職」「新人」という表現を用いているが，これは該当する選挙時点を基準としている．

プロフィール執筆にあたっては，有権者の自由回答が多く利用されている．引用も多くなされているが，自由回答だという断りがなくても原則として本文中で「」で引用されているのは自由回答である．ただし，"「神の国」「国体」発言"などという場合の「　」は質問文から抜粋されたものであって自由回答の引用ではない．

また，2000年を「00年」と表記した（解題でも同様）．
　本文の最後には丸括弧つきで執筆担当者(最終担当者)が記されている．郭定平,金燦東,Sherry Martin の各氏はプロフィールを執筆したものの最終執筆者とはならなかったために文末に執筆者としては表記されていないが，プロフィール作成に貢献していただいたことをここに記しておきたい．

---

(1) 三宅一郎『投票行動』東京大学出版会，1989年，39頁．
(2) 蒲島郁夫『政治参加』東京大学出版会，1988年，171-174頁．
(3) ただし，一部のサンプルについては事情により途中で担当者が代わっている．第4節(4)参照．
(4) 473人の具体的な投票の変遷を示しておく．
　表1-11では，93年衆院選におけるある政党への投票者のその後の投票変遷パターンを，表1-12では，2000年衆院選比例区におけるある政党への投票者の以前の投票変遷パターンを示している．なお，これらの表中では3サンプル以下のグループについては紙幅の関係上まとめて「上記以外」あるいは「細分化」と記し，政党名は示さなかった．次に，93年と2000年の双方での投票を軸に変遷のパターンのサンプル数を表1-13で示す．93年衆院選での投票政党と2000年衆院選比例区での投票政党の2つを基準として473サンプルを分け，それぞれのパターンのサンプル数を示した．
(5) ダミー変数が多いため，林数量化Ⅱ類による分析も行った．この結果を簡単にまとめておくと，生年，選挙区集中度，地域，年収，住居形態，家族構成，職業，教育，居住年数，性別の順で偏相関係数が高かった．生年が最高齢のカテゴリーで負の影響を示すなどの違いはあったが，全体の傾向はそれほど変わらなかった．説明力と各変数の影響力の有意性を示すためもあり，ここではロジスティック回帰分析による結果を示した．
(6) 「候補者の政党」を用いると，93年衆院選で投票した政党名は回答しているが候補者名は回答していないサンプル（23名）を扱えないという問題が生じることも，「回答した政党」を用いる理由の一つである．

表1-11 93年投票政党からの分岐

93年	サンプル数	96年比例区	サンプル数	2000年比例区	サンプル数
自民	179	自民	132	自民	94
				民主	15
				公明	6
				棄権	5
				社民	5
				上記以外	7
		新進	18	民主	9
				自民	5
				上記以外	4
		民主	8	民主	6
				上記以外	2
		棄権	8	細分化	8
		NA	4	細分化	4
		上記以外	9		
社会	82	社民	20	社民	17
				上記以外	3
		民主	19	民主	11
				上記以外	8
		自民	12	自民	6
				民主	4
				上記以外	2
		共産	10	民主	4
				上記以外	6
		棄権	7	細分化	7
		新進	7	細分化	7
		NA	5	細分化	5
		上記以外	2		
新生	54	新進	27	民主	7
				自民	6
				自由	6
				公明	4
				上記以外	4
		自民	12	自民	5
				上記以外	7
		民主	7	民主	4
				上記以外	3
		共産	4	細分化	4
		上記以外	4		

93年	サンプル数	96年比例区	サンプル数	2000年比例区	サンプル数
公明	24	新進	16	公明	12
				上記以外	4
		上記以外	8		
共産	23	共産	13	共産	9
				上記以外	4
		上記以外	10		
日本新	23	民主	6	民主	5
				上記以外	1
		棄権	5	細分化	5
		自民	4	細分化	4
		新進	4	細分化	4
		上記以外	4		
無所属	23	自民	7	自民	4
				上記以外	3
		新進	7	自民	4
				上記以外	3
		民主	6	民主	4
				上記以外	2
		上記以外	3		
民社	19	新進	11	民主	6
				上記以外	5
		上記以外	8		
棄権	18	棄権	5	細分化	5
		上記以外	13		
さきがけ	11	細分化	11		
NA	8	細分化	8		
社民連	6	細分化	6		
忘れた	3	細分化	3		

※ 4サンプル以上が重なるパターンに網かけを施した

表1-12 2000年比例区投票政党への結集

93年	サンプル数	96年比例区	サンプル数	2000年比例区	サンプル数
自民	94	自民	121	自民	164
社会	6				
新生	5				
無所属	4				
上記以外	12				
新生	6	新進	23		
自民	5				
無所属	4				
上記以外	8				
細分化	5	棄権	5		
細分化	4	民主	4		
細分化	4	NA	4		
		上記以外	7		
社会	11	民主	38	民主	126
自民	6				
日本新	5				
新生	4				
無所属	4				
上記以外	8				
自民	9	新進	30		
新生	7				
民社	6				
上記以外	8				
自民	15	自民	29		
社会	4				
上記以外	10				
社会	4	共産	12		
上記以外	8				
細分化	7	棄権	7		
		上記以外	10		

93年	サンプル数	96年比例区	サンプル数	2000年比例区	サンプル数
社会	17	社民	20	社民	50
上記以外	3				
自民	5	自民	7		
上記以外	2				
細分化	5	民主	5		
細分化	5	棄権	5		
細分化	4	NA	4		
		上記以外	9		
新生	6	新進	19	自由	36
上記以外	13				
新生	4	自民	7		
上記以外	3				
細分化	4	民主	4		
細分化	4	共産	4		
		上記以外	2		
共産	9	共産	18	共産	31
上記以外	9				
		上記以外	13		
公明	12	新進	18	公明	31
新生	4				
上記以外	2				
自民	6	自民	8		
上記以外	2				
		上記以外	5		
細分化	9	棄権	9	棄権	26
自民	5	自民	8		
上記以外	3				
細分化	5	民主	5		
		上記以外	4		
		細分化	5	NA	5
		細分化	2	その他	2
		細分化	2	保守	2

※ 4サンプル以上の流れに網かけを施した

表 1-13　93年と2000年比例区での投票政党によるパターン

		2000年比例区投票政党									
		自民	民主	社民	自由	共産	公明	保守	その他	棄権	NA	計
93年投票政党	自民	106	35	8	8	4	8			8	2	179
	社会	11	24	29	5	4	2		1	5	1	82
	新生	13	16	3	12	3	4			2	1	54
	公明	2	3		3	2	12		1	1		24
	共産	2	5	1	1	13	1					23
	日本新	3	13	3		1		1		2		23
	民社	4	10		4					1		19
	さきがけ	4	4			1	2					11
	社民連	2	2	1						1		6
	無所属	9	6	2	2	1				2	1	23
	棄権	4	4	2	1	1	2	1		3		18
	NA	2	3	1		1				1		8
	忘れた	2	1									3
	計	164	126	50	36	31	31	2	2	26	5	473

第2章

A類型：自民党投票(93)－自公保投票(00比例)

解題　　　　　　　　　　　　　　　　　　　　　　　　　　　　原　圭助

1. はじめに

　19世紀的価値観たる「自由」，20世紀的価値観の「民主」，その両方を党名に冠する自民党は，良くも悪くも包括政党として歩んできた．そしてその自民党政府は経済成長の推進を政権の最優先の課題とし，変わることなく政権の座にいつづけたのである．しかし，経済成長の推進だけなら自民党以外でもよかろう．なぜ国民は戦後経済成長のパートナーに自民党を選んだのか．同党の有する穏健保守的気風が日本人の平均的思想と合致したのか，はたまた吉田茂などの優れた宰相イメージによるものなのか．本稿では有権者の側から見た自民党に投票する要因を中心に分析してみたい．本分析の対象時期は1993年から2000年という短い期間ではある．しかし，同時に新党の誕生，政権交代などが頻発した密度の濃い時期でもあるのだ．自民党にとっては逆風吹き荒れる試練の時期に，あえて自民党に投票した，そのような有権者の投票行動を分析することには，大きな意義があるのではないだろうか．
　衆議院選挙が行われた93年に自民党，00年比例区で自公保3党のうちいずれかに投票した114サンプルが本章での分析対象である．このA類型の中でさらに2つに分けることにする．すなわち，93年と00年比例区に加え96年比例区でも自民党に投票したか否かで2つの小分類を設ける．これは，日本の政治における自民党の特殊性を考慮に入れる必要があるのではないかと考えたためである．114サンプルのうち96年比例区でも自民党に投じたのは100サンプル（うち00年に公明投票は5），96年比例区で自民党以外の政党に投票したのは14サンプルである．前者を一貫型，後者を非一貫型とする．詳細は本章第3節を参照されたい．

2. 定型分析

　それでは，本カテゴリーに類型化されるのはどのような人が多いのだろうか．基本的には「自民党支持モデル」とよんでよい本類型の性格から，イデオロギー分布は高め（保守的），96年総選挙においても比例区で自民党に投票していること，などが予測できる．
　実際には，まず男女比は男性55.3%，女性44.7%で，473サンプル全体の同56.0%，

44.0％と大差なかった．年齢は93年時点の平均で57.9歳で，全体の平均53.8歳より高い．教育程度については，大学卒業（中退・在学）者の割合が7.9％であり，全体の同13.7％のより少ない．本人の職業は，93年時点で勤めが30.7％，自営が25.4％で，全体の同38.3％，20.1％と比べ，勤めが少なく自営が多い．世帯年収は，93年時点で600万円以下のサンプルが39.5％で，全体の同33.8％より多い．保革イデオロギーは，93年衆院選前調査で平均7.4（全体は5.8），00年衆院選後調査で平均7.1（全体は5.5）と本類型が保守的であり，8回の調査を通じて全体平均と本類型の平均とでは常に1.1以上の開きがある．

3. 一貫型と非一貫型

（1） 自民党一貫投票型

93年と00年（比例区）に自公保に投票した114サンプルのうち，実に100サンプルが96年比例区に自民党に投票している．しかもそのうち60サンプルは過去8回の調査すべてにおいて支持政党も一貫して自民党を挙げているのである．これら60サンプルをコア層，公明に投票したものも含むその他40サンプルを非コア層とよぶ（表2-1）．コア層が自民党を支持する具体的な意見を拾ってみると，「なんだかんだいっても自民党」「自民党は唯一国際的に通用しうる政党」「吉田さんのときから好き」といったものから，「なんとなく」「これまでの実績で」というものまで様々ある．

以上は比例区に注目した結果であるが，小選挙区の投票行動も同時に分析していくと，ますます自民党コア層の動向がつかめてくる．上述60サンプルのうち，89年参院選から始まって00年小選挙区に至るまで，比例区・小選挙区ともすべて自民党に投票したのは39サンプルであった．「自民党」以外記入したことのない人というのは相当バイアスのかかった，コア層の中でも特に熱烈な自民党信者だと思いがちである．しかし実際はA-042のように，「昔は好きだったが，今は新進党に気持ちがかたよりつつある」としながらぎりぎりのところで自民党を支持しつづけたものもあった．

与野党伯仲状況を望む割合はコア層と非コア層で違いがあるのだろうか．図2-1のように，両層に大きな差はなく，コア層においても41.7％（00年）もの人々がバッファープレイヤー的志向（自民党政権で与野党伯仲を望む）を持ち合わせているということは，特筆に価するのではないだろうか．

表2-1 サンプル群の定義

	サンプル群	93	96比例	00比例	支持
（A類型）	一貫・コア	自民	自民	自公保	自民一貫
	一貫・非コア				自民一貫ではない
	非一貫		非自民		―
（A以外）	「自民離れ」	自民	自民	非自公保	―

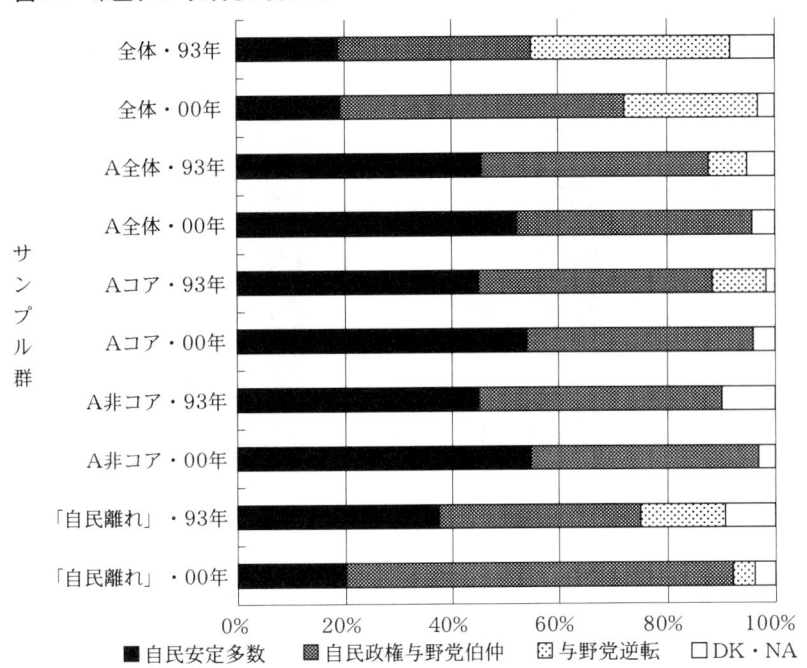

第2章 A類型：自民党投票(93)－自公保投票(00比例)　55

図2-1　希望する与野党の勢力比

サンプル群：全体・93年、全体・00年、A全体・93年、A全体・00年、Aコア・93年、Aコア・00年、A非コア・93年、A非コア・00年、「自民離れ」・93年、「自民離れ」・00年

■自民安定多数　■自民政権与野党伯仲　□与野党逆転　□DK・NA

　選挙の際，特定の候補に投票するよう働きかけた割合（93年）は476全サンプルでは11.2％だったのに対し，コア層では15.0％とわずかに多い．非コア層では7.5％と，全サンプルよりかなり低く，自民党に対する愛着の低さがわかる（図2-2）．

（2）非一貫型

　残りの14サンプルが，非一貫型つまり一度でも自民党に投票しなかった選挙があるタイプである．

　まず，00年総選挙で公明党・保守党のどちらかに投票したタイプであるが，Aに類型化されるものの中で，保守党に投票したものはなかった．次に93年に自民党に投票，その後自民不支持になり96年に新進党に投票，その後自由党を支持，そして自由党が分裂したことにより，00年に保守党に投票した，というサンプルもなかった．もっとも，サンプルが存在していても調査方法上の限界があり把握できない以上ここで分析の対象にはならない．

　公明党に投票したものは8サンプルであった．その中には，A-094のように自民党に対する支持強度が強いゆえ連立のパートナーである公明党に投票したものと，A-104のようにもともとあまり熱心ではない自民党支持者であって，過去にも新党など

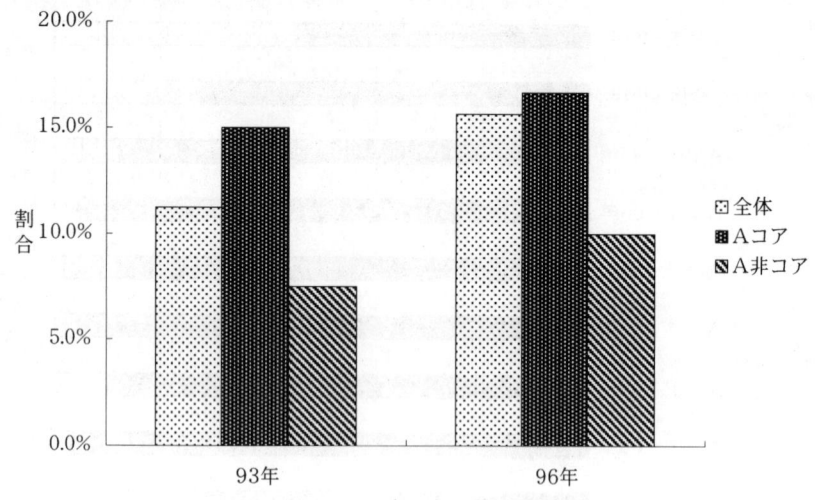

図2-2　知人に働きかけをした割合

に浮気した経験があるタイプとがあるようだ．元来公明党支持者で，93年総選挙で自民党に投票したのはA-110のみである．本類型114サンプルにおいて基本的に公明支持者と分類できるのは1つだけということになる．

（3）　自民離れ層

　93年，96年比例で自民に投票し，00年比例で自民以外に投票したサンプル（主にB・C類型）を「自民離れ層」と名づけると，A類型全体との差異がよくわかる．さきほどの与野党伯仲については自民離れ層の実に72.0％が望んでいるのである．また，特定候補への働きかけをしたのが6.3％しかいなかったことから考えると，もともと自民党にあまり愛着を持っていない集団だと言うことがよく分かる．

4．公明党に対する評価

（1）　公明党に対する感情温度の変化

　大方の予想に反して，本類型の公明党への感情温度は93年と比較すると，00年ではかなりあがっている．自公連立が自民党支持者の反発を生んだとよく言われているが，反発した支持者はすでに比例区では自民党にいれなくなった（つまり，B・C類型にいった）ということなのであろうか．実際，自民離れ層の公明党に対する感情温度は上がってはいない．拒否政党として公明党を挙げる割合でも，本類型全体ではかなり下がっているのに対して，自民離れ層では倍増している（図2-3）．

（2）　自公保連立政権に対する評価

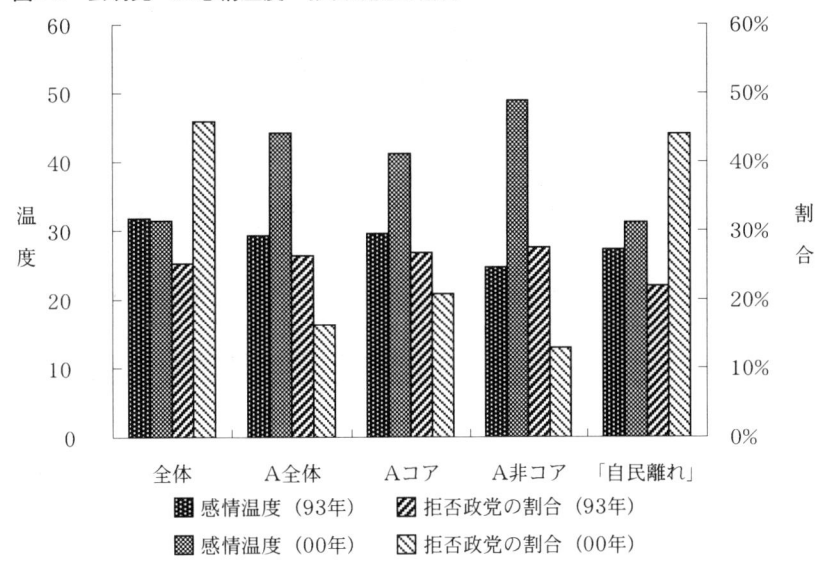

図2-3　公明党への感情温度・拒否政党の割合

 全体　　A全体　　Aコア　　A非コア　　「自民離れ」

■ 感情温度（93年）　　▨ 拒否政党の割合（93年）
■ 感情温度（00年）　　▧ 拒否政党の割合（00年）

　473サンプル全体では，7割ほどが評価していない自公保連立政権であるが，本類型では逆に7割の人々がある程度の肯定的評価を下している．一方自民離れ層の9割近くが自公保連立を評価していないというのは非常に興味深い．自公保を嫌って自民党を見限ったということがはっきりと分かる（図2-4）．

5. 特異なサンプル

（1）　いったん社会党支持に移行したもの

　自民党と社会党といえば，まさしく水と油であり相容れない政党の代表格であった．しかし，村山内閣成立時に両党は数合わせの連立を組んだ．その時期に合わせて，自民党支持者でありながら社会党への嫌悪感が薄れたため同党に投票した有権者がいるかもしれない．A-010は，社会党の候補者が当該対象者の友人であったという特殊な事例ではあるが，自民党への支持意識が根底にあって，その延長線上で95年参院選において社会党に投票したというべきモデルであり，一読に値する．

（2）　共産党に好意を寄せたことがあるもの

　典型的自民党支持モデルとも言える本類型の有権者の中で，共産党に一度でも好意を抱いたサンプルがある．A-007は，93年に自民党離れの志向を持ちつつもその時点では自民党に投票，その後95年参院選比例区で「自民党を懲らしめるため」新進党に投票する．やがて期待を裏切られ96年総選挙では自民党に戻っている．その過

図2-4 自公保連立政権の枠組への評価

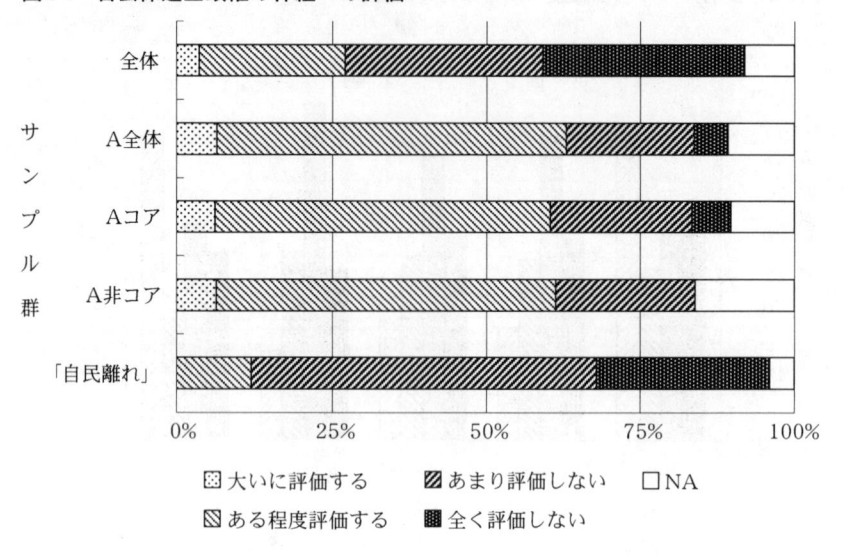

サンプル群: 全体／A全体／Aコア／A非コア／「自民離れ」

凡例：大いに評価する／ある程度評価する／あまり評価しない／全く評価しない／NA

程で95年参院選選挙区において「女性同士なので」という理由で共産党に投票しているが，特に共産党自体を評価したのではないということである．

（3） 新党を支持し，Uターンしたもの（非一貫型）

93年の新党ブームに乗らずに自民党に投票，その後遅れて96年に新進党に投票，そして00年に再び自民党に戻ってきたサンプルは，世間一般よりワンサイクル遅い動向をとったものとして，ユニークなモデルとみなせるのではないだろうか．もっとも，そこに2大政党制を目指すという理由や，支持する候補者の党籍変遷に従ったことなどがあれば分かりやすいモデルなのだが．A-011は基本的には自民党を支持しており，95・96年に親戚からの投票依頼によって逸脱投票を行っている．完全に主体的な投票行動とは呼べないが，本人は一応政党も重視して選んだ，としており，この類型と呼んでよいのではないだろうか．

6. まとめ

A類型が他の分類から逸脱している部分を代表的イメージとして考えてみる．年齢は50代後半から60代前半にかけて，自営業，世帯年収は平均的，保革イデオロギーは7以上といったところである．A-039の個人タクシー運転手，A-019の運転手，やや年齢は高くなってしまうが，A-040の日用品販売業者，A-106の菓子卸売業者などが典型的自民党支持者と呼べそうである．

A-001　世界の中の日本，世界の中の自民党

北海道　旧1区／新4区　1930年代生まれ　男性　①高校　②800〜1000万円（93年）　③会社役員　④商工

	支持政党	選挙区	比例	拒否政党	保革
93.7	自民	町村信孝（自民）		社共	9
94.2	自民				10
95.2	自民				5
95.7	自民	自民	自民	共	8
96.10	自民	佐藤静雄（自民）	自民	共	10
00.6	自民	佐藤静雄（自民）	自民	共	10

　札幌を抱える旧北海道1区は，定数6人に対して12人が争う激戦区であった．札幌市西部と小樽・後志を含む北海道4区では，96年には現職の佐藤静雄（自民）が民主，新進の候補者の追い上げをかわして当選．00年も後志管内の票を手堅くまとめた佐藤が公明票もとりこみ池田隆一（民主）を破った．

　彼は50代後半の会社役員で，妻と持ち家に住んでいる．イデオロギーは保守．政治には不満を感じている．政治への関心はかなり高く，朝日・読売・日経・北海道新聞を読み，商工関係の団体と候補者個人の後援会に加入している．

　彼の一貫した自民党支持は，もちろん加入団体の影響もあるだろうが，外交・防衛分野での自民党への絶大なる信頼によるところが大きい．「国際的には自民党でなければ乗り越えられない」といったコメントが数度にわたって見うけられる．

　彼はアメリカを日本に最も影響力がある国とみており，その上でアメリカと協調するべきだと答えている．沖縄の米軍基地問題を自分にとって最重要な問題とし，米軍基地を残すべきだと強く主張する一方で，戦後50年問題はあまり重要視されていない．ここでは，国際問題における彼の主張の優先順位が自民党のそれと似通っているのが目につく．ただ外交・防衛分野における関心の高さに比べて，経済政策など他の政策については特に興味を示していない．

　自民党に対しては，古い体質，傲慢，権力志向と批判することもあるが，これは他党への支持変更には結びついていない．自民党の実績（特に国際的な分野の実績）を超えることのできる政党の不存在がその理由としてあげられる．社会党には国際的分野でのスタンスと実績のなさから全く期待しておらず，新生党にはポリシーがないと批判している．新進党についてはその場その場で好きなことを言っているにすぎないと酷評しており，その他の新党や民主党に対しても否定的である．

　投票は政党支持によるものであり，そこに候補者要因はあまりないと考えられる．確かに彼は個人後援会に加入しているが，これは商工団体の働きかけによるものであり，彼自身投票先は政党で選ぶと答えている．(小松)

A-002 今津が踊れば彼女も踊る？

北海道　旧2区／新6区　1930年代生まれ　女性　①中学　②200～400万円(93年)　③主婦　④自治

	支持政党	選挙区	比例	拒否政党	保革
93.7	自民	今津寛（自民）		なし	8
94.2	**自民**				9
95.2	**新進**				7
95.7	**新進**	新進	新進	なし	8
96.10	（なし）	今津寛（自民）	自民	共	8
00.6	自民	今津寛（自民）	自民	共社	8

　道央・道北を占める旧北海道2区は，自社2議席ずつが固定化されている自社対決型選挙区であった．旭川市を選挙区域とする新6区では96年，民主党の佐々木秀典と自民党の今津寛が争った．93年当時自民党に所属していた今津は宮沢内閣不信任案決議を欠席，その後無所属から新進党をへて96年自民党に復党したが，同年衆院選では佐々木に敗北．00年衆院選でも今津は佐々木に破れた．

　彼女は元来自民党支持者であり，93年には今津の後援会にも加入していた．彼女自身保守政治を志向していると答えている．

　95年2月には新進党に支持を変えている．これは，社会党と手を組んだ自民党に対する失望によるものであり，「社会党と組むとはどういうことか」と不快感をあらわにしている．彼女は社会党を完全に拒否しているが，これには旧北海道2区が自社対決であったことが関係しているのかもしれない．他の支持変更理由としては，自社さ政権のわかりにくさと一貫性のなさ，元自民党議員が多い新進党に信頼と期待を抱いたこと，今津の新進党への鞍替えなどが考えられる．96年には彼女は再び自民党を支持している．理由としては，新進党が期待はずれに終わったことがあげられるが，今津の自民党への復党も大きく影響しているようだ．

　93年衆院選では今津に投票している．旧2区には今津の他にもう1人自民党候補者（金田英行）がいたことや，以前から今津に投票していたことをふまえると，これは候補者重視の投票行動といえるであろう．95年には「現在信頼でき，将来期待できる」という理由から新進党に，96年は小選挙区，比例区とも「支持している政党だから」という理由で自民党に投票している．ただ96年の小選挙区については，今津の自民復党により彼女も自民支持に戻ったと考えられることから，候補者要因も大きいと思われる．00年は小選挙区・比例区とも自民党に投票した．(小松)

A-003　政党実績から消去法で自民党

北海道　旧3区／新8区　1920年代生まれ　女性　①高校　②200〜400万円(93年)
③主婦　④自治　住民

	支持政党	選挙区	比例	拒否政党	保革
93.7	自民	NA（自民）		公民共	6
94.2	自民				6
95.2	自民				7
95.7	自民	新進	自民	進	DK
96.10	自民	佐藤孝行（自民）	自民	進民	7
00.6	自民	佐藤孝行（自民）	自民	公	7

　旧北海道3区では93年，佐藤孝行（自民）と鉢呂吉雄（社会），金田誠一（無・社推薦）が当選し，社会党系で2議席を獲得した．新制度導入後の8区における96年衆院選では，比例にまわった金田の票と労組票を得た鉢呂（民主）の前に佐藤は敗北，結局佐藤は比例で当選した．00年衆院選でも佐藤は鉢呂に敗北を喫した．
　60代後半の女性．単身で住んでいる．イデオロギーはやや保守．政治には常に不満を感じている．政治への関心はまずまずある．
　彼女は一貫して自民党を支持している．自民党員としての選挙応援や後援会への参加など，その支持は一見強そうであるが，彼女には他の政党よりはまだましだという理由で自民党を支持しているきらいがあるようである．彼女は「他の党がだらしないので自民党を支持している」「他の党よりは頼りになるので支持している」と答えている．
　彼女が政党を支持する際の基準は政党の実績や経験である．各党の政策や主張についてはほとんど理解しておらず，その良し悪しは特に気にしていない．自民党についてはこれまでの実績・経験を評価しており，それが同党支持につながっている．93年には日本新党への好感度が高く同党に対して大きな期待を抱いていたが，その後政権を主導して実績をあげることができなかったことに失望，同党への好感度を下げている．
　自民党以外の政党に対しては，「自民ほど実績がなく頼りにならない」という理由から概ね拒否の姿勢をみせている．政党への好感度は，自民党以外は非常に低い．93年の日本新党は例外である．
　投票では政党の実績を重視すると答えており，それに従って一貫して自民党に投票している．ただ95年参院選では，拒否政党が新進党であるにもかかわらず選挙区では同党に投票している．「(候補者の)若さに期待して」投票したと答えていること，比例区は自民党に投票していることから，自民党にお灸を据えるためというよりは，候補者要因が強く働いた可能性の方が高い．(小松)

A-004 政党イコール自民党と考える女性

北海道 旧4区／新9区 1910年代生まれ 女性 ①中学 ②600～800万円（95年） ③自営業 ④商工 自治

	支持政党	選挙区	比例	拒否政党	保革
93.7	自民	高橋辰夫（自民）		共	7
94.2	自民				8
95.2	新進				8
95.7	自民	無所属		共	5
96.10	自民	高橋辰夫（自民）	自民	共	7
00.6	自民	岩倉博文（自民）	自民	共	3

　旧北海道4区は鳩山由紀夫のお膝元であり，池端清一（社会）や高橋辰夫（自民）などがそれにつづいた．新制度導入後の9区（室蘭市・苫小牧市など）では96年，鳩山が高橋，紙智子（共産）を大きく引き離して当選した．00年は岩倉博文（自民）が民主党の保守票を取り込んで鳩山を急追したが，あと一歩のところで涙をのんだ．
　70代半ばの女性．イデオロギーはやや保守．93年には鳩山の後援会に，96年には商工団体（自民支持）に，00年には岩倉の後援会に加入している．
　彼女は政治に無関心であり，「政治がどうであろうと自分の生活がその影響をうけることはない」と考えている．鳩山の後援会に加入してはいるが，政治活動には全く参加していないし，他人と政治の話をすることもない．鳩山を含め政治家個人には全く興味を示しておらず，各党の政策についてもよくわからないと答えている．
　彼女が自民党を支持する理由は，「昔から支持しているから」，「外国と接していくには自民党でなくてはならないから」である．その一方で自民党はクリーンさに問題があることも指摘している．ただ，この問題意識は自民党自体の今後の改善課題であるという方面に向けられており，同党を否定することには決してならない．自民党以外の政党についてはほとんど関心がない．95年2月の新進党支持は，この調査でのみ「やや改革推進を望む」と答えていること，彼女の保革イデオロギーは依然高いことを考えると，自民と同じく保守系で新鮮なイメージのある同党に一瞬好感をもったためと思われる．
　投票についてはほぼ政党支持によると考えてよい．93年の鳩山後援会の影響はほとんどない．95年の選挙区では，「候補者の立候補表明がおくれたから」という理由で無所属の中尾則幸に同情票を投じており，このことから彼女には自民党に投票する義務感のようなものはないことがわかる．（小松）

A-005　中川を支持，だから自民を支持

北海道　旧5区／新11区　1920年代生まれ　男性　①中学　②200〜400万円（93年）
③無職　④自治

	支持政党	選挙区	比例	拒否政党	保革
93.7	自民	中川昭一（自民）		共	8
94.2	自民				1
95.2	自民				9
95.7	自民	自民		共	8
96.10	自民	中川昭一（自民）	自民	共	8
00.6	自民	中川昭一（自民）	自民	共	10

　北海道東部を抱える旧北海道5区は，93年は5議席をめぐり自民3人，新生1人，社会3人（推薦含む）がしのぎを削る激戦区であった．新制度導入後の北海道11区は中川一郎の息子である中川昭一（自民）の地盤であり，96年には13区に転出した鈴木宗男の票を取り込んだ中川が知名度も生かして当選，池本柳次（民主）は次点に泣いた．00年も中川の優位は変わらず，出田基子（民主）を大差で下した．

　彼は70代前半の男性で無職．妻と持ち家に住んでいる．イデオロギーは保守．政治への関心はあまりない．中川後援会に加入しており自民党員である．

　彼は一貫して自民党を支持しているが，その理由として後援会の存在があげられる．中川に対して絶大なる信頼を寄せていることから，中川支持を通した自民党支持であるといえよう．確かに彼は自民党自体にも大きな信頼を抱いている．ただ，自民党の政策・主張についてはよく把握しておらず，そもそもあまり関心がない．

　彼に特徴的なのは，国の政治や政治家を非常に信用しているということである．93年から一貫して，国の政治は国民全体のために運営されていると答えており，また95，96年には，政治家は選挙が終わっても国民のことを考えていると答えている．政治には常に大体満足しており，自民党が政権を担当していない時期も基本的に政治に不満はない．自民党への支持態度とあわせると，自民党以外でもよいが自民党に政権を担当してもらえばまず間違いないという心理が読みとれる．

　自民党以外の政党については，まず共産党には「絶対好きになれない」と強い拒否反応を示している．新進党については「考え方が好きではない」，「いつも批判ばかり」と答えている．特に小沢一郎個人に対する嫌悪感が強く，これは自由党に対してもあてはまる．それ以外の政党に対して特別な感情を抱くことはほとんどない．

　投票については，衆院選小選挙区では候補者個人を非常に重視している．衆院選比例区と参院選ではそれぞれ「支持している政党だから」，「党員だから」という理由で投票している．（小松）

A-006 新進党の宗教色を嫌うが,自公保連立は肯定

青森 旧2区／新1区　1920年代生まれ　女性　①高校　②400～600万円（93年）
③主婦　④自治　宗教

	支持政党	選挙区	比例	拒否政党	保革
93.7	自民	竹内黎一（自民）		なし	8
94.2	自民				5
95.2	自民				7
95.7	（自民）	自民	自民	進	7
96.10	自民	津島雄二（自民）	自民	進	5
00.6	自民	津島雄二（自民）	自民	民共由社	5

　旧青森2区における93年衆院選では,自民党から新生党に移籍した現職の木村守男,自民党の元職竹内黎一,同じく自民党の現職田沢吉郎,社会党現職の山内弘らが争い,前三者が当選して山内が落選した．現1区で行われた96年衆院選では,自民党の津島が社民党の今村修や新進党の工藤隆一らを破り,00年衆院選でも今村や民主党の戸来勉らに圧勝した．

　彼女の夫は寺院の住職だが,特定の政党を支持する宗派ではなく,政党支持や投票行動との関連は見られない．彼女の支持政党はほぼ一貫して自民党である．新党ブームにも懐疑的で細川内閣に対する評価も厳しく,自民党についてわざわざ「長年の政権保持をたたえる」と述べた上で「政権を一日も早く取ってほしい」とコメントしている．村山内閣が成立すると当初はこれに一定の評価を与え,自社さ連立の枠組みや社会党の方向転換も支持しており,自民党がとりあえず与党に復帰したことを歓迎しているのがうかがえる．

　95年には自民党が「だらしなくなってきた」として支持政党に挙げるのを止めたが,自民党に対する好意は持続し,投票行動にも影響を与えることは無かった．村山内閣に対する評価が下がったことや自民単独政権を望んでいることを併せて考えると,支持無しに転じたのも社会党やさきがけに迎合せず自民党色を発揮して欲しいという不満の故であろう．事実,橋本内閣が成立すると自民支持に復している．

　00年にも自民党を支持する姿勢は変わらない．特に目に付くのが自公保連立への高い評価である．彼女はかつて新進党を「宗教色が強い政党」として拒否政党に挙げていた．これは夫が他宗派の住職であることを考えれば自然な態度であるが,それにしては自公保連立を気にしないのは意外な観がある．自民党への信頼感が公明党への反感を上回っているということなのだろうか．(東)

A-007　自民離れの志向を持ちつつも，代わりを見出せず自民支持に留まる

青森　旧1区／新3区　1930年代生まれ　女性　①高校　②600〜800万円（93年）
③服飾関係→主婦（96年）

	支持政党	選挙区	比例	拒否政党	保革
93.7	自民	NA（自民）		公	5
94.2	（新生）				7
95.2	（新進）				5
95.7	自民	共産	新進	なし	5
96.10	（自民）	大島理森（自民）	自民	なし	6
00.6	自民	大島理森（自民）	自民	民共社	7

　旧青森1区での93年衆院選では，自民党現職の田名部匡省（選挙後に新生党に移籍）・大島理森・津島雄二と社会党の新人今村修が当選し，日本新党から出馬した山崎力は落選した．現3区での96年衆院選は，自民党の大島，新進党の田名部という現職同士の一騎討ちを大島が制し，民主党から田名部匡省の娘である田名部匡代が出馬した00年衆院選も大島の勝利に終わった．

　彼女はこれまで自民支持で通してきたが，93年には同党の金権体質に不満を抱き，更に「年をとっても政治をやる人が多い．若い者にゆずったほうが良い」と考えるようになった．衆院選でこそ自民党の候補（おそらく田名部）に投票しているものの，一時は自民支持から離れることになる．

　代わって彼女が期待を寄せたのは新生党，及び新進党であった．95年参院選の比例区では，「自民党は悪いことばかりしているのでこらしめるために」，「今の所は，良く見せていると思う」新進党に投票している．彼女が新進党に望んだのは「消費税を廃止し旧物品税にしてほしい．福祉にもっと力を入れてほしい」といったものであった．しかし，やがて「口先だけ」とこれを見捨て，依然「信頼できない」「勝手である」といった否定的な印象を抱きつつも自民支持に戻った．96年衆院選では義理で大島の後援会に加入しており，比例区でも「ある程度自民党をおさないと，生活していけない気がする」として自民党に投票している．00年衆院選でも，一連の森発言には拒否感を表しつつも，小選挙区・比例区の双方で自民党に投票した．

　他の政党を見ても，社会党については当初から批判的で，政権入り後の印象も「ずるい政党である」というものであった．民主党にもあまり良い感情は抱いていない．95年参院選では「女性同士なので」という理由で共産党の女性候補者に投票しているが，共産党自体は特に眼中にあるわけではない．結局のところ彼女は自民党離れの志向を持ちつつも，代わりの選択肢を見出せないまま自民支持にとどまっていると言えよう．(東)

A-008　自民二世議員を親の代から支持する安定した自民党支持者

岩手　旧1区／新2区　1920年代生まれ　男性　①高校　②600～800万円（93年）
③農業　④農協　自治

	支持政党	選挙区	比例	拒否政党	保革
93.7	自民	鈴木俊一（自民）		共	5
94.2	自民				4
95.2	自民				4
95.7	**自民**	自民？	自民	進	6
96.10	**自民**	鈴木俊一（自民）	自民	共	4
00.6	自民	鈴木俊一（自民）	自民	共由	4

　旧岩手1区は元首相の鈴木善幸の地盤であり，90年衆院選で息子の俊一に引き継がれている．自民からは他に玉沢徳一郎，工藤巌もおり，激戦区であったが，政治変動期には候補者の顔ぶれが大きく変化した．93年衆院選では，知事に鞍替えした工藤巌のかわりに，県議の工藤堅太郎が新生党から立候補し，当選した．選挙制度改革後は，彼の住む地域は盛岡市とは分離され，その周辺郡部を集めた岩手2区となった．96年衆院選では玉沢が1区に移り，2区に鈴木が残り，新進に移った工藤を破り当選した．この鈴木の議席は岩手の選挙区で唯一の新進以外の議席となった．
　彼は政治への不満が高いが，一貫して自民党を支持し，選挙では自民党に投票している．鈴木後援会にも加入している．先代の善幸への支持が基盤となっており，支持歴は長い．選挙運動の手伝い，会合への出席，投票依頼をするなど，活動的な支持者でもある．この活発な政治活動には農協加入も影響していると考えられる．これらの点から，鈴木とのつながりが彼の投票行動を決定しているといえよう．
　自民党に投票し続けているものの，財界よりの姿勢，不祥事，住専処理，消費税といった点では不満をもっている．しかし，自民党への好感度は他の政党より絶えず高くなっており，自民支持は安定していると考えられる．自民党以外の評価で特徴的なのが，新生党である．93年衆院選あたりでは，新生党に対して「期待がもてそう」という印象をもっていたが，新進党になってからは評価を下げ，嫌悪感さえ示している．その背景には，新進党に公明党が含まれていることに対する反発があるようである．そのため，新進党結党は彼の自民党支持を揺るがせるには至らなかった．選挙制度改革により，鈴木の当選が危うくなったと認識したこともあり，新進党に対抗する意味も含めて，自民支持を強めたようである．
　自公保連立に対する評価は低いが，00年衆院選でも自民党を支持し，比例代表，小選挙区とも自民党に投票している．自民党単独政権を望ましいとしている．
　彼は一貫して，政治に対して不満をもっているが，自民党支持が長く，根強いため，支持政党，投票政党・候補者の変更までには至らなかったといえよう．(松田)

A-009　自民党が好きだから

秋田　旧1区／新1区　1920年代生まれ　女性　①高校　②600～800万円（93年）
③主婦　④なし

	支持政党	選挙区	比例	拒否政党	保革
93.7	自民	佐藤敬夫（自民）		共	DK
94.2	自民				6
95.2	自民				7
95.7	**自民**	自民	自民	共	6
96.10	自民	二田孝治（自民）	自民	なし	DK
00.6	自民	二田孝治（自民）	自民	共	NA

　旧秋田1区での93年衆院選は，自民党現職の佐藤敬夫・野呂田芳成・二田孝治と社会党新人の畠山健治郎が当選した．現1区での96年衆院選では新進党から出馬した佐藤と自民の二田の一騎討ちとなり，佐藤が勝利している（二田は比例区で復活）．00年衆院選も民主党から出馬した佐藤と二田の一騎討ちとなり，約500票差という大接戦を二田が制した（佐藤は比例区で復活）．

　彼女の投票行動・政党支持は調査期間中を通じて自民党で一貫している．「昔から身近な党」という環境的な要因が大きいようで，投票理由を述べる自由回答欄には「昔から自民党だから」「自民党が好きだから」といったコメントが踊る．

　自民党に対する反感が皆無というわけではない．93年には宮沢内閣に批判的で，与野党逆転を望んでいる．しかし，これまで通り自民党に投票し，「一辺野に下って知った気持，各人もっと自覚するよう」と述べて政権復帰を望むなど，自民党がその「自己保存主義」を反省してくれればそれで十分といった気持ちがうかがえる．細川内閣に失望したのも，自分の自民支持を再確認する機会になったであろう．

　自民党が政権に復帰した村山政権についても，「その時々により左右されるようで嫌い」な社会党に対する嫌悪故に，その評価は低い．同じ自社さ連立でも自民党が前面に出た橋本内閣に至って，ようやく一定の満足感を覚えている．00年には自公保連立や森首相に対する反発のせいか，むしろ民主党の好感度の方が高くなっているが，支持政党として自民党を挙げ，これに投票しているのは相変わらずである．

　なお，93年衆院選で彼女が投票した佐藤は96年には新進党に移っているが，彼女は佐藤を捨てる形で二田に投票した．彼女自身は候補者個人を重視した結果としているが，「フラフラして定まっていない」という新進党観を併せて考えれば，やはり自民党というブランド力が作用したものと考えられよう．00年にも個人としては佐藤の資質を評価しているが，投票したのはやはり二田であった．(東)

A-010　一時は社会支持の姿勢を示すも，結局は自民支持

秋田　旧１区／新１区　1920年代生まれ　男性　①高校　②200〜400万円（93年）
③無職→施設管理（95年）　④自治　住民

	支持政党	選挙区	比例	拒否政党	保革
93.7	自民	野呂田芳成（自民）		共	7
94.2	自民				7
95.2	自民				NA
95.7	社会	社会	社会	なし	6
96.10	自民	二田孝治（自民）	自民	なし	6
00.6	自民	二田孝治（自民）	自民	共	9

　旧秋田１区での93年衆院選は，自民党現職の佐藤敬夫・野呂田芳成・二田孝治と社会党新人の畠山健治郎が当選した．現１区での96年衆院選では新進党から出馬した佐藤と自民の二田の一騎打ちとなり，佐藤が勝利している（二田は比例区で復活）．00年衆院選も民主党から出馬した佐藤と二田の一騎打ちとなり，約500票差という大接戦を二田が制した（佐藤は比例区で復活）．

　彼は基本的に自民支持者であるが，あまり熱心というわけではない．93年衆院選の際には野呂田の後援会に入っているが，積極的な活動を行ってはいない．自民党が野党に転落した後，政治改革関連法案の成立に際して自民党の態度に悪い印象を抱き，「自民党も野党に回ればタダの党」と失望している．しかし，自民支持の姿勢に特に変化は無かった．新党ブームにも取り立てて影響を受けず，一時は新進党に期待を寄せたものの，すぐに評価を下げている．

　95年参院選では社会党に投票しているが，これは同党の候補者が友人であるという個人的な理由によっている．ただし同時に支持政党としても社会党を挙げており，更に翌96年の衆院選には社民党への投票意図を表明するなど，単に友人の党という義理以上のものが感じられる．もともと彼の社会党に対する印象は「なんでも反対している」というもので評価は低かった．しかし，自社さ連立を見て「自民党と一緒に国事に当るとは思わなかった」と驚きつつもその評価を上げ，村山内閣に対しても好感を抱いている．このような社会党に対する評価の転換も，95年の投票行動の伏線をなしていよう．

　もっとも，党の性格については「腰がよわい」と消極的な評価で，自民党が「安定性がある」と肯定的に評されているのと対照的である．96年衆院選でも本番では小選挙区・比例区の双方で自民党に投票している．結局，社会（社民）党に対する支持は一時的なもので，もともと抱いていた自民支持の意識に押しのけられたのであった．00年においても，森首相の一連の発言を除けば自民党に対する評価は高い．
（東）

A-011　基本的には自民支持型であるが，周囲の影響で投票を決定する

山形　旧1区／新3区　1940年代生まれ　女性　①中学　②200～400万円（93年）
③主婦→食堂でパート（95年）　④自治

	支持政党	選挙区	比例	拒否政党	保革
93.7	自民	鹿野道彦（自民）		公共	8
94.2	**自民**				9
95.2	自民				5
95.7	社会	社会	社会	なし	5
96.10	自民	斉藤昌助（新進？）	新進	なし	8
00.6	自民	斉藤昌助（社民）	自民	なし	7

　山形旧1区は定数4で，自民党の鹿野道彦，近藤鉄雄，遠藤武彦，社会党の遠藤登が争っており，その中でも鹿野が頭一つ抜けていた．小選挙区制になってからの96年衆院選では，旧2区の近岡理一郎が転入してきた．鹿野，遠藤らの有力者は他の区からの出馬となり，無所属新人の斉藤昌助（新進党など推薦）が新たに出馬した．結果は近岡が3万票以上の差をつけて当選した．00年は近岡と社民党から出馬した斉藤の争いとなり，3万票差で近岡が7選を果たしている．

　彼女は食堂でパートをしている．夫婦と親と子供の3世代で暮らしている．政治には時々関心を抱く程度だが，現在の政治にはやや不満を持っている．

　95年参院選で社会党に，96年衆院選で新進党と認識して斉藤に投票しているが，基本的には自民党の支持者と考えられる．95年参院選で社会党に投票するよう依頼を受け，その結果一時的に社会党支持に転じたと考えられる．また，96年衆院選でも親戚から新進党の候補者に投票するよう依頼を受け，新進党に投票している．本人の認識では政党を重視して投票したということになっている．00年衆院選では比例区では支持政党どおり自民党に投票しつつ，小選挙区では社民党の斉藤に投票している．候補者を重視したのであろうか．

　彼女は支持している自民党について「金権政治と言われるが，やはり政治を任せられる」「戦後続いてきた道で良い」「選挙の時だけでなく普段でも，国民に顔を向けてPRに努めてほしい」と考えていて，かなりの好感を抱いている．社会党については普段は「労組の組織票を持っているが，最近支持が落ちてきている」「支持しない」と回答しているが，投票依頼を受けたときは「働くものの代表．庶民的」というように回答している．新進党については，やや反感を抱いており「頼り甲斐がありそうだが，反面裏をかかれそうで怖い」というように警戒している．（遠藤）

A-012　自民党一貫型

山形　旧1区／新3区　1950年代生まれ　男性　①大学　②600〜800万円（93年）
③金融機関勤務→自営業（95年）　④労組　農協　自治

	支持政党	選挙区	比例	拒否政党	保革
93.7	**自民**	鹿野道彦（自民）		公共	10
94.2	**自民**				6
95.2	**自民**				3
95.7	**自民**	自民？	自民	なし	9
96.10	**自民**	近岡理一郎（自民）	自民	共	10
00.6	自民	近岡理一郎（自民）	自民	民共由社	3

　山形旧1区は定数4で，自民党の鹿野道彦，近藤鉄雄，遠藤武彦，社会党の遠藤登が争っており，その中でも鹿野が頭一つ抜けていた．小選挙区制になってからの96年衆院選では，旧2区の近岡理一郎が転入してきた．鹿野，遠藤らの有力者は他の区からの出馬となった．結果は近岡が3万票以上の差をつけて当選した．近岡は00年衆院選で同選挙区から7選を果たしている．

　彼は夫婦と親と子供の3世代で暮らしている．現在の政治にはやや不満を持っている．

　非常に熱心な自民党支持者である．全般的にはかなり保守的であると表明している．例えば，天皇は今よりももっと政治に対して発言すべきである，という考えに賛同を示しているように．他人と政治の話をするときは自ら積極的に意見を述べたりし，調査票の細々とした質問にも回答したり，自由回答欄にも熱心に記入しているところを見ると，政治にかなり興味を持っているようだ．

　自民党についてかなりの好感を抱いており，「金権政治のスキャンダルが残念．それがなければ，実力は一番」「出来ればもっと明るく分かりやすくガラス張りにしてほしい．」と考え，「批判も多いがまかせられるのは自民しかない」と感じている．他の政党についてはかなり批判的であり，手厳しい評価を下している．彼は政権担当政党，既成政党をある程度は信頼できるものと考えていることからも，自民党支持に傾くのであろう．

　彼は政治家の後援会に加入しているわけではないが，93年には鹿野道彦への，96年には近岡理一郎への投票依頼を周囲に対して自発的に行っている．

　一貫して自民党に投票しつづけている．自民党の安定多数を望み，景気回復を重要争点と考え，経済運営の能力は自民党が一番ある，と考えているので，自民党に投票しつづけるのは当然なのだろう．（遠藤）

A-013　自民党一貫型

山形　旧1区／新3区　1930年代生まれ　男性　①高校　②800〜1000万円（93年）
③農業　④農協　自治　宗教

	支持政党	選挙区	比例	拒否政党	保革
93.7	自民	鹿野道彦（自民）		共	10
94.2	自民				8
95.2	自民				8
95.7	自民	自民？	自民	共	8
96.10	自民	近岡理一郎（自民）	自民	共	9
00.6	自民	近岡理一郎（自民）	自民	公共社	8

　山形旧1区は定数4で，自民党の鹿野道彦，近藤鉄雄，遠藤武彦，その中でも鹿野が頭一つ抜けていた．96年衆院選では，旧2区の近岡理一郎が転入し，鹿野，遠藤武らの有力者は他の区からの出馬となった．結果は近岡が3万票以上の差をつけて当選した．近岡は元県議，伯父は貴族院議員であり，高齢者，農林業従事者からの支持が厚い．00年衆院選も近岡が当選，7選を果たしている．

　彼は農業に従事し，夫婦と親と子供の3世代で暮らしている．政治にはいつも関心を持ち，現在の政治にはやや不満を抱いている．宗教団体に所属しているが，創価学会ではない．それどころか，公明党は拒否政党に挙げており，自公保の枠組みも否定している．自民党系の宗教団体に所属している可能性もある．

　自民党支持者であり，自民党を高く評価している．投票義務感もかなり持っていて不在者投票をしてでも投票に参加している．自治会活動を通じて地域問題の解決のために活動したり，地元の有力者・市町村当局・地方政治家と接触を持ったりし，また，請願，陳情といった行動に参加したこともある．しかし，特定の候補者の後援会に加入したり，投票依頼をするといった活動はしていないようだ．

　彼が自民党を支持する理由としては「これまでに実績があるから」ということである．近年はほぼ一貫して自民党に投票している．農業に従事していること，景気の回復を重要な課題と考えていることから，政党の中でも，評価の高い自民党に投票することになるのであろう．(遠藤)

A-014 自民支持の王道 with 加藤紘一
山形　旧2区／新4区　1920年代生まれ　男性　①高校　②600〜800万円（93年）
③技能士　④自治　生協

	支持政党	選挙区	比例	拒否政党	保革
93.7	自民	加藤紘一（自民）		生さ日	7
94.2	（なし）				7
95.2	自民				8
95.7	自民	自民？	共産	進	7
96.10	自民	加藤紘一（自民）	自民	進	7
00.6	自民	加藤紘一（自民）	自民	公保	5

　彼が住む地域は米どころの庄内平野の南に位置する．山形旧2区は定数3, 自民党の加藤紘一，近岡理一郎，社会党→社民連の阿部昭吾らが議席を保ってきた．小選挙区制になり，近岡は3区に転出，阿部は新進党に移籍し比例区からの立候補となるも落選．他には新進党新人の寒河江孝允（弁護士出身），共産党新人の佐藤慎司が立候補したが，加藤が圧勝した．00年も次点に10万票差をつけ加藤が圧勝．

　彼は60代後半でガス関係の職業に従事している．夫婦と親と子供の3世代家族で暮らしている．政治には関心があるほうで，現在の政治には満足している．

　一貫して自民党の支持者である．彼は投票に際して候補者個人や，人柄を重視し，またこれまでの実績を考えて投票行動を決定する，と回答しほぼ毎回自民党の加藤に投票している．

　彼の政党に対する評価をみてみると，自民党への高い評価の一方で，新生党，日本新党，新進党に対する評価が低いのが特徴的である．特に小沢一郎に対する反感はかなり強い．自民党は「金銭問題を多く残したが，まだまだ人物が多く将来を見たい」「以前のようではないが，まだまだ良い人物がいる」と考えている．これに対して，新生党は「よくわからない．幹部が好きではない」，新進党は「総選挙後で無いとはっきり評価できないが，中に嫌いな人がいる．寄せ集めのような気がする」と考えている．新進党を政治倫理が最も欠けるとし，拒否政党にあげることもある．共産党については「言うことは立派だがやり方が好きになれない．共産主義国家に疑問がある」と考えているが，感情的には中立であると回答している．（遠藤）

A-015 地元利益を重視して自民党に投票

福島 旧1区／新2区　1920年代生まれ　女性　①中学　②1000～1200万円（93年）
③無職　④自治　生協

	支持政党	選挙区	比例	拒否政党	保革
93.7	自民	根元匠（自民）		公共	7
94.2	（日本新）				6
95.2	（新進）				6
95.7	自民	自民	自民	共	7
96.10	自民	根元匠（自民）	自民	なし	7
00.6	自民	根元匠（自民）	自民	公共	NA

　福島旧1区は定数4，自民党議員同士でしのぎを削る．93年衆院選では候補者が乱立し，大混戦であった．自民党の現職増子輝彦は県議出身で郡山市が地盤，自民新人の根元匠は元建設官僚である．他にも自民党新人佐藤剛男（当選）ら2人を含む合計9人が4つの椅子を争った．96年衆院選では前回初当選の佐藤は1区へ転出し，その結果自民党の根元匠，新進党へ移籍した増子，共産党新人の飛田利光が立候補，結局根元が当選した．根元は00年も当選している．

　彼女は夫婦と親と子供で暮らし，家計維持者は公務員である．政治には興味が無いわけではなく，現在の政治に対してやや不満を持つこともある．しかし，政治に興味を持っているといっても，自ら積極的に誰かと政治の話をするわけでもなく，また，他人に自らの支持者を支持するように働きかけたりする，という程ではない．

　94年，95年の一時期，支持政党はないが日本新党と新進党を好ましい政党と考えている．それ以外の時期は自民党への支持を表明している．選挙区での投票理由としては，自民党を支持している時には候補者の人柄等の個人的な側面を重視した回答であるが，新党を好ましいと考えている時には政策を重視して，という回答になっている．

　中選挙区制から小選挙区比例代表並立制へと選挙制度が変わっても彼女の投票行動に変化は見られない．中選挙区制の下では，意中の候補者が当選するかどうかは別として，地元の面倒をあまりみないが国全体のことでは活躍する政治家に投票すると回答している．選挙前の調査では小選挙区比例代表並立制の下では二票を使い分けて，小選挙区の一票は地元利益優先で考えた候補者選びを，比例区の一票は国家のことを優先的に考えた政党選びをするとしている．しかし，実際に投票する段になると，比例区の投票理由にも地元利益を考慮している．

　実際の投票では93年衆院選，95年参院選，96年衆院選，00年衆院選の4回の選挙とも自民党に投票している．(遠藤)

A-016　消去法で自民党支持

福島　旧1区／新2区　1950年代生まれ　女性　①高校　②1000〜1200万円(93年)
③機器関係営業　④労組　自治　生協

	支持政党	選挙区	比例	拒否政党	保革
93.7	自民	増子輝彦（自民）		公共	5
94.2	自民				7
95.2	自民				7
95.7	自民	自民	自民	共	8
96.10	自民	根元匠（自民）	自民	共	7
00.6	自民	増子輝彦（民主）	自民	公共	6

　福島旧1区は定数4，93年衆院選では候補者が乱立し大混戦であった．自民党前職の増子輝彦，元建設官僚の根元匠ら併せて9人が立候補した．96年衆院選では，前回初当選の佐藤は1区へ転出し，結局自民党の根元匠が当選した．00年衆院選でも根元は民主党元職の増子を破り，2選を果たす．

　彼女は事務職に就いており，夫婦と未婚の子供と共に暮らしている．政治にはいつも関心を抱き，現在の政治にかなり不満を持っている．

　一貫して自民党を支持し，投票しているが決して自民党政治への評価が高いわけではない．むしろ，彼女に特徴的なのは，地方政治も含めて政治への低い評価と不信感の表れである．それでも彼女が自民党を支持し，単独政権を望むのは，地元利益を重要と考えているからであろう．

　ほとんどの政党・政治家に対する評価が低いのであるが，その中でも社会党・共産党，小沢一郎に対する嫌悪感情は際立ったものがある．このため，小沢が所属する政党に対する評価も非常に低くなっている．小沢のいない日本新党に対する評価は94年には「細川首相の下でクリーンな政治を期待できる」というようにある程度の評価はしている．ただし，細川内閣への評価は低く，その後細川護熙は嫌いという感情を持っている．彼女にとっては小沢がいなくて，一番まともなのが自民党といったところなのであろう．政権担当能力では自民党が一番優れている，という回答をしているが，感情温度計の数値がそれほど高いわけでもなく，自由回答欄には「金まみれ」「派閥を解消すべき」「新しく出直してほしい」「体質が古臭い」といった回答がならんでいる．社会党は「有言不実行でどうしようもない」「好きではない」，新生党は「小沢，羽田が目立って政党としての政策が不明」，新進党は「政治屋のイメージが強い．内輪のゴタゴタが気になる」「出来たばかりでわからない」と考えている．

　自公保政権に相当嫌悪感を抱いており，00年選挙区での増子への投票は，公明に対する拒否の表明だと考えられる．(遠藤)

A-017 一貫した自民党支持者

茨城 旧1区／新1区 1930年代生まれ 女性 ①短大 ②400〜600万円（93年）
③主婦 ④なし

	支持政党	選挙区	比例	拒否政党	保革
93.7	自民	額賀福志郎（自民）		公	7
94.2	自民				8
95.2	自民				8
95.7	自民	自民	自民	社共	7
96.10	**自民**	赤城徳彦（自民）	自民	民	10
00.6	自民	赤城徳彦（自民）	自民	※	※

　彼女は技術者である夫の収入のみで暮らしており，政治に対してはやや不満を抱いている．政治的関心はあまりなく，政治について周囲と話題になることはない．投票義務は感じている．「自民党は金権政治である」という判断から政治家への信頼は保たれていないが，政治そのものは大体において信頼し，政局の安定を何よりも望んでいる．彼女の最大の政治的問題は常に「景気回復」であり，93年においても政治改革はあまり重要な問題と考えていない．

　彼女は一貫して自民党支持を表明し，自民党に投票している．しかし，93年宮沢内閣を景気回復策において全く評価せず，自民党の金権政治を嫌い，選挙前には一時新生党支持を表明した．旧茨城1区には3新党候補が出ていないこともあり，結局，自民党支持に戻って自民党候補の額賀福志郎に投票するのだが，彼女の望む政権形態は自民党の安定多数ではなく，自民政権だが与野党伯仲の二大政党制である．自民党支持理由は，自民党が「良くも悪くも現実の日本そのものである」ためである．社会党に対しては「地に足ついていない」と評価している．

　95年参院選も自民党に投票しているが，自民党の金権体質を好ましいと思っていない．96年衆院選では，前回投票した額賀が他区にまわったため，支持政党の候補者という理由で自民の赤城徳彦に投票した．そしてこの時期，熱心な自民党支持となり，保革軸において自分を強い保守に位置付けている．00年には2票とも支持政党である自民党に投票した．

　彼女の投票行動は支持政党によるものである．93年の時点から景気回復と政局の安定を重要な問題とし，その視点から内閣や政党を評価している．自民党支持も非常に強いというわけではなく，自民党の古い体質を嫌い，与野党伯仲状態での自民党単独政権を望んでいる．つまり，バッファープレイヤー的な意識をもっていながら，実際の投票行動には全く表さないのである．(中條)

A-018 地元利益志向で政治家個人を重視する自民党支持者
茨城　旧3区／新1区　1910年代生まれ　女性　①中学　②不明　③農業　④農協

	支持政党	選挙区	比例	拒否政党	保革
93.7	自民	丹羽雄哉（自民）		社共	6
94.2	自民				6
95.2	**自民**				7
95.7	自民	棄権	棄権	共	6
96.10	自民	赤城徳彦（自民）	自民	なし	5
00.6	自民	赤城徳彦（自民）	自民	共	10

　以前は5議席中4を自民党が占めた旧3区だが，土浦市，つくば市を中心に新住民が増加し，83年以降社公両党が1議席ずつを得ている．自民3候補は丹羽（東部），中村正三郎（西部），赤城（北部）と地盤のすみわけが成立しており，93年は上位を独占した．小選挙区になってからは，旧3区北部は水戸市など旧1区の一部の地域とともに新1区となり，赤城が旧3区の基礎票を背景に96年，00年と圧勝した．
　00年まで一貫して自民党を支持し，投票しているところから，彼女は熱心な自民党支持者であると思われる．彼女は農業に従事しており，両親が保守政党の支持者であった．このような環境が「農業に対しては自民党が良い」という認識を彼女に抱かせ，同党を支持するようにさせたと想像される．
　ところが，彼女の考えは自民党の方針・政策とはずれている場合がかなりある．原発を今すぐ停止すべきという意見に一貫して強く賛成している．自民党と反対の意見であると知った上で，消費税率をあげることにも反対している．自民党の好感度はそれほど高くなく，他党より少し高いか全く同じ温度を示している．これらのことから，自民党という政党自体を積極的に支持しているわけではないようである．
　彼女が自民党を支持し，投票するのは自民党議員の地元に対する面倒見のよさを買ってのものであると推測される．国全体を考える候補者と地元の面倒を見る候補者のどちらに投票するか，という質問では一貫して後者を選んでいる．実際に，地元の利益を代表しているから赤城に投票したと96年の調査で答えている．
　彼女の政党・政治家に対する感情温度を見ると，政治家の方が数値にばらつきがあり，関心をもって見ていることがうかがえる．他党指導者でも，土井，村山，海部に強い好感を示す一方で，森首相には拒否政党の共産党と同じ20度という低評価である．地元選出議員の国会での活動について関心があり，実際にどのような活動をしていたか知っていると答え，支持する議員が所属政党を変えた場合，支持政党は変えないがその議員も支持しつづけると答えているところから，彼女は政党よりも政治家個人の行動に着目して政治を見ているということがわかる．(菅原)

A-019　自民党への信頼感がマイナス要因を遥かに上回る

茨城　旧2区／新4区　1930年代生まれ　男性　①中学　②〜200万円（93年）　③運転手→農業（96年）　④農協　自治

	支持政党	選挙区	比例	拒否政党	保革
93.7	自民	塚原俊平（自民）		共	8
94.2	**自民**				7
95.2	**自民**				9
95.7	自民	自民	自民	共	8
96.10	自民	梶山静六（自民）	自民	共	8
00.6	自民	梶山弘志（自民）	自民	共	10

　旧茨城2区における93年衆院選では，自民党の梶山静六・塚原俊平，社会党の大畠章宏という3人の現職が揃って当選し，日本新党から出馬した新顔候補の斎藤全一郎は落選した．96年衆院選では塚原・大畠らが5区に回り，現4区においては梶山が，新進党から出馬した斎藤を圧倒的な票差で破った．00年衆院選では静六の長男弘志が地盤を受け継ぎ，共産党の候補に圧勝した．

　彼は一貫して自民党を支持・投票し，自民優位の下での政局安定を強く望んでいる．「汚職が気に入らない」とはいえ，結局は「頼りになる党のような気がする」という意識の方が上回るようである．そもそも自民党以外の政党に関してはほとんど関心を抱いていない．

　このような態度は，93年の新党ブームに際しても全く変わらず，新党や細川内閣に対しても至極冷淡な態度をとった．村山内閣が成立して自民党が政権に復帰するとこれを歓迎したものの，「あげ足ばかりとっている党．筋が通っていない」という社会党への消極的な態度も特に変化しない．96年衆院選では主要争点として消費税を挙げているが，自民党が消費税引き上げ，他の政党が引き上げ反対を唱えていると認識しながら，結局は自民党に投票している．国旗国歌法や通信傍受法，「神の国」「国体」発言にも好意的で，森首相に対する好感度も高い．公明党に対しては殆ど好感を抱いていないものの，自公保連立には肯定的である．結局のところ93年以降の政治変動は，彼の自民支持にいささかの影響も与えることは無かった．

　なお，投票要因として候補者個人を重視するか，それとも政党かという点に関しては，彼は面白い変遷を見せてくれる．彼は93年までは候補者を重視して塚原に投票を続けていたのだが，新選挙区となって迎えた96年衆院選では，梶山に投票した理由を政党重視の結果と答えた．これが00年になると，梶山の後援会に加入し，仮に支持する議員が所属政党を変えても，支持政党は変えないがその議員を支持し続けると回答している．政党重視の選挙になるはずの小選挙区においても，時間を経ると候補者個人の要素が頭をもたげるようである．(東)

A-020 「好き嫌いは無いけれども」「安心できる」自民党を支持

茨城　旧2区／新4区　1910年代生まれ　男性　①中学　②400〜600万円（93年）
③農業→無職（96年）　④農協

	支持政党	選挙区	比例	拒否政党	保革
93.7	**自民**	塚原俊平（自民）		DK	6
94.2	（自民）				8
95.2	自民				5
95.7	**自民**	自民	自民	共	8
96.10	自民	梶山静六（自民）	自民	社共	3
00.6	自民	梶山弘志（自民）	自民	自	1

　旧茨城2区における93年衆院選では，自民党の梶山静六・塚原俊平，社会党の大畠章宏という3人の現職が揃って当選し，日本新党から出馬した新顔候補の斎藤全一郎は落選した．96年衆院選では塚原・大畠らが5区に回り，現4区においては梶山が，新進党から出馬した斎藤を圧倒的な票差で破った．00年衆院選では静六の長男弘志が地盤を受け継ぎ，共産党の候補に圧勝した．

　彼は高齢者で福祉に多大の関心を示しており，95年参院選では年金問題で「自分に有利だと思った」ことを自民党への投票理由として挙げた．00年には介護保険制度に対する不満を表明しているのが目に付く．

　政党支持・投票行動の面から見れば彼は一貫した自民支持者であり，毎回これに投票している．選挙区での投票に際しては候補者個人を重視しているが，自民党自体の評価も高く，その政権担当能力に信を置いている．但しこれは，他党と比較した上での積極的な支持というよりは，「好き嫌いはないけれども」「安心できる」政党であると考えるためである．例外的に橋本政権についてはこれを嫌っているが，自民支持の姿勢に揺るぎが無いことを考えれば，これは単に橋本首相個人を好まなかったためのように見受けられる．

　既成野党の社会（社民）党や共産党に対しては概して冷たい．村山首相には好感を抱いているものの，それが社会（社民）党に対する評価を好転させることも無かった．これに対し新党に関しては，新進党に一定の好意を示し，民主党についても「新しい党なので期待したい」と述べている．もっともこのような姿勢も今のところ，自民支持を覆すに至っていない．00年において彼は，前述の介護保険制度に対する不満を除き，小渕・森内閣の実績全般について高い評価を与えている（拒否政党として自民党を挙げているのは記入ミスと思われる）．自民党政治に対する不満を感じない以上，新党に対する好感も目新しさ故の興味というだけに止まるのであろう．
（東）

A-021 あまり熱心でない自民党支持者

群馬　旧1区／新1区　1920年代生まれ　男性　①中学　②〜200万円（93年）　③無職→農業（96年）　④なし

	支持政党	選挙区	比例	拒否政党	保革
93.7	自民	熊川次男（自民）		共	DK
94.2	自民				7
95.2	自民				6
95.7	自民	自民	自民	共	9
96.10	自民	高橋仁（自民？）	自民	なし	8
00.6	自民	佐田玄一郎（自民）	自民	なし	6

　旧群馬1区は社会党の田辺誠がほぼ30年以上地盤を守ってきたところである．自民党は尾身幸次，熊川次男，佐田玄一郎が争っていたが，90年，93年衆院選では尾身と佐田が当選し，熊川は落選している．小選挙区制になってからの96年衆院選では，佐田が比例区に転出，熊川は新進党に，田辺は引退し，後継として高橋仁が民主から立候補した．00年衆院選は佐田と熊川の争いになり，佐田が4選を果たしている．

　彼は70代で農業に従事し，夫婦だけで生活している．世帯年収は200万円未満，年金で生活していると思われる．政治にはたまに興味を持つ程度であまり関心がなく，現在の政治には大体満足している．政党や政治家についてもある程度信頼している．様々な質問に対しては，興味が無いせいか，わからない，どちらでもない，といった回答が並ぶ．

　彼は一貫して自民党のあまり熱心ではない支持者と表明している．「金権政治が多すぎる」と感じることはあっても，結局は「安定しているから」という理由で支持している．96年衆院選小選挙区では，地元利益を代表していること，支持している党の候補者だから，という理由で自民党の議員に投票したと回答しているが，その候補者（高橋）は民主党所属であった．00年は自民党を支持政党とし，小選挙区・比例区とも自民党に投票している．

　各政党に対する感情温度の調査では自民党に対する好感が高く，新進党にもある程度好感を持っているが，他の政党（いわゆる新党を含む）に対しては中立の50度を上回ることはない．共産党は拒否政党であるだけでなく，0度と答えることもあり，かなり反感を持っているようだ．（遠藤）

A-022　習慣的自民党支持

群馬　旧1区／新1区　1940年代生まれ　女性　①高校　②〜200万円（93年）　③介護職　④なし

	支持政党	選挙区	比例	拒否政党	保革
93.7	自民	尾身幸次（自民）		共	6
94.2	自民				7
95.2	自民				6
95.7	自民	新進	自民	共	8
96.10	自民	高橋仁（自民？）	自民	共	7
00.6	自民	佐田玄一郎（自民）	自民	公共保	NA

　旧群馬1区は社会党の田辺誠がほぼ30年以上地盤を守ってきたところである．自民党は尾身幸次，熊川次男，佐田玄一郎が争っていたが，90年，93年衆院選では尾身と佐田が当選し，熊川は落選している．小選挙区制になってからの96年衆院選では，佐田が比例区に転出，熊川は新進党で次点，民主の高橋はその次であった．00年衆院選では自民党の佐田が当選，民主の熊川は落選している．

　彼女は40代後半で，夫婦と親と子供，時には兄弟姉妹も同居の大家族で暮らしている．家計維持者の職業は土木会社の会社員である．

　彼女は一貫して自民党の支持者である．93年，96年ともに尾身の後援会に加入している．しかし，だからといって積極的に活動することもなく，誰かに尾身に投票するよう働きかけたりすることはない．93年衆院選では自民の尾身に，95年参院選では選挙区では新進，比例区では自民に投票している．96年衆院選の小選挙区では民主党新人の高橋仁に投票しているが，本人は自民党議員に投票したと考えている．95年に新進に投票した理由としては地元の候補者だから，と言う理由をあげている．96年の投票行動の決定要因としても，彼女は地元の利益を代表していること，候補者個人の政策等に賛成していることなどをあげている．00年は通信傍受法なども高く評価し，自民党に2票投じている．

　彼女の政党に対する評価であるが，政党の中ではやや自民党に対する好感度が高い．感情温度の調査では自民党は60度から75度の好感，新進党について50度から60度ほどの好感を抱くこともある．他の政党は中立の50度を上回ることはない．自民党について「まとまりがあるから良い」，「支持しているから良い」といった回答があるが，「闇の金や物が多く，しっかりしてほしい」，「昔の政治家のほうがしっかりした考え方を持っていた．だからわかれてしまう」という回答もある．両親が自民党支持であり，昔の自民党に対する評価が高いのであろう．00年調査では，公明党を拒否政党に挙げ毛嫌いし，自公保政権に対する評価も低いが，自民党に対する評価は相変わらず高い．(遠藤)

A-023　かなり熱心な自民党支持者
群馬　旧2区／新3区　1940年代生まれ　男性　①高校　②800〜1000万円（93年）
③服飾関係自営　④宗教

	支持政党	選挙区	比例	拒否政党	保革
93.7	**自民**	NA（自民）		なし	8
94.2	自民				5
95.2	**自民**				8
95.7	**自民**	自民	自民	共	7
96.10	自民	谷津義男（自民）	自民	進	7
00.6	自民	谷津義男（自民）	自民	※	※

　旧群馬2区の93年衆院選では現職の谷津義男（自民），笹川尭（自民から無所属へ），中島洋次郎（自民）が当選している．得票数は谷津，笹川，中島の順であった．小選挙区制になってからは笹川尭が群馬2区に転出，中島洋次郎は比例区に転出した．96年，00年と谷津が小選挙区での当選を果たしている．
　彼は50代で服飾関係の業務に従事している．両親は自民党の支持者であった．政治にはいつも興味を持ち，現在の政治にはやや不満を抱いている．他人と政治の話をするときには自ら積極的に意見を述べる方である．必要があって国会議員と接触した経験もある．イデオロギー的にはやや保守寄りである．
　かなり熱心な自民党支持者である．93年（候補者名は答えず），96年（谷津義男）ともに自民党候補者の後援会に加入している．それだけでなく，自らの支持する候補に投票するよう他人に働きかけたりしている．94年の調査で日本新党に投票しようと考えたこともあったが，結局は，それまで通り自民党に投票している．彼は地元の利益を重視した候補者選びをするようなので，実際の投票では自民党に投票することになるのであろう．彼の職業は自営業なので，消費税を重要争点と考えている．しかしそれ以上に地元の利益というものは大きなウェイトを占めているのであろう．
　政党の中では自民党に対する評価が高く，新党に対する評価はそれほど高くない．感情温度の調査では，自民党は50度から75度と好感を抱いているが，他の政党については中立の50度を上回ることはあまりない．自民党については「派閥集団」と否定的に捉える一方，「国政を担う集団」と肯定することもある．新党の中では，94年に投票しようと考えた日本新党については「考え方が中立なのでこれから大切」と好感を抱いている．創価学会ではない宗教団体に所属している彼にとって，公明党の宗教色はかなり気になるようで，「抵抗がある」と考え，新進党についても「旧公明党の影響が大きい」，「政教分離がなされていない」と考え拒否政党に挙げることもある．（遠藤）

A-024 穏健的自民党一貫型

群馬　旧3区／新4区　1950年代生まれ　男性　①高校　②400～600万円（93年）
③車整備士　④自治

	支持政党	選挙区	比例	拒否政党	保革
93.7	自民	中曽根康弘（自民）		なし	7
94.2	自民				8
95.2	自民				9
95.7	自民	自民	自民	なし	6
96.10	自民	福田康夫（自民）	自民	なし	8
00.6	自民	福田康夫（自民）	自民	民共	9

　彼が居住する旧群馬3区は，自民党の中曽根康弘，小渕恵三，福田康夫の3人が争う激戦区であり，自民党3，社会党1の議席配分であった．小選挙区制になってから中曽根が比例区に転出し，小渕は群馬5区に動き，4区は福田の独壇場になった．96年，00年と当選を果たしている．

　彼は40代で自動車関係の仕事につき，妻・子供と共に生活している．政治の話をするときは専ら聞き役に回ることが多いようだ．ちなみに両親は自民党の支持者だったという．

　彼は一貫して自民党を支持していて，93年には中曽根の，96年には福田の後援会に加入している．しかし，自らが支持する候補者に投票するよう他人に依頼したり，選挙運動に参加したりすることもなく，後援会の関係者との接触も特にない，と回答している．自動車の整備関係の仕事についているため，付き合いで後援会に加入しているのだと思われる．

　政党の中では自民党に対しての評価が高く，感情温度は75度と好感を持っている．自民党については「国民の声を反映しているが御金に走りやすい」，「今は（96年）政治も変わり目で混乱しているが継続して政権をとってほしい」と考えている．また，彼にとって自民党とは事業，商売上の利益を代表する党である．政治に対してあまり興味を持っていないせいか，その他の党に対しては特に可も無く不可も無くというところであり，政党に対する感情温度も大抵の場合50度と中立の回答を示している．96年には新進党及び小沢一郎に対する評価が高くなり，「小沢のワンマン的な所に期待．選挙公約も期待している」と回答しているが，支持を自民党から変えるほどではなかった．彼の特徴的なところは自民党支持者で保守系の読売新聞をよみながらも，共産党に対してそれほど悪い評価を与えていないところである．共産党については「無くても困る」，「理想が高くて現実的ではない」と考えている．（遠藤）

A-025　支持は自民党一貫だが，候補者やイメージで逸脱することもある

群馬　旧3区／新4区　1940年代生まれ　女性　①高校　②800〜1000万円（93年）
③経理事務→主婦（95年）　④自治

	支持政党	選挙区	比例	拒否政党	保革
93.7	自民	小渕恵三（自民）		共	5
94.2	自民				9
95.2	自民				8
95.7	自民	自民	自民	進	8
96.10	自民	中島政希（民主）	自民	なし	10
00.6	自民	福田康夫（自民）	自民	※	※

　旧群馬3区は自民党の中曽根康弘，福田康夫，小渕恵三の3人が同時に争う激戦区であった．93年の得票数は小渕，福田，山口鶴男（社会党），中曽根の順であった．小選挙区制になってから中曽根が比例区に転出し，小渕は群馬5区に動き，群馬4区は福田の独壇場になった．00年も福田が圧勝，4戦を果たしている．
　彼女はずっと自民党を支持している．実際の投票行動をみていくと，93年には小渕に投票しているが，96年の衆院選の小選挙区では民主党の中島に投票している．比例代表区では自民党に投票している．96年に中島に投票した理由としては政治の現状を改めるのにふさわしい人物，ということをあげている．
　93年に小渕に投票したときには後援会（小渕，中曽根）に加入していても，積極的に活動することはなく，投票依頼をすることもなかった．しかし，96年に中島政希に投票した時は後援会に加入はしていないが，他人に投票依頼を行っている．96年の投票行動で特徴的なのは，彼女は小選挙区では地元の利益よりも国全体を考えた候補者選びをし，比例区は地元の利益を考えた政党選びをする，と回答していることである．また，「政党よりも候補者個人を重視する」と回答している．
　彼女は政治に対してやや不満を抱いているせいか，各政党に対する評価はあまり高くない．感情温度の調査でも中立の50度を超える回答をすることはほとんどなく，その中では自民党及び自民党から分裂した新党に対する評価がやや高い．支持している自民党について「足の引っ張り合いで魅力が無くなってきた」，「事勿れ主義的」，と考えている．95年に拒否政党であった新進党については「党員が自民党にいたときの立場より上に行きたくて分裂したように思える」，「自民と変わらない」と考えている．96年に投票した民主党については「自民と変わらない．」と回答しているが，新聞，ニュースなどで印象がよかったとも回答している．96年選挙における民主党の中島への投票はこういった影響もあったのではないだろうか．00年は支持政党どおり，自民党に投票している．(遠藤)

A-026　建設的な自民党が好きです

埼玉　旧1区／新3区　1920年代生まれ　男性　①高校　②200〜400万円（93年）
③農林　④自治　宗教

	支持政党	選挙区	比例	拒否政党	保革
93.7	**自民**	松永光（自民）		共	8
94.2	**自民**				9
95.2	**自民**				8
95.7	**自民**	自民	自民	共	8
96.10	**自民**	野口卓爾（自民）	自民	共	8
00.6	自民	今井宏（自民）	自民	共	NA

　彼の住む地域の衆院選を概観すると，93年は自民党の松永光以外は新人候補が当選した．96年は新進党現職の今井宏が自民党の新人の野口卓爾や民主党現職の細川律夫に競り勝った．00年は細川が自民党へ鞍替えした今井に圧勝した．

　彼は，自民党の松永の後援会に所属するなど同党の強固な支持者である．政権担当能力ある政党についても自民党を挙げ続けている．その自民党には，「日本を繁栄させてくれたから良い」(93年)，「国民にわかりやすい」(95年) と答える．拒否する共産党のように理論的な思考ばかりに陥らず実績という目に見える形で政権を担ってきた点を評価し，これからも政権を担うことを期待しているのだと想像できよう．彼は自民党へ89年から00年の全ての選挙で選挙区・比例区とも投票し続けた．

　一方，拒否政党も一貫しており，常に共産党を挙げている．同党に対しては，常に「昔から大嫌い」と答え，その拒否感は感情的なものにまで昇華しているようである．他に社会党に対しては，「共産党と同じ」，「批判ばかりしている」という理由で批判していたが，自社さ政権後の96年には「大変良い」と答えている．

　彼は自らを非常に保守的であると分析をしているが，個別具体的に見れば，護憲の立場であったりもする．彼は保守という言葉をイデオロギー的意味で使っているわけではなく，単に自民党寄りであるという意味で使っているのであろう．だからこそ，自民党支持者の自らを保守と称しているのである．

　以上のように時が移ろっても変化しない政治姿勢を持つ彼だが，先ほどの社会党への評価のように揺らぎを見せたこともある．揺らぎは社会党への評価に限ったものではなく，例えば93年には支持政党の自民党に「難しい」と否定的ともとれるようなコメントを残す一方，新生党に「良くなることを祈る」，日本新党には「若く勢いのある」と答えるなど期待していた．その後の新進党，民主党への評価も悪いものではなく，一方，自民党には96年に「もっと積極的に」と答えていた．また，同年選挙の期間中には友人と「政治を変えなくては」と話したらしい．建設的な意見を言う政党が増えて，少々ではあるが，彼も悩んでいるようである．(金子)

A-027　イデオロギー的な理由で自民党を重視

埼玉　旧5区／新4区　1940年代生まれ　男性　①大学　②600〜800万円（93年）
③金融機関管理職　④自治

	支持政党	選挙区	比例	拒否政党	保革
93.7	**自民**	穂坂邦夫（自民）		共生さ	8
94.2	**自民**				8
95.2	**自民**				8
95.7	**自民**	自民	自民	社共	7
96.10	新進	上田清司（新進）	新進	民共	7
00.6	自民	早川忠孝（自民）	自民	共社	8

　彼の投票対象を中心に当該地域の衆院選を見ると，93年は新生党の上田清司がトップ当選を果たし，自民党新人の穂坂邦夫は惨敗した．96・00年は新生党から新進党，さらには民主党に鞍替えした上田が，自民党の早川忠孝らに圧勝した．
　彼は自民党を「最も保守的な政党である」という理由で評価し，"神の国"発言や国旗国歌法案に支持を与える一方，革新的であるとされる共産党・社民党を常に拒否政党に挙げている．イデオロギー的なものの見方をする人のようだ．
　彼は95年の調査までは熱心な自民党支持者であり，政党重視で自民党ならびに自民党候補に投票し続けてきた．彼にとって自民党は「国民の生活を豊かにした」党であり，「資本主義国の日本を支える党としてふさわしい」とのことである．実績とイデオロギー性から自民党を評価しているようだ．初めに見たようなイデオロギー的な視点と保守的なものに対しての好感は，自身も評価する日本の経済成長を牽引した資本主義的なものに愛着が派生したものであろう．
　その自民党支持の強さから，93年には自民党を割って出た新生党やさきがけを拒否政党に挙げている．しかし，佐川急便事件や94年の政治改革関連法案の議決で党内の結束が乱れたことに関し自民党に少々不満を覚えている．
　このような不満の集積の結果自民党への支持が揺るぎ，代わって消費税の税率を抑え，自民党に近くてよりクリーンだと考える新進党を支持するようになった．そして96年衆院選では選挙区も比例区も共に新進党に投票している．
　しかし，新進党解党後の00年には再び自民党に回帰し，小選挙区・比例区ともに自民党に投票している．かつての自民党への愛着と自民党の最近の保守化（"神の国"発言や国旗国歌法案など）が大きく影響したのだろうか．(奥津)

A-028　その度合いが減りつつも自民党支持は変わらず

埼玉　旧3区／新11区　1920年代生まれ　女性　①中学　②600〜800万円（96年）
③主婦　④自治　住民

	支持政党	選挙区	比例	拒否政党	保革
93.7	自民	加藤卓二（自民）		共	8
94.2	**自民**				6
95.2	（なし）				6
95.7	（なし）	自民	自民	なし	8
96.10	自民	加藤卓二（自民）	自民	共	7
00.6	自民	加藤卓二（自民）	自民	共社	10

　彼女の住む地域の衆院選を見ると，93年は新生党の増田敏男，自民党の加藤卓二，無所属の糸山英太郎が当選し，僅差で社会党の田並胤明が落選した．96年は自民党の加藤と社民党離脱の田並，無所属の小泉龍司の三つ巴となり，加藤が当選した．しかし，00年は無所属の小泉が加藤に雪辱を果たし，当選をした．
　彼女は政治に対して大変関心があると言える．各政党に対するイメージを開かれれば他の人よりも多く答えている．また自社さ政権が未だ出来てもいない94年2月には，後の自社さ政権に近い枠組みである自民党・さきがけ・民社党による連立を志向してもいる．政治に対する考え方も持っているようだ．
　そんな彼女は基本的に自民党支持である．自民党には「政治家としての資質を備へた者が多」いと感じ，「敗戦後の政治を担当した」自民党を「応援」している．しかし，自民党への支持は年々減少している．96年の自民党にはあまり好感を持っておらず，「他の党がだらしない」から支持しているにすぎない．それでもなお，自民党には抜本的に党を改革して立ち直してほしいと考えている．自民党が悪くなったからといって他の政党に支持を移すのではなく，あくまでも自民党がいいのであろう．00年でもその傾向は続き，与野党伯仲の状態を求めつつも自民党を支持している．
　ちなみに94年調査では新進党を「個人的な対立での脱党と自民党の批判をしたのではいただけず人柄を疑う」，日本新党を「細川党首の外何人かは国会議員らしいが外は寄せ集めで一長一短」，96年調査では新進党を「小沢党首は裏切り」，民主党を「お坊ちゃん，まかせられない」，社民党を「好きでなかった」，共産党を「嫌い」，さきがけを「余り良くない」と回答しているように自民党以外の政党に対する評価は全くといっていいほど良くない．彼女の観点からは「だらしない」からとうてい投票することはできないということであろう．
　投票は全ての選挙で，支持政党通り自民党へ．慣性とも言える自民党への支持と他の政党へあきれの二つの要素がそうさせているのであろう．(奥津)

A-029 「戦後日本を築いて来た」イメージを大切にする自民党支持者

埼玉　旧3区／新11区　1920年代生まれ　男性　①高校　②600～800万円（96年）
③無職　④なし

	支持政党	選挙区	比例	拒否政党	保革
93.7	自民	加藤卓二（自民）		共	10
94.2	**自民**				9
95.2	**自民**				10
95.7	自民	自民		自民	共	10
96.10	自民	加藤卓二（自民）	自民	共	10
00.6	自民	加藤卓二（自民）	自民	民共社	10

　93年は，それまで公認2人以上を擁立してきた自民党が，現職の増田敏男が新生党に移ったために現職の加藤だけを公認して守りの選挙を展開した．結果，増田と加藤，元自民党代議士の無所属・糸山英太郎の保守系3候補が当選し，社会党は40年間守った議席を失った．96年は，磐石の地盤に支えられて加藤が勝利した．彼は自己のイデオロギーをかなり保守的だと認識しているが，憲法の改正に反対することもあり，一様に保守的だとは言い切れない．そもそもこの問題はあまり重要ではないようである．彼にとって重要な問題は，福祉政策である．「自分の生活に直結している」として，96年衆院選では老人福祉を最も重要な争点だと回答している．
　彼はマスコミ，特にテレビを嫌っているが，久米宏には好感を持っている．一方で福留功男，徳光和男を嫌っているが，これは政治的な視点からではない可能性もある．市民運動にあまり親しみを感じておらず，警察・自衛隊に好意を寄せている．
　彼は自らを「自民党絶対支持者」だと回答するほど熱心な自民党の支持者である．この自民党への信頼は，「戦後日本を立て直した」との回答によく表されている．他党は，拒否政党となっている共産党をはじめ一様に低評価である．特に新生党，新進党については自民党から離脱した反逆者たちであるとして，強く嫌っている．一方，大抵の新党を嫌う中で，民主党には「期待している」とし，菅，鳩山両代表に一定の好意を抱いている．社会党については好んではいないものの，村山首相には一定の評価を与えている．これは，路線転換を受けてのものだと思われるが，断定はできない．これらの政治家は，自民党と連立を組んでいたところから評価しているとも考えられる．いずれにしろ，今までの日本を支えてきたのは自民党だという確固たる信頼が，彼の行動，意見を規定していると言えそうだ．
　00年調査でも，今まで通り自民党を支持している．自民党の単独政権を望んでいるが，公明党の好感度はかなり高い．一方民主党は拒否政党で，その他の野党も嫌悪している．自己と自民党の政策的立場が正反対を示す場合があるが，その上で支持しているところからかえって同党への信頼の強さが感じられる．（菅原）

A-030　一貫して自民党を支持し投票する農業従事者

千葉　旧3区／新12区　1920年代生まれ　女性　①中学　②600～800万円（93年）
③農業→主婦（96年）　④自治　住民

	支持政党	選挙区	比例	拒否政党	保革
93.7	自民	中村正三郎（自民）		公共	9
94.2	**自民**				NA
95.2	（なし）				5
95.7	自民	自民	自民	なし	9
96.10	自民	浜田靖一（自民）	自民	なし	7
00.6	自民	中村正三郎（自民）	自民	保	DK

　彼女が住む地域は旧千葉3区（定数5）で，自民4人，社会1人であった．93年衆院選でも変化はなく，中村正三郎ら自民党現職3人と，社会党現職1人，自民党現職だった浜田幸一の息子の靖一とが当選した．個々の政治家の地盤がしっかりとしており，浮動層の少ない地域であるといえる．96年衆院選では千葉12区となり，中村との間でコスタリカ方式を採用した浜田が，民主党と共産党の新人を抑えて当選した．00年衆院選では，浜田と交代して中村が当選した．

　彼女は比較的熱心な自民党支持者であり，常に自民党に投票している．しかし，自民党の政策に共鳴して投票しているというよりは，保守的で改革の必要性をさほど感じていないため，長期間政権の座にあった自民党を信頼し投票し続けているという印象を受ける．投票した理由も「他の政党はわからないから」などと答えている．自民党以外の政党に対してはあまり興味がないようである．ただ，公明党と共産党には反感を抱いており，公明党には「宗教的」，共産党には「党全体になるとこわい」という印象を抱いている．

　選挙区では候補者を重視しており，在住年数が長く地元に愛着があるためか地元の利益を代表する議員を選んでいる．93年衆院選では中村の後援会に家族ぐるみで入っている．96年衆院選で浜田に投票した理由にも，先代の議員（中村）を支持していたからと回答している．自治会からの働きかけもあるようだ．

　政権形態としては基本的に自民党の安定多数による単独政権を望んでいるが，自社さ連立政権にも好感を持っているようで，村山政権下の95年2月と7月の調査では自社さ連立政権を望んでいる．その時期に一度だけ自民党支持をやめて支持なしとしていることと関係しているかもしれない．ただ，00年衆院選時も自民党を中心とする連立政権を望んでいることから，現状追認の傾向があるとも考えられる．

　現在の政治に大体において満足しており，その時々の政権に不満を感じることはあっても投票行動にまで影響を及ぼすことはないようである．(村上)

A-031　長年の自民党支持を貫く70代女性有権者

千葉　旧3区／新12区　1920年代生まれ　女性　①中学　②800〜1000万円（95年）
③無職　④農協　自治

	支持政党	選挙区	比例	拒否政党	保革
93.7	自民	中村正三郎（自民）		公共	9
94.2	自民				10
95.2	自民				8
95.7	自民	自民	自民	共	9
96.10	**自民**	浜田靖一（自民）	自民	共	8
00.6	自民	中村正三郎（自民）	自民	共由	8

　彼女は70代で，生来この地域に住んでいて，家計維持者は農林業を営んでいる．
　彼女が住む地域は旧千葉3区（定数5）で，自民4人，社会1人であった．93年衆院選でも変化はなく，中村正三郎ら自民党現職3人と，社会党現職1人，自民党現職だった浜田幸一の息子の靖一とが当選した．個々の政治家の地盤がしっかりとしており，浮動層の少ない地域であるといえる．96年衆院選では千葉12区となり，中村との間でコスタリカ方式を採用した浜田が，民主党と共産党の新人を抑えて当選した．00年衆院選では，浜田と交代して中村が当選した．
　彼女は自民党の熱心な支持者であり，自民党に投票しつづけている．自民党について「国民すべて中流階級になれたのは自民党のおかげ」だと評価している．また，「小さい時から自由党でしたので」とコメントしており，自由党と民主党が合同して自民党が結成される以前から，支持し続けてきたようだ．家計維持者が農業を営んでいる影響からか，選挙の際は農協と自治会から自民党に投票するよう働きかけを受けている．現在の政治に満足しており，政権交代よりも政局の安定を望み，自民党に政権担当能力を認めることが多い．00年衆院選でも，自公保連立政権の枠組みはあまり評価していないものの，自民党への支持・投票に変化はない．かつては公明党を強く嫌っていたが，それは薄まっているようである．
　自民党以外の政党に目を向けると，共産党を強く嫌っており，拒否政党としている．社会党も「考えていることが気に入らない」としてあまり評価しない．日本新党，新生党，新党さきがけに対しては「わからない」と述べ，あまり関心を持っていない．一時好感を持っていた新進党についても，小沢一郎を「信用おけないかんじ」とコメントしている．新しく登場した民主党に対しては「期待している．これからというかんじ」と良い印象を持っている．しかし，新進党や民主党の好感度が高い時期にも自民党に対する好感度はさらに高く，全体を通して他の政党に対する好感度の上がり下がりは自民党支持に影響を与えるには至っていない．(村上)

A-032 後援会に加入し,投票依頼もする熱心な自民党支持者

千葉　旧3区／新12区　1940年代生まれ　女性　①中学　②200〜400万円（93年）
③土木作業（95年）→造園業作業（96年）　④自治

	支持政党	選挙区	比例	拒否政党	保革
93.7	自民	中村正三郎（自民）		公共	9
94.2	自民				4
95.2	自民				5
95.7	自民	棄権	棄権	共	5
96.10	**自民**	浜田靖一（自民）	自民	社共	8
00.6	自民	中村正三郎（自民）	自民	公共	5

　彼女が住む地域は旧千葉3区（定数5）で,自民4人,社会1人であった.93年衆院選でも変化はなく,中村正三郎ら自民党現職3人と,社会党現職1人,自民党現職だった浜田幸一の息子の靖一とが当選した.個々の政治家の地盤がしっかりとしており,浮動層の少ない地域であるといえる.96年衆院選では千葉12区となり,中村との間でコスタリカ方式を採用した浜田が,民主党と共産党の新人を抑えて当選した.00年衆院選では,浜田と交代して中村が当選した.

　彼女は,比較的熱心な自民党支持者であり,一貫して自民党を支持している.93年衆院選では家族と共に自民党の中村の後援会に所属しており,自治会や友人から投票の働きかけを受けているほか,自分自身も友人・知人に働きかけている.家族や親戚,近所の知人にも自民党支持者が多い.94年には自民党について「悪いことをする人が多い」と不満を漏らしているが,全般的には,頼りになる,これまでの実績がある,地元の利益に役立つなどプラスの評価が目立つ.保革イデオロギーには揺れがあるものの,常に自民党への好感度が他の政党に対してよりも高く,安定した自民党支持者であるといえよう.

　社会党は「見こみない.村山さんで信用をなくしている」と述べるなど評価が低く,拒否政党にもしている.公明党,共産党も拒否政党である.新党は全般的に「わからない」として中立的な評価であったが,新進党については96年に「見込みなし」と低く評価し,民主党についても「気に入らない」と述べている.

　96年衆院選では争点に消費税問題をあげ,税率引き上げに反対しているが,自民党に投票しており,争点は投票行動に影響していないようである.00年衆院選では森首相の「神の国」発言や自公保連立政権への評価が低いが,自民党支持に変化はなく,自民党に投票している.しかし,公明党に対する反感は強く,拒否政党にしている.それにも関わらず,公明党を支援する論調のある聖教新聞を読んでいるようだが,やはり「あまり好感が持てない」と述べている.(村上)

A-033 理想的自民党支持者
東京　旧1区／新1区　1960年代生まれ　男性　①短大　②400〜600万円（96年）
③医療器械販売業経営者　④なし

	支持政党	選挙区	比例	拒否政党	保革
93.7	自民	大塚雄司（自民）		なし	8
94.2	自民				2
95.2	自民				7
95.7	自民	棄権	棄権	共	7
96.10	自民	与謝野馨（自民）	自民	なし	5
00.6	自民	与謝野馨（自民）	自民	共社	4

　東京旧1区・2区中選挙区時代から，自民の与謝野馨と，日本新→民主と渡った海江田万里とが争っている．96年衆院選では，与謝野が勝ち，海江田は比例区で復活当選を果たしている．そして00年衆院選では海江田が2500票の僅差で勝利，与謝野は比例区での復活当選も果たせなかった．

　彼は大都会に生来居住し，医療器械販売業を営む中小企業経営者である．特筆すべき点は，なんと言っても支持政党である自民への愛着心の強さであろう．具体的なコメントを見ていくと，下野前の自民に対しては，「今日まで日本を栄えさせた政党」「豊かな日本を作ってきたので好感が持てる」等々，感情温度を見ても，他党と比べてとびぬけて高い評価を与えている．その後，95年7月の調査時には「大いに反省することも必要」と自省を促すものの，96年には早くも「歴史ある日本を築いた政党」と元通りの高い評価に戻っている．その反面野党については，「他人の批判ばかりで嫌い」と社会党を一刀両断，日本新党と新生党に対しても「新しいので興味ない」「よくわからない」とつれなく，新進にいたっては「自民党よりも政治倫理にかける」とまで言い放っている．

　保革イデオロギーの平均値は6.1，読売新聞購読，平均年収以上の安定した生活を送り（96年は例外なのである），子供のころから親の影響で支持している，と自民支持になる条件は揃い過ぎるほど揃っている．まさに日本の保守層である．それに加えて，投書や署名を行ったりもするなど，政治に対して積極的でもある．実際の投票行動においても，一度多忙で棄権した以外はコンスタントに自民党に投票している．地元の代表として与謝野に好意を抱いていたようだ．もっとも，中選挙区時代は大塚雄司に投票していたように，彼は候補者自体にはそれほどこだわっていないようにも見受けられる．いずれにせよ自民党にとってはとても理想的な有権者像と呼べるのではないだろうか．(原)

A-034 若くても自民党安定支持者

東京　旧8区／新2区　1960年代生まれ　女性　①短大　②1400万円～（93年）　③販売の事務　④労組

	支持政党	選挙区	比例	拒否政党	保革
93.7	自民	鳩山邦夫（自民？）		社共	5
94.2	日本新				5
95.2	自民				8
95.7	自民	自民	新進	共	8
96.10	自民	深谷隆司（自民）	自民	社	8
00.6	なし	公認なし（自由？）	自民	共	9

　今回のサンプルの中では珍しく，20代の女性というのに8回も調査に協力してくださった有権者だ．夫は証券会社の管理職である．

　この地域では，鳩山邦夫と深谷隆司のつばぜり合いが中選挙区時代から続いており，地盤・資金力ともに上回る鳩山がこのところ連勝している．その結果96年衆院選では，自民党有力者たる深谷は前回のように次点での当選というわけにはいかず，比例名簿1位という形での救済に甘んじる結果となっている．そして00年，深谷の劇的な落選は記憶に新しいところだ．

　彼女の全般的な政治的指向であるが，政治家について「汚職に明け暮れてはいそうであるが，不正をする人はそれほど多くないし，当選したからといってすぐに国民のことを忘れるというわけではない」と寛容に捉えているようである．それゆえ，「金のことはまあ棚上げにしても，国民の幸せと安全を考えてくれている党」との理由で自民党に好感を持ち，支持している．その反面社会党に対しては，「穏和でない．批判のみ．漠然とした平和論は国民の幸せにつながるのか．」と，およそ毎日新聞を購読しているとは思えぬ裁断を下している．また，自民党を信頼するがゆえに，保守新党である日本新党や新生党にも好意的で「長い目で見て期待している」と温かい評価を与えている．結果的にそれが，支持政党において一度日本新党に浮気してしまう伏線となっているのではある．ただ，それ以外は「あまり熱心ではない自民党支持者」という"穏健保守層"ぶりを見せている．

　以上を踏まえて実際の投票行動を見ると，基本的には自民党支持の要因と深谷という有力政治家の候補者要因もあいまって，自民党に投票している．逸脱していたのは93年の衆院選で候補者を重視した結果の無所属の鳩山への投票など数少ない．ただ，投票意図政党としては翌年に「今まで歩んできた道にしがみつきすぎ．現状把握しているつもりだろうができていない」とした自民党への不信感に基づく日本新党への投票意図がある．なお，00年衆院選の投票候補者は電話調査では深谷と答えている．(原)

A-035　共産党も支持する保守層——決め手は候補者か

東京　旧2区／新4区　1940年代生まれ　男性　①高校　②600〜800万円（93年）
③車用品営業課長　④労組

	支持政党	選挙区	比例	拒否政党	保革
93.7	自民	新井将敬（自民）		民	7
94.2	新生				3
95.2	(新進)				5
95.7	新進	棄権	棄権	なし	6
96.10	自民	新井将敬（新進？）	新進	社	8
00.6	自民	公認なし（自民？）	自民	※	※

　東京都大田区中南部は旧東京2区，現東京4区にあたる．中選挙区時代は定数5で，石原慎太郎（自民），大内啓伍（民社），新井将敬（自民）等有力政治家が存在していた．小選挙区になると自民党を離党中の新井，そして自民党に移った大内の争いになり，新井が3万票差で勝利している．また，00年衆院選で無所属の森田健作が自公保のおす候補を破り当選を果たしたのは記憶に新しいところだ．
　彼は平均イデオロギー5.8，読売新聞購読と，一見したところある程度保守的だと判断してしまいそうである．しかしそれでは96年に共産党を支持している（選挙前調査）ことの説明がつかない．これは「官僚癒着な党」である自民と「宗教的な党」である新進党のどちらも支持できなかった結果のものと考えられるし，前年まで非加入であった労働組合にこの年加入した，その影響によるものとも考えうる．もっとも，93年の時点から「共産党も連立に入れてやったほうが良い」と共産党の主義主張に寛容であったことがうかがえ，共産党に投票する，ということは何もこの人にとって特別なことではないと見ることも可能である．一方社会党は嫌いなようで，「頼りない」「内部対立ばかりで連立の足並みを乱す」とマイナスの評価しか与えていないことも付け加えておく必要があろう．89年参院選における社会党への投票は，一過性のブームに乗った結果ととらえるのが妥当ではなかろうか．
　では，実際の投票行動はどうなのであろうか．彼はほとんどすべての政党に寛容であることから，決め手は「候補者」となることが多いようだ．具体的に見ていくと，93年衆院選では「景気対策が重要．政策を支持」と石原への投票を予定．直前になって「自分が投票しなくても当選する」と思い，これまた「新聞や政見放送での印象がよい」とする新井に投票している．96年衆院選では，小選挙区のほうはここでもやはり個人の魅力に惹かれ新井に投票．ただここでは，「全体として適当な候補が揃っており，政治の現状を改めるのに十分と判断」といって支持する新進党に新井が所属していると誤認していたようであり，「政党も重視して」投票した．00年は森田を自民党候補と勘違いしたのではないだろうか．（原）

A-036　新党にも動じない，安定した都市部自民党支持者

東京　旧4区／新8区　1940年代生まれ　女性　①大学　②1400万円〜（96年）　③主婦→事務（96年）　④なし

	支持政党	選挙区	比例	拒否政党	保革
93.7	自民	粕谷茂（自民）		社公共連	10
94.2	**自民**				10
95.2	自民				10
95.7	自民	自民	自民	社共	8
96.10	自民	石原伸晃（自民）	自民	社共	9
00.6	自民	石原伸晃（自民）	自民	5党以上	9

　彼女が住む地域は93年衆院選で日本新党の新人山田宏がトップ当選し，その他自民党の粕谷茂，石原伸晃が当選した．96年の衆院選では東京8区となり，現職石原が新進党へ移った山田との戦いを制した．00年衆院選でも石原が当選した．

　彼女は比較的熱心な自民党支持者で，一貫して投票している．家族が93年衆院選では粕谷，96年衆院選では石原の後援会に所属しており，家族ぐるみで自民党を支持しているようだ．彼女はイデオロギーも保守的であるという自己認識がある．個々の政策に関しては，改憲賛成，原子力容認，防衛力の強化に賛成などの考え方をしており，ほとんどの政策や争点に関して，自分が自民党と近い考え方をしていると認識している．自民党を強く信頼しており，戦後の日本から国民全体が標準的生活レベルを持つまでになったことは自民党のおかげと高く評価している．

　彼女は自民党の安定多数を望んでいるため，93年に細川非自民連立政権が発足すると，「汚職で政権をなくすことは全く残念なことです．国民の半数近くが自民党を支持しているのにもっとしっかりしてもらいたい」とコメントしている．また「一党優位な状況下では正しい判断がなされていたのに，今は政治家が国民の顔色に振り回されている」と新党の動向に動揺する自民党を厳しく批判している．

　自民党の単独政権を望んでいる彼女は，新党に対して冷ややかな目を注いでいる．細川政権下の94年調査では，新生党を「好感が持てない」，日本新党を「少人数政党が大臣を務めるのは全く不自然な現象だと思います．国民大半の民意の政策ではないことは確かです」と不満を持っている．その後登場した新進党も信頼できないとし，さきがけについても「数合わせに使われて信頼できない」と述べている．社会党と共産党に対してはさらに反感が強く，拒否政党に挙げている．

　00年衆院選でも自民党支持，自民党投票である．しかし，自公保連立政権に対しては好意的ではない．特に，公明党を拒否政党にしていることから，公明党との連立に不満があるとみられる．（村上）

A-037　政治関心は高く，不満は持ちつつも自民党を支持し続ける
東京　旧5区／新10区　1920年代生まれ　男性　①大学　②600〜800万円（93年）
③コンサルタント　④自治

	支持政党	選挙区	比例	拒否政党	保革
93.7	自民	中村靖（自民）		公共	8
94.2	自民				8
95.2	自民				6
95.7	**自民**	自民	自民	共	7
96.10	自民	小林興起（自民）	自民	民社共さ	8
00.6	自民	小林興起（自民）	自民	民公共社	DK

　彼は夫婦だけで暮らしている70代の男性である．投票に行くのは国民の義務であると感じており，投票を欠かさない．政治的関心も高く，政治上の出来事にいつも注意を払っている．新聞やテレビにも興味を向けており，マスメディアの影響を強く受けていることを自覚している．

　彼が住む地域の93年衆院選は，新党ブームの影響で現職は振るわず，自民党の中村靖と小林興起は票を分け合い共に落選に終わった．96年衆院選では自民党支持票を一本化した小林が当選した．00年衆院選でも小林が勝ち，3選を果たした．

　彼は自民党を支持し続け，一貫して自民党に投票もしている．イデオロギー認識も保守寄りである．政策的には，改憲に賛成，原子力の容認，小さな政府志向，という意見を持っている．自民党について「政策的に幅が広く視野が広い」「官僚王国日本の体制下で，官僚をコントロールできて，政策や国内問題に精通している」などと印象を語っており，政権を任せられる政党は自民党をおいてないと考えているようである．しかし，自民党政権下でも政治満足度が低くなっている．特に，二世・三世議員や官僚出身の政治家は政治に携わるべきではないとし，自民党内での大規模なリストラと人材発掘が必要だとしている．

　他党についての評価は厳しい．新生党が登場すると，「彼ら自身も自民党と同じ．自浄作用するなら身をもって自民党内でやるべきだ」「権力主義的な匂いが強い」と批判している．同様に日本新党にも「テレビタレント志向の感じがして信頼できない」と不信感を持っている．続いて新進党が登場するが，「わがまま坊ちゃんたちの政党という不信感は拭えない．さらに宗教政党との節度のない妥協は恐ろしい」と批判的な意見を表明している．宗教政党としての公明党への反感は強く，00年調査では拒否政党にしている．民主党に対しても特別な期待や好感は持っていない．社会党と共産党は，時代の流れや世界の動きをキャッチできない政党としている．(村上)

A-038 安定している自民党を支持する都市部の高齢者

東京 旧9区／新11区 1920年代生まれ 男性 ①高校 ②600～800万円（93年）
③倉庫運搬→一般事務（95年） ④自治

	支持政党	選挙区	比例	拒否政党	保革
93.7	自民	浜野剛（自民）		公共	8
94.2	民社				8
95.2	自民				8
95.7	**自民**	自民	自民	共	8
96.10	自民	下村博文（自民）	自民	共	8
00.6	自民	下村博文（自民）	自民	公社	NA

　彼が住む地域は93年衆院選で旧東京9区（定数3）であり，自民党現職の浜野剛など3人がほぼ横並びで当選した．96年衆院選では東京11区となり，7年間都議をつとめた自民党の下村博文が初当選を果たした．00年衆院選でも下村が当選した．
　彼は，一回を除いて全ての調査で自民党を支持しており，必ず自民党に投票している．94年調査で一度だけ民社党を支持しているが，その調査での自民党の好感度は民社党よりも高く，自民党について「なんだかんだいわれていますがやはり自民党を支持します」と述べていることから，民社党を支持政党としたのはきまぐれであり，彼を一貫した自民党支持者とみなしてもよいと思われる．
　イデオロギー的に保守的であるという自己認識があり，政策に対する考え方は，改憲賛成，防衛力強化に賛成，原子力容認，軍事分野での国際協力も容認，大きな政府志向，などである．彼は自民党の考えと自らの考えが近いと感じ，重要な政策上の問題に挙げた政治改革についても自民党と考えが近いとしている．政権形態としては，自民党の単独政権または自民党を含めた連立政権を望んでいる．00年衆院選においても，自民党安定多数の単独政権が望ましいとしているが，自公保連立政権への反感もない．
　自民党に安定した印象を持ちつづけており，「日本の繁栄に寄与していると思う．ロッキード，リクルートその他いろいろ金にまつわることで不信感を抱きましたが，よくやってきたと思います．評価します」と述べている．金権政治を憂慮しているものの，支持をとりやめるに至ることはないようだ．
　新党については，93年時では好感度が高めであるが，94年調査では新生党と日本新党に対して「裏切り党として好感持てない」と，評価が下がっている．新進党にも「寄せ集めの党であまり期待していません」と述べている．新党以外で好感度の低さが際立っているのは共産党で，拒否政党にも毎回挙げられている．(村上)

A-039　安定した自民党支持者

東京　旧10区／新13区　1930年代生まれ　男性　①高校　②800～1000万円（95年）
③個人タクシー　④商工　自治

	支持政党	選挙区	比例	拒否政党	保革
93.7	自民	鯨岡兵輔（自民）		共	9
94.2	自民				9
95.2	自民				7
95.7	自民	自民	自民	共	9
96.10	自民	鈴木賢市（自民？）	自民	共	9
00.6	自民	鴨下一郎（自民）	自民	共	10

　本対象者は60代で足立区在住のタクシードライバーである．
　足立区中東部は旧東京10区，現東京13区に位置する．93年衆院選にて公明党の山口那津男がトップ当選したことからも分かるように，創価学会の勢力の強い地域である．96年衆院選では公明党推薦の新進党候補，鴨下一郎が1万票差で自民党の新人を撃破，学会票が大きくモノをいったことが見て取れる．
　さて彼の全般的な思想面であるが，かなり保守的といえそうである．平均イデオロギーは8.4で読売新聞購読，ニュースステーションなどを見るが信用はしない，等々がそれを示している．支持政党はもちろん自民党で，00年衆院選も含め毎回欠かさず自民党に投票している．支持理由としては，「吉田茂が好きでそのまま支持しているという単純な理由だよ」「日本人には一番あっている」「存在しているのがあたりまえ」「地元に密着してやってくれる」等々，さまざまあるようだ．当然他の党は嫌いなようで，「野党として肝心なときに働いてないし，靖国参拝や皇室行事等，国民一人一人の好きなことまで反対している」（社会），「共産主義が大嫌い．口先だけでなく暴力もあり恐ろしい」（共産），「まだまだ未熟」（日本新），「自民の亜種．公明の入った混ざり物」（新進）など，眼中にないようである．また，第2回の調査以降は一貫して自民党の安定多数，単独政権を望むと答えている．ただし，手放しに自民党を支持することはしておらず，93年の自民党下野時には「政策面では支持できるがこのところおごりすぎた．下野を機にもとの自民党に戻ってほしい」と客観的に評価することも忘れてはいないようである．これからの自民党に抱く要望としては「もっと強力な指導者が出てきてほしい」とのことだ．
　安定した自民党支持者は何も地方の農村にのみいるのではない．大企業の社長から，都市部の個人タクシーのドライバーまで幅広い支持を集め，利益の調整・分配・誘導を図る政治こそ自民党の真の姿といえる．しかも本対象者のように職業と利益が直接関係なくとも安定して自民党を支持しうるのである．キャッチオールパーティーの面目躍如といったところか．(原)

A-040　自民党信奉型
東京　旧6区／新15区　1910年代生まれ　男性　①高校　②～200万円（93年）③日用品販売業　④商工　自治

	支持政党	選挙区	比例	拒否政党	保革
93.7	自民	柿沢弘治（自民）		DK	8
94.2	**自民**				10
95.2	**自民**				10
95.7	**自民**	自民	自民	共	10
96.10	**自民**	柿沢弘治（自民）	自民	社共	10
00.6	自民	木村勉（自民）	自民	共	NA

　江東区に生来在住している80代の男性有権者．タバコ，雑貨販売業を自営．

　江東区は小規模の工場や中小企業の多い地区である．それゆえそれらの利益代表たる自民党が強く，衆院選に関しては柿沢弘治が6選，同氏の東京都知事選出馬による補欠選挙でも自民党都議会議員出身の木村勉が勝利している．00年衆院選では柿沢が無所属で出馬，木村との保守票を奪い合う激戦を1400票差で制して7選を果たした．

　まず，この有権者の政治的指向を見てみると，平均イデオロギー9.7，支持政党も投票政党もすべて自民党，柿沢後援会にも加入と，強度の自民党支持者のようである．上述の江東区データを裏切らない結果だ．支持理由としては，「商人は自民党が良い」「柿沢さんの考え方や立場に近い」「戦後復興に努力してくれた」等を挙げる．ただ，やはりこの調査時は自民党バッシング真っ只中であったこともあり，「支持しているが，金が絡みすぎて困ってしまう」「悪いことをしないように（自民党の）役員を指導してください」など，苦言も呈している．特に95年2月の調査時には自民党の熱心な支持者であると答えつつも，新進党単独政権が望ましいと答えており，二大政党制の実現に自民党暴走の歯止めとしての役割を期待した様子がうかがえる．その他の調査でも「自民党政権だが与野党伯仲状況が望ましい」と答えており，熱心な自民党支持者ではあるが自民党が独走するのは少し怖いと考える傾向をもつ．ちなみに彼は諸新党に対しては「特に興味なし」「寄せ集めに過ぎない」と，相手にしておらず，政権担当能力ある政党として常に自民党を挙げていることを併せて考えてみても，新党が自民党にとって代わる政党になりうるとは考えなかったようである．

　次に実際の投票行動であるが，前述のように一目瞭然，00年衆院選も含めて支持政党そのままに投票している．「選挙報道に影響されず，最初から候補者は決まっていた」「普段から支持政党は決まっているので，比例名簿にも興味はなかった」と答えるなど，政党帰属要因の強度は絶大なのである．（原）

A-041　公明と戦う熱心な自民党支持者

東京　旧11区／新24区　1940年代生まれ　女性　①高校　②600～800万円（93年）
③病院看護手伝い　④なし

	支持政党	選挙区	比例	拒否政党	保革
93.7	自民	石川要三（自民）		公	5
94.2	（なし）				NA
95.2	自民				6
95.7	自民	新進	新進	共	6
96.10	**自民**	小林多門（自民）	自民	進民	5
00.6	自民	小林多門（自民）	自民	公共	DK

　40代後半，八王子在住の女性有権者．病院で老人福祉の世話（看護）をしている．自民党支持者ではあるものの，現場を知るものとして「自民党は福祉，福祉といっているが，実態を知っているのか」と皮肉ったりもする．
　さて彼女，一貫して自民党支持を通している．「いざというときに動けるのはやはり自民」と信頼を寄せ，自民党安定多数も望んでいるようだ．ところが面白いことに実際はすべて自民党に投票しているわけではなく，「一致団結の固まり．絶対いや」とする公明党や，「自民党でできなかった人が自分たちで政権をとりたいために作った党」と忌み嫌う新進党にも投票している．なんでも，職場や近所の人はみな公明党支持者のようであり，上司などからよく当該政党に投票するよう勧められ「義理で投票」しているという．高木陽介（公明）の演説会などにも付き合いで出席したようであり，「一致団結してもとの景気に戻してほしい」と期待する自民党に投票できず，「天下を取りたい悪者が後ろで手を引いている．天下を取らせたらどうなるか分からない」と嫌う新進党に投票せざるを得ない状況を作り出す強制力は凄まじいようだ．「介護」という職場で現実の厳しい状況を直視している人たちにとっては，公明党は絶好の利益代表政党であるのかもしれない．熱心な自民党支持者をも一票に取り込んでしまう，公明党の集票力の強烈さを感じた．
　さて彼女は，96年衆院選において逆襲に転じる．上司と創価学会から高木（新進）に投票するよう強く求められるも，消費税政策と学会嫌いから頑なに拒否，逆に小林（自民）への投票を依頼しているのである．00年衆院選では，自公保連立の枠組みをある程度支持し，小選挙区・比例区とも自民党に投票している．
　しっかりした考えを持たない浮動的有権者が"無党派層"などと祭り上げられる軟弱な昨今，政治的信念を明確にもち，職場での軋轢にもめげず選挙に臨む姿は，"主権者"を名乗る国民の真にあるべき姿勢ではないだろうか．（原）

A-042　昔からの自民党信奉型
東京　旧11区／新25区　1920年代生まれ　男性　①中学　②400～600万円（93年）
③無職　④自治

	支持政党	選挙区	比例	拒否政党	保革
93.7	自民	石川要三（自民）		社共	8
94.2	自民				8
95.2	自民				8
95.7	自民	自民	自民	社共	7
96.10	自民	石川要三（自民）	自民	共	9
00.6	自民	石川要三（自民）	自民	共社	9

　東京都の郊外に夫婦ですむ60代の男性で，年金で生活しており，暮し向きにはある程度満足している．生活面では，住民運動に参加したり自治会で活動したりするなど，地域の活動に積極的にコミットしている．イデオロギー的には自らを保守に位置付け，憲法改正や国連の常任理事国入りを支持している．

　政治に対しては強い関心を持ち，不満を抱きながらも常に熱心に自民党を支持している．しかし，党に対しては日本を経済大国に仕立て上げたと強く支持しつつも，宮沢内閣には宮沢本人ともども強い反感を抱き，党の三役が替わることをも熱望している．おそらく党首やイメージよりも政党が支持に与えている影響が強いのであろう．そのことは，自分の支持する議員が所属政党をかえたら，支持政党はかえずにその議員を支持するのをやめるとしていることからも裏付けられる．自民党に対しては，近年は役者不足で物足りないと述べるなど，田中角栄や吉田茂といった昔の大物政治家の印象が強い結果の支持を続けている様子がうかがえる．最近では故小渕恵三への評価が最も高く，森喜朗，小沢一郎がつづき，鳩山由紀夫の評価は低いようである．

　自社さ政権期にかけ，新生党や新進党に対する評価は一応高かったものの，自民党支持には揺らぎがなかった．やがて新進党に対しては96年衆院選時において，創価学会が嫌いだとして，好感度が大きく低下した．

　細川政権については，政治改革関連法案の成立，コメの部分開放の決定など，政策ごとに評価した模様．それに対して村山政権はほとんど評価しておらず，共産党と並んで拒否政党としてあげる社会党ともども反発が強い．

　実際の投票行動であるが，00年衆院選も含めて，すべて自民党に投票している．周囲に投票依頼も行っているようだ．(原)

A-043　自民党への一貫的投票

神奈川　旧3区／新12区　1940年代生まれ　男性　①大学　②1400万円〜（93年）
③アパート経営（93年）→金属加工（96年）　④農協

	支持政党	選挙区	比例	拒否政党	保革
93.7	自民	甘利明（自民）		なし	7
94.2	自民				6
95.2	自民				6
95.7	自民	棄権	棄権	共	8
96.10	自民	桜井郁三（自民）	NA	なし	6
00.6	自民	桜井郁三（自民）	自民	共	8

　彼の投票対象を中心に当該地域の衆院選を概観すると，93年衆院選では自民党の甘利明ら現職に加え日本新党の新人が議席を獲得した．続く96年衆院選では新人4候補の争いとなり，自民党の桜井郁三が僅差で新進党の江崎洋一郎らを下し当選を果たした．逆に00年衆院選では民主党に鞍替えした江崎が桜井に雪辱を果たした．
　彼は自らの生活には満足していると答えている．そのため，国民福祉税構想を初めとして自身の経済状況が一見悪くなりうる増税にも寛容である．一般に秩序を重んじる政策の方に関心があるが，それでも政治全般に対する興味はあまりない．
　支持政党は一貫して自民党である．その支持の理由は，これまで戦後長く政権を担当してきた実績に対し強い信頼を置いていることにあるようだ．他の政党に対しては特に意見がないらしく，あまりそれらに注意を払っていない．
　投票行動を見ると，92年以前は，自民党に逆風であった89年も含めて，継続して自民党へ投票してきた．その傾向は93年衆院選も同様で，同年にも自民党に投票した．政党で選んだそうで，政策の争点にも特に関心がないようである．愛着のある自民党を勝たせたかったのであろう．95年参院選は棄権した．他に予定がなかったのにもかかわらず，投票にいくのが面倒であるという理由でいかなかったそうである．自身が望む自民党単独政権の望みがなさそうだったからかもしれない．続く96年衆院選では自民党の桜井に投票した．この投票は93年の投票と異なり候補者自身に着目しての投票であると本人は答えているが，桜井のどういうところにひかれて投票したかはよくわからないそうである．桜井との個人的な接触もない．ポスター等から受ける無意識的な影響によるものかもしれないし，またやはり自民党に所属している点を無意識的に評価したのかもしれない．比例区も自民党へ投票した．00年も小選挙区は桜井，比例区は自民党に投票している．
　彼は，自民党の実績がよっぽど気に入っているようだ．政治に対する興味がないから，他の党の行動を知らず結果としてそれらを評価できないのかもしれない．将来にわたって彼が自民党以外の党へ投票することはほとんどないと言える．(奥津)

A-044　消去法もあって，毎回自民党に投票
新潟　旧3区／新2区　1920年代生まれ　男性　①高校　②800～1000万円（93年）③無職　④なし

	支持政党	選挙区	比例	拒否政党	保革
93.7	自民	渡辺秀央（自民）		共日	8
94.2	自民				7
95.2	自民				6
95.7	自民	自民	自民	なし	6
96.10	自民	桜井新（自民）	自民	なし	6
00.6	自民	桜井新（自民）	自民	公共	4

　彼が80年程住んでいる地域は，93年衆院選で田中真紀子など有力7候補が5議席を激しく争い，社会党現職や自民党現職渡辺秀央が落選した．渡辺は前郵政相であったが，佐川急便疑惑などの灰色イメージが響いてか300票差の次点であった．96年衆院選では県内最多の6人が争い，元環境庁長官で自民党現職の桜井新が，新進党や公明の推薦を受けた近藤基彦に競り勝った．00年衆院選では逆に近藤が，自公保の推す桜井に競り勝った．

　彼は高齢のためもう仕事はしていない．政治的関心は比較的高く，新聞を二紙読み，テレビのニュース番組もたくさん見ているが，あまり信頼していない．周囲で選挙のことは話題にならず，投票義務感も高くない．

　支持政党は自民党であり，毎回自民党に投票している．政権担当能力のある政党としても自民党を常に挙げており，望ましい政権像でもほとんどの調査で自民党単独政権を考えている．そのため，細川非自民連立政権や村山自社さ連立政権はあまり評価しない．「昔から自民党がすき」であり，自民党を「日本の責任政党である」として高く評価している．ただ，「他の政党が全く駄目だから」と述べている時もあり，これは弱い支持であることの表れであろう．駄目と言われている他党の中で民主党にだけは「期待する」ようで，注目に値する．一方共産党については「言う事は立派だが話だけで終る」とあまり評価していない．

　自民党に投票する理由は，政策や主張に賛成であることに加え，これまでに実績があるからで，これらは候補者にも当てはまっているようである．また，「自分の体験から」「海外派遣をせずとも国際貢献は出来ると思う」と述べたり，自民党を「他国についても色々考えている」とするなど，国際関係にも気を配っている．これは，自分が戦争を体験しており，戦前の日本が戦争に突入していったことを繰り返してほしくない，との気持ちから出たものだろう．（水野）

A-045　なんとなく自民党に投票していたが，候補者の魅力で変化

新潟　旧3区／新2区　1930年代生まれ　女性　①高校　②1000〜1200万円（93年）
③自営業の商品販売員　④商工

	支持政党	選挙区	比例	拒否政党	保革
93.7	自民	桜井新（自民）		なし	6
94.2	（なし）				NA
95.2	（自民）				5
95.7	自民	自民	自民	共	6
96.10	新進	近藤基彦（新進？）	新進	なし	6
00.6	自民	非特定（無所属）	公明	共	NA

　彼女が70年程住んでいる地域は，93年衆院選で有力7候補が5議席を激しく争い，自民党現職の桜井新などは当選したが，社会党現職や自民党現職が落選した．96年衆院選では県内最多の6人が争い，桜井が，新進党や公明の推薦を受けた近藤基彦に競り勝った．00年衆院選では逆に近藤が，自公保の推す桜井を破った．
　彼女は子供と暮らし，家族の仕事の手伝いをしている．投票に行くのは有権者の義務だと考えており，毎回投票に行っている．候補者から葉書をもらうものの，政治的関心はあまり持たず，選挙が周囲との話題になることも全くなかったようである．このことは，過去の投票政党を忘れていることからもうかがえる．
　支持政党は，「以前から」「何となく好きだ」った自民党から，新進党に変わった．ただ，その支持はかなり弱いものであった．同様に投票政党もずっと自民党であったのが，96年衆院選では新進党に投票している．彼女は，政治の現状に不満を持っているようで，それがこの変化を生んだようである．加えて，新進党の推薦を受けた候補者の近藤の魅力によっても投票先が変わったようである．00年には支持政党は自民党に戻っているが，引き続き近藤に投票したようだ．しかも，比例区では桜井を推薦している公明党に投票しており，複雑な動きを見せている．
　彼女はそもそも政党自体にあまり興味がないようで，政党イメージを問う質問にもあまり答えていない．「政治に付いてあまり良く分かりません」とも述べており，政治的関心が低いことがここにも表れている．争点については，生活に密着している景気対策や消費税，高齢者として福祉サービスを気にしてはいるが，それが投票に結び付いているわけではなさそうである．（水野）

A-046　金権政治を嫌うが，自民党に投票し続ける

富山　旧1区／新1区　1930年代生まれ　男性　①高校　②1400万円〜（93年）　③花屋　④商工　自治

	支持政党	選挙区	比例	拒否政党	保革
93.7	**自民**	NA（自民）		共	6
94.2	自民				8
95.2	自民				5
95.7	自民	自民	自民	NA	8
96.10	**自民**	長勢甚遠（自民）	自民	なし	9
00.6	自民	長勢甚遠（自民）	自民	なし	6

　彼が住んでいる地域の93年衆院選では，有力5候補が3議席を争い，自民党現職の長勢甚遠や住博司などが当選した．96年衆院選では，自民党の長勢が3選を果たした．00年衆院選でも長勢が当選した．

　彼は3世代で暮らしているためか，世帯年収は高くなっている．政治の現状には常に満足し，政治的関心も比較的あり，長勢の後援会にも入っている．そのため選挙になると，葉書が送られ電話がかかってきていて，演説会にも行っている．周囲からの投票の働きかけも多い．自営業ということで消費税率上げが身近な問題になったこともあり，政治に一層興味を持つことになったようである．また，新聞を3紙も取っており，テレビもたくさん見ている．だが，そのわりにはメディアが与える投票行動への影響は小さそうである．

　支持政党に関してはずっと自民党であり，投票し続けている．所属している商工団体や自治会が自民党を支持していることも影響があるだろう．政権担当能力がある政党についても常に自民党を挙げ，望ましい政権像にも常に自民党が絡んでいる．ただ，自民党については「お金をもらっての政治があるのでは」，「国民の為にやっている党と言いたいが汚職も問題」としていて，全てを肯定しているわけではないようである．金権政治を嫌っているのであり，「お金を使わない政治をする為」に「行政改革」を望んでいる．

　彼は投票決定の要因を政党だとしている．自民党への投票理由としては，政治の現状をあらためるのにふさわしいことを挙げていて，金権政治からの脱却を願っている．さらに，地元の利益を代表していることも投票理由である．また，後援会に入ると候補者に親しみを持ち，候補者要因が増しそうであるが，投票要因が政党であることに変わりはないのであり，政党の影響力は大きく今後も自民党に投票していくのだろう．（水野）

A-047 候補者要因もあるが，身近な存在である自民党に投票

富山　旧2区／新3区　1940年代生まれ　男性　①高校　②400～600万円（93年）
③倉庫管理　④自治

	支持政党	選挙区	比例	拒否政党	保革
93.7	自民	綿貫民輔（自民）		共	8
94.2	自民				8
95.2	自民				5
95.7	自民	自民	自民	共	9
96.10	自民	綿貫民輔（自民）	自民	共	8
00.6	自民	綿貫民輔（自民）	自民	民共社	6

　彼が住む地域は自民党の地盤であり，93年衆院選では3議席を自民党が独占した．96年衆院選では，現職3人のうち萩山教嚴，橘康太郎は比例区に回って当選し，選挙区では元自民党幹事長である綿貫民輔が圧勝して10選目となった．00年衆院選でも綿貫が勝利し，萩山，橘も比例区で当選した．
　彼は50歳ぐらいで，会社の管理職をしている．投票に行くことに義務感を持っており，政治的関心も高い．綿貫の後援会に属していた時期もあり，その時には綿貫と話をしたり，握手をしたりと接触が多く，後援会をやめた後でも葉書が送られてきている．
　彼の支持政党は自民党である．ずっと熱心に支持しており，毎回投票している．自民党は地元の利益を代表しており，政策にも賛成できる，ということが投票理由である．自民党のイメージは，後援会に入っていたためか，「身近に感じられる」と述べている．自民党にしか政権担当能力を認めず，自民党への支持は簡単には変わりそうにない．ただ，自民党単独政権を望んでいることは少なく，他党との連立を望んでおり，村山自社さ政権はある程度評価する．これは，自民党が強いことを望みつつも，与野党伯仲によって，緊張感のある政治がなされることを期待していることの表れだろう．争点に選挙制度改革を挙げている時も，その理由は「金権腐敗を防ぐため」であった．また，投票決定の要因について，当初は実績がある人物（綿貫）だからか候補者要因が大きかったのが，後には政党重視に変わった．自民党の下野を通して，候補者個人だけでなく，自民党全体が重要であると考えるようになったのではないだろうか．
　他党についてはあまり興味がないらしく，第二党であった社会党も「関心がない党」になっている．それ以外も，「公明党＝創価学会としか思えない」，新進党を「小沢の私有物」，常に拒否政党である共産党を「昔から変わらない思想の党」，というように，わかりやすいものとリンクさせて政党のイメージを作っている．(水野)

A-048　自民党候補者への支持が，自民党への投票に結び付く

富山　旧2区／新3区　1930年代生まれ　女性　①中学　②〜200万円（93年）③主婦　④宗教

	支持政党	選挙区	比例	拒否政党	保革
93.7	自民	橘康太郎（自民）		共	5
94.2	自民				NA
95.2	自民				4
95.7	**自民**	自民	自民	共	9
96.10	自民	綿貫民輔（自民）	自民	共	5
00.6	自民	綿貫民輔（自民）	自民	社	5

　彼女が住む地域は自民党の地盤であり，93年衆院選では3議席を自民党が独占した．96年衆院選では，現職3人のうち萩山教嚴，橘康太郎は比例区に回って当選し，選挙区では元自民党幹事長である綿貫民輔が圧勝して10選目となった．00年衆院選でも綿貫が勝利し，萩山，橘も比例区で当選した．

　彼女は60歳ぐらいで，夫婦二人とも年金生活に入っている．政治的関心はあまり高くなく，選挙のことが話題になることも少ない．

　投票決定の要因は候補者のようだ．過去の実績を重視し，人柄も見ている．比例区では，支持した人物の党という理由で自民党に投票している．候補者への支持が，政党への投票につながっているようである．96年衆院選から，彼女の住む地域を地盤にしていて，彼女が投票してきた橘が比例区に回ったが，同じ自民党の綿貫へ，すんなり投票している．

　支持政党は自民党であり，毎回投票している．政権担当能力がある政党についても自民党しか挙げていない．自民党については，「がんばってほしい，口先だけでなく」，「今日まで支持してきたので好き」というコメントがある．

　95年参院選時には，政治に対する思い入れが強くなったようで，イデオロギーがかなり保守寄りになり，熱心な自民党支持者になり，自民党単独政権を望むようになっている．この時だけが，他の調査と比べて際立っており，自社さ連立政権を見て，各党が妥協することになる連立政権をいやがるようになったのではないだろうか．歴代政権にはいずれもプラスの評価をしているにも関わらず，自民党が与党であっても，連立政権だと政治の現状に不満を持っている．

　他党については，政党イメージを答える欄に空白が多くなっており，関心があまりないようである．また，年金生活を送っていて，「自分もそんな年だから」「老人問題」は争点になるほど重要なものになっている．（水野）

A-049　知人がいる自民党を支持して投票する
富山　旧2区／新3区　1930年代生まれ　女性　①中学　②400～600万円（93年）
③主婦　④自治

	支持政党	選挙区	比例	拒否政党	保革
93.7	自民	綿貫民輔（自民）		社公共	6
94.2	自民				8
95.2	**自民**				6
95.7	**自民**	自民	自民	さ共	9
96.10	自民	綿貫民輔（自民）	自民	社共さ	DK
00.6	自民	綿貫民輔（自民）	自民	民共由社	5

　彼女が住む地域は自民党の地盤であり，93年衆院選では3議席を自民党が独占した．96年衆院選では，現職3人のうち萩山教嚴，橘康太郎は比例区に回って当選し，選挙区では元自民党幹事長である綿貫民輔が圧勝して10選目となった．00年衆院選でも綿貫が勝利し，萩山，橘も比例区で当選した．
　彼女は，60歳を越え，夫や子供と一緒に暮らし，主婦である．投票には有権者の義務だとして毎回行っている．家族が綿貫の後援会に入っているため，選挙になると葉書が送られてきている．だが，それほど政治的関心があるわけではなく，選挙が周囲との話題になることも多くない．
　彼女は，知人に参議院議員がおり，家族が綿貫の後援会に入っていることもあって，自民党を支持し，毎回投票している．その理由は，地元の利益を代表していて，「知人がいるから何となく好き」だからであり，「お金のことをきれいにしてほしい．公平な政治をめざしてほしい」と自民党に期待を持っている．また，自民党が野党の時には「改革意識をもって，政権を一気にうばいとるぐらいにしっかりした自民党になってほしい」と願っている．
　さきがけと社民党が拒否政党になっているにも関わらず，村山自社さ政権をある程度評価しているのは，自民党が入っているのであまり悪い評価は出来ない，ということなのだろう．さきがけは「嫌いな党」であり，社民党は「なんとなくついていけない党」となっている．また，共産党は常に拒否政党になっていて，「きれいですばらしいことを言っておられるが，影が薄いのが気の毒」と皮肉を述べているのは面白い．
　選挙では公約を重視するとしていて，60歳を越えたという年齢からか，争点としては生活に密着した消費税や福祉サービスを挙げている．(水野)

A-050 党員の夫の影響で自民党に投票

富山　旧2区／新3区　1940年代生まれ　女性　①高校　②800〜1000万円（93年）
③自営業　④商工　自治

	支持政党	選挙区	比例	拒否政党	保革
93.7	自民	綿貫民輔（自民）		社共	6
94.2	自民				4
95.2	自民				5
95.7	**自民**	自民	自民	共	10
96.10	自民	綿貫民輔（自民）	自民	社共	6
00.6	自民	綿貫民輔（自民）	自民	※	※

　彼女が住む地域は自民党の地盤であり，93年衆院選では3議席を自民党が独占した．96年衆院選では，現職3人のうち萩山教嚴，橘康太郎は比例区に回って当選し，選挙区では元自民党幹事長である綿貫民輔が圧勝して10選目となった．00年衆院選でも綿貫が勝利し，萩山，橘も比例区で当選した．

　彼女は夫や子供と暮らしており，小さな店を営んでいる．夫が自民党員であり，綿貫の後援会に入っているため，葉書や電話があり，綿貫などとの接触は多い．加えて，周りで選挙のことが話題になることも多い．投票そのものについては有権者の義務だと考えており，毎回投票している．ただ，96年衆院選では綿貫が圧倒的に強く，勝ちが「きまっている」ので「投票日には行かなくてもよい」とも感じていたようである．

　支持政党は自民党であり，毎回投票している．「自民党が今現在あるから，今がある」と，評価している．政権担当能力のある政党についても自民党を挙げている．ただ，「このままでは良いとは思わないが，自民党の他にあまりすきな党はない」とのコメントもある．望ましい政権像については，自民党と他党との連立政権を考えていたのが，自民党単独政権を考えるようになってきている．これは，細川政権や村山政権を全く評価しないとしていることからすると，実際に連立政権を見て，よくないという判断を下したのだろう．やはり，信頼ができるのは「実績がある」自民党ということのようである．「このままでは良いとは思わない」としているが，夫の影響もあり，今後も自民党に投票していくことが予想される．

　他党については，社会党を「わからない党」，公明党を「全然理解できない」，共産党を「何となく昔から嫌い」，民主党を「きらい」と，評価した政党は今では解党してしまった新進党しかない．社民党や共産党は，拒否政党にもなっている．（水野）

A-051　候補者に惹かれ，所属する自民党自体を支持して投票する
富山　旧２区／新３区　1930年代生まれ　女性　①高校　②200～400万円（96年）
③主婦　④なし

	支持政党	選挙区	比例	拒否政党	保革
93.7	自民	萩山教嚴（自民）		なし	6
94.2	（なし）				5
95.2	（なし）				6
95.7	自民	自民	自民	共	9
96.10	自民	綿貫民輔（自民）	自民	なし	3
00.6	なし	綿貫民輔（自民）	自民	NA	5

　彼女が住む地域は自民党の地盤であり，93年衆院選では３議席を自民党が独占した．96年衆院選では，現職３人のうち萩山教嚴，橘康太郎は比例区に回って当選し，選挙区では元自民党幹事長である綿貫民輔が圧勝して10選目となった．00年衆院選でも綿貫が勝利し，萩山，橘も比例区で当選した．

　彼女は60歳を越え，夫婦で暮らし，主婦をしている．政治的関心はあまり高くなく，周囲と選挙が話題になることも少ない．ただ，選挙区割りが変更になるまでは萩山の後援会に入っており，選挙になると葉書が送られてきている．

　毎回自民党に投票しており，政権担当能力がある政党についても自民党以外の党は出てこない．今後も自民党に投票していくことだろう．支持政党は自民党のようで，「長い間支持してきたので好き」としている．だが，その支持の強度は弱く，さらに「支持政党なし」になったこともあるので，それほど確固たるものではない．選挙区で萩山に惹かれて投票していたのが，制度改革の影響で萩山が比例区単独で立候補するようになったので，萩山の属する自民党自体を重視して，綿貫に投票するようになったようである．

　また，「政府案と対案がどこが違っているか，国民に解るように発表すべき」（新進党），「反対ばかりしている党で好きになれない」（社会党）などと，政党としての責任を重視しているようだ．そして現段階では，その責任を満たせているのは自民党だけ，ということなのだろう．

　争点としては，自身が年金暮らしであり，生活に影響のある消費税の問題を挙げているが，それほど重視しているわけではなさそうである．（水野）

A-052 候補者要因大きく，自民党に投票し続ける

石川　旧1区／新2区　1930年代生まれ　女性　①中学　②1400万円〜(93年)　③主婦　④自治　住民

	支持政党	選挙区	比例	拒否政党	保革
93.7	**自民**	森喜朗（自民）		共	10
94.2	自民				10
95.2	自民				5
95.7	**自民**	自民？	自民	共	7
96.10	**自民**	森喜朗（自民）	自民	進	10
00.6	自民	森喜朗（自民）	自民	※	※

　彼女が住んでいる地域では，自民党の奥田敬和，森喜朗，社会党の島崎譲で8回連続同じ顔ぶれの当選であった．ただ，93年衆院選では奥田は新生党から立候補して当選した．96年衆院選では，森が新進党の一川保夫に競り勝った．00年衆院選でも，首相となった森が一川に勝った．

　彼女は主婦で，3世代で暮らしている．政治に対する関心はあまり高くないが，投票に対して義務感を持ち，毎回投票に行っている．96年衆院選時には森の後援会に入っており，住民団体から働きかけを受けたり，森と握手をしたり，演説を聞きに行ったりしており，葉書も郵送されている．投票の働きかけは多いようで，95年参院選では「頼まれて」，自民党の候補者に投票している．

　彼女は熱心に自民党を支持し，毎回自民党に投票している．彼女の投票決定要因は候補者であり，森への支持が自民党の支持につながっているようである．加えて，彼女の世帯年収は高く，暮らし向きについても十分満足しており，「自民党のおかげで日本が良くなった」と実感していることから，自民党への支持が強まっている．彼女は自民党を「生活に密着」していて，「第一党でがんばってきたと思う」と評価している．イデオロギーの自己認識も保守的で，8回の調査中で4回も，最も保守的な認識を示しており，今後も自民党に投票していくのだろう．だが自民党を常に褒めているわけではなく，「だらしがないと思う．昔日の自民党を期待しています」と厳しい見方をしている時もある．

　他党については，政党イメージを問う質問にも答えていないことが多く，あまり興味がないようである．さらに，答えたとしても，「いずれ自民党に戻る議員の人たちだと思います」(新進党)，「離党した人だからイヤ」(さきがけ) というようであり，自民党を中心に考えているのがよくわかる．(水野)

A-053　長年の政権担当経験を信頼して自民党を支持する例

福井　旧全県区／新1区　1930年代生まれ　男性　①中学　②600〜800万円(96年)
③用務員　④農協　自治

	支持政党	選挙区	比例	拒否政党	保革
93.7	自民	山本拓（自民）		共	10
94.2	自民				10
95.2	自民				9
95.7	自民	自民	自民	共	10
96.10	自民	松宮勲（無所属）	自民	共	8
00.6	自民	松宮勲（自民）	自民	民共由社	10

　福井は93年衆院選では全県区．定数4に対して6人が立候補．新党の公認候補が不在の中，結果は自民党現職の牧野隆守が僅差で敗れ，議席配分は自民2・社会1・無所属1となる．96年衆院選での福井市を中心とする福井1区は，無所属の松宮勲と自民党の平泉渉が保守層の票を食い合い，結果新進党現職の笹木竜三が漁夫の利を占めた形で当選した．00年衆院選では自民党から出馬した松宮が勝利している．
　彼の選挙の民意反映力への信頼度は総じて高い．ただし比例代表制に関して「自分の選挙区の候補者はいつも順位が低い」とし，制度に疑問を持っている．
　彼は共産党や旧社会党などの革新系政党に対しては「嫌い」の一言で評価する．新党に対しても94年の調査で新生党には「小沢さんの個人党」，日本新党には「何をやっても殿は殿．その場限りのいいかげんな人」と辛口の評価である．細川政権に対する不満のためかこの時は政治満足度も最低になっている．新進党に対しても「よせあつめ」とよい感情は持たなかったようだ．
　そんな彼は一貫した自民党支持者である．「今の日本にとっては一番よい政党．やはり日本は自民党でなければならない」とその評価は高い．原発推進・消費税賛成・改憲賛成といった彼の望む政策と彼の認識する自民党の政策は悉く一致している．また「昔から」という支持理由もある．青島都知事や横山府知事の誕生に対して「素人が知事になってもうまくいくはずがない」との評価は，長年政権を担当してきた自民党への信頼を映し出しているといってよいだろう．
　実際の投票行動を見ると，93年衆院選までは複数の自民党候補者のうち清潔というイメージが決め手となり山本拓に一貫して投票していた．「悪いことをした政治家もいる」自民党の中からの選択ではそれが重要な鍵になったのであろう．96年衆院選では自民党の平泉渉には投票せず，彼が所属している農協の推薦を受け，また彼自身もその候補の後援会に加入している無所属の松宮勲に投票している．平泉に投票しなかった理由は，「奥様が生意気だから」とのこと．00年も自民党から出馬した松宮に投票している．(高園)

A-054　ほぼ安定して政治の玄人たる自民党を支持した例

福井　旧全県区／新1区　1920年代生まれ　女性　①中学　②400〜600万円(93年)
③無職　④自治

	支持政党	選挙区	比例	拒否政党	保革
93.7	(新生)	平泉渉（自民）		共	8
94.2	自民				9
95.2	自民				7
95.7	**自民**	自民	自民	共	10
96.10	**自民**	平泉渉（自民）	自民	進	8
00.6	自民	松宮勲（自民）	自民	※	※

　福井は93年衆院選では全県区．定数4に対して6人が立候補．新党の公認候補が不在の中，結果は自民党現職の牧野隆守が僅差で敗れ，議席配分は自民2・社会1・無所属1となった．96年衆院選での福井市を中心とする福井1区は，無所属の松宮勲と自民党の平泉渉が保守層の票を食い合い，結果新進党現職の笹木竜三が漁夫の利を占めた形で当選した．00年衆院選では自民党から出馬した松宮が勝利している．

　93年時点では政党や議会の民意反映力に対し懐疑的だったものの，それ以降は安定してそれらへの信頼を保つ．共産党に拒否反応を示すほか，消費税引き上げや自衛隊増強に賛成し，核兵器の保持も容認するなどイデオロギーは総じて保守的．

　彼女は93年に自民党を「金権政治」であると評し，政治腐敗に拒否反応を示して一度自民党支持から離れている．代わりに政治改革に熱心と評した新生党に好感を示すが，選挙区に新生党公認候補がいなかったことや自民党の平泉個人への支持もあり，投票政党を変えるには到らなかった．それ以降は安定して自民党支持を続ける．

　新党に対する評価は厳しい．日本新党には93年段階で「きれいごとばかりで信念がまったくない」と切り捨てているほか，細川政権をまったく評価しないなど冷淡な態度である．93年には好感を抱いた新生党に対しても94年段階では，「小沢氏の態度が大変不可解」と感情が変化し，この小沢個人に対する攻撃はその後の新進党の低い評価につながっている．

　対して自民党には，93年以外は「昔から，信頼できる」という高い評価である．国の政治への信頼が高いことや，無党派知事の誕生に冷淡な態度をとっていること等をみると，長年政権を担当してきた玄人への信頼という支持理由がうかがわれる．調査の後期に支持強度がとくに高くなっているのは，細川連立政権や村山連立政権を通じて連立政権自体に不満を持ち，信頼できる自民党の単独政権を望むようになったことが関係しているといえよう．(高園)

A-055 慣習による自民党支持者
山梨 旧全県区／新2区　1940年代生まれ　男性　①高校　②800～1000万円（93年）　③旅館業　④商工　自治

	支持政党	選挙区	比例	拒否政党	保革
93.7	自民	堀内光雄（自民）		共	6
94.2	自民				6
95.2	自民				5
95.7	**自民**	自民	自民	なし	10
96.10	自民	堀内光雄（自民）	自民	共	10
00.6	自由	堀内光雄（自民）	自民	※	※

　固定的で，しかも熱心な自民党支持者の1人である．旅館の経営で比較的高収入を得ており，彼自身は現在の暮し向きにはほぼ満足しているものの，景気の動向の影響を受けやすい職種であることもあって，以前に比べて暮し向きが悪くなっていると感じている．イデオロギーは保守的で，消費税や福祉問題などのほとんどの重要争点において，自分と最も考え方が近いのは自民党であるとする．また家族や仕事関係など周囲の人たちも自民党支持者であると認識している．実際旧山梨全県区は元自民党副総裁，金丸信の地元であり，小選挙区になってからも県内の議席を独占するなど，自民党の強い政治風土である．加えて彼の住む地域は，山梨2区で圧倒的な強さを誇る堀内光雄の強力な地盤となっている．「昔から（自民党支持）一筋でやってきた」というその信頼は厚く，自民党には政権担当政党として，国政において中心的な役割を果たすことを期待している．政治には強い関心を持っていて，その満足度も高い．
　このように確定的な自民党支持の一方で，非自民連立で構成された細川政権を高く評価し，社会党や日本新党などにも，自民党と同じか，時にはそれを上回るほどの好感を持っていることがある．00年にも支持政党としては自由党を挙げた．しかしこれらの党への評価は投票には結びついておらず，投票先は一貫して自民党である．自民党そのものが地域の利益代表であるということに加え，彼自身が後援会にも加入している堀内が，商工会議所の会頭を務めるなど自営業者にとって職業代表的な性格を兼ね備えていることが，投票を決定的にしているものと思われる．（下田）

A-056 自民党を信奉する有権者

山梨　旧全県区／新2区　1950年代生まれ　男性　①大学　②1400万円〜（93年）
③自営　④商工

	支持政党	選挙区	比例	拒否政党	保革
93.7	自民	中尾栄一（自民）		共	8
94.2	自民				8
95.2	自民				7
95.7	自民	自民	自民	NA	7
96.10	**自民**	堀内光雄（自民）	自民	共	10
00.6	自民	堀内光雄（自民）	自民	共	8

　固定的な自民党支持者であり，自民党'王国'といわれる山梨県にあって，彼ばかりではなく周囲の人も自民党の支持者であるとの認識が強い．自民党に対する信頼は飛びぬけて高く，地元選出の金丸元副総裁の脱税問題が紛糾した93年にあってもその支持は全く揺らいでおらず，自民党による安定政権の誕生を望んだ．投票先として中選挙区制の時代には，選挙区内の複数の自民党候補内で投票先を迷うことはあったが，他の政党への投票はまったく考えていない．このような強度の支持が形成された要因としては，自民党の堀内光雄の強力な支持基盤となっている地域に長年住んでいることや，政党そのものの地元の利益代表としての性格が大きいだろう．また彼は経済問題を最重要視するが，長年政権を運営してきた実績を評価して，日本経済を担っていかれるのは自民党しかないと考えている．加えて候補者としても，堀内は商工会議所の会頭も歴任した経済界の実力者であり，自身も事業を営み商工関係の同業者組合に属する彼にとって，職業上の利益代表にもなっている．

　もっとも93年の衆院選では，自治会から働きかけがあったにもかかわらず堀内には投票していない．この時は同じ自民党候補ではあるが，当落線上にあった中尾栄一に投票した．中尾が彼自身に最も近い考え方の候補であったことに加え，より多くの自民党候補を当選させようという意識が働いたものと思われる．96年，00年は選挙区・比例区とも自民党に投票しており，堀内については地元に近い候補として評価が高く，後援会にも加入している．（下田）

A-057　候補者と地域の緊密性重視

山梨　旧全県区／新2区　1950年代生まれ　女性　①高校　②不明　③主婦　④なし

	支持政党	選挙区	比例	拒否政党	保革
93.7	（なし）	堀内光雄（自民）		なし	5
94.2	自民				5
95.2	自民				5
95.7	（なし）	自民	自民	なし	8
96.10	自民	堀内光雄（自民）	自民	なし	DK
00.6	なし	公認なし（自由？）	公明	なし	DK

　自民党を「資本家の手先」と批判しつつも，基本的には自民党の支持者である．その支持は積極的とはいえないが，今後も支持政党や投票先が変化することは考えにくい．政治にあまり関心がなく，政党間の違いをそれほど感じていないということに加え，地域と特に関わりの深い堀内光雄という候補の存在や，地域代表としての自民党の性格が，地元の問題で活躍する政治家を望むという彼女の要請を満たすものだからである．政治に対して強い不満を持ち，改革の必要性を感じていながら，自民党が政権から離脱するといった大幅な変化は望んでいないのも，このような地域の利益の代弁者としての自民党の役割を重視したためと思われる．そもそも旧山梨全県区は元自民党副総裁金丸信の地元であり，小選挙区となった後も県内の全議席を自民党が独占するといった，自民党の強い政治風土である．特に山梨2区は堀内が幅広い層から支持を受け，圧倒的な強さをみせている．

　自民党以外の政党に対しては，新党には冷淡な態度をとっておりまったく興味を示していない．一方で，彼女が自民党と並んで政権担当能力があると考えていた社会党の力が弱まったことに対しては，危機感があるようで「もっと団結をして国民の弱者の代表になってもらいたい．今（95年）のままでは消滅してしまう」と嘆いている．

　93年・96年ともこの地域を強力な支持基盤とする堀内に投票している．00年の衆院選では，小選挙区で自由党の候補に投票したと回答するが，選挙区に自由党からの候補はなく誰に投票したのかは定かではない（自民もしくは自由連合の候補の誤りか？）．比例区では公明党に投票しているが，自民党の安定多数を望んでいることを考えると，選挙協力に従った可能性がある．(下田)

A-058 慣習による自民党支持者

山梨 旧全県区／新2区 1930年代生まれ 男性 ①中学 ②不明 ③無職→左官（95年）→無職（96年） ④自治

	支持政党	選挙区	比例	拒否政党	保革
93.7	自民	堀内光雄（自民）		共	5
94.2	自民				8
95.2	自民				8
95.7	（NA）	自民	自民	なし	10
96.10	**自民**	堀内光雄（自民）	自民	なし	10
00.6	自民	堀内光雄（自民）	自民	※	※

　元自民党副総裁金丸信の地元山梨県にあって，彼自身固定的な自民党支持者であるのみならず，周囲の人も皆自民党を支持しているとの認識がある．実際山梨県では96年00年とも県内3議席を独占するなど，自民党が圧倒的な強さを誇っており，この認識もあながち誤りとはいえないだろう．特に彼の住む地域は山梨2区で圧倒的な強さを誇る堀内光雄の強力な地盤となっている．

　イデオロギーは保守的で，年金で生計を立てており，暮し向きにはおおむね満足している．政治や選挙一般に対してはあまり関心を持たないが，自民党を熱心に支持し，投票への義務感が強い．投票先として選ばれるのは常に自民党である．昔から一筋でやってきたという自民党への信頼は絶大で，政権を担当する能力があるのは自民党のみであると考える．逆に自民党以外の政党に対してはほとんど関心を持っておらず，新党が誕生したときもプラスにもマイナスにも評価を与えていない．また自民党の堀内の後援会に加入しており，候補者個人も身近な存在として感じている．

　自民党への支持は政党の地域代表としての性格や，これまでの実績に対する信頼から形成されたものである．候補者に対しても，選挙区のためあるいは彼自身や家族のために働いてくれるということを評価している．個々の政策に対してあまり関心を持っていないことから，政局に変化があったとしても彼自身の支持が揺らぐことは考えにくい．かつ投票には熱心であることから，自民党にとって確実な1票の期待できる有権者となっている．（下田）

A-059　保守系政党の変遷の中で，一貫して自民党支持

長野　旧1区／新1区　1930年代生まれ　男性　①中学　②600〜800万円（93年）
③工場生産管理　④農協　自治

	支持政党	選挙区	比例	拒否政党	保革
93.7	自民	若林正俊（自民）		公共生	7
94.2	自民				8
95.2	自民				7
95.7	自民	自民	自民	共	8
96.10	自民	若林正俊（自民）	自民	共	7
00.6	自民	小坂憲次（自民）	自民	共	7

　旧長野1区は，さきがけの田中秀征，自民党の若林正俊，小坂憲次と社会党の清水勇が3議席を争う構図．93年衆院選で社会党が議席を失った．小選挙区制で新1区となる96年は，新進党に移った小坂が田中，若林らを抑えて当選．00年では小坂が自民党に復党し，民主党の新人金久保喜一をかわした．
　保守系議員が3党に分かれて争う中，彼は消極的ながらも一貫して自民党支持を続けた．まず明確なのは革新政党への冷視である．共産党に対しては「そのものが嫌い」として全く好感を抱いていない．一方で社会党は，自らの職業層の利害を代表する党だとしながらも政権担当能力が全くないとし，自民党との連立時代に若干向上するものの概して評価は低い．また自民党を割った新党さきがけと新生党（むしろ小沢一郎）への反感も，新進党結成までは根強いものがある．「他に政権を取れる党がない」という消極的にも見える自民党への言及は，厚い信頼の裏返しである．宮沢政権の諸政策には不満ながらも自民党の政権運営能力を重視しており，連立政権の実行力への不安視もあいまって，93年衆院選では若林に票を投じ，自民党安定多数を望んだ．
　非自民連立細川政権への評価は，選挙制度改革を成し遂げたことを除いて芳しくない．「殿様が一・一の操り人形になりつつある所が気になる」と小沢による二重権力体制を嫌い，社会党を除いた自民党中心の連立，後に二大政党制を望むようになる．自民党が与党に復帰した村山政権はある程度肯定しているが，社会党へはますます厳しい．その反面，新たに結成された新進党への評価が新生党期に比し上昇し，自民党と連立の可能性をも認めている点は興味深い．反自民政党から二大政党制を担い得る有力な保守系政党へ発展したことで自民党支持者の抵抗感が和らいだのであろう．自民党には派閥の解消と若手の登用によって頑張って欲しいとしており，96年衆院選では選挙区比例区とも自民党に投票した．菅直人に大きく期待して，新進党に代わり民主党に注目してはいたが，00年衆院選ではやはり選挙区比例区とも自民党に投票している．(国枝)

A-060 自民党政権に対する安心感
長野 旧4区／新2区 1920年代生まれ 男性 ①中学 ②200～400万円（93年）
③農林業 ④農協 自治

	支持政党	選挙区	比例	拒否政党	保革
93.7	（なし）	唐沢俊二郎（自民）		共	6
94.2	自民				5
95.2	自民				6
95.7	自民	自民	自民	進	8
96.10	自民	望月雄内（自民）	自民	共	10
00.6	自民	村井仁（自民）	自民	共	10

　旧長野4区は自民党の唐沢俊二郎と村井仁，社会党の北沢清功が3議席を分けてきた．93年には新生党に転じた村井がトップ当選．唐沢が引退した96年衆院選では新2区は新進党の村井が圧勝，自民党新人と社民党の北沢らを退けた．北沢は比例復活．00年には民主党新人の下条みつが健闘するも，自民党に復党した村井に及ばず．社民の山口わか子は比例で復活当選．共産党清水啓司はいずれも及ばず．
　職業訓練校を出て，退職後は農業などをしてすごしている彼は，自民党を支持し続ける．自民党政権に対する信頼は厚い．経済政策等の実績を評価し，「今までがあるから今がある」とし，89年参院選や93年衆院選でもその支持が揺らぐことはなかった．宮沢内閣を評価してはいないが政権交代よりも速やかな政権の安定化を重視し，与野党伯仲下の自民党単独政権を望む．しかし，細川政権成立で下野してからの自民党には諸手を挙げての支持とはいかないようで，包括政党の野党化であらわになった政治理念の不明瞭さを嘆き，「心情としては支持するが，近頃政党としての元気がない」と言う．新党ブームにも冷淡で好感度は一様に低く，日本新党について「新党というと新鮮な感じがするが，政策には信頼が置けない」と述べている．細川政権の諸政策にはおおむね肯定的であるが，自民党の分家とする新生党の小沢一郎を嫌い，社会・公明両党にも冷たい．新進党結成後も，選挙に勝つための集合体にしか見えぬと切り捨て，その国会戦術を見てかつての社会党に似ていると評す．95年には拒否政党とされた．
　自民党への見方が再び肯定的になるには，政権に復帰した村山政権ではなく，橋本首班政権まで待たねばならなかった．政策の立場を見るに，農産物輸入自由化，改憲，自衛隊増強などを強く主張しているが，それらが必ずしも自民党の政策に一番近いとは言い難い．彼にとっては，政治思想や政策等ではなく，'自民党政権'であることが支持の条件であり，安心できるのだと思われる．96年衆院選では選挙区は自民党の新人に投票し，00年衆院選でも，比例区は支持する自民党，選挙区は復党した村井に票を投じた．(国枝)

A-061　清潔さがないのが不満だが一貫して自民党に投票
岐阜　旧1区／新1区　1940年代生まれ　男性　①大学　②1000～1200万円（93年）
③医療関係　④労組　自治

	支持政党	選挙区	比例	拒否政党	保革
93.7	自民	武藤嘉文（自民）		なし	7
94.2	自民				6
95.2	自民				6
95.7	自民	棄権	棄権	なし	6
96.10	自民	野田聖子（自民）	自民	なし	9
00.6	自民	野田聖子（自民）	自民	由	7

　彼は妻と子と暮らしている．93年より前の3回の国政選挙でも自民党に投票したようで，一貫して自民党に政権担当の能力がある，あるいはそれに適任だとする．93年には自民党新人・野田聖子の後援会に加入していたが，積極的な活動はない．
　彼は景気回復・地元の利益・外交といった面で自民党を評価しており，経済運営などの実績から来る自民党への信頼感が強い．彼の周囲の共同体では，彼が子供の頃両親とも今の自民党の支持者で，95年参院選では配偶者・同僚も自民党に投票したようだ．自民党へは不満もあり，もう少ししっかりしてほしい，あまりクリーンなイメージはない，もっと細かなところまで政策を行ってほしいとも言う．こうした不満が当然，他党への期待につながっているようである．
　自民党以外の政党に対してはさほどの拒否感はなく，むしろ93年の3新党に対してはかなりの興味を示している．新生党については，93年にはよい党首を持つ，基本的な立場がすぐれている政党などとして挙げたが，小沢一郎の好感度は低く，新進党に対しては「内部分裂がある」とし，その政治手法や党内構造を嫌悪するようになった．一方，自民党のクリーンさの欠如への不満のためか，「クリーンなイメージがある」というさきがけへの評価は94年・95年に高まり，望む政権の形として自さ，あるいは自社さの連立を挙げるようになる．だが96年には民主党結党のためかさきがけの評価は下がり，以前は評価の低かった共産党が「クリーンな感じ」だと答えている．民主党については「選挙のための党か？」としつつも比較的好印象があるようだ．
　93年衆院選では武藤嘉文に投票している．武藤に投票した理由は定かではないが，この選挙区で常にトップまたは2位で当選してきた有力な候補であることは挙げられよう．95年参院選では所用のために棄権した．96年衆院選では小選挙区も比例代表も投票理由は支持政党だから，であった．
　00年衆院選では，公明党への拒否感もなく，小選挙区では野田，比例代表でも自民党に投票した．ただし自民党政権で与野党伯仲状況を望むと答えている．（山本）

A-062　両親・義父の影響で"現体制の守り手"自民党を支持

岐阜　旧1区／新2区　1940年代生まれ　女性　①短大　②200～400万円（95年）
③主婦　④自治　生協

	支持政党	選挙区	比例	拒否政党	保革
93.7	**自民**	武藤嘉文（自民）		共	8
94.2	自民				6
95.2	自民				NA
95.7	自民	自民	自民	共	8
96.10	自民	棚橋泰文（自民）	自民	共	DK
00.6	自民	棚橋泰文（自民）	自民	共	7

　彼女は母と子と暮らしている．政治に不満ではあり，関心は高くない．支持政党，投票政党，政権担当能力がある政党，政権担当に適任である政党としていずれも一貫して自民党を挙げ，好感度が最も高い政党も常に自民党である．

　彼女の周辺では，子供の頃両親は自民党を支持し，さらに彼女の義理の父は自民党員の市議であった．彼女は「自由民主主義の国であった方が良い」と言い，それを昔から自民党が守ってきたとし，日本の民主主義を誇りに思ってもいる．自民党＝現体制＝自由民主主義と認識し，おそらくこれらを価値の高いものと評価している．さらに，自民党に地元の利益や景気回復も期待している．ただし，93年にも00年にも，自民党政権で与野党伯仲を望むと答えている．

　自民党以外の党については，そもそも関心が薄いのか，「わからない」という自由回答が目立つ．革新政党への拒否感は強く，社会党と共産党は「なんでも反対」「自分勝手」などと評されている．新進党に関しては好感があったようで，95年には自民党と新進党の連立を望み，特に海部俊樹への好感度が高かった．ただ，これは村山首班の自社さ連立への違和感の表れかもしれない．実際，橋本内閣となった96年には新進党に悪印象を持つようになっている．

　投票に際しては，政党を重視していると答えている．93年衆院選では自民党の武藤嘉文に投票しているが，特に武藤への好感や接触などはなく，この選挙区での有力な自民党候補という点からの投票かもしれない．96年衆院選では自民党の棚橋泰文以外の候補者は知らなかった．00年衆院選では，棚橋の後援会に加入しており，棚橋に投票した．

　彼女は，両親・義父の影響を受け，昔からの自由民主主義の守り手とする自民党に信頼を寄せ，他党に対しては拒絶したり無関心であることが多い有権者だと言えよう．(山本)

A-063 自民党を信用し,毎回投票している
岐阜　旧2区／新4区　1920年代生まれ　女性　①中学　②600～800万円（93年）
③ゴルフ場整備→無職（95年）　④宗教

	支持政党	選挙区	比例	拒否政党	保革
93.7	自民	藤井孝男（自民）		公共	9
94.2	自民				8
95.2	自民				8
95.7	自民	自民	自民	共	9
96.10	**自民**	藤井孝男（自民）	自民	進共	8
00.6	自民	金子一義（自民）	自民	共由	NA

　彼女が住んでいる地域は，93年衆院選で参議院議員から回った自民党の藤井孝男がトップ当選した．96年衆院選では，自民党の藤井と金子一義との間の公認調整がもつれたがコスタリカ方式で決着し，選挙協力は軌道に乗り藤井が圧勝した．00年衆院選では藤井の支援の下，金子が圧勝した．
　彼女は3世代で暮らしており，老齢のためかもう仕事はしていない．投票には義務感を持っており，毎回投票に行っている．候補者からは葉書が来ており，演説会にも参加している．
　支持政党は自民党であり，投票先も毎回自民党である．「自民党は一部の人の悪いことをしたのは残念ですが好きな政党です」「前から自民党だから，まだ信用している所がある」としていて，手放しで褒めているわけではないが，これまでの実績や地元の利益もあって，自民党を信用して投票しているようである．政治の現状に大体満足していることも，自民党への投票に結び付いているのだろう．投票の要因は，中選挙区制では自民党が複数の候補者を立てるので候補者で決めているが，制度改革後は自民党も一人しか候補者を立てないので自民党ということで投票している．自民党には政権担当能力を認め，いつも与党であることを望んでいる．
　他党についても自民党の存在感は大きく，社民党を「連立になってから少しよくなった」，新進党を「同じ自民党から分裂したけど何で別れたかわからない」と述べ，自民党を割ったグループの代表者である小沢一郎に対する感情温度は低いままであり，新進党や自由党は拒否政党になっている．
　争点として96年調査では消費税を挙げていて，「自分達の税金をとられているので，みんなのために使ってもらいたい」とコメントしている．同調査では「(自民党が)消費税を上げると言っているが少しぐらいなら仕方ない」とも述べており，消費税率引き上げを容認する立場の人もいたことがよくわかる．(水野)

A-064　改革を望むが，新進党に失望し，自民党に戻ってきた

岐阜　旧2区／新4区　1910年代生まれ　男性　①中学　②1400万円～(96年)　③刃物取り扱い　④自治

	支持政党	選挙区	比例	拒否政党	保革
93.7	自民	藤井孝男（自民）		社共	8
94.2	自民				3
95.2	さきがけ				3
95.7	新進	新進	新進	なし	8
96.10	自民	藤井孝男（自民）	自民	なし	8
00.6	自民	金子一義（自民）	自民	共	NA

　彼が住んでいる地域は，93年衆院選では参議院議員から回った自民党の藤井孝男がトップ当選した．96年衆院選では，自民党の藤井と金子一義との間の公認調整がもつれたがコスタリカ方式で決着し，選挙協力は軌道に乗り藤井が圧勝した．00年衆院選では藤井の支援の下，金子が圧勝した．

　彼は3世代で暮らしており，投票には義務感を感じ，毎回投票に行っている．選挙になると演説会に参加し，葉書も送られてくる．

　家族が藤井の後援会に入っていることもあり，自民党を支持し，投票していることが多い．自民党は「責任政党として（責任を）つらぬいている」と評価していた．自民党が下野すると，「派閥を無くし一貫して団結し政治改革にとりくんでいただきたい」とコメントするが，その後「自民党が今どれ位改革したかどうか．それがイヤになった」と不満を持つようになり，95年参院選では新進党に選挙区比例区とも投票している．この時は自民党について「わからない」，新進党について「自民党を改革した党」と感じており，新進党を支持している．

　だが，96年になると新進党を「自民と別れた割には前の自民の派閥の連続だと思う」ようになり，好感度で最高値をつけた自民党に投票している．小選挙区でも自民党だということで藤井に投票している．00年衆院選でも自民党に投票しており，すっかり自民党支持者に戻ったようである．

　「国民本位の明るい政治政策に心掛けて戴きたいものです」と述べていたり，争点について「お金が選挙で動くので」「金権政治」(93年)，「経済問題にもっと力を入れてほしい．行政改革ももっとやってほしい．」(96年) とコメントするなど，これらの改革を政治家に望んでいることがわかる．(水野)

A-065 理想と現実の間で悩みながらも，地元を優先して自民党に投票し続ける

岐阜　旧2区／新4区　1950年代生まれ　男性　①高校　②400〜600万円（93年）
③公務員　④自治

	支持政党	選挙区	比例	拒否政党	保革
93.7	自民	藤井孝男（自民）		なし	5
94.2	自民				7
95.2	自民				8
95.7	自民	自民	さきがけ	共	7
96.10	自民	藤井孝男（自民）	自民	共	6
00.6	自民	金子一義（自民）	自民	共	4

　彼が生来住んでいる地域は，93年衆院選では参議院議員から回った自民党の藤井孝男がトップ当選した．96年衆院選では，自民党の藤井と金子一義との間の公認調整がもつれたがコスタリカ方式で決着し，選挙協力は軌道に乗り藤井が圧勝した．00年衆院選では藤井の支援の下，金子が圧勝した．

　彼は3世代で暮らし，投票義務感はそれほど強くないが，毎回投票に行っている．現状の政治には常に不満をもっているが，政治にはあまり注意を払っていない．

　彼は自民党を支持し投票し続けていたが，自民党が下野すると，金権政治と絡め，「自民党政権が長く続いた為企業との色々な問題があり良い印象がない」と評価を下げた．一方「新しい政治を行なう為の党である」として新生党や日本新党に期待したが，それらが合同した新進党は「まだよくわからない」とコメントした．

　そのため95年参院選では，「地域でよく知っていた」自民党候補者に選挙区では投票し，比例区では「支持する人がいたから」さきがけに投票している．この時の調査の好感度を問う質問に，いずれの政党をも低く評価する一方で，与党党首などには高い評価を与えており，政党と党首の一体性を感じていないようだ．

　96年衆院選前の調査では，8回の調査中唯一支持政党を自民党ではなく，民主党としている．これは，自民党が「連立になっても変わりばえしない」一方，民主党は「菅さんに好感をもっている．たよりがいがある」と感じられたからで，自民党と民主党の連立政権を望んでいる．だが投票に関しては自民党に入れることに迷いはなく，地元の利益を考えて，「地元の人」である藤井と自民党に投票しており，彼においては支持政党と投票政党の繋がりが薄いと言える．自治会が自民党を支持していることも投票に影響があるのだろう．

　00年衆院選では地元出身ではないが，自民党なので金子に投票している．自民党支持だが，民主党政権を望んでおり，両党の好感度がほぼ同じという状況で，頭の中の理想と，現実としての地元の利益との間で揺れながらも，地元を優先する姿が見えてくる．（水野）

A-066　同一候補者に投票しつづける自民党支持者

岐阜　旧2区／新5区　1920年代生まれ　女性　①中学　②〜200万円（93年）　③無職　④自治

	支持政党	選挙区	比例	拒否政党	保革
93.7	自民	古屋圭司（自民）		共	6
94.2	自民				NA
95.2	自民				5
95.7	自民	自民	自民	なし	5
96.10	自民	古屋圭司（自民）	自民	なし	6
00.6	自民	古屋圭司（自民）	自民	なし	DK

　彼女は無職だが，夫は農業を営んでいるようである．96年には子の家族と同居するようになったらしい．全体的に政治への関心は高く，政治に満足している．投票義務感は高い．イデオロギーの自己認識と争点態度には特に強い傾向はない．

　彼女は一貫して，自民党を支持し，自民党に投票している．彼女の父親は自民党支持者だったと回答しているし，家族や親戚，近所の人など周囲には自民党支持者が多い．彼女自身，政党の党員であったと答えており，自民党員であったようだ（現在も党員かどうかは不明）．自民党への評価は高く，現在の平和・豊かさを築いた党，あるいは人格者のそろった党，そして地元の利益に役立つ党という認識がある．自民党自体または総裁の好感度を常に最高としている．

　衆院選の選挙区では古屋圭司への継続的投票者である．93年時には，古屋の後援会に加入しており大体いつも古屋に投票していると回答した．彼女の住む地域では古屋の得票が特に多かったが，彼女も古屋個人の固い地盤を構成しているようだ．96年衆院選では古屋が当選するものの，この地域では安藤通広（新進党）の得票が勝っていた．彼女も近所の人から安藤への投票を働きかけられたが，揺らぐことなく古屋に投票した．

　彼女の新党および社会党・共産党への態度は興味深い．93年には共産党を嫌悪し，社会党も批判ばかりの党だと否定的に見ていた．しかし，その後の新党の躍進と政権参加の中，左翼政党であっても昔からのなじみがあったせいか，あるいは社会党の現実路線への転換などを評価してか，95年・96年には共産党を「存在していてほしい」「前よりよくなった」，社会党も「今までよりよくなった」と評する．新党に関しては，96年に菅直人が高い好感度を得る以外さっぱり関心がない．彼女は新党ブームに全く乗らなかった有権者と言える．(山本)

A-067 新生党と新進党を支持したが自民党支持に戻る
岐阜　旧2区／新5区　1930年代生まれ　女性　①中学　②400〜600万円（93年）
③事務系会社員→主婦（96年）　④自治

	支持政党	選挙区	比例	拒否政党	保革
93.7	自民	古屋圭司（自民）		なし	6
94.2	(NA)				NA
95.2	新進				5
95.7	新進	新進	新進	なし	6
96.10	新進	安藤通広（新進）	新進	なし	DK
00.6	自民	古屋圭司（自民）	自民	共	5

　彼女の住むこの地域では，93年衆院選で自民党の現職古屋圭司が圧倒的に多くの得票を得て，当選した．このとき新生党候補はいなかった．95年参院選時，この地域では自民党の大野明がわずかに新進党の平田健二の得票を上回り，いずれも当選した．96年衆院選時，この地域では新進党の安藤通広が古屋より得票で大きく上回ったが，選挙区全体では古屋が当選している．00年衆院選は古屋の大勝であった．
　彼女は夫と子供夫婦と孫と住んでいて，夫は無職のようだ．暮らし向きには満足している．政党に関する自由回答欄には毎回無回答である．彼女は地元有力者や市町村当局との接触や市民運動などをした経験があり，政治的な活動に積極的なようだ．選挙区での投票に関して，政党は重視していないらしい．
　93年以前の国政選挙では，彼女は自民党に投票してきたようである．93年の回答によると，彼女が子供の頃父母は保守政党支持者であったし，家族や親戚は自民党支持者らしい．93年衆院選時，自身も家族も古屋後援会に加入しており，候補者中で最も好意を持つ古屋に投票した．
　だが，93年衆院選前の調査では新生党支持を表明し，政権担当能力のある政党として新生党のみを挙げ，羽田孜への好感度は最高であった．93年衆院選でこの選挙区に新生党候補はいなかったため，投票はできなかったことに注意すべきである．95年以降96年衆院選後までは新進党支持となり，投票意図もいつも新進党に向けられ，政権担当能力政党も新進党としている．特に96年に小沢一郎に好意的である．この時期は，望ましい政権形態として自民党と新進党の連立を挙げている．96年衆院選では自治会などから安藤への投票を働きかけられ，自身も候補者の中で安藤に最も好意的であった．古屋後援会にも所属していたが，安藤後援会にも所属し，安藤に投票した．この地域での安藤の得票の多さに注意すべきであろう．
　新進党の分裂・消滅により彼女は失望して自民党支持に戻ったのかもしれない．00年には関わりの深い候補として古屋を挙げ，古屋に投票した．小沢および公明党の好感度は最低である．(山本)

A-068 区割り変更などで新進党候補に投票した自民党支持者
岐阜　旧2区／新5区　1920年代生まれ　女性　①中学　②400～600万円（93年）
③無職　④自治

	支持政党	選挙区	比例	拒否政党	保革
93.7	自民	藤井孝男（自民）		共	DK
94.2	**自民**				7
95.2	**自民**				NA
95.7	自民	自民	自民	共	6
96.10	自民	安藤通広（新進）	自民	共	6
00.6	自民	古屋圭司（自民）	自民	なし	NA

　彼女は夫と子の家族と住んでいる．家計維持者はブルーカラー労働者らしい．全体的に政治に満足しているが，消費税への反感はかなり強い．

　彼女は一貫して自民党を支持している．子供の頃父親は保守政党を支持していたし，家族や親戚，自治会の人たちは自民党支持者である．自民党は自分に合っている，老人にいい政党だと言い，これまでの実績も評価する．他の党には関心がないようだが，村山富市・海部俊樹・土井たか子といった政治家には好意的である．

　彼女の投票は，依頼に影響を受ける傾向がある．93年衆院選で彼女は，自民党候補3人の中でも，好感度が高い金子一義ではなく，この地域で力があり家族も後援会に入っている古屋圭司でもなく，知り合いから働きかけを受けた藤井孝男に投票した．95年参院選でも投票理由として人に頼まれたと答えている．

　96年衆院選では小選挙区で新進党の安藤通広に投票した（比例代表ではこれまでの実績を理由に自民党に投票）．彼女は投票したい候補者が別の選挙区にいると答えている．その候補者が誰なのかは不明だが，このとき藤井は岐阜4区，金子は比例代表単独で立候補しており，この5区では古屋が出馬していた．彼女の安藤への好感度は選挙前から非常に高い．地域出身など関わりの深い候補として安藤を挙げ，安藤は地元の利益に役立つと答えた．安藤は落選したが，この地域では安藤の得票が古屋のそれを上回っており，こうした地域的な事情も彼女の行動の一因だろう．さらに，このとき彼女は消費税問題を重要争点に挙げ，税率引き上げに反対であり，これは新進党と近い立場だと認識しており，これも安藤への投票の一因と考えられる．なお，彼女は96年まで一貫して選挙区では候補者個人を重視して投票すると答えていた．

　00年には候補者を政党重視で選ぶと答え，支持政党である自民党の古屋に投票した．古屋の後援会に加入し，古屋を関わりの深い候補だとする．自民党は，小選挙区化に伴う候補者の移動・政党中心の選挙への移行という変化や地域的事情で，96年衆院選で彼女の小選挙区票を取りこぼしたと言えるだろう．(山本)

A-069 理由なく自民党支持

静岡　旧3区／新8区　1930年代生まれ　女性　①高校　②800～1000万円（93年）
③主婦　④なし

	支持政党	選挙区	比例	拒否政党	保革
93.7	自民	柳沢伯夫（自民）		共	DK
94.2	自民				6
95.2	自民				6
95.7	自民	自民	自民	なし	DK
96.10	自民	塩谷立（自民）	自民	共	6
00.6	自民	塩谷立（自民）	自民	共社	7

　基本的には自民党の支持者である．団体の管理職である夫の収入は比較的高く，公務員であるため安定している．しかし政治に対しては常に不満を持っており，支持政党である自民党にふがいなさを感じている．そのため新党に対する期待度が非常に高く，新生党（94年），新進党（95年），民主党（96年）に「関心があります」と興味をひかれている．ただし政権交代が起きることまでは望んでおらず，自民党を含めた形での連立を望ましいとしていた．自民党支持の理由は地元の利益代表であるということにあるようだが，必ずしも明らかではない．投票理由も「なんとなく」にとどまる．もっとも他の政党についても，好き嫌いの差こそあれ，個々の政策についてはひとまとめに「わからない，知らない」と回答しており，政治にはあまり関心を持っていない．
　選挙においては一貫して自民党に投票している．この一貫性からみると自民党に対する不満が多いのも期待していることの裏返しであり，好感度に表れる新党への期待はむしろ一過性のものと考えられる．地元出身の新進党北脇保之と自民党塩谷立の一騎打ちとなった96年の小選挙区でも，多くの票が北脇に流れた中にあって自民党に投票している．ただし支持自体は強いものではなく，彼女自身にも自分が自民党の支持者であるという認識は薄いようである．このことは実際には自民党に投票した93年の衆院選を，96年にもう1度どこに投票したか尋ねた時には社会党に投票したと答えていることからも推察でき，自民党への一貫した投票は，結果としてこうなったにすぎないと思われる．00年の衆院選でもこの傾向は続いているようで，小選挙区・比例区とも自民党に投票し，支持政党としても自民党の名前を挙げている．（下田）

A-070　慣習による自民党支持者

静岡　旧3区／新8区　1920年代生まれ　男性　①短大　②200～400万円（93年）
③製造業→清掃員（95年）→無職（96年）　④なし

	支持政党	選挙区	比例	拒否政党	保革
93.7	自民	NA（自民）		共	9
94.2	自民				9
95.2	自民				9
95.7	自民	自民	自民	共	DK
96.10	**自民**	塩谷立（自民）	自民	進	8
00.6	自民	塩谷立（自民）	自民	民共	10

　一貫した自民党の支持者で，イデオロギーは保守的．現在は退職して年金で生計を立てているが，在職時から労組には加入していなかった．政治のあり方にはほぼ満足していて，93年の段階でも政権交代が起こることを望んでいなかった．選挙でも常に自民党に投票する．93年の衆院選において，自民党を離党して新生党に移った熊谷弘の後援会に加入しており，熊谷については地元との密着性や考え方などあらゆる点で積極的な評価を与えているにも関わらず，実際に投票する際には政党を重視して自民党の候補を選ぶなどその一貫性はかなり強い．

　これほど確固たる支持があるにも関わらず，その支持理由については「なんとなく」という極めて漠然としたものにとどまっており，個々の政策にはほとんど興味をもっていない．このようなおそらくは年月によって熟成されてきた信頼感は，新党の登場や自民党の政権喪失によっても揺らぐことはなかった．自民党に対して「金権党」と批判することはあるものの，他の政党に比べれば常に良い印象を保っている．00年の衆院選においても引き続き自民党を支持し，選挙区・比例区とも自民党に票を投じた．自公保連立や，小渕・森両政権に対しても肯定的である．対照的に自民党の対抗勢力として力をつけてきた民主党に関しては否定的で，共産党とともに拒否政党として名前が挙がる．

　投票に際しては長年の実績があり地元の利益代表でもある自民党への忠誠は固い．しかし彼の投票した自民党の塩谷は96年・00年ともに，それぞれ新進党・民主党の新人候補に抑えられるという結果に終わっている．（下田）

A-071　政権政党を信頼する有権者
静岡　旧3区／新8区　1930年代生まれ　男性　①高校　②600〜800万円（93年）
③スーパー経営　④商工

	支持政党	選挙区	比例	拒否政党	保革
93.7	自民	塩谷立（自民）		なし	7
94.2	日本新				5
95.2	自民				6
95.7	（なし）	棄権	棄権	なし	5
96.10	自民	忘れた	忘れた	なし	6
00.6	自民	柳沢伯夫（自民）	自民	なし	NA

　やや保守的な自民党の支持者であるが，93年の衆院選前には将来のために政権交代も必要かもしれないと考えていた．もっとも実際に投票する段になると自民党の安定多数を望むとして自民党の塩谷立に投票している．選挙後は非自民連立の細川政権を評価し日本新党を支持するようになった．しかし日本新党が政権を離れ，自民党が政権に復帰すると支持は再び自民党に戻り，自社さ連立の村山政権もある程度支持した．

　ところが，95年の参院選の頃から政治そのものに対する興味を急速に失い，どの政党も支持したくないとして選挙も棄権している．この急速な政治離れは，彼が自身の利益の代弁者としての政党を見失ったことによるものと思われる．例えば96年の衆院選における非常に重要な問題として「厚生年金と国民年金の差がある」ということを挙げているが，この問題に関して政府の取り組み方は悪く，また自身と考え方の近い候補者や政党はいないと答えている．橋本政権については全く評価せず，政治に対する信頼も著しい低下をみせた．96年の衆院選では投票には行ったが誰に投票したかは忘れたとして，小選挙区・比例区とも投票先についての回答は得られなかった．それでも前年の調査時に比べればいくらかは政治不信も改善されているようで，支持政党としては自民党を挙げている．00年の衆院選では選挙区・比例区とも自民党に投票し，自民党が安定多数を確保することを望んでいる．小渕・森両政権の実績を評価し，自公保連立を肯定的にとらえた結果であり，支持政党も自民党である．

　彼には政権政党に期待し，投票するという傾向が見られる．政治には興味を持っているが，各党や候補者の行う選挙活動にはさほど関心を示しておらず，マスコミ等の選挙情勢報道にも影響は受けていないと述べる．そのため選挙直前の動きには左右されず，普段からの支持政党に投票する．基本的に支持しているのは自民党であるが，より正確に言うならば政権政党としての自民党を支持しているものと思われる．(下田)

A-072　完全無欠の自民党支持者

愛知　旧1区／新2区　1930年代生まれ　男性　①高校　②600～800万円（93年）
③洋品小売自営　④商工　自治

	支持政党	選挙区	比例	拒否政党	保革
93.7	自民	田辺広雄（自民）		社共連	8
94.2	自民				7
95.2	自民				7
95.7	自民	自民	自民	共	8
96.10	自民	田辺広雄（自民）	自民	共	9
00.6	自民	谷口守行（自民）	自民	※	※

　96年衆院選で新愛知2区から当選したのは新進党現職の青木宏之であった．民主党の古川元久は3位であったが比例区で復活当選を果たした．00年衆院選では，古川が9万票を獲得して圧勝，公明党の推薦を得て保守党から出馬した青木はわずか2万票あまりで大敗した．なお，自民党は96年に元職の田辺広雄が，00年には新人の谷口守行が立候補するもそれぞれ次点に終わり，復活当選すらも果たせなかった．
　本対象者は名古屋市内で婦人服や学生服などの小売業を営んでいる．イデオロギーは安定した保守といえ，政治満足度もかなり高いようだ．支持政党，投票政党ともすべて自民党であり，田辺後援会に加入したこともある．96年には配偶者にも自民党に投票するよう勧めるなど，ますます支持の度合いを強めているようだ．自民党単独政権を望み，"小さな政府論"にも賛成している．ただ，護憲の立場を支持し，先の大戦についてのアジア諸国への反省や謝罪にも賛成するなど，完全に自民党と立場を同じくするというわけではないようだ．
　自民党を「人材豊富である」と評価し，他党にはあまり興味がないようである．新生党・日本新党に対しては「好感は持てるがよく分からない」と興味がない．新進党は「人の寄り合いで統一性にかける」とこちらも支持せず，社会党と共産党に対しては「何でも反対する」として拒否政党にも挙げている．
　思想的に保守的な自営業者で，過去の実績と経験をもとに自民党を支持しつづける，まさしく絵に画いたような自民党支持者と呼べよう．(原)

A-073　自民への信頼再確認した有権者
愛知　旧2区／新7区　1930年代生まれ　男性　①高校　②800〜1000万円（93年）
③公務員　④なし

	支持政党	選挙区	比例	拒否政党	保革
93.7	自民	久野統一郎（自民）		なし	6
94.2	自民				9
95.2	自民				10
95.7	自民	自民	自民	共	8
96.10	自民	丹羽太一（自民）	自民	共	10
00.6	自民	鈴木淳司（自民）	公明	共社	9

　固定的な自民党の支持者であり，投票先も自民党で一貫している．旧愛知2区そのものが，労組に支えられて民社党が強い愛知県にあってめずらしく比較的自民党の強い地域であった．彼は公務員で高収入を得ており，労組には加入していない．自民党に対する支持の内容には時期によって多少変化がみられる．93年の衆院選前には自民党は「力不足」だから「自民党から社会党に変わってほしい」と考え，好感度はそれほど高くなかった．もっとも社会党では「やはり力不足である」と考え直したため，実際に投票したのはやはり自民党の候補である．与野党の伯仲を望んでいたので，自民党候補3人のうち1人だけが当選したこの時の選挙結果には満足している．しかし自民党の政権離脱までは望んでおらず，細川内閣を評価しない．非自民連立政権を経験したことによってむしろ自民党に対する信頼は高まったようで，93年以降は「安定政党であり，党内にも優れた人材がいるため，党内団結して，少数政党になることなく頑張ってほしい」と支持を強めた．自民党が政権に復帰した村山内閣についてはある程度評価し，同党が「一日も早く安定した政権を取り，リーダーシップを発揮」することを望んでいる．自公保連立政権が成立するとこれを高く評価し，与野党の勢力が伯仲した上で自民党中心の連立政権が続くことを望んでいる．00年衆院選では選挙区では支持する自民党候補に投票した一方で，比例区は公明党に入れており，選挙協力に従ったものと思われる．この選挙で愛知2区においては民主党の候補が，自民党候補に僅差で競り勝っている．
　彼が投票に際して重視しているのは政党であり，小選挙区での投票理由についても「党に対して」の投票であると述べている．自民党を支持するのはこれまでの実績を評価するからで，逆に実績を見ることのできない新党に対してはどれも評価が低い．（下田）

A-074　本能的に自民党支持
愛知　旧3区／新9区　1930年代生まれ　女性　①高校　②400〜600万円（93年）
③農業　④農協　自治

	支持政党	選挙区	比例	拒否政党	保革
93.7	自民	海部俊樹（自民）		民共	9
94.2	**自民**				5
95.2	自民				5
95.7	自民	自民	自民	共	7
96.10	自民	吉川博（自民）	自民	共	8
00.6	自民	公認なし（自民？）	自民	※	※

　旧愛知3区は3つの議席を自民党の海部俊樹と江崎真澄，社会党の佐藤観樹が独占してきた無風区．93年衆院選では江崎の息子鉄磨が新生党に移籍，民社・共産党は議席を奪えず．小選挙区となる96年新9区は（江崎は8区へ），新進党へ転じた海部が大勝，民主党から立った佐藤は自民党新人にも及ばず落選．00年には（佐藤は8区へ）海部が自公の推薦を得て保守党から大勝．民主・共産の新人らを退けた．
　「終戦後から日本を平和に守ってきた，安心して任せられる党」というのが彼女の自民党評である．支持政党，投票（意図）政党とも全て自民党という固定的な支持者である彼女は，家族で農業を経営し，農協と自治会に所属している．政治への関心は高いとは言えないが，政治に不満を感じる時期は自民党が政権の主導権を持っていなかった時期に丁度重なっていることの意味は明白である．また革新系政党について，共産党は拒否政党であり，社会党は「信念のない反対党」で，村山政権期には「自民党と一緒であること自体おかしい」と言う．新党にも冷淡であまり興味を持っていない．新生党は政権を握れるわけがないともコメントしていた．
　彼女の自民党支持はほとんど本能的なものと言っても良いだろう．これまで政権を担当してきたことによる安心感が全てであり，他の党がどうであろうと政治改革や金権体質が問題となろうと，政権を担うべき党は自民党であることに変わりはないと考えているようである．国政の重要争点としていつも消費税問題を挙げているが，消費税に対しての自民党の政策について理解は十分とは言えない．93年衆院選では初めて海部に投票したが，新進党結成と共に海部が自民党を離れると好感度が急落したことは象徴的である．96年衆院選では，海部ではなく自民党新人の吉川後援会に所属し，比例区も自民党に票を投じている．彼女にとってはその後の新進党解党や民主党結成，自公保連立などに関わらず自民党への支持は変わらないと思われ，一番確実な自民党支持者層の一人であることは間違いない．00年衆院選時にも自民党を支持して比例区は投票した．選挙区で自民党は海部を推薦して候補者を立てていないが，彼女は自民党候補に投票したと回答している．(国枝)

A-075　経済の舵取り役として自民党の政権運営能力に期待する支持者

愛知　旧5区／新15区　1930年代生まれ　女性　①高校　②400～600万円（93年）
③販売店店員　④自治

	支持政党	選挙区	比例	拒否政党	保革
93.7	**自民**	浅野勝人（自民）		共	8
94.2	自民				8
95.2	自民				8
95.7	自民	自民	自民	なし	8
96.10	自民	村田敬次郎（自民）	自民	なし	7
00.6	自民	山本明彦（自民）	自民	共	8

　彼女は持家に夫婦だけで生活していたが，後に親，子供と3世代でくらし始める．現在の生活に特に不満はないが，日本の景気は常に悪いと認識し，自分の暮らし向きも国の景気も政府に大いに責任があると考えている．職業柄か，規制緩和や消費税増税と所得税減税を求めるなど，経済に対する関心が政治への意識にも表れている．
　93年の衆院選では，自民党は浅野と村田の現職2人を公認した．両候補とも彼女の住む地域を地盤とし，彼女は両候補に好感を持っていたが浅野に投票した．浅野は頼めば助けてくれそうな候補者として名前が挙げられるほど彼女に信頼されており，彼女は90年も浅野に投票している．96年は，投票したい候補が比例区で出ているとしているが，選挙区（14区）と重複立候補した浅野のことではないかと思われる．自分の支持する議員が所属政党を変えてもその議員を支持しつづけると答えているように，支援する候補者に対する信頼感や親近感を強く持っているようだ．
　このように候補者との結びつきが強く，最も地元利益のためになる政党に常に自民党を挙げているため，地元利益を重視して自民党を支持し，投票しているように見えるがそれだけではない．国政に尽くす政治家と地元のために働く政治家どちらに投票するかの問いで彼女は前者を選んでおり，地元志向だけではないことがうかがえる．彼女は家族ともにある製品を販売しており，経済の動きには非常に敏感である．一方で「自由経済に力点」をおく党であると評し，同党を常に政権を任せるに最適な党として挙げている．彼女は同党の経済運営を評価しているのである．
　一方，他党に関してはどうか．社会党は労組中心でもめ事が多いとし，好感をもっていない．共産党の好感度は政党の中で常に最低で拒否感がある．新党についても細川政権のときに日本新党，新生党を政権担当政党としてふさわしいと答えた以外は「小沢さんに好感がもてない」など否定的な見方をしている．公明党は，創価学会中心であるとしてやはり拒否感を持っていたが，00年には自公保の枠組みをある程度評価している．一方自社さについては，「渡辺美智雄先生の様な行動力のある方に自民党の総裁になってもらいたい」と明確に党の方針を批判している．(菅原)

A-076　自民党政権を信頼する地元志向の有権者

愛知　旧5区／新15区　1960年代生まれ　男性　①短大　②不明　③機械販売　④商工　自治

	支持政党	選挙区	比例	拒否政党	保革
93.7	（自民）	浅野勝人（自民）		共	8
94.2	（さきがけ）				6
95.2	（なし）				6
95.7	自民	自民	社会	共	3
96.10	自民	村田敬次郎（自民）	自民	共	8
00.6	なし	山本明彦（自民）	自民	※	※

　夫婦と子供，親とくらしている彼は，現在の生活レベルに満足はしていないが，特に不満もないと回答している．所属している商工団体は自民党を支持している．彼は自民党を中心に投票しているが，支持政党や感情温度の傾向は一定ではない．
　調査票を見ると，全般的に回答に一貫性がなく，彼の政治への態度は持続的ではない．そもそも彼は政治に対してほとんど関心がないと言ってよい．福祉政策，憲法などに対する彼の意見は毎回変わるか，わからない，どちらでもないという意見が多く，各党の政策的立場の理解も同様である．彼にとって政治は存在感のないものだということは，彼が過去の参院選での自分の投票を忘れているということが如実に示している．
　このような政治の軽さは，各党への態度にも表れている．「好きでもきらいでもない」という自民党と社会党へのコメントに表現されるように，ある政治勢力を積極的に応援することはない．むしろ「だんだんなくなってしまう」（社会党，さきがけ），「動きがあまりないように思える」（日本新党）というような客観的なコメントが目立つ．ただし「まったくいらない」（共産党），「小沢一郎が嫌い」という否定的なコメントはある．全般に，自社両党に比べさきがけ以外の新党には否定的である．
　このように政治に無関心で積極的でない彼が，自民党に投票しているのは地元利益を重視してのことである．93年に投票した浅野は，地域に係わりの深い候補としている．地元利益のために役立つ政党として自民党を挙げ，国と地元では地元を重視する候補に投票すると答えている．95年の比例区で「なんとなく」という理由で社会党に投じることができたのは，地域との結びつきがない比例制ならではだろう．
　一方で，自民党政権への信頼感というのも重要な要素であると考えられる．政権に適任な政党にはだいたい自民党を挙げ，「実績がある」と同党を評している．新党に否定的なのは，自民党に対する信頼の裏返しである．そしてこの信頼が，政治の情報を収集する必要性を減らし，彼を国政に無関心にしていると考えれば，自民党政権への信頼が彼の行動を規定していると言えるだろう．(菅原)

A-077 自民党への愛着や信頼が強いが他党にも関心

三重　旧1区／新1区　1940年代生まれ　女性　①高校　②600～800万円（95年）
③工場のパート　④自治

	支持政党	選挙区	比例	拒否政党	保革
93.7	自民	川崎二郎（自民）		なし	8
94.2	自民				7
95.2	自民				6
95.7	自民	無所属	自民	共	7
96.10	(DK)	DK（自民）	自民	なし	NA
00.6	自民	川崎二郎（自民）	自民	※	※

　93年衆院選時，旧三重1区では新生党現職の岡田克也がトップ当選し，自民党現職の川崎二郎や民社党現職の中井洽らも当選した．新三重2区では，96年衆院選では新進党の中井が辛くも当選して川崎は比例で復活当選し，00年衆院選では川崎が当選して自由党の中井が比例で復活当選した．
　彼女は夫と親と子と住んでおり，夫は事務系会社員である．政治不満度は高い．憲法に対しては改憲を主張するが弱いもので，それ以外にも強い保守的主張は見られない．
　彼女は自民党支持者である．自民党は「内外のことをよく考えて国民のための政治をやってくれそう」だと思っており，その基本的な立場を評価する．96年衆院選後の調査で支持政党はわからないと答えているが，この回は調査全体にわからないという回答が多い．彼女が子供の頃，父母は自民党支持者であり，また95年参院選と96年衆院選では自民党候補に投票した家族がおり，こういった環境の影響もあろう．ただし，93年に自民党に対し「国民の為を考えてくれる政党だと思うが全部見方が違う」と言う．これは党内がバラバラだとの意味か，自分と自民党とで見方が違うとの意味かは明らかでないが，後者だとすると，彼女は考え方が違うと知りつつ信頼感や愛着の強さゆえに自民党を支持しているということかもしれない．
　自民党以外に対しても彼女は拒絶的ではない．93年には3新党，94～95年には細川護煕と海部俊樹，96年には社民党と土井たか子と菅直人に，最高の好感度を与えた．93年に家族や親戚は主に日本新党支持だと答えているのが興味深い．95年には政権形態として自民党と新進党の連立を望み，96年には民主党への関心を示している．共産党も「いいことを言っている」と認める部分もあるようだ．
　彼女は93年時，96年時ともに自民党の川崎二郎の後援会に加入している（00年は不明）．93年には知人からの川崎への投票の働きかけもあった．こうして，彼女は93年，96年（おそらく），00年の衆院選でいずれも川崎に票を投じた．95年参院選の選挙区で彼女が投票したのは自民党推薦の平田耕一である．(山本)

A-078　基本的に自民党を信頼するが，態度変容の兆し

滋賀　旧全県区／新2区　1920年代生まれ　男性　①大学　②400～600万円(93年)
③住職　④自治　宗教

	支持政党	選挙区	比例	拒否政党	保革
93.7	自民	山下元利（自民）		共	8
94.2	新生				6
95.2	自民				8
95.7	自民	自民？	自民	共	8
96.10	自民	武村正義（さきがけ）	さきがけ	なし	10
00.6	民主	小西哲（自民）	自民	公共	4

　彼は基本的に自民党に信頼感を持っている．「戦後の経済成長に大きな働きがあった」と現在の日本の基礎を築いた党として評価する．景気回復や地元の利益のためにも自民党に期待している．周囲の人間関係を見ても，団体関係の人（どのような団体かは不明）が主に自民党候補に投票するようだ．彼が子供の頃父母は55年以前の保守政党支持者であった．

　ただし，彼は自民党への不満として，「汚職の根が根絶しきれていない」，「官僚との癒着が断ち切れない」と言い，そのためか常に自民党中心の政権を望みつつ同時に与野党伯仲を望んでいる．一貫して政権交代可能な二大政党制を望むと答えてもいる．自民党以外の政党へも関心が払われているのである．

　新生党に対し，彼は当初否定的だったが，94年に二大政党制に向けての非自民の主力としての期待を表明して，支持している．しかし新進党はまとまっていないとして否定的な評価を下すようになる．地元の武村正義が代表を務めたさきがけに対しては，93年には一定の評価を与えたが，その後は否定的な評価も加えている．

　投票に関しては，93年には自民党の山下元利に，選挙区のために尽くした候補，清潔さ・新鮮さを感じる候補，彼が大切だと考えることについて近い候補として好意的で，投票した．95年参院選ではおそらく自民党推薦の無所属・高田三郎に投票したものと思われる．96年には，さきがけに複雑な感情を抱きつつ，候補者としては武村に実績を認め，立候補表明が遅れた自民党の小西哲に対する彼の認知が遅かったこともあり，武村に投票した．このとき，宗教団体から武村と小西への投票の働きかけを受けており，武村の報告会などに出席するなど接触も多かった．

　00年には，地域出身など関わりが深い候補とした小西に投票した．ただし民主党を支持する．争点態度を見ると，彼の意見は財政再建優先，護憲などで，それらはすべて自民党より民主党の意見に近いと認識している．公明党への拒否感と自公保の連立の枠組みへの抵抗，森首相の「神の国」発言などへの嫌悪も見られる．00年における支持の変化は一時的なものでとどまるのかどうか，興味深い．(山本)

A-079　新党も気になったが自民党に投票しつづける党員
滋賀　旧全県区／新2区　1920年代生まれ　女性　①中学　②400〜600万円（95年）③農業も手がける主婦　④なし

	支持政党	選挙区	比例	拒否政党	保革
93.7	（自民）	山下元利（自民）		公共	9
94.2	自民				8
95.2	**自民**				8
95.7	**自民**	自民？	自民	NA	8
96.10	自民	小西哲（自民）	自民	共	8
00.6	自民	小西哲（自民）	自民	※	※

　彼女には子供もいるが，現在は夫婦だけで住んでいる．主婦で農業も手がけているようだ．夫は93年には無職だったが95年からは嘱託で事務をしているようである．暮し向きには満足している．自己を保守的だと認識しているが，護憲の立場を表明している．農産物輸入自由化には反対であった．争点としては景気対策を重視している．選挙活動を手伝った経験がある．夫とはたまに政治の話をする．
　彼女は夫とともに自民党員である．93年より前の国政選挙でも自民党に投票してきたようである．自民党への好感度は93年調査を除き常に最高である．自民党を日本国民に合った政党だと言い，その基本的な立場を評価する．自民党を通じて地元の利益や景気回復への期待も抱いている．政権担当能力も評価し，おおよそ自民党の安定多数・単独政権を望んでいる．しかし自民党に「すっきりしてほしい」「もう少しがんばって」と言い，完全に満足しているわけではない．
　93年には彼女は新党を高く評価している．さきがけと日本新党に自民党以上の好感度を与え，新生党に「政治をよくしてほしい」と期待する．その後自民党以外には無関心になるが，96年に至ってさきがけにだけは「民主的」と好意を持っているようである．
　実際の投票について見ると，93年，96年，00年ともにこの選挙区にはさきがけ（00年は無所属）の武村正義がいた．これがさきがけへの好感につながっていた面もあるようだ．彼女は93年衆院選での候補者のなかで武村に最も好意的であったが，結局自らが後援会に所属する山下元利に投票した．95年参院選の選挙区で投票したのは無所属で自民党等の推薦候補高田三郎だと思われる．96年にはさきがけを評価しつつも，自民党の小西哲の後援会に夫とともに加入しており，候補として小西に最も好意的であり，小西に投票した．このときは武村が当選した．
　00年には小選挙区，比例代表ともに自民党に投票した．00年には小西が武村を破っている．(山本)

A-080 政党重視で自民党一筋．頼れるのはこの党のみ
大阪 旧2区／新4区 1940年代生まれ 男性 ①高校 ②1000～1200万円(93年) ③機械の製造業（重役） ④自治

	支持政党	選挙区	比例	拒否政党	保革
93.7	**自民**	前田正（自民）		共	9
94.2	自民				9
95.2	**自民**				8
95.7	自民	自民	自民	共	8
96.10	**自民**	中山正暉（自民）	自民	共	9
00.6	自民	中山正暉（自民）	自民	※	※

　旧2区は定数5．公明党・共産党・自民党が3議席を占め，残りを自民党・社会党・民社党で争ってきた．93年衆院選では民社党・日本新党推薦の吉田治（無所属）が食い込み，自民党の前田正が落選した．選挙制度改革後は4区．96年衆院選はここを地盤とする中山正暉（自民党）を新進党の前田が破った．00年衆院選では中山が基礎票を固め先行，労組票を基礎に民主党の吉田が追走したが中山が逃げ切った．

　40代後半の男性．会社の重役で世帯年収も多く，不況を感じながらも暮らし向きには比較的満足している．

　彼は一貫した自民党支持者で投票も自民党一筋である．「安定感がある」「自由主義の基本」と自民党に絶対的な信頼を置いている．実績や政治手腕についての評価も高く，金権政治や景気対策を争点とするもののやはり頼れるのは自民党だけであるという思いが強い．このような彼の意識は望ましい政権形態にも如実に表れており，自民党単独政権が最も好ましいと考えている．投票に際しては候補者個人より政党を重視している．このことは93年衆院選で中山・前田の自民党候補のうち前田に投票したが，96年衆院選で前田が新進党から出馬すると中山に投票したことからも見て取れる．結局自民党であることが彼の投票行動を規定しているのである．

　他の政党については当然のことながら否定的な評価がほとんどで，拒否政党には共産党を挙げている．社会党には「解党やむなし，解党すべし」とし，村山政権への評価も概して低い．新党についても全般的に「よくわからない」と不信感を抱いている．ただ93年衆院選は例外で（自民党にはもちろん）社会・新生・日本新・さきがけ・民社の連立に対しても政権担当能力を認め，社会党を除く自民党等の連立政権を望んでいることから，新党にまったく否定的というわけでもなかったようである．現に前田の落選，自民党の不振，新党躍進という選挙結果に比較的満足している．彼が政治改革を争点に挙げていただけに新鮮さに何かしら心惹かれたのかもしれない．(内)

A-081　不満を抱きつつも自民党を支持，時に浮気

大阪　旧5区／新18区　1910年代生まれ　男性　①中学　②～200万円（93年）　③自営の製造業→無職（95年）　④自治

	支持政党	選挙区	比例	拒否政党	保革
93.7	自民	中山太郎（自民）		共	8
94.2	自民				10
95.2	新進				8
95.7	**自民**	棄権	棄権	共	9
96.10	自民	中山太郎（自民）	民主	共	9
00.6	自民	中山太郎（自民）	自民	共社	10

　旧大阪5区は93年に1議席増えて定数5．93年衆院選では自民党の中山太郎元外相がトップ当選を維持している．自民党小渕派の岡下昌浩は最下位で落選した．選挙制度改革後は18区．96・00年衆院選でも依然自民党の中山が議席を獲得している．

　70代後半の男性．自営業を営んでいたが最近は無職である．日常的に政治に強い関心を持っており，入党・後援会加入・選挙運動への参加といった経験も豊富である．とくに外交問題（領土問題）での日本の対応を重視しており「戦後50年もたつのに今だに敗戦国のようにあつかわれている」「外国に対して頭をペコペコ下げすぎる」「（領土の主権争いに対し）胴々と立ちむかうべき」と批判的にみている．

　職業・地元利益の代表者で「日本の国則にそっている」「考えが一番よく合っている」という自民党をほぼ一貫して支持している．過去の実績や政治手腕にも信頼を置いているようだ．その一方で佐川急便事件やゼネコン事件等の金権問題を明らかにし関係を断ち切ることを切に求めており，腐敗した現状を不満に思っている．その自民党の牽制役には社会党に期待し，「監視の為には良い党」と必要性は感じている．それに対し共産党には日本人として「恥かしい」と存在自体を否定している．

　93年衆院選では新党への期待感から社会党を除く自民党等の連立政権を望む．同時に新生党・日本新党・自民党の離党議員に対し「自民が昔の政友なら，民政になれ」と自民党との理想の関係をかつて二大政党をなしていた政友・民政関係にみており，戦前世代ならではの感覚といえる．新進党結党後は「小沢一郎は（早く取り除かねば）第二の金丸になるでせう」と警告しつつも新進党支持に回る．自民党への不満が積もっていたところに新たな保守政党が現れたことが彼の心をつかんだのだろう．しかし95年参院選には「公明党がほとんど巾をきかして」いることを嫌って自民党支持に戻っている．次の96年衆院選では行革に熱心で政策的にも共感が持てる民主党を「非常に良い，特に菅さんは良い」と高く評価し，比例区で投票している．ただその後は好感止まりで，00年衆院選は2票とも自民党に入れている．(内)

A-082 弱い自民党支持者の投票行動

兵庫　旧5区／新5区　1970年代生まれ　男性　①高校　②1000〜1200万円(93年)
③家具製造業　④なし

	支持政党	選挙区	比例	拒否政党	保革
93.7	自民	吉岡賢治（自民？）		なし	7
94.2	自民				6
95.2	(NA)				6
95.7	（自民）	棄権	棄権	なし	7
96.10	自民	谷洋一（自民）	自民	なし	DK
00.6	自民	谷洋一（自民）	自民	なし	DK

　彼が住む兵庫5区は93年衆院選において自民党公認の谷洋一と無所属で社会・民社・社民連・日本新党推薦の吉岡賢治が当選した．選挙制度が変わった96年衆院選，兵庫5区は自民党の谷，民改連公認で新進・民主・公明の推薦を受けた吉岡が再び争い，谷が当選を果たした．00年も谷が民主党から出馬した吉岡らを破っている．
　彼は20代半ばの男性．両親が自民党を支持する家庭で育っている．政治に関する興味，関心は低く，各政党間の政策の差異についてもあまり明確には認知していない．
　彼はほぼ一貫して自民党を支持政党，もしくは好ましい政党に挙げている．96年衆院選前に一度社会党支持と答えているが，このときも自民党については高く評価していた．彼は自民党のイメージについて「支持する政党．安定感がある」「なんとなく好感がもてる党」と答えており，政権担当能力を有する政党にも自民党をほぼ毎回挙げていた．その一方で，政治に対しては不満を抱いており，政治に対する信頼もそれほど高くない．このことより，政治に対する不満は抱いているものの，自民党に政権を任せることによる安心感から彼は自民党を支持していると思われる．
　彼の投票行動についてであるが，彼は各政党の政策やスタンスについて把握しきれていないので，彼が各政党の政策を基準に投票行動を決したとは考えにくい．93年衆院選において，彼は選挙の重要争点に「貿易問題」を挙げ，それについて自分と考えの近い政党に自民党を挙げていたが，このとき彼は自民党候補者に投票しなかった．また選挙運動や人からの働きかけが彼の投票行動に影響を与えたわけでもなかった．その一方で彼は投票に際し候補者個人が重要な決定要素であったと答えている．ゆえに候補者個人についての漠としたイメージが候補者に対する評価を形作り，その評価をもとに投票行動を決めているように思われる．(福間)

A-083　自民党下野で一旦は距離をおくが，再び自民支持に戻る

奈良　旧全県区／新3区　1950年代生まれ　女性　①短大　②800〜1000万円（93年）　③主婦　④自治　生協

	支持政党	選挙区	比例	拒否政党	保革
93.7	自民	奥野誠亮（自民）		なし	6
94.2	（新生）				5
95.2	(NA)				5
95.7	自民	自民？	自民	DK	DK
96.10	自民	奥野誠亮（自民）	自民	進	6
00.6	自民	奥野誠亮（自民）	自民	共	DK

　93年衆院選，奈良全県区には8人の候補者が立候補し，無所属の高市早苗，新生党の前田武志，自民党の奥野誠亮，公明党の森本晃司，自民党の田野瀬良太郎が当選した．96年衆院選では，奈良3区には自民，新進，民主，共産の4人が立候補し，自民党の奥野が当選した．00年衆院選も奥野が13選を果たした．

　彼女はほぼ一貫して自民党候補者に投票してきた．これは，自民党の政策やこれまでの実績などの評価，そして候補者個人のイメージと過去の投票習慣が複合して影響を及ぼした結果であると思われる．しかし93年に細川政権が誕生すると，彼女はこれに対し一応の評価を下し，政権の核となっている新生党に対して高い評価を下している．一方で自民党に対しては「以前は支持していましたが（略）個人的の応援の様な形になっています」と支持の強度にトーンダウンが見られた．94年に村山内閣が発足して自民党が政権に復帰しても「自分の地位などを重くみている気がする．もっと団結したらいいのに」と嘆いていた．

　95年参院選では，新進党に対して「期待したいのですが，中身は分かりません」と述べその実力を疑問視している．一方自民党に対しては，「党の中のまとまりがもっとあったらと思っています」と言うものの，新進党に期待がもてないせいか自民党支持に戻っている．結局彼女は選挙区，比例区とも自民党に投票している．その理由について彼女は，「候補者が自民党の推薦をもらっていたことと，主人が自民党党員だから」と答えている．

　96年衆院選になると，自民党について「資本家階級を成り立たせるには必要」と述べ，その政策と実績から選挙区，比例区とも自民党に投票している（選挙区ではおそらく推薦候補）．対する新進党については「公明党が支持しているので良くない」との印象を持ち，拒否政党にまで挙げている．

　00年衆院選では自公保の連立枠組みはあまり評価していないが，自民党に政権担当能力を認め，自民党中心の政権を望んで選挙区，比例区とも自民党に投票している．(福間)

A-084　00年では白票を投じた自民党支持者

岡山　旧2区／新5区　1940年代生まれ　男性　①高校　②1200～1400万円(95年)
③漁業協同組合管理職　④農協　自治

	支持政党	選挙区	比例	拒否政党	保革
93.7	自民	加藤六月（自民）		公共	6
94.2	自民				6
95.2	自民				7
95.7	自民	自民		自民	共他	7
96.10	**自民**	村田吉隆（自民）	自民	進共	7
00.6	自民	白票	自民	※	※

　93年衆院選，岡山2区では橋本龍太郎と加藤六月という二人の自民党の大物代議士が，長年にわたり"六龍戦争"と呼ばれる激しい選挙戦を繰りひろげていた．93年は橋本がトップで当選し，加藤は3位で当選した．96年衆院選では橋本，加藤が岡山4区で立候補したため，5区は自民党公認の村田吉隆が大差で当選した．00年衆院選も村田が当選を果たした．

　彼は一貫して自民党を支持している．自民党については「戦後の日本を今日迄発展させた政党」とその実績，政権担当能力を高く評価している．望む政権像も安定的な自民党の単独政権，もしくは自民党を核とする連立政権である．他党に対しては，新進党について「天下を取りたいだけの派閥で，いいかげん」「選挙向けにいい事を言っている」と厳しく批判し，社会党には「ダメ．他党に吸収される」，民主党には「続くかどうか分からない」と述べている．公明党と共産党は一貫して拒否政党に挙げている．

　従って彼の投票行動も必然的に自民党候補者へのものである．93年衆院選では彼自身"六龍戦争"を展開した加藤・橋本両候補者について頻繁に見聞きしていたようであり，二人の印象もほぼ互角であった．選挙前の調査で彼は橋本に投票する予定であり，橋本には大体いつも投票していると答えていた．だが彼は加藤の後援会に加入し，選挙でも加藤に投票した．

　96年衆院選では唯一の自民党候補者となった村田に投票した．しかしながら00年衆院選では「今回は投票すべき候補者がいなかった」と言って選挙区では白票を投じている．彼が嫌う公明党が自民党と連立を組み，村田が公明党の推薦を得ていたことが村田への投票を避けた原因なのかもしれない．(福間)

A-085　政治満足度は低いが自民党を安定して支持する有権者
広島　旧1区／新4区　1920年代生まれ　男性　①高校　②1200〜1400万円（93年）
③会社役員　④自治

	支持政党	選挙区	比例	拒否政党	保革
93.7	自民	岸田文雄（自民）		共	7
94.2	自民				8
95.2	自民				7
95.7	自民	自民	自民	共	9
96.10	自民	岸田文雄（自民）	自民	共	8
00.6	自民	岸田文雄（自民）	自民	共	7

　彼が在住する地域は，旧広島1区，新広島1区にあたり，官庁，企業が集中している地区ではあるが，古くからの住民が多いため，都心の割に浮動票の少ない地域と言われている．93年衆院選では，この選挙で代替わりした，自民党公認で父岸田文武の地盤を継いだ岸田文雄がトップ当選し，96年，00年衆院選でも岸田が再選された自民党の強い地域である．

　彼は，70歳代の会社役員の男性である．保守的なイデオロギーを持つ安定した自民党支持者で，調査中一貫して自民党を支持し，自民党および自民党候補者に投票し，岸田文雄の後援会にも加入している．しかし，政治全般に対する満足度は低く，また，政党や政治家が派閥の争いや汚職問題に明け暮れて国民生活をなおざりにしていると考えるなど，政党や政治家に対しても，否定的な見方をしている．

　彼は自民党政権を望むものの与野党伯仲の状況を望んでおり，自民党を牽制するため他党へ投票することも考えられる．しかし，既成野党，新党ともに，自民党以外の政党に対しては好感度が低く，適当な政党が見つからなかったため，一貫して自民党に投票しつづけたと考えられる．たとえば，既成政党である社会党に関しては，「言行不一致」と批判し，共産党については絶対支持したくない政党であると答えている．新党についても，新生党について，「暗いイメージのする政党」，新進党について「口先だけという感じ」と好感を持っていない．それに対して，自民党については，好感度も高く，「日本を今迄作ってきた実績のある政党」と肯定的に評価している．

　このように，彼は，政治に対する満足度が低く，また，バッファープレイヤーの要素を持つ自民党支持者であるが，自民党を牽制するために投票する他の適当な政党がなかったため，自民党への投票を続けたと考えられる．（石高）

A-086 強固で熱心な自民党支持者

広島　旧1区／新1区　1930年代生まれ　女性　①高校　②200〜400万円（93年）
③主婦　④自治

	支持政党	選挙区	比例	拒否政党	保革
93.7	自民	河合克行（自民）		5党以上	10
94.2	自民				8
95.2	自民				7
95.7	自民	自民	自民	進	DK
96.10	自民	岸田文雄（自民）	自民	進共	5
00.6	自民	岸田文雄（自民）	自民	※	※

　彼女が在住する地域は，旧広島1区，新広島1区にあたり，官庁，企業が集中している地区ではあるが，古くからの住民が多いため，都心の割に浮動票の少ない地域と言われている．また，93年衆院選では，自民党新人の河合克行は落選したものの，自民党公認で父岸田文武の地盤を継いだ岸田文雄がトップ当選し，96年，00年衆院選でも岸田が再選された自民党の強い地域である．

　彼女は，年金で生活する60歳代の主婦である．彼女は一貫して自民党の熱心な支持者であり，投票行動に関しても自民党への投票が揺らぐことはない．多くの被調査者が支持政党に対してあまり熱心でない支持を表明する中で，調査中一貫して熱心な支持を表しつづけるのは，安定した支持者の中でも珍しいと言える．彼女の自民党に対する好感度は高く，自由回答でも自民党を「市民の味方」と表現し，候補者（岸田）への支持理由を「好きな政党（の候補者）だから」としている．また，候補者個人より政党を重視して投票をしており，自民党への帰属意識が高いといえる．政治全般に関して肯定的な見方をしており，政治家の中に不正をする人はそれほど多くないと考えている．自己のイデオロギー認識は保守的で，政策については，非軍事的分野にこだわったら十分な国際貢献ができないとして，防衛力の強化に賛成し，農作物の自由化に反対している．自民党以外の既成政党の大部分を拒否政党に挙げ，新しく登場した保守系新党に関しても，新進党について「不平不満ばかり言っている．他の政党の揚げ足ばかりとっている」，民主党に関しては「考え方が甘い．嫌い」と評価するなど，自民党から他党への支持の移行はありえないことがわかる．

　このように，彼女は自民党政治に対して肯定的な評価をする，強固な自民党支持者であるといえる．(石高)

A-087　政治に対して一概に否定的な見方をしない安定的な自民党支持者
広島　旧1区／新1区　1930年代生まれ　男性　①高校　②200～400万円（93年）
③会社員→警備員（95年）　④自治

	支持政党	選挙区	比例	拒否政党	保革
93.7	自民	河合克行（自民）		公	8
94.2	自民				8
95.2	自民				NA
95.7	自民	自民	自民	共	7
96.10	自民	岸田文雄（自民）	自民	共	7
00.6	自民	岸田文雄（自民）	自民	公共	6

　彼が在住する地域は，旧広島1区，新広島1区にあたり，官庁，企業が集中している地区ではあるが，古くからの住民が多いため，都心の割に浮動票の少ない地域と言われている．また，93年衆院選では，自民党新人の河合克行は落選したものの，自民党公認で父岸田文武の地盤を継いだ岸田文雄がトップ当選し，96年，00年衆院選でも岸田が再選された自民党の強い地域である．

　そのような地域の中で，調査期間中の彼の支持政党，投票政党は，一貫して自民党である．彼は60歳代で，会社を定年後，警備員をしている．自民党長期政権崩壊の中にあっても終始自民党安定多数の単独政権を望み，政権の交代より政局の安定を望んでいる．イデオロギーも保守的で，国際貢献について，非軍事的な分野のみでは十分な貢献は出来ないと考えている．また，政治に関して大体満足しており，不正をする政治家はそれほど多くないと回答するなど，政治や政治家に対して批判的な見方はしていない．

　政党および政党リーダーに対する評価を見ていくと，自民党および自民党リーダーに対する感情温度は高く，自民党について，「日本の将来をよく考えている」「信頼できる政党」であると評価している．一方，新党に関しては，登場して間もない93年調査の段階では，どの新党に対しても感情温度が低く，「裏切り者」としているが，95年ごろから徐々に新党の評価も上がり始め，新進党に関しては「前向きに頑張っていく」，「いい感じがする」と肯定的な評価を与えている．また，既成政党に関しては，公明党，共産党について「信者の集まり」（公明党），「独裁的イメージ」（共産党）と否定的な評価をしているものの，社会党については，「労働者の味方」であると評価し，それほど否定的にはとらえていない．

　このように，彼は，政治に対して一概には否定的な見方をしない，安定的な自民党支持者であるということが出来る．(石高)

A-088 政治に対して批判的な見方をするが，安定的に自民党を支持する有権者
広島　旧1区／新1区　1920年代生まれ　女性　①短大　②200〜400万円（95年）
③主婦　④自治

	支持政党	選挙区	比例	拒否政党	保革
93.7	自民	河合克行（自民）		共	8
94.2	自民				7
95.2	自民				6
95.7	自民	自民	自民	共	5
96.10	自民	岸田文雄（自民）	自民	共	8
00.6	自民	岸田文雄（自民）	自民	※	※

　彼女が在住する地域は，旧広島1区，新広島1区にあたり，官庁，企業が集中している地区ではあるが，古くからの住民が多いため，都心の割に浮動票の少ない地域と言われている．また，93年衆院選では，自民党新人の河合克行は落選したものの，自民党公認で父岸田文武の地盤を継いだ岸田文雄がトップ当選し，96年，00年衆院選でも岸田が再選された自民党の強い地域である．

　そのような地域の中で，彼女は，保守的なイデオロギーを持つ安定的な自民党支持者で，調査期間中の支持政党，投票政党は一貫して自民党である．彼女は70歳代前半の主婦で，年金生活をしている．自民党に対して，「今までの実績を考えると，国民のことを一番良く考えてくれている政党」と肯定的に評価しており，自民党に対する感情温度も相対的に高い．投票の基準は候補者個人よりも政党重視で，自民党リーダーに対する感情温度よりも自民党自体に対する温度の方が高い．また，自民党の安定多数の政権が望ましいと考え，ほぼ一貫して自民党単独政権を望んでいる．

　自民党以外の政党に関してみると，公明党に対しては「宗教団体が入っている」，共産党に対しては「共産主義的な考えを持っている」などと否定的な見方をしており，新党に関しても感情温度は低く，あまり歓迎していないようだ．

　政治全般に関しては大体信頼はしていると答えているものの，満足度はややあるいは全く不満であり，政治家には不正をする人が多く，当選したらすぐ国民のことを考えなくなると考えているなど，政治や政治家に対して，否定的な考え方をしている．

　このように，彼女は政治に対しては批判的な見方をしているものの，安定的に自民党を支持する有権者といえる．(石高)

A-089　政治に対して否定的な見方をするが，安定的に自民党を支持する有権者
広島　旧2区／新4区　1930年代生まれ　女性　①高校　②800～1000万円（96年）
③農業　④農協　自治

	支持政党	選挙区	比例	拒否政党	保革
93.7	自民	谷川和穂（自民）		公共	10
94.2	自民				9
95.2	自民				7
95.7	(NA)	NA	NA	NA	5
96.10	自民	中川秀直（自民）	自民	共	7
00.6	自民	中川秀直（自民）	自民	共由	8

　彼女の在住する地域は旧広島2区にあたり，谷川和穂（元法務大臣），中川秀直（元官房長官），池田行彦（元外務大臣）ら自民党勢が骨肉の争いを演じてきた激戦区であった．しかし，新広島4区になって迎えた96年衆院選では，谷川が中川に譲る形で比例区から出馬したため'歴史的和解'がなされたと言われ，96年，00年とも，中川が当選している．

　彼女は，60歳代後半で農業に従事している．安定的な自民党支持者で，谷川の後援会の他，農協，自治会に加入している．彼女の両親，家族など周りにいる人たちも全て自民党支持者である．調査中，一貫して自民党を支持し，93年衆院選では谷川に，96年，00年衆院選では中川に投票している．ただし，谷川に投票したときには政治家個人を重視して投票しているが，中川に投票した96年衆院選では，投票したい政党が小選挙区でふさわしい候補者を立てていないと考え，政党重視で自民党候補者の中川に投票した．

　様々な形の連立政権が組まれる中で，常に自民党単独政権を望み，自民党に対する好感度も比較的高く，「日本の政治を支えていく政党だと思う」と評価している．政治的関心は高く，投票に対する義務感も強いものの，政治に対する満足度は低く，政治家に対して不正をする人が多い，大組織の利益に奉仕している，国民生活をなおざりにしていると答えるなど否定的な見方をしている．自己のイデオロギー認識は比較的保守的で，公明党，共産党を拒否政党に挙げているが，社会党，社民党に関して，村山政権成立頃から好感度が上がり始めている．

　このように，彼女は，政治に対して否定的な見方をしているものの，自民党を安定的に支持する，典型的な自民党支持者であるといえる．(石高)

A-090 一時的に自民党から新進党に支持を移したバッファープレイヤー
広島 旧2区／新4区 1930年代生まれ 男性 ①高校 ②200～400万円（96年）
③無職 ④農協 自治

	支持政党	選挙区	比例	拒否政党	保革
93.7	自民	中川秀直（自民）		5党以上	8
94.2	(さきがけ)				6
95.2	新進				5
95.7	自民	新進	自民	共	8
96.10	自民	中川秀直（自民）	自民	共	7
00.6	自民	中川秀直（自民）	自民	共由社	8

 彼の在住する地域は旧広島2区にあたり，谷川和穂，中川秀直，池田行彦ら自民党勢が骨肉の争いを演じてきた激戦区であったが，新広島4区になって迎えた96年衆院選では，谷川が中川に譲る形で比例区から出馬したため，"歴史的和解"がなされたと言われた．
 彼は60歳代の無職の男性である．基本的には自民党支持者で，中川の後援会に加入しているが，村山政権成立後の調査で，一時的に新進党支持になり，95年参院選では新進党に投票している．彼の投票行動を詳しく見ていくと，93年衆院選では自民党を支持し，自民党の単独政権を望んでいるが，与野党伯仲状況を望んでいる．彼の家族や近所の身近な人々も自民党支持者である．しかし，94年2月調査頃から自民党に対して反発し始め，「自民党がすることが正しいと思いすぎている」と批判し，村山政権成立後の95年2月調査では新進党が支持政党であると答え，95年参院選で新進党に投票している．参院選後からは徐々に自民党に対する支持を回復し始め，自民党を「安定感がある」政党であると評価し，再び自民党支持となり，96年および00年の衆院選では自民党および中川に投票している．
 政党に対する好感度もそれに伴って変化しており，93年衆院選時には自民党に対する好感度は高いが，徐々に冷め始め，逆に新進党をはじめとする新党への好感度が高くなる．しかし再び96年衆院選に向けて，自民党への好感度が高くなっている．自民党以外の既成政党に対しては，93年選挙前の調査ですべてを拒否政党として挙げるなど厳しい評価をしており，それが新党に対する好感と相まって，95年2月調査で新進党支持へ向かった理由であると考えられる．また，政治的関心は高く投票義務感も比較的強いが，政治に対する満足度は低く，政治家に対しても，不正をする人が多く，当選したらすぐ国民のことを考えなくなるなどと否定的な見方をしている．
 このように，彼は基本的には自民党を支持しているが，自民党を戒めるため一時的に新党に支持や投票行動を移したバッファープレイヤーであるといえる．(石高)

A-091 自民党や政治に対してシニカル見方をする自民党支持者
広島　旧2区／新4区　1940年代生まれ　女性　①高校　②600～800万円（96年）　③主婦　④自治

	支持政党	選挙区	比例	拒否政党	保革
93.7	自民	NA（自民）		社公共連	9
94.2	自民				9
95.2	自民				7
95.7	自民	自民	社会	共	6
96.10	自民	中川秀直（自民）	自民	共	6
00.6	自民	中川秀直（自民）	自民	共	6

　彼女の在住する地域は旧広島2区にあたり，谷川和穂，中川秀直，池田行彦ら自民党勢が骨肉の争いを演じてきた激戦区であった．しかし，新広島4区になって迎えた96年衆院選では，谷川が中川に譲る形で比例区から出馬したため"歴史的和解"がなされたと言われ，96年，00年とも中川が当選している．

　彼女は製造業の企業に勤める夫と未婚の子供と暮らす50歳代の主婦である．彼女は保守的なイデオロギーをもち，ほぼ一貫して自民党を支持し，自民党およびその候補者に投票しており，自民党の安定多数の政権を望んでいる．また，彼女の家族や親戚も自民党支持者である．しかし，必ずしも自民党に対して好意的な見方をしているわけではなく，自民党について「良くても悪くても議席の多数を占めている」，「自己中心のおごりの政党になりすぎたのでは」と批判的な回答をしている．

　自民党以外の政党に対しては，93年衆院選時に自民党以外の既成政党の大部分を拒否政党と挙げているが，新党である日本新党に関しては，自民党よりも高い感情温度を示している．また，村山政権成立後には社民党に対する感情温度が高くなり，村山富市に対しては感情温度が100度と，好意を示している．このように，支持政党は自民党と変わらなかったものの，自民党を必ずしも肯定的に評価しているわけではなく，一方で，その時々で話題になる政党やリーダーに対して評価をする傾向があるといえる．

　政治や政治家に対する見方については，政治に対する満足度がやや低く，政治家に対しても，当選したらすぐ国民のことを考えなくなる，不正をする政治家がたくさんいると答えるなど，シニカルな見方をしていることも特徴である．（石高）

A-092 適当な政党が見つからず自民党に投票しつづける自民党支持者

広島 旧2区／新4区　1930年代生まれ　男性　①高校　②600〜800万円（93年）
③製造業　④労組　自治

	支持政党	選挙区	比例	拒否政党	保革
93.7	自民	NA（自民）		社公共	9
94.2	**自民**				8
95.2	自民				8
95.7	自民	棄権	棄権	共	8
96.10	自民	中川秀直（自民）	自民	なし	5
00.6	自民	中川秀直（自民）	自民	公共	8

　彼の住んでいる地域は旧広島2区にあたり，谷川和穂，中川秀直，池田行彦ら自民党勢が骨肉の争いを演じてきた激戦区であった．しかし，新広島4区になって迎えた96年衆院選では，谷川が中川に譲る形で比例区から出馬したため，'歴史的和解'がなされたと言われ，96年，00年とも，中川が当選している．

　彼は，60歳代の製造業の企業に勤める会社員である．彼は，調査中一貫して自民党を支持しており，自民党および自民党候補者に投票している．また，彼の家族・親戚等身近な人々も自民党支持者である．自民党政権の存続は望んでいるが，与野党伯仲状況が望ましいとしており，自民党に対しては肯定的な評価ばかりではなく，「馴れ合いの政治態度はいただけない」「裏金を作りすぎる」と批判している．このようなことから，バッファープレイヤーとしての他の政党へ投票するかとも考えられるが，以下のような理由から自民党に投票しつづけたと考えられる．まず，自民党以外の既成政党に対しては，社会党，公明党，共産党を拒否政党に挙げ，好感度も低く，社会党に対しては「野次ばかりで混乱させるだけ」，共産党に対しては「何を考えている集団かよく分からない」と批判しており，それらの政党への投票をするとは考えにくい．また，新党に関しては，登場当初は，日本新党に対して「全く新しい感じの党でこのままずっと見守っていきたい」と期待を表しているものの，新進党に対して「似たり寄ったりで，自民党の子供」，さきがけに対して「訳の分からない党」と厳しい評価をし，結局新党へ投票することなく，自民党へ投票しつづけたと考えられる．

　このように，彼はバッファープレイヤーの要素を持つ自民党支持者であるが，自民党を牽制するために投票する他の適当な政党がなかったため，自民党への支持，投票を続けたと考えられる．(石高)

A-093　支持候補がいなくなり，自民党から新進党に一時的に支持を変えた有権者

広島　旧2区／新4区　1940年代生まれ　男性　①大学　②800〜1000万円（95年）
③会社役員　④自治

	支持政党	選挙区	比例	拒否政党	保革
93.7	自民	谷川和穂（自民）		5党以上	9
94.2	自民				7
95.2	自民				5
95.7	自民	自民	自民	共	7
96.10	新進	棄権	棄権	社共	7
00.6	自民	中川秀直（自民）	自民	共由	7

　彼の在住する地域は旧広島2区にあたり，自民党勢が骨肉の争いを演じてきた激戦区であったが，新広島4区になって迎えた96年衆院選では，谷川和穂が中川秀直に譲る形で比例区から出馬したため，'歴史的和解'がなされたと言われた．
　彼は，50歳代の会社役員である．自民党支持者であり，加入している自治会も自民党支持であり，さらに谷川の後援会に加入しているが，96年衆院選では新進党へ支持政党を変更した．00年衆院選では再び支持政党・投票政党を自民党に戻しているものの，なぜこのような変化をとげたのか彼の詳しい投票行動を見ていく．
　彼は93年衆院選時に，谷川を，選挙区のために尽くしてくれ，自分の考えていることと近い考え方の候補者であるとしており，候補者個人を重視して谷川に投票している．自民党の安定多数の政権を望んでいるものの，自民党への支持は「他に政党がない」からと積極的な理由からではない．一方で，自民党以外の既成政党に関しては，すべてを拒否政党としてあげるなど否定的だが，新党に対しては好感度が高く，新進党に対しては「自民党の次に好きになれる政党である」と期待している．また96年衆院選では，一番関心のある争点を行政改革における人員削減としているため，その関心に一番合致している新進党を支持政党に選んだものと思われる．なお，この衆院選では最終的に棄権したものの，選挙前の調査では新進党に投票するとしている．このような変化の背景には，候補者個人を重視して投票する彼にとって，支持していた自民党候補者の谷川が小選挙区からの出馬をやめ，比例区にまわったことも影響していると考えられる．その後新進党は解散し，00年衆院選では自民党支持に戻ってきているが，今後自民党を支持しつづけるかどうかは疑問であると言える．
　このように，自民党議員の後援会に加入し，長年自民党を支持してきた彼であるが，あくまで候補者個人への支持であったため，自分の問題意識により近い新進党が出てきたり，支持していた候補者が出馬しない場合は，容易に支持政党を変えるという，候補者に頼った自民党の弱さを表す投票行動をとったといえる．(石高)

A-094 小選挙区制導入にともない，投票政党の変わった自民党支持者
広島 旧2区／新5区 1920年代生まれ 男性 ①中学 ②200〜400万円（93年）
③飲食業→無職（95年） ④自治

	支持政党	選挙区	比例	拒否政党	保革
93.7	自民	増岡博之（自民）		公共	8
94.2	自民				5
95.2	自民				7
95.7	自民	新進	自民	共	5
96.10	自民	八山雪光（その他）	自民	共	DK
00.6	公明	池田行彦（自民）	公明	共	6

　彼の在住する地域は旧広島2区にあたり，中川秀直，谷川和穂，池田行彦，増岡博之ら自民党勢が激戦を繰り広げていた．しかし，新広島5区になってからの96年衆院選では，自民党は池田のみとなり，その池田を追う形で，社民党から民主党に移党した森井忠良が立候補したが，結局池田が勝利を収め，00年衆院選でも池田が民主党の新人佐々木修一を抑えて当選した．

　彼はかつて飲食業を営み，現在は年金で生活をしている無職の70歳代の男性である．基本的には自民党支持であり，中川と増岡の後援会に加入しているが，候補者個人重視の投票をしており，その二人がいなくなった新広島5区になってからは投票行動が安定していない．詳しく投票行動を見ていくと，93年衆院選時には，自民党を支持し，後援会にも加入している増岡に投票したが，95年参院選では，比例区で自民党に投票したものの，選挙区では「人に頼まれたから」という理由で新進党に投票している．しかし，新進党に関しては，参院選後の調査で，「嫌いだ．公明党に支配されている」と答えており，感情温度もそれほど高くはなく，新進党に対して好意を寄せているわけではない．また，96年衆院選では比例区で自民党，小選挙区で新社会党の八山雪光に投票し，00年衆院選では，自公保の選挙協力の影響からか比例区で公明党，小選挙区で自民党に投票している．

　このように，彼は基本的には自民党支持者であるものの，比例区と選挙区で票を使い分け自民党以外の党にも投票しているが，だからといって自民党政権を望みながら保革伯仲状況を望むバッファープレイヤーではなく，自民党の安定多数の政権を希望している．彼は自民党について「私の支持する方は年を取り過ぎている．もう少し若ければと思う」と述べ，社会党についても，「一時期期待したが，候補者が変わったので票を渡すのをやめた」と述べているなど，政策等を検討して政党を重視して投票するよりは，候補者個人や，身近な人からの依頼等を重視して投票行動をとっていると考えられる．(石高)

A-095　地元有力代議士への投票
広島　旧3区／新6区　1920年代生まれ　女性　①中学　②200～400万円（93年）
③部品製造→縫製工（95年）　④農協　生協

	支持政党	選挙区	比例	拒否政党	保革
93.7	（なし）	亀井静香（自民）		なし	6
94.2	（なし）				6
95.2	自民				5
95.7	（なし）	棄権	棄権	なし	5
96.10	（なし）	亀井静香（自民）	自民	進さ	5
00.6	自民	亀井静香（自民）	自民	※	※

　93年衆院選では，広島3区には8人が立候補し，当時内閣総理大臣であった宮沢喜一，自民党の亀井静香，民社党の柳田稔，社会党の小森龍邦，自民党を離党し新生党から立候補した佐藤守良が当選した．96年衆院選，広島6区には自民党・亀井，新進党・佐藤公治，新社会党・小森，共産党・橋本奉文の4人が立候補し，亀井が大差で当選した．00年衆院選も亀井が当選を果たした．
　彼女は60代半ばの女性である．夫婦二人暮らしで，自身は製造業のパートを営んでいる．夫は農業をしている．
　彼女の政治に対する関心は年々低くなっている．今の政治は複雑すぎてよく分からないと感じており，政治に対して無力感をも抱いている．支持する政党を持たない，いわゆる無党派層でもある．そのようななかで自民党に対しては比較的好印象を抱いている．しかしその自民党についても「昔は庶民に対して良かったが，今は良くないようになった」と述べている．政治に関してはいささか不満を抱いているようである．
　彼女は93年，96年，00年衆院選の選挙区においてともに自民党の亀井に投票している．93年衆院選の時は彼女の住む選挙区には現役の総理大臣である宮沢が立候補しており，彼女自身，新聞記事やテレビ番組，選挙公報でよい印象に残った候補者に亀井とは別の候補者を挙げていた．にもかかわらず亀井に投票したのは，彼女の住む地域が亀井の地盤であったことが関係していると思われる．彼女は亀井の実績や地元に対する貢献度を考慮して亀井に投票したのではないだろうか．加えて「投票してくれと選挙カーで言ったり，事務所の人が入れてくれと云うから」と，外部の宣伝効果にも大きく影響を受けているようである．96年衆院選においても同様の理由で亀井に投票した．(福間)

A-096　自民支持を離れるも，その後再び評価

広島　旧3区／新6区　1920年代生まれ　男性　①中学　②200～400万円（93年）
③農業　④農協　自治

	支持政党	選挙区	比例	拒否政党	保革
93.7	自民	亀井静香（自民）		なし	7
94.2	自民				5
95.2	新進				5
95.7	（なし）	社会	新進	なし	4
96.10	（なし）	佐藤公治（新進）	忘れた	なし	6
00.6	自民	亀井静香（自民）	自民	民	NA

　93年衆院選は当時内閣総理大臣であった宮沢喜一，自民党の亀井静香，民社党の柳田稔，社会党の小森龍邦，自民党を離党し新生党から立候補した佐藤守良が当選した．96年衆院選は自民党・亀井，新進党・佐藤公治，新社会党・小森，共産党・橋本奉文の4人が立候補し，亀井が大差で当選した．00年衆院選も亀井が当選した．
　93年衆院選前，彼は選挙の重要争点に「政治改革」を挙げ，政界の浄化を望んだ．自民党に対して「うそつき政党」と吐き捨て，自民党支持から離れていわゆる支持なし層になった．だが実際に投票したのはその自民党の候補者である亀井だった．彼は亀井の後援会に加入しており，知人にも投票依頼を行っていた．彼が亀井の地盤に住んでおり，亀井の実績を考慮した投票であった．
　94年2月の調査では自民党に対し「国，国民のためを思って力強く感ずるように国会において議論して良い方向に進めて貰いたい」と述べ，自民党に再度奮起を促している．だが94年12月に新進党が結成されると，彼は新進党のほうに好感を覚えたらしく，「本当に政権を取っていこうと思うのであれば，心をひとつにして，何が何でも当たって砕ける固い意気込みで，確固たる確信を持って力強くやってもらいたい」とエールを送っている．一方で自民党に対しては「金権政治で余り国民のことを頭においていない」と批判し，95年参院選にて比例区で新進党に投票したのも「自民党を落とすため」と述べている．96年衆院選では自民党には「貧乏人，百姓のためにはならない」と述べ，橋本内閣の退陣を求めたのに対し，新進党は一番よい党首を持ち，基本政策も一番優れていると語った．彼は亀井の後援会に加入していたにもかかわらず新進党の佐藤に投票した．
　それが00年衆院選の頃になると彼は再び自民党を支持するようになり，自公保連立の森内閣を評価した．自民党支持に戻ったのは小渕内閣や森内閣の実績を評価したからかもしれないし，野党第1党の民主党を嫌っていたからかもしれない．選挙では選挙区，比例区とも自民党に投票した．(福間)

A-097　地元有力者に投票する自民党支持者

広島　旧3区／新6区　1920年代生まれ　男性　①中学　②200〜400万円（93年）
③農業　④農協　自治

	支持政党	選挙区	比例	拒否政党	保革
93.7	自民	亀井静香（自民）		なし	7
94.2	（なし）				6
95.2	（自民）				6
95.7	**自民**	自民	自民	なし	7
96.10	自民	亀井静香（自民）	自民	共さ	6
00.6	自民	亀井静香（自民）	自民	公共	4

　93年衆院選では，広島3区は当時内閣総理大臣であった宮沢喜一，自民党の亀井静香，自民党を離党し新生党から立候補した佐藤守良，社会，民社が議席を得た．選挙制度が変わった96年衆院選．広島6区は自民党・亀井が新進党・佐藤公治らを大差で当選した．00年衆院選も亀井が当選を果たした．
　彼は農業を営む70代半ばの男性．彼は政治に対する関心もあり，選挙に関しても投票に行くのは有権者の義務であると考えている．政治には不満を抱くこともあるものの，国の政治についておおむね信頼している．
　彼は基本的に自民党支持者である．93年衆院選前の調査において「農民のことを考えない」と言って自民党支持を離れ，95年2月の調査でも「新鮮さがなくマンネリ化．ワンマン」と答え，自民党政治には不満もないではない．だが95年参院選では「自民党が好きだから」「昔から自民党」と言って選挙区，比例区とも自民党に投票している．政権担当能力を有する政党にも一貫して自民党を挙げている．ただ憲法に関する問題に関しては，自民党の政策を改憲志向と認識する一方で自身は護憲に賛成と答えている．
　93年衆院選では宮沢，亀井，自民党から離党した佐藤と保守系候補者が3人立候補していた．彼は亀井の後援会に所属していたこともあって亀井を高く評価し，これに投票した．その傾向は96年，00年衆院選の時も変わらなかった．
　彼は，政党に関しては若干の揺れはあるものの基本的には彼は自民党を支持している．一方候補者に関しては亀井を高く評価して揺るぎない．少なくとも選挙区では今後も自民党候補者—亀井に投票していくものと思われる．(福間)

A-098 農業団体勤務の女性

香川　旧1区／新1区　1940年代生まれ　女性　①高校　②1000〜1200万円（93年）
③団体職員　④農協　自治

	支持政党	選挙区	比例	拒否政党	保革
93.7	自民	木村義雄（自民）		共	8
94.2	自民				7
95.2	自民				4
95.7	自民	棄権	棄権	共	6
96.10	自民	藤本孝雄（自民）	自民	なし	8
00.6	自民	平井卓也（無所属）	公明	※	※

　旧香川1区は長年自民党候補同士の激しい争いを繰り広げてきた．93年衆院選では自民党から木村義雄，藤本孝雄，真鍋光弘が立候補し，木村，藤本と社会党の三野優美が当選した．96年衆院選で香川1区は新進党の平井卓也と自民党の藤本の一騎打ちになったが，藤本が競り勝った．00年衆院選は無所属の平井，自民党の藤本，社会党，共産党の候補が立候補し，平井が雪辱を果たした．

　彼女は政治にあまり関心を持っておらず，自民党以外の政党に興味を示さない．自民党を「戦後日本の国を発展した政党」「今まで日本の政治を築き上げてきた政党」「戦後日本を守ってきた党」と称えており，自民党に絶大な信頼感を抱いている．過去の選挙では自民党に投票したことが多いが，調査開始前の89年参院選では比例区で公明党に投票し，92年参院選では選挙区で社会党に投票した．それほど強固な自民党支持者とは言えない．公明党についてはどうやら創価学会に加入している友人がいるらしく，選挙ごとに投票を依頼してくるらしい．

　勤務先が自民党を支持する農業団体であることが彼女の自民党支持に大きな影響を与えている．また，家族が自民党の木村の講演会を聴きに行ったり，彼女自身も「困ったときに助けてくれそうな政治家」として木村を挙げたりするなど，候補者とのつながりも強そうである．彼女は家族や知人との間で政治的な話題が出たときも積極的に意見を表明するより聞き役に回っていることが多く，自民党支持の環境が彼女を自民党支持者にしているように思われる．彼女は93年衆院選で自民単独政権を望み，投票依頼を受けた自民党の木村に投票した．

　非自民連立政権，自社さ連立政権期も彼女は自民党を支持し続けているが，95年参院選は特に理由もなく棄権している．96年衆院選は木村が隣の2区から立候補したため，藤本に投票した．中選挙区から小選挙区へ制度が改正されたためか，それまで候補者の人柄を重視して投票してきた彼女も政党が決め手で投票したとしている．00年衆院選では自民党を支持していたが，選挙区で無所属の平井卓也に投票した．比例区は「知人から頼まれたため」公明党に投票した．（鍋島）

A-099 細川連立内閣時の動揺を経て再び強固な自民支持者に
香川　旧1区／新1区　1910年代生まれ　男性　①中学　②200〜400万円（93年）　③無職　④自治

	支持政党	選挙区	比例	拒否政党	保革
93.7	自民	木村義雄（自民）		社共	8
94.2	自民				6
95.2	（なし）				5
95.7	自民	自民	自民	共	8
96.10	**自民**	藤本孝雄（自民）	自民	進	9
00.6	自民	藤本孝雄（自民）	自民	民共由社	7

　旧香川1区は定数3，自民候補同士の激しい争いを繰り広げてきた．93年衆院選では自民党から木村義雄，藤本孝雄，真鍋光弘が立候補し，木村，藤本と社会党の三野優美が当選した．96年衆院選で香川1区は新進の平井卓也と藤本の一騎打ちになったが，藤本が競り勝った．00年衆院選は無所属の平井，自民の藤本，社会，共産の候補が立候補し，平井が雪辱を果たした．

　彼は比較的高齢の有権者であり，政治にさほど関心を持っていない．読売新聞を読んでおり，自民党を「戦後日本の国をここまでにしてくれた政党」と称賛して熱心に支持していた．候補者の人柄よりは所属する政党を重視し，保守イデオロギーを意識して投票する傾向がある．しかし，彼は92年の参院選で選挙区，比例区とも社会党に投票し自民党安定多数よりも与野党伯仲状態を望むなど，バッファー・プレーヤー的な思考も持ち合わせている．

　93年段階では新生党，日本新党に興味を示していなかったが，94年調査では細川内閣を支持し，細川護熙に対して好印象を持っている．「長い間自民党の政治だったが，今のように変わって自民党の嫌いな点もチラホラと見えてきた」と感じ始めたが，新生，さきがけ，日本新党にはあまり関心を示しておらず，自民党に代わる支持の受け皿となっていない．小沢一郎も公明党も嫌っていたため新進党が結成されても支持には至らず，自民党にも失望したために95年2月調査では支持政党がなくなった．

　95年参院選では「日本の代表政党」である自民党を再び支持している．95年参院選では村山富市を評価するなど他党に対しても寛容であったが，96年衆院選では自民党だけを支持し，他党をほとんど評価していない．例えば，新進党については「云っている事と実際とが異なる党」と批判し，極度に嫌っている．

　00年衆院選では小渕・森政権の業績を評価し，「神の国」発言にも好意を示している．自民党と連立政権を組むことになった公明党には好感を持つ一方，野党である民主党，自由党，共産党，社民党を拒否政党に挙げた．(鍋島)

A-100　自民党支持は愛国心の現れ

香川　旧1区／新1区　1920年代生まれ　男性　①高校　②200〜400万円（93年）
③無職　④自治

	支持政党	選挙区	比例	拒否政党	保革
93.7	**自民**	木村義雄（自民）		共	9
94.2	**自民**				9
95.2	**自民**				NA
95.7	**自民**	自民	自民	社共	9
96.10	**自民**	藤本孝雄（自民）	自民	共	9
00.6	自民	藤本孝雄（自民）	自民	共社	10

　旧香川1区は自民党候補同士の激しい争いを繰り広げてきた．93年衆院選では自民党から木村義雄，藤本孝雄，真鍋光弘が立候補し，木村，藤本と社会党の三野優美が当選した．96年衆院選で香川1区は新進党の平井卓也と自民党の藤本の一騎打ちになったが，藤本が競り勝った．00年衆院選は無所属の平井，自民党の藤本，社会党，共産党の候補が立候補し，平井が雪辱を果たした．

　彼は政治への関心も高く，一貫して自民党を支持した有権者である．愛国心を価値あるものとして重視し，96年衆院選でも「愛国心が必要だから」との理由で国防問題を重要争点として挙げた．憲法問題では改憲，戦争責任謝罪問題では謝罪反対，沖縄基地問題では米軍撤収と自衛隊増強に賛成し，共産党を極度に嫌っている．自民党については「愛国心旺盛．国家の為，努力してゐる」，「日本人の愛国心が現れてゐると思ひます」との印象を持っていて，彼の自民党支持は愛国心と結びついたものであることが分かる．"普通の国"を目指す小沢一郎や新生党には好感を持っていて，94年調査では，もしも選挙があったら新生党に投票すると答えている．95年段階では新進党にも「今後に期待している」と好感を持っていたが，96年には「反対するだけで国民のことを考えていない」と失望している．

　93年衆院選では周囲の人に木村への投票依頼を行い，96年衆院選でも藤本後援会に加入しているが，選挙への協力は政治家個人のためではなく自民党を支持してのことである．彼は候補者の人柄よりも所属する政党を重視して投票する傾向があり，自民党候補同士が争っていた中選挙区時代にも常に同一の自民党候補に投票していたわけではなかった．しかし，熱心な自民党支持者である彼も93年衆院選では政権交代の必要性を感じており，自民党の安定多数は望んでいない．

　00年衆院選では自公保連立政権を評価している．「神の国」発言はあまり評価しなかったが，国旗国歌法が成立したことは高く評価した．民主党に関する質問には答えていないが，民主党に対する評価は彼の中で固まっていないものとみられる．（鍋島）

A-101 観光施設に勤める男性

高知　旧全県区／新2区　1930年代生まれ　男性　①高校　②400～600万円(93年)
③サービス業従業員　④自治

	支持政党	選挙区	比例	拒否政党	保革
93.7	自民	中谷元（自民）		共	8
94.2	**自民**				10
95.2	**自民**				10
95.7	**自民**	自民	自民	進	10
96.10	**自民**	中谷元（自民）	自民	共	9
00.6	自民	中谷元（自民）	自民	民共由社	9

　旧高知全県区は93年衆院選で自民党から現職の中谷元，山本有二と新人の田村公平，中内秀彦の4人が立候補し，自民党の中谷，山本と社会，公明，共産の各候補が当選した．96年衆院選で高知2区からは自民の中谷，共産の谷崎治之，新社会の浜田嘉彦が立候補したが，建設業界に強い中谷が圧勝している．00年衆院選でも自民の中谷が民主，共産候補を押さえて圧勝した．

　彼は観光施設に勤める50歳代の男性である。知り合いとの政治談義では積極的に意見を言うことが多く，政治に対して強い関心を持っている．彼は調査期間を通じて自民党を熱心に支持し続けた．89年の参院選から96年の衆院選まですべて自民党に投票し，00年衆院選でも彼の支持は全く揺らぐことがない．「自民党は政権政党で他は口だけ」，「日本の政治はこの政党でないとだめ」と自民党以外の政党を支持することなど考えられないかのようである．彼の両親も自民党支持者であったし，彼の知り合いもほとんど自民党支持であるようだ．

　彼は候補者が所属する政党よりもその人柄を重視して投票するタイプであり，自民党の中谷の講演会に加入している．95年参院選では，自民党候補者の講演会を聴きに行ったり選挙の手伝いをしたりした．

　自民党や中谷は彼にとって商売利益の代表でもあり，中谷が道路の整備や補助金の獲得などで地元に貢献してくれたと感じている．会社の同僚も自民党を支持しており，彼の強い自民党支持には職場の影響も大きいと思われる．

　95年2月調査までは，自民党の政策を概ね支持している．しかし，96年衆院選前調査では消費税問題について，「言っている事とすることが違うので各党の立場が分からない」と答え，福祉については，自民党を含めたすべての党が小さな政府を目指していると感じるなかで，彼はより一層の福祉の充実を求めている．00年調査では自公保連立政権を支持しており，森首相の「神の国」発言や国旗国歌法なども大体評価している．(鍋島)

A-102　長年の政権担当政党として自民を深く信頼する例

福岡　旧1区／新2区　1920年代生まれ　男性　①高校　②400～600万円（95年）
③無職　④自治

	支持政党	選挙区	比例	拒否政党	保革
93.7	自民	太田誠一（自民）		共	9
94.2	**自民**				10
95.2	**自民**				10
95.7	**自民**	自民		自民	共	8
96.10	**自民**	山崎拓（自民）	自民	共	9
00.6	自民	山崎拓（自民）	自民	共	10

　本対象者は支持政党・投票政党・政権担当能力政党のすべてが自民党で一貫している．政党別の好感度でも自民は他党と比べ際立って高い．中選挙区時代は太田誠一後援会に加入し，小選挙区制になって太田が別選挙区になると山崎拓後援会に加入している．両代議士は旧福岡1区で「誠拓戦争」と呼ばれるし烈な争いを繰りひろげていたが，山崎は新2区，太田は新3区と住み分けが決まり戦争は終結した．96年衆院選では合同の後援会を作るなど協力が行なわれた．本対象者も後援会と投票先が太田から山崎に変わっており，戦争から協力への流れに沿ったものである．山崎は96，00年ともに勝利している．

　政治に対してはだいたい満足しており，自身の暮らし向き・日本の景気とも良くも悪くもないと答えていることから，変革よりも現状維持を望む保守層であることは間違いない．しかし自民以外の保守政党の新生党・さきがけ・新進党には冷淡である．94年に新生党と日本新党について「党が出来てまだ日が浅いので良く分かりません」とし，新進党については「公明党」，「信用できない寄せ集めの集団」と斬って捨てている．

　これらと対照的に，自民党については「色々と有りましたが現在の日本の国を造ったのです．多いに好です」「日本の国が立ち上がる時からの党」「今の日本があるのも自民党のおかげだと思う．立派なものだ」と答え，ほとんど帰依に近い感情を示している．支持理由は，保守的な政策や魅力ある候補者ではなく，揺るぎなくずっと存在してきたこと自体なのである．事実，個別政策における各党のスタンスを理解しているとは言い難いし，衆参の選挙区・比例区いずれの場合も，政党に着目した投票行動をしている．

　彼にとって，政策がどうであろうと党首や候補者が誰であろうと，自民党は存在する限り支持の対象であり投票先なのである．(岡田)

A-103　家族の影響が大きい自民支持者
福岡　旧3区／新6区　1960年代生まれ　女性　①高校　②1400万円～(95年)　③主婦　④自治

	支持政党	選挙区	比例	拒否政党	保革
93.7	自民	古賀誠（自民）		公	6
94.2	自民				5
95.2	自民				5
95.7	自民	自民	自民	共	5
96.10	自民	根城堅（自民）	自民	共	5
00.6	自民	古賀正浩（自民）	自民	※	※

　旧福岡3区は，都市部の久留米，三池炭田の大牟田市，筑紫平野の農村部など，バラエティに富んだ地域を抱える選挙区．定数5で，自民3社会1公明1が基本．93年衆院選で古賀誠は2位で当選．新6区は，久留米市を中心とする筑後川流域．96年衆院選では新進党の古賀正浩が，自民党の根城に35000票の大差をつけて4選．00年衆院選でも自民党に復党した同氏が民主・共産・連合をおさえて勝利．

　政策に関しては改憲・農産物の輸入自由化反対・福祉充実など自民党に近い立場である．ただし，政策には興味がなく各政党のスタンスも掴めていないことから，政策の政治行動決定に際しての重要度は低いと思われる．政党に対するコメントもほとんどない．わずかに95年2月調査で自民党に「考えたこともあまりない」，新進党・社会党に「別にない」と記したのみである．94年2月調査ですべての政党・政治家に中立の立場をとったのが象徴的である．

　拒否政党は公明党ないし共産党，支持・投票政党は一貫して自民党だった．95年参院選で自民党に投票した理由を「親せきが自民党だから」と答えている点，93年において家族が自民党の古賀誠後援会に加入していたことを考えると，彼女は自分の意見や判断ではなく，周りの人の影響を強く受けて自民党を支持しているものと推察される．前述のように福岡6区では古賀正浩が強い．特に96年衆院選では彼女が住む地域では倍近く得票している．にもかかわらず96年に自民党の根城に投票したのは，地元利益や団体のしばり以上に自分に最も近い人々の影響が強いことの証と思える．古賀が自民党に復党した00年にはもはや自民党に投票する妨げは何もなかったであろう．（岡田）

A-104 一度浮気した自民党支持者

佐賀　旧全県区／新2区　1930年代生まれ　男性　①高校　②400〜600万円(93年)
③建設会社勤務→農林業(96年)　④商工　農協

	支持政党	選挙区	比例	拒否政党	保革
93.7	自民	坂井隆憲（自民）		共	2
94.2	**新生**				5
95.2	自民				6
95.7	（自民）	自民	自民	なし	7
96.10	自民	今村雅弘（自民）	自民	共	9
00.6	自民	今村雅弘（自民）	公明	共	10

　佐賀県は自民党の勢力が強い．全県区であった93年衆院選では無所属の原口一博や日本新党の追撃をかわし自民党候補は全員当選．小選挙区の2区は96年には新進・共産・連合を，00年には民主・社民・共産・連合をそれぞれおさえて自民党の今村雅弘が当選した地区である．

　彼の顕著な特徴としては，イデオロギーの変化の激しさがあげられる．調査では93年時点ではかなり革新的と答えていたのが，00年にはかなりの保守派と自分を認識するに至っている．どうやら彼は自分のイデオロギーについて政権交代を望むか望まないかを基準に測っていたようだ．

　55年体制下では一貫した自民党支持．93年段階において彼は自民党を「汚職・派閥闘争にまみれた党」ととらえており，その影響で選挙の主要争点に政治改革・腐敗防止をあげている．その結果，新鮮味のある新党に支持が傾き，羽田孜個人への好感からか特に新生党に対し期待をするようになる．政権担当能力のある党として新生党を挙げたのはその現れであるが，まだこのときには自民党候補の坂井隆憲に対する個人的愛着もあって自民党に対する支持の方が大きい．94年になると野党となった自民党の非協調性に対して批判を強め，新生党の熱心な支持者に変化する．

　しかし，95年になると心境に変化が訪れる．まず，村山内閣に対してかなりの好印象を抱き新党に対する支持が後退する．そして，新進党や社会党の内部分裂の危機を見て彼らの未来は暗いと判断し，日本のために役立つ安定した政権を作れる党として自民党の存在が再度クローズアップされるようになった．それまでは理想の政権像は連立政権と答えていたのだが，このときには自民党の単独政権を理想像としてあげている．以後は00年まで自民党支持で落ち着いているが，96年時点で行政改革に一番熱心とした民主党に00年も高い好感度を示す．民主党に政権担当能力を認めたときにはまた支持を変えるかもしれない．

　00年に比例区で公明党に投票したのは，小渕・森内閣を評価していることから自公保連立政権を好んだ結果と思われる．(高園)

A-105　自民党と袂を分かった党に対し敵意を抱く自民党支持者

長崎　旧1区／新1区　1930年代生まれ　男性　①短大　②400～600万円（96年）
③無職　④なし

	支持政党	選挙区	比例	拒否政党	保革
93.7	**自民**	久間章生（自民）		社共連生	8
94.2	自民				8
95.2	自民				9
95.7	自民	自民	自民	共	9
96.10	自民	宮島大典（自民）	自民	DK	9
00.6	自民	倉成正和（自民）	自民	共社	7

　旧長崎1区は定数5で，自民3，社会1，民社1と分け合っていた．93年衆院選で久間章生は3位で当選．新1区になった96年衆院選では，新進党幹事長だった西岡武夫が自民・民主・共産をおさえて当選した．00年衆院選では5人が立候補する激戦区となり，自民党の倉成正和と自由党から出馬した西岡を小差でおさえて民主党の高木義明が当選を果たした．

　自己のイデオロギーを強い保守と認識している彼は，終始一貫して自民党を支持している．自民党分裂の発端となった新生党（のち新進党）と小沢一郎に激しい敵意を抱いている．

　彼の政治認識は，自由回答欄に記された内容に尽きる．自民党に対しては「政治の本筋から離れることはあるがまかせられる政党」（93年），「政策立案に勝る．汚職・派閥政治がなければ自民党が一番」（94年），「自民党に政権を任せていれば，大体うまく舵取りできると思う．長い政権でタマタマ汚職が摘発されたけど，自民党がよい」（95年），「預けられる政党」（96年）．好感度も極めて高い．

　96年衆院選の最重要争点として，「消費税（生活が苦しくなる．上げられても内容がはっきりしない．本当に何に使われているのかわからない．それをはっきりしないまま上げるのはおかしい）」と答えるが，自分の立場と一番近い政党として，消費税アップを決めた自民党を挙げている．政策や争点による投票とは無縁のようだ．

　新生党・新進党に対しては，新生党に「派閥争いのためにおこした政党」（93年），「今日の政治に至った罪がある．好きになれない．2, 3年先に安定した政権ができるならば，新生党を見直します」（94年）．新進党に「自民党と同様に思いますが，自民党を分裂させた新生党が主流なので一番嫌いな政党です」（95年）とし，自民党を分裂させたことに深い憤りを感じている．また革新政党に対しても，共産党に「絶対支持しない．本音が分からない」，社会党に「早く解消したら日本の為になる」という低い評価を下す．

　言行一致，彼は90年以降全ての国政選挙で自民党に投票した．（岡田）

A-106 強固な自民党支持者

熊本　旧1区／新1区　1930年代生まれ　男性　①短大　②200〜400万円（93年）
③菓子卸業　④自治

	支持政党	選挙区	比例	拒否政党	保革
93.7	**自民**	松岡利勝（自民）		共	9
94.2	自民				10
95.2	自民				9
95.7	自民	無所属	自民	共	9
96.10	自民	岩下栄一（自民）	自民	NA	10
00.6	自民	岩下栄一（自民）	自民	共社	10

　旧熊本1区は自民2無所属1がほぼ固定で，残り2議席を自民・社会・公明が争っていた．93年衆院選では細川護熙が2位得票者に対して約12万票の大差をつけて勝利している．松岡利勝は3位で当選．96年も自民・民主らをおさえ細川が勝利．細川引退後の00年衆院選では，補欠選挙で当選した自民党の岩下栄一をおさえ，民主党新人の松野頼久が当選した．

　彼は自民党支持者である．自身はあまり熱心ではないとするものの調査を見るとその強度はかなり高い．社会党と共産党には拒否感を持ち，民主党や新進党についても，はっきりしない馴れ合いの党だと批判する．93年に政治腐敗に反発して「清潔感のある」公明党に好感をもったくらいしか他党に対するプラス評価はない．またイデオロギーも非常に保守的である．戦争謝罪問題や憲法改正問題等の争点に対しては，ほとんどすべて彼が考えている自民党の立場と同じ意見をとっている．また青島・横山両無党派知事の誕生に関して，素人に政治ができるはずがないというマイナスの評価であることや，政治への満足度の高さからすると，長年政権の座にあった自民党に対する信頼があると思われる．さらに投票理由を聞かれた問いにはほとんど「職業上自民党を支持する」との答えがあった．自民党支持の材料が揃っている感をうける．実際の投票も自民党で一貫している．93年衆院選で自民党候補の中から松岡を選んだ理由は，松岡が米の自由化問題で彼と同じく反対派であり，また彼が松岡個人の人柄に清潔さを感じていたことが挙げられよう．

　ただ，彼は理想の政権像については自民党の単独政権を考えているわけではない．むしろ自民と他の党との連立政権が理想のようだ．これには自民単独政権だった宮沢内閣に対する不信が，今までの支持を考え直そうとするくらいに高かったことが影響している．彼が自分を余り熱心でない支持者ととらえるのはこの点にあるのかもしれない．(高園)

A-107 支持政党の変化が著しい例

熊本　旧1区／新1区　1920年代生まれ　女性　①高校　②800〜1000万円（93年）
③菓子卸業　④自治　生協

	支持政党	選挙区	比例	拒否政党	保革
93.7	社会	NA（自民）		公	6
94.2	**日本新**				3
95.2	（新進）				4
95.7	（なし）	NA	NA	NA	3
96.10	共産	野田将晴（無所属）	共産	なし	5
00.6	自民	岩下栄一（自民）	自民	共	5

　旧熊本1区は自民2無所属1がほぼ固定で，残り2議席を自民・社会・公明が争っていた．93年衆院選では細川護熙が2位得票者に対して約12万票の大差をつけて勝利している．自民党は2議席を確保し，無所属の野田将晴は落選．96年も自民・民主らをおさえ細川が勝利．96年細川引退後の00年衆院選では，補欠選挙で当選した自民党の岩下栄一をおさえ，民主党新人の松野頼久が当選した．
　彼女は支持政党が非常に揺れ動いている．全体を通していえるのは，自民党の「建前の良さは認め」ているようであることと，野田に対して「老人の事を考えてくれる人」と評するなど個人的な好感を持っていることくらいだ（なお93年衆院選では野田を自民党と勘違いしている）．後者は彼女が衆議院選の小選挙区投票において00年以外野田支持で一貫していることにつながっている（00年は野田は立候補していない）．しかし，支持政党についてはそのような一貫性がない．
　93年衆院選時においては社会党の支持者であった．しかし「好きだけどなかなか思うように動いてくれない」といったもどかしさも同時に感じていたようであり，また93年以前の投票が自民党で固められていることを見てもその支持はあまり大きなものではなかったことがうかがわれる．細川政権が誕生すると，長年の自民党支配を打破した事を評価し日本新党とその党首たる細川に対してかなりの好感を抱いたようである．その日本新党が解党し新進党が新たに結党されると彼女は支持すべき政党を見失う．95年2月の調査での「自民党は族議員が多く新進党はまとまりがない，共産党は論外」という評価は，彼女の政党不信を端的に示したものといえよう．96年衆院選では「政治を変えたかったから」共産党に投票する．自民党以外ならどこでもよかったという感じも受ける．ただ選挙前の調査で彼女が関心のあった福祉問題に対する共産党の候補者の姿勢に好感を持ったと答えていることから，そのことが影響したのかもしれない．00年にはその共産党も拒否し，故小渕恵三への好感から自民党支持に落ち着き投票もそれに準ずる．しかしその支持強度は弱く，次の選挙では再び変化する可能性がある．（高園）

A-108 自民党を支持しつつ，そのわかれである新進党も支持する例

熊本　旧1区／新2区　1930年代生まれ　女性　①中学　②800～1000万円（93年）
③事務　④商工　自治

	支持政党	選挙区	比例	拒否政党	保革
93.7	自民	魚住汎英（自民？）		DK	10
94.2	（なし）				6
95.2	新進				5
95.7	自民	棄権	棄権	共	3
96.10	新進	野田毅（新進）	新進	共	10
00.6	自民	公認なし（自民？）	自民	民共社	5

　旧熊本1区は自民2無所属1がほぼ固定で，残り2議席を自民・社会・公明が争っていた．93年衆院選では細川護熙が大差をつけて勝利している．新生党の魚住汎英は僅差で涙を飲んだ．小選挙区の熊本2区は，96年衆院選では自民党から新進党へ所属を変えた野田毅が自民党新人の林田彪を破り，00年にも保守党に移った野田が民主・共産・連合をおさえて勝っている．

　政治への関心は全体的に高く，選挙の民意反映度に対する信頼も高い．共産党を拒否政党に挙げ，また社会党に対しては「内容的にまとまりのない党」としており，革新系の政党にはあまり好感を抱いていない．彼女は自民党と新進党の2大政党の間で支持が揺れ動いている．以下，時系列順に見る．

　93年以前は自民党支持で一貫していた．93年衆院選では自民党を離党した新生党の魚住汎英に投票しているが，自民党の候補者と間違えたうえで政党本位で投票している．したがって自民党支持の傾向は継続していたと見てよいだろう．しかし94年に彼女は自民党支持をやめる．自民党を「チームワークがない，個人主義的」と評していることを見ると，渡辺美智雄の離党騒動などの自民党内紛に強固な支持が揺らいだのだろうか．この時期彼女は，新党に「新しい芽が出れば」と好感を示している．

　その新党への好感からか，新進党結党後初の調査では新進党に熱心な支持を送っている．ただ「自民の流れなので素晴らしい人たちがいる」という評価は彼女が旧来の自民党支持もまた維持していることを示している．96年衆院選では小選挙区・比例区ともに新進党に投票しているが，選挙後の調査では政権担当能力のある政党には自民党を挙げ，その他の党首・政策・外交等の面でも自民党を一番と位置付けていることからすると新進党単独の支持者になったとは言い難い．おそらく当時重要争点として位置付けた消費税問題での新進党の政策に対する好感が選挙行動に出たのであり，自民党を政権から蹴落とすという積極的行動ではないと思われる．新進党解党後の00年衆院選では旧来の自民党支持に戻っている．(高園)

A-109 投票は個人本位で,支持は自民を核としつつ保守政党の間で揺れた例

熊本　旧2区／新4区　1930年代生まれ　男性　①高校　②400〜600万円（95年）
③無職　④なし

	支持政党	選挙区	比例	拒否政党	保革
93.7	自民	東家嘉幸（自民）		生	9
94.2	日本新				9
95.2	新進				NA
95.7	新進	新進	新進	共	8
96.10	自民	園田博之（さきがけ）	自民	共	8
00.6	自民	園田博之（自民）	自民	共社	9

　旧熊本2区は自民3,社会1が固定で残り1議席は自民か無所属.93年衆院選では1議席削減され,社会党が議席を失った.東家嘉幸は3位で当選.熊本4区は大小100以上の島からなる天草地区を含む選挙区である.彼の住む地域は東家の地元だが,96年衆院選ではさきがけの園田博之との選挙協力が成立.東家は比例区にまわり,園田が当選.00年にも自民党に移った園田が連合・共産に大差をつけ当選.
　小選挙区の投票行動は,東家が圧倒的に強い地域であることもあり基本的に候補者本位である.96年衆院選で園田に投票したのも上記の事情のためといえよう.ただ99年に東家が議員を辞職した後の00年衆院選では政党本位で投票している.
　支持政党を見る.彼の理想の政策と彼の考える自民党の政策がほぼ一致していることや93年以前の参院選でも自民党に投票していることから,93年以前は一貫した自民党支持者であったようだ.93年衆院選も以前からの自民党支持を維持している.自民党の安定多数を望んでいたことから,その支持の程度もかなりの強さだったと認められよう.実際に成立したのは彼の意に反して非自民連立政権の細川政権だったが,しかし94年の調査では細川政権を褒めちぎっている.その評価には熊本が細川の地元であることが少なからず影響したに違いない.彼は日本新党を「21世紀に向けた新しい日本の目標を立てる政党」と評価し,支持するようになった.その反動で自民党に対しては,もう少し近代化が必要だとその体制の古さに苦言を呈しているが,一方では決断力が高いと評価もしている.
　日本新党が解党した後,95年の調査では「自民党から離れた新しい考えを持つ人達」の新進党に支持を変えている.自民党に対してはその政治力は認めながらも,「一党独裁がいや」と意見する.この時期の彼の理想は自民党と新進党による2大政党制である.96年の衆院選では再び自民党支持につく.新進党に対しては,「自民党の分かれだから結局自民党と同じ」とし,その新鮮味がうすれたことをうかがわせる.00年も自民支持を維持する.彼は自民党を核とする政権像を前提とした上で,政治に新しい風をと思い状況に応じて他の保守政党を支持したといえよう.（高園）

A-110　公明党支持者で，選挙区に公明党候補がいない場合
大分　旧1区／新1区　1930年代生まれ　女性　①高校　②400～600万円（93年）
③主婦　④自治　宗教

	支持政党	選挙区	比例	拒否政党	保革
93.7	社会	衛藤晟一（自民）		自共	5
94.2	公明				3
95.2	新進				5
95.7	新進	新進？	新進	共	3
96.10	新進	棄権	棄権	自社	3
00.6	公明	衛藤晟一（自民）	公明	民共社	1

　旧大分1区は，93年衆院選では社会党の村山富市，自民党の衛藤征士郎と衛藤晟一，新生党に移った畑英次郎の4現職が当選．日本新党候補は届かず．小選挙区下の新1区は，96年では前首相となった村山と衛藤晟一が争う構図．村山が圧勝し，衛藤は比例復活．00年には村山が引退．社民党の推薦を得た民主党の釘宮磐が僅差で当選．衛藤は公明・保守の推薦を得るも議席を奪えず．共産は毎回伸びず．

　宗教団体に加入し，いつも政治に関心を持つと言う本対象者は，公明党の熱心な支持者と言ってよい．近年本選挙区から公明党の候補者は立っておらず，調査以前は選挙区の彼女の票は社会党候補に投じられてきた．支持政党の推薦は重視しているようだ．93年衆院選では選挙後に非自民政権の成立を望み，当初は社会党の村山に投票を意図していたが，結局自民党の衛藤晟一に投票している．細川政権の実績には肯定的で，村山，橋本両政権は否定的に捉えている．公明党が新進党に移行した後は新進党の熱心な支持者となり，「民衆主役の政治（中略）になるよう私自身も手伝いたい」と積極的である．95年参院選では選挙区比例区とも新進党に投票したと回答しているが，96年衆院選において新進党が候補者を立てなかったこともあってか棄権している．新進党解党，自公保政権成立を経た00年衆院選では，支持政党は公明党であり，比例区は公明党，選挙区は公明党が推薦する自民党の衛藤晟一に投票した．故・小渕恵三への好感度はかなり高いが，自民党の好感度は96年以降最低のままである．

　彼女は投票にあたっては常に政党を重視して投票を決めているようであるが，諸政党の政策の異同は，本人も言う通りあまり理解していないようである．公明・新進党以外の政党に対しては否定的なコメントが多く，また00年には好感度が最低の自民党が中心となる連立政権が最も望ましいとも回答している．彼女にとっては，その支持する公明党が政権に対しどのように関わっているか，また選挙にどのような方針でいるかが重要なのであり，それによって投票行動や他党への評価が規定されていると考えられる．(国枝)

A-111　農家の強固な自民支持者だが，地元の村山首相には強い好感

大分　旧2区／新4区　1920年代生まれ　女性　①中学　②400〜600万円（93年）
③農業　④なし

	支持政党	選挙区	比例	拒否政党	保革
93.7	自民	田原隆（自民）		公	6
94.2	自民				8
95.2	自民				8
95.7	**自民**	社会	社会	なし	9
96.10	自民	岩屋毅（新進）	自民	共	8
00.6	自民	佐藤錬（自民）	自民	由	5

　旧大分2区は長年に互り定数3を自民2・社会1と分け合っていたが，93年衆院選では定数2に削減され，俳優で社会推薦の新顔・横光克彦（現社民）と自民現職の田原隆が当選したが，自民からさきがけに移籍した現職の岩屋毅は落選した．現4区に移ってからは横光が議席を守り，96年には新進党から出馬した岩屋に，00年には自民党新顔の佐藤錬に，いずれも競り勝っている．

　彼女のイデオロギー自己認識は保守寄りで，金権体質には反感をおぼえつつも「農業者ですので自民党を支持します」という姿勢を一貫させている．自民党が農産物の輸入自由化についてどのような主張をしているのか分からないとした上で，なおこのような姿勢を打ち出していることからして，彼女は自民党に対し，その時々の政策などに左右されない強固な帰属感を抱いているものと推察できよう．

　例外的に，自民以外への投票が2回見られる．1つは95年参院選における社会党への投票だが，これは「村山総理のおひざもとだから」という，大分ならではの御祝儀である．「村山さんが可哀想，立つ瀬がない．国民からいろいろ言われるがとっても国民の事を思っているのに」とのコメントに示されるように，村山首相個人に対する好感は極めて高い．その影響を受けてか，今まで嫌っていた社会党の評価まで一時好転しているが，自民支持という彼女の基本姿勢を脅かすものではない．

　もう1つの例外として，96年衆院選で新進党の岩屋に投票したことが挙げられる．しかし，このときには小選挙区に自民党の候補がいなかった．96年には消費税問題が影響してか新進党の好感度が一時的に高くなっており，これが岩屋に投票する伏線となったのであろう．しかし，彼女は小沢アレルギーもあって基本的には新進党には冷淡で，「自民党を追いこしてはいけない」と警戒している．また比例区で自民党に入れていることも考えれば，自民党への帰属意識に変化は無かったと考えるべきである．事実，自民党から佐藤が出馬した00年衆院選ではその後援会に加入し，小選挙区・比例区の双方で自民党に投票している．(東)

A-112　自民党と新進党の間で支持が揺れ動いた男性

宮崎　旧2区／新3区　1930年代生まれ　男性　①中学　②600～800万円（93年）
③農業　④農協　自治

	支持政党	選挙区	比例	拒否政党	保革
93.7	自民	中山成彬（自民）		社共	6
94.2	自民				6
95.2	新進				7
95.7	自民	新進	新進	共	DK
96.10	自民	持永和見（自民）	自民	なし	7
00.6	自民	古川禎久（無所属）	自民	※	※

　旧宮崎2区は93年衆院選より定数が削減されて定数2となり，自民党現職の中山成彬，持永和見と元自民党で無所属の堀之内久男が立候補した．社会党，共産党候補も立候補しての選挙戦は堀之内と持永が制した．96年衆院選では自民党現職の持永と新進党新人の古川禎久が立候補し持永が当選した．00年衆院選では古川が無所属で立候補したが，自民党の持永に敗れている．

　彼は農業を営んでおり，これまでずっと同じ場所に住み続けてきた．農産物輸入自由化には強く反対し，政治への関心は高い．加入している農協は自民党の中山を支持しており，彼自身も周囲に中山への投票を依頼している．「自民党が100％いいわけではないけどやっぱり政治を任せられるのは自民党だと思う」とあり，自民党を熱烈に支持しているというよりは自民党以外に政権担当能力がある政党がないためにとりあえず支持しているようである．事実，自民党よりもむしろ新生党や新党さきがけへの好感度が高い．

　94年調査では日本新党と細川護煕に好感を，小沢一郎には嫌悪感を抱いている．この時点ではまだ自民党を支持していたが，95年2月調査で彼は新進党支持に転向する．彼の認識によれば新進党は自民党よりも保守的な党であり，海部俊樹は小沢，細川に比べて保守的な政治家であった．

　95年以降，彼は自民党と新進党の間で支持が揺れ動いている．自民党について「金で動く党」と批判しているが，新進党については「自民党より少しましな党」という程度の評価を与えているに過ぎない．95年参院選で新進党に投票した理由も「海部さんが好きだから」である．96年衆院選で彼は再び自民党を支持しているが，自民党は「金を持っているものの味方」，新進党は「全部金で動いている党」とどちらの政党に対しても批判的な見方をしている．

　96年衆院選で中山が隣の宮崎1区から立候補したことは彼にとって意外だったようだが，あまりなじみのない持永へ投票している．00年衆院選で彼は自民党を支持しているが，選挙区は前回新進党から立候補した無所属の古川に投票した．（鍋島）

A-113 政権を担当してきた自民党への信頼による自民党支持者

鹿児島　旧2区／新4区　1940年代生まれ　男性　①中学　②200〜400万円(93年)
③理容業　④商工　自治

	支持政党	選挙区	比例	拒否政党	保革
93.7	自民	平田辰一郎（自民）		共	8
94.2	自民				8
95.2	(NA)				NA
95.7	自民	棄権	棄権	なし	8
96.10	自民	小里貞利（自民）	自民	共	5
00.6	自民	小里貞利（自民）	公明	共	6

　旧鹿児島2区は自民2・社会1でほぼ固定．93年も同様だったが自民党の平田辰一郎は落選している．小選挙区化後の鹿児島県は96年衆院選において5つの議席をすべて自民党が独占し，00年も自民が4議席を維持した．鹿児島4区は北部地方を中心とする選挙区であり，自民党の小里貞利が強い地区である．96, 00年ともに小里は社民・共産をおさえ安定した強さで当選している．

　全体を通して政治にはたまに関心を持つ程度である．彼は一貫した自民党支持者であるが，その支持理由は彼が93年の調査で答えたように「これしかないから」というのがまさにぴったりであろう．共産党に拒否感情を抱き，また93年時点で日本新党に対して好感を抱くほかは他の党に全く関心がなく，諸政党の基本スタンスもほとんど知らないと答える．政治争点に対する意識も希薄である．93年衆院選こそ農作物輸入問題を重要争点として挙げていたが，それに関しての諸政党の態度はつかめていない．

　選挙において彼は候補者本位で投票したと語っている．だが実際の理由としては，やはりなんとなく自民党が信頼できると思っていることにあると思われる．彼の特徴として，国や地方公共団体の政治に対して常に一定の信頼を置いている事が挙げられるが，同様に長年政権を担当してきた自民党に対し支持をしているのであろう．確かにその支持強度は彼自身の評価通り弱いといえるが，彼が自民党から支持を移す可能性はあまりないといえるのではないか．(高園)

A-114 候補者への強い支持が自民党支持につながっている例
鹿児島　旧3区／新5区　1930年代生まれ　女性　①高校　②200～400万円(93年)　③農業　④農協

	支持政党	選挙区	比例	拒否政党	保革
93.7	自民	山中貞則（自民）		自	10
94.2	さきがけ				3
95.2	さきがけ				3
95.7	自民	自民	自民	共	8
96.10	自民	山中貞則（自民）	自民	共	DK
00.6	自民	山中貞則（自民）	自民	社	5

　旧鹿児島3区は自民党が議席を独占することが多かった地区である．定数2だった93年衆院選でも自民党の山中貞則，二階堂進の両氏が当選．小選挙区の鹿児島5区は旧3区とまったく同じ範囲である．二階堂の引退後は山中の独壇場となった．96年は連合・共産を，00年は連合・民主らをおさえて山中が圧勝している．

　一時さきがけに浮気しているが，基本的に自民党支持者であるとみてよい．彼女の政治的傾向として調査全体から感じられるのは，政治に対する無関心さである．政治問題に関する問い（日米安保について賛成か反対かなど）に対してほとんどわからないと答えている．諸政党の政治問題に対する姿勢を尋ねられた質問にも同様である．彼女の政党の政策に関する関心が希薄であることは間違いない．

　そんな彼女の重要な支持基準となるのは候補者要因である．彼女の住む地区は山中の生まれ故郷であるが，そのためか山中の地元に対する貢献度を高く評価している．このことが選挙区投票での投票理由となっている．その派生から自民党に対しては地元の利益を代表する党という思いを持ち，比例区での投票につながっているようだ．

　上記のことから，彼女の自民党支持は山中個人への支持から生まれたものと思われる．94，95年の調査で「日本を背負う立場の人達が賄賂の話が消えないのはちょっと悲しい」として，クリーンなイメージのあった新党さきがけに一時的に支持を移していることは，彼女の自民党それ自体への支持があまり強くないことを物語る．彼女にとっての自民党はまさに山中あってのものなのである．(高園)

第3章

B 類型:自民党投票(93)−民主党投票(00比例)

解題　　　　　　　　　　　　　　　　　　　　　　　　　　　小松　政

1. はじめに

　本類型には,93年衆院選で自民党の候補者に投票し,00年衆院選比例区で民主党に投票した有権者35サンプルが属しており,全473サンプル中,93年衆院選で自民党に投票した179サンプルのうちの約20％,00年衆院選比例区で民主党に投票した126サンプルのうちの約27％がこれにあたる.

2. 定型分析

　性別は男性18人,女性17人.93年時点での平均年齢は55.9歳と全平均53.8歳を少し上回る程度だが,年代別構成比では50代が54.3％を占めており,全体での50代の割合（29.2％）と比べると突出している.93年に自民党に投票した179サンプルや00年に民主党に投票した126サンプルと比べても,本類型での50代の多さがよくわかるであろう（図3-1）.教育程度は中卒の割合が全体と比べて高く,高卒・大卒の割合が

図3-1　年代別年齢構成比の比較

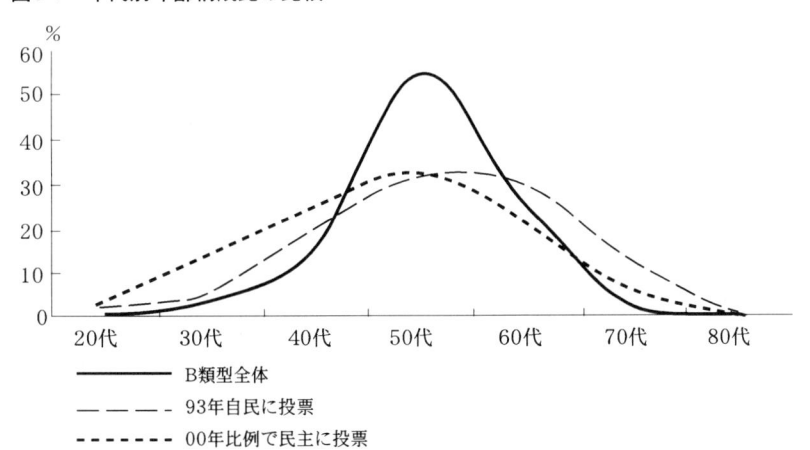

全体よりも低い．職業については自営・自由業を営む人と無職の人の割合が全体と比べて高い，勤めている人の割合はやや低い．世帯年収は200万未満が全体よりもやや高い割合を占めている．保革イデオロギー平均は全ての調査で全体平均よりも保守寄りであるが，分散は大きい．本類型に属する人のほとんどは与野党伯仲の政治状況を望んでいる．

3. 支持態度によるグルーピングと各グループの特徴

(1) グループ分けについて

　本類型に属する人は，93年の新党結成とその後の細川政権をどう評価したかによってまず2つのカテゴリーに分けられる．それは，①新党に対して冷めた見方をしており，新党ブームの影響を受けず自民支持を継続させたグループと，②新党に期待し，支持ないしはそれに近い好感を抱いたグループである．

　①はさらに2つに分けられる．1つは00年まで自民支持を継続させた「自民支持型」であり，もう1つは96年あるいは00年で民主党に支持を変更したあるいはそれに近い好感を抱いた「民主期待型」である．

　②にもいくつかの小グループが存在する．93年の新党に期待するも後に失望し自民党に戻る「出戻り型」，新党に失望した後自民党に戻るも96年に結成された民主党に期待し同党支持——ないしはそれに近い好感を抱く——に至る「乗り換え型」，93年新党に好感を抱いた後そのまま新進党，民主党に期待する「自民早期離脱型」である．なお，35サンプル中4サンプル（本類型の11.4％にあたる）はこれらに含まれない．

　グループ分けをするにあたっては，プロフィールの記述，政党支持，政権担当適任政党，政党への感情温度を総合的に用いた．例えば弱い自民支持であっても自民党より新党への感情温度の方が高く，なおかつ新党に期待するようなコメントが見られあるいは政権担当適任政党が新党であるような場合は，新党支持に近い態度であるとみなした．このため，プロフィールの記述と若干トーンが異なる場合もある．

表3-1　サンプルのグループ分け

	グループ	93年　………　00年	該当するプロフィール
①	自民支持型	自　民	002,006,011,013,017,018,032,033
	民主期待型	自　民　→　民　主	003,012,016,023,028
②	出戻り型	自民　→　新党　→　自民	005,014,019,024,026,027,031
	乗り換え型	自民→新党→自民→民主	001,004,020,035
	自民早期離脱型	自民　→　新党　→　民主	007,008,009,010,015,021,029
	その他		022,025,030,034

各グループとそれに該当するプロフィールについては表3-1で示した．

(2) ①グループの特徴

「自民支持型」の人たちは，ほぼ一貫して自民党を支持しており，他党とくに新党にはあまり関心がない．「(自民党であれば)なんとなく安心していられる」(B-002)と考えている人が多いようである．ただA類型(その中でも特に自民一貫支持のサンプル)と比べるとイデオロギーはかなり中道寄りである．政権担当適任政党としては自民党をあげるが与野党伯仲を望んでいる．00年は自民党に対する懲罰として民主党に投票し，その結果分割投票となっているケースが多い．自営業者の割合が高い．

「民主期待型」にあたる人たちは，96年までは基本的に自民党を支持していたが，自民党を支持しつつ95, 96年には他党に投票したケースも多く，その支持強度はあまり大きくなかった．新党に対してはそれほど関心がなかったとはいえ，「自民支持型」のような冷めた見方はしていない．00年に民主党に支持を変更ないしは好感を抱いたのは，自民党への好感度が下がったためというよりは，公明党への拒否感(7人中5人が拒否政党とした．同党への感情温度は25.8.「自民支持型」では31.2)から自公保連立を評価しなかったことや，民主党自体への好感度が高かった(感情温度は65.8.「自民支持型」では55.0) ことによる．自営業者の割合が高い．

(3) ②グループの特徴

②グループについては，93年の自民党への投票理由を2つに大別できる．1つは，当時は新党の能力が未知数であったため新党に投票する気持ちになれず，従来どおり自民党に投票したというパターンであり，もう1つは，新党に投票したかったのだが(実際93年衆院選直前に新党を支持している人が少なからず存在した)選挙区に新党候補者がいなかったため，仕方なく自民党に投票したというパターンである．後のパターンは，ややもすればH類型(「3新党→民主党」型)に入ってもおかしくなかった．

新党に好感を抱いた時期に多少のタイムラグがあるとはいえ，②にあてはまる人たちは自民党を離れ新党に近づいていった．このグループの特徴としては，クリーンな政治を切望していることがあげられる．やがて，新党に失望した人や自民党に再び期待を寄せた人たちは自民党へ回帰していく(「出戻り型」と「乗り換え型」)．その一方で，自民党への好感度が依然低い人たちは新党支持を継続させていった(「自民早期離脱型」)．

自民党に戻った人の中で「出戻り型」に該当する人は，一度新党支持を経たとはいえ「自民支持型」とほぼ同じ態度をとるようになった．「乗り換え型」については，もともと自民支持の強度が小さく，自民支持から再離脱するのはそう困難なことではなかった．自民党・新党間を揺れ動く彼らの行動には，自民党よりもむしろ新党

への期待の大小が大きく影響しているようである．「乗り換え型」の人たちの多くは，民主党が結成された96年から同党に関心を抱いていた．この点，00年になってから民主党を支持した人が多い「民主期待型」と異なる．

4. 本類型でみられる衆院選の分割投票について

96年の衆院選から，それまでの中選挙区制にかわって小選挙区比例代表並立制が実施され，これにより有権者は，小選挙区と比例区で異なる政党に投票することが可能となった．本類型では，そのような選挙制度を生かして分割投票をする人が極めて多い．

96年衆院選については，全サンプル中分割投票をした人が25.6％（121人．小選挙区での投票は認識ベース（以下同じ））であったのに対して，本類型では57.1％（20人）であった．ここでは，小選挙区で自民党に投票しながら比例区では新進党や民主党に投票したというケースがかなりみられる．これらの多くは，民主党や新進党に好感を抱きつつも小選挙区で候補者要因が強く働いたことや，自民党支持者が自民党への牽制，与野党伯仲を企図したことによるものであった．他のケースについては，小選挙区では候補者個人を，比例区では政党の政策・イメージや争点を重視して投票している場合が多い．

00年の衆院選でも，全体では30.2％（143人）が分割投票をしていたのに比べ，本類型では42.9％（15人）にものぼった．その多くは小選挙区で自民党に投票している．分割投票の理由は96年とほぼ同じとみてよい．ちなみに，00年に比例区で民主党に投票した人のうち本類型に該当しない人でみると，分割投票をしたのは21.7％（92人中20人）であった．本類型における年齢・男女比・教育程度などについては分割投票の有無でとくに差はみられなかった．

5. 本類型における00年自民党支持者の行動について

(1) 分析の目的

99年10月に自自公連立政権が発足し，それ以降公明党が政権運営に携わってきたことは，自民党支持者の投票行動に少なからず影響を与えたといわれている．B類型に属する人の中には，00年衆院選時に自民党を支持していながら比例区で民主党に投票している人たちが存在するが，彼ら（B類型内の13サンプル）の投票行動は，連立のパートナーである公明党への嫌悪感によるところが大きいと考えてよいであろうか．検討するにあたっては，まず00年に自民党を支持しながら比例区で民主党に

表3-2 00年自民党支持者の比例投票先によるグループ分け

00年比例区投票先	民主	自民
全体	α	β
（うちB類型）	γ	—

投票した全19サンプル（表3-2の α）と，00年に自民党を支持し比例区で同党に投票した全151サンプル（β）とを比べ，その後で α と B 類型内のサンプル（γ）を比較することにする．

（2） αとβの比較

α の性別は男8，女11であり，年齢・職業などは β と大差ない．α，β ともに大多数が自民党を政権担当適任政党とみている．ただ α は β に比べて，与野党伯仲を望む声が圧倒的に多い．自公連立に対する評価については，「あまり評価しない」「全く評価しない」と否定的な見方をした人は α が16人（84.2%），β が36人（23.8%）と，その差は歴然としている．自民，民主，公明各党に対する感情温度と，公明党を拒否する人の割合は表3-3で示した．注目すべきは α の公明党に対する拒否の強さである．

表3-3　00年自民党支持者の比例投票先でみる政党感情温度・公明拒否割合

	感情温度（0-100）			公明拒否の割合
	自民	民主	公明	
00年民主投票（全体：α）	56.5	55.3	27.4	50.0%
00年自民投票（β）	72.9	40.7	42.5	15.9%
00年民主投票(B分類内：γ)	60.0	55.0	29.2	46.2%

以上から α に属する人の典型像とは，①与野党伯仲を望み，②公明党（自公保連立）にあまりよい印象を抱いておらず，③民主党には比較的好感を持っている人たちであり，00年衆院選では公明党への嫌悪感（≒公明党と連立を組んだ自民党への懲罰）ゆえに比例区で民主党に投票したということができそうである．彼らはいわば A 類型の周辺に置くことのできるサンプルであろう．

（3） γとαの比較

γ の性別は男4，女9．年齢・職業などについて α と特に差はない．γ の大部分が自民党を政権担当適任政党と考え，与野党伯仲を望んでいるのも α と同様である．自公保連立については，γ に属する人のうち11人（84.6%）が否定的にみている．表3-3のデータもあわせると，γ と α はほとんど重なっているといえるだろう．よって，γ すなわち B 類型において00年に自民党を支持しながら比例区で民主党に投票した人の典型像も α とほぼ同じと考えられる．

6. まとめ

（1）属性については，全体と比べて中卒・自営業者・無職の割合がやや高い．

50代の割合が突出して高いのが目につく．イデオロギーは全体平均よりもやや保守寄りである．ほとんどの人が与野党伯仲の政治状態を望んでいる．

（2）　自民党への支持強度や新党関心度などによりいくつかのグループに分けることができる．「自民支持型」は継続して自民党を支持し，00年は自民への牽制から比例区で民主党に投票した．「民主期待型」は新党ブームの影響を受けず自民党を支持しつづけたが，のち民主党に好感を抱き，その多くは00年になってから同党支持に近い態度をとった．「出戻り型」は新党に好感を抱くものち失望，自民党支持に回帰した後は「自民支持型」と同様の態度をとった．「乗り換え型」は新党への期待の大小により自民支持と新党支持の間を揺れ動いた．「自民早期離脱型」は93年の政権交代を期に自民支持から離脱，その後次々に結成される新党に期待を寄せつづけた．

（3）　本類型では分割投票を行う人の割合が全体と比べて高い．分割投票の理由はさまざまであるが，小選挙区は候補者要因により，比例区は支持する政党への牽制や期待する政党への支持により投票がなされている場合が多い．

（4）　本類型に該当する人の中で00年に自民党を支持している人たちの多くは，自民党が公明党と手を組んだことへの嫌悪感から，同年衆院選比例区では比較的好感の持てる民主党に投票した．

B-001　自民党と新党の間を揺れ動く男性

北海道　旧5区／新11区　1920年代生まれ　男性　①高校　②200～400万円（93年）
③事務→無職（95年）　④自治

	支持政党	選挙区	比例	拒否政党	保革
93.7	自民	中川昭一（自民）		共	7
94.2	民社				7
95.2	新進				4
95.7	自民	社会	新進	共	6
96.10	自民	中川昭一（自民）	民主	共	6
00.6	民主	出井基子（民主）	民主	公共社	4

　北海道東部を抱える旧北海道5区は，93年は5議席をめぐり自民3人，新生1人，社会3人（推薦含む）がしのぎを削る激戦区であった．新制度導入後の北海道11区は中川一郎の息子である中川昭一（自民）の地盤であり，96年には13区に転出した鈴木宗男の票を取り込んだ中川が知名度も生かして当選，池本柳次（民主）は次点に泣いた．00年も中川の優位は変わらず，出田基子（民主）を大差で下した．
　彼は60代半ばの男性．現在は無職．妻と2人で持ち家に住んでいる．イデオロギーは中道からやや保守．今の政治に対してやや不満がある．
　93年，彼は自民党を支持しているが，同党への好感度が新生党や日本新党のそれよりも低いことから，ここに自民離れの兆候が見てとれる．他の政党については，社会党や共産党などの革新政党には拒否反応を示す一方で，新生党にはクリーンなイメージや今後の活動への期待から比較的好印象を抱いている．彼の意見と新生党の主張との間に溝はほとんどない（小さな政府，国連協力に積極的）．もっとも「まだ未知数である」と答えており，同党を支持するには至っていない．彼の新党支持が具現化するのは95年2月である．このときの新進党支持は，同党こそが掲げる政策を実現できるという期待やクリーンなイメージがあることが理由である．しかし橋本政権への高評価と新進党の実行力のなさから96年には自民支持に戻った．00年には支持政党を民主党に変えている．
　93年の投票では，候補者個人を見て投票すると答えていること，中川一族に対する好印象から考えると，中川（あるいは先代）に投票したという感が強い．95年参院選では，選挙区は地域政治への期待から社会党の峰崎直樹に，比例区は自民党を上回る期待の高さから新進党に投票している．96年は，小選挙区は93年と同じ理由で中川に投票したが，比例区はTVでのクリーンなイメージから民主党に投票した．00年には小選挙区・比例区とも民主党に投票している．出田の後援会に加入しており，仮に彼女が党籍変更しても支持しつづけると答えていることから，小選挙区は候補者要因が強いと思われる．(小松)

B-002 無関心自民党支持
宮城　旧1区／新1区　1930年代生まれ　女性　①高校　②400～600万円（93年）　③飲食店パート　④自治

	支持政党	選挙区	比例	拒否政党	保革
93.7	自民	伊藤宗一郎（自民）		共	5
94.2	自民				6
95.2	自民				5
95.7	自民	棄権	棄権	なし	6
96.10	自民	棄権	棄権	共	5
00.6	自民	今野東（民主）	民主	共	5

　彼女はパートに出ている主婦であり，都市に長らく居住し，学歴はあまり高くない．生活の不満はあまりないか，もしくは不満があったとしても政治へは結びついていないようだ．周囲にも政治に関心を持つ人はいないようであり，政治が話題になることはない．

　彼女に政治的関心は全く無く，したがって政治不満も存在しない．政治改革が声高に叫ばれていた93年には政治家を不正のイメージでとらえているが，95年にはそのイメージは払拭されている．93年・96年衆院選前調査において，投票意図候補者を未定としているのは，恐らく立候補者名を知らないからであろう．93年選挙では投票は個人を見て決定すると述べ，旧宮城1区で立候補している自民党候補2人—三塚博と伊藤宗一郎—のうち，伊藤を選んだということだけが，かろうじて積極的な行動であったと言える．イデオロギーに関してもほぼ中道的であるが，無関心に由来する中道のようである

　政党評価を見ても，無関心度が分かる．彼女は，自民党に対して「なんとなく安心していられる」とコメントしているが，これは自民党への積極的な評価というよりも，自民党を支持することが安心感をもたらすという慣習的な政党支持であろう．両親が自民党支持なので，そのまま自民党支持であると述べている．政権担当能力も常に自民党のみに認め，自民党の安定多数を望んでいる．他の政党に対しては，拒否政党に共産党を挙げるのみで，全くコメントしていない．

　したがって，彼女の投票行動は一貫して自民党に投票することとなる．但し，95年参院選・96年衆院選は投票日に用事があって棄権している．

　00年においても自民党支持を表明し，小渕・森内閣もある程度評価し，自民党一党優位・自民単独政権を求めているにもかかわらず，比例区選挙区ともに民主党に投票したと回答している．

　彼女の投票行動は，96年までは支持政党によるものであり，その政党支持は政治的無関心と少なからず関係している．(中條)

B-003　95年に突然政治に不満を抱き，支持候補の選挙区替えもあって自民離れ

宮城　旧2区／新5区　1930年代生まれ　女性　①中学　②不明　③食品加工業自営　④自治

	支持政党	選挙区	比例	拒否政党	保革
93.7	**自民**	大石正光（自民）		5党以上	8
94.2	自民				7
95.2	自民				6
95.7	自民	自民	自民	共	9
96.10	自民	安住淳（民主）	自民	DK	DK
00.6	民主	安住淳（民主）	民主	公共保由	6

　彼女は夫婦で住む，自営業の家族従業者である．96年まで一貫して自民党を支持している．彼女が子供の頃父は自民党支持者だったと答えており，現在の家族や親戚，近所や仕事の関係で親しい人，友人らは主に自民党支持者のようである．
　彼女は，95年2月調査までは政治に大体満足していた．自民党に対し「一般庶民の味方」「安定政権を維持して今日の日本を築いてくれた」といった感情を持っていた．自民党への好感度も当然高く，政局の安定を望み，93年には選択肢にある自民党以外のすべての政党を拒否政党とした．
　93年衆院選で投票した自民党の大石正光については，彼女自身が後援会に加入していて大体いつも投票しており，演説会に出席し直接話をするなど接触も多い．
　95年参院選後の調査で，彼女の態度は変化する．自民党を含む各党に対し，「自分の保身のみ．一般大衆のニーズに合わない」と否定的であり，政治に全く不満だと答えた．96年には候補者について「今何言ったって選挙が終わればそのとおりする候補者がいない」と不信感をあらわにし，政治に全く不満だと答える．96年衆院選では投票したい候補が別の選挙区にいたらしく（大石は新6区で新進党から出馬した），それもこの不信感と関係しているのかもしれない．この選挙では選挙前に自民党新人候補を知らず，彼女は民主党新人の安住淳と新進党新人の土井喜美夫の争いになると予想し，結局小選挙区では当選した安住に投票した．民主党の好感度は最低だったが，鳩山由紀夫・菅直人への好感度はやや高かった．
　00年には支持政党も民主党となった．民主党の好感度は最高で，民主党中心の連立政権を望んでいる．00年にも政治にやや不満だとしているが，調査中一貫して自分に政府のすることを左右する力はないと答えていた彼女が，初めてそうは思わないと答え，政治に対し自分が無力ではないと感じたことが興味深い．00年衆院選で安住が辛くも自民党候補に勝利したことと，関連は浅くないだろう．(山本)

B-004　経済実績から自民党を支持するが，不満を抱くと新党や民主党に接近

秋田　旧1区／新1区　1940年代生まれ　女性　①大学　②600〜800万円（93年）
③主婦　④自治　生協

	支持政党	選挙区	比例	拒否政党	保革
93.7	自民	二田孝治（自民）		共	7
94.2	新生				6
95.2	自民				7
95.7	自民	自民	自民	共	6
96.10	自民	二田孝治（自民）	自民	共	7
00.6	自民	佐藤敬夫（民主）	民主	共	7

　旧秋田1区での93年衆院選は，自民党現職の佐藤敬夫・野呂田芳成・二田孝治と社会党新人の畠山健治郎が当選した．現1区での96年衆院選では新進党から出馬した佐藤と自民の二田の一騎討ちとなり，佐藤が勝利している（二田は比例区で復活）．00年衆院選も民主党から出馬した佐藤と二田の一騎討ちとなり，約500票差という大接戦を二田が制した（佐藤は比例区で復活）．

　彼女の政治への満足度や信頼感は比較的高い．基本的に自民支持を続けていることを考えると，これらは自民党への満足度・信頼感に換言出来るだろう．支持の理由としては，過去の経済成長に同党の果たした役割への評価が大きい．

　もっとも93年の新党ブームに伴い，彼女の自民支持は変動にさらされる．総選挙前に彼女は，自民党は「今までは経済発展に努めてくれたけど現状では考えざるを得ない」として新党に期待を寄せる．選挙区に新党の候補者がいないかったため投票行動には表れなかったが，一連の新党に対しての好感は持続し，94年には新生党を支持政党に挙げた．その後は自民支持に戻ったものの，その評価は「これからあまり期待できない」と辛く，むしろ新進党を「根本的には自民党的とは思うが改革したいと言う意気込みを買いたいし期待したい」と高く評価した．

　彼女は自社さ連立の村山内閣を嫌っており，このことも新進党への期待を強めたようである．しかし橋本内閣になると，村山内閣に比べて評価が若干高くなっている．96年に新進党は「期待したほどでもない．公明党と結んだのがきらいだ」として見捨てられているが，あるいは自社さ政権に対する不満の減少も，新進党への期待を弱めたのであろう．

　代わって彼女が期待を寄せたのは民主党であった．96年には自民党に対する不満が特に無く，小選挙区に民主党の候補もいなかったため自民党への投票は変わらない．しかし00年には自民支持が続きつつも小選挙区・比例区双方で民主党に投票している．民主党への好感に加え，自公保連立や森首相に対する反感が自民党を牽制する投票行動に走らせたのである．（東）

B-005　3つの後援会を渡って…
福島　旧2区／新3区　1940年代生まれ　女性　①中学　②800～1000万円（93年）
③自営　④商工　農協　自治　生協

	支持政党	選挙区	比例	拒否政党	保革
93.7	自民	穂積良行（自民）		なし	4
94.2	自民				3
95.2	（なし）				5
95.7	自民	新進	新進	なし	7
96.10	自民	玄葉光一郎（民主）	自民	共	6
00.6	自民	穂積良行（自民）	民主	公共	6

　旧福島3区の出身で新福島3区に属する政治家には，玄葉光一郎（無所属），穂積良行（自民），荒井広幸（自民）といったメンバーがいる．96年衆院選は荒井が僅差で民主党から出馬した玄葉を破り，玄葉は比例区で復活当選を果たした．コスタリカ方式をとった穂積は比例名簿一位で当選する．00年衆院選では小選挙区から穂積が立候補するも玄葉に敗れ復活当選も果たせず．荒井は比例で当選した．
　会社員の夫を持つ彼女はあまり政治に興味がないとしつつも，後援会に家族ぐるみでよく加入している．93年には穂積後援会と，自民支持でありながら玄葉後援会にも加入．96年には自分は玄葉に，夫は荒井後援会に加入．00年には穂積後援会に加入と，この選挙区の激戦ぶりを象徴するかのような行動をとっている．
　支持政党としては自民党か「なし」と答えたことしかないが，決して自民党を支持しつづけたわけではない．93年までは熱心な自民党支持者であったが，94年に政治改革関連4法案の成立する様子をみて旧態依然とした自民に悪い印象を抱き，3新党とくにさきがけに好意を抱き始める．95年には傲慢な自民党よりも「庶民的な羽田さん」がいる新進党に好感を持ち，新進と社会の連立政権を望む．一方さきがけは武村正義の印象が悪く嫌いになる．そして95年7月には新進と自民の連立を望み，支持政党も自民に戻すなど，やはり自民への愛着は捨てきれなかったようだ．
　実際の投票行動であるが，選挙区においては穂積，玄葉，荒井の三者いずれにも等しく好感度を持ち合わせており，誰に投票するかはその時々の情勢から判断しているようだ．一方比例の場合は，96年には「支持政党だから」自民党に投票したものの，00年衆院選では支持政党ではない民主党に投票している．その要因としては，「神の国」発言に憤っていることや，玄葉への投票の代用といったものが考えられる．
（原）

B-006 自民党の強固な支持者も，自公保連立を嫌って民主支持に

茨城　旧2区／新4区　1920年代生まれ　女性　①高校　②600〜800万円（95年）
③主婦　④農協　自治

	支持政党	選挙区	比例	拒否政党	保革
93.7	自民	梶山静六（自民）		共	7
94.2	自民				8
95.2	自民				8
95.7	自民	棄権	棄権	共	6
96.10	自民	梶山静六（自民）	自民	共	7
00.6	（なし）	白票	民主	公	NA

　旧茨城2区における93年衆院選では，自民党の梶山静六・塚原俊平，社会党の大畠章宏という3人の現職が揃って当選し，日本新党から出馬した新顔候補の斎藤全一郎は落選した．96年衆院選では塚原・大畠らが5区に回り，現4区においては梶山が，新進党から出馬した斎藤を圧倒的な票差で破った．00年衆院選では静六の長男弘志が地盤を受け継ぎ，共産党の候補に圧勝した．

　彼女の家は兼業農家である．彼女は96年までは常に自民党を支持し，95年参院選で棄権した以外は全てこれに投票してきた．衆院選で毎回梶山に投票し，後援会にも所属していることからうかがわれるように，梶山に対する帰属意識は確かに強い．が，それは梶山個人のみが重要で党に関心は無いということを意味しない．「お金に癒着する所は嫌いです」とは言うものの「政策や人物は良い人がいて良いと思います」と自民党自体を積極的に評価する．もっとも，各政党の政策の差を認識した上でこのような評価に至っているわけではなく，自民党以外の政党はほとんど考慮の対象として挙がらないようである．新党には初め若干の好感を抱いたものの，その後に成立した新進党には「目先の党利党略が盛んであまり好きではない」と冷淡で，自民党と連立を組んださきがけに対する好意が目に付く程度である．政治に対する彼女の満足度や信頼感は高いが，96年までのそれは自民党に対する全面的な満足・信頼と読み替えて差し支えない．

　ところが00年には態度が一変する．自民支持を止めて比例区で民主党に投票し，同党の候補がいなかった小選挙区では白票を投じた程である．これは決して政策に対する批判のためではない．確かに小渕・森内閣の社会・経済政策についてはあまり評価していないものの，国旗国歌法や通信傍受法，「神の国」「国体」発言に対してはむしろ肯定的なのである．梶山家の代替わりという事情も，自民支持の姿勢をさして動揺させたとは思えない．唯一説明可能な理由は公明党に対する拒否感である．自公保連立の枠組みに対する批判が，かつての強固な自民支持者を民主党に走らせたのであった．(東)

B-007 「変化」と「実績」のはざまで

埼玉　旧5区／新4区　1930年代生まれ　男性　①中学　②400〜600万円（93年）
③技能工　④自治　住民

	支持政党	選挙区	比例	拒否政党	保革
93.7	自民	穂坂邦夫（自民）		共連生日	8
94.2	自民				8
95.2	新進				8
95.7	新進	棄権	棄権	社さ	7
96.10	自民	上田清司（新進）	新進	社さ	7
00.6	民主	上田清司（民主）	民主	保由	8

　彼の投票対象を中心に当該地域の衆院選を見ると，93年は新生党の上田清司がトップ当選を果たした．自民党の新人穂坂邦夫は落選した．96・00年は新生党から新進党，さらには民主党に鞍替えした上田が，続けて圧勝した．
　93年以前彼は「日本を支えてきた」と評する自民党に常に投票してきた．93年衆院選でも同様に自民党の穂坂に投票している．彼自身はどの候補者が「自らの利益を代表する」に注視して考慮した結果，穂坂に投票したと答えているが，彼の言う候補者注視の投票とは中選挙区において支持政党の自民党の候補同士を吟味することを意味すると考えられる．
　続く94年には自民党支持・新生党投票を考えている．同時期，他の新党に対する評価も高かったことと考えあわせると，この新生党の評価の高まりは，新しいものに対する期待から来るものであろう．また，新生党が，彼自身その実績を評価し続けていた自民党出身議員の集まりであることも見逃せない．新生党への好評価は95年にも続き，新生党が母体となった新進党を同年の支持政党とした．一方さきがけは連立相手の社会党とともに拒否政党となっている．自民党と長期間連立を組んだことが新しいものに興味を覚え始めた彼にはマイナスだったのだろう．95年参院選は棄権した．これは他に用事があったからであり，特段の政治的意図はない．
　96年は，以前からの新進党支持に加え，消費税問題に対する新進党の対応を非常に強く評価して，新進党への支持を強め，同党へ投票している．だが，選挙後の調査では，一転して自民党支持に回帰している．これは選挙結果を見て新進党が政権を取ることは今後ないのではというあきらめから，実績ある自民党でいいやという気持ちが生まれたのだろうか．
　00年には，党首への好評価，党の政権担当能力への高評価，自公保政権への反発，候補者個人の魅力があって，変化の新たな軸となりうる民主党の上田に投票している．比例区も民主党へ投票した．故小渕恵三への評価は高いものの，自民党への評価は下がっている．（奥津）

B-008　政権担当能力及びクリーンさを重視

埼玉　旧3区／新11区　1920年代生まれ　男性　①中学　②〜200万円（93年）　③無職　④自治

	支持政党	選挙区	比例	拒否政党	保革
93.7	**自民**	加藤卓司（自民）		共	6
94.2	（日本新）				8
95.2	新進				7
95.7	新進	新進	新進	なし	6
96.10	自民	田並胤明（無所属）	新進	なし	8
00.6	なし	小泉龍司（無所属）	民主	公共	6

　彼の住む地域の衆院選を見ると，93年は新生党の増田敏男，自民党の加藤卓司，無所属の糸山英太郎が当選し，僅差で社会党の田並胤明が落選した．続く96年は自民党の加藤と社民党を離脱した田並，無所属の小泉龍司の三つ巴となり，加藤が当選した．しかし，00年は無所属の小泉が加藤に雪辱を果たし当選した．

　93年衆院選では，自民党を支持したが，度合は強くない．自民党へのイメージも「総裁選に金をかけすぎ」とあまり良くない．一方，新党への関心は非常に高い．また，この選挙で自民党の加藤に投票したが，それも自民党支持からではなく，主として加藤自身の魅力で選んだらしい．自民党への支持は薄れてきているようだ．

　94年になると，支持政党はなく日本新党に好感を持つ程度だったが，傾向として彼自身政権担当能力があるとする3新党の評価が高い．細川政権への評価も高いことから，おそらく細川政権を見て新党にも政権を任せられると踏んだのだろう．逆に言えば，自民党にしか政権を任せられなかったからこそ93年以前に自民党を支持していたとも考えられる．また，自民に対しては「金をかけすぎだ」と再度嘆いている．一方，社会党・新生党には「仲良くして」と答えている．温和な方が評価が高いのだろうか．95年においても自民党には「お金をかけないように」とし，新生党中心の新進党には「仲良くして」と答えている．この両党への評価は同程度である．

　95年参院選では新進党に投票した．「政治をいくらか変えたかった」そうだ．同時期の自民党を「金をかける」，新進党を「自民より金をかけない」としていることとあわせて考えると，金銭的にダーティーであるという政治の特徴を変えたいので新進党に投票したのだろう．96年の衆院選でも新進党に投票している．この時の自民党のイメージは依然「金持ちの党」であり金権的なイメージが抜けない．一方民主党には「正直」と答え，クリーンさから評価を与えている．

　00年には民主党に政権担当能力があると認め比例区で投票したものの，政党全般への評価は低く，支持政党はない．小選挙区は無所属の小泉に投票した．(奥津)

B-009 自民党に不満を抱き，改革への期待を新党にたくす元自民党支持者

千葉　旧3区／新12区　1930年代生まれ　女性　①中学　②1400万円〜（93年）
③主婦　④自治　生協

	支持政党	選挙区	比例	拒否政党	保革
93.7	自民	中村正三郎（自民）		公共	8
94.2	（なし）				5
95.2	自民				6
95.7	新進	新進	新進	なし	4
96.10	新進	森田恵（民主）	新進	なし	3
00.6	民主	半田善三（民主）	民主	※	※

　彼女が住む地域は旧千葉3区（定数5）で，自民4人，社会1人であった．93年衆院選でも変化はなく，中村正三郎ら自民党現職3人と，社会党現職1人，自民党現職だった浜田幸一の息子の靖一とが当選した．個々の政治家の地盤がしっかりとしており，浮動層の少ない地域であるといえる．96年衆院選では千葉12区となり，中村との間でコスタリカ方式を採用した浜田が，民主党の森田恵などを抑えて当選した．00年衆院選では，浜田と交代した中村が，民主党の半田善三などを破った．
　93年7月の時点までは自民党を支持しており，自民党の中村の後援会に家族と共に所属し，投票もしている．自民党の汚職を不満に感じてはいるものの，政権交代は望んでおらず政局の安定を求めている．この時は新党にあまり関心がないようで「わからない」という回答が多い．
　ところが，94年2月には自民党の好感度が一気に落ちて支持なしに転じた．細川護熙と武村正義への好感度が目立って高く，投票意図政党に新党さきがけをあげ，非自民連立政権を望んでいる．95年2月には自民党支持に一時戻るが，新進党への好感度が高く，投票意図政党に新進党をあげ，自民党と新進党の連立政権を望んでいる．同年7月にはさらに新進党への好感度が上がり，新進党支持者となって，新進党の単独政権を望むようになる．自民党への不満と政治の改革の必要性を感じていたものの，他に支持したい政党がなかったところに，自民党に近い新党が現れ，自民党出身者もいることで安心感もあり，支持にまわったのではないかと推測される．95年参院選で新進党に投票した理由に「政治の流れを変えてもらいたいと思った」と述べている．その後も，新進党について「公明党が入っていることには反感がある」「理想を追いすぎ」などとしながらも支持を続けている．
　新進党を支持する一方，民主党にも好感を持ち，新進党候補者のいない96年衆院選の選挙区では民主党の森田に投票した．そして，新進党解党後の00年衆院選では支持政党も民主党へと変わり，小選挙区・比例区とも民主党に投票した．(村上)

B-010 地縁・新鮮さを基準に

神奈川　旧2区／新4区　1940年代生まれ　男性　①高校　②600〜800万円(93年)　③食品小売業　④商工　自治

	支持政党	選挙区	比例	拒否政党	保革
93.7	自民	小泉純一郎（自民）		公	7
94.2	自民				7
95.2	自民				6
95.7	**自民**	無所属	二院ク	共	7
96.10	自民	飯島忠義（自民）	民主	共	7
00.6	自民	飯島忠義（自民）	民主	公	6

　彼の住む地域の衆院選を概観すると，93年は9人が立候補するも，自民党の小泉純一郎は議席を守った．96年は6人の候補者が乱立し，自民党の元市議飯島忠義が初当選を果たした．00年はその飯島を民主党の新人大石尚子が大差で破った．

　彼は全調査で自民党を支持政党に挙げており，強く自民党を支持しているようにも思える．しかし，ほとんどの調査で自民党よりも高い好感度をつける政党が存在し，3回の調査で非自民政権を望んでいる．その理由としては自民党に清潔さがないことを挙げる．それでも自民党を支持政党に挙げるには，自民党支持の商工団体への所属，自民党の実績への評価，自民党候補者への好意等の理由が考えられる．

　その他に高い評価を与える政党の変遷を見つつ，投票行動を概観すると，まず候補者重視で自民党の小泉に投票した93年には3新党を評価した．3新党には戸惑いも見せるが，公明党・民社党・共産党などに対しては嫌悪感すら示していることに比べると，新党へのある程度の期待がうかがえる．自民党に近い考え方を持ちつつ自民党にない清潔さを持ち合わせているからだろうか．その後の細川政権時にも新党全般への評価は高いが，さきがけへの評価は村山政権時になると急激に下がり，他の新党などが参加してできた新進党に対する評価が代わって高くなる．しかし，そんな中行われた95年参院選では結局新進党には投票せず，選挙区はツルネン・マルティへ，比例区は都知事選で青島幸男が当選し勢いのあった二院クラブへ投票した．ともに従来の政党との関わりが薄い対象への投票である．続く96年には新進党への評価も下がり，民主党への評価が代わって高まっている．そして，比例区はその民主党へ投票した．一方，小選挙区は個人的に知っている自民党の飯島へ投票した．00年も傾向は同じで，小選挙区は飯島，比例区は民主党へ投票している．民主党には拒否政党である公明党の代わりに自民党と連立してほしいと考えている．

　彼は自民党の他に，できたばかりの新党を好む傾向があると言える．また自民党支持も名ばかりで，一度も比例区で投票していないことが分かる．小選挙区で知己の候補がいるから自民党支持と言っているに過ぎないかもしれない．(金子)

B-011　選挙区では自民党，比例区では野党第一党

富山　旧1区／新1区　1950年代生まれ　女性　①高校　②1200～1400万円(95年)
③自営の食品店　④商工　自治

	支持政党	選挙区	比例	拒否政党	保革
93.7	自民	NA（自民）		社共	DK
94.2	自民				7
95.2	（NA）				NA
95.7	（DK）	自民	自民	なし	6
96.10	自民	長勢甚遠（自民）	新進	なし	5
00.6	NA	長勢甚遠（自民）	民主	公共	5

　彼女が住んでいる地域の93年衆院選では，有力5候補が3議席を争い，自民党現職の長勢甚遠や住博司などが当選し，自民党現職の野上徹は敗れた．96年衆院選では，自民党の長勢が3選を果たし，公認を得られなかった野上は及ばなかった．00年衆院選でも，5党が候補者を立てたが長勢が当選した．
　彼女は40歳代で小さい子供もいて，店員をしている．投票に行くことへの義務感や政治に対する関心も年ごとに薄くなってきており，政治から遠ざかってきていることがうかがえる．住と野上の後援会に入っていたが，選挙区割りが変更されたこともあってか，退会している．だが，後援会に属していたためか，選挙になると電話による投票依頼を受けている．一方，葉書が来ても，誰から来たのか「覚えてない」ので，効果はないようである．また，メディアによる影響もあるようである．
　支持政党は基本的には自民党であり，長勢に投票しているが，比例区では他党に投票しており，支持の強さはそれほど強固なものではない．金権汚職を嫌い，「クリーンな政治をしてもらいたい」として，非自民連立政権を望んだ時もあったが，それが実現した細川政権をあまり評価せず，それ以降は自民単独政権を望むようになっている．投票決定の要因が政党から候補者に変わってきているのは，先ほど述べた，政治的関心の低下とも関わりがありそうだ．政治全般よりも，政治家個人に興味を持つようになった，ということではないのだろうか．
　ただ，比例区での投票では新進党，民主党に入れている．与野党伯仲の状態を望み，野党第一党に投票しているようである．96年衆院選では，自営業で消費税がかなり身近な問題であったので争点になったのであろうか，「消費税を上げてほしくなかったから」新進党に投票しており，政策による投票，を実行しているようである．制度改革の目標が達成されている一例だろう．（水野）

B-012 候補者を重視し，その所属政党に投票

富山　旧1区／新1区　1930年代生まれ　女性　①高校　②200～400万円（95年）
③クリーニング店　④自治

	支持政党	選挙区	比例	拒否政党	保革
93.7	自民	野上徹（自民）		DK	5
94.2	**自民**				5
95.2	**自民**				7
95.7	**自民**	自民	白票	進さ	6
96.10	自民	野上徹（無所属）	自民	共	6
00.6	民主	原田貢彰（民主）	民主	共	5

　彼女が住んでいる地域の93年衆院選では，有力5候補が3議席を争い，自民党現職の長勢甚遠や住博司などが当選し，自民党現職の野上徹は敗れた．96年衆院選では，自民党の長勢が3選を果たし，公認を得られなかった野上は及ばなかった．00年衆院選でも，民主党の原田貢彰など5党の候補者がいたが，長勢が当選した．

　彼女は50歳代で，仕事をして子供を養っている．政治的関心はあまりなかったが，年を追うごとに少しずつ興味を持ち始め，投票自体も有権者の義務だと考えるようになってきている．これは，消費税という身近な問題が争点として浮上してきたことによるのだろう．また，野上の後援会に属していたので，葉書が送られ，電話があるなど働きかけも多くある．

　彼女は投票決定の要因を候補者だとしている．投票し続けた野上への投票理由は，比例区で自民党に投票しているのと同じで，政治の現状をあらためるのにふさわしい人物だからとしている．政党と候補者のイメージが重なっているようである．さらに，後援会の活動の影響も大きそうである．

　96年までは自民党支持であり，望ましい政権像も常に自民党単独政権で，細川政権や村山政権もあまり評価しない．自民党については「一致団結してやれる党です」と評価しているが，団結を重視しすぎないことを望んで，「白黒をはっきりときめることの出来る党であることを願う」としている．政党の評価については，実行力を重視しており，自民党を「発言力はあるが実行力はない」，社民党や共産党，さきがけを「いつも言っているけど実行力はない」としている．

　それが，00年衆院選では野上が立候補していない中で，民主党の原田に惹かれ，民主党を支持して投票するまでになっている．(水野)

B-013　自民党を支持しているが，候補者要因強い

石川　旧2区／新3区　1940年代生まれ　男性　①中学　②600〜800万円（93年）
③製造販売　④商工　農協　自治

	支持政党	選挙区	比例	拒否政党	保革
93.7	**自民**	坂本三十次（自民）		なし	8
94.2	自民				7
95.2	自民				7
95.7	自民	自民？	自民	共	7
96.10	自民	矢田富郎（無所属）	自民	なし	8
00.6	自民	池田健三郎（民主）	民主	共	10

　彼が生まれてから50年ほど住む地域は，定数2を自民党が独占しており，93年衆院選では瓦力が8選，坂本三十次が10選を果たしている．96年衆院選では瓦と，新進党と公明の推薦を受けた矢田富郎とが，お互いに10万票近くとりながら差は2000票あまりという激戦を繰り広げ，瓦が勝ち残った．比例区に回っていた坂本も当選した．00年衆院選では，瓦が民主党の池田健三郎などに圧勝した．

　彼は投票への義務感は高く，毎回のように自民党に投票している．元々彼は坂本の後援会に入っており，坂本を気にいって投票していた．その影響で自民党支持の度合いが強くなったのであろうか，95年には自民党員になっている．実際に95年参院選の比例区では「党員になった」こともあって，自民党に投票している．自民党を，「行動できる」，「長い間日本をリードしてきた」，「下からのつながりが強い」，「たくさんの人がいる」などと述べて，高い評価を与えている．

　だが，そんな彼にも変化を迫ることが起こった．96年衆院選で坂本が比例区に回ったのである．周りからの働きかけを受けた彼は悩んだであろうが，結局選挙区では矢田に投票している．投票理由としては，矢田本人に親しみを感じたことのほかに，矢田が推薦を受けていた新進党について，「自民のわれた仲間」ととらえており，親近感があったことがうかがえる．彼は96年衆院選の争点として消費税を挙げており，新進党が引き下げを主張したこともプラスになったのであろう．だが，それでも比例区では，地元の利益を考えて自民党に入れている．彼が所属している農協が自民党を支援していることも理由であろう．

　さらに00年衆院選では，自民党を支持しながらも，人柄に惹かれて民主党の池田に投票している．比例区でも自民党ではなく，民主党に投票している．

　他党については，社民党は「ふらふらしている」ので評価せず，95年参院選の選挙区では「対立候補が元社会党なので」自民党候補に投票するほど社民党を嫌っている．また，共産党は拒否政党ではあるが，「一本すじが通っている」と評価している．（水野）

B-014　自民党を支持するが，周りからの働きかけに影響受ける

石川　旧2区／新3区　1940年代生まれ　女性　①高校　②600～800万円（93年）
③生産工程労働者　④自治

	支持政党	選挙区	比例	拒否政党	保革
93.7	（新生）	坂本三十次（自民）		公	8
94.2	自民				8
95.2	自民				6
95.7	自民	自民？	自民	進共	7
96.10	自民	矢田富郎（新進？）	自民	共	7
00.6	自民	池田健三郎（民主）	民主	共	6

　彼女が生まれてから50年ほど住む地域は，定数2を自民党が独占しており，93年衆院選では瓦力が8選，坂本三十次が10選を果たしている．96年衆院選では瓦と，新進党と公明の推薦を受けた矢田富郎とが，お互いに10万票近くとりながら差は2000票あまりという激戦を繰り広げ，瓦が勝ち残った．比例区に回っていた坂本も当選した．00年衆院選では，瓦が民主党の池田健三郎などに圧勝した．
　彼女は政治にやや不満を持ち，投票義務感を持って，毎回投票している．自民党を支持していることが多いが，投票先は分裂している．93年衆院選時には自民党支持ではなく，新生党を好ましい政党に挙げているが，実際の選挙では新生党の候補者がいないこともあってか，自民党の坂本に投票した．
　95年参院選では，選挙区では「仕事上の関係．自民党推薦だから」，比例区では「他の政党が期待はずれ（特に新進党）」という理由で自民党に投票した．新進党は拒否政党でもあるが，その理由は「公明党と一緒になったのがいや，期待はずれ，細川さんに幻滅」したからである．自民党には「くせがない」という評価をしている．
　96年衆院選では，周りに候補者（矢田）の知り合いがいるようで，投票を働きかけられている．加えて，争点として消費税を挙げ，新進党が税率引き上げに反対していたこともあってからか，矢田に投票した．ただ，比例区では，地元の利益やこれまでの実績から自民党に投票した．これまで投票していた坂本が比例区に回ったことも大きな影響を与えているようで，自民党の比例区名簿にも気を配っている．
　他党については，公明党を「きらい」，社会党を「もう少し何とかならないか」，「腰抜け政党」，共産党を「言うことは立派．でも嫌い」と述べており，候補者がよくても投票に結び付くことはないであろう．ただ，民主党には「期待している」ようである．そして，00年衆院選では，支持している自民党よりも好感度が低いにも関わらず民主党に投票している．公明党の感情温度は一番低くなっており，自公保政権を嫌っての投票であろう．（水野）

B-015 自民党にも新党にも期待を持てず，支持なしへ

長野　旧1区／新1区　1920年代生まれ　女性　①中学　②〜200万円（93年）　③無職　④自治

	支持政党	選挙区	比例	拒否政党	保革
93.7	自民	若林正俊（自民）		共	7
94.2	自民				10
95.2	新進				7
95.7	自民	新進	新進	なし	7
96.10	新進	小坂憲次（新進）	新進	なし	5
00.6	なし	金久保喜一（民主）	民主	※	※

　旧長野1区は，さきがけの田中秀征，自民党の若林正俊，小坂憲次と社会党の清水勇が3議席を争う構図．93年衆院選で社会党が議席を失った．小選挙区下で新1区となる96年は，新進党に移った小坂が田中，若林らを抑えて当選．00年では小坂が自民党に復党し，民主党の新人金久保喜一をかわした．

　「今迄は政治の事も一生懸命にしていただいているものと信じてきましたが，今回いろいろの問題が明るみに出て来て，不信感でいっぱいです．自分の事ばかり考えづ日本国の事を良く考えてやってほしいと思います．」これは94年調査細川政権下での自民党に対するコメントである．彼女はこれまで自民党の安定的な支持者であり，89年参院選でも自民党に投票した．93年衆院選では自民党の若林に投票しながらも度重なる汚職事件や政治改革の挫折に不満が蓄積していた所に，自民党を割って改革を唱える新党がその不満の受け皿として登場したのである．新生党には「今までの自民党ではだめだと言うことで新党を作ったのだから，国の将来を考えてがんばって欲しい」と大いに期待を寄せていた．しかしその後も続くスキャンダルや政党の離合集散を見て，全政党に対して「今の政治家の方々に失望した」と語る．

　96年衆院選では，比例区は新進党，選挙区は新進党の現職小坂憲次に投票した．他党に比し相対的には自民・新進の好感度が高いが，自民党には「今は政界不信」，新進党には「期待したけど裏切られた」と言う彼女の投票を分けているのは，新進党の新しいというイメージのみのようである．新しい力による旧型政治からの脱却を求めるも，その担い手を見出せずに困惑する姿が読み取れる．

　96年衆院選では，選挙区に候補者を立てていない民主党の好感度は両党をやや上回り，様子見ではあるがこれからの変化に期待していた．新進党の解党後の00年衆院選では，自民党に復した小坂ではなく，選挙区・比例区とも民主党に投票してはいるのだが，支持政党もなくなり，政治への期待を失ってしまっている．(国枝)

B-016　経済的利害で自民党に期待するが大企業優遇が不満

岐阜　旧1区／新1区　1940年代生まれ　女性　①短大　②1400万円～(93年)　③販売業の自営　④自治

	支持政党	選挙区	比例	拒否政党	保革
93.7	自民	野田聖子（自民）		生さ	6
94.2	自民				7
95.2	自民				5
95.7	自民	棄権	棄権	なし	5
96.10	自民	野田聖子（自民）	新進	なし	7
00.6	民主	渡辺嘉蔵（民主）	民主	公	5

　彼女は母と子と暮らしている．93年，96年のいずれも，自民党の野田聖子の後援会と，自民党から新生党，新進党へと移った松田岩夫の後援会に所属している．政治に不満を感じることが多いが，政治への関心は希薄であり，争点態度や各政党・党首の好感度も，わからない，どちらでもないと答えることが多い．93年より前の3回の国政選挙ではいずれも自民党に投票したようだ．争点態度を見ると，改憲や天皇の発言権強化に賛成し，核兵器保有を容認するなど，彼女は総じて保守的な志向を持つと言えよう．

　しかし，こうした志向は諸手をあげた自民党礼賛にはつながらない．一方で，自民党は経済成長に必要，仕事上つながりがある，地元の利益を代表するなどと経済的利益との関係で期待するが，他方，大企業優遇で零細企業には不満だと言う．

　新党に関しては，当初あまり新党ブームの影響を受けなかった．これには政治的関心の希薄さも関係しているだろう．93年衆院選時には新生党を「欲のつっぱりあいの集まり」とし，新生党と日本新党をともに力不足だとする．しかし，94年に細川護熙・小沢一郎に最高の好感度を示し，新進党に対しては，その結党以後望む政権形態として必ず自民党と新進党の連立を挙げ，「何かを変えてくれそう」とかなりの期待を示すようになっていく．このような変化には松田の後援会への加入も関係しているだろう．民主党に対しては，96年に「新しい風を吹き込んでくれそう」とし，テレビや新聞で好印象を受けている．ただし菅直人への好感度は低い．

　彼女は，93年衆院選では野田に投票した．96年衆院選でも小選挙区では野田に投票し，自民党への不満と新進党への期待から比例代表では新進党に投票した．小選挙区と比例代表の2票を使って自民党への支持と不満を表現したといえるだろう．

　00年調査では，公明党への評価が非常に低い．政権担当政党として民主党が最も適任だと答えている．野田との関わりが深いと言いつつ，小選挙区では民主党元職の渡辺嘉蔵に投票し，比例代表でも民主党に投票した．なお，結果は野田が連続で3選を決めている．(山本)

B-017　票を使い分ける有権者

静岡　旧3区／新3区　1930年代生まれ　女性　①中学　②200～400万円（96年）
③料理店手伝い　④自治　生協

	支持政党	選挙区	比例	拒否政党	保革
93.7	社会	塩谷立（自民）		なし	5
94.2	自民				6
95.2	自民				7
95.7	自民	新進	新進	なし	5
96.10	自民	柳沢伯夫（自民）	自民	なし	6
00.6	自民	柳沢伯夫（自民）	民主	なし	7

　彼女は衆院選と参院選，あるいは選挙区と比例区を異なる性質のものと捉えて投票行動をとる．すなわち衆議院・選挙区においては一貫して自民党の候補者に投票するが，その理由としては地元の代表であることや職業代表であるといった候補者個人の有する特性が挙げられる．これに対し参院選や衆議院・比例区での投票は彼女の選挙時点での政治に対する考え方を直接反映したものとなる．そのため選挙区に比べ，その投票先がより流動的となる．

　飲食店で働きながら夫の年金を主な収入源として生計を立てる彼女は，自民党を「国を平和に治めていく政党」として支持してきた．93年の衆院選の際には政権交代の必要性を感じないでもなかったが，自民党の塩谷立を職業代表と考え親近感を持ったため投票した．自民党＝政権党という意識は強く，結局選挙後も自民党が含まれる形での連立政権を望んでいる．95年参議選の時は「弱者にひびく税金」には反対で，「消費税を上げてほしくないから」と消費税据え置きを公約に掲げた新進党に投票した．新進党に対し「新しくいい所をとって正直にやってくれると思う」と，「汚職などであまり好きではなくなった」自民党に代わって寄せられた期待がそのまま投票に表れた結果である．96年・00年の衆院選では，どちらも地元出身の自民党候補である柳沢伯夫に投票している．96年には引き続き最大の争点と位置づけた消費税問題について，共産党の候補の考え方が自身に最も近いと考え好印象を持っていたが，それは投票にはつながらなかった．また00年には政権担当政党としては民主党がふさわしいと考え，比例区は民主党に票を投じている．

　支持政党としてはほぼ一貫して自民党を挙げる．これは自民党を地域の利益代表として評価しているためで，地元のために働く政治家を選出するための選挙と彼女が考えている衆議院・小選挙区においては，投票先としても自民党が安定して選択される．他方政策面や好感度の面では自民党が必ずしも最高の評価を得ているわけではなく，そのような時に参院選や比例区での投票を通じてバランスをとっているものと思われる．（下田）

B-018　候補者との個人的つながりによる自民党支持

愛知　旧4区／新11区　1940年代生まれ　男性　①中学　②200〜400万円（93年）
③建設作業員　④自治

	支持政党	選挙区	比例	拒否政党	保革
93.7	自民	浦野烋興（自民）		なし	8
94.2	（さきがけ）				NA
95.2	自民				6
95.7	自民	棄権	棄権	なし	6
96.10	自民	浦野烋興（自民）	自民	なし	6
00.6	民主	山中燁子（自民）	民主	なし	DK

　彼の投票行動で最も重要なのは，浦野烋興という候補者個人との関係である．その観点から93，96，00年の3回の衆院選と95年の参院選の行動を見てみよう．
　彼は93年衆院選の頃は自民党を支持しており，地域出身で特に関わりの深いという浦野の後援会に家族共々入っていた．そのためもあって93年衆院選では浦野に一票を投じている．そうは言っても，選挙後の勢力関係は与野党逆転を望んでおり，成立間もない3新党への好感度も高く，自民党支持も浦野の所属している政党だからという理由による弱いものであると思われる．
　95年7月，参院選が行われたが，彼は投票に行くのに何の支障もなかったにもかかわらず棄権した．政党支持もさほど強くなく，しかも衆議院における浦野のような個人的つながりの深い候補者のいないことが彼を投票所から遠ざけたのであろうか．
　96年10月，新選挙制度による初の総選挙が行われた．彼は前回93年の時とは異なり，浦野の後援会には加入していないが，それでもやはり浦野を地域出身の関わり深い候補者としてあげており，業績も評価している．政党支持としては一応自民党支持だが，自民党に対して他党より抜けた好感を持っているというわけではない．この選挙では小選挙区はやはり自民党の浦野，比例区は実績を重視して自民党に投票している．浦野が所属しているから96年衆院選の比例区で自民党に入れたとも言えよう．
　00年6月の衆院選には浦野は出馬せず，自民党からは前回96年に新進党の比例東海ブロックから1位で当選した山中燁子が立候補した．この時にはもはや浦野のいない自民党を支持しておらず，民主党を支持している．しかし，感情温度は自民党も民主党も100としており，両党に好感を持っていることがわかる．実際投票を見ても，比例区では支持する民主党に投票しているが，小選挙区では自民党の山中に一票を投じるという分割投票をしている．浦野がいなくなったことにより自民党以外も支持，投票の対象として考えるようになったということであろう．(今井)

B-019　自民党政権への信頼，安定的投票者だったが2000年には民主党に投票

愛知　旧4区／新13区　1920年代生まれ　女性　①高校　②200～400万円（93年）
③主婦　④自治

	支持政党	選挙区	比例	拒否政党	保革
93.7	日本新	浦野烋興（自民）		共	6
94.2	自民				6
95.2	自民				7
95.7	**自民**	自民		自民	社共	8
96.10	自民	大村秀章（自民）	自民	進社共	6
00.6	自民	島聡（民主）	民主	公共	8

　旧愛知4区は4議席を巡って自民3・民社・社会の有力5候補が激突，93年衆院選では民社党の伊藤英成がトップ当選，自民党現職が惜敗した．新制度下で13区に入ったが，96年衆院選では新人同士が対決し，新進党の島聡が自民党の大村秀章を僅差でかわして当選，大村は比例で復活．00年衆院選も大接戦の末に大村が民主党へ移った島に雪辱，島は比例で選出．共産党候補らは及ばず．
　支持する自民党に対して彼女は詳細にコメントをしている．伝統と厚みがあり，立派な人材が多い．長期の政権運営で経験と実力があり，これからも支持していきたいが，金と権力におぼれた面があり，国民に誠実な政治を行って欲しい，というものである．過去もずっと自民党に投票しているようだが，93年衆院選では政治改革とクリーンさ，経済政策を重視した．自民党から分かれた新生党・さきがけには冷めた見方をするが，日本新党には大いに期待するとして選挙前には投票を意図したものの，候補者がいなかったためか旧来からの自民党候補に投票した．夫と年金生活を送る彼女は，政治にいつも関心を持つが，不満気味である．共産党や社会党は思想的に支持できない拒否政党で，加えて村山政権下では「昔の社会党には芯があった．今は都合でどちらにもつく．政権に入ったとて役には立たない」と手厳しく，自民党を批判する理由に社会党と組んだことを挙げる．片や新進党は，中にはいい人もいると感じているが，最後まで様子見のまま，積極的な支持はしていない．
　規制緩和の推進も汚職が減るから賛成する彼女ゆえ，クリーンな印象の日本新党に好感を持つのも頷けるが，小ささゆえに思うようには行かないものだと連立政権の難しさを嘆き，支持の比重を自民党へ戻していくことになる．自民党単独政権の復活を望むようになり，96年衆院選では選挙区変更により自民党に支持できる候補者がいないと言うが結局自民党の大村に投票する．鳩山と菅の民主的なところが良いと民主党にも肯定的だが，彼女の自民党への信頼を揺るがすには至らないと思われた．しかし00年衆院選では，支持や政権担当は自民党に認めているにも関わらず，公明党に拒否感を抱くためか，選挙区比例区とも民主党に投票している．(国枝)

B-020 自民党支持だが不満が強く，政治への不信・無力感が強まる

三重　旧1区／新2区　1930年代生まれ　女性　①中学　②不明　③土木建設業自営→建設会社勤務（95年）→無職（96年）　④労組

	支持政党	選挙区	比例	拒否政党	保革
93.7	自民	北川正恭（自民）		共	8
94.2	新生				6
95.2	自民				6
95.7	**自民**	自民？	自民	共	9
96.10	**民主**	棄権	棄権	なし	5
00.6	自民	衣斐賢譲（自民）	民主	共保	6

　旧三重1区では，93年衆院選で自民党現職の北川正恭が彼女の住む地域では得票数トップで当選したがその後県知事となった．新2区では，96年衆院選で自民党は民主党元職の伊藤忠治を推したが，新進党新人・中川正春が当選し，伊藤は比例復活当選した．00年衆院選では民主党に移った中川が自民党新人・衣斐賢譲を破った．

　彼女は93年には夫婦だけで暮らしていたが，95年以降は子供・孫と暮らしているようだ．夫は建設関係の自営業で，子は会社勤めの技能士のようである．全体的に政治には不満である．投票は義務ではないと考えているようだ．93年には暮らし向きに満足していたが，95年には極めて不満で，96年にも満足してはいない．

　彼女は「昔から支持している」というように，基本的には自民党支持者と言える．夫など家族や親戚，仕事関係で親しい人などは，主に自民党支持者のようだ．しかし自民党に対する自由回答には「汚職を出すから嫌い」「悪いことばかり」「いい印象はない」と不満ばかりが目立つ．これが政治全体への不満にもつながっていよう．

　93年に彼女は夫とともに北川の後援会に所属しており，北川に投票した．この地域は北川の地盤であった．新党には好意的で，94年には政権形態として非自民連立を望み，95年2月にも新進党に期待を表明し，自民党と新進党の連立政権を望んだ．しかし95年参院選時には新進党に冷淡となり，自民党への好感度が最高となったが，参院選で夫が自民党候補に投票したらしいと答えており，その影響もあろう．95年参院選で実際に投票したのは自民党推薦の無所属・平田耕一だと思われる．96年にも新進党に冷たいが，代わって社民党や土井たか子，村山富市，また菅直人に好意的になっている．96年衆院選で彼女は投票したい政党がふさわしい候補を立てていないと答えており（自民党公認候補はいなかった），そのためか棄権した．

　00年には比例代表で民主党に投票した．民主党中心の連立政権を望んでおり，自公保連立の枠組みおよび森首相の「神の国」発言などに拒絶的であるが，故小渕恵三への好感度は高く，これが彼女を自民党支持につなぎとめた面もあろう．しかし以前に比べ国政への信頼は低下し，政治への無力感は高まっている．(山本)

B-021　自民への不満から新進党，民主党へ

三重　旧1区／新2区　1930年代生まれ　男性　①高校　②400〜600万円（93年）
③無職　④農協　自治

	支持政党	選挙区	比例	拒否政党	保革
93.7	自民	川崎二郎（自民）		共	8
94.2	自民				8
95.2	新進				8
95.7	（なし）	棄権	棄権	共	9
96.10	新進	中川正春（新進）	新進	共	7
00.6	なし	衣斐賢譲（自民）	民主	共	NA

　60代の男性で年金で生計を立てており，イデオロギーは保守よりである．もともとは自民党の支持者であるが，93年当時から政治に対する不満は相当に大きい．「公費にて選出され，高額な職業を与えられ就職していることを念頭に持ち，日本国，国民のために職責を完遂することが肝要」として「選挙区を見つめ」る政治家や「党利みえみえ」の政党の姿勢を批判する．このため彼は地元のことよりも国全体のために働く政治家を望んでいるが，一方で選挙では自民党候補の中でも特に郡部に強いといわれる川崎二郎に投票している．投票理由として川崎が地域との関わりが深い候補であることや住民運動の団体からの働きかけがあったことを挙げており，地元との密着性も重視しているようである．また前述のような不満にも関わらず政権担当能力の点では依然として自民党以外にふさわしい政党はないと考え，新党一般に対して革新政党に対するのと同様あまりよい印象を持っていない．

　新進党の誕生によりこれを自民党に代わって支持するようになったが，その支持は決して強いものとはいえず自民党に対するのと同様の批判を加える．政治に対する不満から投票に無力感を感じたのか，95年参院選は自分が投票しても支持する候補の当選は難しいからとして棄権した．その後民主党が登場すると鳩山由紀夫・菅直人両代表に好意を持ち，96年衆院選前にはいったん支持が移っている．しかし選挙区の民主党候補が彼のあまり好まない社会党の出身であり，社民党および"自社協力"により自民党の応援をも受けていたこともあって民主党には票が結びつかなかった．結局この選挙では政党を重視して選挙区・比例区とも新進党に投票し，選挙後は支持も新進党に戻っている．

　00年衆院選では支持政党はなしとするが，民主党に好感を持ち同党を政権担当政党にふさわしいと考えて，比例区ではこれに投票した．他方選挙区では自民党の新人候補に投票している．三重2区には民主党も候補を擁しており，しかもその候補は彼が前回の衆院選で投票した中川正春が新進党から移ってきたものであったが，この選挙では中川を回避したようである．（下田）

B-022　一貫した支持政党を持たない有権者

京都　旧2区／新6区　1950年代生まれ　女性　①高校　②600～800万円（93年）
③主婦　④自治　生協

	支持政党	選挙区	比例	拒否政党	保革
93.7	（社会）	野中広務（自民）		なし	8
94.2	社会				6
95.2	（社会）				4
95.7	自民	棄権	棄権	なし	8
96.10	（なし）	NA	NA	なし	6
00.6	なし	菱田嘉明（自民）	民主	なし	7

　旧2区は定数5，自民党の谷垣禎一・野中広務，公明党の西中清，民社党の玉置一弥，共産党の寺前巌ら強豪が並ぶ．93年衆院選では寺前が2位の野中に大差をつけてトップで当選した．選挙制度改革後は6区，新7区では．この地域を地盤とする新進党の玉置が余裕の当選を果たした．00年衆院選では民主党の玉置が比例に回った山井和則との共闘でリードしていたが，自民党の菱田嘉明が公明党の支持を取り付け逆転した．40代前半の主婦．夫は会社の管理職で，暮らし向きには比較的満足している．政治への関心は低く，一貫した支持政党もなければ，逆に拒否政党もない．

　以前は自民党に投票していたが，93年衆院選では与野党逆転を望み，とくに自民党には「再編が必要」と感じていた．しかし他を選ぶだけのきっかけがなかったのだろう，結局はいつも投票していると思われる野中に入れている．成立した細川内閣はあまり評価していないが，この頃から「労働者の代表政党」である社会党への評価が急上昇し支持政党にまで浮上した．しかし村山内閣への不満からか，やはり政治の安定と政策の実現を期待できる自民党の単独政権を望むようになる．「派閥の党」から「民主主義の政党」へと自民党評価がプラスに転じていることからも心境の変化が見て取れる．さらに自民党は地元の利益を代表してくれる存在でもあるらしい．96年衆院選以後は無党派で，選挙にもほとんど関心がない．自民党・新進党・共産党への好感度が高く，「まあ信頼できる」とする新進党に対し「理想を追いかけている」とより積極的に共産を評価している．各党の主義主張を十分把握していない彼女に共産党への抵抗感はなく，一貫した姿勢に惹かれたのかもしれない．一方で争点とする消費税問題をはじめ玉置に好印象を持っている．このことは新進党への投票意思を強めたであろうが，結果的に投票に行ったかは不明である（選挙前は新進党に投票する予定）．00年衆院選では小選挙区で自民党に，比例区で民主党に入れている．自民党と民主党の好感度に差はないことから，彼女が望ましいとする2大政党制を実現させるため分割投票を行ったのかもしれない．(内)

B-023　実績評価で自民支持．新進党の登場で脱自民路線へ移行
大阪　旧4区／新14区　1950年代生まれ　男性　①短大　②400～600万円（93年）
③印刷工　④自治　生協

	支持政党	選挙区	比例	拒否政党	保革
93.7	自民	塩川正十郎（自民）		5党以上	7
94.2	自民				7
95.2	自民				7
95.7	自民	新進		共	7
96.10	自民	中村鋭一（新進）	新進	民社共さ	8
00.6	自由	山本孝史（民主）	民主	公共	5

　旧4区は定数4,93年選挙では自民党の2人公認や日本新党の参入で激戦区となったが塩川正十郎（自民党）がトップで当選．96年衆院選では新進党の中村鋭一が前社会党参議院議員の谷畑孝（自民党）を押さえて初当選した．00年衆院選では民主党の山本孝史らが追い上げたが，比例に回った中村の保守票を得て谷畑が当選した．

　30代後半の印刷工．熱心ではないが一貫して自民党を支持し「今日の平和があるのは40年よくやって呉れた貢献が大きい」と実績を高く評価している．景気回復を早急の課題と捉えているがここでもやはり自民党に打開策を求めている．反自民の風潮が高まる中でも「若い政治家が力をつけてきているので生まれかわるのではないか」「国民にわかりやすく，日本の国を豊かにするために頑張ってほしい」と期待を持っている．彼が比較的若い上に両親が社会党支持者であるということからは意外な傾倒ぶりである．革新政党にはアレルギーがあり，新党にも当初こそ好感を持ったが信頼していない．ただ保守系の新進党の誕生で選択肢が増え，彼の投票行動に変化をもたらしている．

　93年衆院選では自民党の安定政権を望む一方で，一党優位の弊害を考慮してか与野党伯仲が良いとも感じている．ただ独自性の無さや政党としての未熟さから新党には不安で細川内閣をあまり評価していない．続く村山内閣にも社会党嫌いのため否定的で，自民・新進の連立を望んでいる．新進党には「公約を具体的に言って実行してほしい」と政権党として大いに期待し，95年参院選でも「他の人より良い」と2票とも新進党に入れている．次の96年衆院選では橋本内閣の続投・自民党単独政権の成立を望むが，投票では期待はずれと落胆しつつも新進党に入れている．谷畑が社会党出身であるのに対し中村は元アナウンサーで知名度が高く，葉書等による接触も多かったことが左右したと思われる．投票したい人（塩川か）が別の選挙区に回ったため悩んだ末の結論とも想像される．00年衆院選では完全に自民党から離れ，以前から高まりつつあった小沢一郎への好感も手伝って自由党を支持している．ただ投票では2票とも民主党に入れ，政権党としての活躍を期待している．(内)

B-024 基本的に自民党支持．自民への懲罰的意図を込めて新党にも投票
大阪 旧5区／新17区 1940年代生まれ 男性 ①短大 ②1000〜1200万円(93年)
③農業機械製造（管理職） ④商工 自治

	支持政党	選挙区	比例	拒否政党	保革
93.7	自民	中山太郎（自民）		共	6
94.2	（日本新）				4
95.2	自民				4
95.7	自民	新進	新進	共	4
96.10	自民	NA（自民）	自民	共	7
00.6	なし	岡下信子（自民）	民主	共	7

　旧5区は93年に1議席増えたため自民党は2人公認を行ったが，元外相の中山太郎のみ当選した．日本新党推薦の長谷川俊英（無所属）は落選した．選挙制度改革後は17区．96年衆院選では新進党の西村真悟（元民社党）が2度目の当選を果たした．自民党からは岡下昌浩が再挑戦していた．00年衆院選では激戦区となったが，公明票の獲得に力を入れた自民党の岡下信子が民主党の尾立源幸らに競り勝った．
　彼は基本的に自民党を支持しており，長年の実績から政策能力や実践力に信頼を置いている．ただ自民党への不満と新党への期待から浮気する傾向がある．
　93年衆院選では比較的好感を抱いていた自民・民社・公明の3党の連立政権を望むなど「議席数が減れば」と自民党の一党優位に否定的である．そのため党首や政策に好感を覚えたこともあって日本新党を支持し「しっかりのびて行ってほしい」と期待するようになる．実際の投票では日本新党推薦の長谷川になじみがなかったためだろう，従来から投票しており厚い信頼を置いている中山に投じている．細川内閣には職業柄重視していたWTO交渉でのコメ部分開放の決定に不満であるが，全般的には良い評価を与えており連立政権の継続を望んでいる．ただ期待外れだったのか日本新党に対しては「特に関心がない」と早々に冷めてしまっている．
　95年参院選では自民党支持だが，同じく好感を抱く新進党に「変化を求めて」投票し，新進党・さきがけの連立政権を理想としている．自民党に「自己満足に陥っている，自己改革を進める必要あり」「権力を利用したがる」と感じたため新進党に「これからの政策能力を期待」したようである．しかし自民党に危機感を与えたことで満足したのだろう，96年にはやはり自民党単独政権が好ましいと自民党支持に戻っている．選挙区で西村に強い好感を抱いていたにもかかわらず自民党の岡下に投票したのは候補者よりも自民党にこだわったからだろう．しかし00年衆院選では支持政党はなく，比例区で民主党に投じている．与野党伯仲状況での自民党政権を望んでいることから，自民党の1人勝ちを抑制するための分割投票と思われる．(内)

B-025 中央政界では非自民．だが地元選挙区では有力2候補の間で揺れ動く
兵庫　旧5区／新5区　1930年代生まれ　男性　①高校　②200〜400万円（93年）
③農業（96年）　④自治

	支持政党	選挙区	比例	拒否政党	保革
93.7	自民	谷洋一（自民）		共	6
94.2	**新生**				4
95.2	新進				5
95.7	社会	その他	社会	共	4
96.10	**社民**	吉岡賢治（自民？）	社民	共	1
00.6	民主	吉岡賢治（民主）	民主	※	※

　93年衆院選．兵庫5区は4人が争い，自民党公認の谷洋一と無所属で社会・民社・社民連・日本新党推薦の吉岡賢治が当選した．96年衆院選，兵庫5区は自民党の谷，民改連公認で新進・民主・公明の推薦を受けた吉岡，共産党の前田均が立候補し，谷が当選を果たした．00年衆院選も谷が民主党から出馬した吉岡らを破った．
　彼は地方自治関係の役職も務めている．それゆえに政治と深く関わり合いを持っており，政治への関心も高い．彼はここ数年来の政治の現状に対して批判的な感情を抱き，政治の刷新を希求している．特にこの調査を通じて自民党に対する評価がことのほか厳しく，政治腐敗の元凶であるととらえている．それゆえに望ましい政権像には，非自民連立もしくは新進党単独政権を挙げていた．
　彼の地元選挙区からは谷と吉岡という2人の代議士が選出されていた．彼は常に，補助金獲得や様々な問題解決に尽力してくれそうな者に谷を，考えが近い者に吉岡を挙げており，両者とも高く評価している．彼は93年までは継続して吉岡に投票していた．だが93年衆院選では谷に初めて投票している．彼は国政全般で活躍する政治家よりも地元利益に尽力してくれる政治家のほうを優先して投票すると答えており，谷に投票したのは彼が地元や職業利益のほうをより重視したからなのかもしれない．一方96年衆院選は吉岡に投票している．彼は吉岡を勤労者の代表と認め，選挙の重要争点に挙げた「行政改革」についても吉岡と考えが近いとしていた．また吉岡の後援会にも加入していた．96年は自分の信条により近い吉岡のほうにより思い入れが強かったのかもしれない．
　96年衆院選の比例区では彼は社民党に投票している．これまで期待していた新進党の評価が下がり，民主党に対してもまだ期待が持てなかったため，以前より好感を持っていた社民党に投票したものと思われる．00年衆院選では，民主党を支持するようになった彼は，選挙区，比例区とも民主党に投票した．(福間)

B-026 分割投票や野党への投票を行う自民党支持者
鳥取 旧全県区／新2区 1930年代生まれ 女性 ①短大 ②800〜1000万円（93年） ③無職 ④農協 自治

	支持政党	選挙区	比例	拒否政党	保革
93.7	自民	平林鴻三（自民）		共	7
94.2	自民				6
95.2	自民				6
95.7	自民	新進？	自民	共	7
96.10	自民	山内功（新進）	自民	共	6
00.6	自民	山内功（民主）	民主	共	8

　93年衆院選での鳥取全県区は5人が立候補し，自民党の公認をもらえず無所属で立候補した石破茂がトップで当選し，残りの議席は自民党の平林鴻三，相沢英之，社会党の野坂浩賢が獲得した．96年総選挙での鳥取2区は自民党の相沢が新進党の山内功らを破った．00年衆院選でも相沢が民主党から出馬した山内を破った．

　彼女は自民党支持者ではあるが，その支持強度は以前から弱く，しかも自民党の金権腐敗ぶりが露呈されるにつれ自民党に対するイメージが悪くなっていった．だが93年衆院選においては政治改革を望みながらも同時に政局の安定も欲しており，結局はこれまでにも投票してきた自民党の平林鴻三に一票を投じた．

　細川政権が誕生すると，彼女の自民党に対する心証はさらに悪くなり「あまりに金にまつわる悪い面が多く，吐き気を催します．脂ぎった年配の方には退職願いたいです」と手厳しく批判している．その一方で日本新党の実力を高く評価し，期待をかけるようになった．

　その後村山内閣や新進党が誕生すると，彼女は自民党には「派閥を整理し，すっきりして国民のために働くこと」，新進党には「何をしようとしているのか，どこへ行こうとしているのか分かりにくい」と述べていた．それが95年参院選の頃になると自民，新進ともに彼女の評価は回復した．参院選では，選挙区では「細川さんに期待し」て新進党（おそらく推薦の）候補者に一票を投じ，一方比例区では「自民党にはもう一度がんばりなさいの意味で」自民党に投票している．

　96年衆院選では「消費税」を選挙の重要争点に挙げ，これをめぐって彼女は自民党よりも新進党の方によい心証を持ち，選挙区では新進党の山内に投票した．しかし比例区では地元利益を考慮して自民党に投票した．

　00年衆院選では，彼女は自民党に政権担当能力を認め，自民党中心の連立政権を望んだ．だが森内閣は評価するが，自公保という連立枠組みはあまり評価しなかった．自民党を支持するものの民主党のほうにより好感を持っていた彼女は，国会内での与野党伯仲を望んだのか選挙区，比例区とも民主党に投票した．(福間)

B-027 選挙区は自民に,比例区は民主に

岡山　旧1区／新2区　1940年代生まれ　男性　①大学　②800～1000万円（93年）　③コンサルタント　④商工　自治

	支持政党	選挙区	比例	拒否政党	保革
93.7	自民	逢沢一郎（自民）		社民共	9
94.2	さきがけ				8
95.2	自民				4
95.7	自民	自民	自民	進共	7
96.10	自民	熊代昭彦（自民）	民主	なし	8
00.6	自民	熊代昭彦（自民）	民主	公共保社	7

　93年衆院選では社民連代表の江田五月,自民党の逢沢一郎,平沼赳夫,熊代昭彦,公明党の日笠勝之が当選した.96年衆院選は自民の熊代が当選し,次点だった民主党の中桐伸五は比例区で当選した.00年も熊代が当選した.

　93年衆院選では,彼は自民党の逢沢一郎に投票している.その投票要因に彼は政党を挙げているが,彼の選挙区には複数の自民党候補者が立候補しており,彼が自らの投票行動を決する際に候補者要因も大きく作用したと思われる.逢沢に対する感情温度は知名度の高い江田に次いで二番目に高く,自民党候補者の間では最も高かった.

　選挙後発足した細川内閣を彼はさほど評価していない.政権の一翼を担う新生党,日本新党に対しても良い印象を抱いていない.自民党については「長老政治はそろそろ終わりとし,国民の声にもっと素直に耳を貸すべきだ」と,野に下ったことへの反省を促している.彼は新党さきがけの政治姿勢に期待を抱き,さきがけを中心とした政権を望んでいた.だが94年6月に村山内閣が誕生し自民党が再び政権に返り咲くと,彼も再び自民党を支持するようになった.それに対し,94年の年末に誕生した新進党については「わけのわからない政党」「小沢さんと宗教色の強い政党」と述べて低い評価しか与えていなかった.95年参院選では「支持する政党だから」という理由で選挙区,比例区とも自民党に投票している.

　96年衆院選.彼は選挙区では自民党の熊代に投票しているが,比例区では民主党に一票を投じている.その理由として彼は「自民単独ではおもしろくない」と述べている.選挙前彼は菅代表に好印象を抱いており,自民党と民主党の連立政権を希望していた.彼は自民党が中心となって政権運営することにより政治の安定と効率性を求めているが,自民党単独政権だと国民の声に耳を貸さなくなる恐れがあるので,政権の応答性を高めるねらいで民主党にも政権の一翼を担って欲しいと思ったのではなかろうか.00年衆院選でも与野党伯仲下での自民党政権を望んでいたため,票を使い分けて選挙区では自民の熊代に,比例区では民主党に投票した.(福間)

B-028　自民党や政治に対してシニカルな自民党支持者

広島　旧2区／新5区　1930年代生まれ　男性　①中学　②600〜800万円（93年）
③建築板金業　④商工　自治

	支持政党	選挙区	比例	拒否政党	保革
93.7	自民	谷川和穂（自民）		共	8
94.2	自民				7
95.2	自民				7
95.7	(DK)	棄権	棄権	なし	8
96.10	自民	池田行彦（自民）	自民	共	8
00.6	なし	佐々木修一（民主）	民主	公保	3

　彼の在住する地域は旧広島2区にあたり，中川秀直，谷川和穂，池田行彦，増岡博之ら自民党勢が激戦を繰り広げていた．しかし，新広島5区になってからの96年衆院選では，自民党は池田のみとなり，その池田を追う形で，社民党から民主党に移党した森井忠良が立候補したが，結局池田が勝利を収め，00年衆院選でも池田が民主党の新人佐々木修一を抑えて当選した．

　彼は，建築板金の会社に勤める60歳代前半の男性である．彼は，89，92年の参院選で社会党に投票しているものの，基本的には自民党支持者であり，自民党を支持する商工業関係の団体と，谷川と増岡の後援会に加入している．彼は93年衆院選以降安定して自民党を支持し，自民党およびその候補者に投票してきたが，詳しく見てみると，必ずしも自民党に対する愛着があって支持しているとは言いがたい面もあり，00年衆院選では支持政党なしとなり，自公保の枠組みを批判し，小選挙区・比例区ともに民主党に投票している．彼は，感情温度は他の政党より自民党を高くつけているものの，自由回答では自民党を「金権政党」と批判し，93年衆院選後の調査では自民党に投票しているものの，与野党逆転を望んでいる．

　自民党以外の党に対しても，社会党に対し「ただ反対反対言うだけの政党」と批判し，公明党を「宗教団体の政党」と評価したり，日本新党に関しても「どっちつかずではっきりしない」政党であるとしている．政治家に対しても，当選したらすぐ国民のことを考えなくなるとし，国の政治は国民全体のためというよりも大組織の利益に奉仕していると考えている．

　このように，彼は自民党支持者で安定的に自民党に投票しているものの，自民党自体や政治全般，政治家についてはシニカルな見方を持っている有権者であるといえる．(石高)

B-029　93年以降自民党への牽制や他党のリーダーの魅力で支持を移した有権者

広島　旧2区／新5区　1930年代生まれ　男性　①短大　②400～600万円（93年）
③タクシー運転手→無職（96年）　④労組　自治

	支持政党	選挙区	比例	拒否政党	保革
93.7	**自民**	池田行彦（自民）		社民共	6
94.2	（なし）				7
95.2	新進				6
95.7	（なし）	社会	社会	共	7
96.10	民主	森井忠良（民主）	民主	他	7
00.6	自民	佐々木修一（民主）	民主	公共	7

　彼の在住する地域は旧広島2区にあたり，自民党勢が激戦を繰り広げていたが，新広島5区になってからの96年衆院選では，自民党は池田行彦のみとなり，その池田を追う形で，社民党から民主党に移党した森井忠良が立候補したが，結局池田が勝利を収め，00年衆院選でも池田が民主党の新人佐々木修一を抑えて当選した．

　彼は，60代の元タクシー運転手である．自己のイデオロギー認識は比較的保守的で，中川と池田の後援会に加入し，基本的に自民党を支持していたが，自民党以外の政党に関して，その政党のリーダーが頑張っているように見えれば肯定的に評価をし，93年以降支持・投票政党を変化させている．

　彼の投票行動を具体的に見てみると，93年衆院選では自民党に投票し，自民党に対する好意度も高い．政策的にも自民党寄りの考えを持ち，農業を守るため農作物の輸入自由化に反対し，非軍事的な分野にこだわっていては十分な国際貢献は出来ない，としている．しかし，細川政権末期の94年2月調査頃からだんだん傾向が変わってくる．ふだんの支持政党はないと答えるようになり，自民党に対する評価は下がり，95年調査では新進党を支持するようになる．さらに95年参院選では，「村山さんががんばっているから」という理由で社会党へ投票している．自民党に投票していた93年衆院選の時点で与野党逆転を望んだり，自民党について「少しおごりが過ぎた」と警鐘を鳴らしている点から，自民党に対する牽制の意識がこのような投票行動の理由の一つと考えられる．

　加えて彼は，元来，政党よりも候補者個人を重視して投票しており，ある政党に対する好意度が低い場合でも，その党のリーダーが頑張っている様子であれば代表個人に対しての好意度は高く，村山に対しても彼がその時点で首相として頑張っているから応援してあげよう，という気持ちになったのだろう．そして，96年衆院選では菅直人に好感を持ちはじめ，民主党に投票し，00年衆院選でも引き続き民主党に投票している．彼は，政策やイデオロギーよりもむしろ政治家個人の人柄を中心に投票行動を変化させる有権者であるといえよう．(石高)

B-030 民社党系労組の推薦

愛媛 旧2区／新3区 1930年代生まれ 男性 ①中学 ②1000〜1200万円（93年）
③会社事務→製造業勤務（95年）→職業訓練校（96年） ④労組 自治

	支持政党	選挙区	比例	拒否政党	保革
93.7	社会	NA（自民）		公共	4
94.2	社会				4
95.2	（なし）				6
95.7	社会	新進？	新進	なし	5
96.10	（なし）	藤田高敏（社民）	新進	なし	DK
00.6	民主	藤原敏隆（民主）	民主	公	5

旧愛媛2区は定数3, 93年衆院選で自民党は村上誠一郎, 越智伊平, 小野晋也と3人の候補を擁立した. 社会党当選8回の藤田高敏は彼の住む地域を地盤としていたが僅差で落選し, 自民党が3議席を独占した. 96年衆院選で藤田は社民党から立候補し自民党の小野に大差で敗れている. 00年衆院選でも自民党の小野が民主党の藤原敏隆, 社民党新人の藤田高景を大差で破った.

彼は会社勤めだったが, 調査期間中に退職した。現在は夫婦で暮らしている. 政治にはあまり関心を持っていなかったが, 次第に関心を持つようになった. 93年衆院選では政府に景気対策を望み, 自民党と社会党の連立政権の誕生を希望している. 社会党には「はっきりした政策を打ち出す」と好感を持ち支持していたが, 選挙では「汚職腐敗体質」と嫌っていたはずの自民党の候補に投票した. どの候補者に投票したかは不明だが, 労組が自民党の村上を支持していたため村上に投票した可能性が高い. 村上を支持した労組は民社党系だった可能性がある.

「以前は社会党を支持していたが, 政権を担当して昔の社会党らしさがなくなった」と社会党の変質を嘆く一方,「自民党政治がよい」「自民党が政権をとった方がよいかもしれない」と自民党の政権担当能力を評価している. 95年参院選では, 選挙区で新進党・公明推薦の民改連候補に, 比例区で新進党に投票し, 96年衆院選でも比例区で新進党に投票した. 95年参院選のときには新進党に「会社の推薦」があり, 96年衆院選では消費税問題における同党の立場を好感を持ったようである. しかし, 新進党の政策には「言っていることが本当なのか」と疑問を感じていた.

96年衆院選で選挙区は「地元の人だから」との理由もあり, 社民党の藤田に投票した. 選挙前調査で彼は一応社民党を支持政党にあげたが, むしろ自民党や新進党に好感を持っている. 選挙後には支持政党をなくし, 00年には民主党を支持した. もともと公明党はあまり好きではなかったが, 00年調査でも公明党を嫌っている. 自公保連立政権はあまり支持していない (鍋島)

B-031　過疎地域に住む自民党支持者

愛媛　旧3区／新4区　1920年代生まれ　男性　①短大　②200～400万円（93年）
③無職　④なし

	支持政党	選挙区	比例	拒否政党	保革
93.7	**自民**	西田司（自民）		なし	8
94.2	自民				9
95.2	（さきがけ）				8
95.7	自民	自民	新進	共	6
96.10	自民	山本公一（自民）	自民	なし	6
00.6	自民	山本公一（自民）	民主	共	6

　旧愛媛3区は定数3人，93年衆院選では自民党から西田司，山本公一，高橋英吾の3人が立候補し，社会党からは田中恒利が立候補した．山本は彼の住む地域で圧倒的な支持を受けており，西田，山本，田中が当選した．96年衆院選で西田は比例区に回り，自民党の山本公一が大差で新進党新人候補を破った．00年衆院選でも，山本は共産党候補を大差で破っている．民主党は候補者を立てなかった．

　彼は基本的に自民党支持者であり，93年以前の選挙でも大体自民党に投票していた．彼の住む地域は過疎地域であり，高速道路建設などの「交通・産業」問題が選挙の重要争点だと考えているが，地元に利益を誘導する政治家よりも国全体の問題で活躍する政治家に投票したいと考えている．何かの退職者会に入っており，その退職者会のつながりで自民党を支持していた．選挙区では毎回山本に投票する一方，比例区では新進党や民主党に投票するなど分割投票をすることもある．

　94年になって自民党は「政権政党としては力は大いにあるが，どうも野党となって理屈が多く，好感が持てなくなった」として，あまり支持しなくなった．もしも選挙があったときは非自民連立候補，とくにさきがけの候補者に投票したいと考えている．95年2月調査では無党派になり，さきがけに好感を持った．

　95年参院選では退職者会の義理で選挙区は自民党候補に投票したが，変化を求めて比例区は新進党に投票した．自民党の政権担当能力はこの時期でも高く評価しているが，新進党も「やがてよくなる」と考えている．96年衆院選でも自民党を評価しているが新進党には失望しており，民主党に期待を寄せ始めている．鳩山由紀夫や菅直人に好感を持ち民主党は「希望がもてる」と思っていた．

　00年衆院選で彼は自民党を支持し，選挙区は自民党に投票したが比例区は民主党に投票した．自公保連立枠組みはあまり支持しておらず，民主党にも好感を抱いている．国旗国歌法や通信傍受法には賛成したが，自民党は少し保守的すぎるので民主党の立場が自分の考えと近いと感じたようである．（鍋島）

B-032 自民党の政権担当能力を認めつつ、民主党に好感を持つ

愛媛　旧3区／新4区　1930年代生まれ　男性　①高校　②200〜400万円（93年）
③無職　④なし

	支持政党	選挙区	比例	拒否政党	保革
93.7	**自民**	山本公一（自民）		NA	8
94.2	自民				7
95.2	自民				8
95.7	（なし）	自民	自民	共	7
96.10	自民	山本公一（自民）	民主	なし	5
00.6	民主	山本公一（自民）	民主	なし	9

　旧愛媛3区は定数3人，93年衆院選では自民党から西田司，山本公一，高橋英吾の3人が立候補した．社会党からは田中恒利が立候補し，西田，山本，田中が当選した．山本は彼の住む地域で圧倒的な支持を受けている．96年の衆院選では西田は比例区に回り，自民党の山本が大差で新進党新人候補を破った．00年衆院選でも，山本は共産党候補を大差で破っている．民主党は候補者を立てなかった．
　93年衆院選で彼は自民党を支持していた．政治には強い関心を持ち，保守的である．候補者の所属する政党よりもその人柄を重視して投票しており，自民党の山本と話や握手をしたり，山本陣営から投票依頼を受けたりしたことがある．
　自民党は「戦後50年近い政権を担当し，現在の日本の発展を築いてきたキャリアがある．悪い一面もあるが，全体ではよかったと評価する」と考えていたが，95年参院選になって自民党に距離を置いている．選挙は「昔からのよしみ」で選挙区，比例区とも自民党に投票しており，自民党単独政権の成立を望んでいたが，自民党には「良いところも悪いところもある」と思うようになった．
　96年衆院選では再び自民党を支持しているが，「上から押しつけているのでよくない」と感じている．彼が重要な争点だと考えている消費税問題，憲法改正問題でも自民党の政策を支持していない．彼は「生活面で困る」との理由で消費税税率の据え置きを求め，憲法問題については護憲の立場をとった．党首では土井たか子と菅直人の評価が高く，民主党に好感を持っているが「言っていることは良いことだが，本当にできるのか」と実行力にやや疑問を持っている．彼は小選挙区で自民党の山本に投票し，比例区は民主党に投票した．彼の周囲でも民主党のことが話題になっていたようだが，メディアにも影響されたらしい．
　00年衆院選で彼は民主党を支持し，小選挙区は自民党に，比例区は民主党に投票した．ただし，彼は自民党の政権担当能力を認め，与野党逆転よりは与野党伯仲状態の自民党政権を望んでいる．選挙当時の自公保連立枠組みは支持していない．(鍋島)

B-033　自民党の安定的支持と投票が結びつかない例
大分　旧1区／新1区　1920年代生まれ　女性　①高校　②400～600万円（93年）
③主婦　④自治

	支持政党	選挙区	比例	拒否政党	保革
93.7	自民	衛藤晟一（自民）		共	9
94.2	新生				10
95.2	自民				8
95.7	自民	社会	新進	共	8
96.10	自民	村山富市（社民）	自民	共さ	7
00.6	自民	釘宮磐（民主）	民主	公共	10

　旧大分1区は，93年衆院選では社会党の村山富市，自民党の衛藤征士郎と衛藤晟一，新生党に移った畑英次郎の4現職が当選．日本新党候補は届かず．小選挙区下の新1区は，96年では前首相となった村山と衛藤晟一が争う構図．村山が圧勝し，衛藤は比例復活．00年には村山が引退．社民党の推薦を得た民主党の釘宮磐が僅差で当選．衛藤は公明・保守の推薦を得るも議席を奪えず．共産は毎回伸びず．
　いつも政治に関心を持つとする彼女は，従来からの自民党の支持者であり，調査以前は自民党に投票してきている．その自民党観は，「党利党略すぎる」面があるものの，「平和でよい」「国のために良い方向にしてくれる」とおおむね肯定的であり，好感度も常に一番高い．細川政権時に新生党を支持するとした以外は全て自民党支持と答え，政権担当能力も自民党が最も優れるとしている．93年衆院選は個人を重視して，大体いつも投票し後援会にも属していた衛藤晟一に票を投じた．しかしこの後，政党支持は自民党でほぼ安定しているにも関わらず，彼女が実際に自民党に票を投じたことは1回しかない．95年参院選では，選挙区は首相である村山の地元なので社会党候補に，比例区は自らに強い支持がないことと仕事の関連で新進党に投票した．96年衆院選では比例区こそ自民党に投票したが，選挙区は個人を重視して，後援会にも加入した社民党の村山に投票し，更に00年衆院選では選挙区・比例区とも民主党に票を投じている．
　自民党以外を見ると，まず社会党，共産党など革新系政党に対する好感度はいつも低い．また諸新党には総じて慎重で，わからない，判断できないとのコメントが多く，94年に支持するとした新生党に対してもそうである．また新進党は一時好感度が高まるが，不統一で自分のために動くとし，自民党（国のため）と好対照をなす．彼女は決して自民党以外の党を支持しているわけではないのである．他党に投票しつつも自民党中心の政権の存続を望んでおり，自己の政党支持と投票とを結び付けて考えてはいないようである．自民党を支持しつつも投票にあたってその時々の政局を敏感に感じ，候補者個人を毎回吟味選択しているようである．(国枝)

B-034 社会党を離れて新進党,民主党へ
大分 旧1区／新1区 1930年代生まれ 男性 ①高校 ②1200～1400万円(95年) ③技術者 ④労組 自治

	支持政党	選挙区	比例	拒否政党	保革
93.7	社会	NA（自民）		なし	3
94.2	社会				6
95.2	(新進)				4
95.7	社会	社会	さきがけ	共	4
96.10	新進	村山富市（社民）	新進	共	4
00.6	民主	釘宮磐（民主）	民主	公共	4

　旧大分1区は,93年衆院選では社会党の村山富市,自民党の衛藤征士郎と衛藤晟一,新生党に移った畑英次郎の4現職が当選.日本新党候補は届かず.小選挙区下の新1区は,96年では前首相となった村山と衛藤晟一が争う構図.村山が圧勝し,衛藤は比例復活.00年には村山が引退.社民党の推薦を得た民主党の釘宮磐が僅差で当選.衛藤は公明・保守の推薦を得るも議席を奪えず.共産は毎回伸びず.

　彼は従来から社会党の支持者であると思われる.労組加入の影響がうかがわれ,自らの職業利益を代表する政党であると一貫して考えていた.だが,政界再編の波に飲まれた社会党に次第に失望していく様子が顕著である.支持するとしながらも社会党への好感度はさして高くなく,93年衆院選では迷った末に候補者を重視して自民党候補に投票している.非自民連立政権を評価はしているが,94年調査では社会党に対し「何でもかんでも反対でなく,もっと国民のための考えに変える」よう諫め,また党内のまとまりのなさを嘆く.その後は村山政権の発足も冷めた目で眺め,「以前に帰ってほしい」「期待できない」とのコメントが続き,96年には支持政党でもなくなってしまった.

　自民党は,保守的で改革がされない旧体制の党との印象を持つ彼は,新党に好感を抱く.細川政権下の新生党に対して「大政党になって日本の政治を変えてもらいたい」とし,政権担当党として新進党が最適と考えるようになる.一方で自社さ政権下のさきがけにも「ちがう戦が見え」るとして改革を期待し,95年参院選比例区では一票を投じている.96年衆院選では,選挙区は候補者を重視して後援会にも加入した社民党の村山に入れたが,比例区は支持政党であり所属組合も推薦した新進党に投票した.小沢一郎への好感度も高い.ただ,政治改革に関して,新進党の「少し」に対し,結成直後の民主党には「かなり」期待するとしており,00年衆院選時には民主党を支持するに至った.釘宮の後援会にも加入し,選挙区比例区とも民主党に投じた.理想的な政権形態も民主党中心連立政権と答えており,社会党に代わる受け皿として新進党を経て民主党に落ち着いたと言ってよいだろう.(国枝)

B-035 党首や候補者といった人的要因で投票する例

鹿児島　旧3区／新5区　1920年代生まれ　男性　①中学　②〜200万円（93年）③無職　④なし

	支持政党	選挙区	比例	拒否政党	保革
93.7	自民	山中貞則（自民）		NA	10
94.2	日本新				5
95.2	（さきがけ）				5
95.7	自民	社会	さきがけ	共	DK
96.10	民主	山中貞則（自民）	さきがけ	共	6
00.6	なし	山中貞則（自民）	民主	公	4

　旧鹿児島3区は自民党が議席を独占することが多かった地区である．定数2だった93年衆院選でも自民党の山中貞則，二階堂進の両氏が当選．小選挙区の鹿児島5区は旧3区とまったく同じ範囲である．二階堂の引退後は山中の独壇場となった．96年は自由連合・共産を，00年は自由連合・民主らをおさえて山中が圧勝している．

　宗教団体に恐怖を覚え，公明党に対しては嫌悪感を持つ．その嫌悪感は相当なもので，公明党を取り込んだ新進党について彼は95年参院選時点の調査で，新進党の評価欄に一言「公明党」と書き不支持の理由とした．全体を通して争点に関する各党の姿勢についてあまり理解していない点や，ほとんどの争点をあまり重要でないと位置付けている点をみると，政策や争点は重視していないと思われる．

　彼の支持政党や投票政党は様々に変化している．94年の調査では政治改革関連での自民党の態度に嫌気がさし，日本新党へ支持を移した．95年2月には武村正義への個人的愛着からかさきがけに好感をもち，7月の参院選では自民党支持と答えながらも比例区ではさきがけに投票した．そして96年の衆院選直後の時点では菅直人に対する支持から民主党を支持するに至る．00年は無党派となっているが，民主党による政権を望むなど同党に対する好感は維持している．彼の支持政党変化の大きな理由となっているのが党首個人に対する感情であることがわかる．この個人重視の思考は，彼の住む地域が山中の地盤となっていることもあって小選挙区投票にも現れている．彼は調査の対象となった全選挙の選挙区投票理由を，人柄の重視などの候補者本位としている．このことは95年参院選と96，00年衆院選において投票した政党が小選挙区と比例区とで分かれたことに対する説明ともなろう．

　ただ，支持政党と比例区での投票行動（意図）は毎回異なっているが，その理由は党首個人の人柄重視という事では説明しきれない．名簿に着目しているわけでもないので候補者個人への支持からの行動でもない．比例区で投票している政党にも好感を持っていることは確かなのだが．（高園）

第4章

C類型：自民党投票(93)－他党投票(00比例)

解題　　　　　　　　　　　　　　　　　　　　　　　　　　東　健太郎

1. はじめに

　この章で取り扱うのは，93年総選挙で自民党の候補者に投票し，かつ00年総選挙の比例区で自民・民主以外の政党に投票した，あるいは棄権したC類型のサンプルである[1]．この類型に属するサンプルは28，全サンプル（473）の5.9％にあたる．00年総選挙比例区での投票別に見ると，自由党または社民党に投票したのがそれぞれ8人，共産党に投票したのが4人，白票を投じたのが2人，選挙自体を棄権したのが6人である．

　93年総選挙で自民党の候補者に投票したと回答したのは全サンプル中179で，C類型はそのうち15.6％を占める．また，00年総選挙の比例区で他党に投票または棄権したサンプルは183で，C類型がそのうち15.3％を占めることになる．

2. 定型分析

　まず男女別に見ると，男性15人，女性13人である（男性53.6％，女性46.4％）．これは全体の男女比（男性56.0％，女性44.0％）と大差無い．

　平均年齢は93年時点で52.7歳と，全体の平均53.8歳と大差無いが，年代別に見ると全体と比べて，40代と60代がやや多く，50代が若干少ない．

　教育程度は，大卒者の割合で見ると7.1％と，全体の13.7％に比べてかなり少ない．

　職業は93年時点で見ると，全体と比べて勤めがやや少なく，主婦や無職が若干多い．収入は全体に比べてやや低めで，年収1000万円以上の者は3人（10.7％）と，全体の14.8％をやや下回る．イデオロギー認識の平均値は，全体のそれと比べてやや保守寄りに推移している（図4-1）．

3. 00年総選挙における全般的な傾向

　00年総選挙は，自民党が大きく議席を減らした選挙として記憶される．その原因として特に挙げられるのが，自公保連立や森首相の一連の発言に対する有権者の反発である．以下，C類型におけるこれらの要因の影響を見る．

　C類型のうち，00年において自民党を支持しているのは8サンプル．96年の18サ

図4-1　保革イデオロギー変遷

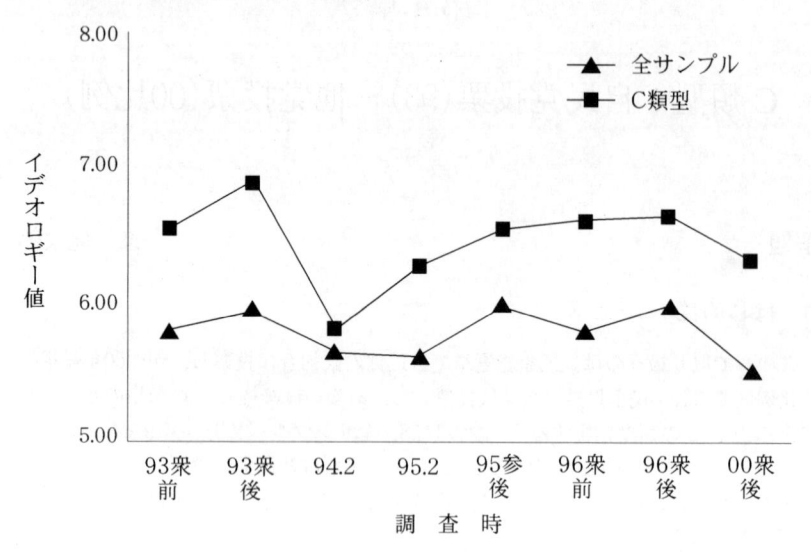

縦軸：イデオロギー値
横軸：調査時（93衆前, 93衆後, 94.2, 95.2, 95参後, 96衆前, 96衆後, 00衆後）
凡例：全サンプル（▲）、C類型（■）

　ンプルと比べて大きく減少している．

　00年の調査において，政党や政治家に対する感情温度，および小渕・森政権の業績評価などの項目において有意な回答を行っているのは，C類型のうち17サンプル．この中で与野党逆転を望んでいたサンプルは無いが，与野党伯仲を望んだ者は13人に上り，政権担当に適任の政党として自民党を挙げる者は8人しかいない．自民党に対する感情温度の平均は47.6度と，A類型の平均72.3度に比べてかなり低いものになっている．

　更に，森首相，および公明党に対する好感度はそれぞれ29.1度，18.5度と極めて低い．政権の業績についても，「神の国」「国体」発言と自公保連立に批判が集中している．自民党の足を引っ張っているのが，森発言や自公保連立に対する猛烈な反発であることがよく分かるだろう．これらの項目について00年に有意な回答を行っていない11サンプルの中にも，過去に公明党を拒否政党に挙げている者が多い．

　以下，最初に96年以前の政党支持によるグループ分けを行う．次にこのグループ分けを参考にして，00年の総選挙比例区における投票政党別に概観する．これを通して，96年以前の政党支持と00年の投票行動の間の関係が明らかにされる．

4. 96年以前の政党支持によるグループ別

　ここでのグループ分けに際しては96年以前の支持変遷に着目しており，00年の政党支持は考慮に入れていない．これは前述のように，5. との関係上，96年以前の支持変遷が00年の投票行動といかなる関係にあるかに主眼を置いているためである．

なお，支持変遷を見る際には，支持政党，あるいは好感を持てる政党としてどの政党を掲げているか，それだけを基準とする．この方法だと，回答における支持政党と，実際に最も好意を抱いている政党が食い違うような例も出てくるわけだが，そのような場合は各項でそれぞれ説明する（表4-1）．

表4-1　グループ別サンプル一覧

グループ	該当サンプル
①96年まで自民	C-002, C-004, C-006, C-007, ***C-014***, ***C-016***, ***C-017***, C-018, C-021, C-026, C-028
②「自民→新党など→自民（96年）」	C-005, ***C-009***, ***C-011***, ***C-012***, C-013, ***C-022***, C-023, C-025
③「自民→他党（96年）」	C-001, ***C-003***, C-024, C-027
④その他	C-008, C-010, C-015, C-019, C-020

太字かつ斜体は00年に自民支持

（1）96年まで自民支持で一貫（①グループ，11サンプル）

このグループは，96年までほぼ一貫して自民党を支持，あるいは好意を寄せており，他党を支持政党に挙げなかったサンプルである．彼らのほとんどは，96年まで自民党に投票し続けた．93年の新党ブームに際しても，7人が自民党の安定多数を望んでいる．

皆が新党に拒絶的というわけではなく，新党ブームに影響された者も多い．C-007やC-026は最初は新党に期待を寄せたものの，小沢一郎や創価学会に対する反発のため，期待を裏切られたと感じた例である．一方，C-004・C-016・C-021のように，新党に対する好意と自民支持が並存するサンプルもある．しかし新党への期待が自民支持を覆すには至らなかったという点に鑑み，とりあえず②グループとは区別して扱う．

いずれにせよ，新党ブームではさして揺るがなかったこのグループでも，00年には自公保連立や森首相に対する著しい不満を表明しているサンプルが多い．支持政党として自民党を挙げる者も3人に激減した．

なお，特異な例としてC-006がある．彼は自民支持とは言いながら，共産党の区議の世話を受けたという義理で95年以降は共産党に投票し続けているサンプルである．

（2）1度自民党から離れるが，96年までに自民支持に戻る（②グループ，8サンプル）

このグループは，93年以降に1度でも新党などを支持政党に挙げたものの，96年までには再び自民支持に戻ったサンプルである．自民党を離れた際の支持政党は，新進党（C-005・C-009・C-023・C-025）とそれ以外の政党（C-011・C-012・C-013・C-022）に大別出来るが，後者のサンプルも一概に新進党に拒絶的というわけではな

い，いずれにせよ彼らのうち6サンプルが96年総選挙で小選挙区・比例区ともに自民党に投票しており，他の政党に投票したのはC-005のみであった．

②グループの多くは，93年の時点で与野党の伯仲や逆転を願っていた．しかし，93年の時点における彼らの自民党に対する好感度は57.5度．①グループの平均61.0度と比較して若干低いが，②グループが自民党に対して著しく否定的だったとは言えない．「(自民党は) 長すぎて傲慢になり過ぎた．今回自覚を促すために下野してほしい」(C-012) というコメントに示されるように，彼らが望んだのはあくまでも自民党に対する牽制であった．それ故，自民党に対する好感度が決定的に落ち込む例は少なく，新党などへの支持も短期的なものに止まったのである．

ただし，自民党から一旦離れた際の政党支持と，00年の投票行動には関係が見られる．新進党，および小沢一郎に支持ないし好意を寄せた経験のある者には自由党に投票した者が多いのに対し，これに対して否定的だったC-013やC-022は，社民党を投票先に選んだのである．これに関しては，5. で言及する．

(3) 93年以降自民を見捨てる (③グループ，4サンプル)

このグループは，かつては自民党を支持していたが，93年に投票したのを最後に自民党から離れたサンプルである．C-001は新進党・自由党，C-024は社会 (社民) 党に支持を変え，C-027は揺れを見せたものの，00年には自由党を支持している．

なお，C-003は新生党を経て新進党に支持を移したサンプルであるが，96年には自民党に対する好感が新進党のそれを上回るまでに回復した．要するに②グループに極めて近いのだが，この時点では新進支持を止めず，総選挙でも新進党に投票している．00年の調査では自民支持に戻っているが，同年の総選挙でも比例区では自由党に票を入れた．

(4) その他 (④グループ，5サンプル)

①～③の基準に該当しない5サンプルがこのグループに入る．C-008は93年当時は無党派で，それ以後は日本新党・さきがけ・民主党と支持を変えている．C-019は旧社会党支持者であったが，93年総選挙では例外的に，選挙報道の影響で自民党に投票した例である．

他の3サンプルは無党派層と言える．00年総選挙でC-010は社民党に投票したが，C-015，C-020の2人は棄権した．

5. 00年総選挙比例区の投票行動による分類 (表4-2)

(1) 自由党

C類型のうち，00年総選挙の比例区で自由党に投票したのは8サンプル (全体で自由党に投票した36サンプルのうち22.3%)．

表4-2 各総選挙における投票政党

93年中	96年比	00年比	該当サンプル
自民	自民	自由	② C-011, ② C-012, ② C-025
自民	新進	自由	③ ***C-001***, ③ C-003, ② ***C-005***
自民	共産	自由	③ ***C-027***
自民	棄権	自由	① ***C-004***
自民	自民	社民	④ C-008, ② ***C-013***, ① C-017, ② C-022, ① C-028
自民	社民	社民	③ ***C-024***
自民	民主	社民	④ C-010
自民	棄権	社民	④ ***C-019***
自民	自民	共産	① ***C-007***, ① ***C-018***
自民	共産	共産	① ***C-006***
自民	NA	共産	① C-026
自民	自民	白票	① C-002
自民	白票	白票	② C-009
自民	自民	棄権	① C-014, ④ C-015, ① C-016, ② C-023
自民	棄権	棄権	④ C-020, ① C-021

丸数字はグループ．太字かつ斜体は00年の支持政党と比例区投票政党が同じ．

　大半を占めるのは，93年以降，少なくとも1度は自民党を捨てた②③グループである．①グループのC-004も，自民支持と並行して新進党にも好感を抱いていた．要するに，新党に目もくれず自民支持で一貫していたが00年に一転，というサンプルは無いのである．つまり，自公保連立や森首相に対する反感で自民党への投票を避けた際，かつて新進党や小沢一郎に期待を寄せた名残で自由党を投票先に選んだと考えられる．00年において自由党および小沢一郎に対する好感度の欄で有意な回答をしている5サンプルの平均値は，前者が78.0度，後者が81.0度と著しく高い．

（2）社民党

　C類型のうち，00年総選挙の比例区で社民党に投票したのは8人（全体で社民党に投票した50サンプルのうち16.0%）．

　この中で，96年以前に社民党を支持していたのはC-019・C-024の2人．C-019は旧社会党時代からの支持者．C-024は93年までは自民党を支持していたが,その後は護憲意識のため社会党を支持するようになったものである．他に,C-008は新党を経て民主支持に至ったサンプルだが，00年の比例区では民主党でなく社民党に投票した．

　それ以外，①②グループに属する4サンプルは，96年には基本的に自民党を支持

していた者が，00年総選挙の比例区で突如として社民党に投票した例である．無党派と回答しているものの，ほぼ一貫して自民党に投票し続けていたC-010もこれに準じて見なすことが出来る．興味深いことに，96年以前には彼らは社民党に好感を持っているどころか，概して否定的である．それでは，00年の投票先に社民党を選んだのは何故だろうか．

96年のデータを見ると，8サンプルの社民党に対する感情温度の平均は39.4度と低い．しかし土井たか子に対する感情温度は61.2度と，党に対する感情温度と比べて圧倒的に高くなっている．00年のデータが無いため推測に止まるが，党首の土井個人に対する好感が，社民党への投票に大きな役割を果たしたと考えられるのである．それは，「（社会党は嫌いでも）村山さんと土井さんは好き」(C-017) というコメントに象徴されていよう．

なお，憲法改正問題と社民党への投票に相関があるのではないかと予想して調べてみたが，これら8サンプルに限って言えば改憲派も複数おり，特に相関は見られなかった．もちろん，前述したC-024のように護憲意識が極めて強い者もいる．

なお，全サンプル中で社民党に投票し，かつ憲法改正問題について回答している42サンプルを見ると，護憲派が29サンプルと69.0%を占めている．また，全473サンプルのうち比例区で社民党に投票したのは50サンプル（10.6%）に過ぎないが，護憲派の116サンプルに絞れば社民党への投票が29サンプル（25.0%）を占めるなど，全体的に見れば，憲法改正問題と社民党への投票にはある程度の関連が存在するようである．

（3）共産党

C類型のうち，00年総選挙の比例区で共産党に投票したのは4人（全体で共産党に投票した31サンプルのうち12.9%）．いずれも①グループに属する．

この中には前述のC-006のように，共産党の区議の世話になったのが投票理由という特異なサンプルも存在する．しかし他の3人は，これまで自民党に投票し続けていたが，自公保連立などへの反感から，共産党に投票するという唐突な観のある行動に出たのである．特にC-007・C-018の2人は小選挙区・比例区ともに共産党に投票した．C-018の場合，かつては共産党の「主義主張が日本にあわない」と批判していたが，00年には選挙区に公明党以外には共産党と自由連合しか候補がいなかったため，受け皿となり得た共産党に強い好感を覚えたらしい．

（4）白票

00年総選挙で，小選挙区は投票したのに比例区で白票を投じたサンプルが2つある．C-002の場合は自民党に対する不満の表明らしく，小選挙区では民主党に投票している．C-009は単に比例区の制度を嫌っているのが理由で，96年，00年続けて比例区でのみ白票を投じているものである．00年の支持政党は自民党で，小選挙区でも

これに投票している．

（5）棄権

C類型のうち，00年総選挙で棄権したのは6サンプル（全体で棄権した26サンプルのうち23.1％）．彼らには一般的に政治的無関心の傾向が見られ，これまでも棄権が多いことから，特に自民党への反感から棄権したわけではないかもしれない．ただし，C-020は00年に拒否政党として公明党を挙げており，自公保連立に対する嫌悪が棄権を後押しした可能性も捨て切れない．他の多くも公明党に対する評価はあまり芳しいものではなく，自公保連立に対して明確に好意的なのはC-014だけである．

なお，小選挙区と比例区それぞれの投票政党に何らかの関係はないかと探ったが，下の表を見れば分かるように，顕著な特徴は見当たらない．

表4-3　00年の投票政党

00小	00比	該当サンプル
自民	自由	③ ***C-003***, ① C-004, ② ***C-012***
	社民	④ C-008, ② C-013, ① ***C-017***
	白票	② ***C-009***
民主	自由	③ C-001, ② C-011, ② ***C-025***
	社民	④ C-019, ③ C-024
	共産	① C-026
	白票	① C-002
比例区に同じ	社民	④ C-010, ② C-022
	共産	① ***C-006***, ① ***C-007***, ① ***C-018***
不明	自由	② C-005, ③ C-027
	社民	④ C-028

太字かつ斜体は00年の支持政党と小選挙区投票政党が同じ

6. まとめ

00年総選挙では，自公保連立や一連の森発言に対する非難が集まり，自民党への批判票が野党に多く流れた．それらの主な受け皿となって躍進を果たしたのが，最大野党である民主党であった．しかし，民主党以外の政党に流れた批判票も確実に存在する．中でも，少数政党として凋落が予想されていた自由党や社民党が確実に票を集めて一定の地歩を確保したことは，意外とも受け取られた．このC類型は，自民党からこうした民主党以外の他党に流れたサンプルの集積と言える．そこで，彼らが何故民主党ではなく，別の政党に投票したのかという観点から分析すること

で,本章の結びとしたい.

00年の調査で政党や政治家に対する感情温度,および小渕・森政権の業績評価などの項目において有意な回答を行った17サンプルの感情温度の平均は民主党44.1度,鳩山由紀夫34.4度.比例区で民主党に投票した全サンプルの平均(それぞれ65.6度,

図4-2 野党・党首の感情温度

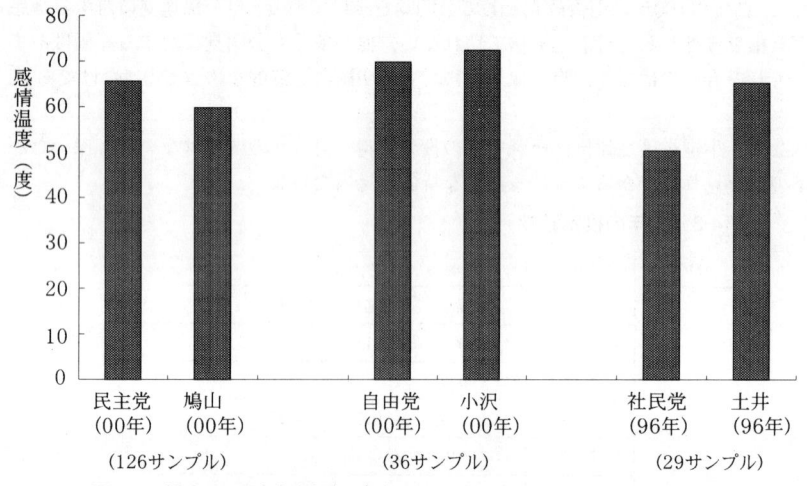

図4-3 望ましい政党制(00年)

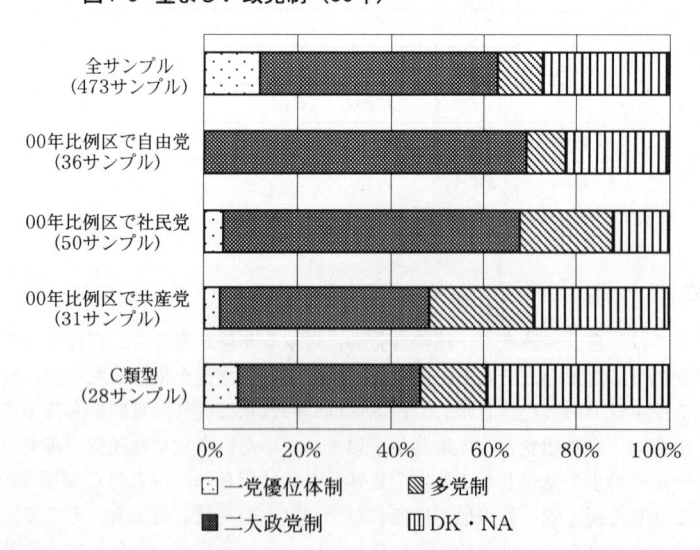

59.8度）を大きく下回る．更にに次のグラフを見てみよう．

　図4-2は，全473サンプルのうち，00年比例区で民主・自由・社民の各党に投票したそれぞれのサンプルの，党および党首に対する感情温度の平均である．先に5.（2）でもC類型中の8サンプルだけを対象に述べたが，社民党においては土井党首の好感度が党のそれよりもかなり高い[2]．自由党の場合でも党首の好感度が党を若干上回る．これに対して民主党の場合，鳩山党首に対する好感度は党に対するそれを下回っている．つまり，自民党に反発を感じても民主党にはいまいち馴染めない層が，党首への好感に引かれる形で自由党や社民党に投票したという**構図**が成り立つと考えられる．

　ただし図4-3から分かるように，C類型を含め，これらの政党に投票したサンプルも，少数政党の分立する多党制を望ましいと考えている人々は決して多いわけではなく，多くはむしろ二大政党制を好ましいと感じている．このような彼らの志向からすると，党首の人気に頼る少数政党の行方は依然，不安定なものに止まらざるを得ないのではないだろうか．

（1）　ただしC-021は93年総選挙で自民党に投票したと回答しているが，投票した候補者として挙げたのは新生党の候補である．類型化の基準として93年総選挙で回答した投票候補者の所属政党ではなく回答した政党名を用いているため，C-021はI類型ではなくC類型に入っている．以下ではこれも分析に含める．
（2）　社民党および土井たか子のデータは，96年のものであることに注意．

C-001　小沢と同郷ということもあって新進・自由支持

青森　旧1区／新3区　1930年代生まれ　女性　①高校　②200〜400万円（93年）
③主婦　④自治

	支持政党	選挙区	比例	拒否政党	保革
93.7	新生	NA（自民）		民	7
94.2	日本新				7
95.2	新進				8
95.7	新進	新進	新進	なし	7
96.10	新進	田名部匡省（新進）	新進	民社	8
00.6	自由	田名部匡代（民主）	自由	共社	8

　旧青森1区での93年衆院選では，自民党現職の田名部匡省（選挙後に新生党に移籍）・大島理森・津島雄二と社会党の新人今村修が当選し，日本新党から出馬した山崎力は落選した．現3区での96年衆院選は，自民党の大島，新進党の田名部という現職同士の一騎打ちを大島が制し，民主党から田名部匡省の娘である田名部匡代が出馬した00年衆院選も大島の勝利に終わった．

　彼女は93年衆院選の前には自民党を支持していたが，その金権体質に嫌気が差し，「新しい政治」「新しい日本」を期待して新生党や日本新党などを支持するようになった．新進党になってもその支持は一貫して続き，新進党政権の成立を待ち望んだ．小沢一郎と同郷というのも新進党に好意を寄せた理由の1つで，新進党が解党した後は自由党に支持が移っている．

　他方，93年の時点では彼女は一連の新党の他に，社会党にも一定の好感を示していた．しかしやがて，社会党は急激に否定の対象となっていく．もともと彼女は社会党を「組織労働者だけの味方」と感じており，「働く人皆の味方になって慾しいと思います」との希望を抱いていたが，その体質は一向に改善されたように見えなかった．更に自民党と連立して村山政権を成立させ，新進党の前に立ち塞がったことも，「せっかく新しい世（政治）になろうとしたのにまことに残念」と感じ，社会党への反発は強まる一方であった．96年以降は社民党を拒否政党として挙げるに至っている．

　96年には民主党も拒否政党に挙げられているが，これは社民党と同じと見なされたためであろうか．00年衆院選の小選挙区では田名部に投票しているものの，民主党に対して否定的なことには変わりない．この時期には自民党に対する好感度もやや回復し，大島個人に対する評価も高いのだが，それでも自民党を避ける形となったのは，一連の森発言や自公保連立への反発によるものと考えられる．(東)

C-002　強固な自民党支持が生活の変化を経て崩れた有権者

宮城　旧2区／新5区　1930年代生まれ　男性　①中学　②400～600万円（93年）
③工業労働者→時間労働の作業員（96年）　④自治

	支持政党	選挙区	比例	拒否政党	保革
93.7	自民	大石正光（自民）		なし	DK
94.2	**自民**				NA
95.2	**自民**				6
95.7	**自民**	自民	自民	共	NA
96.10	自民	二見剛（自民）	自民	進	5
00.6	NA	安住淳（民主）	白票	※	※

　彼は96年頃に，正規雇用の労働者から別の業種の時間労働へと職を変えたようである．妻と未婚の子と暮らしている．政治への関心はやや低い．暮し向きにはどちらかといえば満足していたが，96年には少し不満を感じるようになった．

　彼は96年衆院選後の調査まで，一貫して自民党を支持していた．「選挙権を持ってから変わってません．信頼してますから他の党に移る気持ちはありません」と揺るぎない信頼感を表明している．政権担当能力（適任）政党として常に自民党のみを挙げ，政権形態としても，わからないと答えた以外はいつも自民党単独政権を望む．また，無回答の調査時を除くと常に自民党への好感度が最高である．

　他党に関しては，特に新党に対して拒絶的である．「みんな勝手に色々党を作って日本はどうなるのか」（日本新党），「そっちについたりこっちに来たりコロコロ変わるのがいや」（新進党）といった印象が少なくとも96年まで続く．社会（社民）党や共産党に対しては，当初拒否感を示すが，95年頃からは社会党に「少しは好意を持っている」，共産党に「共産党も必要だ」などと部分的に認めるようになる．なじみのない新党の活躍に反発して革新政党であっても既成の社会党・共産党を見直した，あるいは自社さ連立の成立に影響されて社会党を見直したのかもしれない．

　93年衆院選での自民党・大石正光への投票には，知人から働きかけがあった．彼の住む地域では，自民党候補の中で大石が最も強かったことに注意すべきであろう．96年衆院選では，会社から投票の働きかけがあったようだ（どの候補への働きかけかは不明）．自ら妻・親戚・仕事関係の人・友人に二見への投票を働きかけ，また彼の家族が二見の後援会に加入しており，直接話をするなど二見との接触は多い．

　彼の自民党への支持は強固に見えたが，00年には自民党候補に辛勝した民主党の現職・安住淳に投票した．96年頃に職を変え，暮らし向きにやや不満になり，それが彼の思考や行動の変化につながったとも推測できる．比例代表で投じた白票，あるいは支持政党の問いへの無回答は，彼の複雑な心中の表現なのかもしれない．(山本)

C-003　農家の視点から新進党を支持　解党後も自由党には好感

茨城　旧2区／新4区　1930年代生まれ　男性　①中学　②200～400万円（93年）
③農業　④農協　自治

	支持政党	選挙区	比例	拒否政党	保革
93.7	新生	塚原俊平（自民）		共	6
94.2	**新生**				5
95.2	新進				6
95.7	**新進**	新進	新進	共	7
96.10	新進	斎藤全一郎（新進）	新進	共	7
00.6	自民	梶山弘志（自民）	自由	※	※

　旧茨城2区における93年衆院選では，自民党の梶山静六・塚原俊平，社会党の大畠章宏という3人の現職が揃って当選し，日本新党から出馬した新顔候補の斎藤全一郎は落選した．96年衆院選では塚原・大畠らが5区に回り，現4区においては梶山が，新進党から出馬した斎藤を圧倒的な票差で破った．00年衆院選では静六の長男弘志が地盤を受け継ぎ，共産党の候補に圧勝した．

　彼は自分を保守寄りと見ており，共産党を常に拒否政党として挙げているが，政治的意見として護憲や軍拡反対を主張するなど，いわば穏健保守と呼べる態度である．もともとは自民支持者であり，塚原の後援会に所属してこれに投票していた．農家という彼の属性を考えてもこのような態度に違和感は無い．

　しかし93年を境に彼の意識は変化を見せる．すなわち，政治改革に失敗した宮沢内閣に失望し，自民党は「大資本主義だから，中小企業とか農民にはよくない」との不満を抱いてこれまでの投票行動を続けることに躊躇するようになったのである．また彼は農家として農産物の輸入自由化に反対の立場だが，自民党は自由化寄りと考え，自分の立場に近いのは新生党であると認識している．結局選挙本番では塚原に投票したものの，同時に彼は支持政党として新生党を挙げるに至ったのであった．「大いに期待する」というその支持姿勢はそのまま新進党に引き継がれる．新選挙区において塚原の選挙区が自分と別になったという事情も，自民離れを後押ししたと考えられる．

　ところが96年には，依然として新進党を支持してはいるものの，自民党に対する好感が新進党に対するそれを上回るようになっている．また候補者の要素についても，同年の衆院選では梶山の勝利は明らかであり，更に梶山が地元の利益に貢献しているとの印象も無視出来ないものであった．このときは結局，小選挙区・比例区の双方で新進党に投票したものの，解党後の00年には自民支持に戻っている．ただし比例区で自由党に票を投じているのは，新進支持の名残が今でも続いていることを示していよう．(東)

C-004　保守寄りだが，棄権が多く，自民党への投票は少ない

千葉　旧3区／新12区　1950年代生まれ　男性　①高校　②800～1000万円（95年）
③電気工事店　④商工　農協　自治　住民　生協

	支持政党	選挙区	比例	拒否政党	保革
93.7	自民	中村正三郎（自民）		公共	9
94.2	自民				6
95.2	自民				4
95.7	（自民）	棄権	棄権	なし	7
96.10	自民	棄権	棄権	社	7
00.6	自由	中村正三郎（自民）	自由	※	※

　彼が住む地域は旧千葉3区（定数5）で，自民4人，社会1人であった．93年衆院選でも変化はなく，中村正三郎ら自民党現職3人と，社会党現職1人，自民党現職だった浜田幸一の息子の靖一とが当選した．個々の政治家の地盤がしっかりとしており，浮動層の少ない地域であるといえる．96年衆院選では千葉12区となり，中村との間でコスタリカ方式を採用した浜田が，民主党と共産党の新人を抑えて当選した．00年衆院選では，浜田と交代して中村が当選した．
　彼は基本的に自民党を支持している．自民党の基本理念に共鳴するところが大きく，自民党がその名に掲げる「自由」や「民主」主義，また資本主義を守っていかなくてはならないと考えているようである．94年調査では「金権体質・派閥を解消して古い世代（体質）のボス達がどれだけ変われるかみていきたい」「もっともっと分裂して欲しいし，自民党内での右派・左派も明確にすべきだ」と自民党に対する希望を述べており，権力の上にあぐらをかかず，清潔で透明感のある政党へ変化していって欲しいと願っている．
　新党に対する好感度は，自民党よりは低いが比較的高いといえる．中でも新進党の評価が高く，95年7月には政権担当能力も認めている．民主党には「正体不明」としながらもまずまずの好感を抱いている．他，社会党には「時代遅れ」，公明党には「宗教的」，共産党には「個人的には頭のいい人もいて好感が持てるが，怖い政党」「いまだに共産主義」と厳しい．
　投票行動をみてみると，支持政党なしである95年参院選では支持する候補者がいないとして棄権している．96年衆院選も棄権している．しかし，00年衆院選では自由党を支持し，比例区では自由党に投票している．小選挙区は自由党候補がいなかったためか，自民党の中村に投票している．その時々の政治の状況を見ながら，保守政党の中から選択しているようである．(村上)

C-005 保守政党を好み，揺れながらも小沢一郎についていく有権者

東京　旧2区／新4区　1950年代生まれ　男性　①短大　②600～800万円（93年）
③ビルメンテナンス　④自治　生協

	支持政党	選挙区	比例	拒否政党	保革
93.7	自民	石原慎太郎（自民）		5党以上	7
94.2	自民				8
95.2	新進				8
95.7	新進	棄権	棄権	さ	8
96.10	自民	仲田明子（民主）	新進	社	9
00.6	自由	NA	自由	公共保社	NA

　彼が住む地域の93年衆院選では，抜群の知名度の石原慎太郎（自民）などが当選した．96年には東京4区となり，元自民党で無所属の新井将敬が，新進党の候補者がいない中で，民主党の仲田明子らに大差をつけて当選した．00年衆院選では自民党の森田健作が公認を得られなかったが当選を果たした．

　彼は投票義務感が強く，政治的関心も比較的高いが，政治満足度は非常に低い．イデオロギーは保守的で，政権交替可能な2大政党制を望んでいても，自民党に対抗する政党には保守的な政党を求めている．

　彼は自民党を支持し続けてきたが，95年調査で新進党支持にまわり，一時自民党支持に戻ったものの，その後小沢一郎について自由党支持になっている．

　自民党への好感度は継続して高いが，自民党内の政治腐敗や官僚・財界との癒着に対しては憤慨し，批判している．新党に対する期待は大きく，新生党について「自民から出てきた人達なのでやる気があるのではないか．政権を取るのではないか」と評価し，特に小沢一郎に対して好感を持ち，「小沢さんの企画力を評価する」と述べている．さきがけに対しては，「少数政党ゆえに力がない」と評価が低い．

　新進党が結成されると好感を持ち，支持する．しかし，自民党への好感度も新進党と同程度に持ち続けている．彼は新進党を「第2自民党」と評しており，新進党を政策やイデオロギー的には自民党とそう変わらない党と感じている．自民党支持から新進党支持に変わったのは，新進党と小沢に新鮮さを感じ，新しい政治を実行していってくれるのではないかという期待を持ったからではないだろうか．

　96年衆院選では「どの党に投票するか迷った」としており，支持政党を自民党としながらも比例区では新進党，小選挙区では民主党に投票している点にその迷いが見て取れる．00年衆院選でも小沢への評価は高く，自由党を支持し，比例区では自由党に投票している．自由党候補のいなかった小選挙区については回答がなく，分からない．公明党，保守党を拒否政党にしており，自公保連立政権への評価は低い．政権形態としては自民党と自由党の連立を望んでいるようである．(村上)

C-006 共産党区議に世話になり，自民党を支持しつつも共産党に投票

東京　旧5区／新10区　1930年代生まれ　男性　①高校　②200～400万円（95年）
③無職　④なし

	支持政党	選挙区	比例	拒否政党	保革
93.7	自民	小林興起（自民）		公	6
94.2	自民				5
95.2	自民				7
95.7	自民	共産	共産	なし	6
96.10	自民	中野顕（共産）	共産	なし	6
00.6	共産	山本敏江（共産）	共産	公由	6

　彼が住む地域の93年衆院選では，新党ブームの影響で現職は振るわず，自民党現職の小林興起も別の自民党候補と票を分け合い次点に終わった．96年衆院選では自民党支持票を一本化した小林が，共産党の中野顕などを抑えて返り咲きを果たした．00年衆院選でも小林が，共産党の山本敏江などを破った．

　彼は60代の男性で，妻と子供と暮らしている．無職なので年金で生活していると推測される．彼は毎回選挙に足を運んではいるが，自らの持つ一票の力は小さいと感じており，政治的関心も低い．また，各党の政策や印象についても「わからない」と答えることが多い．

　自民党に対する信頼は厚く，長年の政権担当政党としての実績を評価し，安心感を感じているようである．彼は自民党支持者であったが，投票行動に目を向けると必ずしも自民党に投票しているわけではない．93年衆院選では自民党の小林に投票しているが，95年参院選，96年衆院選ともに，共産党に投票している．その理由として「区議の人に世話になり，その人が共産党だから」と答え，また共産党について「弱いものの味方になってくれる」と述べている．ただ，96年衆院選前の調査では共産党を「好きじゃない」と言っており，共産党に好意を持っているというよりは，世話になった区議に恩義を感じて投票していると考えるべきかもしれない．

　既成政党・政治家の汚職や不正を憂慮しつつも，自民党を支持しつづけた背景には，日本の民主主義に対する誇りを持っていることなどが関係しているのではないだろうか．しかし，そこに強い思想は感じられず，世話になった区議を思って共産党に投票する姿には，平和な時代に政治よりは生活や人間関係を大切にする一人の市民としての彼の姿が浮かび上がってくる．

　そして，00年衆院選時には支持政党も共産党に変わり，小選挙区，比例区とも共産党に投票している．ただ，政権担当政党としては自民党を適任としており，自民党を中心とする連立政権を望んでいる．(村上)

C-007 反小沢・反創価学会ゆえの消極的自民党支持型

東京　旧11区／新25区　1960年代生まれ　女性　①短大　②800～1000万円（93年）
③主婦　④自治　宗教

	支持政党	選挙区	比例	拒否政党	保革
93.7	自民	伊藤公介（自民）		生	9
94.2	**自民**				7
95.2	自民				7
95.7	自民	棄権	棄権	進	6
96.10	自民	石川要三（自民）	自民	進	8
00.6	共産	鈴木拓也（共産）	共産	※	※

　3世代家族で東京都の郊外に住む30代の女性で，短大卒の主婦である．
　93年衆院選は新党ブームをうけ伊藤が大差をつけトップ当選し，石川は定数5の中に入れず落選した．その後，96年・00年衆院選と石川は東京25区で当選を果たす．ちなみに00年衆院選の次点は民主党候補であり，彼女が投票した鈴木はその次であった．
　イデオロギー的には保守であるが，小沢一郎に対して強い嫌悪感を抱いている．またいわゆる"小さな政府"には否定的である．終始一貫して自民党支持を表明しているように，現状維持的な傾向を示しているが，政治に対しては不満を抱いている．93年時には日本新党にも好意を抱いていたが，細川政権に対しては小沢が主導しているとして失望しており田中真紀子や橋本龍太郎に大きな期待を寄せつつ自民党の政権復帰を望むようになる．但し，汚職のイメージについて言及してもいるように，無条件に自民党を支持しているわけではない．強烈な反小沢・反創価学会思想ゆえに新進党は拒否政党となり，消去法で自民党を支持している面もあるようだ．
　社会党に対しては政治改革への対応に不満を抱いていたが，自民党と連立政権を形成すると村山富市に好意的となり，社会党に対してやや好感度が増した．もっとも，改憲に賛成する政党として社会党を挙げるなど，必ずしも各党の政策を正しく認識しているわけではない．
　96年に至るまでは，95年参院選の棄権を除き自民党に一貫して投票している．小選挙区制のもとでの投票に際しては，政党を重視して投票しており，小選挙区・比例区とも自民党に投票したが，候補者自身に対しては満足していない．
　00年衆院選では共産党支持となり，小選挙区・比例区とも投票した．もともと消去法で自民党を支持していたに過ぎないのでさして驚くことではなかろう．ただ，なぜ民主党ではないのかという疑問は残る．反創価学会思想の強さによるものと推測したい．いずれにせよ，連立を組む相手によって原理・原則の軸を動かさざるをえない自民党は見限られて当然かもしれない．(原)

C-008　比例区でも支持政党は関係せず

神奈川　旧3区／新12区　1940年代生まれ　男性　①高校　②600〜800万　（95年）
③技能工　④労組

	支持政党	選挙区	比例	拒否政党	保革
93.7	（日本新）	甘利明（自民）		なし	5
94.2	日本新				8
95.2	さきがけ				6
95.7	さきがけ	棄権	棄権	共	6
96.10	民主	原田尚武（民主）	自民	進	DK
00.6	民主	桜井郁三（自民）	社民	なし	10

　彼の住む地域の衆院選を見ると，93年衆院選では彼が投票した自民党の甘利明は議席を守った．96年衆院選では自民党の桜井郁三が新進党の江崎洋一郎や民主党の原田尚武との新人同士の争いに勝利した．しかし，00年は民主党に移った江崎が桜井に雪辱を果たした．

　彼は，93年当初支持政党がなく，その後日本新党，さきがけ，民主党と支持政党を移行させている．そこに共通するのは新しさであり，また新鮮さを失った政党には好意を示さなくなっている．これら新党に彼自身新しさ以上の印象を持っていない．既成政党にはより多くの印象を持っているにもかかわらずである．新党は印象があまりないからこそ悪い部分が見えず，新党でも印象がわく程度に時が経てば，悪い部分が見え始め，そっぽを向けるのだろう．

　投票行動をみると，93年衆院選は甘利に投票している．人物本位で決めたようだ．支持政党がなかったことも影響しているのであろう．甘利のイメージアップは選挙広報によるらしい．95年参院選は棄権した．他に用事があったようであり，投票義務感があまりないことからそちらを優先させている．続く96年衆院選では当初，加入する労組が支持し自らも支持する民主党の候補者がいなかったので，地元の人間でありよく見かける桜井への投票も考えていた．しかしその後，民主党の原田が立候補するや，大苦戦が伝えられながらも投票している．この候補者が若く民主党のイメージにマッチしたことも投票の一因であろう．一方，比例区では名簿に注意して実績のある顔ぶれのそろったと考える自民党に投票している．00年衆院選では，小選挙区は自民党の桜井に投票している．後援会に参加するなど，桜井には親近感を覚えているようであり，彼が政党を移ったとしても彼に投票すると答えている．一方比例区は社民党に投票している．この00年も先の96年も政党を選ぶはずの比例区の投票で支持政党はあまり影響していない．社民党に関して言えば，以前は「労働者の党」という親近感がありながらも，「言行不一致」というイメージが付きまとっていた．最近の独自路線でそのイメージが払拭されたのかもしれない．(金子)

C-009　比例代表嫌いで，依頼を受けて，自民党や新進党へ

新潟　旧2区／新4区　1920年代生まれ　男性　①中学　②600〜800万円（93年）
③農家　④農協　自治

	支持政党	選挙区	比例	拒否政党	保革
93.7	**自民**	岩村卯一郎（自民）		共	8
94.2	**自民**				9
95.2	新進				8
95.7	新進	新進	白票	なし	6
96.10	自民	渡辺秀央（新進？）	白票	社	8
00.6	自民	栗原博久（自民）	白票	社	7

　彼が生まれてから70年以上住んでいる地域の93年衆院選は，栗原博久など3人の新人が当選し，自民党の岩村卯一郎など2人の現職は落選するという波乱に満ちた選挙戦であった．96年衆院選では，無所属から自民党に入党した栗原，旧新潟3区で当選した民主党の坂上富男，新進党や公明の推薦を受けた元郵政相の渡辺秀央との争いになったが，栗原が2選目を果たし，坂上は比例区で復活当選した．その後，渡辺は98年参院選で当選した．00年衆院選では栗原が3選目を果たした．
　彼は農業を営んでいて，政治的関心はそこそこあり，96年衆院選時には家族が渡辺の後援会に入っているため葉書が送られてくるなど，政治と接点を持っている．
　彼の投票政党は支持と連動している．支持政党は当初「歴史がある」自民党であり熱心に支持していたが，細川非自民連立政権を評価したことで，政権担当能力を持つのは自民党だけ，という意識はなくなった．そして新進党を，自民党の対抗勢力というよりも，「若いし新しい党でこれから活躍する党」だと考えて支持し，自民党と新進党の連立政権を望むようになった．
　その後，新進党を「ちょっと新しいので実際はやれるかやれないか，支持するかまだよくはわからない」と思うようになり，自民党をまた支持するようになる．ただ，イデオロギーは保守的であり，自民党と新進党の連立政権を望む姿勢は変わらない．96年衆院選で渡辺に投票しているのは，家族が後援会に入っており，加えて後援会の知り合いに投票を依頼されたからであるが，渡辺を推薦しているのが前年まで支持していた新進党であったことも，投票を後押ししたのであろう．
　他党については，一時期拒否政党であった共産党を「なかなかいいことは言うが，日本には急進的すぎる」としたり，一時期投票意図政党であったさきがけを「新しいことは言うが数が少ないので力が発揮できない」としている．そして，共産党を「これは野党として残っていてもわるくはない」とまで述べるようになった．
　なお，「比例代表はきらい」として，白票を投じ続けている．（水野）

C-010　支持政党はなく，候補者を重視して投票

富山　旧2区／新3区　1920年代生まれ　男性　①中学　②200〜400万円（93年）
③無職　④なし

	支持政党	選挙区	比例	拒否政党	保革
93.7	社会	萩山教嚴（自民）		共	5
94.2	（なし）				4
95.2	（なし）				3
95.7	**自民**	自民	自民	共	9
96.10	（なし）	綿貫民輔（自民）	民主	社さ	4
00.6	なし	湊谷道夫（社民）	社民	公保由	4

　彼女が住む地域は自民党の地盤であり，93年衆院選では3議席を自民党が独占した．96年衆院選では，現職3人のうち萩山教嚴，橘康太郎は比例区に回って当選し，選挙区では元自民党幹事長である綿貫民輔が圧勝して10選目となった．00年衆院選でも，社民党の湊谷道夫などを綿貫は破り，萩山，橘も比例区で当選した．

　彼は70歳を越え，もう仕事はせず，夫婦で暮らしている．政治的関心はいつもあるようである．葉書が送られてきたり，候補者と握手するなど，候補者との接触もある．退職し年金生活で時間があるからか，ニュース番組を多く見ており，信頼できる番組はないとは言うものの，政党観に一定の影響を与えている．

　実際の投票において，選挙区では過去の実績を見て投票しており，00年衆院選で社民党の湊谷に投票した理由も同様である．周りから投票の働きかけを受けたり，候補者（萩山）と握手したことも，投票に影響を与えていると思われる．比例区では民主党にメディアを通して親しみをおぼえ，政権担当能力を認めて投票している（96年衆院選）．

　支持政党は特になく，無党派層の一人と言えそうである．政治不信は強く，自民党を「有言不実行の党」，「金権の味が忘れられず」，社会党を「内部分裂でまとまりがない」，「自分の政権にすがっている」，新進党を「口先だけでうまいことを言っている」などと，どの党にも厳しい評価を与え，好感度もおしなべて低い．望ましい政権像については，当初非自民党政権を挙げていたが，自民党の政権担当能力を認めるようになり，その後は自民党と他党との連立政権を考えることが多い．ただ，00年調査では自公保連立政権を全く評価しておらず，自民党には投票していない．

　政党イメージを問う自由回答欄では，「金権体質」「官僚支配」「保守政治」などの単語がマイナスイメージとして使われていて，そういうものが嫌いなようである．（水野）

C-011 政党で絞って，候補者をよく見て投票

石川　旧2区／新3区　1930年代生まれ　男性　①高校　②1400万円〜(93年)　③飲食店　④商工　農協　自治

	支持政党	選挙区	比例	拒否政党	保革
93.7	自民	瓦力（自民）		共	7
94.2	さきがけ				6
95.2	(NA)				NA
95.7	(なし)	新進？	白票	共	8
96.10	自民	瓦力（自民）	自民	社共	7
00.6	自民	池田健三郎（民主）	自由	公	5

　彼が生まれてから60年ほど住む地域は，定数2を自民党が独占しており，93年衆院選では瓦力が8選，坂本三十次が10選を果たしている．96年衆院選では瓦と，新進党と公明の推薦を受けた矢田富郎とが，お互いに10万票近くとりながら差が2000票あまりという激戦を繰り広げ，瓦が勝ち残った．比例区に回っていた坂本も当選した．00年衆院選では，瓦が民主党の池田健三郎などに圧勝した．

　彼は飲食店を営んでおり，3世代で暮らしているからか，世帯収入も多い．政治にはやや不満であり，投票には毎回行っている．

　彼は投票決定要因を候補者としているが，そうは言っても，社会党は「すきでない」，公明党は「宗教団体で好きでない」，共産党は「きらい」と述べており，政党によって選択肢を絞った後に，候補者を見ているようである．93年衆院選では「新鮮味を感じる」と評価していた日本新党からは候補者がいなかった．

　95年参院選では「馳候補（自民党推薦）はタレントで政治家としてはしろうと」と述べ，プロレスラーである馳浩ではなく，新進党推薦の栗森喬に投票した．そのまま比例区でも新進党に投票するかと思いきや，新進党は「自民党の亜流」なので評価せず，「支持する政党なし」として白票を投じている．また，社会党は好まないようで，自民党について「社会党と連立したので支持しなくなった」と述べ，「自民党単独で政権をとって欲しい」とエールもおくっている．

　96年衆院選では自民党の瓦に投票しているが，電話や葉書があり，実績があるから，というのが理由のようである．比例区でも自民党に投票している．しかし00年衆院選では，拒否政党である公明党が入った自公保連立政権を全く評価せず，加えて森首相の「神の国」発言も全く評価しないため，自民党を支持しながらも民主党の池田に投票している．民主党は自民党と好感度が同じであり，池田の人柄が良かったことが投票に結びついたようである．比例区では，政策で意見が一致することが多くなってきた小沢一郎に好感を持ち，自由党に投票している．(水野)

C-012　批判精神は旺盛ながら，深層は固い自民党・小川元の支持者

長野　旧3区／新4区　1940年代生まれ　男性　①大学　②1400万円〜(93年)　③会社役員　④商工　自治

	支持政党	選挙区	比例	拒否政党	保革
93.7	自民	小川元（自民）		共	9
94.2	さきがけ				8
95.2	自民				5
95.7	自民	新進	新進	社共	7
96.10	自民	小川元（自民）	自民	なし	8
00.6	自民	小川元（自民）	自由	公共	6

　旧長野3区は定数4，91年には社会・共産両党が議席を獲得している．定数1減となる93年は，新生党から立つ中島衛と自民党の小川元，宮下創平が当選，社会，共産両党の現職が落選した．96年には小選挙区の新4区となり，健闘した新進党新人の後藤茂之と共産党木島日出夫を抑えて自民党の小川が当選．00年衆院選では後藤が民主党から出て小川に競り勝った．木島は2期とも比例復活．

　会社を経営する彼は年収も高く保守的である．商工団体，自治会と小川の後援会に所属し，従来から自民党に投票してきた．社会・共産の革新政党は，イデオロギーが時代に合わぬ，現状では必要なしとする．93年衆院選前の自民党に対して「本来は日本を背負った党だけれど，長すぎて傲慢になりすぎた．今回自覚を促すために下野してほしい」とあるが，彼の投票行動を表すのはこの一言に尽きよう．瞬間的に支持政党を日本新党やさきがけとし，新進党に投票もしているが，深層には固い自民党支持がある．「国際的視野を持てる政党は自民党しかない」「日本の行方を考えて実行に移す」と評価は高い．その反面自民党の金権体質や派閥抗争，財界との癒着への批判精神は旺盛で，かつ中央政界の時流を敏感に察知して93年頃には日本新党，さきがけを支持し，また結成後の新進党や民主党に期待を寄せてみるのである．しかも新生・新進党は「もとはといえば自民党」という意識が強く，心理的にさほど距離を感じない．95年参院選では，党首の海部や高く評価する小沢に託してみたいとして投票するが，創価学会との協力には反対する．

　彼は'旧'自民党の支持者なのである．後援会に所属する小川には忠実で，分裂後も自民党を本命視しながらも失政には厳しく，小川が選挙区に立つ時以外は，保守系の他政党に投票する準備はいつでもある．以後も選挙のタイミングによっては民主党に投票することも十分ありえようが，余程のことがない限り，継続的に自民党以外の政党に投票することは考えにくい．00年衆院選時にも小川後援会に所属し，選挙区は小川，比例区は好感度の高い小沢の率いる自由党に投票している．自公保連立には否定的で，公明党は共産党と並んで拒否政党に挙げられる．(国枝)

C-013　地元の自民党代議士を支持するが，比例区にはつながらず

岐阜　旧2区／新4区　1940年代生まれ　女性　①高校　②400～600万円（93年）
③機械部品製造　④商工　自治

	支持政党	選挙区	比例	拒否政党	保革
93.7	自民	藤井孝男（自民）		公共	7
94.2	その他				3
95.2	その他				7
95.7	自民	新進	さきがけ	共	5
96.10	自民	藤井孝男（自民）	自民	進共	8
00.6	社民	金子一義（自民）	社民	共	5

　彼女が住んでいる地域は，93年衆院選では参議院議員から回った自民党の藤井孝男がトップ当選した．96年衆院選では，自民党の藤井と金子一義との間の公認調整がもつれたがコスタリカ方式で決着し，選挙協力は軌道に乗り藤井が圧勝した．00年衆院選では藤井の支援の下，金子が圧勝した．

　彼女は3世代で暮らしており，投票には義務感を感じ，毎回投票に行っている．選挙になると葉書や電話があり，周囲と選挙について話すことも多い．

　投票先は，藤井の後援会に入っていることもあり，自民党が多くなっている．自民党を「今の世の中は外交の面からみたら自民党でないとやっていけない」と評価し，政権担当能力を認め，いつも与党であることを望んでいる．ただ，支持の度合いは弱いもので，投票決定要因を問うたところ，「政党ではなく，○○さん党です」，「地域のつきあい，しかたがない」と述べており，地元の利益もあって，自民党自体よりも候補者個人への支持が優先されていることがうかがえる．

　そのため，93年に自民党が野党になると，「（政権）交代前の野党のようなみっともない反発はテレビで見ていて，はずかしい」と感じ，「市川房江さんのファンでした．考え方に賛成していました」という理由で，以前から参院選の比例区で投票していた二院クラブを支持するようになった．

　95年参院選では二院クラブではなく，「たのまれたから」，「ちょっとまがい的なところがある」としながらも新進党の候補者に投票している．比例区では以前から好感を抱いていて「なんとなくいい」と考える，さきがけに投票している．96年衆院選では小選挙区は当然藤井に投票し，比例区も「今の世の中の流れが国民にとって一番いい」として，自民党に投票している．

　ところが00年衆院選では，自民党への好感度は高いままであるにもかかわらず，社民党を支持するようになり，比例区で投票している．自公保連立政権をあまり評価せず，森首相の「神の国」発言は全く評価していないことが原因だろう．小選挙区では藤井の支援する金子に投票している．（水野）

C-014 候補者重視から，自民党の実績を評価して，政党重視へ

岐阜　旧2区／新4区　1960年代生まれ　女性　①高校　②400〜600万円（93年）
③料理店手伝い→主婦（95年）→施設の調理士（96年）　④自治　生協

	支持政党	選挙区	比例	拒否政党	保革
93.7	自民	古屋圭司（自民）		共	9
94.2	自民				9
95.2	自民				NA
95.7	自民	棄権	棄権	共	9
96.10	自民	藤井孝男（自民）	自民	共	9
00.6	自民	棄権	棄権	なし	9

　彼女が住む地域は，93年衆院選では参議院議員から回った自民党の藤井孝男，古屋圭司などが当選した．96年衆院選では，自民党の藤井と金子一義との間の公認調整がもつれたがコスタリカ方式で決着し，選挙協力は軌道に乗り藤井が圧勝した．古屋は新5区で当選した．00年衆院選では藤井の支援の下，金子が圧勝した．
　彼女は3世代で暮らしており，若いためか投票義務感はあまりなく，棄権もしている．選挙が周囲との話題になることもあり，藤井の後援会に入っているためか葉書が送られ，投票の働きかけもある．
　支持政党は自民党であり，投票先も必ず自民党である．イデオロギーの自己認識も保守的で安定しており，自民党に政権担当能力を認め，常に政権にあることを望んでいる．コメントとしては，「今の社会が安定しているので自民党でいい．これ以上わるくならないように頑張ってほしい」，「今まで長い年月与党としてやってきた政党である，ということは評価するところがあると思う」，「今までの実績を評価する」というように肯定的で，好感度も高い．
　93年衆院選では，後援会に入っていて働きかけを受けた藤井に投票しようと考えたが，以前から投票している古屋の当選が選挙報道で微妙だとわかり，いつも通りに古屋に投票した．彼にとっては古屋の方が藤井よりも好感度が高く，候補者重視で投票している．96年衆院選では，選挙区割りが変わり古屋は別の選挙区に行ったため投票先に悩んだ．他党への投票の働きかけも受けたが，結局は地元の利益を考え，政党を重視して，同じ自民党の藤井に投票した．00年衆院選でも政党重視の姿勢であったが，結局棄権している．
　他党については，新生党を「自民党を出てなにができるか」，新進党を「自分がトップになりたい人が自民党からでてやっている」とするなど，自民党重視の姿勢がうかがえる．共産党や社会党については「とくにない」としていることが多く，関心がないようである．（水野）

C-015　政治に無関心だが投票は自民党

静岡　旧3区／新3区　1950年代生まれ　女性　①高校　②600〜800万円（93年）
③看護婦　④自治　生協

	支持政党	選挙区	比例	拒否政党	保革
93.7	（なし）	塩谷立（自民）		共	5
94.2	（新生）				6
95.2	（なし）				6
95.7	（NA）	棄権	棄権	DK	5
96.10	（DK）	柳沢伯夫（自民）	自民	なし	5
00.6	なし	棄権	棄権	※	※

　政治に対してほとんど関心がなく，そのために調査期間全体を通じて支持する政党はない．しかし旧静岡3区はもともと定数4のうち3人までを自民党が占める自民党の強い地域であり，小選挙区となってからも柳沢伯夫が強固な地盤を誇る．そんな中にあって彼女は自民党そのものに対して積極的な評価を与えることはないものの，自民党候補の後援会に加入しており一貫して自民党に投票する．もっとも政治的無関心から95年・00年は棄権している．政治に関心がない理由を「（私は）女だから」(00年調査・電話聞き取り)と答え，女性は政治からは一歩引いた所にいるべきと考えているようである．ただ選挙区の女性候補に対しては好感を示したこともある．

　政党に対する評価と投票は一致していない．94年非自民連立政権への評価から，その担い手であった新生党に「自民党よりは良識」と期待を寄せたが，新進党になってからは「自民党の分身のようで余り代わりばえがしない」と好感度が落ちている．また「労働者としては少なからず期待を持ってい」たという社会党に対しても，自民党と連立を組んだことにより強く否定的な感情を持つようになっている．このように自民党を好ましくない政党の基準として見ているにも関わらず，彼女の投票先は自民党で一貫しているのである．その原因の1つとして自民党およびその候補者が地元の利益代表であることが挙げられる．彼女は政治家に対してはもっぱら地元の利益のために働いてほしいと考えているからである．さらに周囲からの影響を受けているのではないかと思われるが，これについて彼女自身は働きかけを受けなかったと回答しており，明確な形での投票依頼は受けていなかったようである．しかし配偶者の支持する政党は自民党であると答えていること，女性は政治に関心を持つものではないと考えていることからすると，自主的にその支持に追随したのではないかと推定される．(下田)

C-016 「なじみ」の自民党支持者
愛知　旧5区／新15区　1920年代生まれ　女性　①中学　②〜200万円（96年）　③無職　④自治

	支持政党	選挙区	比例	拒否政党	保革
93.7	自民	浅野勝人（自民）		共	8
94.2	自民				6
95.2	自民				6
95.7	自民	自民	自民	進	DK
96.10	自民	村田敬次郎（自民）	自民	共	7
00.6	自民	棄権	棄権	※	※

　彼女は持家に夫婦2人で暮している．政治にはやや不満であるが，政治への積極的な接触は全くない．憲法改正に反対し，軍備削減と近隣諸国への謝罪に賛成するという革新的な考えを持っているが，行動には余り影響を与えていない．以前は社会党支持者であったが，90，92年は棄権し，89年参院選挙区では自民党候補に投票しており，最近社会党に入れたのは89年の比例区だけである．93年は，浅野と村田の両自民党候補で迷い，当選ラインまであと1歩だと認識した浅野に入れた．

　93年以降，ほぼ一貫して自民党を支持する彼女だが，同党の好感度が飛び抜けて高いわけではない．「金銭にルーズ」「私腹を肥やした人が大勢」と汚職イメージを同党に見ているのがその要因である．しかし「立派な人も大勢いる」「本当の政治家もいるから又政権を取り戻すだろう」というコメント，自民党を政権担当能力のある政党としていること，これまでの実績を考えたという選挙区，比例区での投票理由から，同党に対し基本的な信頼感を抱いていることがわかる．この信頼感が汚職による負のイメージを上回り，支持・投票に結びついているのである．

　当初無関心だった新党だが，95年2月の調査で新進党の好感度が政党中トップとなる．「海部さんが好き」と述べており，党首に対する好感からの評価であることが明らかだが，「公明がきらい」「悪いことをする人もいるから全面的によいとはいえない」という拒否要因があり支持にはいたらなかった．7月には拒否政党となったが，党と海部の好感度は相変わらず高いので，参院選愛知選挙区で新進党が公明系候補を出したことが影響しているのかもしれない．しかし96年には「すわり込みで何の結果も出せなかったし，きらい」と評価はさらに下がった．海部が党首を辞めたのが影響しているだろう．一方で民主党は「未知数」としている．

　彼女は「なじみ深い」というコメントに代表されるような，自民党への親近感と長年の政権運営に対する信頼感から自民党を支持している．一時の新進党への好感は，地元政治家で元首相でもある海部がいたためであり，これは彼女にとって自民支持と矛盾することではない．（菅原）

C-017　不満が募りつつある自民党支持者

滋賀　旧全県区／新2区　1940年代生まれ　女性　①高校　②600〜800万円(95年)
③製造工　④なし

	支持政党	選挙区	比例	拒否政党	保革
93.7	自民	山下元利（自民）		社公共	8
94.2	自民				NA
95.2	**自民**				10
95.7	**自民**	自民？	自民	NA	7
96.10	**自民**	小西哲（自民）	自民	共さ	10
00.6	自民	小西哲（自民）	社民	保	DK

　彼女は農業も手がけながら製造工として働いている．夫婦と子と親で暮らしており，親と夫のうちいずれかは警備員，他方は製造工のようである．彼女は自らを保守的だと認識し，一貫して投票義務感が高い．94年以降一貫して政治に不満だと答え，96年以降は国政を全く信頼できないとする．

　彼女は一貫して自民党支持を表明しており，また89年参院選以後96年まですべて自民党に投票したと答えている．望む政権形態もたいてい自民党単独政権で，自民党への好感度も常に高い．配偶者やその他の家族も自民党支持者のようである．彼女が子供の頃父親も自民党支持者であった．「自民党だったら安心できる」「従前からの実績があり好ましい」と評価している．ただし，93年には「派閥をなくしてほしい」と言い，自社さ連立期には「もう少しがんばれ」といった回答が目立つ．

　新党に対しては拒絶的であった．非自民連立期には「何を考えているのかわからん」と不安を表明し，新進党も一時評価するがやはり好まない．民主党も嫌っている．社会・社民党に対しては，当初は拒否政党としていたが，95年以降は「嫌いだが少し見直している．村山さんと土井さんは好き」「自民党のおさえ」と言うようになる．自社さ連立の影響もあろうが，嫌いながらも潜在的に社会党に持っていた55年体制下での愛着が，それとは異質な新党の登場で顕在化したのかもしれない．

　投票については，93年には自民党候補の中でも最も好感を持ち唯一葉書での投票依頼を受けた山下元利に投票した．後援会加入などの回答はないが，何らかのつながりがあったのかもしれない．95年参院選時に選挙区で投票したのは無所属で自民党等の推薦候補高田三郎だと思われる．96年には，自ら自民党の小西哲への投票の働きかけを家族・友人に行っている．

　以前から自民党と政治全般に不満になりつつある彼女は，00年には小渕・森内閣を全く評価せず，政権担当能力を持つ政党を問われ「どれも思わない」と自民党さえ挙げない．小選挙区では後援会に加入している自民党の小西に投票したが，比例での投票は，不満の表明のために愛着ある政党を選んだものかもしれない．(山本)

C-018　自民党一筋だったが現状に失望，共産党支持へ

大阪　旧1区／新3区　1920年代生まれ　男性　①高校　②400〜600万円（93年）
③無職→清掃パート（96年）　④自治

	支持政党	選挙区	比例	拒否政党	保革
93.7	自民	柳本卓治（自民）		公	8
94.2	自民				9
95.2	自民				7
95.7	**自民**	自民	自民	進	10
96.10	自民	柳本卓治（自民）	自民	進	9
00.6	共産	小林美恵子（共産）	共産	公保由社	10

　旧1区は定数3．93年は日本新党が推薦する大矢卓史（無所属）が自民党の柳本卓治を破り，初の自民党空白区となった．選挙制度改革後は3区．大矢の死去で票の行方が注目されたが新進党の田端正広（元公明党）が柳本らに勝利．00年衆院選では自公協力で柳本が比例区で，田端が選挙区で当選を果たした．共産党の小林美恵子は与党批判票の獲得で健闘したものの及ばなかった．

　非常に政治への関心が強く，各党の主義主張もよく理解している．後援会や選挙運動・講演会への参加など政治的経験も多い．自民党に厚い信頼を寄せており，96年までは自民党一筋であった．「自民党以外に政治を任せられない」「政権を担当して政治を行って行く政党である」「一般向きのする日本の政治に向いている党」と評価は抜群に良く，常に自民党単独政権を理想としている．さらに「世界との付き合いは大事．自民党でなければ無理」と外交面でも自民党への思い入れが見られる．また原子力推進・軍備容認派であるため，最近になって原子力や軍備を認めた社会党へは「社会党にまかせていたら現在の日本はもっと遅れていた」と批判している．

　彼にとっては「日本＝自民党」であるので他党には否定的である．日本新党は力不足で「毒にも薬にもならない」し，新生党は「一番進歩のない集合」で「田中角栄が未だ生きている様」に感じていた．それゆえ細川内閣への評価は低く「良きリーダーが1日も早く現れて力強い自民党が今後の日本を築いて」くれることを期待していた．続く村山内閣は嫌いな社会党との連立だが自民党が政権入りしたからだろう，概して評価が高い．ただ社会党には「幾年か前の党とは思えぬ才量ですが，御家の内情もわからぬでもありませんので御察し申上げます」とむしろ同情的である．新進党は「勝手に分離して政権力を取る事」に執着していると毛嫌いしている．

　しかし一変して00年衆院選では支持・投票とも共産党に行っている．以前は「主義主張が日本にあわない」と批判していたが，ここへきて抜群に高い好感を抱いている．「宗教団体」として嫌っている公明党との連立や森首相の発言など，近年の自民党の姿に呆れ果てたことが原因とのことである．（内）

C-019　旧社会党支持者の動揺

兵庫　旧4区／新11区　1950年代生まれ　男性　①高校　②800〜1000万円（93年）　③電子関係の技術者　④なし

	支持政党	選挙区	比例	拒否政党	保革
93.7	社会	戸井田三郎（自民）		なし	4
94.2	社会				6
95.2	新進				7
95.7	(さきがけ)	棄権	棄権	なし	7
96.10	(なし)	棄権	棄権	共	4
00.6	社民	松本剛明（民主）	社民	公	3

　93年衆院選では彼が住む兵庫4区は，公明党の赤松正雄，自民党の戸井田三郎，河本敏夫，社会党の後藤茂が当選した．96年衆院選では自民党の戸井田徹が新進党の五島壮や民主党に移った後藤を破り，00年衆院選では前回無所属で立候補して敗れた民主党の松本剛明が戸井田らを破って初当選を果たした．

　93年衆院選前，彼は社会党の弱い支持者であり，社会党に政権担当能力を認めていた．しかし彼が実際に投票したのは自民党の戸井田であった．彼は戸井田の後援会に加入しており，また電話や葉書を受け，知人からの働きかけも受けていた．そして彼はマスコミの選挙報道によっていわゆる改変効果を受けたと答えている．以上より彼の投票行動は，選挙運動やマスメディアの報道など外部からの情報によって大きく左右されたものと思われる．

　94年に自社さ連立による村山内閣が発足したが，社会党支持者である彼はこの社会党出身の首相に対して厳しい評価を下している．これは社会党の基本政策の転換が一因しているものと思われる．彼は社会党の政策転換をどちらかといえば支持しないとしている．彼は政治に対して大いなる不満を抱き始め，不信感すら抱いていた．社会党に対する支持を失っていった彼は，95年2月調査では新進党を，同年7月調査では新党さきがけを高く評価していた．しかし政治に対する期待感が色褪せていたのか，参院選は行くのが面倒だったといって棄権した．

　96年の衆院選前，彼は社民党を支持し，選挙直前に結成された民主党も「良い」というコメントをしていた．社会党から民主党に移った後藤に対して候補者中最も高い評価をしていた．だが彼は今回もまた棄権という選択肢を採った．

　00年衆院選では，選挙区は後援会に加入している民主党の松本に，比例区は社民党に投票した．(福間)

C-020　無党派層の投票行動

鳥取　旧全県区／新1区　1940年代生まれ　女性　①高校　②600～800万円(93年)
③主婦　④自治　生協

	支持政党	選挙区	比例	拒否政党	保革
93.7	自民	平林鴻三（自民）		なし	5
94.2	(なし)				6
95.2	(新進)				5
95.7	新進	NA	自民	共	6
96.10	(なし)	棄権	棄権	なし	5
00.6	なし	棄権	棄権	公	DK

　93年衆院選では宮沢内閣の不信任決議案に賛成票を投じたため自民党の公認をもらえず無所属で立候補した石破茂がトップ当選を果たした．残りの議席は自民党の平林鴻三，相沢英之，社会党の野坂浩賢が獲得した．96年衆院選では，選挙直前に新進党を離党し無所属で出馬した石破が，社民，共産，新社会党の候補者に大差をつけ当選した．00年衆院選は自民党に復帰した石破が当選した．

　彼女は政治に対する関心があまりなく，かつ政治に対して不満感を感じており，不信すら抱いている．また投票義務感が薄く，自分には政治を動かす力がないと無力感を感じる傾向にある．彼女の政党支持態度も支持ありと支持なしの間を揺れ動き，政党を支持していてもその支持強度は極めて弱いものである．

　そのような政治意識は彼女の投票行動にも如実に表われている．93年衆院選では彼女は自民党の平林に投票しているが，これは家族が平林の後援会に加入していたり，平林の演説会を聞きに行ったことがあったり，人から投票依頼を受けていたりと，比較的他の候補者よりも接触が多かったことが決め手となったのであろう．95年参院選では，このとき彼女は支持政党に新進党を挙げておきながらも「他に支持する党がなく，新進党には『公明党』がいるので（好ましくない）」といって比例区で自民党に投票している．96年衆院選においては選挙の重要争点に「消費税」を挙げ，「5パーセントは上がりすぎ．家計に響く」とこの問題に対する政府の対応に不満を漏らしながらも，この不満は折からの政治不信と選挙に対する関心の低さから政治に対する諦め，無力感を覚え投票に至ることがなかったと思われる．

　00年衆院選になっても彼女の政治への関心の低さや不信，不満は変わらなかった．支持する政党もなく，選挙にも棄権した．(福間)

C-021 政治に対してシニカルな見方をする，棄権の多い自民党支持者

広島　旧1区／新2区　1950年代生まれ　女性　①高校　②600〜800万円（93年）　③主婦　④生協

	支持政党	選挙区	比例	拒否政党	保革
93.7	自民	粟屋敏信（自民？）		公共	8
94.2	自民				2
95.2	（自民）				6
95.7	自民	棄権	棄権	共	8
96.10	自民	棄権	棄権	共	7
00.6	なし	棄権	棄権	※	※

　彼女の在住する地域は，旧広島1区の時代には，岸田文雄や粟屋敏信ら自民党議員の強い地域であった．しかし，岸田は新広島1区で立候補する一方で，新広島2区の粟屋は93年衆院選では新生党，96年衆院選では新進党，00年衆院選では無所属で出馬し，当選しており，旧自民党支持者が粟屋の鞍替え後も粟屋を支持する"粟屋党"現象がある地域であると言われている．

　彼女は，30歳代後半で，会社役員を夫に持つ主婦である．彼女は保守的なイデオロギーを持ち，自民党を支持しているが95年参院選，96年，00年衆院選では棄権をし，00年衆院選では支持政党もないとするなど，必ずしも安定して支持・投票をするとは言えない面もある．自民党に対する好感度は調査中一貫して高く，「国の政策も考えて国民のことも考えている」と評価している．また，自民党の安定多数による自民党単独政権を望んでいる．一方で，粟屋を支持していたことから，新党に対する好感度も比較的高く，新生党について「頑張ってもらいたい党」と評価している．しかし，公明党，共産党に対しては否定的な見方をしており，「創価学会のイメージが強い」（公明党），「暴力的な感じがする」（共産党）とし，絶対に支持したくない政党であるとしている．

　政治に対する満足度は，自民党長期政権が崩れてから，やや不満あるいは全く不満であるが，96年衆院選前からまた大体満足すると答えている．政治に対する信頼度に関しては，時々信頼しているとするものの，政治家に関して，当選したら国民のことを考えなくなるとみなし，大組織の利益に奉仕し，国民生活をなおざりにしていると否定的な見方をしている．

　このように，彼女は，政治全般に対してはシニカルな見方をし，基本的には自民党支持者であるが棄権することの多い有権者であると言える．(石高)

C-022　非自民・自社さ連立政権の間，自民党以外へ支持を移した有権者

広島　旧2区／新4区　1940年代生まれ　女性　①高校　②600〜800万円（95年）
③パート　④農協　自治　生協

	支持政党	選挙区	比例	拒否政党	保革
93.7	自民	谷川和穂（自民）		社公共	9
94.2	共産				4
95.2	（なし）				6
95.7	さきがけ	自民	自民	進	5
96.10	自民	中川秀直（自民）	自民	なし	7
00.6	自民	松井秀明（社民）	社民	公	5

　彼女の在住する地域は旧広島2区にあたり，谷川和穂，中川秀直，池田行彦ら自民党勢が骨肉の争いを演じてきた激戦区であったが，新広島4区になって迎えた96年衆院選では，谷川が中川に譲る形で比例区から出馬したため，"歴史的和解"がなされたと言われた．00年衆院選でも，社民党新人松井秀明が挑戦したが，中川が大差で当選している．

　彼女は50歳代で，夫は会社員，自らもパートとして働いており，夫と未婚の子供と共に暮らしている．彼女は基本的には自民党支持者であるが，細川政権末期頃から，自民党以外の様々な党へ支持，投票を移し，96年衆院選時に再び自民党支持に戻っている．投票行動を詳しく見てみると，93年衆院選では，自民党を支持し，投票しているが，積極的な理由ではなく，「この党しかない」という理由を挙げている．また，彼女は自民党政権を望むが与野党伯仲状況が良いとしており，バッファープレイヤーの要素を持つと考えられる．細川政権末期の94年2月調査では自民党に対する感情温度が落ち込み，自民党に対し「自分のことしか考えていない．国民のことは全く（考えてい）ない」と批判し，日本新党に対して感情温度が高くなるなど好感を持ち，日本新党へ投票したいと考えている．また，93年衆院選時には拒否政党に挙げていた共産党を支持政党とし，政権担当能力のある政党はさきがけとするなど，自民党以外のどの党を自分の意見を反映させる党として選ぶかに若干迷いがあると考えられる．95年参院選では自民党に投票し，96年衆院選では，支持政党も投票政党も自民党に戻ってきたが，投票行動は安定せず，00年衆院選では自民党を支持するものの小選挙区・比例区ともに社民党に投票している．

　このように，彼女は基本的には自民党支持者ではあるが，自民党に対する戒めの気持ちから，様々な党へ支持を移す有権者であるといえる．（石高）

C-023　無関心層の投票行動～地元有力者への投票，依頼受容による投票～
広島　旧3区／新6区　1920年代生まれ　女性　①中学　②200～400万円（93年）
③主婦　④なし

	支持政党	選挙区	比例	拒否政党	保革
93.7	（日本新）	亀井静香（自民）		なし	6
94.2	（NA）				3
95.2	（社会）				5
95.7	新進	新進	新進	なし	6
96.10	自民	亀井静香（自民）	自民	DK	DK
00.6	なし	棄権	棄権	※	※

　93年衆院選では当時内閣総理大臣であった宮沢喜一，自民党の亀井静香，民社党の柳田稔，社会党の小森龍邦，自民党を離党し新生党から立候補した佐藤守良が当選した．96年衆院選では亀井が新進党の佐藤公治らを破った．00年衆院選も亀井が当選し，自由党から出馬した佐藤公治は比例区で復活当選した．
　彼女は70歳前後の主婦である．高齢からか彼女は政治に対して「弱い者の立場になって考えて欲しい」と訴えている．93年衆院選では福祉問題を選挙の重要争点に挙げていた．細川内閣の国民福祉税構想や村山内閣での消費税引き上げについての決定に反対し，96年衆院選においても消費税引き上げについて反対の態度を示していた．とはいうものの政治全体についての彼女の意識はあまり高いものとはいえない．彼女自身「余りにも目まぐるしく変わるので，年寄りの頭では中々ついて行けない」「年をとって何もわからない」と述べている．離合集散を繰り返すなど複雑化した政治状況が高齢の彼女を政治から遠ざけてしまったのだろう．00年衆院選ではついに政治は難しくてよくわからないと言って棄権した．
　彼女は93年衆院選，96年衆院選選挙区でともに自民党の亀井に投票した．93年以前は同じ自民党の宮沢に投票していたようだが，93年衆院選では亀井の後援会に加入していた．彼女の住む地域は亀井の票田であり，彼女の周りでは「遠くの人より地元の候補者がいい」という会話がなされていた．彼女は地元の有力候補者である亀井に親近感を覚え，一票を投じたと思われる．96年衆院選の比例区も彼女は自民党に投票している．彼女は選挙前に消費税引き上げに反対し，自民党は消費税引き上げに賛成であると認知していた．にもかかわらず自民党に投票したのは亀井に対する好感がそのまま自民の評価にはね返った結果であると思われる．
　その一方で95年参院選では，「友人に勧められた」という理由で選挙区，比例区とも新進党に投票した．(福間)

C-024　護憲派の有権者
徳島　旧全県区／新1区　1930年代生まれ　男性　①高校　②400〜600万円(93年)
③無職　④自治　生協

	支持政党	選挙区	比例	拒否政党	保革
93.7	自民	NA（自民）		公民	4
94.2	社会				5
95.2	社会				5
95.7	(NA)	NA	NA	NA	4
96.10	社民	三木俊治（自民）	社民	進	5
00.6	社民	仙石由人（民主）	社民	公由	4

　彼の周囲には自民党の支持者が多く，93年衆院選では彼自身も自民党を支持していた．政治への関心は高いが，やや不満を感じている．自衛隊の海外派遣に反対するなど，自民党の政策を全て支持しているわけではない．徳島選挙区からは副総理の後藤田正晴，渡辺派の山口俊一，新人の七条明が立候補していたが，彼は後藤田に投票したと見られる．彼は政党よりも人物本位で投票する傾向があり，後藤田には考え方などで共感するところがあったようだ．

　彼は平和に高い価値を見出す護憲派である．94年調査で彼は「自民党にもいろいろの意見の人がいる．憲法について，宮沢喜一氏の考え方，後藤田氏の考え方の一部に同感するが，私は護憲派なので社会党を支持する．戦後日本の繁栄は米ソの対立と憲法9条の存在によると思うし，よくは知らないが世間のうわさでは海外派兵を容認しているという小沢氏の意見には同調できない．」と述べており，自民党から転向して社会党を支持するようになった．

　94年以降，彼は社会党・社民党を支持し続けた．村山連立内閣は評価しており，社会党の政策転換については賛成でも反対でもなく中立の立場をとっている．しかし，96年には「昔は（社会党には）労組出身者が多かった」として，社民党の変質ぶりを指摘した．彼は00年衆院選でも社民党を支持している．

　民主党は「出来たばかりでわからない」として，96年衆院選では民主党の仙石由人ではなく自民党の三木俊治に投票した．投票理由に「それまでの実績」を挙げているがこれは三木の徳島市長としての仕事を指している．ここでも彼は政党よりも人物本位で候補者を選んだ．00年衆院選では仙石に投票している．自民党に拒絶意識はないが，公明党，森発言への嫌悪が影響したと考えられる．ただし民主党についても鳩山党首に関しては憲法改正への積極姿勢のためか嫌っている．(鍋島)

C-025　自民→新進→自民→民主と支持政党が変遷

徳島　旧全県区／新2区　1920年代生まれ　女性　①中学　②200～400万円(93年)
③無職→農業（96年）　④自治

	支持政党	選挙区	比例	拒否政党	保革
93.7	自民	七条明（自民）		共	7
94.2	(民社)				6
95.2	新進				5
95.7	自民	社会？	社会	共	7
96.10	自民	山口俊一（自民）	自民	自	7
00.6	民主	高井美穂（民主）	自由	公共	7

　彼女は93年衆院選で自民党を支持していた．「国際社会で通用し信頼される」ために，「国民の政治を取りもどすための，安定した政権作り」が重要だと考えている．旧徳島全県区では自民党から元田中派で副総理の後藤田正晴，渡辺派の山口俊一，新人で河本派の七条明が立候補していたが，選挙前の調査では自民党の後藤田に投票するつもりだと答えていた．しかし，後藤田は当選確実とされており七条からは葉書や投票依頼の電話があったため七条に投票した．七条は僅差で社会党2候補を振り切り当選している．

　93年の時点でも新生党やさきがけ，日本新党には好感を持っていた．94年には民社党を好ましい政党とし，95年2月には新進党を支持するようになる．自社さ連立枠組みを支持しながらも，新進党こそが最も政権担当能力のある政党だと認めており，どちらかというと小沢一郎よりも党首の海部俊樹に好感を抱いていた．

　95年参院選では，選挙区で民改連（社会推薦）に投票した．女性候補である乾に「何となく好感が持てたから」である．比例区で社会党に投票した理由は「一人でも多く当選してほしいから」だが，このとき彼女の中では自民党，新進党，社会党が甲乙つけがたい存在であった．彼女の一応の支持政党は自民党で，新進党にも好感を持ち，新進党と社会党の一部を含めた連立政権を望んでいた．

　96年衆院選では自民党現職の山口が出馬したが，新進党，社民党や民主党が候補者を立てなかったため選挙戦は事実上の無風選挙になった．彼女も山口に投票し，しかも，選挙前には絶対に支持したくない政党として挙げていた自民党を選挙後に支持するようになっている．

　00年衆院選では28歳の新人候補高井美穂が民主党から立候補し，圧倒的に優勢と思われた山口に対して善戦した．彼女自身は自公保連立に批判的であり，選挙区で高井に投票し比例区では自由党に投票した．自民党ほど保守的ではなく共産党ほど革新的ではないという点で，彼女にとって民主党と自由党はよく似た存在に見えるようだ．支持政党は民主党に変化している．(鍋島)

C-026　消極的な自民支持者

福岡　旧3区／新6区　1940年代生まれ　男性　①大学　②400～600万円（93年）
③自営業　④商工　自治

	支持政党	選挙区	比例	拒否政党	保革
93.7	（自民）	NA（自民）		なし	6
94.2	自民				6
95.2	自民				6
95.7	（自民）	棄権	棄権	なし	7
96.10	（自民）	NA	NA	進	4
00.6	なし	古賀一成（民主）	共産	公	6

　旧福岡3区は，都市部の久留米，三池炭田の大牟田市，筑紫平野の農村部など，バラエティに富んだ地域を抱える選挙区．定数5で，自民3社会1公明1が基本．新6区は，久留米市を中心とする筑後川流域．96年衆院選では新進党の古賀正浩が，自民党の根城堅に35000票の大差をつけて4選．00年衆院選でも自民党に復党した古賀正浩が民主・共産・連合をおさえて勝利．民主党の古賀一成は比例区で復活当選．

　彼はイデオロギー，政策に関してはおおむね中立である．ほぼ一貫して自民党を支持しているが，その胸中は複雑である．自民党について「本当に良いとは思わない．残念ながら他に該当する（現在を運転できる）者（政党）がないから」とし，支持理由が消極的であることがわかる．

　他の政党が彼にとって選択肢足りえなかったのは，非自民政党の魅力のなさによると思われる．自民党から分裂した新生党に対して「今後期待するが，今は自民党の派閥が独立した感じがする」，「第二の自民党（旧自民党）のような気がする．新鮮・清潔な感じがしない」，新進党になってからも「本当に新進なのか，逆行しているのでは」と否定的に捉えている．地元選出の古賀正浩が自民党出身であったことから，自民党と新生党・新進党の連続性，体質の近似性を感じ取っているものと思われる．小沢一郎を強く嫌悪していることも影響しているだろう．他方土井たか子や不破哲三に高い好感を示しているが，社民党や共産党への支持には結びついていない．

　90年代の政界再編の彼における結論は，「何かひとつ考えがわからない．どの政党も皆同じようなこと」ということに尽きるのだろう．彼の認識する日本の景気は「やや悪い」から「非常に悪い」レベルに悪化していることから，経済運営を任すことのできる自民党へ支持を傾けていったのだと思う．ただ彼は00年衆院選では森首相の発言に反発して自民党に投票せず，小選挙区では民主党に，比例区では共産党に投票した．（岡田）

C-027 特定の支持政党がなく，自民にも共産にも投票する例

福岡　旧3区／新6区　1930年代生まれ　男性　①短大　②1000～1200万円(93年)
③会社管理職　④労組　商工　自治

	支持政党	選挙区	比例	拒否政党	保革
93.7	日本新	古賀一成（自民）		社公民	8
94.2	新生				1
95.2	(なし)				3
95.7	共産	共産	その他	自さ	2
96.10	(DK)	丸林秀彦（共産）	共産	さ	3
00.6	自由	公認なし（自由？）	自由	※	※

　旧福岡3区は，都市部の久留米，三池炭田の大牟田市，筑紫平野の農村部など，バラエティに富んだ地域を抱える選挙区．定数5で，自民3社会1公明1が基本．93年衆院選で古賀一成は辛勝．新6区は，久留米市を中心とする筑後川流域．96年衆院選では新進党の古賀正浩が，自民党の根城堅に35000票の大差をつけて4選．00年衆院選でも自民党に復党した古賀正浩が民主・共産・連合をおさえて勝利．

　彼はイデオロギーのぶれが大きく，政策面においても改憲，福祉充実に賛成であることはほぼ変わらないが，その他の点では一貫していない．自身の暮らし向きは満足でも不満でもないが，景況感は回を追うごとに悪化している．

　彼の支持・投票行動を説明することは難しい．時系列順に見ていくと90年以前は自民党支持だったが，93年には日本新党支持となり他の新党へも強い好感を持つ．宮沢内閣を全く評価しておらず，既存野党を拒否している．94年になると，「現存の党ではダメ，新党を早く結成すること」とし，さらに95年では「現在の日本では誰がどの党がなっても同じこと．政治屋になりさがっている」と政治への不信感を強めている．新進党には「行動には賛成できる」としながらも，小沢に対する反感から支持には至らない．その後，村山内閣を全く評価せず自民・さきがけを拒否政党とする．96年衆院選前に，橋本内閣を評価して自民党支持に戻ったが，選挙後には無党派となった．00年衆院選では95年に見せた小沢への反感はどこへやら，自由党を支持している．

　投票行動では93年は新党に期待しつつも選挙報道の影響で結局自民党に，95・96年は「政治をにぎわかしてもらいたい」と思い共産党へ，00年には180度転換して自由党に投票する．彼の極端な行動の背景には，特定の支持政党がないことのほかに政治への強い不信感があると推測する．国・都道府県・市町村の政治は全く信頼できず，政党・選挙・国会の民意反映力にも否定的であるからである．(岡田)

C-028　自民党と支持なしの間で動く例

鹿児島　旧2区／新4区　1930年代生まれ　女性　①中学　②200〜400万円(93年)
③主婦　④自治

	支持政党	選挙区	比例	拒否政党	保革
93.7	自民	平田辰一郎（自民）		公共連さ	6
94.2	**自民**				NA
95.2	自民				5
95.7	（なし）	棄権	棄権	なし	5
96.10	自民	小里貞利（自民）	自民	共	6
00.6	なし	忘れた	社民	※	※

旧鹿児島2区は自民2・社会1でほぼ固定．93年も同様であったが平田辰一郎は議席を守れず．小選挙区化後の鹿児島県は96年衆院選において5つの議席をすべて自民党が独占し，00年も自民が4議席を維持した．鹿児島4区は北部地方を中心とする選挙区であり，自民党の小里貞利が強い地区である．96, 00年ともに小里は社民・共産をおさえ安定した強さで当選している．

彼女は00年を除き比例区の投票・投票意図政党は自民党で安定していた．選挙区投票は候補者本位としているが，93年衆院選前の調査では自民党と決めた上で候補者を決めかねていることや，96年の調査での小里に対する好感度は決して高くないことを見ると，候補者個人への好感は強固な支持理由とはいえないようだ．むしろ政党支持が投票行動を決定するとみるべきだろう．彼女は基本的には自民党を支持するも，無党派となることもある．以下時系列順に見る．

93年衆院選時点では「好きではないが今のところ仕方がない」という理由で自民党に投票し，また望ましい政権像については自民党を除く諸政党の連立政権と答えてもいたことからその自民党支持は消極的であったことがわかる．94年2月調査では彼女は政治改革関連法案審議での自民党の姿勢を「政権復帰に熱心な証」とみて評価し，自民党支持を強めるに至った．理想の政権像も自民党単独政権と答えておりそれは95年2月の調査でも踏襲された．しかしこの支持も95年の参院選では影を潜め，彼女は一転支持政党をなくす．社会党に対し「個人的には好きな人がいっぱいいる」と一定の評価を示すが，村山政権に対しては全般に冷たい評価を下している．このときの調査ではわからないという答えが多く，投票義務感も下がっている．ただこの傾向は慢性化せず，96年10月の調査では投票義務感は回復し自民党を支持する．彼女は消費税を重要な争点と位置付け，それに関して社民党の立場に共感を持っていたがそのことは投票には反映されなかった．

00年にはまた無党派となる．比例区で社民に投票したのは95年調査時から見せている社民への好感のためだろう．(高園)

第5章

D類型：旧野党投票(93)－自公保投票(00比例)

解題　　　　　　　　　　　　　　　　　　　　　　　　　　　　高園英太郎

1. はじめに

　93年総選挙で野党（社会・民社・社民連）に投票し，かつ00年総選挙の比例区で与党（自民・公明・保守）に投票した19人の対象者が本章の分析対象である．実際に本類型に含まれるのはほとんどが93年社会→00年自民のパターンであった．55年体制の崩壊はそれまで社会党を支持していた有権者達の多くに他党に支持を移す機会を与えることとなったが，その中には自民党に流れた者も少なからずあったことが分かる．なぜ55年体制下で対立していた自民党に支持を移したのか，この疑問を出発点として本類型の分析を行った．

2. 定型分析

　性別は男12人，女7人．平均年齢は51.9歳で全体平均の53.8歳に比べて多少若いが，その構成を見ると30代前半から70代後半まで幅広くわたっている．学歴は全体と比較すると大卒割合が低く，中卒割合が高い．世帯年収を見ると，400～600万円程度に多少固まっている感もあるが，一方で1400万円以上の家庭もあり全体的に散らばっている．本類型で全サンプルの傾向と比べて顕著な特徴といえるのはイデオ

図5-1　保革イデオロギー変遷

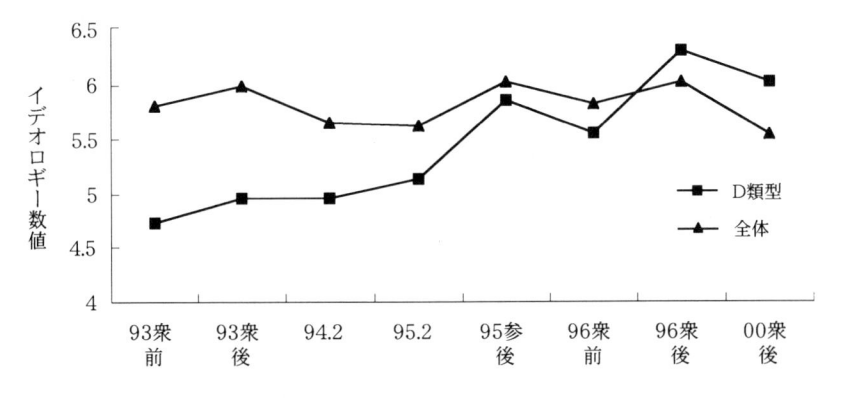

ロギーの変遷である．調査ごとにイデオロギーの平均値をとると，全類型の平均値は93年から00年までほぼ固定しているのに対し，D類型の平均値は93年は革新寄りだが徐々に保守に近づく傾向を見せていた．数値にすると10段階評価で1.5以上動いている（図5-1参照）．00年にこの動きは一段落したが，野党から自民党への心の動きを多少なりとも示しているといえよう．

3. 衆議院選挙の具体的投票類型

本類型に属する全サンプルの衆議院選挙での投票行動の変遷は次のとおりである．

表5-1 D類型における衆議院選挙の投票行動

93年総選挙	96年総選挙(※)	00年総選挙小選挙区	00年総選挙比例区	サンプル数(人)
社会	自民	自民	自民	6
			公明	1
	新進	自民	自民	1
		保守	自民	1
	民主	民主	公明	1
	棄権	自民	自民	1
		社民	自民	1
	無回答	自民	自民	1
民社	自民	自民	自民	2
	新進	自民	自民	1
		民主	自民	1
社民連	自民	自民	自民	1
	新進	自民	自民	1

※ 96年総選挙では全サンプルが比例区と小選挙区の投票政党が同一

00年の選挙において小選挙区投票政党と比例区投票政党が異なる者が5人いる．このような分割投票は本類型では89年参院選から96年衆院選までの国政選挙で1例も見られないことを考えると興味深い．

4. 96年衆議院選挙での投票行動

前掲の表5-1を見れば分かるように，本類型では00年時点ではじめて社民党から離れたサンプルはない．93年に民社・社民連に投票し，この2党らが合同して発足した新進党に96年に投票した3例以外は，本類型に属するサンプルは96年時点で既に93年とは投票政党が実質的に異なっている．全体を見ても，93・96両年に社民（社会）党に投票した20人のうち00年時点で社民党から離れたものは3人だけである

(E・F類型参照).96年時点においては,93年に社会党に投票した者のおよそ7割(76人中56人)が社民党から離れていることと対比すると,このことは興味深い.00年総選挙で社民党は,比例区定数削減などで不利だという前評判をはねのけ改選前の14議席から19議席へと議席を増やし健闘したが,これらのデータからみると55年体制崩壊以後の社会党離れがほぼ収まったといえるのかもしれない.

5. 対象者の分析

サンプルを概観すると,(1)93年まで一貫した野党支持者であった者と,(2)93年に突発的に野党に投票した自民党支持者に分けることができる.(1)と(2)では自民党に対する好感度に違いがあると予想し,各調査ごとの自民党と社会党に対する好感度を調べてみたが,93年の調査では(1)が自民党に対する好感度が低く,社会党に対する好感度が高かった.(2)はその逆である(図5-2参照).またこの調査においてのみ473サンプル全体とD類型との間で自民党への好感度において有意な差が見られた.すなわち全体平均45.8に対してD類型は35.2と10ポイント程度低かったのである(図5-3参照).自民党への拒否感がうかがえる.一方D類型の社会党に対する好感度は全体と比べて4ポイント高い程度にとどまる.

自民党への拒否感が垣間見られるのは93年の調査だけで,この後のD類型における自民党への好感度は全体とほぼ同じ動きを取り,また内部の(1)と(2)の間でも差は見られない.(1)においてはなぜ93年以降野党支持から離れたのか,(2)においてはなぜ93年のみ自民党から離れたのかが分析の中心となろう.以下,個別に見る.

(1) 93年まで一貫した野党支持者

このパターンは13例ある.

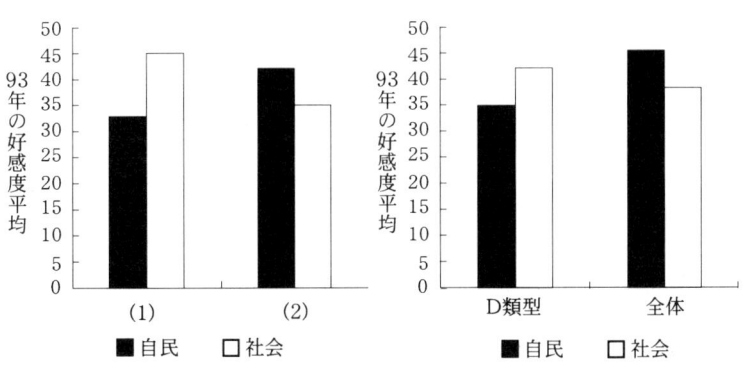

図5-2 (1)と(2)の好感度の比較　　図5-3 全体とD類型との好感度比較

a．野党から与党へ支持を移したパターン

　まず，野党支持から与党支持へ転換したと思われる人が11人いる．転換の理由を見ると，一番多いのが周囲の影響である．労組の影響がなくなると自民党支持に変わったもの（D-001・D-007），職場の影響（D-004），家族の影響（D-005）など．D-009も基本的には労組の影響下にあるといえようが，彼はその候補者重視の傾向からか，00年には自民党支持としつつも小選挙区で民主党に投票している．D-010は社会党への投票は労組の影響で，96年以降の自民党への投票は周囲の影響からのものと推測される．その他の5例ははっきりとした理由はわからない．ただD-016・D-017については，選挙区においては「党より個人を」選ぶなど候補者重視の傾向があることから，比例区のなかった93年総選挙までは候補者にひきずられる形で野党を支持していたといえるかもしれない．D-015は他の例と異なり93年総選挙以前にすでに支持を移しており，93年に社会党へ投票したことがむしろ意外性を持つ．時の首相の宮沢喜一への好感度が低いことからの行動らしい．また，D-002・D-006については00年に自民支持になっているが，このうち前者は00年に政治不信に陥っており，政党本位から候補者本位の支持へ心境が変化していることからの帰結とも思える．

b．与党支持ではないパターン

　次に自公保いずれも支持には至っていないパターンが2人いる．D-008は93年以降は無党派となっていたが00年に社民党支持に復帰している．D-012は00年の小選挙区は民主に投票し，また支持政党はないとする．このパターンが00年の比例区で与党に投票した理由はわからないが，D-012の小選挙区での投票に関しては彼の選挙区が元さきがけの武村正義の地元であるため武村個人への好感が強いことが影響していると思われる．

c．特異例

　後述する（2）パターンに近い例がひとつある（D-013）．投票行動を見ると93年までは民社党で一貫しているのだが，実はその投票行動は自民の腐敗に憤っての一過性のものであり，基本的には自民の実績を評価していたともいえるのである．自由回答を見ると調査全体において自民党に対して一定の肯定的評価を下しており，93年以前は自民党支持者であったとしている．

（2）93年に突発的に野党に投票した自民党支持者

　このパターンは5人いる．そのうち，金権政治がらみで自民党からいったん離れたのが3人（D-003・D-011・D-019），選挙区の候補者支持にひきずられる形で自民党から離れたのが2人（D-014・D-018）である．両者のデータ上での差は93年の自

第5章　D類型：旧野党投票(93)－自公保投票(00比例)　257

民党への好感度にあり，前者ははっきりとした否定的なイメージを持っていたことが読み取れる．政治腐敗に憤った前者のうちD-003は94年にまた自民支持に戻っているが，D-011とD-019は新進党支持を経ている．D-011はその新進党に幻滅する形で自民党支持に戻っている．D-019は，自社さ連立政権という，「政治が分かりにく」い状態が解消したため自民支持に戻ったと推測される．後者の2人は，ともに93年においても自民党を政権担当に適した政党ととらえていた．また，93年の自民党への好感度も前者の3人と異なり全体平均より高かった．してみると選挙時の候補者への好感の高さから自民党以外に投票しただけで，自民党支持を離れたわけではないと思える．

6. まとめ

サンプル数が他の類型に比べ少なく，明確な典型的イメージ像を表すことはできないが，"93年に政治腐敗に憤って自民党から離れた自民党支持者" と "労組の影響により，もしくは影響がなくなったため自民党に支持を移した社会党支持者" がそれに近いと思われる．

D-001　労働組合の仰せのままに

北海道　旧1区／新2区　1950年代生まれ　男性　①短大　②1000〜1200万円（95年）　③学校の用務員　④労組　自治

	支持政党	選挙区	比例	拒否政党	保革
93.7	社会	伊東秀子（社会）		なし	1
94.2	（社会）				4
95.2	社会				5
95.7	(NA)	NA	NA	NA	NA
96.10	(NA)	NA	NA	なし	DK
00.6	自民	吉川貴盛（自民）	自民	公共	10

　札幌を抱える旧北海道1区は，定数6人に対して12人が争う激戦区であり，93年衆院選では自民・社会は各2議席，公明・日本新は各1議席を獲得した．小選挙区制導入後の北海道2区は長内順一（新進）と吉川貴盛（自民）の一騎打ちであり，96年は公明出身の長内が民主党の選挙協力も得て勝利，吉川は比例で復活当選した．00年は公明票を獲得した吉川が紙智子（共産），石田幸子（民主）に勝利した．

　彼は40歳半ばの男性．これまでずっと札幌に居住し，現在は妻・子供と持ち家に住んでいる．政治への関心はあまりない．

　95年2月までの政党支持は，加入団体（労組）の社会党推薦によるところが大きい．彼は政治的な関心はほとんどなく，友人や家族と政治の話をすることもほとんどない．実際，個別争点・政策については各政党・候補者のみならず，自分の考えもよくわからないと毎回答えている．95年2月には，自民党は掲げる政策を最も実現できる政党だが社会党はそうでもないと認識している．それにもかかわらず社会党を支持しているのは，自社さ政権に対する一定の評価もさることながら，やはり労組の影響が大きい．社会党が政策転換しても支持の度合に変化はみられない．

　しかし95年7月には，それまで突出していた社会党への好感度が一気に低下し，他政党への評価と同じく最低になった．これまで非常に高かった投票義務感も急に低下した．95年，96年の調査では回答拒否が多かったためその理由を明確にはできないが，それまでの支持態度や，96年衆院選では労組からの働きかけがなかったと答えていることから，労組の圧力の消滅によって社民党への支持度合が弱まったと推測できる．00年には自民党を支持するに至っており，小選挙区・比例区とも政党重視で自民党に投票しているが，自民党と他党の主張の違いについてはよくわからないようである．(小松)

D-002 主婦の利益を考慮して社会（社民）党を支持するも00年に突如自民支持へ

北海道　旧3区／新8区　1960年代生まれ　女性　①中学　②400〜600万円（95年）
③主婦　④なし

	支持政党	選挙区	比例	拒否政党	保革
93.7	社会	NA（社会）		公	5
94.2	（なし）				6
95.2	社会				6
95.7	（なし）	社会	社会	なし	5
96.10	社民	棄権	棄権	なし	6
00.6	自民	佐藤孝行（自民）	自民	共	5

　旧北海道3区では93年，佐藤孝行（自民）と鉢呂吉雄（社会），金田誠一（無・社推薦）が当選し，社会党系で2議席を獲得した．新制度下で8区となった96年衆院選では，佐藤は比例にまわった金田の票を得た鉢呂（民主）に敗北するも比例区で復活当選．しかし00年衆院選では，佐藤は小選挙区・比例区ともに落選した．

　30代前半の主婦．ここに住んでまだ10年足らず．サービス業に従事する夫・子供と持ち家に住む．イデオロギーは中道である．

　彼女は支持政党なしの時期もあるとはいえ，96年までは基本的に社会（社民）党を支持している．ほとんどの時期で同党に対する好感度が高い．93年までの社会党支持については「自分のような職業の利益を代表しているから」と答えており，その支持は労働者代表としての実績を評価したことによる．95年2月の支持は，自社さ政権，特に首班である村山を出した社会党の実績を高く評価したためであり，96年の社民党支持は労働者や女性のための同党の政策への共感によるものである．しかし00年には一転して自民党支持にまわっており，佐藤の後援会にも加入している．

　94年2月と95年7月は，他の時期と同じく社会党には高い評価を下しており，他党についてもそれなりの評価をしているにもかかわらず，どの政党も支持していない．政治への満足度が両時期ともに最低であり，特に94年には「各党けんか腰になっているのはどういうことか」と怒りを吐露していることをあわせると，政治全般に対する不満が彼女の支持なしに影響を与えたといえそうである．

　93年衆院選では，旧来の社会党支持や，自らの重要争点である政治改革に社会党が最も熱心であることから同党に一票を投じている．95年参院選も，前後の調査では社会（社民）党を支持していること，同党に政権担当能力を認めていることからすれば，政党支持による投票とみてよい．96年衆院選は棄権しているが，これには選挙区に社民党の候補者がいなかったことが少なからず影響しているようである．00年の小選挙区は政党を重視して自民党に投票したと答えている．(小松)

D-003 地元利益と候補者要因で

山形 旧1区／新3区　1940年代生まれ　男性　①高校　②200～400万円（93年）③食品製造　④農協　自治

	支持政党	選挙区	比例	拒否政党	保革
93.7	社会	遠藤登（社会）		共	6
94.2	**自民**				8
95.2	**自民**				8
95.7	自民	自民？	自民	共	7
96.10	自民	近岡理一郎（自民）	自民	共	8
00.6	自民	近岡理一郎（自民）	自民	共社	10

　彼の住む山形旧1区は定数4，自民党の鹿野道彦，近藤鉄雄，遠藤武彦，社会党の遠藤登が争っており，その中でも鹿野が頭一つ抜けていた．96年衆院選では，旧2区の近岡理一郎が転入してきた．鹿野，遠藤らの有力者は他の区からの出馬となり，遠藤登は引退した．結果は近岡が3万票以上の差をつけて当選した．近岡は元県議であり，伯父は貴族院議員であった．とくに高齢者，農林業従事者からの支持が厚い．なお，00年衆院選でも近岡は当選している．

　彼は食品製造に従事している．親と子供と夫婦の3世代で暮らしている．現在の政治に対してかなりの不満を持っている．

　政治への不満からか，各政党に対して好感度は基本的に低い．自民党については「金権政治が裏目に出て倒壊した．もっと襟を立てて，初心に返って考えてほしい」「仕事はやり遂げる実力はある」と考えている．ただし，新党に対しては期待を寄せたこともある．例えば日本新党については「期待感がある」と考えている．新進党についても「主義主張に賛成することもある」としている．

　93年には遠藤登，鹿野の後援会に，96年には近岡の後援会に加入している．他人と政治の話をするときには積極的に意見を言う方，と回答し，自らが支持する候補に対して投票するよう，周囲に対して依頼している．自治会等を通じて地域問題の解決のために活動するなど活発に活動している．

　93年には社会党の遠藤登に投票した．彼にとって重要な政策課題は景気回復で，製品の売れ行きが悪いこと，折りからの政治家の汚職の問題から自民党への支持が失われたのであろう．95年は選挙区，比例区共に自民党に，96年は小選挙区，比例区共に自民に投票している．00年も自民党に2票投じている．彼にとって候補者の人柄は重要な要因であるらしい．近岡に投票した理由としては地元利益，そして，先代を支持していたから，という理由をあげる．(遠藤)

D-004　農協職員として社会党から自民党に支持を移す

茨城　旧2区／新4区　1930年代生まれ　男性　①短大　②600〜800万円（93年）
③農協職員　④農協

	支持政党	選挙区	比例	拒否政党	保革
93.7	**社会**	大畠章宏（社会）		共	3
94.2	**社会**				2
95.2	**社会**				3
95.7	**社会**	自民	自民	進	5
96.10	自民	梶山静六（自民）	自民	共	5
00.6	自民	梶山弘志（自民）	自民	民共	5

　旧茨城2区における93年衆院選では，自民党の梶山静六・塚原俊平，社会党の大畠章宏という3人の現職が揃って当選し，日本新党から出馬した新顔候補の斎藤全一郎は落選した．96年衆院選では塚原・大畠らが5区に回り，現4区においては梶山が，新進党から出馬した斎藤を圧倒的な票差で破った．00年衆院選では静六の長男弘志が地盤を受け継ぎ，共産党の候補に圧勝した．

　彼は農協職員として，政治家の活動の手伝いや陳情活動の経験があるなど政治に関わる機会が多い．政治意識や投票行動も，農協の政治的立場と連動している．

　彼の所属する農協はもともと社会党寄りであったらしく，彼自身もこれを支持していた．自民党が「農業を軽視している」とも感じていたようである．しかし一方で，政権担当能力については自民党を評価することが多く，社会党に対して「国民党的性格でありたい」と中道政党化を望んでいる．自社さ連立の成立は大いに評価し，社会党の政策転換も支持して「環境・福祉を重点にした政策を中心に，今後成長する政党であろう」と期待を寄せた．

　しかし，95年参院選では彼は自民党に投票した．当時彼は，社会党が「頼りにならない」と考え始めているが，おそらくそれ以上に投票に影響を与えたのは，県の農協政治連盟が自民党候補を推薦していたことであろう（93年衆院選では同連盟は，政党を絞らず現職全員を推薦している）．96年衆院選では小選挙区制も影響して連盟の推薦も自民党候補に絞られ，彼自身も社民党を完全に見捨てて自民党を支持するに至った．自民党に対する評価は「農業・農村問題を理解している」と，以前とは180度逆転したものになっている．00年の時点でも自公保連立や森首相に対する否定的な意識は特に無く，自民支持の姿勢に揺らぎは見られない．梶山後援会に加入し，候補者個人との関係も深まったようである．

　なお，彼は新党ブームには懐疑的で，新進党が「寄せ集めでいずれは保守とリベラルに分解する」と的確な評価を下している．また新進・民主両党について「都市派」という印象を抱いており，自民党に対する評価と好対照をなしている．（東）

D-005　家族の影響で社会支持　候補者不在を機に本来の性向に従って自民支持に

茨城　旧2区／新4区　1940年代生まれ　女性　①高校　②400～600万円（'93年）
③兼業農家　④農協　生協

	支持政党	選挙区	比例	拒否政党	保革
93.7	**社会**	大畠章宏（社会）		なし	6
94.2	社会				5
95.2	社会				4
95.7	社会	棄権	棄権	共	5
96.10	自民	梶山静六（自民）	自民	なし	5
00.6	自民	梶山弘志（自民）	自民	なし	5

　旧茨城2区における93年衆院選では，自民党の梶山静六・塚原俊平，社会党の大畠章宏という3人の現職が揃って当選し，日本新党から出馬した新顔候補の斎藤全一郎は落選した．96年衆院選では塚原・大畠らが5区に回り，現4区においては梶山が，新進党から出馬した斎藤を圧倒的な票差で破った．00年衆院選では静六の長男弘志が地盤を受け継ぎ，共産党の候補に圧勝した．

　彼女は長らく社会党を支持してきたが，本人の政治的関心はそう高くなく，党の政策転換に対する態度も明確にしていない．自民党と社会党以外の政党についてはあまり興味・関心を抱かないようである．家計維持者（おそらく夫）が労組の関係で大畠の後援会に加入していたらしく，彼女の社会支持もその影響が大きいと推測出来る．むしろ彼女の個々の政治的意見を見ると，時期によってぶれがあるものの，軍拡や改憲，天皇の影響力強化といった，社会党の政策とはおよそかけ離れたものが多い．社会党の立場が自分と同じと認識するのは，農産物の輸入自由化反対という点が目に付く程度である．

　これに対し自民党については，当初は汚職問題に対する反感もあって「自分本位」で「わがまま」な政党と評していたが，政権担当能力は認めており，むしろ自民単独政権を望んでいる節もあった．好感度も徐々に上昇し，ついに96年には「政権をまかせられる」党と明確に述べるようになる．更に同年衆院選の重要争点として彼女は消費税を挙げているが，自民党は消費税引き上げに反対であるという，実際とは逆の認識をしている．社会（社民）党に対する好感は特に衰えておらず，選挙前までは社民支持が続いているのだが，小選挙区で社民党の候補が立候補せず，義理を感じなくなったせいか，選挙本番では小選挙区・比例区双方で自民党に投票し，支持政党としても自民党を挙げるに至ったのであった．

　00年も自公保連立にこそ否定的だが，国旗国歌法・通信傍受法や「神の国」「国体」発言については高く評価している．家族など周囲からの影響が再び強まらない限りは，今後も自民支持が続く可能性が高い．（東）

D-006 社会党の政策転換,新進党の解党で,自民党へ移った有権者
千葉　旧2区／新9区　1930年代生まれ　女性　①高校　②不明　③サービス業→土木作業（96年）　④自治

	支持政党	選挙区	比例	拒否政党	保革
93.7	社会	NA（社会）		公共	4
94.2	（社会）				3
95.2	（NA）				NA
95.7	（社会）	社会	社会	共	6
96.10	（DK）	実川幸夫（新進）	新進	自民社共	5
00.6	自民	水野賢一（自民）	自民	共	5

彼女が住む地域は旧千葉2区（定数4）で,自民3人,社会1人であった.93年衆院選では,自民党現職の水野清や新生党新人の実川幸夫などが当選し,社会党は議席を得られなかった.96年衆院選では千葉9区となり,新生党から新進党へ転じた現職の実川が,養父の水野清の後を継いだ自民党の新人水野賢一との激しい争いを僅差で制した.00年衆院選では水野が当選した.

彼女は,全体的に無回答が多いものの95年7月までは基本的に社会党に好感を持って支持していたようである.93年調査で社会党を「働く人に心強い味方」と述べており,95年7月の参院選で社会党に投票した理由を「昔からいれている」からと答えており,継続して社会党を支持していたことが推測できる.

自民党を93年7月には「金権政治で国民の信頼を欠いている.」と批判しており,非自民連立政権の誕生を望んでいる.ついで,95年2月には自民党に政権担当能力を認め,自民党の単独政権を望んでいる.

96年10月になると一気に新進党への好感度が上がり,熱心に支持するようになる.そして新進党の単独政権を望み,衆院選では選挙区・比例区ともに投票している（ちなみに選挙区では社民党候補者は出ていない）.同時にそれまでは低かった小沢一郎への好感度も急上昇している.彼女が社会党支持から新進党支持へ変化した理由ははっきりしないが,連立政権に入り政策転換も行った社会党に幻滅し,自民党に対抗する新たな政党として新進党を選択したのではないだろうか.

しかし,新進党解党後の00年衆院選では,自民党支持に移り,小選挙区・比例区とも自民党に投票している.この変化の理由は分からないが,これまで支持してきた社会党や新進党が,政策転換したり解党したりというように不安定なものであったため,安定を求めたのかも知れない.（村上）

D-007 職場の付き合いでの社会党支持が退職により自民党支持へ移った高齢者
千葉 旧2区／新9区 1910年代生まれ 男性 ①中学 ②不明 ③無職 ④自治

	支持政党	選挙区	比例	拒否政党	保革
93.7	社会	NA（社会）		公共	5
94.2	自民				8
95.2	自民				7
95.7	自民	自民	自民	共	8
96.10	**自民**	水野賢一（自民）	自民	なし	8
00.6	自民	水野賢一（自民）	自民	共	NA

　彼が住む地域は旧千葉2区（定数4）で，自民3人，社会1人であった．93年衆院選では，自民党現職の水野清や新生党新人の実川幸夫などが当選し，社会党は議席を得られなかった．96年衆院選では千葉9区となり，新生党から新進党へ転じた現職の実川が，養父の水野清の後を継いだ自民党の新人水野賢一との激しい争いを僅差で制した．00年衆院選では水野が当選した．

　彼は，93年7月には社会党を支持して投票もしており，社会党を「勤労者の政党」と述べ，強い好感を持っている．自民党には「金権腐敗」という印象を持っており，非自民連立政権を望んでいて，典型的な社会党支持者かと思われた．しかし，細川政権下の94年調査では，支持政党・投票を予定している政党・政権担当能力のある政党のすべての項目で自民党の名をあげるようになる．政権の形も自民党単独政権を望んでいる．そして，それ以後自民党の政策・主張・実績などを評価して自民党を支持しつづけている．00年衆院選でも自民党を支持し，投票もしており，今後も自民党を安定して支持・投票していきそうである．

　このように社会党支持者から自民党支持者に変化した理由について，95年参院選後の調査のコメントが興味深い．彼は，自民党候補者に投票した理由に「以前は社会党だったが勤めをやめて付き合いがないから」と答えている．ここから，彼の社会党支持は勤め先の人々と深い関係があったことがうかがえる．93年7月の時点で彼はもう無職となっているが，働いていた時は社会党を継続して支持していたと推測され，その流れを受けて社会党を支持していたのではないだろうか．しかし，94年以降の自民党の支持が安定しているところをみると，もともと個人的には自民党に好意があったのだろう．(村上)

D-008　政治に失望する有権者

静岡　旧3区／新3区　1950年代生まれ　女性　①中学　②400〜600万円（95年）
③主婦　④自治

	支持政党	選挙区	比例	拒否政党	保革
93.7	（社会）	元信尭（社会）		自共	3
94.2	（なし）				2
95.2	（なし）				4
95.7	（なし）	忘れた	忘れた	自	3
96.10	（民主）	棄権	棄権	自進	4
00.6	社民	公認なし（社民？）	自民	※	※

　40代の主婦でイデオロギーは革新的，政治に対して常に強い不満を抱く．その政治を担ってきた自民党に対する批判は大きく，拒否政党として必ず名前が挙がる．以前は社会党を支持していたが，93年頃には「期待はずれ」と感じるようになり，日本新党に好感を持つようになっていた．同じ新党でも新生党については「自民党から出ても同じ体質」と否定的にとらえる．自民党政権が倒れた後も政治に対する不満は全く収まっていない．「世界に目を向けてほしい」というのが全ての政党に対する彼女の願いであり，93年衆院選の最重要論点としても外交を挙げ，「政党争いをしている時ではない」「広い視野でものを見てほしい」とする．また「税金のムダ遣い」に憤り，「日本の国を支えている低所得者層」のことをまず考えるべきであって，増税を言う前にまず「議員の数はもっと減らすべき」であり「個人の利益追求に走る」政治から正していくことが「税金をもらっているものの役割」であるのに，「地方公務員の時からワイロを手にして上にあがってくる今の体制」では政策がいつも「弱気のしり切れトンボ」になってしまうと嘆く．これらの問題を全政党に共通するものと考えるから，当然支持する政党はない．民主党結成当時菅直人には期待したものの，「鳩山（由紀夫）さんは普通の人の感覚とずれている」からと支持には至っていない．96年衆院選で民主党は静岡3区に候補者を擁立せず，新進党候補に推薦を与える形をとったため，新進党に拒否感を持つ彼女は結局この選挙は棄権した．00年の衆院選は社民党を支持するとして小選挙区で投票したとしているが，静岡3区には社民党の公認候補はいないことから民主党の候補に投票したものと思われる．結果は自民党の柳沢伯夫が民主党候補の倍近い得票で圧勝であった．一方比例区では自民党に投票している．

　理想とする政治像を持ち，それと現実の政治とのギャップから現状を改善したいという気持ちが非常に強いということは自由回答欄の長文からも感じとることができる．しかし自身の声が政治に届かないことから，政治離れを起こしている様子もうかがえる．（下田）

D-009 労組の影響強く受ける有権者

三重　旧1区／新2区　1940年代生まれ　男性　①高校　②1000～1200万円(93年)
③製造業　④労組　自治

	支持政党	選挙区	比例	拒否政党	保革
93.7	民社	中井洽（民社）		NA	4
94.2	民社				3
95.2	社会				5
95.7	新進	新進？	新進	共	4
96.10	新進	中川正春（新進）	新進	共	5
00.6	自民	中川正春（民主）	自民	共	7

　50代の男性で労組に加入しており，投票に際してはその影響を大きく受けている．93年には民社党の中井洽の後援会に加入し，職業代表であり力になってくれそうとして好感を持つ．しかし同じ時期に政党としては新生党に強い期待を抱いており，民社党から支持が移るまでにはいたらなかったが相対的に見て民社党以上の好感を持っていたこともあった．95年参院選の際は「共産党を除き（どこに投票しようか）決めかねている」と迷っていたが，結局「会社の推薦」もあって新たに結成された新進党を支持するようになり，「消費税をすえおきのところがよい」と個人的にも評価は高い．96年の衆院選においても新進党を支持し，選挙区は新進党の中川正春が職業代表であり力になってくれそうだからと投票している．一方比例区には興味がなく，候補者の政策に賛成だから政党を選んだとして名簿にも注意を払わなかった．候補者を身近な存在として感じそれによって投票を決定していることから，各候補との距離が遠い比例代表にはなじまなかったものとみられる．00年の衆院選においては選挙区では民主党に移った中川に引き続き投票しているが，比例区では自民党に入れており支持政党としても自民党と回答している．この選挙で中川は自民党の新人候補に圧勝した．
　投票に決定的な影響を及ぼしているのは所属する労組からの働きかけである．労組に対しては非常に強い信頼を持っており，好感度は最高値を示す．このような外部からの影響とは別に，景気や消費税といった身近な問題に対する各党や候補の取り組みへの評価や候補者との距離感も投票を決定する要因となっている．すなわち彼が主観的にどれだけ身近な存在であると感じているかということを重視しているようである．これに対し00年の比例区で自民党に投票した理由は必ずしも明らかではないが，景気回復優先や憲法改正問題などの政策において彼自身の考え方が自民党に近いこと，また自民党政権の実績や自公保連立を評価していることが理由として考えられる．(下田)

D-010　労組の影響で社会党に投票していたが候補者の不在などで自民党に投票

滋賀　旧全県区／新2区　1950年代生まれ　男性　①高校　②600～800万円(93年)
③製造業技術者　④労組

	支持政党	選挙区	比例	拒否政党	保革
93.7	社会	山元勉（社会）		公共	5
94.2	新生				4
95.2	自民				3
95.7	社会	社会？	社会	共	6
96.10	自民	小西哲（自民）	自民	なし	10
00.6	民主	小西哲（自民）	自民	共	3

　彼は親と妻子と暮らしている．政治的な不満はかなり大きい．

　彼の自民党評は，「うぬぼれ政党」「金権，お偉方」などと手厳しいが，根底に信頼感はあるようだ．彼の自民党への好感度は低くなく，望む政権形態には常に自民党が含まれている．景気回復への期待や基本的な立場への評価も表明する．社会党への好感度は概して低く，「人のケチばかり」「有識者は居ないのか」「勉強不足」と厳しい．好意的評価はほとんど見当たらず，96年に土井たか子が好感を得たのみである．新党に対しては，93年時には3新党ともかなりの高評価を得ていたが，新進党については「政権がほしいだけ」などと評し，期待しなくなった．

　彼は93年，95年と社会党に投票したが，これには労組の影響が大きい．93年時には労組（主に社会党支持）から山元勉への投票の働きかけを受け，95年にも投票理由として会社で頼まれたことを挙げている（ちなみに95年に投票したのは実際には無所属で社会党などが推す高田三郎であろう）．

　彼が96年に社民党に投票しなかった理由には，山元がこの選挙区に立たなかったことがあろう．彼は投票したい候補が比例代表で立候補していると言い，それが誰かは不明だが，山元は他選挙区で民主党から比例重複立候補している．山元は民主党に入党したが，この選挙区に民主党候補もいなかった．

　労組の影響を除外すると，彼には自民党に信頼感があり，彼の周囲は自民党色が強い．彼の同僚や友人（95年），また彼の妻（96年）は自民党に投票したようだ．彼の家族は93年，96年とも，自民党候補の後援会に加入していた．彼は96年には近所の人や宗教団体から小西哲への投票を働きかけられている．

　ところで，山元の入党のためか，96年には民主党に期待感を表明している．それが00年の民主党への支持につながっているのかもしれない．00年には民主党は無所属・武村正義を推したが，彼は小西に投票している．96年と同様に働きかけを受けた可能性もある．（山本）

D-011　元来の自民党支持者が社会党と新進党を一時的に支持

滋賀　旧全県区／新2区　1920年代生まれ　女性　①中学　②400〜600万円(95年)　③無職　④自治

	支持政党	選挙区	比例	拒否政党	保革
93.7	社会	山元勉（社会）		共	DK
94.2	社会				4
95.2	新進				5
95.7	新進	棄権	棄権	なし	8
96.10	自民	小西哲（自民）	自民	なし	5
00.6	自民	小西哲（自民）	公明	共	5

　彼女は息子（公務員）夫婦と孫と暮らしている．政治には不満である．

　彼女は，93年と96年の衆院選前調査でその後投票することになる候補者を知らず，政党重視で支持政党に投票しているようだ．95年参院選は，他の予定のために棄権している．

　彼女は93年から社会党・新進党・自民党と支持政党を変えており，その理由は定かでない．96年に自民党を「日本の国民的な理想の政党」とし，90年衆院選では自民党に投票したらしいことからして，もともとは自民党を支持していた彼女が92年（社会党に投票したらしい）から95年の時期には自民党不信に陥っていた，と考えることができる．

　93年・94年には，自民党を「悪いことをする人がいっぱい」で政治倫理が欠如しているとし，社会党を「悪いことをする人はいない」，「分かり易い話しが多い」とした．自民党の政治倫理の欠如に失望し，クリーンな印象でわかりやすい主張をする社会党を支持したようである．この時期には，新生党，羽田孜に好意を示しているが，小沢一郎は「恐ろしい感じ」としている．また細川護熙も嫌悪している．

　その後，彼女は新進党を支持するようになった．特に海部の好感度が高く，新進党支持には海部党首の印象が効いているようだ．「頼りがいがある」と新進党を評するが，依然小沢には冷たい．その小沢が党首になった後の96年には，新進党に期待はするが，支持は与えなくなった．

　96年には自民党を支持する．振り返って93年にも景気回復については自民党に期待していた．96年に彼女が口にした「日本の国民的な理想の政党」という言葉からは，非常に固い自民党支持者のような印象さえ受ける．おそらく以前にも自民党を支持していたのであろう．

　00年衆院選では，比例代表で公明党に投票した．93年時から特に公明党に拒絶的ではなかったが，珍しく公明党との協力に積極的な自民党支持者であった．(山本)

D-012　地元政治家の影響も受けながら，現実的な左派勢力を求める

滋賀　旧全県区／新2区　1950年代生まれ　男性　①大学　②400〜600万円(95年)
③事務・管理職会社員　④労組　自治

	支持政党	選挙区	比例	拒否政党	保革
93.7	(社会)	山元勉（社会）		自	3
94.2	**さきがけ**				3
95.2	さきがけ				4
95.7	(なし)	さきがけ	さきがけ	自	4
96.10	民主	武村正義（民主？）	民主	自共	3
00.6	なし	公認なし（民主？）	公明	共	3

　彼は妻・親・子供と住み，親は農業を営み，本人は事務系の管理職をしている．選挙活動を手伝った経験があるなど，政治への関心は高いようだ．

　自民党に対しては景気回復などで一定の力を認めつつも，「私欲だけ」だと拒絶する．日本新党には当初期待していたが，その後日本新党・新生党・新進党は自民党と同じだとして嫌う．これらの政党は，政策的にも彼と距離があるのだろう．

　彼の争点志向は，一貫して護憲を訴えるなど，いわゆる革新の傾向がある．しかし彼が政党に期待するのは思想の一致だけではない．社会党に対し，94年には「政策に裏付けがない」と不満だったが，95年には「時代とともに方針を変化するのもOK」と言い，また共産党の主張に理解を示しつつも非現実的だと拒否する姿勢は，政党の主張に対し実現可能性を要求しているようである．

　89年以降93年以前の国政選挙では，加入していた労組の影響もあったのか，民社党か社会党に投票してきたようだ（滋賀は両党の系列労組の良好な関係で有名）．しかし彼は社会党を非現実的だと感じ，積極的な役割は期待していなかった．その後さきがけを支持するが，彼自身との政策的な近さと政策の現実性に加え，さきがけ代表の武村正義が地元出身で「周りにさきがけが多い」という事情も大きい．95年まで武村の好感度は常に高い．しかし自社さ連立政権でさきがけの埋没状況を感じたのか，96年にはさきがけは期待はずれだと言い，さきがけと社会（社民）党の流れをくむ民主党を支持する．特に菅直人への好感度が高い．ちなみに96年に実際にはさきがけ公認の武村を民主党候補だと認識しており，これも民主党支持につながっているのかもしれない．

　投票に関しては，基本的には政党への支持・好感によるようだが，武村個人への好感も強く，さらに96年には民主党への投票の説得も受けている．

　00年衆院選では，小選挙区でおそらく民主党推薦の無所属・武村に投票したものと思われる．自公保連立の枠組みに拒絶的で，民主党中心の連立政権を望んでいるが，比例代表では93年には「好かん」と言っていた公明党に投票した．(山本)

D-013　2大政党制に期待して非自民・保守政党を支持．結局自民に
大阪　旧3区／新7区　1950年代生まれ　男性　①短大　②600～800万円（93年）
③設計コンサルタント　④自治

	支持政党	選挙区	比例	拒否政党	保革
93.7	新生	中野寛成（民社）		公共	7
94.2	新生				5
95.2	新進				NA
95.7	新進	棄権	棄権	共	6
96.10	（なし）	藤井幸子（自民？）	自民	DK	7
00.6	自民	公認なし（自民？）	自民	※	※

　旧3区は定数5．93年衆院選では日本新党の藤村修（さきがけが推薦）が初当選，民社党の中野寛成（新生党・社民連が推薦）も当選している．選挙制度改革後は7区．96年衆院選では藤村（新進党）が自民党の有沢志郎，共産党の藤井幸子らを抑えて勝利した．00年衆院選でも民主党の藤村が保守党の井上一成（自公推薦）を追い上げて当選した．自民比例出馬を断った有沢は無所属で立候補していた．

　40代前半の会社の課長．政治への関心が強く問題意識を持って接しているが，不満・不信感は次第に高まっている．元来自民党に拒否感はなく「政権担当能力は充分にある」「経済を重視した政策を持つ」と政治手腕を高く評価している．現に93年選挙前は自民党支持であった．ただ「一党独裁が長びき党内の腐敗が目立ちすぎる」ため，打開策を2大政党制に求めてしばらく非自民・保守政党を支持していた．

　93年衆院選では自民批判から新党に政治改革を期待するようになった．藤村にはなじみがなかったため，結局新生党の推薦があり以前から投票していた中野を選んでいる．ただ「小沢がきたないイメージ，羽田の気持ちで二大政党を作らないかんと考えてるみたいだが急ぎすぎの感がある」と新生党評価は「もうひとつ」であった．細川内閣下でも依然新生党を支持するが，やはり小沢の存在が玉に傷のようだ．新進党結党後も新党支持がそのまま引き継がれ，新進党・社会党の一部による連立政権を望むなど新進党には2大政党の一翼を担ってほしいと期待している．ただ「宗教的なニオイがする」点を不満に思っている．95年参院選は新進党に投じる予定だったが，選挙区で支持したい候補者が立っていないこともあって棄権している．続く96年衆院選では「日本を改革しようとしているが，自分が与党になった時むつかしい面がある」と新進党の実行力に疑問を感じ，実績があり悪くはないと感じていた自民党に2票とも投じている（選挙区で投票した政党名と候補者名に矛盾があるが）．そのまま00年衆院選でも自民党を支持・投票したとのことだが，恐らく自民党推薦の井上に投票したということだろう．新党に期待をしたものの彼の不満の受け皿たり得ず，結局は自民党に落ち着かざるをえなかったようである．(内)

D-014　実行力重視．やはり頼れるのは自民党

大阪　旧3区／新8区　1940年代生まれ　男性　①大学　②1400万円～（95年）
③不動産鑑定士　④自治

	支持政党	選挙区	比例	拒否政党	保革
93.7	民社	中野寛成（民社）		共	5
94.2	自民				7
95.2	自民				6
95.7	自民	自民	自民	共	7
96.10	自民	井上一成（自民？）	自民	共	7
00.6	自民	上瀬剛（自民）	自民	※	※

　旧3区は定数5．93年衆院選では自民党からは閣僚経験豊富な原田憲が，民社党からは中野寛成（新生・社民連推薦）が当選した．選挙制度改革後は8区．96年衆院選でもここを地盤とする中野（新進党）が民主党の井上一成（元社民党）を破って議席を得た．自民党からはタレント大村崑の夫人瑤子が初挑戦した．00年衆院選では民主党副代表の中野に自民党の上瀬剛が若さで勝負したが中野が圧勝した．

　40代後半の管理職．収入も多く生活には比較的満足している．政治への関心は強く，選挙や政党の意義にも肯定的である．彼は政策の実行力や実現可能性を重視しており，熱心さに欠けるものの，その点で安定的な自民支持者である．「金権政治がひどい」「裏金をなしにすれば最も好ましい」と金権体質には不満だが「政策に実現性がある」「現実論を前提とした政策を持っている」「政策，実行，行動の出来る党」と実行力への信頼は並々ならぬものがある．一方，日本新党には期待を抱く反面「実現可能かどうか」と疑問を感じ支持するには至らなかった．社会党にも「批判のための理論が優先し，現実論に欠ける」点が信用できないようである．

　93年衆院選では好感を抱く中野に投票しており，この中野への評価が民社党を支持政党にまで高めている．宮沢内閣への批判もあって自民・さきがけ・日本新の連立政権を理想としていた．しかし結果的に自民党が下野し，争点とした景気対策でも細川内閣に満足できず政治不満に陥っている．続く村山内閣は自民党が政権に復帰したためもあろう，ある程度評価している．社会党にも「昔は何でも反対」だったが「最近は調整ができる」ようになり「比較的好ましくなってきた」と好感を抱いている．しかし95年参院選ではやはり自民党の一党優位が良いと思い，社会党・さきがけに「批判する立場にいるべき」と政権の座から去ることを望んでいる．

　96年衆院選では小選挙区に関して政党では自民党，候補者では井上（民主党）と回答が矛盾している．単に井上の所属政党を勘違いしたのかもしれないが，民主党には「軟弱な感じ」を受けており，96年比例区も00年衆院選も自民に投票していることから自民候補に投票したとも考えられる．(内)

D-015　一貫して自民党を支持．社会党も嫌いではない

大阪　旧4区／新13区　1930年代生まれ　男性　①中学　②400～600万円（93年）
③無職　④自治

	支持政党	選挙区	比例	拒否政党	保革
93.7	自民	上田卓三（社）		公共連	7
94.2	自民				7
95.2	自民				6
95.7	自民	自民		共	6
96.10	**自民**	塩川正十郎（自民）	自民	進共	8
00.6	自民	塩川正十郎（自民）	自民	※	※

　旧4区は定数4, 93年は自民の2人公認や日本新党の参入で激戦区となるが自民党の塩川正十郎はトップ当選を維持した．社会党の上田卓三は日本新党の山本孝史に議席を奪われた．選挙制度改革後は13区．96年衆院選では新進党の西野陽（元自民党）は公明票と自民票を得て塩川に競り勝った．00年衆院選では比例に回った自民の西野や公明党の支援で塩川が返り咲いた．

　60代前半の男性．当初は彼が年金で家計を支えていたが，近年は子供がその役割を担っていると思われる．政治や選挙には比較的関心があり，投票義務感も強い．しかし政治は複雑でわかりづらいと感じることが多いようである．

　以前は社会党を支持していたが，93年以降は一貫した自民党支持者である．しかし自民党の頑張りは評価するものの「いつ迄も年寄りが幅をきかせて困ったものです」「竹下さんや金丸さんの様な人がいる」「今までのやり方は古すぎた」と不満は多く，「若い力と中けんの力を合わせてより良い政治を望みます」と世代交代の必要性を感じている．社会党支持をやめた理由は不明だが「文句ばかりいって実行力がない」「左派がもう少し右寄りになって欲しい」と感じていた．ただ93年以降も社会党には自民党に次いで好感があり，自民党・社会党を含む政権を望むことが多い．

　93年衆院選では塩川に投票する予定だったが，自民党への不満や社会党の縮小防止（社会党が議席を激減させると認識），政権交代への期待のためだろう，上田に投票している．期待した細川内閣は政治改革関連法を除きあまり評価していない．さきがけと日本新党の政権担当能力は認めるが，「腹黒い小沢党」（新生党），「まだ幼い」（日本新党）とプラスイメージは少ない．やはり自民党が与党であることが望ましいと考えている．続く村山内閣は随分と評価が高い．この時の95年参院選では選挙区は「地域活動に合わす」，比例区は「外にはいない」という意外にも消極的な理由で自民党に投票している．次の96・00年衆院選でも自民党に投票している．民主党には「社会党に変って期待の出来る政党」（96年）と今後の活躍を期待していたがあくまで社民党の代わりでしかないようだ（内）

D-016　身近な候補者への投票

和歌山　旧1区／新1区　1930年代生まれ　女性　①中学　②不明　③魚屋　④農協　自治　住民

	支持政党	選挙区	比例	拒否政党	保革
93.7	自民	貴志八郎（社会）		NA	4
94.2	社会				NA
95.2	さきがけ				6
95.7	（自民）	新進	新進	さ	7
96.10	自民	中西啓介（新進）	新進	共	9
00.6	自民	中西啓介（保守）	自民	公共	NA

　93年衆院選では新生党結成に参加した中西啓介をはじめ自民，公明が議席を獲得したが，社会党の貴志八郎は落選した．96年衆院選では長男の不祥事で議員を辞職していた中西が新進党の公認を得て立候補した．自民党は前回旧和歌山2区にて立候補し落選した東力に公認を与えたため，この動きに地元が反発して和歌山市長の旅田卓宗も無所属で立候補した．結局中西が当選した．00年衆院選では，無所属新人の谷本龍哉が，保守党に移った中西を破った．

　彼女の投票行動の特徴は候補者要因が非常に強いということである．93年衆院選において彼女は社会党の貴志に投票しているが，彼女は貴志と同じ地域の出身らしく，それゆえに貴志のことを身近に感じ好印象を抱いていたことが投票につながったのだろう．95年参院選では新進党候補者に投票しているが，その理由も「近くの人で言いやすい人」だからであった．96年衆院選は選挙区においては新進党の中西に一票を投じているが，中西については自らと関わりが深く，考えも近く，なおかつ業績もある候補者と答えており，他の候補者と比べてその印象は強かった．00年衆院選も彼女は中西に投票した．

　一方，彼女の支持政党はここ数年で社会党から自民党へと移った．しかし全般的には支持強度はあまり強くない．社会党を支持していたのは彼女が身近に感じていた貴志の存在が大きかった．その後貴志との関係が切れたのか社会党支持を離れ新党さきがけを支持するが，すぐに「きらい」と述べて拒否政党に挙げた．彼女が自民党を支持するようになったのは，常に自民党中心の政権を望んでいたことと「昔からの日本の政党」と言うようにその実績に信頼を置いたからであろう．ただし95年参院選では「自民党がマンネリ化しているから」新進党に投票した．96年衆院選も団体や組合が推薦しているという理由で比例区では新進党に投票した．(福間)

D-017　自己の価値観からの投票

岡山　旧1区／新2区　1930年代生まれ　男性　①高校　②1400万円～（93年）
③財団法人管理職　④労組　商工　自治

	支持政党	選挙区	比例	拒否政党	保革
93.7	社民連	江田五月（社民連）		社共	7
94.2	自民				6
95.2	自民				6
95.7	自民	社会	自民	共	6
96.10	自民	熊代昭彦（自民）	自民	進	7
00.6	自民	熊代昭彦（自民）	自民	民	NA

　93年衆院選．岡山1区では社民連代表で知名度の高い江田五月が大差をつけてトップで当選し，残りを自民が3，公明が1獲得した．96年衆院選では岡山2区は自民，民主，共産の3人が立候補し，自民党公認の熊代昭彦が当選した．00年衆院選も熊代が当選した．

　彼は政治に対する関心が非常に高く，政治の現状について鋭い分析を下している．彼は常々「日本民族の繁栄」について考えており，その観点から各政党，政治家について厳しい意見を持っている．社会党については「反対するだけではなく，日本民族の将来と世界平和について考えて欲しい」と述べ，社会党が政権についてからは「やっていることが筋が通ってない」と批判している．また共産党については一貫して「理想主義に走っている．日本民族の実態にそぐわない」と切り捨てており，新生党・新進党については「数合わせの政治はやめて欲しい」「政権を取るためのはったりを言っている」と手厳しい．それとは対照的に，自民党については，確かにその金権体質にはいささか嫌悪感を抱き，「日本民族のためになることを考えて欲しい」と注文をつけているが，自民党には有能な人材が多いことも認めており，「今の政治を任すのは自民党．日本の政治を任せてもまともである．力がある」と述べてその政治能力を高く評価している．

　従って彼の投票行動は，彼自身の確固たる信念を基になされているものと思われる．93年衆院選では候補者個人を重視して前回90年衆院選も投票した社民連の江田に投票している．95年参院選では，選挙区では「党より個人を選ぶ」で社会党候補者に投票し，比例区では「政治の安定を願って」自民党に一票を投じている．96年衆院選においては，選挙区，比例区とも自民党に投票しているが，これはこれまでにも実績があり，かつこれからの日本政治を任せられるのは自民党の他にないと思ったからであろう．00年衆院選も，彼が支持する自民党に選挙区，比例区とも投票している．(福間)

D-018　非常に弱い自民党支持者

岡山　旧1区／新3区　1950年代生まれ　女性　①高校　②400～600万円（93年）
③縫製業　④労組　自治

	支持政党	選挙区	比例	拒否政党	保革
93.7	自民	江田五月（社民連）		共	6
94.2	（なし）				6
95.2	（新進）				5
95.7	自民	自民	自民	共	7
96.10	自民	西岡憲康（新進）	新進	共	6
00.6	自民	平沼赳夫（自民）	自民	※	※

　93年衆院選．岡山1区は定数5のところを8人の候補者が立候補し，社民連代表で知名度の高い江田五月が大差をつけてトップで当選した．結局5つのイスを自民が3，公明が1，社民連が1獲得し，社会党は議席を失った．96年，00年衆院選とも，岡山3区は自民党の平沼赳夫が他の候補に大差をつけて当選した．

　彼女は自民党を支持しているわけであるが，自民党を含めて各政党の政策スタンスの差異を明確に認識しているわけではない．政治に対しては不満，不信，無力感を抱いている．彼女は自民党を支持するといっても極めて弱い支持であるといえる．

　93年の衆院選前には自民党の候補者に投票すると答えていたのだが，実際投票したのは新聞やテレビでよい印象を得た江田であった．

　93年から94年にかけて自民党が野党に転落したり，主義主張の異なる社会党と手を結んだりすると，彼女は自民党の支持を離れていった．それが95年参院選では「他にいい人がいなかった」「誰がしても変わらない」と感じて選挙区，比例区とも自民党に投票した．支持政党にも再び自民党を挙げている．

　96年衆院選では自民党を支持しているにもかかわらず，選挙区，比例区とも新進党に投票している．彼女は選挙の重要争点に「消費税」を挙げ，消費税率の引き上げに反対している．この問題に関しては消費税率の引き上げを訴えた自民党よりその据え置きを主張した新進党のほうを評価して投票したのではないだろうか．

　00年衆院選でも自民党を支持していた彼女は，選挙区では自民党の平沼に，比例区も自民党に投票した．(福間)

D-019　政策には関心がなく政治姿勢が一貫していることを望む人物

福岡　旧2区／新9区　1920年代生まれ　男性　①高校　②200〜400万円（93年）
③食品小売業　④自治　生協

	支持政党	選挙区	比例	拒否政党	保革
93.7	自民	北橋健治（民社）		社共	8
94.2	日本新				6
95.2	新進				5
95.7	自民	新進	新進	社共	5
96.10	自民	北橋健治（新進）	新進	共	5
00.6	自民	三原朝彦（自民）	自民	公共	NA

　旧福岡2区は北九州市西部と筑豊地区をその範囲とし，5つの議席を，自民2名，社会，公明，民社，共産各党の候補者が争う激戦区だった．93年衆院選で北橋健治は3位で当選．旧2区は，筑豊西部の新8区と北九州市西部の新9区に分割され，96年衆院選で9区は新進党の北橋がさきがけと共産党を破り当選．00年衆院選でも民主党に移った北橋が自民党から出馬した三原朝彦をおさえて当選している．

　彼は個別政策に関して自身の意見は持っているが，各政党のスタンスについての理解は低い．社会党・共産党を「足を引っ張るだけ」と否定的に見ている．

　92年以前は自民党に投票していた．93年衆院選においても自民党を支持しており，選挙前はこれまでも投票してきた自民党の麻生太郎に投票するつもりであった．しかし，実際には民社党の北橋に投票した．最重要争点として「政治改革（金権政治に罰を与える）」と答えており，政権交代，与野党逆転を考えたために，対象者の住む市区で最も強い野党候補に投票したのであろう．

　94年には，日本新党に対し「我が身を省みず意見を述べる前向きの姿勢が好ましく感じさせられます．このまま政治に打ち込んでほしいです」とエールを送る．

　村山政権成立後の95年には，自民党を「政権を握るためなら手段を選ばぬような仕方では同意を得られない」，社会党を「党の方針を変えてまでしがみついているような人はだめ」と拒否し，消去法によってか新進党支持になった．政党評価を見る限り，彼は政策どうこうより政治姿勢・筋が通っているかどうかに判断基準をおいているようである．同年の参院選では，「自民党と社会党が一緒になって政治が分かりにくくなった」から，選挙区・比例区とも新進党に投票した．

　96年衆院選では，「消費税（3%から5%にあがること）」を最重要争点とし，共産党が自分の考えに一番近いと理解していたが，結局小選挙・比例代表とも新進党に投票した．革新政党の拒否からであろう．00年衆院選はそのような重要争点も無く，かつて支持していた自民党に投票した．「自民党と社民党が一緒」でなくなったことが彼の自民党への投票の後押しになったことは間違いない．(岡田)

第6章

E類型：旧野党投票(93)－民主党投票(00比例)

解題　　　　　　　　　　　　　　　　　　　　　　　　　　　　内　和美

1. はじめに

　この章で言及するのは93年衆議院選挙で旧野党の候補者に投票し，かつ00年衆議院選挙の比例区で民主党に投票した有権者である．ここでいう93年旧野党とは社会党・民社党・社民連のことで，本書ではこれら3党を一括りに扱っている．このE類型には計36サンプル（93年社会党投票者24，93年民社党投票者10，93年社民連投票者2），すなわち全サンプルの7.6％が該当する．93年に旧野党に投票したのが107サンプル（社会党投票者82，民社党投票者19，社民連投票者6）であるので，その29.9％（社会党投票者の29.2％，民社党投票者の52.6％，社民連投票者の33.3％）が00年に比例区で民主党に投票したことになる．これら3党は解党・分裂・再編成などの結果，00年現在既に93年当時の姿では存在していない．この激動の時代，旧野党から出発し，民主党に行き着いたのはどのような有権者だったのか，とくに93年社会党投票者を中心にその姿を概観してみたい．

2. 定型分析

　E類型に該当する有権者の属性をみてみる．男女構成ではやや女性が少ないもののほぼ同数で，全サンプルの男女構成とも大差ない．93年時点での年齢構成については全サンプルに比べ60歳以上の割合が極端に低いのに対して30代・40代の割合が高い．その結果平均年齢も48.1歳と全サンプルの平均年齢53.8歳より6歳ほど若くなっている．学歴についてみると全サンプルの分布と比べて中学・高校卒が少ない一方，高専・短大・大学卒が多く，比較的高学歴者が集まっているようである．また職業分類では会社勤めの割合が高く，全サンプルに占める会社勤めの割合が38.3％に過ぎないのに対して過半数を超えている（そのほとんどが男性で，女性に関して主婦が多い点は全体の傾向と大きく離れていない）．やはり旧野党投票者という労組とのかかわりが考えられる類型だけに，このような差異が表れたのだろう．しかし93年時点での世帯年収に関しては全サンプルの傾向と差異はなく，600～800万円未満の世帯が20％強と最も多くなっている．

　以上がE類型に該当する有権者の属性の概要である．

3. 有権者像

E類型では93年旧野党投票者として社会党，民社党，社民連投票者を一括りに扱っているが，有権者像をより明らかにするために，再度政党レベルに立ち返り（1）93年社会党投票者，（2）93年民社党投票者，（3）93年社民連投票者に分けてみていくことにする．

（1）93年社会党投票者

E類型に属する有権者のうち93年の衆議院選挙で社会党に投票したのは24名である（以下E´とする）．とくにD・Fに分類される93年社会党投票者（以下それぞれD´・F´と呼ぶ）との比較においてこの24名の有権者の傾向・特徴をみることにする（表6-1参照）．

まずE´の平均保革イデオロギー（1を最も革新的，10を最も保守的とする）は全サンプルの分布と比べるとやや革新寄りであるが，F´ほどではない．また自社さ政権下でやや保守寄りに傾いたものの，D´がそのまま大きく保守側に変化していったのに対して一時的な変動にとどまっている．F´とはほぼ定間隔を保っており，変化の傾向が似ている．(図6-1参照)

次に調査時の各内閣に対する評価をみていく．図6-2では，宮沢内閣・橋本内閣が5段階評価，他の内閣は4段階評価であり調査によって評価尺度が異なるため，尺度を統一してグラフ化してある．内閣評価にはD´・E´・F´の差異が最も顕著に表れる．第1にE´・F´が小渕・森内閣をあまり評価していないのに対し，D´は00年に自公保に投票したグループだけに肯定的である．こちらは容易に納得がいく．第2に村山内閣をD´・F´が非常に高く評価しているのに比べ，E´は全体の平均と比較しても極端に否定的である．その理由をいくつかの側面から考察していくことにする．まず当時なされた社会党の政策転換に対する評価をみると，確かに肯定的な見方が強いD´に比べ，E´は肯定派・否定派に二極分解した感がある．しかしE´

表6-1　D´・E´・F´の比較

	D´とE´とF´の比較				E´とF´の比較			
	保革イデオロギー（93年～00年）	小渕・森内閣への評価（00年）	民主党への好感度（00年）	社会党の政策転換（95.2）	村山内閣への評価（95.2, 95.7）	社会（社民）党への好感度（93～00年）	国会の議席配分（00年）	政権形態（95.2）	政権担当政党（95.2）
D´	やや革新→保守	高い	並	積極的に支持	(高い)	(並)	(伯仲)		
E´	やや革新	低い	高い	支持	低い	やや低い	伯仲	自社さ	さきがけ
F´	革新	低い	高い	支持	高い	高い	逆転	自社さ	社会党

第6章　E類型：旧野党投票(93)－民主党投票(00比例)　279

図6-1　保革イデオロギー変遷

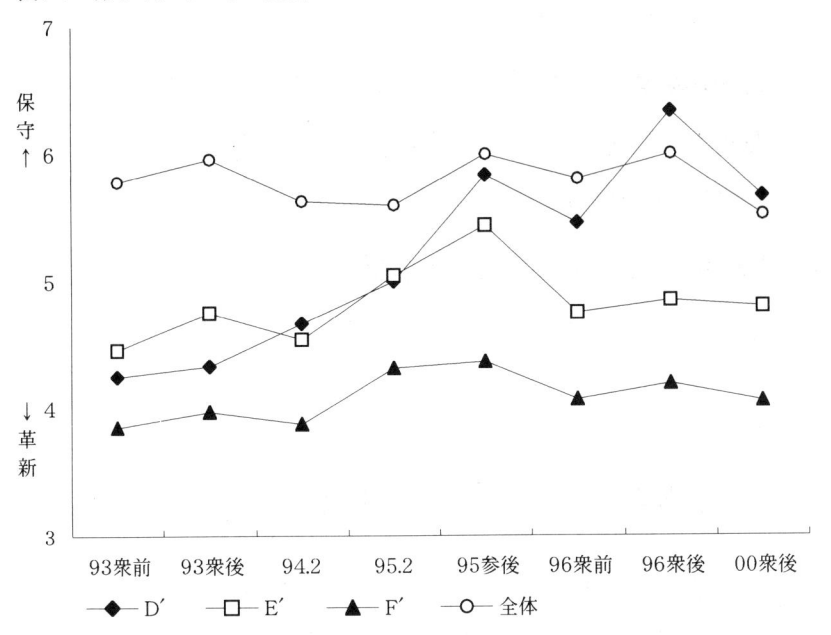

図6-2　内閣評価

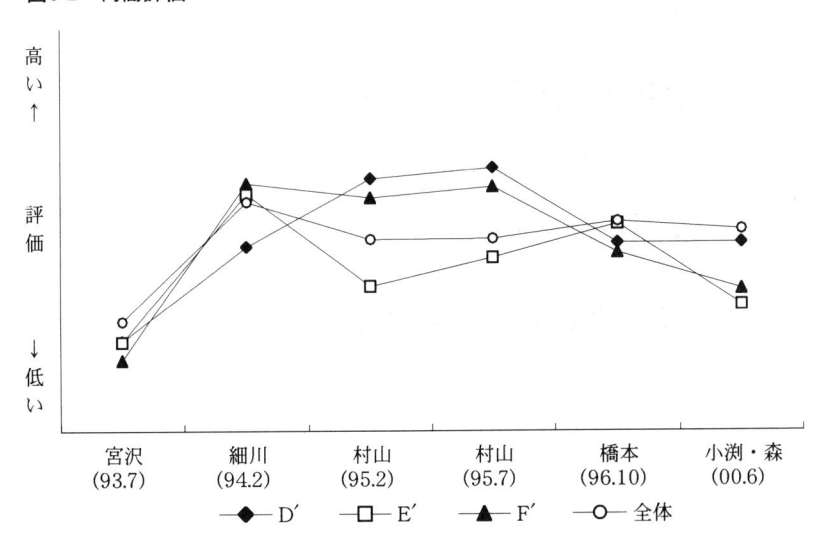

280 第1部 有権者プロフィール

図6-3 社会党の政策転換に対する評価

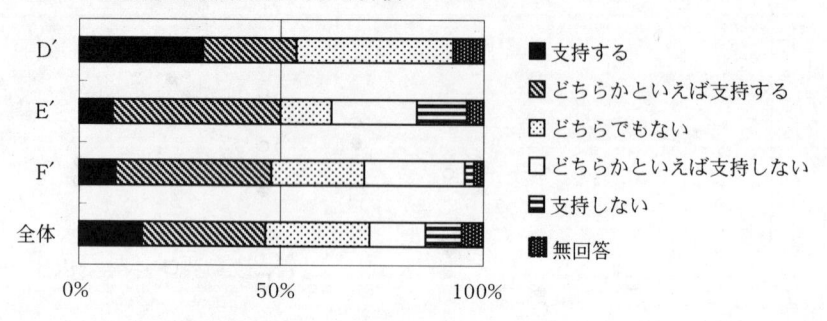

- ■ 支持する
- ▧ どちらかといえば支持する
- ▩ どちらでもない
- □ どちらかといえば支持しない
- ≡ 支持しない
- ▤ 無回答

図6-4 望む国会の議席比

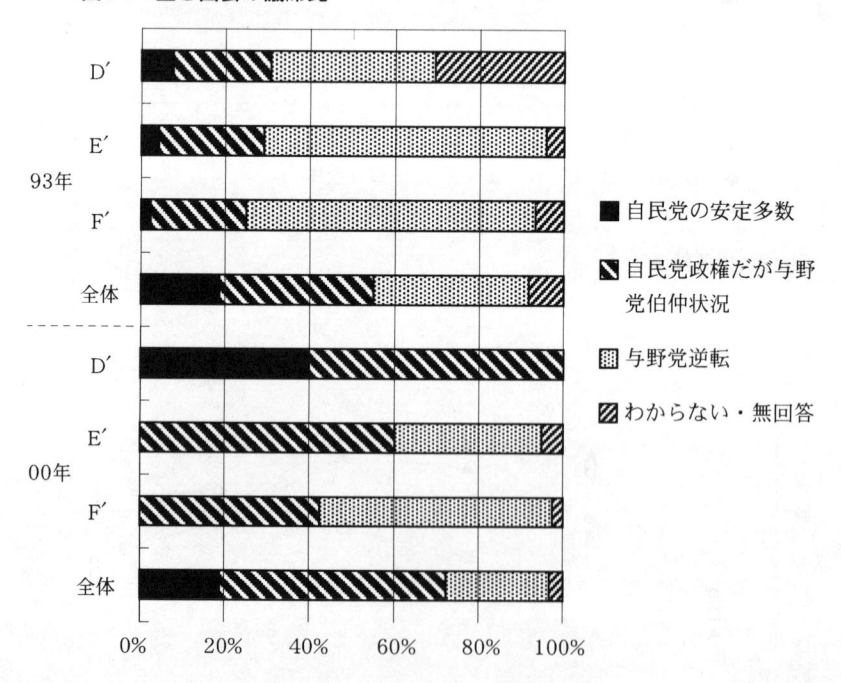

- ■ 自民党の安定多数
- ▧ 自民党政権だが与野党伯仲状況
- ▩ 与野党逆転
- ▨ わからない・無回答

第6章 E類型：旧野党投票(93)－民主党投票(00比例) 281

図6-5 望ましい政権形態

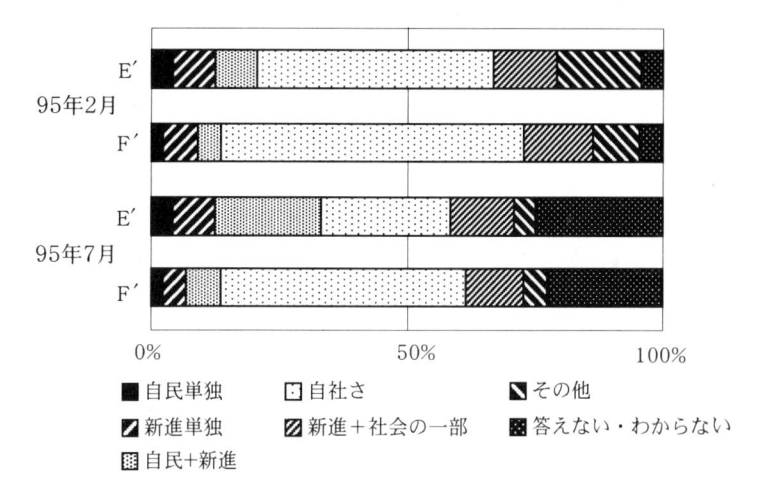

```
            E′
    95年2月
            F′

            E′
    95年7月
            F′
```

■ 自民単独　□ 自社さ　▨ その他
▨ 新進単独　▨ 新進＋社会の一部　▓ 答えない・わからない
▨ 自民＋新進

図6-6 政権担当政党

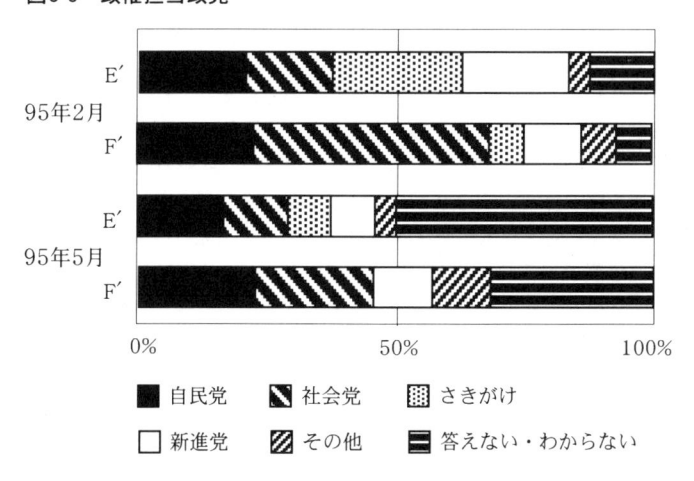

```
            E′
    95年2月
            F′

            E′
    95年5月
            F′
```

■ 自民党　▨ 社会党　▓ さきがけ
□ 新進党　▨ その他　≡ 答えない・わからない

の方が心持ち反感が強いとはいえ，F′ととりたてて大差があるわけではない（図6-3参照）．では自民党の政権入りを快く思わないためだろうか．これに関して望ましい与野党の勢力配分をみるとE′・F′ともに自民党の安定多数には否定的である．さらに与野党伯仲状況という条件のもとではむしろE′のほうが自民党の政権入りに寛容である（図6-4参照）．またE′の自民党に対する好感度は上向きで，社会党に対するそれとほとんど変わらない．よって自民党の政権入りに対する批判の表れとは

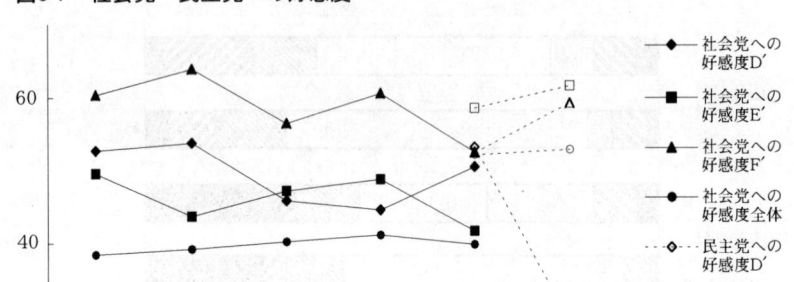

図6-7 社会党・民主党への好感度

凡例：
- 社会党への好感度D´
- 社会党への好感度E´
- 社会党への好感度F´
- 社会党への好感度全体
- 民主党への好感度D´
- 民主党への好感度E´
- 民主党への好感度F´
- 民主党への好感度全体

横軸：93衆前、94.2、95.2、95参後、96衆前、00衆後

いいがたい．逆に社会党の政権入りについてはどうだろうか．少なくとも95年2月の時点ではE´・F´とも自社さ政権を望ましいと感じているが，その内容に違いがあり，F´が社会党の政権担当能力を評価しているのに対して，E´は社会党よりさきがけを評価している（図6-5，図6-6参照）．どうやら社会党の政権入り云々の以前に社会党そのものに対する評価に違いがあるようである．そこで社会党自体や村山首相に対する好感度をみていくと，案の定F´のそれと比較してずいぶん劣っていた（図6-7参照）．結局のところ，既に社会党そのものへの期待感・魅力が失われていたことが村山政権を低く評価するに至った原因ではないかと思われる．

このように社会党に対する失望が深かっただけに，民主党への期待感がいかに大きかったかが好感度の高さからよくわかる（図6-7参照）．ただ96年時点では漠然とした期待感やイメージ先行的な側面が強く，より現実的な政権担当能力・外交・経済政策などの点では民主党には期待せず，自民党を頼っている．00年に至って（民主党投票者の集合なので当然のことだが）民主党評価は確固たるものとなっている．E´の大部分が政権担当適任政党として期待し，民主党中心の連立政権を理想と考えている．

全体として上記のような傾向を持つ24名であるが，それぞれの特徴に注目すると，さらにa.労組の影響，b.社会党への好感→失望，c.反自民・非自民，d.無党派，e.その他の5つにグループ分けすることができる．

a．労組の影響

これは支持・投票にあたって労組の影響が強くみられる有権者である．E-002, E-010, E-022, E-028, E-033の5名がここに分類される．「民主党に投票したのは組合

が推薦しているから」(E-002) というコメントに代表されるようにE-002, E-028, E-033はとくに労組の影響を強く受けている．

b．社会党への好感→失望

　ここに該当するのはE-017, E-023, E-032, E-034, E-035の5サンプルである．政策への賛同などから社会党に好感を抱き，肯定的に捉えていたが，連立政権への参加，政策転換，党勢縮小，党名変更といった一連の動きの中で社会党（社民党）に対する失望感を強めていった有権者である．「連立の前は良かった」(E-034) として連立を境に無党派に陥ったり，自民党を支持したり，あるいは他党に投票したりと連立前の一貫性は見られなくなった．しかし社会党に代わりうる政党がなかったのだろう，完全に見捨てるまでには至っておらず，長年の社会党支持を引きずる傾向にある．その証拠に上記のような厳しい言葉とは裏腹に社会党の政策転換に対する評価は，E-023や「信じられない」とするE-035を除いて支持する方向に傾いている．またE-035においても95年参議院選挙で社会党に投票するなど相対的には社会党を評価している．民主党の登場によってようやく積極的に支持し得る政党を見出した，といったところである．ここでは該当者として上記の5名のみを取り上げているが，先に述べたようにE類型に属する93年社会党投票者は多かれ少なかれこのような傾向を持ち合わせている（図6-7参照）．

c．反自民・非自民

　E-004, E-011, E-018, E-027, E-030の5名がここに該当する．彼らに共通するのは少なくとも93年以降は金権体質をはじめとする自民党の腐敗した姿に憤りを感じて，社会党（93年）・民主党（00年）を支持する点である（E-011の場合は共産党）．さらにこの5名は二分することが可能である．まずはE-011とE-030のグループ．こちらは自民党を拒否政党に挙げるなど反自民的傾向がかなり強い．一方E-004, E-018, E-027のグループは前者ほどに自民党への拒否感はなく，自民党を支持・投票する余地を持ち合わせている．社会党・民主党に投票したのは自民党の牽制党・対抗勢力として非自民政党へ期待した面が大きい．また社会党の政策転換に関して前者がまったく否定的であるのに対し，E-004・E-018は好意的である．おそらく自民党，ひいては自民党的な政策への妥協の余地を持たないだけに，前者において拒否感が強く表れたのだろう．

d．無党派

　E-001, E-014, E-015, E-016の4名がここに分類される．4名とも政治への関心が低く，強い政治不信に陥っており，そのためほとんど支持政党を持たない．93年衆議院選挙での社会党への投票も積極的に社会党を評価したのではなく，知人に頼まれた，他になかった，何となくといった消極的な理由によるものである．00年衆議

院選挙に際してもE-016を除いて依然支持政党なしの状態が続いている．民主党に投票したとはいえ，民主党も彼らの政治不信を拭い去るほどの魅力を感じさせなかったのだろう．

e．その他

E-003，E-008，E-012，E-029，E-031は上記のa〜dのいずれにも該当しない有権者である．E-008は以前社会党を支持していた点で他の4名とはやや異なるが，共通しているのは5名とも社会党を積極的に評価しての投票ではないことである．その証拠に3名が支持政党に他の政党を挙げ，社会党を支持政党と答えた2名も今回限りの支持でしかない．93年以降もとりたてて一政党を強く支持するというよりは，支持・投票とも日和見的な感がある．その意味ではd．無党派に近いといえるかもしれない．

(2) 93年民社党投票者

E類型に属する有権者のうち，93年の衆議院選挙で民社党に投票したのは10名である．平均保革イデオロギーでは10段階評価で6前後とやや保守寄りで，調査期間を通じて大きな変化はみられない．民社党は主に新進→民主という軌跡をたどることになったが，それに対し有権者はどう接したのだろうか．(1)と同様に有権者の特徴に着目し，a.労組の影響，b.候補者要因，c.その他の3つのグループに分けてみていくことにする．

a．労組の影響

(1)のaと同じく支持・投票にあたって労組の影響を強く受けている有権者である．E-019，E-020，E-021，E-024，E-026，E-036の6名がここに該当する．E-024とE-026については他の要因と労組の影響との折り合いの中で投票がなされているが，E-021が自らの支持政党よりも労組を優先するように，他の4名についてはとくに労組の影響力が強くみられる．その結果，支持政党にはばらつきが見られるものの，投票政党はほぼ民社→新進→民主である．

b．候補者要因

E-025の有権者の支持・投票政党は候補者によって規定されており，候補者が民社→新進→民主と移動した結果，有権者もそれと行動をともにしている．

c．その他

ここに属するのはE-005，E-006，E-009の3名である．共通しているのは以前は他の政党を支持しており，93年衆議院選挙では民社党自体を評価して投票したのではない点である．それゆえに93年以降は民社→新進→民主という政党の変遷とは無

第6章　E類型：旧野党投票(93)－民主党投票(00比例)　285

縁の支持・投票を行う傾向にある．

(3) 93年社民連投票者

　ここにはE-007とE-013の2名しか該当しないため，この2名を以って93年社民連投票者の有権者像を語ることはできない．ただE-013は前記のE-025と同じく投票に際して候補者要因が強く働く有権者の一例といえる．

4. まとめ

　本章では93年に旧野党に投票し00年に民主党に投票した有権者を，93年に社会党に投票した有権者を中心に概観した．一言にE類型といっても様々であるが，政党の枠組みをはじめとする政治のめまぐるしい変化に翻弄されつつも，労組からの働きかけ，候補者への愛着，政策への評価，反自民感情といった要因で自らの態度を決定する有権者の姿が浮かび上がってきた．今後も各有権者はこのような要因によって，野党第一党の民主党，再び政策転換を行った社民党，さらには自民党などの行動を評価することになるであろう．彼らの00年の民主党への投票が到達点となるのか，あるいは単なる通過点に過ぎないのかは定かではないが，以上のような要因が重要となることは間違いない．

E-001　理想の相手とはなかなかめぐり会えないものだ

北海道　旧1区／新2区　1950年代生まれ　女性　①大学　②600〜800万円(93年)　③主婦　④自治

	支持政党	選挙区	比例	拒否政党	保革
93.7	（なし）	伊東秀子（社会）		共	6
94.2	（なし）				6
95.2	（自民）				6
95.7	（DK）	棄権	棄権	共	6
96.10	（DK）	吉川貴盛（自民）	自民	進	DK
00.6	なし	吉川貴盛（自民）	民主	共	5

　札幌を抱える旧北海道1区は，定数6人に対して12人が争う激戦区であった．新制度導入後の2区は長内順一（新進）と吉川貴盛（自民）の一騎打ちであり，96年は公明出身の長内が民主党の選挙協力も得て勝利，吉川は比例で復活当選した．00年は公明票を獲得した吉川が紙智子（共産），石田幸子（民主）に勝利した．

　40代前半の主婦．イデオロギーはほぼ中道．政治への関心はあまりないが，政治に対して常に不満を抱いており，今の政治は複雑すぎてよくわからないと終始回答している．投票義務感は低い．

　96年までの支持なしは，彼女の理想である「政局に安定をもたらす中道政党」が存在しないことによるものであり，特に彼女は革新的な政党に対して厳しい評価を下している．もっとも中道云々を語る以前に，公明党に対しては一貫して拒否の姿勢を示している．

　93年は社会党の伊東秀子に投票しているが，これは「なんとなく好感を抱いているから」であった．彼女はこの時期すみやかな政局の安定が必要だと述べているが，どの政党が安定をもたらすのかわからず，特定の政党を支持するには至っていない．ただ95年2月には自民党に好感を抱いている．この理由としては，自社さ連立により自民党が中道寄りにシフトしたと感じたこと，政局の安定を考える上で過去の実績がある自民党に期待したこと，一方で烏合離散を繰り返してきた他党に安定は望めないことがあげられる．96年衆院選では，小選挙区は「新進党の候補者に当選してほしくなかったから」という消極的な理由から自民党に，比例区は「よくわからない」まま自民党に投票している．ただ「夫は民主党に投票したかも」と回答し，2区に民主党候補が擁立されなかったことを残念に思っていた．安定をもたらす中道政党という彼女の要望に民主党は応えることができたか，00年衆院選比例区で民主党に投票していることがその答えだといえよう．(小松)

E-002　支持・投票は労組次第

北海道　旧3区／新8区　1950年代生まれ　男性　①高校　②400～600万円(93年)
③メーカーの工場勤務　④労組

	支持政党	選挙区	比例	拒否政党	保革
93.7	社会	金田誠一（社会？）		自共	4
94.2	社会				4
95.2	社会				4
95.7	社会	社会	社会	なし	8
96.10	**民主**	鉢呂吉雄（民主）	民主	なし	4
00.6	民主	鉢呂吉雄（民主）	民主	※	※

　旧北海道3区では93年，佐藤孝行（自民）と鉢呂吉雄（社会），金田誠一（無・社推薦）が当選し，社会党系が2議席を獲得した．新制度導入で北海道8区となっても選挙区域は変わらず，96年には比例にまわった金田の票と労組票を得た鉢呂（民主）が佐藤を破り当選した．00年も鉢呂は佐藤に勝利した．

　30代の男性．妻・子供と社宅に住んでいる．居住年数は10年足らず．イデオロギーはほぼ中道．労組に加入している．

　93年彼は社会党支持の理由として，自分の職業を一番代表しているからと答えており，実際に組合の影響が非常に大きかったと思われる．彼の考え（小さな政府志向，国際協力には積極的）と社会党の主張に整合性がないことや，社会党支持の弱さにもかかわらず労組の推す金田誠一（当時は無所属だが社会党の推薦を受けていた）の後援会に加入していたという事実がそれを物語っている．組合の影響を受けた社会党支持は，少なくとも95年7月までは続いている．93年は金田に投票しており，95年も「会社が推しているから」という理由で社会党を支持し投票している．

　一方で自民党については「金権政治をしている」，「大企業と癒着している」と終始非難している．共産党に対しては「反対・批判ばかりであり共産主義は到底受け入れられない」と断固拒否の姿勢を貫いている．93年結成の新党に対しては「何がしたいのかはっきりわからない」と答えており，特に支持する姿勢は見せていない．

　96年の民主党への支持変更は，無策な社民党に失望したこと（それまで社会党に政権担当能力を認めていたが，96年は社民党ではなく自民党にそれを認めている），マスコミにおいて民主党のイメージがよかったことが理由としてあげられるが，最大の理由は組合が支持政党を民主党に変えたことにある．「民主党に投票したのは組合が推薦しているから」という彼のコメント，組合が推している鉢呂の後援会に加入しているという事実からそのことがわかる．彼は00年も民主党を支持し，小選挙区・比例区とも同党に投票している．（小松）

E-003　それぞれの時期に最も期待できる新党を支持し投票

北海道　旧4区／新9区　1930年代生まれ　男性　①高校　②400〜600万円(93年)
③技師　④労組　商工　住民

	支持政党	選挙区	比例	拒否政党	保革
93.7	民社	池端清一（社会）		公	5
94.2	さきがけ				5
95.2	(NA)				5
95.7	新進	新進	新進	自	NA
96.10	民主	鳩山由紀夫（民主）	民主	なし	6
00.6	なし	鳩山由紀夫（民主）	民主	公由	6

　旧北海道4区は鳩山由紀夫のお膝元であり，池端清一（社会）や高橋辰夫（自民），渡辺省一（自民）がそれを追うという選挙状況であった．新制度導入後の9区（室蘭市・苫小牧市など）では96年，幅広く支持を得た鳩山が高橋，紙智子（共産）を大きく引き離して当選した．00年は鳩山が岩倉博文（自民）との接戦を制した．

　彼は50代後半の男性．妻・親と持ち家に住んでいる．イデオロギーはほぼ中道．96年には労組，商工団体，住民団体（いずれも鳩山支持）に，96年と00年には鳩山の個人後援会に加入している．しかし政治的関心はあまり高くない．

　彼の政党支持の変遷は，自民単独政権の崩壊を政治の転機とみて，各々の時期に最も期待できる新党を応援したことによるものである．93年の民社党支持の理由はよくわからないが，92年参院選で連合に投票していることからすれば民社系支持の延長上にあるといえよう．94年のさきがけ支持は，同党の政治的立場と彼の考えとの近さや，新党の中でさきがけが最も頼もしいと感じたことによる．95年7月に新進党へ支持を変えたのは，「新鮮さに期待した」ためであり，彼は与党であるさきがけよりも「何か変えてくれそうだ」と感じていた．96年の民主党支持については，加入団体が推薦していること，行革に一番熱心であることがその理由である．96年以降は加入団体の影響が大きいようだ．

　93年衆院選では，民社党を支持していながら社会党に投票している．民社党候補者が彼の拒否政党である公明党の支援をとりつけていたことや94年に「社会党ははじめから嫌い」と答えていることから，これは消極的な投票行動だと思われる．95年は選挙区は「候補者に情熱・新鮮さを感じた」，比例区は「自民政権に飽きた」という理由でともに新進党に投票している．96年衆院選では，小選挙区は加入団体の推薦により鳩山に，比例区は政党支持により民主党に投票している．00年も同じく民主党に投票しており，小選挙区では公約を重視したと答えている．(小松)

E-004　自民支持と言いつつ，不満を抱いて毎回他党に投票

青森　旧2区／新1区　1940年代生まれ　女性　①高校　②1200～1400万円(93年)
③店員　④自治　生協

	支持政党	選挙区	比例	拒否政党	保革
93.7	自民	山内弘（社会）		公	4
94.2	さきがけ				5
95.2	社会				6
95.7	さきがけ	新進		さきがけ	なし	5
96.10	自民	今村修（社民）	共産	進	6
00.6	自民	戸来勉（民主）	民主	公	5

　旧青森2区における93年衆院選では，自民党から新生党に移籍した現職の木村守男，自民党の元職竹内黎一，同じく自民党の現職田沢吉郎，社会党現職の山内弘らが争い，前三者が当選して山内が落選した．現1区で行われた96年衆院選では，自民党の津島が社民党の今村修や新進党の工藤隆一らを破り，00年衆院選でも今村や民主党の戸来勉らに圧勝した．

　調査期間中に行なわれた3回の衆院選において，彼女はいずれも自民支持と答えつつ他党に投票している．「経済成長につくした政党」と評価し，政権担当能力も認める一方で，金権体質への反感があり，「人数で政治を支配しようとする」傾向も気に入らないようである．

　自民党への反感は94～96年にかけて特に強く，社会党やさきがけを支持政党として挙げている．社会党に対しては「古い体質をとりのぞ」くことを望み，村山内閣が成立して政策転換が実現するとこれを支持した．しかし結局は同内閣に失望し，「だらしのない政党」との見方を強める．96年衆院選ではまだ望みを繋いで小選挙区で社民党に投票するが，選挙後には再び自民支持に転じた．さきがけにも「清潔なイメージ」を感じていたが，やがてその弱体ぶりに見限っている．

　さきがけ以外の新党については，日本新党には好感を抱いたものの，新進党になると小沢一郎や創価学会への反感があった．「（木村守男）知事が新進党なもので他の県会・市会議員も特に政策的なものではなく新進党にくらがえした人がい」ることも不信感を強めたようである．95年参院選で新進党の候補に投票しているのが目に付くが，これはやや突発的なもので，支持に結びつく兆候は見せていない．96年衆院選の比例区で投票した共産党についても同様である．

　00年になると，小渕・森政権の政策全般や自公保連立などに著しく反発し，政権交代を願って民主党に投票している．しかし，依然として自民党を支持政党に挙げていることには変わりなく，これが将来民主支持に結びつくのか，自民支持にとどまるかは未知数である．(東)

E-005　夫の影響による社会党支持から政権交代を期待した民主党支持へ

岩手　旧2区／新4区　1930年代生まれ　女性　①中学　②〜200万円（93年）　③縫製工のパート　④自治

	支持政党	選挙区	比例	拒否政党	保革
93.7	民社	鈴木康洋（民社）		なし	6
94.2	社会				4
95.2	社会				4
95.7	（新進）	社会？	社会	なし	7
96.10	社民	沢藤礼次郎（社民）	社民	なし	DK
00.6	民主	木村幸弘（社民）	民主	なし	5

　旧岩手2区は，共に胆江地区を地盤とする小沢派と椎名派の親子二代にわたる保守内の争いが戦後続いたが，90年衆院選で椎名素夫が落選し，参議院に回ったため，93年衆院選以降は小沢一郎が圧倒的な強さを見せている．

　このように，彼女の選挙区は保守勢力が強いが，基本的には夫の影響を受けて社会党を支持してきた．政治の話をすることが少ないうえ，その唯一の相手が夫であることからも，夫の影響の大きさが推測される．

　しかし，政治変動期においては彼女の社会党寄りの姿勢にも揺れがみられる．まず，93年衆院選では，定数が4から3に削減され，激戦が予想されたにもかかわらず，いつも投票している社会党現職候補の沢藤礼次郎ではなく，日本新党推薦の民社党新顔候補に投票した．選挙報道からこの候補は当落選上にあると彼女は認識していたが，実際は法定得票数にも届かずに落選した．与野党逆転，政権交代を期待していたことから，新党ブームに影響され，このように投票したのであろう．

　95年参院選後から96年衆院選前にかけても揺れがみられる．95年参院選で新進党が躍進し，岩手選挙区でも新進党候補が当選したことに影響されたのであろうか，参院選前は反感をもっていた新進党と小沢に対して，地元で強い政党として評価を好転させている．96年衆院選前には，消費税問題を重視し，意見を同じくすると認識する小沢への投票意図を示している．対照的に，社民党については「過去の政党である」と評価を下げている．新党結成問題，社民党への名称変更など，党内部の混乱，政権内の影響力の低下が影響していると考えられる．しかし，小選挙区では政党を重視し，当選は難しいと認識しつつも，93年衆院選で落選した社民党元職沢藤に投票している．沢藤は比例区にも重複立候補しており，当落には惜敗率が重要であることが影響したとも考えられる．

　しかし，00年衆院選では，民主党支持に変化している．民主党候補のいない小選挙区では社民党新顔候補の木村幸弘に投票したが，比例区は民主党に投票している．民主党単独政権を望んでおり，政権交代を期待した投票行動といえよう．(松田)

E-006 政党不信から自民離れし，政党支持なしへ

岩手　旧2区／新4区　1930年代生まれ　男性　①中学　②200～400万円（93年）
③農業　④農協

	支持政党	選挙区	比例	拒否政党	保革
93.7	（なし）	鈴木康洋（民社）		なし	8
94.2	（なし）				7
95.2	（なし）				4
95.7	（なし）	新進		二院ク	共	5
96.10	（なし）	小沢一郎（新進）	新進	なし	6
00.6	なし	小沢一郎（自由）	民主	共	6

　彼の住む地域は旧岩手2区に含まれており，共に胆江地区を地盤とする小沢派と椎名派の親子二代にわたる保守内の争いが戦後続いたが，90年衆院選で椎名素夫が落選し，参議院に回ったため，93年衆院選以降は小沢一郎が圧倒的な強さを見せている．選挙制度改革後は，岩手3区，4区に分けられたが，彼の住む地域は4区となり，引き続き小沢の選挙区である．

　彼の政治変動期の投票行動を決定付けているのは，政治への不満，政党不信，政治倫理問題であると考えられる．93年衆院選前に自民党支持をやめてから，一貫して支持政党なしである．93年衆院選では，自民党について「今迄の実績を認めざるを得ないが，今回は遠慮してほしい」としているが，その代わりの政党を見つけるには至っていない．一方，新党に対しては，新生党を「期待が持てそうな政党」，日本新党を「未知数の政党」としており，不確実ながら，好意的に見ているようである．その影響からか，93年衆院選では当選は難しいと認識しながらも，清潔さ，新鮮さの印象を受けた日本新党推薦の民社党新顔・鈴木康洋に投票した．

　しかし，その後は3新党の政治理念，党是がはっきりしないとして，期待外れの感をもつようになる．特に，職業柄，農業問題に関心をもっており，細川政権のコメ部分開放決定に対する反発が強い．95年参院選では，選挙区で新進党候補に投票したものの，新進党への評価は「期待した程ではない政党」と低く，好感度でも自民党より低い．比例区は参院の特性から判断して二院クラブに投票していることから，既存政党への不信の強さが推察される．96年衆院選では，小選挙区は候補者を重視し，地元への利益誘導，個人の業績を評価して，小沢に投票し，比例区でも新進党に投票している．しかし，新進党への好感度は低いままである．

　00年衆院選では小選挙区は小沢に投票したものの，比例区は民主党に投票した．小沢個人の資質は評価しているが，自由党を支持せず，支持政党なしのままである．民主党の政権担当能力を認め，連立政権を望んでいることから，今後，選挙区に民主党候補が擁立されれば，民主党へ傾斜する可能性も考えられる．(松田)

E-007 改革志向の放浪者

山形　旧2区／新4区　1950年代生まれ　男性　①短大　②600〜800万円（93年）
③医療技術職　④労組　自治　生協

	支持政党	選挙区	比例	拒否政党	保革
93.7	社民連	阿部昭吾（社民連）		なし	4
94.2	さきがけ				5
95.2	さきがけ				6
95.7	（さきがけ）	棄権	棄権	なし	6
96.10	（民主）	棄権	棄権	なし	5
00.6	民主	寒河江孝允（民主）	民主	自公保	4

　山形旧2区は定数3で，自民党の加藤紘一，近岡理一郎，社会党→社民連の阿部昭吾らが議席を保ってきた．加藤は外務省出身の2世議員，阿部は県議出身で全日農役員である．小選挙区制になり，近岡は3区に，阿部は新進党に移籍し比例区からの立候補となった．他には新進党新人の寒河江孝允（弁護士出身）らが立候補している．96年，00年衆院選とも加藤の圧勝であった．

　彼は40歳前後の男性で医療技術職の仕事に従事している．夫婦と子供と親でくらしているようだ．現在の政治に対して不満を抱き，政治に対しては時々しか興味を持っていない．93年以前は投票に参加していたが，年々投票義務感が薄れていっているようで，95年参院選，96年衆院選ともに棄権している．96年から民主党に好感を抱き始め，00年には支持政党になっている．

　彼の両親が社会党支持者であったためか，相対的に自民党よりは社会党に対する評価が高い．だからといって社会党支持者ではなく，社会党に対しては「組合活動に依存している」「左右に分裂すべき」という評価を下している．

　93年までは社民連を支持し，衆院選では阿部に投票した．94，95年にはさきがけを支持ないし，好ましい政党に挙げ，96年には民主党を好ましい政党と考えている．00年は小選挙区，比例区とも支持政党とする民主党に投票している．

　政治改革を重要争点と考えている彼の言葉によれば自民党は「保守政党で腐敗がある」となる．新生党は「言行不一致」「自民党の悪いところを引き継いだ」，新進党には「現在の幹部が退陣することが政治改革の第一歩」と述べる．小沢一郎に対してかなり強い反感を抱いている．さきがけをリベラル保守，として支持していたこともあったが，期待された成果をあげられなかったために，結局「取り残された党」というように感じるようになった．この結果，96年時点では完全にどの政党をも支持したくないという無党派になったと考えられる．00年になると，好感を持てる存在として鳩山由紀夫と民主党が浮上，感情温度も70度と比較的高い評価を与える．全く評価しない自公保への対抗馬としたいようだ．(遠藤)

E-008　自民党支持者…なのであろうか

福島　旧3区／新5区　1950年代生まれ　女性　①短大　②600〜800万円（93年）
③主婦　④自治

	支持政党	選挙区	比例	拒否政党	保革
93.7	自民	鈴木久（社会）		公共	3
94.2	自民				4
95.2	自民				6
95.7	（なし）	新進	新進	社さ共	5
96.10	自民	田中直紀（自民）	民主	進社	6
00.6	なし	吉田泉（民主）	民主	公由	3

　旧3区は定数3，自民党の田中直紀，坂本剛二，社会党の鈴木久らが争う．田中は鈴木直人衆院議員の息子，かつ田中角栄の婿，夫人は真紀子衆院議員である．96年衆院選では，坂本がいわき市の地盤と無党派への浸透から追い上げて当選した．00年衆院選では，自民の吉野正芳が民主の吉田泉を破り初当選を果たしている．

　彼女は主婦で，近くの原発で働く夫と，子供がいる．夫は労組に加入している．
　93年以前は社会党の支持者であったようだが，93年以降は自民党への支持を表明している．おそらく以前はかなり熱心な社会党支持者であったのだろうが，90年代の激動期の社会党のあり方に大きく失望し，自民党のあまり熱心ではない支持に変化したのだと思われる．社会党のせいで政治に対する興味を失ったと答えている．それでも社会党に後ろ髪をひかれるのか，93年の衆院選においては社会党の候補者に投票していて，頑張ってほしい，と考えている．しかし，94年にはそれもなくなり，「以前は蔭ながら応援していたが失望した」と回答し，自民党の議員に投票したいと考えている．ただ，自民党についてそれほど高い評価を与えているわけではない．支持理由としては無難だから，ということであろう．

　他の政党の評価としては，94年には日本新党に対してかなりの期待を持っているが，これは細川護熙個人への期待が大きいようである．新生党には何の期待もしていない，ということからもそれがうかがわれる．しかし，96年には細川に対する反感を持つようになった．新進党には「政治改革を掲げているが，口だけであり，数の少ない自民党」と考えているが一方でこれから伸びるとも考えている．ただし，党首は嫌い，と答えている．そして，96年には共産党について興味を持ったようだ．

　93年衆院選では社会党に投票，95年参院選では会社の関係から新進党に投票した．96年衆院選では小選挙区は団体の推薦によって自民の田中直紀に，比例区は政治の現状を改めるのにふさわしい，という理由で民主党に投票した．（遠藤）

E-009　自民単独政権の拒否

茨城　旧1区／新1区　1930年代生まれ　男性　①高校　②600～800万円（93年）
③警備員　④なし

	支持政党	選挙区	比例	拒否政党	保革
93.7	（なし）	塚田延充（民社）		なし	6
94.2	自民				6
95.2	社会				7
95.7	社会	社会	社会	進	8
96.10	民主	関戸秀子（共産）	共産	なし	5
00.6	民主	佐藤由実（民主）	民主	自公保	6

　彼は引退後「第二の人生」として警備会社に勤めている．政治に対しては時々関心を示す程度であり，政治家一般へは金権政治とのからみで不信感を抱いているが，地元の個々の政治家に対してまではその不信感は及んでいない．

　彼は元来，社会党支持者であったが，社会党に対して「あいまい」であると評価し，93年には家族が塚田延充の後援会に加入していることから候補者個人に親しみを感じ，民社党の塚田に投票した．選挙後には社会党支持から支持政党なしとなった．自民党に対しては金権政治であると批判し，93年衆院選の争点は政治献金の問題であると認識している．日本新党に期待している一方，新生党に対しては「自民の名を変えただけ」と評している．

　94年に始まる自社さ連立政権に対してはよい評価を下している．政権担当能力をもつ自民党であるが，単独では金権政治となるところを，社会党の政権参加で政治に腐敗がなくなり，また社会党自身も連立を経て丸みができた，というのが彼の考えである．新進党に対しては期待しておらず，拒否政党にあげている．95年参院選で社会党を支持・投票したのは，彼の考える上記の自社バランスにおいて社会党の影響力の低下を心配したためである．

　ゆえに，自民党単独政権となった橋本内閣には続投を望まず，96年には自民・民主の連立政権を望んだ．96年衆院選前には自民支持を表明しているが，自民党は「無難」な政党であると述べている．一方で消費税問題から共産党に好感を持ち，96年衆院選では二票とも共産党である．00年には自公保政権を拒否し，民主・自由の連立政権を求め，民主党に二票とも投じた．

　彼の投票政党は社会・民社・共産・民主とさまざまであり，これに加えて支持政党に自民党をあげることもあり，複雑である．投票行動決定要因も，個人的信頼であったり，政党間のバランスを考えた結果であったり，考えに共感したためであったりで様々である．しかし，彼の基本的政治スタンスは自民党一党優位・自民党単独政権の拒否であると思われる．(中條)

E-010　労組の影響で社会支持．見捨てた後は民主に期待

茨城　旧2区／新4区　1950年代生まれ　男性　①高校　②400～600万円（95年）
③日立関連会社職員　④労組　自治

	支持政党	選挙区	比例	拒否政党	保革
93.7	社会	大畠章宏（社会）		公共	1
94.2	社会				5
95.2	社会				5
95.7	社会	棄権	棄権	共	8
96.10	民主	梶山静六（自民）	民主	社共	5
00.6	民主	梶山弘志（自民）	民主	共	4

　旧2区では日立製作所が自民党候補2人を当選させるため久慈川協定という集票体制を続け，これに対し労組が組合出身候補を立てて企業選挙を展開してきた．93年衆院選は集票活動の廃止や日本新党の参入で選挙体制が変化したが，自民2社会1（大畠章宏）は維持された．選挙制度改革後は4区．前回次点の斎藤全一郎（元日本新党）は新進党からの出馬．結果は梶山静六（自民党）の圧勝に終わった．00年衆院選では自民党の梶山弘志が父の地盤を引き継ぎ大勝した．

　30代半ばの男性，妻子と親とで生活している．景気の厳しさを感じつつも暮らし向きにはあまり不満はない．彼は政治が複雑で理解できないことが多く，政党の政策的立場の違いも十分認識していない．さらに政党への好感度も一様である．投票義務感はあるが全般に政治不信に陥っており，政党や国会の存在意義・一票の影響力に無力感を抱いている．

　彼はもともと弱い社会党支持者であった．日立関連会社に勤務し社会党を支持していたということは概して労組の影響力といえるだろう．しかしただでさえ弱い支持は村山内閣の成立後ますます弱まっていった．村山内閣への評価も総じて低い．「やる事，言うこと，考え方がハッキリしない」ことに苛立ちを感じ，ついには見切りをつけてしまったようである．代わって96年衆院選では新進党と民主党を強く支持し，両党の連立政権を望んでいる．とくに民主党には「今後に期待したい」と明るい展望を持っており，あらゆる点で高く評価している．ただ投票に際しては小選挙区に民主党候補がいなかったため，仕方なく自民党の梶山に投票している．彼が争点とした消費税問題では新進党に賛同していたが，斎藤が公明系新進党候補であったことと土地柄周囲に自民党支持者が多かったことが彼に梶山を選ばせたのだろう．00年衆院選時には完全に民主党支持に変わっている．ただ前回と同じく小選挙区には民主党候補が不在で自民党と拒否政党の共産党の2候補しかなかったため，自民党に入れざるを得なかった．(内)

E-011　安定した共産党支持者

東京　旧5区／新10区　1930年代生まれ　女性　①大学　②〜200万円（93年）　③図書館勤務　④労組　自治　生協

	支持政党	選挙区	比例	拒否政党	保革
93.7	**共産**	高沢寅男（社会）		自	3
94.2	社会				3
95.2	さきがけ				5
95.7	共産	その他	共産	進	3
96.10	共産	長妻昭（民主）	共産	進	3
00.6	共産	鮫島宗明（民主）	民主	自公保由	3

　練馬区在住で大卒，図書館にて司書の仕事をしている60代の女性．平均イデオロギー3.2，朝日新聞購読，TBSのニュース23を信頼する番組としてあげるなど，かなり革新的思想の強い方のようである．

　さて，彼女の全般的な政治的指向であるが，8回の調査のうち6回共産党支持と回答，社会党と民主党に一度ずつ投票した以外はすべて共産党に投票していることなどを考えると，かなり安定した共産党支持者と呼べるのではなかろうか．具体的に共産党に対する評価を見ていくと，「数は少ないが，ここというときに結構力を出す」「言っていることは正しいので，それが生きるようにがんばってください」といったところだ．ただ，社会党も93年から94年にかけては気に入っていたようであり，「内部で分裂しているが，方向としては決して悪いとは思わない」と評価していた．しかし，自社さ政権成立後は社会党を見捨てたようであり，「だらしがないので見切りをつけたい」と，斬って捨ててしまった．

　一方自民党に対してはかなりの嫌悪感を抱いているようで，「ぜんぜん自分の言ったことを守れない．金権体質が許せない」「保守党なので嫌い」と，明確な反自民思想を抱いている．また，新進党も自民党の亜流とみなしていたようであり，「田中金脈の末裔たちと，特殊宗教団体こと公明党の悪の華」と酷評するに及ぶ．

　実際の投票行動は，支持政党と一致するとは限らない．また，その動機も明確で「今の体制を崩したかったから」と，自分の一票の価値を最大限に行使する姿が明確に見える．96年衆院選では候補者を重視し選挙区で長妻に，比例区では信頼する共産党に票を投じた．選挙区で共産党に入れなかったのは死票を避けようとする意思がはたらいたのかもしれない．00年衆院選においてもそういった志向ははっきりと見て取れ，支持政党は共産党のままながら，比例区・選挙区とも民主党に投票している．（原）

E-012　寛容型・浮動票

東京　旧10区／新17区　1940年代生まれ　女性　①高校　②400〜600万円（93年）
③主婦　④自治　生協

	支持政党	選挙区	比例	拒否政党	保革
93.7	社会	渋沢利久（社会）		共	6
94.2	日本新				6
95.2	新進				7
95.7	新進	新進	新進	なし	6
96.10	新進	山口那津男（新進）	新進	共	DK
00.6	なし	山口那津男（公明）	民主	※	※

　東京都葛飾区は旧東京10区，現東京17区に位置する．93年衆院選にて山口那津男がトップ当選したように，足立区ともども創価学会の強い地域である．96年衆院選で3選を目指した山口であったが，自民党新人の元岡山県警本部長・平沢勝栄に敗退している．平沢は00年衆院選でも当選を果たした．

　さて彼女の特徴を一言で表すならば，"政治的に寛容"といったところだろうか．政治的満足度は，やや不満から全く不満とかなり低いものの，いわゆる「政治腐敗」に対してはそれほど怒りを感じていないようではある．社会→日本新→新進と支持政党は変遷しているが，特に自民党に対して反感を持っているという様子もなく，「今までは一生懸命やってきた党」「いろいろ努力している」と述べ，橋本内閣の業績についても「まあ良い」とするなど，これまた寛容である．

　また，既成政党の行き詰まりを打破すべく日本新党支持になったようではあるが，「まだまだ良く分からないががんばってほしい」「もっともっとがんばって」という程度で，切迫した支持ではないようである．その後二大政党制を望み新進党支持になってはいるが，「いろいろ努力している」と評すように，自民党にも寛容であることは前述のとおりである．また，新進党支持といっても「強いて言えばこの党しかないという感じ．あまり期待はしていない」と述べる程度であることも付言しておく．

　96年衆院選では支持政党どおり新進党と山口に投票しているが，「近所の人から働きかけを受けた」ともしており，おそらく仲のよい創価学会員が近所に住んでいるのであろうと推測できる．このようなタイプの有権者は頼まれると断れなさそうであり，働きかけをするには適当な人物といえるだろう．00年衆院選でも小選挙区は公明党の山口に投票した．こちらもおそらく働きかけがあったのだろう．比例区は民主党に投票していることから，彼女は支持政党なしと答えているが民主党を支持する気持ちが少しあるのではないかと考えることもできる．(原)

E-013 菅直人と心中型

東京 旧7区／新18区 1920年代生まれ 男性 ①大学 ②1400万円〜(95年) ③無職 ④自治 住民

	支持政党	選挙区	比例	拒否政党	保革
93.7	民社	菅直人（社民連）		共	8
94.2	新生				4
95.2	新進				8
95.7	新進	新進	新進	さ	6
96.10	民主	菅直人（民主）	民主	自	4
00.6	民主	菅直人（民主）	民主	共	5

武蔵野市在住，70代で無職の年金生活者．若夫婦と孫と同居しているようであり，世帯年収は1400万円以上とかなり裕福なようだ．

東京都武蔵野市は旧東京7区，現東京18区に位置する．なんといっても菅直人の選挙区である．菅は93年衆院選で社民連の候補としてトップ当選，96年衆院選にいたっては民主党の代表として11万票を獲得，次点に9万票差をつける圧勝であった．00年衆院選においても，7万票の大差で橋本龍太郎の女婿，片岡久義（自民）を撃破．菅抜きにこの選挙区は語れない．

さてこの有権者，特筆すべきはやはり菅直人への支持の強さであろうか．調査開始前，即ち菅がブレイクする前から応援してきたようであり，途中に新生党や新進党をはさみはするものの，それ以外は常に社民連や民主党といった，菅所属の政党を熱心に応援しているようである．ではなぜ94，95年の調査で新生党や新進党の支持と答えたのであろうか．私は，その時期は政治改革花盛りであり，菅は菅個人で支持しつつも，二大政党制を目指すと鼻息の荒かった新進党にも政党として魅力を感じていたゆえのことではないかと推測したい．

他方，自民党は嫌いなようで，「汚職ばかりして，本当の政治をしているのかとつくづくいやになる」「長く政権の座に居座りつづけたので最後は良くない結果になった」「保守的．官僚との結びつきが強い」との感想を漏らしている．また，菅の所属するさきがけは自民党の枝分かれした党とみなしているようであり，拒否政党に挙げている．上述の新進党支持も併せ鑑みると，政党支持と候補者（政治家個人）支持が結びつかない例と理解すべきであろう．

無名時代から菅を支持，艱難辛苦の挙句，彼が鳩菅新党こと民主党の主となったときは「政権の座につくのを期待している」と，さぞ誇らしかったことであろうことが痛いほどよく分かる．実際96年には，親戚や近所の人に対して民主党に投票するように働きかけもしている．(原)

E-014　政党へ不信感を抱くも選挙は欠かさず

神奈川　旧1区／新2区　1950年代生まれ　女性　①短大　②600〜800万円(93年)
③主婦　④自治　生協

	支持政党	選挙区	比例	拒否政党	保革
93.7	(DK)	伊藤茂（社会）		なし	5
94.2	(公明)				6
95.2	(NA)				NA
95.7	(なし)	新進	新進	共	6
96.10	(なし)	上田晃弘（新進）	共産	進民	5
00.6	なし	湯川美和子（共産）	民主	なし	NA

　彼女の投票対象を中心に当該地域の衆院選を見ると，93年は8党候補勢ぞろいの激戦だったが，社会党の伊藤茂は勝ち残った．96年は自民新人菅義偉と新進現職上田晃弘が激突，菅が勝利した．00年の共産党の湯川美和子は菅に完敗した．

　彼女は一度も支持政党を挙げたことがない．しかし，投票は欠かさず行い，93年と96年には政治全般に満足している．政党自体に不満があるのだろう．

　92年以前の投票行動は忘れたとする彼女は，93年には社会党の伊藤に投票した．選挙後調査では投票理由はわからないと答えており，あまり積極的な理由はないようだ．当時自民党には「横暴」，社会党には「口だけ」と答え，他の党は印象にも残っていない．特段の意見がないため選挙中政治に関して話することはなかったそうだ．

　続く94年時には細川護熙に期待し，3新党に政権担当能力を認めるもどの党も支持するには至っていない．95年には新進党に対し政権担当能力を認めるも，細川や小沢一郎には絶対的な嫌悪感を示す．権力の座を狙う姿勢に嫌気が差したためである．そして，選挙があっても棄権すると答えている．ただし，同年参院選は棄権せず，小選挙区・比例区ともに新進党へ投票した．知人に頼まれたからである．依然として新進党には「権力志向」，自民党には「横暴」という言葉を残している．

　96年に至ると，各党に対するコメントには「きらい」という言葉しかなく，同年衆院選でもどの候補に投票するか悩んでいた．結局，小選挙区は知人に投票を頼まれた新進党の上田へ投票した．一方，比例区には興味がないらしく，消去法で共産党へ投票した．共産党以外の党のことは「きらい」としていたが，共産党には「わからない」としており，その差が出た形だ．ちなみに95年には共産党を拒否政党に挙げていたので，彼女はひとつの政治的立場に固執しない人物なのだといえる．

　00年は96年に拒否政党とした民主党に党首イメージから若干好感を抱いたものの，支持政党はなかった．そのため，政党は小選挙区における最も重要な基準になりえず，候補者の人柄に注目して共産党の湯川に投票した．共産党への評価は96年に引き続いて悪くない．一方，比例区は最も好感する民主党へ投票した．（金子）

E-015 社会党から無党派に移行した後に民主党へ

神奈川　旧1区／新2区　1940年代生まれ　女性　①短大　②不明　③主婦→受付（96年）　④自治　生協

	支持政党	選挙区	比例	拒否政党	保革
93.7	社会	伊藤茂（社会）		公	4
94.2	（なし）				4
95.2	（さきがけ）				5
95.7	（なし）	NA	NA	なし	4
96.10	（なし）	NA	NA	進	4
00.6	なし	大出彰（民主）	民主	公	4

　彼女の投票対象を中心に当該地域の衆院選を見ると，93年は社会党の伊藤茂は8党候補勢ぞろいの激戦に勝ち残った．96年は接戦の末，自民党の菅義偉が初当選を果たした．00年も接戦で，菅が民主党の大出彰らから辛くも地盤を守った．
　彼女はやや革新的であると自己認識し続けている．革新的な政党なり意見なりが自らのような「一般的な人々の意見を代表する」と考えているからである．
　時系列的に見ると，93年以前は社会党へ投票し続けていた彼女は，イデオロギー的背景から93年にも社会党を支持し，社会党の伊藤茂に投票した．彼女は自民党の体質にうんざりし，「国益にマイナスがあっても政権の交代を求める」としている．しかし，社会党への投票に迷いがなかったわけではなく，一時は候補者の魅力に惹かれて共産党の斎藤淑子への投票も考えていた．社会党は政権与党と批判勢力とのいずれにも徹しきれないのではと危惧していたからである．一方，共産党には批判勢力としての役割を認めていた．それでも，社会党へ投票したのは政権担当政党への脱皮を期待してのことだろう．その選挙後の細川政権については高い評価をした．一方，社会党への好感は継続し，選挙があれば投票すると答えていたが，同党の政治改革への姿勢に疑問を持ち，支持政党には挙げていない．代わって党首イメージが良くクリーンな印象があるさきがけに好感を抱き始める．95年も社会党・さきがけへの考え方は変わらないものの，新進党の登場で「政治の見方がはっきりしなくなった」とも答えている．第1党の自民党との区別がはっきりしないからであろう．95・96年の投票行動は不明だが，96年にはどの政党が政権を取っても同じと答えている．政治の見方がますます分からなくなったようだ．支持政党もなくなっている．
　00年になると，依然として支持政党はないものの，かつて「エリートすぎる」と批判した民主党に小選挙区・比例区ともに投票した．政党で選んだらしい．党首の鳩山由紀夫にも好感を抱きつつある．民主党と自らの保革イメージを一致させており，民主党にイデオロギー的親近感を抱いている．依然として保守・革新の軸を少々意識しているようだ．共産党への評価も高い．（金子）

E-016　二大政党制の一翼を求めて

神奈川　旧4区／新4区　1940年代生まれ　男性　①大学　②1400万円～（93年）
③広告関係の事務　④自治　宗教

	支持政党	選挙区	比例	拒否政党	保革
93.7	社	大出俊（社）		公	5
94.2	（日本新）				2
95.2	（新進）				3
95.7	（新進）	棄権	棄権	社	3
96.10	民主	白票	民主	進社	4
00.6	民主	大石尚子（民主）	民主	公共保社	7

　彼の住む地域の衆院選を見ると，93年はフレッシュな顔ぶれが多数当選する中，社会党の大出俊も議席を守った．96年は，自民党の飯島忠義が民主党の中島章夫らに辛勝し，初当選を果たした．00年は飯島を民主党の新人大石尚子が大差で破った．
　政治に不信感を抱く彼は，二大政党制への変革などの政治改革を求め続けている．93年には社会党を支持した．同党なら政治改革ができると考えたことや山花貞夫への好感などがその理由である．そして衆院選では社会党の大出に投票した．もっともこれには候補者個人の魅力も関係があった．社会党の他には日本新党やさきがけにも高い評価を与えている．これらも政治改革を求めてのことだろう．
　続く94年の調査では社会党に対する評価は地に落ちた．「批判のための批判」しかしないからだそうだ．また，新党に期待できるようになったことも社会党の役割を認めなくなった隠れた要因と言えよう．政治改革への対応も新党の対応は満足しているが，社会党の対応には不満だと答えている．ただし，非自民の政権の枠組み自体には満足していた．95年も社会党は公約破りとしてさらに評価を下げるが，他の政党も軒並み評価を下げている．海部俊樹への高い評価から新進党に若干期待するのみである．新進党には二大政党制の一翼を担うことを期待している．同年参院選時には，新進党の他に自民党とさきがけへの期待が戻りつつあるも，いずれも支持を得るまでには至っていない．投票も面倒だからといって棄権した．
　96年になると，党首らの評価とともに民主党への評価が高くなっている．同党には二大政党の一翼としての役割を期待している．前年にその役割を期待した新進党には，自らある宗教を信仰しているからか，創価学会の影響を批判し，拒否感すら抱いている．選挙では比例区で民主党に投票した．一方，小選挙区は民主党の官僚候補になじめず白票を投じた．民主党支持がまだそこまで堅固でなかったのだろう．
　00年も民主党を支持し，小選挙区・比例区ともに同党へ投票している．同党への支持は固定化しつつある．公明党をはじめとした同党以外の政党への不信感は根強いが，小沢一郎および自由党への評価だけは急激に高まりつつある．(金子)

E-017　社会党の現実路線を評価するがもはや「過去の党」
岐阜　旧1区／新1区　1950年代生まれ　男性　①大学　②不明　③小売店経営　④自治

	支持政党	選挙区	比例	拒否政党	保革
93.7	社会	渡辺嘉蔵（社会）		自	8
94.2	社会				3
95.2	社会				4
95.7	社会	社会	社会	共	6
96.10	自民	野田聖子（自民）	民主	進	7
00.6	なし	渡辺嘉蔵（民主）	民主	自	3

　彼は親と妻と子と暮らしている．93年より前の3回の国政選挙でも社会党に投票してきたようである．政治への不満は大きい．

　彼は，護憲，環境重視，消費者重視，軍備削減，社会福祉充実など，いわゆる革新的な志向を持つ．彼が子供の頃父親は社会主義政党を支持していた．彼の妻も95年の参院選で社会党に投票したようだ．こうした要素が社会党支持につながっていよう．ただ，社会党への支持も限定的で，以前から現実化を要望していたようだ．93年に社会党を除く連立を望んだのも，政権を任せることに危うさを感じたからかもしれない．他党には，共産党は非妥協的，自民党は腐敗しているとの印象がある．

　93年衆院選時，宮沢内閣に不満で，政権交代を望んだ．非自民連立政権は比較的評価している（ただし，小沢一郎には拒絶感がある）．「単なる反対党のイメージが強かった」という社会党が現実的対応を迫られるようになると「責任をになうようになったため，やむをえない面もある」と理解を示す．自社さ連立期に社会党が基本路線を大きく転換したことにも支持を表明する．このように現実路線を評価する反面，社会党を「古い体質」「なんとなく過去の党」と評するようになる．

　96年衆院選前には社民党支持で，自民党にはさほど好意的ではなかった．この選挙区の自民党候補・野田聖子は前回が初当選だが知名度が高く，彼は野田を清潔・新鮮だと感じるなど好意的である．自民党への支持政党の変化も，野田への好意によるものかもしれない．他方，菅直人の好感度が最高であり，よくわからないとしつつも民主党に期待を表明する．社会（社民）党が古い党と思うようになったが革新的な志向を持つ彼にとって，民主党は期待の対象として恰好の存在だったのだろう．比例代表での民主党への投票はその期待の表れであろう．

　00年には，国旗国歌法と通信傍受法の成立や森首相の「神の国」「国体」発言を全く評価せず，自公保連立の枠組みに拒絶的で，与野党逆転と民主党中心の連立を望む．自由党と小沢一郎の好感度は最低で，護憲志向は続いており，民主党が右に翼を広げた場合，彼は態度を変えそうである．(山本)

E-018　自民の1人勝ちを嫌う有権者

静岡　旧3区／新3区　1930年代生まれ　男性　①大学　②800〜1000万円（93年）
③管理職→教員（95年）　④農協　自治

	支持政党	選挙区	比例	拒否政党	保革
93.7	社会	元信堯（社会）		共	4
94.2	新生				6
95.2	自民				4
95.7	自民	自民	自民	共	5
96.10	自民	柳沢伯夫（自民）	自民	共	3
00.6	自民	柳沢伯夫（自民）	民主	なし	NA

　60代の男性．高学歴で，管理職として勤めた会社を退職した後は教員として再就職している．政治に対しては常に高い関心を持つ．93年の衆院選前，それまで投票してきた社会党や自民党に対する評価が下がり，「体質の改善」が必要であるとして新党に期待するようになっている．選挙では自民党を離党して新生党に移籍した熊谷弘に好感を持ち，投票を意図していたが，実際には政党を重視して社会党の候補に投票した．投票予定を変更した原因としては，所属する住民運動の団体から働きかけがあったことに加え，熊谷は当選確実とみられていたのに対して社会党候補はあと一歩と報じられていたことによると思われる．もっとも彼の期待もむなしく前回の90年衆院選でトップ当選した社会党の元信堯は，この選挙では次点に泣いた．政権交代の必要性を感じていたため非自民による連立政権を支持し，社会党の政権参加を好意的に見ている．さらにその後の政策転換に対しても「国民が政策に大きな変化を希望しない中で，政権政党として大きく成長した」「方針を変えたので現実的になった」と積極的な評価を与えているのは特徴的である．

　95年に自民党の党員になったとして，その年の参院選では「党員だから」という理由で自民党に投票している．ただし自民党に対しては「政と官の馴れ合い政治」と批判を加え連立政権の継続が望ましいと考えていることから自民党が単独で強くなることは望んでいないようである．96年の衆院選では自民党の柳沢伯夫の後援会に加入，地元の利益になる政治家を望んでいることもあって地元出身の柳沢にはかなり好感を持っている．この時には自民党と民主党による連立政権が望ましいと考えていた．00年衆院選では，選挙区は引き続き柳沢に投票し，支持政党は自民党と回答しているが，政権担当政党としては民主党がふさわしいと考え与野党の伯仲を望んで比例区では民主党に投票した．

　基本的には自民党の支持者と考えられるが，自民党があまりに強くなると「あぐらをかきすぎる」ことを嫌い，連立政権ができるくらいの勢力均衡を望む傾向にある．かつての社会党や民主党を対抗する存在と位置づけているようである．（下田）

E-019 加入団体の意向重視

静岡 旧2区／新5区 1950年代生まれ 女性 ①短大 ②400〜600万円（93年）
③サービス業→事務職（95年） ④自治 生協

	支持政党	選挙区	比例	拒否政党	保革
93.7	民社	近藤一視（民社）		公共	6
94.2	民社				3
95.2	新進				5
95.7	新進	新進	新進	共	5
96.10	民主	斉藤斗志二（自民）	新進	共	6
00.6	民主	和泉昭子（民主）	民主	共	5

　彼女自身はパート勤めで労組には加入していないが，夫が労組加入者であるため「会社で推している」民社党を支持してきた．新進党の結成に伴い，そのまま新進党を支持するようになったが「日本を良くしようと思ってとび出した人が集まっている」と肯定的に評価する一方で，「公明党がいっしょなのがイヤで投票する気持ちにならなかった，そういう人は結構いる」はずだとして，宗教政党と手を組むことへの拒否感も示している．96年には「菅問題（エイズ）を評価して」と代表であった菅直人の厚生大臣としての働きを評価して民主党を支持するようになり，他方新進党については「ポスターの政策が実現不可能で不信感を覚える」と評価がいっそう下がっている．しかし同年に行われた衆院選では，加入する団体から働きかけがあったとして比例区で新進党に票を投じている．選挙区では小選挙区選出の議員には地元のために働いてほしいと考え，自民党の斉藤斗志二に投票した．静岡5区には新進党，民主党とも候補者を立てておらず，斉藤は社民党の前島秀行に圧勝した．00年は民主党を支持し，選挙区・比例区とも民主党に投票している．選挙区ではこの選挙も斉藤が制しているが公明・保守両党から推薦を受けており，彼女はそれを嫌って今回は投票しなかったものと思われる．公明党への拒否感から自公保連立政権に対する評価は厳しく，民主党中心の連立政権が誕生することを望む．

　投票に際しては加入団体（おそらくは夫の労組）の影響が強く，個人としての支持よりもむしろ所属する団体の支持を優先しているようにさえみえる．このように団体の意向に忠実なのは，その団体への帰属意識が強いというよりもむしろ投票における自身の影響力に期待を抱いていないことが原因と思われ，投票に対しては強く無力感を抱いている．民意の反映されない政治に対しては大きな不満を持っている．（下田）

E-020　労組の意向重視

静岡　旧2区／新5区　1950年代生まれ　男性　①高校　②800～1000万円（93年）
③製造業　④労組　自治

	支持政党	選挙区	比例	拒否政党	保革
93.7	日本新	近藤一視（民社）		自共	6
94.2	民社				5
95.2	新進				7
95.7	（新進）	新進	新進	社	4
96.10	新進	斉藤進（新進？）	新進	共さ	7
00.6	民主	和泉昭子（民主）	民主	公由	3

　労組の影響を受けて民社党に投票してきたが，彼自身は民社党を強く支持しているわけではなく，93年衆院選直前には強い政治不信から支持政党なしと回答している．特に自民党に対しては「言っている事とやる事の歯車が合わない」と批判して強い拒否感を示し，新党についても「組織が大きくなれば自民党と同じ」と否定的な考えを持っていた．政権交代を望んでいたため非自民連立政権の誕生を評価し，細川首相への期待から日本新党を支持するようになっている．しかし細川政権が瓦解し，その後成立した自社さ連立によって自民党が政権に復帰したことで，再び政治に対する不満は高まった．

　新進党が結成されると「少し影で指している人が多く，本音がわかりづらい」としながらもその将来性に期待を寄せて支持するようになり，政権を取らせたいと考えた．民社党が新進党に吸収されたことで，所属する労組が新進党支持を打ち出したことも影響しているであろう．さらに民主党の結成に伴い，今度は民主党とその代表である菅直人にも好感を持っている．96年衆院選は民主党・新進党とも公認候補を選挙区に立てておらず，無所属の候補を新進党の候補と考えて投票している．比例区では新進党に投票した．その理由として「組織で推している．頼まれただけ」と回答しているが，この選挙では消費税問題などで彼自身新進党に期待するところもあり，それが投票につながったものでもあると思われる．00年衆院選では民主党への支持を表明し，民主党の新人候補の後援会に加入，選挙区・比例区とも同党に投票した．与野党が逆転し民主党中心の連立政権が誕生することを望んでおり，他方，公明党と自由党を拒否政党として挙げている．もっともどちらの選挙においても静岡5区からは自民党の斉藤斗志二が選出されている．

　新党が次々と誕生したのに伴って支持政党は変化を見せる．しかし実際の投票においては労組の影響を決定的に受けており，それにともない支持政党も変えているようだ．(下田)

E-021 労組の影響受ける有権者

静岡　旧3区／新8区　1930年代生まれ　男性　①高校　②600～800万円（93年）
③通信関連会社勤務　④なし

	支持政党	選挙区	比例	拒否政党	保革
93.7	（なし）	安倍基雄（民社）		社	6
94.2	**新生**				6
95.2	自民				5
95.7	（DK）	DK	DK	DK	3
96.10	民主	北脇保之（新進）	民主	なし	5
00.6	民主	鈴木康友（民主）	民主	公共保	5

　60代の男性．いったん定年退職した後再び嘱託として働き始めたようで労組には加入していない．しかし選挙の際には民社党（後には新進党）に投票するようにとの働きかけを労組から受け，自らも民社党に投票するように働きかけを行っている．彼自身はもともと社会党の熱心な支持者であったとするが，93年には新党に期待と好感を示している．選挙後も非自民連立政権を評価し，新党が活躍することを望んだ．しかし村山政権の成立は喜ばず，社会党に対して「理念や考え方がわからなくなった」と失望しただけでなく，政治そのものに背を向けるようになった．相次ぐ政界の再編成によって政党への親近感が薄れたためと思われる．この後96年の衆院選前まで調査に対しても投げやりとも思える回答が続き，どの政党にも投票したくないと考えていた．しかし衆院選の選挙期間中に民主党を支持するようになり，再び政治に積極的な姿勢をみせるようになった．事実上自民党と新進党の一騎打ちとなった小選挙区ではやはり労組の働きかけから新進党の北脇保之に，比例区では支持する民主党に投票している．00年衆院選でも引き続き民主党を支持しており，民主党の新人鈴木康友の後援会に加入し，選挙区・比例区とも民主党に投票している．他方，公明党と保守党を，共産党とともに拒否政党として挙げ，与野党が逆転することを望むなど，連立与党に対する不満は大きい．
　投票に際しては労組の働きかけの影響が強くみられる．労組の支持する政党と，自身の支持する政党が一致していないにも関わらず，働きかけを受けるだけでなく，自分からも積極的に投票を呼びかけているのが特徴的である．(下田)

E-022　退職後も労組の影響が大きい都市の有権者

愛知　旧6区／新4区　1930年代生まれ　男性　①大学　②400〜600万円（93年）
③車技能士→無職（95年）→駐車場管理（96年）　④労組　自治

	支持政党	選挙区	比例	拒否政党	保革
93.7	（なし）	赤松広隆（社会）		公	3
94.2	（民社）				3
95.2	社会				5
95.7	（さきがけ）	社会？	社会	公共	7
96.10	（共産）	高木浩司（民主）	新進	進	3
00.6	民主	牧義夫（民主）	民主	公	3

　旧愛知6区は60年代から民社党の塚本三郎，公明党の石田幸四郎，社会党の赤松勇の野党有力者が凌ぎを削る選挙区であった．赤松引退後，社会党はブランクがあるものの，90年衆院選で息子である県議の広隆が地盤を引き継ぎ，トップ当選を果たしている．96年衆院選では赤松が5区の候補となり，4区は新進党新人の元プロ野球選手三沢淳が，93年落選後に自民に移った塚本，社民党推薦民主党新人らを破り，議席を得た．00年は保守党に移った三沢を民主党新人の牧義夫が破った．

　この有権者は会社勤めをしていた時は，労組の影響から社会党に投票していたようである．95年参院選の時点では既に無職となっているものの，加入していた労組が推していたという理由で社会党に投票している．しかし，彼は改憲，非軍事分野を越えた国際貢献に賛成しており，安全保障政策での社会党との隔たりが大きかった．また，90年代は一貫して自民党に政権担当能力を認めている．そのため，政党再編により，労組と社会党の結びつきが弱まるにつれ，社会党離れを見せている．

　その後も労組の影響力は大きいものであり続けている．96年衆院選前は消費税問題を重視し，共産党とその点で意見が近いと感じていた．しかし，結局は組合が推薦しているからという理由で，公明党を含んでいることから印象の悪かった新進党に比例区で投票した．一方，小選挙区では重複立候補をした社民党推薦民主党新顔候補に投票した．その投票理由としても組合の推薦，勤労者の立場の代表を挙げている．政党を重視したとしているものの，民主党そのものよりも党首に好感，期待を抱いているようである．

　93年以降，基本的に政党支持なしを続けているが，好ましい政党としては社会，民社，共産を挙げており，支持する政党を見つけあぐねている様子がうかがえる．しかし，00年では民主党を支持し，小選挙区・比例区とも民主党に投票している．民主党への好感度が他の政党に比べて特に高いわけではないが，公明党に対する拒否感をもっており，自公保連立への評価が低く，それに対抗できる政党として民主党に期待するようになったのではないだろうか．(松田)

E-023　社会党に失望して民主党支持者へ

愛知　旧2区／新7区　1950年代生まれ　男性　①大学　②600～800万円（93年）
③高校教諭　④労組自治

	支持政党	選挙区	比例	拒否政党	保革
93.7	社会	網岡雄（社会）		なし	4
94.2	社会				5
95.2	社会				4
95.7	（なし）	無所属	その他	共	4
96.10	民主	伊藤啓子（民主）	民主	共	4
00.6	なし	小林憲司（民主）	民主	なし	5

　旧愛知2区は4議席を自社公民の4党が争い，各党現職が交代で落選してきた激戦区．93年は民社の青山と公明系草川，社会党網岡が当選，自民は久野のみ議席を確保．96年小選挙区制では7区に入り，新進の青山が自民・民主の候補らに圧勝．00年には選挙協力で保守党の青山が自民から比例転出．新人の争いは民主の小林が自民の鈴木に競り勝った．社民大島は比例復活，共産らは敗退．

　公立高校の教員を勤める彼は，政治にわりと不満，関心度はそこそこで，従来から社会党を支持してきた．選挙での重要争点として93年衆院選時は外交，安保問題，96年には住専処理と消費税率アップの問題を挙げている．社会党への支持は連立期に弱まっていく．93年衆院選で社会党の網岡に投票はしながらも既に何が目標なのかわからないとし，その後も野党時代は頼もしいが政権をとったら自民党と同じ，リーダーシップが不足，他の党とかわらなくなった，と否定的なコメントが続く．95年参院選ではついに支持政党なし，「特に入れたい人がいない」として無所属候補，比例区はドライバー党に入れた．一方自民党は汚職体質と富者優遇政策をとるとして一貫して否定している．新党に対しても，当初期待してみた日本新党は「玉虫色」，新生・新進党は「看板がかわったが中身は自民党」で小沢一郎の豪腕に不快感を抱き政策の一貫性のなさを批判する．共産党は相変わらず拒否政党である．

　これらに代わり彼の支持を得たのが，全く政治に不満という時期に登場し社会党の大半を引き受けた民主党であった．今の政策を実行して欲しいと期待をかけ96年衆院選では選挙区・比例区とも民主党に投票した．彼は連立政権の枠組みには柔軟な考えを持っており，支持する社会党，民主党とその時点での主力である自民党や新進党との連立を望む．政権担当能力を考慮してであろうが，彼にとって政党のイデオロギー差の垣根は当初から低かったようである．00年衆院選時は支持政党はなしだが，選挙区・比例区とも民主党に投票し，民主党中心の連立政権を理想としている．かつての社会党支持の受け皿として民主党を見出したと言え，安定した支持者となるだろう．(国枝)

E-024　民社党・青山丘の支持から新進党へ移るが，政党要因が低下
愛知　旧2区／新7区　1930年代生まれ　男性　①高校　②800～1000万円（93年）
③会社事務　④労組自治

	支持政党	選挙区	比例	拒否政党	保革
93.7	民社	青山丘（民社）		共	6
94.2	民社				6
95.2	新進				8
95.7	**新進**	新進	新進	さ共	7
96.10	新進	青山丘（新進）	新進	共	6
00.6	自由	小林憲司（民主）	民主	※	※

　旧愛知2区は4議席を自社公民の4党が争い，各党現職が交代で落選してきた激戦区．93年は民社の青山と公明系草川，社会党網岡が当選，自民は久野のみ議席を確保．96年小選挙区制では7区に入り，新進の青山が自民，民主の候補らに圧勝．00年には選挙協力で保守党の青山が自民から比例転出．新人の争いは民主の小林が自民の鈴木に競り勝った．社民大島は比例復活，共産らは敗退．

　民社王国と言われた愛知において，彼は大規模自動車メーカーに勤め，民社党系と思われる労働組合に加入している．政治にわりと関心があるが常に不満気味である．以前から民社党に投票し続けてきた安定的な支持者で，自らの職業層や地元利益を最も代表する党だとする．青山の後援会に所属し，本人との接触も多く，衆院選はほぼ青山に投票している．他政党に関して，社会党は具体的な政策がないのに反対してばかりで，自民党と違う政策を貫いて欲しかったと言う．自民党は富者や農家寄りで政策実現に責任を持たないとする．ただ政権担当能力は認めており，93年衆院選前後でも自民党中心の政権が望ましいとした．新党のうち日本新党は細川人気だけで政策はないとする一方で新生党には肯定的で，細川政権の中核になって主張を実現することを望んでいる．民社党青山の支持と高まる新生党の評価とで，彼は新進党の熱心な支持者となる．自社さ連立与党に代わる都市型政党として大きく期待し，政権担当能力もそれまでの自民党から新進党を挙げるようになる．しかしこの熱意はすぐに峠を越えてしまう．この頃の新進党の国会戦術などメディアから受けた印象は悪く，実行力を危ぶむ．96年衆院選では新進党の青山に投票はしたが個人本位の選択であって，新進党の投票に及ぼす影響力は低下している．

　青山への投票には労組と新生党の二要因が大きかったが，新進党のイメージダウンと共に主たる理由が青山個人の支持に変容した．イデオロギーや政策は彼の投票規定要因としては弱く，青山個人への支持と労組の影響の衡量になろう．しかし青山が自由党を経て保守党へ移っていた00年衆院選では，自由党を支持するとしているが，青山の比例転出もあってか，投票は2票とも民主党になされた．(国枝)

E-025　同一候補への一貫した投票
愛知　旧4区／新11区　1930年代生まれ　女性　①中学　②200〜400万円（95年）
③主婦　④自治

	支持政党	選挙区	比例	拒否政党	保革
93.7	自民	伊藤英成（民社）		共	5
94.2	日本新				6
95.2	新進				6
95.7	新進	無所属	二院ク	共	7
96.10	（なし）	伊藤英成（新進）	新進	共	8
00.6	民主	伊藤英成（民主）	民主	※	※

　自動車の生産工程に従事している彼女の夫は，全トヨタ労連の支援を受ける伊藤英成の後援会に入っており，それに引っ張られる形で子供，彼女自身も伊藤後援会に加入した．支持政党も基本的に伊藤の所属政党である新進党，民主党を挙げることが多い．93年衆院選後成立した細川連立政権に民社党が加わっていたこともあって，政権担当能力に対する見方に変化が見られる．政権交代前には自民党のみを政権担当能力を持つ政党としてあげていたが，94年2月には細川連立政権をある程度評価した上で，この枠組み（非自民連立政権）を望ましい政権の形とし，政権担当能力を持つ政党を民社・新生・さきがけ・日本新党としている．その後95年2月，7月の調査では新進党を政権担当能力を持つ党として期待し，新進党の単独政権を望んだが，96年衆院選後には再び自民党の政権担当能力を認めるように戻った．

　衆院選の小選挙区での投票は全て伊藤に対して行い，比例区ではその時の伊藤の所属政党である新進党（96年），民主党（00年）に投票している．これは，家族および本人が伊藤後援会に加入していることから当然と言えば当然である．しかも96年衆院選では伊藤・新進党に投票した理由として「子供の仕事の関係で」と答えていることから，それが伊藤への投票を強める要因として働いたのであろう．このように，伊藤個人と強い結びつきを持つためか，伊藤のいない95年参院選では選挙区・比例区ともに新進党には投票しなかった．比例区では「青島（幸男）さんが好きだから」という理由で二院クラブに入れている．つまり，彼女の政党支持は伊藤という一候補者を通してのものであり，さほど強いというわけではない．

　このことから，今後も衆院選では伊藤及びその所属政党に投票すると考えられる．一方参院選では，自由な投票行動をとる可能性がある．(今井)

E-026 政権担当能力，加入労組を考慮した投票

愛知　旧4区／新11区　1930年代生まれ　男性　①中学　②800〜1000万円（93年）
③自動車工場　④労組　自治

	支持政党	選挙区	比例	拒否政党	保革
93.7	自民	伊藤英成（民社）		共	5
94.2	民社				NA
95.2	新進				6
95.7	自民	新進	新進	共	6
96.10	自民	伊藤英成（新進）	自民	共	6
00.6	自民	山中燁子（自民）	民主	※	※

　彼の政党支持は流動的である．93年衆院選時には自民党を，94年2月，95年2月の調査ではそれぞれ民社党，新進党を支持しており，95年夏の参院選以降は自民党支持に戻っている．

　それでは彼が政治・選挙を考える上で鍵となるものは何であろうか．それは"政権"と"組合"である．彼は政権担当能力のある政党として自民党をあげている．政権交代が争点となった93年衆院選でも「自民党でないとやっていけない」として政権交代に対して否定的な立場をとっている．つまり，彼は政権を担うという文脈において政党というものに意味を見出している．労組もまた重要なファクターである．彼は加入している労組から伊藤英成への投票の働きかけを受けている．彼は家族とともに伊藤の後援会に加入しているが，それも労組との関係を表すものと位置付けることができよう．

　これら"政権担当能力"と"加入労組"という2つの鍵概念は，彼の各選挙での実際の行動からも見てとれる．89年参院選，90年衆院選では自民党（とその候補者）に投票し，92年参院選では選挙区・比例区ともに民社党に投票した．93年衆院選では，労組からの働きかけもあって民社党の伊藤に投票した．95年参院選では「会社が薦めている」新進党に2票とも入れ，96年衆院選では労組からの働きかけを受けた伊藤に小選挙区では投票し，比例区では自民党に入れた．00年には小選挙区では前回投票した伊藤が立候補しているものの自民党の山中燁子に，比例区では民主党に投票した．このような彼の行動を見ると，会社・組合から働きかけを受けた時はその薦める政党に，強い働きかけを受けなかった時は，彼が政権を担当するのに適任と考えている党に投票すると言えるのではないだろうか．(今井)

E-027　社民党を今でも支持するも失望

三重　旧1区／新2区　1950年代生まれ　女性　①高校　②600～800万円（93年）③主婦→製造業（96年）　④自治　生協

	支持政党	選挙区	比例	拒否政党	保革
93.7	社会	伊藤忠治（社会）		なし	4
94.2	社会				4
95.2	社会				6
95.7	（社会）	棄権	棄権	他	4
96.10	社民	中川正春（新進）	自民	共	6
00.6	なし	中川正春（民主）	民主	※	※

　30代の女性で以前から社会党を支持してきた．「連立政権における社会党は飼い殺しのような気がする」と政権参加後の政策変換を批判するが，支持を失うまでには至っておらず「政権は放棄して，独自の政策を主張してもらいたい」と「党としてのカラーをはっきりさせ」ればとの条件のもと期待を維持してきた．

　しかし社民党への党名変更に伴って政党への好感は急速に失われることとなった．96年衆院選では，選挙区から彼女が93年に投票した伊藤忠治が民主党候補として出馬し社民・自民両党から応援を受けていたにも関わらず，その対立候補と目された新進党の中川に投票している．小選挙区では「党より人」と述べているようにマスコミなどを通じた中川個人の印象が良かったこと，家族が中川の後援会に入っていること，この年から働き始めた職場で働きかけを受けたことなどによる投票であろう．比例区では自民党に票を投じている．自民党に対しては以前から「政権を担当するにふさわしい」とその能力を評価してきたが，「汚職の横行する政治はもうたくさん」「実力はあっても不正はゆるせない」と感じたため投票には結びついていなかった．この時も「個人的には好きでないが実績があるのでリーダーシップを良い方向で取ってもらいたい」と述べ支持政党としてはやはり社民党の名を挙げている．00年の衆院選では選挙区・比例区とも民主党に投票した．この選挙で三重2区から立候補した民主党候補は，新進党から移籍してきた中川であり，民主党の比例名簿には伊藤の名も挙がっている．

　調査期間全般を通して彼女の政治への不満はかなり大きい．しかし政党に対するコメントにはそれぞれの党に対する要望が多く見られ，彼女が政治を見放してしまったわけではなくまだ期待を抱いていることがうかがわれる．「安定政治が望める」自民党が「正義感あふれる若手の台頭」により自浄されることも望んでいるが，当面は自民党政治に対抗する勢力として，かつて支持していた社会党に代わって民主党を支持するようになっている．（下田）

E-028　労組に従って投票

三重　旧1区／新2区　1940年代生まれ　男性　①高校　②1000～1200万円（93年）
③タクシー運転手　④労組　自治

	支持政党	選挙区	比例	拒否政党	保革
93.7	社会	伊藤忠治（社会）		共	7
94.2	自民				8
95.2	**社会**				8
95.7	社会	新進？	社会	なし	4
96.10	社民	伊藤忠治（民主）	民主	共	8
00.6	社民	中川正春（民主）	民主	公共由	9

　タクシー会社に勤務する40代の男性で比較的高収入．所属する労組の幹部を勤め，熱心な社会党支持者である．社民党への党名変更後もそれは変わっておらず，同党を職業代表と考え，「市民中心に物事を考えてくれる．そのうちにいい形をみせてくれるのではないか」と支持しつづけている．

　93年の衆院選前自民党と社会党が連立を組むことを望んでいたため，支持政党である社会党が加わっていたにも関わらず細川政権をあまり評価していない．むしろ非自民政権を経験したことによって野に下った自民党を再評価するようになり，「政権は自民党がやってくれなくては今後のわが国はよくならない」として支持政党として挙げるに至った．一方，彼の望む形での連立政権となった村山政権については高く評価している．もっとも政治に対してはどの党が政権を担っているかに関わらず常に不満を示している．

　彼は一貫した社民党（社会党）支持者であるが，96年・00年の衆院選では選挙区，比例区ともに民主党に投票している．これは96年衆院選においては，社会党から民主党へ移った伊藤忠治を社民党が県レベルで推していたためであり，彼の所属する労組も伊藤の応援にまわっている．また比例区でも民主党に投票するよう労組からの働きかけを受けているが，これも伊藤を比例区から当選させるためであったと思われる．実際この時の選挙では伊藤は選挙区では新進党の中川に敗れ，比例区で復活当選を果たしている．その中川は新進党解党後，民主党に合流したため，00年衆院選での三重2区からの民主党候補は中川であった．伊藤は今回選挙区からは出馬せず，民主党の名簿2位で比例区から当選している．

　投票を決定する要因としては労組の影響が大きい．個人的に期待する政党としては自民党や新党を挙げる時期もあったが，実際の投票に際しては労組の意向が最優先されている．また組合の幹部という立場から，彼自身家族や職場の人に対して積極的に働きかけを行っている．（下田）

E-029 働きかけや争点などにより投票先を決める有権者

三重　旧2区／新5区　1930年代生まれ　女性　①中学　②200～400万円（93年）
③主婦　④商工　農協　自治　宗教

	支持政党	選挙区	比例	拒否政党	保革
93.7	**社会**	石井智（社会）		共	6
94.2	（NA）				1
95.2	新進				6
95.7	自民	新進？	新進	DK	8
96.10	自民	黒木騎代春（共産）	共産	なし	6
00.6	民主	山村健（民主）	民主	NA	NA

　彼女は無職の夫と技術者である未婚の子と暮らしているようだ．全体的に政治に関心が高く，不満である．所属する宗教団体の支持政党は一概に言えないらしい．

　彼女は93年より前の国政選挙では自民党に投票してきたようである．93年衆院選前の調査では自民党支持で，最近支持政党は変えていないと答えた．93年以降も，基本的には自民党に信頼を寄せてはいるようだ．彼女が子供の頃，父母は55年以前の保守政党支持者であった．しかし，93年・94年の自民党評価は「数にまかせて好きなことをしている」「自分中心」とかなりの不満を含むものであった．

　93年衆院選では社会党現職の石井智に投票した．自民党現職の田村元の後援会に所属し田村に好意的であったが，政治改革がうやむやだと感じて不満を抱き，政権交代を望んだ．所属する商工関係・農林漁業関係の団体の人たちは主に社会党支持のようで，知人から石井への投票の働きかけがあった．ただ，社会党に関しては，「言うだけ」という印象があり，さほど積極的に評価されてはいない．

　新党には，当初期待とともに警戒していたようだが，95年に入ると海部俊樹の好感度を最高とし，新進党を支持する．これは「政治に対して期待を込めて」ということのようだ．こうして95年参院選では新進党に投票した（実際にはこの選挙区に新進党公認候補はいなかった）．95年・96年には自民党への評価は多少回復するが，これは政権奪回のためかもしれない．橋本内閣も評価し，続投を希望している．

　96年衆院選時，彼女は消費税率引き上げに反対で，これを重要争点として共産党と意見が近いとした．共産党への好感度は最高で，「国民のために考えてもらっている」と評価する．この選挙では，田村は引退してその後継者は4区で立ち，石井は立候補を断念し，この選挙区には自民党元職の藤波孝生と共産党新人の黒木騎代春しか候補が立たなかった．また，何といっても彼女が友人から黒木への投票を働きかけられていたのは重要な要素である．こうして彼女は共産党に投票した．

　00年には，森首相の「神の国」・「国体」発言に拒絶的であり，民主党中心の連立政権を望んで，小選挙区・比例代表ともに民主党に投票した．(山本)

第6章 E類型：旧野党投票(93)－民主党投票(00比例)

E-030　非自民・新しさに期待．裏切られて政治不信．井上支持も影響

大阪　旧3区／新7区　1950年代生まれ　女性　①大学　②1400万円〜(93年)　③主婦　④自治　宗教

	支持政党	選挙区	比例	拒否政党	保革
93.7	社会	井上一成（社会）		自公共	6
94.2	社会				4
95.2	（さきがけ）				1
95.7	（なし）	棄権	棄権	他	6
96.10	(DK)	有沢志郎（民主？）	民主	自	5
00.6	民主	藤村修（民主）	民主	公保	NA

　旧3区は定数5．93年衆院選では日本新党の藤村修（さきがけが推薦）がトップ当選，社会党の井上一成も議席を獲得している．選挙制度改革後は7区．96年衆院選では新進党の藤村が議席を維持した．民主党からは中務正裕（さきがけが推薦）が，自民党からは有沢志郎が出馬していた．00年衆院選では民主党の藤村，保守党の井上，共産党の藤井幸子の戦いとなったが藤村が勝ち抜いた．

　「金脈」を「政治不信のもと」としていることから彼女の強い政治不信は自民党に端を発するものである．そのため主義主張に基づく政党支持ではなく非自民や新党に好感・期待を抱く傾向がある．しかし期待は裏切られるばかりで，それが一段と不信感を募らせている．93年は新党に好感を持ち，中でも新生党の政権担当能力に期待していたが，細川内閣に満足できず熱は冷めてしまった．新進党にも当初は好感があったものの「自民党と同じで余り信頼していない」．社会党・さきがけ・共産党には「期待はずれである」と落胆の色を隠せず，とくに村山内閣には不満で，社会党を「ダメ」の一言で否定している．この細川〜村山内閣下で政治不満はさらに高まり，期待すべき政党を見出せないでいる．肯定的であった1票の影響力にも無力感を抱くようになる．民主党の結党で不満はやや和らぎ「力はあると思う」と今後の活躍に期待している．鳩山由紀夫・菅直人への好感やメディアでの好印象が支持を強めたようである．この民主党評価は00年衆院選では支持にまで強まった．

　もう一つ彼女の投票行動の裏にあるのが井上の存在である．井上は地元出身であるなど関わりが深く印象も良い．93年衆院選では加入宗教団体（社会党支持者が多い）が井上を推薦している．社会党を「勉強会で働いてくれた実績がある」としているが恐らく井上を意識した評価と思われる．これらから彼女の社会党支持は非自民であることに加え井上への支持が大きいといえる．96年衆院選でも投票したい候補者が比例で出ているとしており，井上を指すと推測される（小選挙区で民主党と自民党のどちらを選んだかは不明）．ただ00年衆院選では井上が自民と組む保守党に移ったからだろう，もはや投票には結びついていない．(内)

E-031 さきがけから民主へ

奈良　旧全県区／新3区　1950年代生まれ　男性　①大学　②1000〜1200万円（95年）　③卸業管理職　④商工　自治　生協

	支持政党	選挙区	比例	拒否政党	保革
93.7	民社	松原脩雄（社会）		共	5
94.2	民社				4
95.2	さきがけ				5
95.7	さきがけ	自民？	さきがけ	なし	5
96.10	（民主）	和田作郎（民主）	民主	なし	5
00.6	民主	福岡ともみ（民主）	民主	公	5

　93年衆院選では無所属の高市早苗がトップ当選したのに続き新生，公明が1議席，自民が2議席獲得．社会現職の松原脩雄は落選した．96年衆院選では自民党の奥野誠亮が新進党の森本晃司や民主党の和田作郎らを破った．00年も奥野が民主党の福岡ともみらを破って当選した．

　政党に対する印象は自民党には「体質が古い」，社会党には「解党すべきだ」，新進党には「旧自民色が強い」と総じてマイナスなものが多い．その一方で彼は民社党や新党さきがけを支持政党に挙げている．民社党を支持したのはこの地にかつて当選7回の民社党の有力議員，吉田之久がいたためと思われる．新党さきがけについては「政策が分かりやすい」と比較的好印象を抱く一方，その規模の小ささに不安感を抱いており，96年に民主党が誕生するとその使命は終わったと述べている．結成当時は「リベラルの具体策が出て来ない」と苦言を漏らしていた民主党だが，それでも96年衆院選前は好感度が全政党中最も高く，00年には政権担当能力を持つとして支持政党に挙げている．

　彼の投票行動であるが，93年衆院選では彼は社会党の松原に投票している．選挙前の調査で支持政党を尋ねた際「その人の人格で（支持政党を）決める」と答えていることから，候補者のイメージが投票に大きく作用したと推測される．

　95年参院選では，比例区は自分が支持しており，かつ「政策が分かりやすい」と評価していた新党さきがけに投票したが，選挙区では「新進党は公明党がらみだから好きではない」と言って自民党（実際にはおそらく推薦の）候補者に投票している．

　96年衆院選．彼は，政治の現状をあらためるにふさわしい人物だからという理由で選挙区では民主党の和田に投票している．和田への評価が全候補者中最も高かったのに加え，和田が彼の好感度が高い民主党の候補者であったことも投票の要因だったと思われる．彼は比例区も民主党に投票している．00年衆院選でも，彼は民主党を支持し，選挙区，比例区とも民主党に投票した．(福間)

E-032　社会党支持者．民主党結成とともに民主を支持

鳥取　旧全県区／新1区　1960年代生まれ　男性　①大学　②不明　③技術者　④労組　自治

	支持政党	選挙区	比例	拒否政党	保革
93.7	**社会**	野坂浩賢（社会）		なし	5
94.2	社会				7
95.2	社会				4
95.7	社会	社会？	社会	共	8
96.10	民主	知久馬二三子（社民）	民主	なし	4
00.6	民主	田村耕太郎（無所属）	民主	自	9

　93年衆院選，鳥取全県区は5人が立候補した．宮沢内閣の不信任決議案に賛成票を投じたため自民党の公認をもらえず無所属で立候補した石破茂がトップで当選し，残りの議席を自民党が2議席と社会党の野坂浩賢が獲得した．96年衆院選，鳥取1区では選挙直前に新進党を離党し無所属で出馬した石破が，社民，共産，新社会党の候補者に大差をつけ当選した．00年衆院選では自民党から出馬した石破が，新聞記者の田村耕太郎や社民，共産候補を破った．

　彼は政治に常に関心を持っており，投票義務感も高い．選挙運動，地域・住民運動を行った経験もある．政党支持態度については，彼は弱いながらも一貫した社会党支持者である．彼の父親が社会党支持者であったことと彼自身が労働組合に加入していることが彼の政党支持の形成に大きな影響を与えたと考えられる．彼は93年以前の選挙ではすべて社会党に投票しており，93年も社会党の野坂に投票した．ただしその社会党に対しては「内部分裂が激しい．党としての態度不明」と苦言を呈していた．

　彼は細川政権に対して評価をするものの，政権内で社会党との溝が深まった新生党，公明党には反感を抱いていた．94年6月に村山内閣が発足すると当初はこれを全く評価しなかったが，95年参院選の頃になるとある程度の評価を下すようになった．それに合わせて連立相手である自民党，新党さきがけの評価も上がった．

　しかし96年1月橋本内閣がスタートすると彼は自社さ軸に対してその魅力を急速に失せていき，民主党の結成がそれに拍車をかけた．彼は，社民党，新党さきがけに対し「影響力を失った」としてその支持を離し，新しく出来た民主党に期待をかけた．また選挙後の政権像についても民主党と新進党との連立政権を希望している．これを受けて，選挙では比例区で民主党に投票している．一方選挙区では社民党の知久馬二三子に投票しているが，これは彼の選挙区に民主党が候補者を擁立していなかったためであろう．00年衆院選でも民主党を支持していた彼は，選挙区では田村耕太郎に，比例区では民主党に投票した．(福間)

E-033 「組織の絆」によって投票

愛媛　旧2区／新3区　1930年代生まれ　男性　①高校　②200～400万円（93年）③無職　④自治

	支持政党	選挙区	比例	拒否政党	保革
93.7	自民	藤田高敏（社会）		NA	8
94.2	日本新				7
95.2	新進				6
95.7	自民	棄権	棄権	共	5
96.10	自民	藤田高敏（社民）	自民	進社	DK
00.6	自民	藤原敏隆（民主）	民主	公	DK

　旧愛媛2区は定数3，保守色の強い選挙区であるが，社会党で当選8回の藤田高敏は彼の住む地域を地盤としている．93年衆院選で藤田は同地域から強い支持を得たものの僅差で落選し，自民党が3議席を独占した．96年衆院選で藤田は社民党から立候補し自民党の小野晋也に大差で敗れている．00年衆院選でも自民の小野が民主党の藤原敏隆，社民党新人の藤田高景を大差で破った．

　彼は社会党から自民党へとめまぐるしく支持政党を変えているが，一面では政党を「猿集団」とこき下ろし，選挙の重要争点を「まず選挙にいくこと」とはぐらかすなど政治の流れに飲み込まれまいとする傾向を持っている．93年衆院選で自民党安定多数での政局の安定を望んでいた彼は，93年衆院選後から自民党を支持し始める．選挙においては，社会党，社民党，民主党と彼は一貫した投票行動をとっているが，これは彼が定年退職した職場の労組からの投票依頼によるものである．とくに，彼の住む地域を地盤とする藤田には，93年以前も大体投票してきたし，93年，96年，の選挙でも藤田に投票した．彼は00年でも労組の働きかけを受けて民主党に投票しており，彼自身「組織の絆で」と調査用紙に書き添えている．

　94年には日本新党を，95年2月調査では新進党を支持しているが，小沢一郎よりも海部党首への好感度が高い．95年参院選後調査から彼は再び自民党を支持するが，強い支持ではない．参院選は棄権している．

　96年衆院選前には絶対に支持したくない政党として，新進党と社民党を挙げたが，小選挙区では社民党の藤田に投票した．地元の利益を代表していることや，親しみがあることを投票理由にしており，候補者を重視して投票したと考えられる．比例区は支持政党の自民党に投票している．

　00年衆院選では小選挙区，比例区ともに民主党に投票した．しかし，民主党はほとんど評価せず自民党を支持している．公明党を極度に嫌い自公保連立枠組みも評価していないが，民主党に投票した理由は労組の働きかけによるものである．(鍋島)

E-034 「連立の前はよかった」社民党への失望

愛媛　旧2区／新3区　1920年代生まれ　女性　①中学　②200〜400万円（93年）
③無職　④自治

	支持政党	選挙区	比例	拒否政党	保革
93.7	社会	藤田高敏（社会）		共	5
94.2	社会				4
95.2	自民				7
95.7	社会	新進？	新進	共	6
96.10	(DK)	藤田高敏（社民）	新進	なし	DK
00.6	民主	藤原敏隆（民主）	民主	保	7

　旧愛媛2区は定数3, 保守色の強い選挙区であるが, 社会党で当選8回の藤田高敏は彼女の住む地域を地盤としている. 93年衆院選で藤田は同地域から強い支持を得たものの僅差で落選し, 自民党が3議席を独占した. 96年衆院選で社民党から出馬した藤田は自民党の小野晋也に大差で敗れている. 00年衆院選でも自民の小野が民主党の藤原敏隆, 社民党新人の藤田高景を大差で破った.

　彼女はもともと社会党を支持していたが, 社会党の政策転換の頃から不信を抱きはじめ, やがて無党派になった有権者である. 93年衆院選では社会党を支持しているが, 前年の92年参院選で自民党に投票するなど強い支持者ではない. 過去の衆院選では大体いつも社会党の藤田に投票しており, 93年衆院選も藤田に投票した.

　94年には社会党を支持しているが, 選挙があった場合は新生党に投票すると答えている. 新生党について「新しい党ですので今後の政治に期待しています」, 自民党について「良い政党だとは思わない. 嫌な点は自分本位な点です」と述べているが, 社会党へはコメントしていない. 95年2月には彼女は自民党を支持した. 彼女は社会党の政策転換は一応支持しているが, 村山政権の業績はあまり評価しなかった. 約1年後の96年衆院選では社民党について「連立の前は良かった」としている. 95年参院選では社会党を再び支持したが,「信頼できる党だから」と比例区は新進党に投票し, 選挙区は新進党・公明推薦の民改連候補に投票した.

　96年衆院選で彼女は支持政党をなくした. 小選挙区は社民の藤田に投票したが, 理由として「地元の人だから」としか答えていない. 比例区は新進党に投票したが, 消費税問題で新進党が税率据え置きを主張したためと思われる. しかし, 新進党は「本当に実行力があるのかどうか不安」として, 支持に結びついていない.

　彼女は00年衆院選で民主党を支持し, 小選挙区, 比例区とも民主党に投票した. 政権担当政党としても民主党が適任だと思っており, 民主党を中心とする連立政権を望んでいる. 憲法改正を強く望んでいるが, 鳩山由紀夫への評価はあまり高くない.（鍋島）

E-035 55年体制下での社会党支持者が支持を弱めていった例

福岡 旧3区／新6区 1940年代生まれ 女性 ①短大 ②400〜600万円（93年）
③看護婦 ④自治 生協

	支持政党	選挙区	比例	拒否政党	保革
93.7	**社会**	細谷治通（社会）		自公民	3
94.2	（さきがけ）				3
95.2	（なし）				4
95.7	社会	社会	二院ク	進	3
96.10	（なし）	丸林秀彦（共産）	民主	自進	3
00.6	民主	古賀一成（民主）	民主	※	※

旧福岡3区は，都市部の久留米，三池炭田の大牟田市，筑紫平野の農村部など，バラエティに富んだ地域を抱える選挙区．定数5で，自民3社会1公明1が基本．新6区は，久留米市を中心とする筑後川流域．96年衆院選では新進党の古賀正浩が，自民党の根城堅に35000票の大差をつけて4選．00年衆院選でも自民党に復党した同氏が民主・共産・自由連合をおさえて勝利．民主党の古賀一成は比例区で復活当選．

彼女は政治に対する不満が強い．自民と公明，新進に対し拒否感を持っている．護憲，軍縮，戦後50年問題で反省・謝罪に強く賛成，福祉充実賛成，小さな政府に反対．92年以前は一貫して社会党に投票していた．

93年衆院選では「金権政治をなくす方向に向けて欲しいし，国民の声がとおる政治でなくてはいけない」から政治改革を最重要争点として，社会党の細谷治通に投票した．94年になると，社会党に「だんだん魅力がなくなって失望し」，代わって武村正義への好感度が高くなりさきがけを好ましい政党とした．社会党とさきがけは，社さ新党構想が一時浮上するほど政策的に近く，この支持政党の移動は不自然ではないだろう．しかし，その後さきがけに対しても「一時期期待していたけど，よくわからない所が多すぎていい感じがしない」となり，以降支持政党を失う．社会党の政策転換後の調査では，社会党に対し一言「信じられない」．95年参院選では「社会党には期待が持てないと思っていたが，やはり他党に比べると他の党の人が当選するのがイヤだったから」選挙区で社会党候補に，「清潔なイメージがしたので」比例区で二院クラブに投票した．96年衆院選では選挙区で共産党候補に，比例区で「実行力のある」民主党に投票した．福岡6区では自民党と新進党と共産党しか候補を立てていなかったため，自民党は「金権政治，権力の私物化，汚職」，新進党は「よくわからない党．宗教とくっついていていや」と考える彼女にとって，共産党候補しか選択肢がなかったものと思われる．00年も社民党は候補を立てなかった．彼女は民主党に選挙区・比例区ともに投票しているが，まだ「社民との間でゆれている」．(岡田)

E-036　労組の影響で投票が左右され，新党に対して冷淡な態度を取る例

長崎　旧1区／新1区　1950年代生まれ　女性　①高校　②1000～1200万円（93年）
③造船業　④労組

	支持政党	選挙区	比例	拒否政党	保革
93.7	民社	高木義明（民社）		DK	4
94.2	民社				6
95.2	（自民）				8
95.7	（自民）	自民	DK	共	8
96.10	新進	西岡武夫（新進）	新進	なし	7
00.6	なし	高木義明（民主）	民主	公共社	5

　旧長崎1区は定数5で，自民3，社会1，民社1と分け合っていた．93年衆院選で高木義明は新生と共産をおさえて5位で当選．新1区になった96年衆院選では，新進党幹事長だった西岡武夫が自民・民主・共産をおさえて当選した．00年衆院選では5人が立候補する激戦区となり，自民党と自由党を小差でおさえて民主党の高木義明が当選を果たした．

　政治的関心は低く，個別の政策について意見はあるものの，ほとんどについてあまり重要ではないと考えている．労働組合に加入しており，その縁でか93年は高木の後援会，96年は西岡の後援会，00年は高木の後援会に加入していた．

　彼女の投票行動は，周りからの働きかけに強い影響を受けている点が特徴的だ．特に労組には選挙のたびごとに働きかけを受けている．94年以前の民社党支持も労組の影響によるものであろう．また政党支持においての特徴は新しくできた党に対し無関心・冷淡であることである．20年前，地元選出の西岡が自民党を離党し，新自由クラブを旗揚げしたが行き詰まり，結局自民党に復党したという挫折経験が，彼女をして新党に懐疑的にさせるのかもしれない．新生党に「お家騒動で分裂した．もっと宮沢さんを力のある羽田さんたちが助けるべきだ」，日本新党に「若い人達のブーム的」と冷めた視線を送っていた．95年2月調査は，民社党解党・新進党結成2ヵ月後であったが，やはりそのまま新進党に支持は移らず，支持政党なしとなった．この新進党様子見中に行われた95年の参院選では，「誰に入れていいか分からなかった．知っていた人だったから」自民党候補に投票している．かつては民社党に次いで自民党に高い好感を持っていたことを考えると，次善の策と理解できよう．

　96年衆院選前の調査で変化が起きた．それまで「もめごとをおこす」「あまり好きではない」としていた社民党を，「労働者の声を吸い上げてくれる」と支持するのである．新党への懐疑も弱まり選挙後は新進党を支持政党に挙げ，民主党にも「若い政党で力がどのくらいあるか分からない」ながらも高い好感度を示し，00年衆院選では支持には至らなかったが小選挙区・比例区ともに民主党に投票した．（岡田）

第7章

F類型：旧野党投票(93)－他党投票(00比例)

解題　　　　　　　　　　　　　　　　　　　　　　　　　　　下田　玲子

1. はじめに

　93年に野党, すなわち社会党, 民社党, 社民連に投票し, 00年の比例代表で与党3党・民主党以外の政党に投票したか, あるいは棄権した計51サンプルが, この類型に分類される.

　93年と00年の投票のみを取り出した時に, 最も多くみられるのは, 93年に社会党に投票し, 00年にも社民党に投票しているというものである. この調査期間は, かつての社会党支持者にとって, 大きな変化の時代であった. 社会党は連立政権参加とそれに伴う政策転換, 勢力縮小などにより多くの支持者を失い, 現在 (の社民党は) 2大政党制の担い手としての役割を完全に民主党に譲ってしまった. そんな中にあって彼らはなお, 社民党と名前を変えたかつての社会党に支持をとどめ, あるいは支持しないまでも投票しつづけている有権者である. 本章では, 彼らを社民党に投票し続けさせたものは何であったのかを中心に追ってみたい.

2. 定型分析

　この類型に属するサンプルの平均年齢は93年当時で51.9歳, 20代から70代まで広範に及ぶ. 男女比は男性38に対して女性13で, 全体の割合に比べると明らかに男性が多い. 93年時点の職業を見ると, 勤め29人, 自営など6人, 学生1人, 主婦5人, 無職9人 (93年時全員60歳以上) で, 無回答が1人いた. 世帯年収は200万円以下から1400万円以上の者まで様々であるが, 200～400万円 (おもに年金生活者) と600～800万円に2つ山が見られる. これは全サンプルにおいて見られるのと同じ傾向である. 教育程度は中卒8人, 高卒22人, 短大卒6人, 大卒15人で, 大卒者の割合は29.4％と, 全体と比較するとその割合が高くなっている. イデオロギーの平均は4前後であり, 10段階での評価であるからやや革新よりといってよいであろう (イデオロギーの変遷およびD・Eとの比較についてはD・E類型の解題に詳しい).

　93年と00年の比例区での投票政党を見ると, 前述のように社会党から社民党に移ったものが最も多く, 52人中29人にのぼる. 残る23サンプルのうち, 93年に社会党に投票したのは15人であるが, そこから00年に自由党に移ったものが5人, 共産党

に移ったものが4人，その他の政党に投票したものが1人，棄権したものが5人いる．また93年民社党に投票した5サンプルのうち，4人は00年に自由党に投票し，1人は棄権した．さらに93年に社民連に投票した2人のうち，00年には1人は社民党に投票し，1人は棄権した（表7-1参照）．

表7-1　投票変遷

93年		00年	
社会党	44	社民党	29
		自由党	5
		共産党	4
		その他	1
		棄権	5
民社党	5	自由党	4
		棄権	1
社民連	2	社民党	1
		棄権	1

3. 分類の方法

分析にあたって本類型では投票理由に着目してみた．この類型には00年に自・公・保，民主以外のすべて，すなわち社民党，自由党，その他の政党や棄権まで含まれるため，投票政党ごとの細分化はふさわしくないと思われたからである．以下，93年に各サンプルの投票行動を規定したと思われる主たる要因別に，いくつかのグループに分けて検討する．

まず第1のグループは，旧野党を自民党に対する抑制として考えていた有権者である．20のサンプルがこのグループに属するが，その中でもさらに，自民党の政権担当能力を評価しているタイプと自民党に対する拒否感が強いタイプに分けられる．前者には6，後者には14のサンプルが分類される．第2のグループは労働組合の影響を受けたグループであり，7サンプルが含まれる．以上の2つのグループは外部からの要因により社会党に投票したものである．第3は社会党自体に肯定的なイメージを抱いているグループであり，ここには12のサンプルが属する．ここではいわば内部的な要因が働いたことにより社会党に投票したと言えよう．そしてこれらのグループに分類しきれない残りのサンプルは，その他として個別に検討を加えることとした．

4. 93年衆院選投票要因による分類別の分析
(1) 自民党抑制型の投票

　第1のグループは，自民党に対する抑制としての役割を野党，特に旧社会党に期待していた有権者である．55年体制のもと，圧倒的な強さを誇っていた自民党との勢力均衡をはかるため，あるいは自民党政権を打倒することを期待して，社会党に票を投じていた人たちがここに分類される．このグループはその中でさらに自民党に対する態度によって分けることが可能である．すなわち①自民党が政権を担当することが好ましい，あるいは政権を担うのにふさわしいと考えているか，②自民党に対する拒否感が強く，自民党が政権から転落することを望んでいるかという点で2つのタイプに分かれる．

a．自民党抑制型の2つのタイプ
①自民党の政権担当能力を評価（F-026, F-029, F-030, F-036, F-037, F-044）
　このタイプとして典型的なのは，F-044のサンプルであろう．これまでの実績への評価（例えば「世の中を安定させてくれた」）から自民党を信頼しその政権担当能力を認めているものの，自民党が一人勝ちすることを恐れ「反対勢力が必要」と他の政党に票を投ずる．その際対抗勢力として選択されたのが社会党であった．
　しかし，社会党単独での価値を評価していたというよりは対自民党との関係において存在価値を認めていたためか，社会党の政策転換に対して最も大きく反応したのはこのタイプである．この時期つまり94年から95年にかけて，社会党への好感度が59.2から47.5へと急落しており，自民党と連立を組んだことによってその存在意義を失ったと捉えられたことがうかがえる．その一方で村山政権に対する評価は高く，95年参院選前の時点で政権のそれまでの実績を大いにあるいはある程度評価するとした者が3分の2にのぼる．社会党そのものに対する好感度はその後の勢力縮小に伴って低下の一途をたどり，96年の衆院選前には39.2にまで下がっている（図7-2）．もはや自民党と均衡しうる力は有していないという評価の表れであろう．
②自民党を拒否（F-005, F-006, F-011, F-013, F-015, F-016, F-020, F-023, F-032, F-039, F-045, F-048, F-049）
　これに対し，自民党に対して拒否感を抱いているタイプは政権交代が行われることを望んでいる．自民党政治を「金権と腐敗と堕落」（F-016）などと否定的に捉え，自民党を「企業寄り」（F-013）といった理由から拒否政党として挙げるのが特徴である．93年当時で30代が3人，40代が4人と若い有権者が半数を占める．前述した自民党の政権担当能力を評価するグループでは自民党との連立に伴って社会党への好感が急落したのに比べ，拒否政党である自民党との連立にもかかわらず好感度にはほとんど違いが表れていない（図7-2）．95年に行われた2度の調査で村山政権を評価すると答えた者は10人で，評価しないと答えた4人を上回り，むしろ93年には29.2

であった自民党への好感度が95年には39.2へと上昇を見せた．社会党への好感は社民党への党名変更後も一定の水準で維持されている．

ここに属するサンプルのもう1つの特徴は支持政党が一貫していないものが多いということである．特に，支持する政党はないと答える場面が多くみられる．そのためか00年の選挙では14人のうち3人が棄権．96年・00年の比例代表で両方とも社会党（社民党）に投票したのは4人のみである．

b．他の類型との比較

00年の選挙において自民党への抑制力を期待する有権者の多くは，社会党に代わり一大勢力となった民主党に投票したものと思われる．しかし上述したグループに属する人たちは，その多くが社民党に投票し続けている．彼らはなぜ民主党に移らなかったのであろうか．彼らが民主党そのものを嫌っているわけではない．96年民主党結成当初の感情温度で見ると，社民党とたいして変わらないか（②），むしろ社民党よりも高い値を示している（①）．にもかかわらず民主党が投票の対象とならなかった原因の1つには，民主党党首である鳩山由紀夫への否定的な感情があると思われる．96年及び00年におけるこれらのグループの鳩山への感情温度は下のグラフのようであり，93年に野党に投票し00年に民主党に投票した有権者のそれに比べると，低くなっていることがわかる．民主党自体，あるいは代表の1人であった

図7-1 民主党・鳩山由紀夫感情温度比較

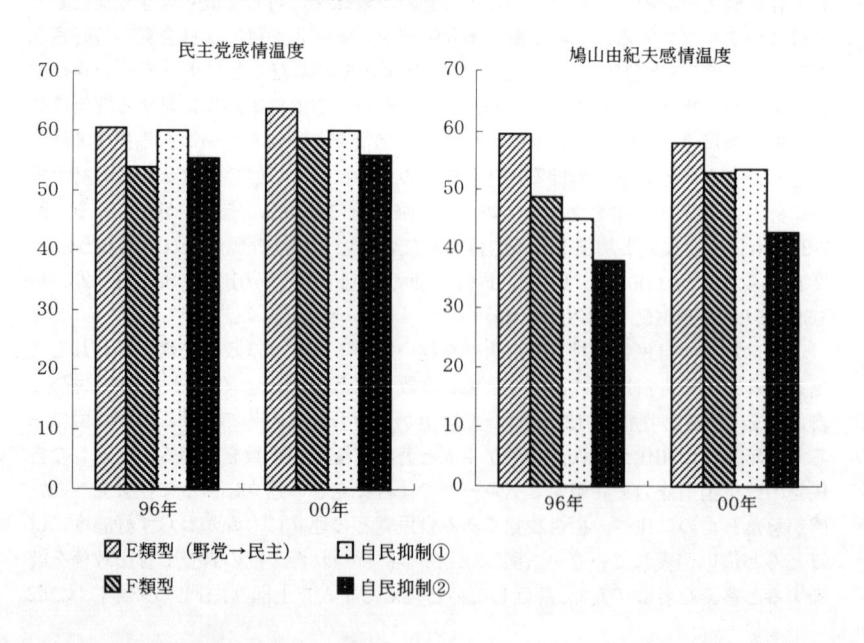

菅直人に対する好感度には，これほど大きな差は見られない．

（2）労組に従った投票 （F-014, F-027, F-031, F-040, F-046, F-050, F-051）

　第2のグループは労働組合からの働きかけの影響を強く受けたと思われる有権者である．この類型を含め，社会党ないし社民党に投票したことのある有権者のうち，かなりの割合のものが，何らかの形では労組からの働きかけを受けていると考えられる．ここで扱うのは，その中でも，労組の働きかけが最も重要な投票決定要因となっていたと思われるサンプルである．

　彼らに共通しているのは既存の政治に対する不満が非常に大きく，イデオロギーがやや革新よりである点である．職業的にみると地方公務員，教員，旧国営企業の職員などであった．93年当時，総評系労組からの働きかけにより社会党に投票した有権者の集合はもっと大きかったと思われる．しかし組合自体の支持が社民党に引き継がれなかったか，あるいは組合の推薦に離反する者が増えたのか，00年にも引き続き社民党に投票した者の数はそれほど多くはない．

（3）社会党のイメージで投票 （F-001, F-002, F-003, F-004, F-007, F-008, F-010, F-012, F-018, F-019, F-021, F-024）

　第3のグループは，社会党自体に，肯定的なイメージを持っている有権者である．ここに分類した13のサンプルは，ほぼ共通して「労働者の味方」「農民の土台」，非軍事・護憲といったイメージを，社会党に対して抱いている．社会党に対する好感度は，94年に79.2を示すように非常に高い（ちなみに全サンプルの社会党に対する好感度の平均は図7-2に示されるように40前後であり，村山政権下で最も高いときでも42.5に留まる）．また平均年齢も62.8歳（93年当時で50代4人，60代6人，70代2人）とかなり高くなっている．

　彼らは以前からの固定的な社会党支持者であり，ほぼ一貫して社会党（社民党）に投票している．この点，96年の比例区で民主党，共産党に投票したサンプルが2つずつあるが，元社会党の候補が民主党に移ったことの影響がみられるもの（F-002）や，F-003のように共産党への投票理由は比例区についてはあまり関心がないからという場合もある．

　ここに分類された人々の多くは，社会党の変貌に不安を持ちながらも，社会党が社民党となってからも，一貫して支持しつづけている．その理由はさまざまであろうが，主なものとしては「昔からの支持」と「将来必ずまとまる」と期待しているとことが挙げられる．ただしかつてのような大きな期待（94年の調査で政権担当能力がある政党として社会党を挙げた者は12人中10人にのぼる）はもはや寄せられておらず，好感度でみると96年社民党に対する評価は57.9とこれまでにない低さを示している．村山富市に対する評価も総理大臣であった95年参院選当時には82.9まで上昇していたのが，96年には一気に56.7まで下がっている．

図7-2 社会党（社民党）感情温度

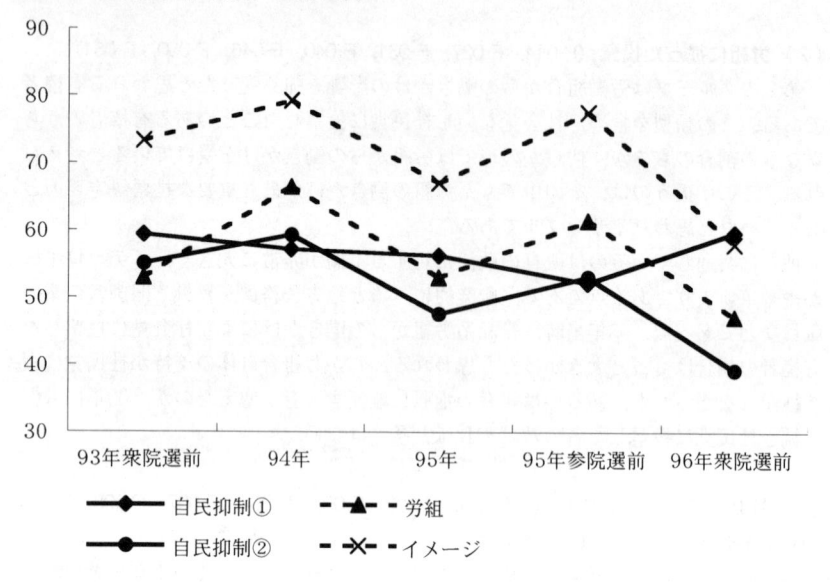

凡例: 自民抑制①／自民抑制②／労組／イメージ

横軸: 93年衆院選前、94年、95年、95年参院選前、96年衆院選前

（4）その他

F-033のサンプルは投票にあたって，候補者要因を重視している．彼の住む地域を地盤としている候補者がおり，その候補者の移籍にしたがって投票している．

F-009, F-028, F-043はいずれも，調査を開始した93年当時，20代であった若年層である．F-028は政治に関して全く無関心で，投票に際しては周囲の働きかけの影響が強くみられる．一方 F-009と F-043もやはり政治に対する興味は低いが，こちらは政治に対し不信感を持っており，新党に期待するもののしばらくすると支持を失うというパターンを繰り返している．

F-022, F-025, F-038のサンプルはそれぞれ，周囲からの影響が強く見られるサンプルである．F-022は新党に期待を寄せるが，投票に際しては労組及び周囲の働きかけの影響がみられるサンプル（労組の影響大きいが00年の投票先が自由党であるため（2）のグループには入れなかった）であり，後2者は専業主婦で家族，特に配偶者の影響により社会党に投票している．

さらに F-017と F-034は共産党支持者である．特に F-034は93年に実際投票したのも共産党の候補者であり，本人の認識に食い違いが見られる．

以上は主に社会党から社民党へと移行した有権者であったが，これとは別にこの分類には民社党から自由党へと移行したものもいる．民社党支持者の多くもやはり労組（同盟）の働きかけを受けていると考えられ，連合となった後社民党との互換

性がみられるかとも思われた．しかしこの分類に属する93年に民社党に投票した5サンプルについては，ほぼ全員が自由党に票を投じている（F-009, F-033, F-039, F-041, F-047）．

4. まとめ

ここで分類したどのグループに属するにせよ，野党第一党であった時代に比べその存在意義を大きく後退させた社民党に対する評価は低下する傾向にある．支持が揺れ動いている者が多いし，社会（社民）党に対するコメントも必ずしも同情的なものばかりではない．しかし皆一様に社民党のふがいなさを嘆きつつもなお投票しつづける原因としては，社会党出身の議員が多く所属するにも関わらず民主党の性格が，「憲法第9条だけは守りきってほしい」(F-049)といった考えを持つ社会党支持層が迷いなく支持を移行できるものではなかったということ，社民党自身に「土井さんを立てて」(F-049)まとまればなどの条件つきではあれ，いまだ政党として求心力があるということが挙げられるであろう．

F-001　家族が職場で社会党支持，党の主張にも共感

北海道　旧3区／新8区　1910年代生まれ　女性　①高校　②〜200万円（93年）
③主婦　④自治

	支持政党	選挙区	比例	拒否政党	保革
93.7	社会	鉢呂吉雄（社会）		5党以上	3
94.2	社会				3
95.2	社会				4
95.7	社会	社会	社会	自進共	5
96.10	社民	棄権	棄権	自	3
00.6	社民	鉢呂吉雄（民主）	社民	公共由	5

旧北海道3区では93年，佐藤孝行（自民）と鉢呂吉雄（社会），金田誠一（無・社推薦）が当選し，社会党系で2議席を獲得した．新制度導入で北海道8区となっても選挙区域は変わらず，96年には比例にまわった金田の票と労組票を得た鉢呂（民主）が佐藤を破り当選した．00年も鉢呂は佐藤に勝利した．

彼女は社会（社民）党支持を貫いており，その理由として，労働者の力になってくれそうであること，亡き夫と息子が職場で支持していた（している）ことをあげている．彼女の考え方は非軍事・護憲など社会党の主張とほぼ一致しており，社会党支持は決して消極的なものではない．93年には「他党との一線は絶対守ってほしい」と答えており，連立政権の時には社会党を支持しながらも同党の変貌ぶりに疑問を抱いている．それでも社会党を支持したのは，昔のよしみと村山政権への高い評価によるものである．

その一方で，「お金のことばかりで自分だけがよいと思っている」自民党を一貫して拒否している．共産党に対しては厳しく批判しているものの，同党はあまり念頭にない．新党に対してはよくわからないと答えており，関心のなさがうかがえる．彼女にとって政治とは社会党と自民党の争いなのであろう．ちなみに自社連立政権については，社会党が政権を担っていたことからわりと好意的な目で見ている．

投票については93年，95年ともに社会党に投票しており，その要因はほぼ政党支持によるとみてよい．ともに「昔から支持していたから」という理由で投票している．96年の小選挙区では，彼女は民主党に投票するつもりであった．これは，社民党所属の候補者が選挙区にいないこと，以前から支持していた鉢呂吉雄が民主党にうつったこと，重要争点（消費税と定数削減）について候補者の考えに共感したことによるものである．なお彼女は風邪をひいたためこの選挙を棄権している．00年は96年に意図したのと同じ投票行動であった．（小松）

F-002 「昔からなじみ」で社会支持　やがて民主に期待

北海道　旧3区／新8区　1930年代生まれ　男性　①高校　②200～400万円(93年)　③守衛→無職(96年)　④なし

	支持政党	選挙区	比例	拒否政党	保革
93.7	社会	鉢呂吉雄（社会）		DK	DK
94.2	自民				2
95.2	社会				8
95.7	社会	社会	社会	進	2
96.10	社民	鉢呂吉雄（民主）	民主	進	1
00.6	民主	鉢呂吉雄（民主）	社民	自	NA

　50代後半の男性．イデオロギーは革新．政治への関心はあまりない．彼の選挙区は新旧ともにF-001と同じである．

　彼の社会党支持は，昔からの支持政党，労働者の味方，といった理由による．彼は政党の政策・主張にはあまり関心がなくほとんど理解していない（社会党は改憲・軍備増強を主張していると答えている）．社会党支持の度合は弱く，94年には「自民党は（社会党と違って）政策転換が簡単にできるのである程度好む」とその柔軟性を評価し自民党を一時的に支持している．96年の衆院選後には民主党の好感度が社民党のそれを上回っている．しかし，民主党はこれから期待する党でありまだ未知数であるとして支持するには至っていない．ただ民主党に政権担当能力があると答えており，かねてから支持していた鉢呂が民主党に党籍変更したことからすれば，いつ民主党支持にまわってもおかしくない状況であった．事実00年には民主党に支持を変更している．

　他党については，共産党に対しては実行力のなさから評価は低いものの拒否の姿勢はそれほど強くない．彼が完全に拒否しているのは新進党である．新進党に対しては「公約にウソが多い」「批判，反対ばかり」「まとまりがない」と答えており，自社と違って掲げる政策を実現することができないと考えている．93年結成の新党には特に関心を示していない．

　93年，95年は，昔からの政党支持により社会党に投票しており，96年衆院選では，勤労者の立場を代表しているからという理由で小選挙区，比例区とも民主党に投票している．これは小選挙区，比例区ともに社民党候補者がいなかったことや，元社会党の鉢呂が民主党にうつったことの影響が大きいと考えられる．00年衆院選では，小選挙区は候補者重視で民主党の鉢呂に，比例区は社民党に投票した．（小松）

F-003 馴染みの社会党をなんとなく支持

北海道 旧3区／新8区 1920年代生まれ 男性 ①中学 ②200～400万円（93年）③無職 ④なし

	支持政党	選挙区	比例	拒否政党	保革
93.7	社会	NA（社会）		公	3
94.2	社会				4
95.2	社会				4
95.7	社会	社会	社会	共	2
96.10	社民	鉢呂吉雄（民主）	共産	自	3
00.6	社民	鉢呂吉雄（民主）	社民	公	4

　60代後半の男性．妻と持ち家に住んでいる．イデオロギーはやや革新．社会党が与党のときは政治への満足度がやや高い．彼の選挙区は新旧ともにF-001と同じである．

　彼は国の政治を全く信頼しておらず，国政への関心は低い．各政党の主張や政党間の相違についてもほとんど把握しておらず，「どの政党も似たり寄ったりで政党間の差が見えない」と答えている．

　彼はほぼ一貫して社会党支持である．その理由として，労働者の味方であることや昔から支持してきたことがあげられる．ただ細川政権発足後の調査では，社会党への好感度は新生党・さきがけのそれと全く同じであった．彼が新党に支持を変えなかったのは，新党が未知数である一方で社会党はなじみの党であったからである．96年衆院選直前には，地元利益を一番代表しているという理由で民主党を支持していた．ただこの支持もそれほど強いものではなく，衆院選後には社民党支持に戻っている．

　93年，95年は信頼できる政党だからという理由で社会党に投票している．96年の小選挙区では勤労者の立場を代表しているという理由で民主党の鉢呂に投票している．これは選挙区に社民党候補者がいなかったこと，以前社会党に所属していた鉢呂が引き続き勤労者の意見を代弁してくれると期待したことによるものと思われる．比例区については社民党の候補者がいなかったためか「あまり関心がない」と答えており，行革への取組みの熱心さから共産党に投票している．00年選挙では，小選挙区は96年と同様の理由から鉢呂に，比例区は支持政党である社民党に投票した．
（小松）

F-004　社会党の主張に共感するも同党に失望後共産党へ

北海道　旧4区／新9区　1920年代生まれ　男性　①高校　②400～600万円(93年)
③無職　④自治　住民

	支持政党	選挙区	比例	拒否政党	保革
93.7	社会	池端清一（社会）		自	4
94.2	**社会**				3
95.2	共産				3
95.7	共産	共産	共産	進	4
96.10	共産	紙智子（共産）	共産	進	3
00.6	共産	田沢裕一（共産）	共産	自公保	3

　旧北海道4区は鳩山由紀夫のお膝元であり，池端清一（社会）や高橋辰夫（自民），などがそれにつづいた．新制度導入後の9区（室蘭市・苫小牧市など）では96年，幅広く支持を得た鳩山が高橋，紙智子（共産）を大きく引き離して当選した．00年は鳩山が岩倉博文（自民）との接戦を制し，共産新人の田沢裕一は完敗を喫した．

　70代前半の男性で，イデオロギーはやや革新．彼の政治に対する関心はかなり高い．政治家の後援会員として講演会への参加，選挙活動応援の経験があり，友人と政治の話をするときは自ら積極的に発言している．彼は戦争体験者であり平和を願ってやまない．憲法9条問題には特に関心を寄せており，何にもまして重要な問題だと考えている．また消費税問題や政党のクリーンさも重視している．

　彼は94年まで社会党を支持していた．その理由としては住民団体の影響があげられるが，最大の理由は社会党との距離の近さである．彼は社会党の基本的立場・政策が最も優れていると答えている．消費税引き上げ反対で点数をあげた社会党を高く評価し，また憲法改正には断固反対という同党の主張を全面的に支持していた．93年衆院選は政党重視で社会党に投票している．

　95年には支持政党を共産党に変更している．社会党の路線転換に失望した彼が，護憲・消費税引き上げ反対・クリーンな政治を主張している共産党へ向かうのはごく自然なことであった．共産党を「平和憲法を守る党」として高く評価している．もっとも同党に政権担当能力を認めてはいない．95年参院選では，選挙区は「悪いことのできない誠実な人だから」と候補者重視で，比例区は政党支持によりともに共産党に投票している．96年，00年の投票もこれとほぼ同じ理由による．00年には田沢の後援会にも加入している．

　自民党に対してはその金権体質を痛烈に批判している．新進党に至っては「政策（憲法改正，海外派兵，消費税問題）は全く受け入れられない」と完全に拒否している．(小松)

F-005 商売上の利益を重視し，反自民党の立場をとる浮動層

宮城　旧1区／新3区　1930年代生まれ　男性　①大学　②1400万円〜（93年）　③小売業　④商工　自治

	支持政党	選挙区	比例	拒否政党	保革
93.7	社会	NA（社会）		自	5
94.2	新生				4
95.2	新進				5
95.7	自民	新進？	自民	社	6
96.10	（新進）	百足健一（新進）	新進	なし	5
00.6	自由	堀誠（自由）	自由	※	※

　彼の世帯年収は比較的高く，持ち家に生来住んでいる．両親ともに自民党の支持者であるが，同党に批判的であると認識している久米宏を一貫して好んでいるように，彼自身は自民党を好ましく思っていない．支持する政党を基準に投票している．

　彼は各党の主張には興味がなく，自身の意見も一定ではない．加入している商工団体は，93年段階では自民党を支持しているが，自身は調査以前から社会党を支持し，衆院選でも同党候補（後援会に加入している岡崎トミ子だと思われる）に投票している．与野党伯仲と，自民党中心で社会党を除いた連立政権を望み，社会党を「言いたいことだけ言って実行力がない」，批判ばかりになりがちとしていることから，批判勢力として支持しているようだ．一方の自民党は拒否政党である．

　彼は細川政権誕生後，社会党を捨てて新生・新進党に支持を変えてしまう．感情温度は社会党が0，新生党は100と劇的な変化である．政治改革論議の過程で新生党によい印象を持ち，社会党に悪い印象を持ったのがこの変化の主な理由である．

　95年には自民党を支持し，参院選比例区で投票しており，彼はまたその態度を変化させるが，同時に新進党とそのリーダーの好感度は最高で，同党の単独政権を望んでいる．「自民党支持だったがいろいろ問題が多いから考えを変えた」と選挙区での投票理由を述べており，自民党を支持する気持ちは強くないことが示されている．彼は景気回復を日本の課題に挙げており，その景気は1年前より良くなっていると感じている．比例区での投票理由に「与党だから」と答えており，経済運営の面で自民党を評価したのではないかという推測もできる．社会党は拒否政党となった．

　96年には「頑張っている」と共産党を評価するようになる．彼は消費税の廃止を求めており，政策面から新進党とともに共産党も好んだと思われる．消費税を重視するのは商売上当然だろう．自民党は「大企業の味方」であると否定的に見ている．

　このように，彼の政党支持は政界再編のなかで大きくゆれているが，商売上の利益を重視するという傾向を一貫して持ちつづけている．00年に自由党を支持し投票したのは，同党の減税政策などに共鳴したと想像することも可能であろう．(菅原)

F-006　自民党への対抗軸を求め，社会党から民主党へ
秋田　旧2区／新3区　1960年代生まれ　男性　①大学　②400〜600万円（93年）
③製造工　④なし

	支持政党	選挙区	比例	拒否政党	保革
93.7	社会	川俣健二郎（社会）		DK	5
94.2	さきがけ				4
95.2	社会				3
95.7	（なし）	社会	その他	なし	8
96.10	（民主）	寺田創（新進）	民主	なし	5
00.6	民主	中島達郎（民主）	共産	なし	2

　旧秋田2区での93年衆院選は，自民党現職の村岡兼造・御法川英文と新生党から出馬した元職の笹山登生が当選し，社会党現職の川俣健二郎が落選した．現3区の96年衆院選では，村岡と御法川が5年間のコスタリカ方式の約束を交わして村岡が小選挙区から立候補，新進党新人の寺田創に圧勝する．00年衆院選では自由党現職の笹山，民主党新人の中島達郎が村岡に挑戦したが，一蹴される形となった．

　彼の両親は社会党支持者で，本人も「自民党の一党支配は良くない」と考え，社会党に支持を寄せていた．しかし同時に「組合とか組織に依存して一般大衆の心をつかむのに努力しない」という不満も抱いており，「政策をもっとつらぬいてほしい」という思いも次第に増大する．95年までは社会党への投票を続けているが，村山内閣に失望し，最後には「色々の政策で党の主張があいまいでたよりない，うらぎられた気持」と社民党を見捨てた．

　一方，新党については最初は多少の期待を寄せたが，細川内閣の評価は低く，やがて成立した新進党にも「自民から出たと言うだけで利己的な体質は同じでかえってよくない」と厳しい（96年衆院選で寺田に投票したのは単に「地元の人で若いから」だったようである）．一時はさきがけにも好意を抱いたが，これも結局は「存在理由が分からない」とまで酷評するようになった．

　社会党や新党に失望した彼は「菅さんの姿勢が好ましい」と感じた民主党に支持を寄せる．96年衆院選では小選挙区に民主党の候補がいなかったものの，比例区でこれに票を入れ，00年衆院選の小選挙区では民主党の中島に投票した．ただ，その政権担当能力には一抹の不安を抱いているようである．比例区においてはこれまで特に興味も見せたことの無い共産党に投票しているが，これも完全には民主党に頼りきれない表れであろうか．(東)

F-007 社会党の弱体化に失望し，新たな選択肢を模索

秋田　旧2区／新3区　1920年代生まれ　女性　①中学　②200〜400万円（93年）
③主婦　④自治　住民

	支持政党	選挙区	比例	拒否政党	保革
93.7	**社会**	川俣健二郎（社会）		NA	3
94.2	さきがけ				4
95.2	(新進)				5
95.7	社会	社会	社会	なし	DK
96.10	社民	寺田創（新進）	民主	DK	6
00.6	なし	棄権	棄権	なし	4

　旧秋田2区での93年衆院選は，自民党現職の村岡兼造・御法川英文と新生党から出馬した元職の笹山登生が当選し，社会党現職の川俣健二郎が落選した．現3区の96年衆院選では，村岡と御法川が5年間のコスタリカ方式の約束を交わして村岡が小選挙区から立候補し，新進党新人の寺田創に圧勝する．00年衆院選では自由党現職の笹山，民主党新人の中島達郎が村岡に挑戦したが，一蹴される形となった．

　彼女は護憲，防衛力削減などのいわゆる革新的な意見を有し，住民運動に参加したこともある．社会党を支持しており，93年衆院選の際にも「主義主張を実現させてほしい．そのためには是非政権をとってほしい」と大きな期待を寄せた．しかし細川内閣時代の社会党については「党内がまとまらないで，バラバラのような気がする」と懸念を見せ，更に村山内閣が成立して党が政策転換を行うと，「私たちの若い時代の社会党とは，あまりにも変わったというのが実感です」と失望感を露わにした．

　同時に彼女は新進党に好意を見せたが，一方で「自民党と余り違わないと言う気がします」と述べており，また自分の政治的立場と新進党の立場の食い違いは認識している．この時期，社会党に代わる選択肢を必死で探していたことがうかがえよう．やがて新進党への期待は影を潜めることになる（96年衆院選で寺田に投票したのは，「若い人に」という理由で，新進党に好意があったわけではない）．

　95年には社会党への投票が続いたが，分裂後の社民党に対しては「一生懸命やっているが数がどんどん少なくなってかわいそう」と述べたのを最後に見限る形となった．代わって彼女が期待を寄せたのは民主党で，96年衆院選の比例区でこれに投票し，その期待は00年にも続いている．もっとも未だ支持するまでには至っておらず，00年衆院選では棄権した．

　彼女の投票行動には，かつての強固な社会党支持者が，党の衰退の中で新たな選択肢を追い求める姿が見出されるであろう．(東)

F-008　自社の間で揺れ動くも，基本的には社会（社民）党の支持者

秋田　旧2区／新3区　1920年代生まれ　男性　①中学　②200～400万円（93年）
③無職　④農協　自治

	支持政党	選挙区	比例	拒否政党	保革
93.7	自民	川俣健二郎（社会）		なし	6
94.2	社会				4
95.2	自民				5
95.7	(DK)	社会	社会	他	4
96.10	(社民)	村岡兼造（自民）	社民	なし	5
00.6	社民	村岡兼造（自民）	社民	公由	5

　旧秋田2区での93年衆院選は，自民党現職の村岡兼造・御法川英文と新生党から出馬した元職の笹山登生が当選し，社会党現職の川俣健二郎が落選した．現3区の96年衆院選では，村岡と御法川が5年間のコスタリカ方式の約束を交わして村岡が小選挙区から立候補し，新進党新人の寺田創に圧勝する．00年衆院選では自由党現職の笹山，民主党新人の中島達郎が村岡に挑戦したが，一蹴される形となった．

　彼の支持政党は自民党と社会（社民）党の間を揺れ動き，時に支持政党なしと答えるなど一定しないが，選挙では概ね社会党に投票している．政策的には特に近いとは言えないこの2党の両方に好意を抱いているのは，昔からあったという慣れであろうか．社会党に親近感を持っているのは「農民，労働者の味方」という基本的なイメージの他に，「昔，出かせぎで世話になった」という個人的な事情もある．「連立与党に加わってから党の独自性がなくなった」と評するものの，党の政策転換も支持し，96年及び00年の衆院選でも比例区で引き続き社民党に投票している．

　一方自民党については，当初は「金を巡るトラブルにうんざりし」，「1人1人は良い人ですが集団となるとどうも今一つという感じ」であったが，やがて橋本内閣の時になると「一度野党を経験してから政治に真剣さが出て来たようだ」と肯定的に評価するようになった．小選挙区に社民党の候補がいなくなったこともあって，96年及び00年衆院選の小選挙区では村岡に投票している．もっとも00年には自公保連立や森首相に対する反感から，自民党の評価はやや下がった．

　他の政党に関しては，新進党は「小沢氏にあまり勝手にしてもらいたくない」という新生党の印象に引きずられ，また「どうも創価学会の影が気にな」った．さきがけは「問題外，消えてなくなるだろう」と思え，共産党は「言うことは立派であるが何も出来ない」と考えられるなど，いずれも選択肢としての魅力を感じなかったようである．ただし，民主党については「菅さんがいるので多少期待している」と述べ，00年には政権に適任の政党としてこれを挙げている．(東)

F-009 新党支持だが選挙区事情に阻まれる

茨城　旧1区／新1区　1960年代生まれ　男性　①短大　②400〜600万円（93年）
③医療関係の事務　④自治

	支持政党	選挙区	比例	拒否政党	保革
93.7	新生	塚田延充（民社）		共	3
94.2	日本新				3
95.2	（新進）				3
95.7	新進	新進	新進	共	4
96.10	（民主）	赤城徳彦（自民）	民主	なし	3
00.6	自由	佐藤由実（民主）	自由	公共保	2

　彼は投票義務感があり毎回投票しているが，政治的関心はあまりなく政治を話題とすることはない．政治に対する信頼は当初から失われており，日本の民主主義を誇りであるとは感じていないなど，政治に対してシニカルである．常に政治不満を抱いており，特に選挙・国会について国民の声が反映されていないと思っている．

　彼は93年以前には社会党支持を表明しているが，自民党に対して拒否を示していたわけではなく，参院選では社会党に，衆院選では自民党に投票している．しかし，93年の時点で政治改革に失敗した宮沢内閣を全く評価せず，自民党を「数だけ」の政党と述べ，社会党に対しても「あいまい」であると評価し，政治改革を強く主張している新生党や日本新党への支持を表明，与野党逆転・非自民連立政権を望んだ．しかしながら，旧茨城1区は自民・社会・民社・共産の候補しか出ておらず，自社共を否定した結果，民社党の塚田に投票した．

　新党が解散し新進党を結党した直後には，彼は支持なしと表明しつつも新進党への好感を抱いており，95年参院選は2票とも新進党に入れた．

　96年衆院選前に民主党が結成されると，今度は強い支持なしを表明する．しかし民主党に好感を抱き，比例区では民主党に投票した．小選挙区では民主党元職候補（時崎雄司）がいるものの，ふさわしい候補ではないと判断し，清潔なイメージで家族ともども後援会に加入している自民の赤城徳彦に投票した．

　00年衆院選においては，現職赤城に対するイメージは変わらないが，小選挙区で民主党の新人佐藤由実に，比例区では支持政党である自由党に投票し，与野党逆転・民主中心の連立政権を望んだ．

　彼の投票行動を決める要因は，第1にに政党評価であり，政治不満と絡んでいる．自民党・社会党を古いイメージでとらえ，与野党逆転を意図して清潔なイメージの新党に期待する．しかし，支持・好感のもてる政党とその候補者がいない等，選挙区事情によっては候補者要因となる．(中條)

F-010　社会党一筋．その一方で自民評価も大

茨城　旧2区／新4区　1930年代生まれ　女性　①高校　②400～600万円（93年）
③事務→主婦（96年）　④自治

	支持政党	選挙区	比例	拒否政党	保革
93.7	**社会**	大畠章宏（社会）		公共	1
94.2	**社会**				1
95.2	**社会**				2
95.7	**社会**	社会	社会	共	1
96.10	社民	梶山静六（自民）	社民	NA	5
00.6	社民	白票	社民	公共由	3

　旧2区では日立製作所が自民党候補2人を当選させるため久慈川協定という集票体制を続け，これに対し労組が組合出身候補を立てて企業選挙を展開してきた．93年衆院選は集票活動の廃止や日本新党の参入で選挙体制が変化したが，自民2社会1（大畠章宏）は維持された．選挙制度改革後は4区．前回次点の斎藤全一郎（元日本新党）は新進党からの出馬．結果は梶山静六（自民党）の圧勝に終わった．00年衆院選では自民党の梶山弘志が父の地盤を引き継ぎ大勝した．

　彼女は事務の仕事をして家計を支えていたが還暦を迎えてからは専業主婦となった．不景気を強く感じているが暮らし向きに大きな不満はない．彼女は投票義務感も強く政治にも常に関心を持っているが，その割に「わからない」という回答が目立つ．とくに憲法問題のような高度に政治的なものに対し戸惑いがみられる．

　彼女は非常に熱心な社会党支持者である．「大好き」な党で，「国民の為に頑張って下さい」とエールを送っている．社会党の政策転換も支持している．両親も社会党支持者であり，社会党一筋の環境で育ってきたようである．96年の小選挙区での自民党投票は積極的に自民党を評価する面もあるが，それ以上に社民党候補者がいなかったためである．00年衆院選も同様のため小選挙区は白紙投票している．

　彼女は社会党一本だが他の党に無関心であったわけではない．連立政権時代にはさきがけや日本新党に強い好感を持っており，政権担当能力も認めている．とくにさきがけについては社会党並みの好評価である．「公約どーりに出来るか」という不安から長続きはしなかったが新進党にも「自民党よりは革新的」と親しみを持っていた．また社会党と連立を組むようになってからは自民党への好感度が急上昇し社会党と同レベルにまで達している．「革新がやっている時は不安であったが自民になってから安定してきた」と感じたこと，地元出身の大物政治家である梶山に好感を抱いていることなどが自民党への評価を高めたのだろう．00年衆院選の際も民主党よりも自民党への期待の方が大きかった．(内)

F-011　護憲を訴える旧社会党支持者

埼玉　旧5区／新5区　1930年代生まれ　男性　①大学　②800～1000万円（93年）
③研究開発　④なし

	支持政党	選挙区	比例	拒否政党	保革
93.7	自民	秦哲美（社会）		共	5
94.2	社会				4
95.2	（なし）				4
95.7	（社会）	社会	社会	なし	5
96.10	（DK）	藤原幸朗（共産）	共産	自	4
00.6	社民	藤原幸朗（共産）	社民	自	8

　激戦となった93年衆院選で社会党は，前回圧勝した沢田広を高齢を理由に公認せず，代わりに新人の秦を立て分裂選挙となり，激しく票を奪い合った．結果，秦は共産党候補に次点の座も取られ6位，沢田は10候補中の9位と大惨敗に終わった．共産党の藤原は有力候補に離されたものの96年，00年と同党の比例票を上回る3万4千票を獲得した．

　彼は憲法改正に反対し，国民の言論の自由と権利を守ることを最も大切な政府の目標だと考えるなどリベラルな考えを持つとともに，自民党の単独政権を嫌い連立を望んでいる．そのため，熱心にではないが95年参院選まではだいたい社会党を支持し，投票してきた．93年は，同党系候補2人で迷った結果，当落線上であると感じた秦に票を入れている．しかし村山内閣が発足すると，社会党への評価が低下し始める．社会党は本来野党であるべきと考え，自民・新進の連立を望ましく思うようになる．特にこの時期の路線変更を評価しておらず，他の政党，政治家に対する感情温度が全て50度の中で，第3極の旗手として注目を集めていた横路には25度と嫌悪感を示していた．96年には，社民党支持をやめただけでなく感情温度も自民党などと同程度になり，代わって共産党の評価が相対的にではあるが高くなった．96年衆院選では勤労者の立場を代表しているとし，小選挙区・比例区ともに共産党に投票した．

　彼の回答からは政治に対する強い不信感がうかがえる．特に後半の調査では感情温度で50度を超える政党，政治家がおらず，かろうじて共産党と不破が50度を示すだけである．その共産党についても支持はしていない．もっとも批判的になりがちであると認識され，かつては拒否政党であった同党のみが，憲法9条の維持を掲げる当時唯一の野党であったということが，彼の政治への不信を助長していた．

　00年の衆院選を受けての調査では社民党支持に復帰し，比例区で同党に票を投じた．「憲法9条変えさせません」というCMに代表される路線の明確化が，共産党に行きかけた彼を引き留めたのではないだろうか．(菅原)

F-012　護憲＋労働者＝社会党

埼玉　旧3区／新11区　1940年代生まれ　男性　①高校　②1000〜1200万円（93年）
③郵便局員　④労組

	支持政党	選挙区	比例	拒否政党	保革
93.7	**社会**	田並胤明（社会）		5党以上	1
94.2	**社会**				1
95.2	**社会**				2
95.7	**社会**	社会	社会	自進	5
96.10	**社民**	田並胤明（無所属）	社民	自	3
00.6	社民	柿沼綾子（共産）	社民	自公保由	3

　93年は，現職・田並が落選し社会党は40年間守ってきた議席を失った．田並の敗因は，熊谷市など高崎線沿線の新住民の浮動票を新生党の増田敏男に奪われたことである．96年田並は，無所属で出馬して新進・民主の推薦を得たが，秩父を中心に無所属新人の元大蔵官僚の小泉龍司に非自民票を奪われ，当選はならなかった．

　彼は職場の労組に加盟しているが，管理職である彼の世帯年収はかなり高めである．父親は保守政党を支持していた．

　彼は熱烈な社会党支持者である．共産党にも多少の好意を抱いているが，投票するほどではなかった．他党に関しては，常に拒否政党である自民党をはじめ，ほとんど評価をしていないが，連立を組んで以来さきがけと武村には親しみを感じている．その他の新党には，警戒心すら抱いている．

　彼のこの一貫した態度は，本人の政策的立場の一貫性から来ている．特に護憲に強く賛成しており，革新的な思考をする人物であることがうかがえる．村山内閣期に社会党が行った路線転換には不支持を表明し，連立から離脱することを望んでいるように，彼は党改革には批判的であり，したがって加盟している労組が民主党支持に移っても，社民党を支持し続けた．社会党は「労働者の味方」であるという認識を強く持っていたが，このイメージがないため民主党に支持政党を変えなかったのだろう．93年には，彼は争点として景気対策を挙げているが，大企業だけでなく全体を底あげすべきという意見であり，弱者により配慮すべきという自分と社会党の考えに沿った意見であった．

　彼は支持政党をもとに投票するが，96年の選挙区は無所属の田並に投票している．これは選挙区に社民党の候補がいなかったため，本人は労組から推薦を受けたため投票をしたと答えている．

　00年は，社民党の候補者のいない選挙区では共産党の候補に投票し，望ましい政権としてその他を選び，「社民党を中心とする連立政権」と答えており，民主党は彼の一貫した態度を変えることはできなかったようだ．(菅原)

F-013 政治腐敗を憂いている消極的社会党支持者

埼玉　旧4区／新13区　1940年代生まれ　男性　①高校　②800～1000万円（93年）
③事務職　④労組　自治

	支持政党	選挙区	比例	拒否政党	保革
93.7	（日本新）	細川律夫（社会）		共	8
94.2	社会				6
95.2	社会				6
95.7	（DK）	社会	二院ク	共	4
96.10	（NA）	棄権	棄権	なし	5
00.6	なし	日森文尋（社民）	社民	公	4

　93年は新人・武山百合子（日新）が4万の大差でトップ当選したため，当選ラインが下がり細川は3位で当選した．96年は有力政党が土屋義彦知事に遠慮して候補を立てず，知事の娘・品子（無所属）が60％近くの得票率で圧勝したが，投票率は全国ワーストの48.9％であった．00年も同様に自民，民主が候補を立てず無風選挙となったが，そのおかげで武山（自由），日森ともに復活当選した．
　彼は生活に特に不満を感じておらず，収入も多い．労組は社会党支持であった．
　衆院選と参院選の選挙区では大体社会党に投票している．しかし，調査期間中の社会党支持の度合は決して高くなく，2回支持した以外は好ましい政党にも挙げず，感情温度も低めである．改憲に賛成するなど彼には一部保守的な面もあり，社会党の考えと一致しているわけではない．彼の意識と行動には落差があると言えよう．
　彼の各政党に対するコメントを見ても，社会党には「昔も今も何でも反対．大馬鹿物」と厳しい．しかし一方で，「企業寄り」「相も変わらず金政治」と自民党に対してもその金権体質を批判している．与野党逆転を望んで投票した93年衆院選では政治献金を問題視し，選挙制度改革を最も重要な争点に挙げている．92年，95年の参院選比例区では「好きな党」であるとしてカネを使わない政治を掲げる二院クラブに投票している．おそらく彼は，カネに清潔でない自民党が勝つことを阻止すべく，社会党の候補に入れているのである．
　彼は社会党を見放してはおらず，政権に参加していたころには支持を表明している．路線転換に賛成し，改革派のリーダー・横路には75度と彼としては高い感情温度を与えている．彼は古い体質からの脱却と現実化を希望していると言える．したがって民主党にはかなり期待していたのだが，96年衆院選では「日本の政治家は親子で立つ例が多い」と知り合いと噂にもなった土屋の圧勝を予見してか，選挙結果には非常に興味を持ちつつも，棄権した．00年は比例区・選挙区ともに社民党に入れている．経済政策で小渕・森内閣を評価し，自民の好感度は比較的高いが，国旗国歌法と公明党への拒否感が野党への投票に向かわせたようだ．（菅原）

F-014 労働組合の影響で社会党に投票するが支持は弱く，民主党にも好感
千葉　旧1区／新3区　1930年代生まれ　男性　①大学　②1000〜1200万円(93年)
③教師　④労組　自治

	支持政党	選挙区	比例	拒否政党	保革
93.7	社会	吉峯啓晴（社会）		民	4
94.2	社会				4
95.2	社会				4
95.7	（なし）	社会	社会	進	4
96.10	社民	岡島正之（民主？）	社民	進	4
00.6	なし	竹内圭司（民主）	社民	公	4

　彼は教師であるが，世帯年収は高く，比較的裕福な生活をしていると推測される．
　彼が住む地域は旧千葉1区で，5議席を自民党3人，社会党・公明党が各1人で分けていた．93年衆院選では，自民党から新生党へ転じた現職の岡島正之などが当選し，社会党の吉峯啓晴は届かなかった．96年衆院選では千葉3区となり，新進党へ移った岡島が競り勝った．00年衆院選では自民党新人の松野博一が，保守党に移った岡島や民主党の竹内圭司を破った．
　彼は基本的には社会党支持者で，候補者よりも政党を重視して投票している．自民党の金権体質や大企業優先体質，歴史認識などへの不満があり，やや革新的な考え方である．社会党支持には教員という職業も影響しているようだ．93年衆院選では労働組合から社会党の吉峯に投票するよう働きかけがあり，95年参院選で社会党に投票した理由にも「教員の組織として取り組んでいるので」と答えている．
　以上のように彼は社会党を支持しているが，社会党について「万年野党気分．視野が狭い．融通がきかない．したがって政権担当能力はない」と述べるように，一貫して社会党に政権担当能力は認めていない．コメントも厳しいものが多く，自社さ連立政権時には社会党を「多少融通がきくようにはなったが未だ教条主義が抜けきらない．政権党として一緒に組んだ他党に迎合しすぎている」「今まで労働組合べったりで市民に根ざす取り組みに乏しい」と批判している．
　96年衆院選前になると，新しく登場した民主党を「できたばかりでわからないが一応期待したい」と好感を抱き支持している．選挙後には再び社民党支持に戻っているが，民主党の政権担当能力を認めるなど，依然として民主党の好感度は高い．
　00年衆院選時も民主党への好感度は高く，政権担当政党として最適とし，民主党中心の連立政権を望んでいる．しかし，支持には至らず，支持政党なしとなっている．投票も小選挙区では民主党にしたものの，比例区では従来の支持政党である社民党に投票している．(村上)

F-015　自民党の金権政治に反感を抱き，政策で共感する社会党を支持する教員

千葉　旧2区／新9区　1950年代生まれ　女性　①大学　②1400万円～（93年）③教員　④生協

	支持政党	選挙区	比例	拒否政党	保革
93.7	**社会**	清田乃り子（社会）		自	4
94.2	社会				3
95.2	社会				4
95.7	社会	棄権	棄権	自進	4
96.10	社民	多田育民（民主）	社民	自	4
00.6	社民	棄権	棄権	自	4

　彼女は，夫と子供と共に暮らしている40代の女性で，職業は教員である．夫は勤務医で，世帯収入は1400万円以上と多い．

　彼女が住む地域は旧千葉2区（定数4）で，自民3人，社会1人であった．93年衆院選では自民党現職の水野清などが当選し，社会党の清田乃り子は敗れた．96年衆院選では千葉9区となり，新進党現職の実川幸夫が，養父の水野清の後を継いだ自民党の新人水野賢一との激しい争いを僅差で制し，民主党の多田育民は及ばなかった．00年衆院選では，社民党の候補者はおらず，水野が当選した．

　彼女は比較的熱心な社会党支持者である．政策としては護憲，防衛力強化に反対，増税しても福祉の充実を望み，彼女は自分の考えが社会党の考えに近いと感じている．政治不満が高く，それが自民党への反感につながっているとも思われる．加えて，教員という職業も社会党支持には関係しているのだろう．社会党には，「労働者の立場に立っている」「市民の味方」という印象を持っている．社会党が与党になった後の95年7月には「いろいろな政策の転換があり泥沼状態ではあるが，今までの様々な社会の矛盾を少しでも解消する方向に動いてくれるかもしれない」と期待を寄せ，「福祉政策をもっと進めて住みよい日本にしてほしい」と希望を述べている．

　自民党については「傲慢」「信頼できない」「今まで日本の政治を金権政治にして歪めてきた責任をとるべき」と述べ，好感度は最も低く，必ず拒否政党に挙げている．新党は「よくわからない」としているが，好感度はかなり高く，未知数な部分に期待を寄せているようだ．ただ，小沢一郎を中心とする新生党や新進党には，自民党とそう変わらないという印象を持っていて好感度は低い．

　彼女は，棄権している時以外は社会党に投票している．96年衆院選では，社民党が候補者を立てていないため，投票する価値があるのかと悩みつつ，やむをえず民主党の多田に投票している．00年衆院選でも社民党支持は変わっていないけれども，一方で民主党を政権担当に適任な政党とみなし，民主党を中心とする連立政権を望ましいと思うようになっている．なお，実際には棄権している．(村上)

F-016　自民と共産以外なら支持型

東京　旧10区／新17区　1950年代生まれ　男性　①大学　②600～800万円（93年）
③製造工場長　④自治

	支持政党	選挙区	比例	拒否政党	保革
93.7	**さきがけ**	渋沢利久（社会）		自公	4
94.2	（さきがけ）				3
95.2	（社会）				4
95.7	社会	棄権	棄権	自共	3
96.10	民主	米山久美子（民主）	民主	共	3
00.6	なし	公認なし（民主？）	社民	公	4

　東京の下町在住の40代男性．大卒で製造業の工場長をしている有権者．平均イデオロギーは3.2で，かなり革新色が強いと想像できる．また，朝日新聞を購読している．
　この地域は旧東京10区，現東京17区に位置する．93年衆院選では山口那津男がトップ当選．96年衆院選で3選を目指した山口であったが，自民党新人平沢勝栄に敗退している．そして00年衆院選では自公保の推す山口と，自民党執行部に歯向かって出馬した平沢の大激戦となり，2万票差で平沢が勝利した．
　さて彼の政治的指向であるが，まず自民党に対しては「一党支配が長すぎて弊害が起きた」「平然と賄賂を受け取ることを考えれば決して政権の地位に戻ってほしくない」「金権と腐敗と堕落」などなど，もっとも嫌いな政党とみなしている．結局彼の投票行動は，自民党政権を打倒する為にはどうすればよいかにつきるといえそうだ．そういう点で共産党は意に沿わぬ政党らしく，「独自性強すぎ，他と強調できない」「当てにはしていない」と不支持になるようである．
　新党誕生前は，「一貫性なく頼りない」としつつも仕方なく社会党を支持していた．日本新党ができると，「新しい国を動かす党として期待している」と支持へ．ところがはや94年には「やることは自民党と同じにしか見えず，当初期待した清潔な政治にはなりそうもない」（新生）「政権を自民党から奪ったことには意義を感じるが，細川さんの力もこの党じたいもすべてにおいて下方修正せざるを得ず，当てにできない」（日本新）と，完全に失望するに至る．93年に支持政党としたさきがけに対しても，期待は裏切られたようだ．その後新進党が誕生するも，「自民と大差なし．結局は自民の分派」と，自民に対抗しうる野党第一党として応援はできなかった．結局，95年参院選までは消去法で「改革起これば期待できる」と，社会党支持に回る．そして民主党誕生後，「政策や主張に賛成．何をやるのか分からないが期待する」と，再び念願の支持政党を見つけるに至る．00年には，支持政党はなしとしつつも，自公政権・通信傍受法や「神の国」発言への強い反感もあり，小選挙区でおそらく民主党推薦の無所属米山，比例区では社民党に投票している．（原）

F-017　思想的に共産党・社会党を評価も，投票は候補者要因も勘案

神奈川　旧2区／新4区　1940年代生まれ　男性　①短大　②1400万円～（93年）
③航空関係　④労組　生協

	支持政党	選挙区	比例	拒否政党	保革
93.7	共産	岩垂寿喜男（社会）		自	5
94.2	（なし）				4
95.2	共産				4
95.7	（なし）	共産	社会	なし	4
96.10	共産	宇都宮寧子（共産）	共産	自	4
00.6	共産	田中義彦（共産）	共産	自公由	4

　彼の投票対象を中心に当該地域の衆院選を見ると，93年は，社会党の岩垂寿喜男ら現職3人に日本新党・新生党の新人2人が当選した．続く96年は自民党の飯島忠義，00年は民主党の大石尚子が当選し，共産党の候補は続けて完敗した．
　思想は，革新的である．自衛隊違憲志向・護憲志向などがそれを物語っている．また，政治やマスコミその他多くのものに不信感を抱くなど世の中に批判的である．
　所属団体として労働組合の名前が挙がっているが，あまり支持政党や投票政党を選択するのに影響はない．その労働組合は特に組織として支持政党を掲げていないようだし，労働組合に対しても信頼していないと答えているからである．
　政党に対してはどれも同じという答えが目立つも，反自民は一貫している．支持政党は社会党や共産党．革新思想・批判精神と政党観との連関がうかがえる．
　投票行動を概観すれば，革新政党への投票が目に付く．92年以前は衆参とも社会党へ続けて投票していた．93年衆院選でも社会党候補に投票している．候補者・政党どちらにも着目している．当時社会党と共産党を支持しているが，両党の候補をまず選びその後人格を比較したのだろう．社会党候補選択の決め手はその政治改革への姿勢らしい．94・95年になると共産党の方が社会党より少々評価が高まる．当時の両党への印象から，両党の差は共産党の信念の方が強く見えたことによるといえる．ただ共に絶対的評価は高くない．95年参院選でもその傾向は顕著で，小選挙区は共産党，比例区は社会党に投票も，共に他の候補者・政党に入れたくなかったことをその理由に挙げる．両党への消極的支持が見受けられる．96年衆院選時も同様であり，「投票したい対象はない」と嘆いている．比例区は政党の政策重視で，小選挙区は候補者の政策重視で，結果的に共産党並びにその候補者に投票した．一応小選挙区と比例区は別個のものとしているようだ．00年は共産党の好感度が少々上昇し，比例区で投票している．この時，同党には政権担当能力を認めている．同時に小選挙区も共産党候補へ投票した．候補者の人柄に注目し決めたそうだ．だが，状況からして共産党の候補だからという理由も無視できないだろう．(金子)

F-018　中道民主党に移行も社民党に残る未練

神奈川　旧4区／新6区　1920年代生まれ　男性　①大学　②1400万円〜　(93年)
③会社の顧問→無職 (95年)　④自治　住民　宗教

	支持政党	選挙区	比例	拒否政党	保革
93.7	**社会**	池田元久（社会）		自	1
94.2	**社会**				1
95.2	**社会**				3
95.7	**社会**	社会	社会	進共	3
96.10	民主	NA	NA	進共	3
00.6	民主	池田元久（民主）	社民	なし	3

　彼の住む地域の衆院選を見ると，93年は新人候補者3人，40代の候補者4人が当選するなどフレッシュな顔ぶれが出揃い，社会党の現職池田元久は反自民票を集められず落選した．96年はその池田が民主党に合流し，自民党・新進党の各候補を破った．00年は，池田が自民党の支援を受けた公明党の上田勇に圧勝した．

　支持政党を見てみると，彼は96年の衆院選前の調査時までは社会党（社民党）を支持政党に挙げている．支持の度合いも熱心である．この理由としては，政治を保守・革新の構図で考え，自らが「嫌い」な「保守勢力」に対抗する存在として社会党のことを期待してきたことが1番に挙げられる．また，他に自らの政策と社会党の政策に一致点を見出していることや，今まで実際に社会党を長らく支持してきた経験から社会への愛着心があるという事実も無視できない．彼は選挙になると，このような理由から支持していた社会党へ常に投票し続けていた．

　ところで，調査期間中に社会党は政権を担当しまた路線転換をするが，彼はこのことに評価を与えている．社会党が政権を担当し始めた94・95年には，「現実的になった」「すべての国民に受けいれられる」，96年には「連立を組んで実績を残した」などと回答している．彼は自らを革新と称しつつも，深層心理では中道よりだったのであろう．保守イコール悪という環境のもと革新でなければと考えていたが，支持する社会党が路線転換をしたため自らが中道よりであることを自覚できるようになったのかもしれない．このことと関連して，かつて社会党の対極にあるものとして絶対的なアレルギーを示していた自民党に対しても，社会と連立を組んだ後には「一度野党になって再編された」と評価している．

　このようにもともと思想的に社会党でも右派の方に近いこともあって，96年には社会の右派などが母体となってできた中道の民主党に支持を変えている．二大政党の一翼を探していたことも関係あろう．その傾向は00年も継続し，小選挙区では同党に投票している．が，比例区は社民党に投票している．長年の愛着から少なくとも党が消滅するのは惜しいと考えて投票したのかもしれない．(金子)

F-019　多くの国民のための政治を願う社会党（社民党）支持者

神奈川　旧4区／新6区　1920年代生まれ　男性　①中学　②600〜800万円(95年)
③無職　④労組　自治

	支持政党	選挙区	比例	拒否政党	保革
93.7	**社会**	池田元久（社会）		共	3
94.2	**社会**				3
95.2	**社会**				3
95.7	**社会**	社会	社会	進共他	2
96.10	**社民**	池田元久（民主）	社民	共	3
00.6	社民	池田元久（民主）	社民	公共	5

　彼の住む地域の衆院選を見ると，93年は新人が多数当選する中，社会党現職池田元久は反自民票を集められず落選した．96年は池田が民主党に合流し，自民党・新進党の各候補を破った．00年も池田が公明党の上田勇に圧勝した．

　彼は熱烈な社会党（社民党）支持者である．しかし，自衛隊の兵力増強や改憲を主張するなど，かつての社会党の政策とは異なる思想を持つ．そして社会党には「教条主義」からの脱皮を願い，近年の政策転換を大いに支持をしている．そのような政策的相違がありながらも古くから社会党を支持してきたのは，社会党が「労働者の意見を代表する」と信じてきたからだと考えられる．「日本の人口の80％は労働者階級」だと捉え，「その利益にかなった政治をする必要がある」としている．

　ところで，彼は愛国心を育てる必要性や福祉目的の増税を主張するなど，ある程度国家への期待も認められる．この傾向は近年顕著である．その期待の裏返しとして現状の社会に強い不満を持ち，今の社会では学歴やお金，要領のいいものがはばかっていると考え，自らが享受していない利益を"特定のもの"が享受しているとしている．この不信感は特に長年の政権与党である自民党に向けられ，その金権体質や"特定のもの"に対する利益誘導型政治に幻滅している．ただし，もともと思想的に自民に近いものがあり，村山政権以降はそのアレルギーも緩和されつつある（もちろん社会党支持の波及という面も否定できない）．また，同様に新進党に対しても設立母体のひとつである新生党をある程度評価していたのにもかかわらず，宗教団体という"特定のもの"のための政治を行うものとして不信感を抱いている．このような宗教アレルギーは当然現在の公明党にも向けられている．その公明党と同等に絶対的な不信感を抱かれている共産党は，彼の目には"特定のもの"に率いられている「大政翼賛会的な政党」と映っている．

　投票は社会党であるか否かを基準に行っている．96・00年に池田に投票したのは彼が元社会党の民主党候補で，かつ当該選挙区では社民党候補が立候補しておらず，また他の候補者には不信感を抱く政党の候補しかいなかったからであろう．(金子)

F-020　労組・後援会・小政党が投票の合言葉
神奈川　旧1区／新7区　1940年代生まれ　男性　①高校　②600〜800万円(93年)　③生産工程　④労組　自治

	支持政党	選挙区	比例	拒否政党	保革
93.7	民社	伊藤茂（社会）		公共	5
94.2	民社				6
95.2	(さきがけ)				6
95.7	さきがけ	社会	二院ク	共	6
96.10	社民	鈴木恒夫（自民）	社民	進共	5
00.6	なし	鈴木恒夫（自民）	その他	公共	6

　彼の住む地域の衆院選を見ると，93年は8党の候補が勢ぞろいするも，社会党の伊藤茂は議席を守った．96年は自民党の元職鈴木恒夫が5人の新人候補に圧勝し，前回落選の雪辱を果たした．00年も鈴木が当選したが，前回より接戦であった．

　彼の投票行動を見ると，比例区を含めおおよそ支持政党と投票政党に違いがある．93年以前は民社党への投票が基調で，その他進歩党や日本新党へも投票していた．93年には景気対策を選挙の争点と考えどの候補に投票するか悩んだものの，結局社会党の伊藤に投票した．投票したのは所属する労組が社会党支持だったからだと思われる．93年も民社党支持で，他に日本新党や社民連，さきがけなどの評価も高い．反自民だが，イデオロギー的には中道である政党が好みだったようだ．自民党や共産党，公明党への評価は低い．続く94年も同様の傾向であり，また非自民連立政権には評価を与えている．ただし，前回評価の高かった日本新党には「活動が見えてこない」と若干の苛立ちも示す．代わって武村正義ともどもさきがけの評価が急上昇している．社会党への評価も悪くない．95年に至るとさきがけや社会党への評価の高まりがさらに明らかとなる．党首イメージが党の評価につながった形である．それにあわせ自社さ政権を望ましいと考え，自民党の評価も同時に高まりつつある．一方，以前期待していた細川護熙への評価は急落している．同年選挙の選挙区では労組が支持する社会党の候補に投票した．「当落線上にいたから投票しようという気持ちが強まった」と言う．一方，比例区では二院クラブに投票した．「一生懸命活動しているから」らしい．ちなみに95年は青島都知事誕生の年である．

　96年に至ると，地元に縁のある鈴木の後援会へ家族ともども入会し，小選挙区で彼に投票した．一方，比例区は社民党へ投票した．先の伊藤が一位であった名簿を注視しての投票らしい．しかし，社民党を含めて政党全般の評価は落ち始めている．

　00年はその傾向が顕著で，「権力志向」として元々評価の低かった民主党以外は評価が急落している．その影響からか，比例区は自由連合に投票した．90・95年に続く小政党への投票である．一方，小選挙区は前回に続き鈴木へ投票した．(金子)

F-021　今はなき社会党の幻想を追い求めて

神奈川　旧3区／14区　1930年代生まれ　男性　①大学　②600～800万円（93年）
③写真家　④なし

	支持政党	選挙区	比例	拒否政党	保革
93.7	社会	加藤万吉（社会）		自生	3
94.2	社会				3
95.2	社会				4
95.7	社会	社会	社会	共	3
96.10	社民	NA	NA	進	3
00.6	社民	原陽子（社民）	社民	※	※

　彼の住む地域の選挙結果を概観すると，93年は彼が投票した社会党の加藤万吉ら現職4人に日本新党の新人が食い込んだ．96年は新進現職の藤井裕久が当選．00年も藤井が当選したが，2位の自民党候補とはわずか1000票余りの差であった．彼が投票した社民党の原陽子は大差で敗れるも，比例区で復活当選を果たした．

　彼は全ての調査で支持政党を社会党・社民党とし，同党に投票をし続けている．根強い支持者であることには間違いない．ただし，現在の社民党に対しては少々不満を持ち合わせている．「政権担当能力がない」と考え，「だらしがない」としている．だが，一方では「消滅してしまいそうで残念です」とも答えている．政権を担わなくとも与党の自民党と対峙することにより存在意義を示してきた社会党のことが感情的にずっと好きだったのであり，自民党に代わって政権を担う必要性がでてきた最近の社会党については戸惑いを見せるものの，過去の愛情はなかなか消せないのが現状であろう．彼の政治的な考え方は社会党の考え方に近いのだが，それも社会党への愛着から形成されたのだと思われる．

　政権の枠組みとしては，基本的に社会党・社民党が含まれる連立を望み，社会党以外の連立のメンバーとしては時々の政治情勢（党首同士の仲など）によって社会党・社民党が組みやすい政党を挙げている．しかし，96年の衆院選時には社会党を省いた自民党と民主党の連立政権を望んでいる．社民党を支持しつつも政治情勢から社民党が政権に参加することは難しいと考え，社民党の一部が参加して新しくできた民主党に期待する様子がうかがえる．この時の社民党には「野党の一つとして頑張って欲しい」と答えている．単に政権に入ることよりも将来にわたって社民党が生き残ることを考えているといえ，社民党のことを愛している姿がうかがえる．

　他の政党への評価を見ると，自民党に対する評価が変動的であるのが特徴的である．93年時には長い1党体制に嫌気が差し，自民党が政権の座から降りることを望んでいるが，その後は自民党の政権担当能力に一定の信頼感を持っている．(金子)

F-022　労働組合の影響力が大きく，社会党から民主党へ

新潟　旧3区／新2区　1940年代生まれ　男性　①高校　②1000～1200万円（93年）
③トラック運転手　④労組

	支持政党	選挙区	比例	拒否政党	保革
93.7	社会	坂上富男（社会）		自公共	5
94.2	**社会**				4
95.2	**新進**				3
95.7	社会	社会	社会	なし	4
96.10	民主	小林一三（民主）	民主	共	4
00.6	民主	NA	自由	共	5

　彼が60年弱住んでいる地域は，93年衆院選で田中真紀子など有力7候補が5議席を激しく争い，社会党元職の坂上富男は当選したが，社会党現職目黒吉之助や自民党現職が落選した．96年衆院選では，坂上は4区に移り，2区は県内最多の6人が争い，自民党現職の桜井新が，新進党や公明の推薦を受けた近藤基彦に競り勝った．なお，民主党新人の小林一三は惨敗した．00年衆院選では逆に近藤が，自公保の推す桜井を破った．

　彼はいつも政治に関心を持っており，選挙を周囲との話題にすることもある．選挙になると，労働組合や周囲の多くの人から様々な候補者への働きかけを受けている．93年衆院選では，同じ社会党の目黒の後援会に属していたにも関わらず，労働組合が支援する坂上に，本人と握手したこともあって投票している．さらに，96年には労働組合が支援し，電話で投票依頼があった小林に，選挙前には考えていなかった投票をしており，労働組合の働きかけが大きな効果を挙げているようである．

　彼は支持政党通りに投票している．当初は社会党を支持していたが，新しく新進党が結党されると，「期待していきたい」として支持するようになった．その後は「政治がクリーンである」社会党をまた支持するようになったが，民主党ができてからは「政治の流れを変えてもらいたい」として支持するようになり，社民党は「あまり多くは期待出来ない」とまで言っている．00年衆院選でも民主党を支持しているものの，比例区で投票したのは民主党と同様に高く評価している自由党であった．政党のイメージについては，自民党を「金権体質のイメージ」があるとしたり，日本新党を「新鮮なイメージ」があり「今後も期待したい政党」だとしているように，クリーンさが一つのポイントになっている．

　そうは言っても，彼にとっての投票決定要因として大きいのは，労働組合の推薦のようである．生活に密着した労働組合の影響力が大きいのだろう．（水野）

F-023 社会党から，票の使い分けへ

新潟　旧2区／新4区　1930年代生まれ　男性　①中学　②200～400万円（93年）
③製造業工員→農家（96年）　④農協　自治

	支持政党	選挙区	比例	拒否政党	保革
93.7	社会	吉田正雄（社会）		自民	4
94.2	社会				8
95.2	社会				5
95.7	社会	社会	社会	なし	5
96.10	自民	渡辺秀央（無所属）	共産	なし	6
00.6	自民	栗原博久（自民）	自由	なし	NA

　彼が生まれてから60年ほど住んでいる地域の93年衆院選は，無所属の栗原博久など3人の新人が当選し，社会党の吉田正雄など2人の現職は落選するという波乱に満ちた選挙戦であった．96年衆院選では，自民党に入党した栗原，旧新潟3区で当選した民主党の坂上富男，元郵政相ながら落選した渡辺秀央との争いになったが，栗原が2選目を果たし，坂上は比例区で復活当選した．その後，渡辺は98年参院選で当選した．00年衆院選でも栗原が当選した．

　彼は仕事を定年で辞め，農業を営んでいる．政治的関心はあまりないようだが，投票には義務感を持っており，毎回投票している．96年衆院選時には渡辺の後援会に入っており，演説会に行ったり握手をしたりして，渡辺と接触を持っている．

　支持政党は社会党から，自民党に変わってきている．当初は，自民党を「公約をまったく守らない，言ったことを守らないという政党」なので拒否政党に挙げ，金権政治を嫌い，「自民党の，業者からの献金・わいろをなくそう」望んでいた．そして，社会党を「いいことは言うが，政権が取れないので思うことが出来ないのだろう」と考え，非自民連立政権を望んでいた．

　しかし，連立政権ができてからは社会党がその中で埋没していると感じて，「もう少し頑張ってもらいたい」と不満を述べている．そして，社会党が「だんだん分裂して力がない」と考えるようになり，自社さ連立政権で実力を認めた自民党を「いちばん平凡だと思う」が支持するようになった．

　選挙では支持政党である社会党にずっと投票していたのが，選挙区と比例区で票を使い分けるようになった．選挙区では地元の利益を代表している候補者に投票し，比例区では政治の現状を改めたいからか野党に投票している．96年衆院選の比例区では「何となくずばり言う政党」で「頑固な党」だと感じた共産党に，00年衆院選の比例区では自民党よりも好感度は低いにも関わらず自由党に投票している．自民党を支持してはいるものの与野党伯仲状況を望むことから，このように票を使い分けるようになったのだろう．(水野)

F-024　農業政策を支持して社会・社民党支持

長野　旧4区／新2区　1930年代生まれ　男性　①高校　②600〜800万円（93年）
③農業　④農協　自治

	支持政党	選挙区	比例	拒否政党	保革
93.7	社会	北沢清功（社会）		なし	2
94.2	社会				4
95.2	（社会）				4
95.7	**社会**	社会	社会	なし	3
96.10	社民	北沢清功（社民）	社民	なし	3
00.6	社民	山口わか子（社民）	社民	自公保由	3

　旧4区は自民党の唐沢俊二郎と村井仁，社会党の北沢清功が3議席を分けてきた．93年には新生党に転じた村井がトップ当選．唐沢が引退した96年衆院選では新2区は新進党の村井が圧勝，自民党新人と社民党の北沢らを退けた．北沢は比例で復活．00年には民主党新人の下条みつが健闘するも，自民党に復党した村井に及ばず．社民の山口わか子は比例で復活当選．共産党清水啓司はいずれも及ばず．

　米作農業で生計を立てるが収入は不安定，農協と自治会に加入，政治への関心は高く政治に大体満足している．彼が93年衆院選において最も重視する争点はやはり農産物の輸入自由化問題である．減反政策と米不足を批判し，国の農業政策をしっかり考える政治を要望する．「農家だから立場上」と言いつつも彼は安定的な社会党の支持者であり，調査期間は全て社会（社民）党に票を投じた．社会党に対する評価は「農民，減反，後継者対策に取り組んでくれるかもしれないという期待」を持てる「農民の土台」の党であるとする．この点自民党は「農業政策は無智無責任」とされ好対照を成すが，社会党一般に対しては不安が色濃い．左右対立とリーダーシップの欠如を危惧し，村山政権下には反省することは多いが方向転換も現実を考えてやむをえないとし，「これからがまさに真価が問われる」と言う．民主党結成後も社民党を支持しているが，「もう1度まとまってほしい」と願う．自民党は，経済界との結びつき等を批判し庶民からかけ離れた政治を行う政党であるとして評価しない．新党には結成期は新鮮さを認めつつ力は未知数として冷めた見方をする．新進党は政権にこだわりすぎで，「政策本位の地味地道な努力が必要だ」とたしなめる．

　彼の投票決定要因は政策とも政党とも断言しにくいが，政治改革や政党再編で変動する中央政界に左右される要素はない．自らの生活である農業を守ってくれることが何においても重要で，それゆえに社会党を支持したのである．96年衆院選前には自民党の新人候補に投票を意図した点は，農業政策で頼れる確固たる政党を失った彼の柔軟化として注目に値するが，00年衆院選時には社民党を支持して選挙区比例区とも社民党に投票し，自公保3与党と自由党を拒否政党とした．(国枝)

F-025 政治的関心は高くないが，一貫して社会・社民党に投票

長野　旧4区／新2区　1930年代生まれ　女性　①中学　②不明　③現業公務員　④自治

	支持政党	選挙区	比例	拒否政党	保革
93.7	社会	北沢清功（社会）		なし	DK
94.2	（なし）				6
95.2	社会				4
95.7	社会	社会	社会	共	5
96.10	（なし）	棄権	棄権	なし	DK
00.6	なし	山口わか子（社民）	社民	※	※

　旧長野4区は自民党の唐沢俊二郎と村井仁，社会党の北沢清功が3議席を分けてきた．93年には新生党に転じた村井がトップ当選．唐沢が引退した96年衆院選では新2区は新進党の村井が圧勝，自民党新人と社民党の北沢らを退けた．北沢は比例で復活．00年には民主党新人の下条みつが健闘するも，自民党に復党した村井に及ばず．社民の山口わか子は比例で復活当選．共産党清水啓司はいずれも及ばず．

　89年の参院選から96年衆院選まで6回の国政選挙があったが，彼女の投票履歴を見ると棄権した回を除いて全ての票が社会（社民）党に投じられている．支持政党もほぼ社会（社民）党である．政治にはかなり不満で，夫は公務員である．熱心な社会党支持者のようにも映るのだが，実はそうではない．彼女が社会党に投票し続けた一番の理由は，「家族が昔から支持しているから」であった．95年には「特にイメージはない」党だとも回答している．もちろん全く関心がないわけではなく，当初から「もっとしっかりしてもらいたい」として党勢の低迷に不満は感じている．村山政権の印象は良いが，それ以上の積極的な支持は認められない．他党に関しては，自民党の金権政治に一貫して反感を持つ一方，3新党にはこれから頑張れる党としてやや期待を見せ，93年衆院選では新生党に政権担当能力を認める．共産党は主張自体には肯定的だが好きになれないと言っている．

　しかし中央政界が連立時代に入ってからの彼女の政治認識は，政治全般への不信が占めている．どの政党も，現状維持的で政策を実現できないとし，政党・政治家個人ともほとんど差別化されなくなってくる．社民党にはいくらか良くなって欲しいとし，民主党には期待は持たないと回答した96年衆院選は，政治不信もあって棄権してしまった．彼女の政治に対する能動的な思想や行動は特に見受けられず，家族の支持がどのように動くかにも影響を受けるであろうが，政治不信のため関心が次第に薄れて来ている事は確実である．00年衆院選では，支持政党はないが，選挙区は社民党新人の山口，比例区も社民党に投票している．(国枝)

F-026　自民党への対抗勢力求め，候補者との関わりも含め投票決定

岐阜　旧1区／新1区　1950年代生まれ　女性　①短大　②400～600万円（96年）
③小売商店自営　④自治

	支持政党	選挙区	比例	拒否政党	保革
93.7	（なし）	渡辺嘉蔵（社会）		なし	5
94.2	（日本新）				5
95.2	（新進）				6
95.7	（なし）	新進	二院ク	なし	7
96.10	民主	NA	NA	なし	6
00.6	なし	渡辺嘉蔵（民主）	共産	自公	5

　彼女の政治的不満は強い．争点態度に特に強い傾向はない．一貫して政党重視で投票すると答えている．

　彼女は政治的不満の中，自民党を離れ，自民党に対抗すべき政党を求めていったと言えよう．自民党に対し，彼女は93年衆院選前の調査で支持を表明している．また全体的に自民党候補に対しては好意的で，93年には後援会にも加入していた．しかし，国民との乖離，クリーンさの欠如，さらに中小企業を見捨てたという印象を自民党に持っており，これが政治不満の原因であろう．94年以降は，自民党への好感度は常に最低である．一方，社会党は「ふらふらしている」とするが，93年は社会党の渡辺嘉蔵に投票した．その後，社会（社民）党の動揺・転換に対し「一本芯の通った政党ではなくなった」と言い，好感度も最低となった．彼女は旧来の社会党らしい態度を期待していたようである．

　新生党，日本新党には当初より期待が高く，特に現状の変革を期待し，細川政権を歓迎した．新進党にも「いくらかの希望は持てる」と言い，非自民・非共産の最善の選択肢として95年参院選で新進党候補に投票する（比例代表では清潔感から二院クラブに投票）．しかしこの頃から新進党も自民党的で「やっぱりダメ」と感じるようになる．代わって96年には菅直人に好意的となり，民主党を支持し，選挙前には選挙区・比例代表ともに民主党への投票の意図を示していた．

　96年衆院選については，政党支持，事前の投票意図，民主党に加わった渡辺と関わりが深いという回答は民主党への投票を思わせるが，自民党の野田聖子への好意，新進党の松田岩夫の後援会への加入などもあり，彼女の投票行動の推測は難しい．

　00年にも政治には全く不満と回答し，自民党を嫌う．特に自公保という連立の枠組みに拒絶的である．以前は共産党に拒絶感があったが，クリーンなイメージがあり増税反対・課税最低限引き下げ反対という意見が自らと一致すると認識し，比例代表で共産党に投票している．なお，00年にも渡辺と関わりが深いと回答するが，どのような関わりかは不明である．（山本）

F-027　加入団体の意向に従う有権者

静岡　旧1区／新4区　1940年代生まれ　男性　①高校　②600〜800万円（93年）③通信関連会社勤務　④労組　自治

	支持政党	選挙区	比例	拒否政党	保革
93.7	（日本新）	松前仰（社会）		なし	6
94.2	（なし）				5
95.2	社会				7
95.7	（なし）	DK	二院ク	なし	6
96.10	（民主）	倉田雅年（自民）	社民	共	6
00.6	なし	西谷英俊（共産）	社民	公	DK

　支持政党は特になく，政党一般に対してあまり良い感情を持っていない．既存の政党に対する不満も大きいが，新党についても「考え方がよくわからない」という印象を強く持っている．96年の衆院選前には一応新進党を支持していると答えているが，「国民に媚を売っている政党」として，その評価は必ずしも高くない．

　彼の投票を決定する最大の要因となっているのは労働組合の影響であり，労組の働きかけを受けて社会党に投票することが多い．しかし本人は，社会党は「ポリシーがない」「組織票に頼っている」と批判していて，とりたてて支持をしているわけではないようである．96年の衆院選でも，新進党や民主党に好感を持っているのだが，だからといって自民党を離党して新進党の推薦を受けた望月義夫には投票していない．逆に労組が推薦しているからという理由で，望月の対立候補であった自民党の倉田雅年（静岡4区には社民党からの候補はおらず，選挙協力があったためと思われる）に票を投じ，比例区でも労組の推薦により，社民党に投票している．

　このように労働組合の影響力が大きい理由の1つとして，彼の政治に対する興味が薄いことが挙げられる．調査票からは組織への忠誠や帰属意識の強さから投票するといった様子は見られない．むしろ政治や政党のあり方がわからないために，個人では特に支持したいと思えるような政党も候補者もなく，とりあえず加入団体の意向に従うという有権者の姿がうかがえる．

　00年には，支持する政党はないと答えているが，政権担当政党としては民主党がふさわしいと考え，民主党中心の連立政権の誕生を望んでいる．しかし投票に際しては選挙区では共産党の候補に，比例区では引き続き社民党に投票した．(下田)

F-028　若年の政治的無関心

静岡　旧1区／新4区　1970年代生まれ　男性　①高校　②1400万円～(96年)　③製造業　④なし

	支持政党	選挙区	比例	拒否政党	保革
93.7	(なし)	松前仰（社会）		DK	DK
94.2	(なし)				5
95.2	(なし)				6
95.7	(なし)	新進	スポーツ	なし	DK
96.10	(なし)	栗山満子（共産）	共産	なし	DK
00.6	なし	望月義夫（自民）	自由	なし	7

　20代の男性．共働きで労組には加入していない．特定の政党に対する支持はなく，そもそも政治や選挙そのものに対する関心が薄い若年の政治的無関心層の1人である．調査に対してもわからないと回答する場面が多くみられる．政治については特に満足とも不満とも考えていないことから，関心もないが期待もしていないのかもしれない．

　政治には興味がないが，投票には行くべきだと考えており調査期間前に選挙権を得てから棄権したことは1度もない．投票先としては，有名人を擁立してマスコミに取り上げられることも多かったスポーツ平和党を選択する場面が目立つ．しかし93年にやはりマスコミの寵児となっていた新党に対しては，特に興味を惹かれていない．この時の選挙で静岡1区には日本新党の牧野聖修，内閣不信任案に賛成して自民党を離党した大石千八ら話題を集めた候補が複数存在したが，彼は社会党の松前仰に投票している．周囲からの働きかけの影響が大きかったようである．96年の衆院選でやはり「友人に頼まれて」共産党に投票した時も，小選挙区・比例区共に関心はなかったと回答している．彼の政治に対する姿勢は若い世代に広がる政治的無関心を端的に示すものであろう．同時に一定の年代以上の有権者に存在する，特定の政党に対する拒絶感がなくなっていることをも感じさせて興味深い．この選挙で共産党は比例区で得票率を押し上げ，13年ぶりに静岡から代議士を誕生させた．

　00年衆院選においても，支持政党なしという点は変わっていない．選挙区では自民党の候補に，比例区では自由党にそれぞれ投票しているが，政権担当政党としては民主党が適任と考えており，与野党が逆転して，民主党中心の連立政権が誕生することを望んでいた．(下田)

F-029　民主党に乗り換えた，熱心な社会党支持者

愛知　旧1区／新2区　1920年代生まれ　男性　①高校　②1200～1400万円（93年）
③公共事務職→無職（95年）　④なし

	支持政党	選挙区	比例	拒否政党	保革
93.7	**社会**	佐藤泰介（社会）		民	3
94.2	**社会**				3
95.2	社会				3
95.7	**社会**	社会？	社会	なし	3
96.10	民主	青木宏之（新進）	社民	なし	4
00.6	民主	古川元久（民主）	社民	公	5

　96年衆院選で新愛知2区から当選したのは新進党現職の青木宏之であった．民主党の古川元久は3位であったが比例区で復活当選を果たした．00年衆院選では，古川が9万票を獲得して圧勝，公明党の推薦を得て保守党から出馬した青木はわずか2万票あまりで大敗した．ちなみに小選挙区制に移行してからは，社会（社民）党候補は出馬していない．

　彼は調査開始時には公共設備関係の事務職に就いており，年収も高めであった．本人は93年には社会党の佐藤泰介後援会に加入していたが，同時期に家族は公明党の平田米男後援会に加入していた．彼は公明党に対して「社会党と似ている」としており，とくに意に介していないようである．

　89・90・92年の国政選挙ではいずれも社会党に投票していたが，自民党に対しては「まあまあ」と，否定はしていなかったのである．「金権政治」や「汚職」といったイメージが強くなり始めた93年以降，自民党に嫌悪感を抱き始める．ただしその後も非自民連立政権を望んだかと思えば，社会党支持の影響からか自社さ政権も肯定したりもするなど，態度は一貫してはいない．イデオロギー的には革新志向が強く「社会党は中道すぎる」と文句をつけるが，かといって共産党は「私の心にはなじみにくい」そうだ．政策については，改憲や中央集権を志向しており，支持政党との齟齬がみられる．ちなみに諸新党に対しては自民党が分裂しただけと捉え，無視を決め込んでいる．

　96年衆院選前までは社会（社民）党支持者であったのに，選挙直後民主党支持者となる．民主党の政策や主張に賛成したからと答えてはいるが，彼の選挙区に社民党候補者がいなかったことも影響したと思われる．ただし，完全に社民党を見限ったわけではない．00年調査でも支持政党は民主党とし小選挙区で投票したものの，比例区では社民党に投票しており，依然社民党が高評価を得ていることが分かる．
（原）

F-030　反自民勢力模索する有権者

三重　旧1区／新2区　1950年代生まれ　男性　①高校　②600〜800万円（93年）
③事務職　④労組　自治

	支持政党	選挙区	比例	拒否政党	保革
93.7	社会	伊藤忠治（社会）		共	3
94.2	社会				3
95.2	さきがけ				3
95.7	（社会）	新進？	新進	なし	6
96.10	社民	中川正春（民主？）	その他	なし	3
00.6	社民	中川正春（民主）	社民	公由	3

　40代のサラリーマンでほぼ一貫した社会党支持者である．所属する同盟系労組からの働きかけにも関わらず社会党を支持してきたのは，自民党に対抗する勢力となることを期待しているからであると思われる．彼は農家に対して強い反感を持っており「農民に甘い」自民党を嫌っている．しかし反面で93年に期待を持った新生党や日本新党に対する「第二与党として頑張ってほしい」という表現に表れるように，政権担当政党としては自民党が適任とも考えており，北川正恭，川崎二郎の両自民党候補の後援会に加入するという行動もみられる．93年衆院選で実際投票したのは，政党を重視した結果社会党の伊藤忠治であった．ただしこの選挙で伊藤は落選に終わっている．細川政権が誕生すると選挙前期待していた日本新党には「思い上がりがはげしい」と拒否感を持つようになり，代わって武村正義への好感から新党さきがけを支持した．しかし自社さによる連立は本意ではなく，自民党を除いた2党によって連立が組まれることを望んでいる．自民党と連立を組んだ社会党には「政権とっても期待はずれ」と「裏切られた」感を抱くようになり，95年参院選は労組の働きかけに従って新進党に投票している．

　96年以降支持政党は社民党で変わっていないが，期待や政権担当能力の点では民主党を評価するようになっている．もっとも96年衆院選においては前回投票した伊藤が民主党から立候補したにも関わらず投票せず，新進党の中川正春に票を投じている．社民党からの応援に加え"自社協力"により自民党からも後押しを受けた伊藤を嫌ったものと思われる．結局選挙区では中川の圧勝であり，伊藤は比例区で復活当選を果たした．しかし彼は比例区からも当選させる気はなかったようで，この選挙では比例区においても社民党は避け新社会党に投票している．00年は選挙区では民主党に移った中川に引き続き投票し，比例区は社民党に投票している．

　依然として社民党への支持は維持されているが，社民党の勢力縮小に伴ってかつて社会党の担っていた役割を民主党といった他の政党が担うこととなったことで，投票先の選択に悩みが生じているようである．(下田)

F-031　労組の影響で社会党一筋だったが自社さ連立や退職で揺れ

滋賀　旧全県区／新2区　1930年代生まれ　男性　①高校　②800～1000万円（93年）　③公務員→無職（96年）　④労組　自治　宗教

	支持政党	選挙区	比例	拒否政党	保革
93.7	**社会**	山元勉（社会）		自	2
94.2	**社会**				1
95.2	**共産**				1
95.7	社会	社会？	社会	自	1
96.10	社民	武村正義（さきがけ）	さきがけ	自	7
00.6	社民	桧山秋彦（共産）	社民	自公保由	1

　彼は96年頃に退職したと思われる．子供夫婦と孫と暮らしているようだ．退職前は労組に加入し，争点態度はやや革新的であった．政策争点では特に消費税に敏感でしばしば言及する．政治への関心は高く，不満も高い．政治家と接触し，自ら投票の働きかけをするなど政治的な活動にも積極的である．92年以前の国政選挙では社会党か連合に投票していたようだ．

　社会（社民）党支持には労組の影響が強い．自民党を「大企業本位」と批判し，それに対し「労働者の代表」として社会党を支持する．投票にも労組からしばしば働きかけを受けている．非自民連立期には「譲歩している点でよい」と社会党を評価していたが，しかし，社会党の自民党との連立とそれに伴う方針転換，加えて彼自身の退職という出来事が彼の意識を多少変えたようである．95年には村山政権の消費税率引き上げに反発し，社会党の基本方針の転換も支持せず，社会党を「自民党のいいなり」と評する．そして以前は「発展性がない」と批判した共産党を一時的に支持して期待するようになる．他方，労組を離れて（新たになのかは不明だが）自治や宗教関係の団体に加入するなど以前とは違う生活のためか，96年には争点態度も若干保守化し，自民党の党首や基本な立場などを評価するようになった．

　新党は自民党と似た存在とされ，また再編成の中で「わけがわからない」と混乱していく．ただし96年衆院選後には民主党に政権担当能力があると評価している．

　93年衆院選では労組からの働きかけを受け，選挙区唯一の社会党候補である山元勉に投票した．95年参院選の選挙区でも労組の働きかけを受け，投票したのは社会党が自民党や連合と推薦した無所属の高田三郎であろう．96年衆院選で投票したさきがけの武村正義は社民党の推薦を受けていた．

　00年衆院選では，無所属となった武村正義に社民党の推薦はなく，彼は共産党の桧山秋彦に投票した．立候補者は武村と桧山と自民党の小西哲のみであった．森内閣の評価は非常に悪く，民主党中心の連立を望むが，民主党より共産党に高い好感度を与えた（社民党の好感度の問いはなかった）．(山本)

F-032　金権政治の打破を日本新党と社会党に期待

京都　旧2区／新4区　1920年代生まれ　男性　①大学　②600〜800万円（93年）
③私立大学講師　④自治

	支持政党	選挙区	比例	拒否政党	保革
93.7	社会	田渕五十生（社会）		公	4
94.2	社会				3
95.2	社会				4
95.7	社会	自民	社会	進	5
96.10	社民	加味根史朗（共産）	社民	進	3
00.6	社民	加味根史朗（共産）	社民	公保由	4

　京都は往年自民党と共産党の対立が激しい地域であり，旧京都2区では93年に寺前巌（共産）が野中広務（自民）を抑えてトップ当選した．新制度導入後の4区では96, 00年ともに野中が圧倒的な強さを見せ，加味根史朗（共産）に大勝した．

　「社会悪を正す清らかな政治を！」93年衆院選前に彼はこう答えている．92年以前は自民党の金権腐敗への嫌悪感から社会党に投票してきた．しかし93年衆院選直前には，「実行力の乏しい党」である社会党ではなく，「新しい政治の風を吹き込む党」である日本新党を支持している．新生党を「小沢・金丸の影が濃い」と批判的な目で見る一方，日本新党には重要争点である「金権政治の打破」を期待できると彼は感じていた．投票では2区に日本新党の候補者がいなかったため，社会党の田渕五十生に票を投じている．

　94年にはすでに社会支持に戻っているが，細川政権をかなり評価しており，日本新党に依然大きな期待を寄せている．しかしその後「旧自民党田中派の印象」「小沢色」を感じる新進党を応援する気にはなれず，一方で「現実の社会体制を容認しながら欠点を漸次修正していく姿勢が感じられる」社会党にかなりの好印象を抱いている．村山政権時は政治に対する満足度が高い．この社会党への高評価は連立のパートナーである自民党への評価にも影響しており，彼は「社会党との結びつきを大切にし，以前の弊害を除く努力をしている」と自民党をわりと好意的な目でみている．95年の参院選では，比例区は「支持政党だから」という理由で社会党に投票しているが，選挙区は社会党候補者がいなかったこともあり「村山政権の与党だから」という理由で自民党に投票した．しかし橋本政権になってからは，自民党を「資本家代表の政党」と以前と同じく批判的に見ている．96年衆院選の小選挙区では，昔同じ学校だったからという理由で加味根に投票しているが，これは社民党候補者がいなかったことも関係しているようだ．比例区は支持政党だからという理由で社民党に投票している．96年の態度は00年衆院選でも同様にみられた．(小松)

F-033　支持・投票は民社・新進系政党で一貫．候補者要因が大．

京都　旧2区／新6区　1930年代生まれ　男性　①高校　②600〜800万円（93年）
③保険業務士　④自治

	支持政党	選挙区	比例	拒否政党	保革
93.7	民社	玉置一弥（民社）		共	8
94.2	民社				5
95.2	**新進**				5
95.7	新進	棄権	新進	さ共	3
96.10	（新進）	玉置一弥（新進）	新進	共さ	8
00.6	民主	玉置一弥（民主）	自由	公共保	4

　旧2区は自民党の谷垣禎一・野中広務，公明党の西中清，民社党の玉置一弥，共産党の寺前巌ら強豪が並ぶ．93年衆院選では寺前がトップ当選，玉置（社民連推薦，日本新党支持）は次点に泣いた．新6区では，96年衆院選ではこの地域を地盤とする新進党の玉置が圧勝した．00年衆院選では玉置（民主党）が比例に回った山井和則との共闘でリードしていたが自公協力により自民党の菱田嘉明が逆転した．

　60代前半の保険業務士で妻と二人暮らしである．景気や暮らし向きに強い不満は感じていない．日頃から政治に関心を持っており，憲法問題では強い改憲派，社会政策では大きい政府派である．自民党を「体質が良くなれば支持する」と述べ，社会党の政権入りに否定的であることから保守的傾向が強い．両親も保守政党の支持者であった．投票にあたっては候補者を重視するとのことである．

　93年衆院選前の一時期自民党に傾いたが，彼が支持・投票するのはほぼ民社・新進系政党である．自民党には「長い政権担当で飽食極み，コレステロールがたまり過ぎている」と傲慢さや腐敗体質を批判しながらも政治手腕を高く買っていた．地元出身の谷垣とも関わりが深い．これらが自民党への好感をもたらしたようである．民社・新進党への支持は玉置への支持が基礎にあり，投票では全て玉置に投じている．玉置の地盤なだけに周囲にも支持者が多い．党には「影の党首」である小沢一郎に不快感を覚えながらも海部俊樹への好感や「党道」への賛同，自民党からやや脱皮したという認識などから「改革の党」として自民党を上回る評価をしていた．

　投票では候補者を重視するが，政党には政治改革という視点で接している．そのため93年衆院選では金権政治を争点に挙げ，その点でさきがけや日本新党に期待している．細川内閣の政治改革関連法も大歓迎である．96年衆院選では「自民よりまし」とはいえ「何も出来ない」新進党に代わり，「行政改革に期待出来る」民主党に最も強い好感を持っている．その期待は00年にはいまだ「希望的なもの」であるが支持へと変わった．ただ比例区の投票は自由党に行っている．自由党の保守的性格への共感，小沢への好感度アップが影響したと思われる．(内)

F-034　判断基準は国民のためか否か→共産党を支持

大阪　旧3区／新7区　1940年代生まれ　女性　①高校　②1000～1200万円(93年)
③商事会社の事務　④労組　自治

	支持政党	選挙区	比例	拒否政党	保革
93.7	共産	菅野悦子（社民連？）		自公民	3
94.2	共産				3
95.2	共産				2
95.7	共産	棄権	棄権	自進他	3
96.10	共産	中務正裕（共産？）	共産	なし	2
00.6	共産	藤井幸子（共産）	社民	自公保由	3

　旧3区は定数5. 93年衆院選では共産党の菅野悦子が日本新党の藤村修（さきがけが推薦）に議席を奪われた. 新7区では，藤村（新進）に共産党の藤井幸子，民主党の中務正裕らが臨んだが藤村が議席を維持した. 00年衆院選では民主党の藤村，保守党の井上一成，共産党の藤井の戦いとなったが藤村に軍配が上がった.

　彼女は事務業務に従事し，夫は課長職にある. 生活に深刻さはないにもかかわらず，消費税は「お金持ちも大変生活に困っている人も同じようにかかっているのは不公平である」と批判しているように，政治が国民・弱者思いであることを切望している. つまり「国民のため」か否かが評価基準なのである. それによると自民党は合格ラインにほど遠く「大企業との結びつきが強い，上層だけの政治，官僚主義，一部の経済的優位にある人のためのみの政党」と批判が絶えない. この反自民意識は強く，「自民党よりになってしまっている」(社会党)，「自民と一緒になってしまうのではないか」(新生党・日本新党)，「本質的に自民党と変わらない」(新進党) と他党の自民化を嫌っている. 唯一合格ラインをクリアするのが共産党である. 共産党は職業利益の代表者かつ「一般国民のためにやってくれている」党で，一貫して支持・投票している. ただ「理想を追いすぎて現実からははなれる」ため「野党として」の存在価値を認めている. 例外的に95年参院選で共産党を含む連立政権を理想としており，従来の与党への不満から政権党として期待したのかもしれない.

　政治不信も一因と思われるが96年衆院選前に突然「どの政党も支持したくない」と思い，共産党の評価も低く落ち込んでしまった. しかし選挙時には共産党支持を回復し比例区で投票している. 選挙区は政党名と候補者名が矛盾しているが，おそらく共産党に投じたものと思われる. ただ菅直人・鳩山由紀夫への好感やマスコミでの好印象がもとで民主党にも期待を寄せており，中務への投票の可能性も否定しきれない. 00年衆院選は比例区で共産党でもなく政権能力を期待する民主党でもなく社民党を選んでいる. 弱者思いを重視するため"女性・市民派"を訴える社民党の姿勢に共感したのかもしれない. (内)

F-035 自民から新進・自由へ
大阪 旧3区／新7区 1940年代生まれ 女性 ①大学 ②1000〜1200万円(93年) ③主婦 ④自治

	支持政党	選挙区	比例	拒否政党	保革
93.7	自民	中野寛成（民社）		社共	5
94.2	（なし）				5
95.2	新進				5
95.7	（新進）	新進	新進	社	3
96.10	新進	藤村修（新進）	新進	なし	5
00.6	自由	有沢志郎（無所属）	自由	共	3

　旧3区は定数5．93年衆院選では民社党の中野寛成（新生党・社民連が推薦），自民党の原田憲らが当選した．新7区となった96年衆院選では前回トップ当選の藤村修（新進党）が圧勝した．00年衆院選でも藤村（民主党）が議席を維持．自民党比例出馬を断った有沢志郎（無所属）は自民票の取り込みに努めたが及ばなかった．

　50代前半の主婦．夫は重役で収入も多く，生活には満足している．政治に強い不信感・不満を抱いており「国民が一番わかりやすい方法で何を望んでいるか知ってほしい」と選挙制度改革を重視していたことから，民意が届かぬ現状に憤りを覚えていたのかもしれない．政治は理解しがたいという思いも不満を高めているようだ．彼女は改憲・原子力推進賛成の保守派のため，考えが近く地元の利益も代表する自民党を以前から支持してきた．ただ現状への不満から変革を求めていただけに同じ保守政党の新進党結党後は，小沢一郎への好感も加わって新進党→自由党と脱自民路線に転じている．拒否政党は社会党・共産党で，社会党には「こんな党はなくても良い．むしろ害である」と存在自体を否定している．とくに村山内閣には「政治は何をするべきか！本質的なものがおわかりでないようです」と風当たりが強い．

　93年衆院選．自民党は「今のところ全面的に支持出来ない」としながらも「どう変わって来れるか」とかろうじて支持政党の体面を保っている．しかし新生党に強い好感を持っていたため投票では中野に入れている．非自民政権はある程度評価し，最大の新党として「インパクトを入れた」新生党を高く買っている．自民党へは「野党になれば何の事はない，昔の社会党！」と落胆している．新生党への好感は新進党に引き継がれるが95年参院選では「他の党よりまし」と仕方なく新進党に投票しており，期待感が弱まっている．続く96年衆院選でも「消費税を3％に据え置くと云う公約を本当に守ってくれるのかな」と疑心を抱きながらの投票である．この時自民評価がやや回復していたが一時的なもので，00年衆院選では自自公連立を脱した小沢率いる自由党を強く支持・投票し，さらに与野党逆転を望んでいる．
（内）

F-036　政策への賛同から社会党を支持．政権担当能力では自民

大阪　旧3区／新8区　1940年代生まれ　男性　①大学　②1200〜1400万円（93年）
③建設コンサルタント　④自治　生協

	支持政党	選挙区	比例	拒否政党	保革
93.7	社会	井上一成（社会）		民	5
94.2	社会				4
95.2	社会				3
95.7	社会	社会？	社会	進さ	3
96.10	社民	浅野弘樹（共産）	社民	なし	3
00.6	社民	姫井敬治（共産）	自由	自公保	2

　ニュータウンにある旧3区は定数5．93年衆院選では日本新党の藤村修（さきがけが推薦）がトップで初当選した．社会党の井上一成は7度目の当選．新8区となった96年衆院選ではこの地域を地盤とする中野寛成（新進党）が圧勝した．他に民主党からは井上が，共産党からは浅野弘樹が出馬していた．00年衆院選でも民主党副代表の中野が大勝した．共産党からは元市議の姫井敬治が初出馬していた．

　50代前半の男性．管理職で収入も多く，暮し向きに特別不満はない．政治への関心は非常に強い．投票義務感も強く1票の影響力にも肯定的なほうである．

　一貫した社会（社民）党支持者で，熱心ではないものの政策への賛同からその支持は強固なものである．しかし肯定的な意見はほとんどない．安保や核問題等イデオロギーが左右離れ過ぎなので再編して主義主張を明確にすべきだと常に感じていたが，社民党になった後も「だらしない」と評価は今ひとつである．社会党の政権入りには賛成だが，村山内閣には「努力不足」を感じている．この不満とは裏腹に95年参院選では「期待感」を抱いて社会党に投票している（選挙区に社会党公認候補はいない．社会党推薦の無所属候補のことだろう）．一方で自民党の政権担当能力を高く評価しており，経済政策や外交を任せられるのは自民党だと思っている．

　93年衆院選では「国民の政治不信」を解消するため選挙制度・腐敗防止を争点に掲げて与野党逆転を望んだが，社会党も惨敗したためか結果には不満である．96年衆院選では比例区は社民党だが，井上が「先行不明」な民主党に移ったからだろう，選挙区は共産党に投票している．共産党には争点とする福祉問題で共感を覚えている．また共産党に対し「自分が唯一正しいと言う事を表に出し過ぎる．もう少し妥協の精神があっても良い」と批判的だったのが，最近は「もっと頑張ってほしい」と好感を持つようになっていた．この好感は00年衆院選にも及び，支持する社民党と政権担当能力を評価する自由党の候補者がいないためでもあるが選挙区で共産党の姫井に投じている．比例区は社民党ではなく自由党を選んでいるが，今回小沢一郎に強い好感を抱いていたことが影響したと思われる．(内)

F-037 勤労者の代表・社会党を一貫して支持

大阪　旧4区／新15区　1930年代生まれ　男性　①高校　②1000〜1200万円(93年)
③無職　④自治

	支持政党	選挙区	比例	拒否政党	保革
93.7	社会	上田卓三（社会）		なし	5
94.2	社会				4
95.2	社会				5
95.7	社会	共産	共産	共	4
96.10	社民	竹本直一（自民）	社民	進	5
00.6	社民	公認なし（社民？）	社民	自公共保	4

　93年衆院選では旧4区は自民党の2人公認や日本新党の参入で激戦区となり，社会党の上田卓三（社民連が推薦）が日本新党の山本孝史（さきがけが推薦）に議席を奪われた．新15区となった96年衆院選では自民党の竹本直一が民主党・公明党が推薦する新進党の北川修二（元社会党）を僅差で破った．00年衆院選でも竹本が圧勝．60代前半の無職の男性．政治への関心は低く，政治は理解しがたいと感じており，とくに新選挙制度はわかりにくかったようである．投票義務感は強いが1票の影響力には否定的である．熱心ではないが「働く者の代表」であることから一貫して社会党を支持し，上田の後援会員でもあった．とくに村山内閣の評価が高い割に，個々の政策への評価がいまひとつであることから社会党の政権入り自体を評価していたと思われる．しかし全体を通じて社会党への評価は下り坂で，当初は頼りないと感じつつも「従来の考え方を現在の社会の情況にそくした運動と行動してほしい」「国民の信頼に答える政党になって頂きたい」と期待していたが，やがて「だめな党」と支持は変えないまでも落胆している．この批判と比例するかの如く政治への不満や不信感が高まっている．
　一方政権担当政党には主に自民党を挙げている．「信用の出来ない党」「空想的な面が多く頼りに出来ない」と好意的ではないが，過去の実績から「やっぱり日本の政権をにぎる党」と考えており，自民の政権入りには前向きである．
　以前は社会党一筋だったが95年参院選では「野党だから」と拒否政党の共産党に2票とも投じている．村山内閣に満足していたのでここは一つ野党に頑張らせようと考えたのかもしれない．続く96年衆院選では小選挙区で投票したい人（北川だろう）が以前とは別の政党から出ているとしている．争点の福祉・消費税問題で新進党に共感し，民主党にも期待していることからは北川を選びそうであるが，実際は竹本に投票している．ただ投票理由を「もと社会党の人だから」をしている点が謎である．00年衆院選では選挙区に社民党候補はいなかったが，彼は社民党一本で投票したと回答している．(内)

F-038 政治に関心を持たない無党派層

兵庫　旧4区／新11区　1960年代生まれ　女性　①高校　②200〜400万円（93年）
③主婦　④労組　自治

	支持政党	選挙区	比例	拒否政党	保革
93.7	（なし）	後藤茂（社会）		なし	DK
94.2	社会				6
95.2	社会				5
95.7	（なし）	棄権	棄権	なし	5
96.10	（自民）	戸井田徹（自民）	自民	共	5
00.6	なし	棄権	棄権	なし	DK

　93年衆院選では彼女の住む兵庫4区は公明党の赤松正雄，自民党の戸井田三郎，河本敏夫，社会党の後藤茂が当選した．96年衆院選では，5人が立候補した兵庫11区は自民党の戸井田徹が初当選を果たした．00衆院選では前回無所属で立候補して落選した民主党の松本剛明が戸井田らを破って当選した．

　彼女は30歳前後の主婦．工場勤務の夫と子供との核家族である．彼女は政治にはあまり関心を抱いていないが，投票義務感は比較的高いようである．

　93年衆院選において，彼女は社会党の後藤に投票している．選挙前，彼女は後藤についてあまり認知していなかったらしく，投票の決め手となったのは専ら政党のようであった．彼女は社会党に対して，支持政党に挙げていた公明党よりも高い評価を与えていた．

　その後誕生した細川政権に対してはある程度の評価を下し，もし投票するなら非自民統一候補に投票すると答えている．しかしその一方で，自民党と社会党を含めた連立政権を望んでいた．

　95年2月の調査では，前年誕生した村山内閣についてあまり評価せず，社会党の基本政策転換についてもどちらかといえば支持していなかった．だが自社さ連立の枠組みについては評価し，これを望んでいた．その後の95年7月の参院選には，ほかに予定があり棄権している．

　96年衆院選．彼女は選挙区では自民党の戸井田に，比例区も自民党に投票している．選挙区で戸井田に投票した背景としては夫から戸井田への投票依頼を受けたことが彼女の投票行動に大きな影響を及ぼしたものと思われる．比例区において自民党に投票したのも，配偶者からの投票依頼が決め手となったようである．

　00年衆院選では自公保連立政権の森内閣をあまり評価せず，民主党に政権担当能力を認め民主党主導の連立政権を望んでいた．有権者はできるだけ選挙に参加したほうがいいと言っていた彼女だが，民主党ではいまひとつ決め手に欠いたのか支持するには至らず，選挙は棄権した．(福間)

F-039　社会党支持者の失望感

奈良　旧全県区／新2区　1940年代生まれ　男性　①短大　②800〜1000万円（93年）　③設計関係　④自治

	支持政党	選挙区	比例	拒否政党	保革
93.7	社会	松原脩雄（社会）		自公	4
94.2	社会				NA
95.2	社会				5
95.7	社会	棄権	棄権	自	5
96.10	社民	棄権	棄権	自	5
00.6	社民	棄権	棄権	自民公	4

　93年衆院選では無所属の高市早苗がトップ当選したほか，自民2，新生，公明がそれぞれ1議席獲得したが，社会党の松原脩雄は落選した．96年衆院選では自民党の滝実が新進，民主，共産の各候補を破った．00年も滝が当選し，民主党の中村哲治は比例区で当選した．

　彼は一貫して社会（社民）党を支持し続けている．対照的に自民党については「金に関する問題が多すぎる」「権力と派閥主義に力を入れすぎている」とその政治手法に嫌悪感を抱き，一貫して支持したくないとしている．

　彼は細川内閣に対してある程度の評価はするものの，政権内での社会党とそのほかの政党との間の溝が深まっていったのを受け，新生党・日本新党に対して「党を作ったときの気持ちを持ちつづけて欲しい」と述べている．

　94年6月に社会党が彼の嫌いな自民党と手を組んだことにより，社会党に対し「目標を統一すべき」「利用されている」「信念がない」と批判的なコメントを述べ，村山政権に対してあまり期待していなかった．その一方で，「策略が多すぎる」と批判していた新進党と社会党との連立を望んでいた．続く橋本政権にいたっては全く評価せず，新進党に対しても「内容は自民党と変わりない」と言って新進党参加の政権を望まなくなった．

　00年衆院選時，彼は自公保連立の森内閣を評価していない一方で民主党も拒否政党に挙げていた．民主党については結成当初から「今迄の党で出来なくて，新しく党を結成しても出来る可能性は無いと思う」と批判していた．00年も課税最低限引き下げ問題における考えの違い，そして何よりも党首である鳩山への反感からこれを評価しなかったのであろう．

　彼は95年参院選，96年，00年衆院選とも棄権している．政治に対して常に不満を抱いていた彼は，やり場のない怒りや不満を選挙に行かないという形で表したのではないだろうか．(福間)

F-040　社会党から民主党へ

鳥取　旧全県区／新2区　1940年代生まれ　男性　①高校　②800〜1000万円（93年）　③運輸業務　④労組　農協　自治

	支持政党	選挙区	比例	拒否政党	保革
93.7	社会	野坂浩賢（社会）		公	4
94.2	社会				NA
95.2	社会	.			4
95.7	**社会**	社会？	社会	他	4
96.10	社民	長尾達也（共産）	社民	なし	3
00.6	民主	山内功（民主）	社民	自公	4

　93年衆院選．鳥取全県区は4つの議席を無所属の石破茂，社会党の野坂浩賢，自民党が2議席獲得した．96年衆院選で鳥取2区は自民党の相沢英之，新進党の山内功，共産党の長尾達也の3人が立候補し，相沢が当選した．00年衆院選も相沢が民主党から出馬した山内を破った．

　彼は政治にいつも気を配っており，かつ投票義務感も高い．彼はあまり熱心な支持ではないと答えているが，93年以前から一貫して社会党を支持し，選挙でもいつも社会党候補者に投票している．93年も社会党の野坂に投票している．

　ところが細川政権に社会党が参加すると「建前と本音を使い分ける政党になってしまった．今後支持したくない」と批判している．94年6月に村山内閣が発足してからも社会党の変節ぶりに怒りを感じており「今までは支持していたが政権についたとたんに変わってしまった．今後は支持しない」と語っている．95年参院選では選挙区，比例区とも社会党（選挙区はおそらく推薦候補）に投票しているが，その理由は「今までのつながり．労組の関係で」と語っている．しかしながら彼が「支持したくない」と言いながらもなおも社会党を支持しているのは，他に魅力的な党が存在せず仕方なく「これまで通り」社会党支持にとどまっているからであろう．

　96年衆院選前に結成された民主党について，彼は「期待できそうな党です」と珍しく好印象を与えた．だがそのような民主党への好印象も投票行動にはつながらなかった．彼は選挙区では共産党候補に，比例区では社民党に投票している．彼の選挙区には民主党，社民党が候補者を立てておらず，選挙前に「ズバリ発言していて期待できる」と良いイメージを抱いていた共産党候補に投票したのではなかろうか．一方比例区においてはその投票理由として「勤労者の立場を代表しているから」「団体や組合が推薦しているから」と答えている．

　00年衆院選では彼は民主党を支持した．財政再建，護憲，課税最低限引き下げ問題で彼の意見と彼の認知する民主党の意見が一致し，政権担当政党に民主党を挙げた．一方で自公保連立の森内閣は全く評価していなかった．（福間）

F-041 外部環境からの影響を受けた投票行動

広島　旧3区／新6区　1960年代生まれ　男性　①短大　②200～400万円（95年）
③自動車販売→飲食関係（96年）　④商工　自治

	支持政党	選挙区	比例	拒否政党	保革
93.7	自民	柳田稔（民社）		共	7
94.2	自民				5
95.2	自民				8
95.7	（自民）	自民	自民	共	8
96.10	自民	佐藤公治（新進）	NA	共	7
00.6	自民	棄権	棄権	※	※

　93年衆院選では当時内閣総理大臣であった宮沢喜一，自民党の亀井静香，民社党の柳田稔，社会党の小森龍邦，自民党を離党し新生党から立候補した佐藤守良が当選した．96年衆院選は自民党・亀井，新進党・佐藤公治，新社会党・小森，共産党・橋本奉文の4人が立候補し，亀井が大差で当選した．00年衆院選も亀井が当選し，自由党から出馬した佐藤公治は比例区で当選を果たした．

　彼は30歳前後の男性でサービス業に従事している．家族には妻と子供がいる．政治に関しては調査期間中常に不満を抱いているようであった．

　93年衆院選の調査で彼は熱心な民社党支持者と答え，選挙では労組からの投票依頼を受けた民社党の柳田に投票した．彼は投票の要因となったのは政党であると答えているが，彼はこれまでにも柳田に投票してきており，全候補者のなかで柳田の評価が最も高かった．よって候補者要因も投票の重要な要素となったと思われる．しかしそれ以降は継続して自民党支持と答えている．その理由として，自民党が一時期はまとまりを欠いていたもののその後は結束し「何だかんだ言っても一番力のある党」であるからだと答え，自民党の政権担当能力を高く評価している．一方で新進党に対しては「まとまりがない」「主張している部分がよくわからない」，社会党に対しては「主体性がない」とその能力に疑問を呈している．

　彼の投票行動についてであるが，95年参院選では選挙区，比例区とも自民党に投票した．自民党に投票した理由を「仕事の関係」と答えている．96年衆院選では選挙前に投票予定候補として後援会にも加入していた自民党の亀井を挙げていたが，選挙区で実際に投票したのは新進党の佐藤であった．このとき彼は知人から佐藤に投票するように依頼され，これが投票の決め手になったと答えている．00年衆院選は棄権した．(福間)

F-042 「ふらふらとした」政党の態度に怒り政治不信へ
高知　旧全県区／新2区　1930年代生まれ　男性　①中学　②〜200万円（93年）
③自営業　④労組　商工

	支持政党	選挙区	比例	拒否政党	保革
93.7	社会	五島正規（社会）		なし	4
94.2	（なし）				5
95.2	（なし）				5
95.7	（なし）	無所属	その他	なし	4
96.10	（共産）	谷崎治之（共産）	民主	DK	5
00.6	NA	棄権	棄権	NA	DK

　彼は建築内装業を営んでおり，景気変動の影響をまともに受ける立場にある．しかし，彼は不景気が政府の責任だとは思っておらず，政府に景気対策よりも言論の自由の確保や秩序の維持を求めた．政治にはあまり関心を持たないが，政治は腐敗していると感じており，政治改革が重要だと思っている．

　彼は所属する政党よりも人柄を重視して候補者を決めており，大体いつも社会党の五島正規に投票していた．五島とは話をしたり，演説を聞いたりしたことがある．また，商工業関係の同業組合から五島への投票依頼があった．93年衆院選で五島は市部，郡部に偏りなく票を集めて当選している．

　94年2月調査から社会党を支持しなくなり，95年参院選では「今までは味方だったが，党首になってから言うこととやることが違う」と首相を出した社会党の変質を嘆いている．95年の参院選では無所属候補（西岡瑠璃子と思われる）に投票しているが，「社会党から離党してがんばっている」ことを理由にしている．

　96年衆院選では菅直人，民主党に好感を持ち，比例区で民主党に投票している．しかし，高知2区は自民党，新社会党，共産党から3人の候補者が立候補し社民党や民主党は候補者を擁立しなかったため共産党に投票した．彼は重要争点として消費税問題を挙げ，「共産党の言うようになればいいことだが余分な政策をのけたら税なんか上げなくても良くなる」と共産党への警戒感を若干漂わせているが，選挙後調査では無党派ながらも共産党に好感を抱いている．

　95年2月調査で彼は「毎日，新聞を見ていても分からないことが多い．目を離した途端に歩いている道を失ったようにふらふらとしている．…だから政党といっても我々にはどの政党がよいのか分からない」と述べている．00年衆院選では自民党，民主党，共産党の候補が立候補したが，彼は選挙区比例区とも白票を投じた．政治に全く失望しており，投票義務感だけで投票所に足を運んだようである．(鍋島)

F-043　政治に対してあまり関心を持たない例

福岡　旧1区／新2区　1960年代生まれ　男性　①大学　②400〜600万円（96年）
③学生　④なし

	支持政党	選挙区	比例	拒否政党	保革
93.7	自民	楢崎弥之助（社民連）		なし	6
94.2	自民				4
95.2	(新進)				3
95.7	(自民)	棄権	棄権	なし	4
96.10	民主	棄権	棄権	社	4
00.6	なし	棄権	棄権	自公保	2

　旧福岡1区は90年までは定数5，自民2ないし3，社会2ないし1，公明1という構成であった．93年は定数6に増員され，日本新党の山崎広太郎が全国最多得票をあげて議席を獲得した．福岡市の中央区等が含まれる新福岡2区では，自民党の山崎拓が96，00年ともに当選している．なお楢崎弥之助は93年は当選したが96年は3区に移り，自民党候補に競り負けている．

　彼は政治に対する関心はさほど高くなく，95年の参院選，96・00年の衆院選は棄権している．財政難でも増税をしてでも福祉を充実すべきと一貫して答えており，社民的傾向を持っていることがうかがえる．ちなみに，よく見て信頼できるテレビ番組として，ニュース23，ニュースステーション，ザ・スクープ，サンデープロジェクトを挙げている．しかしながら，社民政党を支持していたわけではない．旧福岡1区は，当選10回を超える社民連の楢崎，部落解放の父といわれた祖父や父に続いて政界入りした社会党の松本龍を輩出していたにもかかわらずである．93年衆院選では楢崎に投票しているものの，村山内閣はあまり評価しておらず，96年10月に至っては拒否政党として社民党を挙げている．支持政党および政権担当能力政党はおおむね自民，新進であった．

　そんな彼が支持や投票先を決める要因を掘り下げてみる．彼は95年2月調査において，各政党を次のように評している．自民党は「世の中を良くしようという意志があまり感じられない」，新進党は「自分が良いと思う事を実行しようという意志は感じられるが，まだカラ回りしているようである」，社会党は「積極的な意志が感じられない」．意志という観点でもって政党を評価しているのである．政党・政治家については，95年から96年にかけて小沢一郎に，96年10月の衆院選前の調査では民主党と菅直人に最も高い好感を抱いている．以上より彼は，政治に強いリーダーシップを求めており，特に現状を打破しうるような方向を志向していると言えよう．果たして彼は，95年2月に新進党を好ましい政党とし，96年10月で民主党を支持している．しかし00年は支持政党も失い，政治離れが進んでいる．(岡田)

F-044 社会党に投票するバッファープレイヤー

福岡　旧3区／新6区　1930年代生まれ　女性　①高校　②200～400万円（96年）
③主婦　④自治

	支持政党	選挙区	比例	拒否政党	保革
93.7	（社会）	細谷治通（社会）		共	6
94.2	（社会）				6
95.2	自民				6
95.7	自民	社会	社会	共他	9
96.10	（なし）	DK（自民）	社民	なし	6
00.6	なし	古賀一成（民主）	社民	公共	6

　旧福岡3区は，都市部の久留米，三池炭田の大牟田市，筑紫平野の農村部などを抱える福岡県南部の選挙区．定数5で，自民3社会1公明1が基本．93年衆院選で社会党の細谷治道は4位で当選．新6区は久留米市を中心とする筑後川流域の地域．96年衆院選では新進党の古賀正浩が，自民党の根城堅に大差をつけて4選．00年衆院選でも自民党に復党した同氏が勝利．民主党の古賀一成は比例区で復活当選．なお両年とも社民党は候補者を擁立せず．

　彼女は基本的に自民党の政権担当能力を信頼しており，「世の中を安定させてくれた」「他に任せられるところがないような気がする」と回答している．しかし，政治改革を最重要争点とみなした93年衆院選では社会党に投票しており，95年参院選でも「保守だけではいけない．反対勢力が必要という理由だけで」社会党に投票している．彼女はバッファー・プレイヤーであるといえよう．

　さらに特徴的なのは，90年代バッファー・プレイヤーの多くは，非自民の対抗政党として，3新党や新進党，あるいは共産党を選んでいるのに対し，彼女は社会党を選んでいた点である．これは社会党への好感が割合強かったことの他に，「最初と変わってきた」と評するなど3新党に対し懐疑的だったと思われること，新党そのものが政権入りや合同分裂を繰り返して長続きせず，明確な対抗政党のイメージを持てなかったことに起因すると考えられる．新進党に対する「自民党から出た日に海部を首相に推したり行動がよく分からない」，「どっちを向いているのか分からない」という不信感はそのことを端的に示している．96年には社民党にも「政権に入ってからおかしくなった」との評価を下しているが，それまで投票してきたなじみがあるし新進党や民主党よりはましと考えて，96年と00年も比例区で社民党に投票したのではないだろうか．ただ00年には民主党に対して他の政党と比較して高い好感を示している．小選挙区での社民党候補不在が続けば社民党に対する親しみも薄れ，比例区でも社民党に代わって民主党に投票するかもしれない．(岡田)

F-045　社会党支持を続ける例

佐賀　旧全県区／新2区　1920年代生まれ　男性　①中学　②800〜1000万円（93年）　③無職　④宗教

	支持政党	選挙区	比例	拒否政党	保革
93.7	**社会**	緒方克陽（社会）		自	5
94.2	**社会**				3
95.2	**社会**				5
95.7	社会	共産	社会	なし	NA
96.10	社民	横尾俊彦（新進）	社民	自進	4
00.6	社民	柴田久寛（社民）	社民	自保	2

　佐賀県は自民党の勢力が強い．全県区であった93年衆院選では無所属の原口一博や日本新党の追撃をかわし自民党候補は全員当選．社会党の緒方克陽は4位で当選．小選挙区の2区は96年には新進・共産・連合を，00年には民主・社民・共産・連合をそれぞれおさえて自民党の今村雅弘が当選した地区である．

　一貫した社会党支持者である．実際の投票行動を見てもほとんど社会党に投票している．例外は95年参院選と96年衆院選の小選挙区であるが，そのときには彼の選挙区においては社民党候補者が立候補していなかった．95年の調査では他に好ましい候補者がいなかったことが投票理由となっているし，96年の調査でも「投票したい候補者が別の選挙区に行ってしまった」としていることから，その投票理由が社会党支持のそれに比べかなり弱いものであることがわかる．

　このように支持政党と投票行動については社会党で固まっているが，理想の政権像は必ずしも社会党による単独政権ではない．彼の理想の政権像については95年参院選を境に分ける事ができる．95年2月調査までは，単独政権に対して批判的な見方をしており自民党と社会党を含めた連立政権を望んでいた．それは村山内閣によって実現される事になるが，95年参院選の段階である程度村山政権を評価しながらもその前途には期待していない．これを境に理想の政権像は変化した．96年には自民党単独政権を，そして00年には自民党に変わる政権政党としての期待を込めてか民主党単独政権を望む．支持政党が社会（社民）党で一貫している彼の目にも，もはや社民党は政権担当政党とは映っていないのだろう．(高園)

F-046　保守的思考も持つ社会党支持者

長崎　旧2区／新3区　1940年代生まれ　女性　①高校　②600〜800万円（93年）
③公務員　④労組

	支持政党	選挙区	比例	拒否政党	保革
93.7	社会	山崎泉（社会）		なし	3
94.2	(さきがけ)				4
95.2	社会				5
95.7	社会	社会	社会	共	7
96.10	自民	虎島和夫（自民）	社民	なし	5
00.6	社民	犬塚直史（民主）	社民	公共	4

　旧長崎2区は佐世保市を中心に県北部を範囲とし，自民3社会1で固定．この社会1は，社会党委員長を務めた石橋政嗣が連続12回守ってきた議席であった．93年は山崎泉が38票差でその議席を守った．96年の新3区は，自民現職・虎島和夫と新進現職・山田正彦の事実上の一騎打ちで，虎島が15000票の差をつけて当選した．00年も虎島が自由・民主らをおさえて当選している．

　イデオロギーはやや革新寄り．政策については，護憲，自由と人権を重視する点ではリベラルだが，防衛力強化に賛成，福祉を充実すべきとさほど考えないなど，典型的な革新の枠には入らない．本人も社民党について「左寄りが少し弱くなったので，現在ちょうどよくなった」と語っているように，旧来の左翼には違和感があったようだ．ただし，ほとんどの政策についてあまり重要な問題ではないとしており，投票行動を決めるのに個別の政策を必ずしも重視していない．公明党，共産党，小沢一郎への拒否感が強く，新生党や新進党への評価は低い．

　支持・投票政党は，95年まで社会党であった．彼女の考えと近いこと，労組の働きかけがあったことが理由であると思われる．

　96年衆院選においては，自民党の虎島後援会に入り，虎島に投票した．この点について，前述のように彼女の政策志向は伝統的革新と一概に言えず保守的な面もあること，もともと自民党を社民党の次に好感していたこと，長崎3区では自民党，新進党，共産党しか候補を立てておらず，新進党と共産党を忌避すると自民党しか選択肢が残っていないことなどを勘案すると，充分納得できる行動である．比例ブロックは今までどおり社民党に投票した．

　00年衆院選では社民支持に戻り比例区でも社民に投票する．小選挙区では社民党が候補を擁立しておらず，政権担当能力を認める民主党候補に投票した．（岡田）

F-047 小沢一郎に期待

宮崎　旧1区／新2区　1940年代生まれ　男性　①高校　②800〜1000万円（93年）
③会社員　④労組

	支持政党	選挙区	比例	拒否政党	保革
93.7	民社	米沢隆（民社）		共	6
94.2	民社				2
95.2	新進				3
95.7	新進	新進	新進	共	6
96.10	新進	谷川敏通（新進）	新進	社共	2
00.6	自由	公認なし（自由？）	自由	※	※

　旧宮崎1区は93年衆院選で民社党から米沢隆が立候補した．米沢は民社党委員長も務める当選6回の現職で，2位で当選した．96年衆院選では自民党から江藤隆美，新進党から新人の谷川敏通が立候補し，江藤が谷川を抑えて当選した．00年衆院選では自民党から江藤，民主党から長浜恵美子，自由連合から木幡豊が立候補したが，江藤が圧勝した．木幡の得票は5000票程度に終わった．

　彼は働き盛りの会社員であり，労組に加入している．職場の労組が米沢を推薦しており，大体いつも米沢に票を入れてきた．米沢は彼の住む地域を地盤とする政治家であり，家族も米沢の後援会に加入している．政治への関心は常に高く，民社党を支持していた．93年衆院選では選挙の重要争点は政治改革だと考え，政権交代を望んでいる．羽田孜や新生党にも期待していて，新生党には政権担当能力があると考えていたが，民社党の米沢に投票した．

　94年には民社党を熱心に支持しているが，もしも選挙があったら新生党に投票するつもりだと答えている．新生党は「二大政党制の核としての役割を期待する」と高く評価し，小沢一郎，日本新党，細川護熙に好感を持っている．一方で，社会党や共産党には嫌悪感が強い．自民党に対しては「良い悪いは別にして戦後日本をリードした政党であり，魅力ある政党になってほしい」と注文をつけた．

　96年には新進党への思い入れが少し冷めてきているが，「思い切ったことをしてくれるかも」と期待している．選挙の重要争点としては行政改革を挙げた．米沢が宮崎1区から立候補したため，労組も支持した新進党の谷川の後援会に加入した．選挙後調査でも熱心に新進党を支持しているが，民主党も政策面などで評価し関心を示している．

　00年衆院選で彼は自由党を支持した．比例区，選挙区とも自由党に投票したと回答したが，選挙区で自由党は公認候補をたてておらず，自由連合の木幡に投票した可能性がある．(鍋島)

F-048　夫が党員なので社会党支持

宮崎　旧1区／新2区　1930年代生まれ　女性　①高校　②200～400万円（93年）
③主婦　④自治

	支持政党	選挙区	比例	拒否政党	保革
93.7	**社会**	前田裕司（社会）		自	5
94.2	**社会**				4
95.2	**社会**				5
95.7	**社会**	社会	社会	進共	4
96.10	**社民**	野田章夫（共産）	社民	なし	DK
00.6	社民	長浜恵美子（民主）	社民	5党以上	5

　旧宮崎1区は93年衆院選で社会党から新人の前田裕司が立候補したが，社会党は現有議席を守れなかった．96年衆院選では，自民党から江藤隆美，新進党から新人の谷川敏通，共産党から新人の野田章夫が立候補し，江藤が谷川を抑えて当選した．00年衆院選では自民党から江藤，民主党から長浜恵美子，共産党，自由連合から候補者が立候補したが，江藤が圧勝した．

　彼女は熱心な社会党支持者で，00年まで一貫して社会党・社民党を支持した．彼女の夫が社会党員で，そのことが彼女の社会党支持に大きな影響を与えている．

　憲法は改正すべき，国際貢献は非軍事分野に限るべきではないとの意見を持っており，彼女は自分の考えが社会党の政策と合致しないことも認識している．社会党には政権担当能力があると信じており，「自民党・新進党の間で消滅しそうですが，現実に立脚した政策と清潔な政党として働く人達の立場で成長して欲しいと思います」（95年2月）とエールを送っている．

　94年2月調査では新党さきがけにも好意を示すようになり，政権形態は「理想的に言えば，社会党，新党さきがけがよいと思います」と答えている．自民党には強い嫌悪感を抱き，「金権腐敗をなくしてもらいたい」「金で何もかも決着をつけようとしているやり方に大変怒りをおぼえます」と自民党の金権体質を糾弾している．共産党は「支持する候補者のない時は共産党に投票することあり，ただし両極端過ぎるので嫌い」としており，96年衆院選では実際，選挙区で社民党候補が立候補しなかったために，共産党の野田に投票した．

　民主党については「鳩山さんは嫌いだが，菅さんは大好き」との印象を持っている．社会党が公認候補を立てなかったこともため，00年衆院選で選挙区は民主党に投票した．社民党を中心とする連立政権の希望を捨てていないが，鳩山由紀夫への嫌悪感は消え，民主党にも期待感を持っている．（鍋島）

F-049 イデオロギーを重視して社会党を支持する教員

宮崎　旧2区／新3区　1950年代生まれ　女性　①大学　②400～600万円（93年）
③教員　④自治　生協

	支持政党	選挙区	比例	拒否政党	保革
93.7	社会	北川昌典（社会）		自	4
94.2	社会				4
95.2	社会				4
95.7	社会	共産	共産	自	4
96.10	社民	中野健（共産）	社民	なし	4
00.6	社民	温水武男（共産）	社民	※	※

　旧宮崎2区は93年衆院選より定数が削減され定数2となり，自民党の持永和見と無所属の堀之内久男が当選した．社会党からは北川昌典が立候補したが大差で敗れた．96年衆院選では自民党の持永と新進党の古川禎久，共産党の中野が立候補し，持永が当選した．00年衆院選では古川が無所属で立候補し，共産から温水武男，自由連合からも一人が立候補したが，自民党の持永に敗れている．

　彼女は学校の教員で，全ての調査で一貫して社会党・社民党を支持した．政治に対してはさほど関心を持っていないが，強い不満を感じている．平和や軍備削減を望んでおり，保革イデオロギーを考えて投票する傾向がある．社会党には「野党としてもっと強くなって欲しい」と思っており，94年には「土井さんをたてて，もう少し賢くなれ」，95年2月には「憲法第9条だけは守りきってほしいものだ」と注文をつけている．社会党の政策転換についてはやや批判的に捉えていた．

　93年衆院選では絶対に支持したくない政党として自民党を挙げ，「自民党独裁だから悪い面ばかり出ている」と批判している．95年参院選で選挙区から社会党候補が立候補していたにも関わらず共産党に投票したが，その理由として，「自民党にしたくないから」と答えた．社会党は「政治力がない」と思っているが，共産党は「何のことでも極端すぎる」と感じている．

　96年衆院選では選挙区に社民党候補が立候補していないためか，「今回は入れる人がいない」と知人と話しあっている．結局，知人から投票の働きかけを受けた共産党候補に投票した．民主党に対しては比較的好感を持っていたが，自民党や新進党と同じく「企業のための政党」に過ぎないため，大企業に不信感を持つ彼女の支持をつかみ切れていない．「優柔不断の党」と批判しながらも，比例区では社民党に投票した．

　00年衆院選は選挙区に社民党候補が立候補しなかったため，共産党に投票している．社民党を支持し続けており，比例区は社民党に投票した．（鍋島）

F-050　労組の影響が強い社会党支持者

鹿児島　旧2区／新4区　1930年代生まれ　男性　①短大　②600～800万円(93年)
③郵便局勤務　④労組　自治

	支持政党	選挙区	比例	拒否政党	保革
93.7	社会	浜田健一（社会）		民共	4
94.2	社会				5
95.2	社会				7
95.7	社会	社会	社会	なし	6
96.10	社民	浜田健一（社民）	社民	DK	4
00.6	社民	浜田健一（社民）	社民	なし	5

　旧鹿児島2区は自民2・社会1でほぼ固定．93年も同様で社会党の浜田健一は3位で当選した．小選挙区化後の鹿児島県は96年衆院選において5つの議席をすべて自民党が独占し，00年も自民が4議席を維持した．鹿児島4区は北部地方を中心とする選挙区であり，自民党の小里貞利が強い地区である．96，00年ともに小里は社民・共産をおさえ安定した強さで当選している．

　彼は93年に一度かなりの政治不信に陥っている．日本の民主主義に誇りを持てないと答え，また国会・政党・国の政治に対して信頼できないとも答えた．金丸元副総理の汚職事件等の政治腐敗がかなりショックだったようだが，96年には信頼を回復している．

　彼は全調査を通じて支持政党に社会（社民）党をあげ，投票行動もそれに従う．その背景には労働組合の存在がある．彼の属する労働組合は社会党支持であり，調査対象となったすべての選挙において組合からの働きかけが投票要因となっているのである．それに加えて調査前期においては，自民と社会のみに関してであるが政策を対比し，「考え方が同じである」と社会党の政策自体にも好感を示していた．しかし95年参院選時には政治争点に関して無関心に陥り，96年の衆院選前調査においては「党のイメージがはっきりしなくなった」と社民党を評し，93年と異なり小選挙区では政党本位でなく個人本位で投票した．彼は95年2月の調査で社会党の基本方針転換については支持するとしているが，やはり納得できない部分があったのだろうか．ただ00年にはまた政党本位での投票となっている．(高園)

F-051 安定した社会党支持者

鹿児島　旧2区／新4区　1920年代生まれ　男性　①高校　②200～400万円(93年)
③無職　④自治

	支持政党	選挙区	比例	拒否政党	保革
93.7	社会	浜田健一（社会）		5党以上	3
94.2	社会				4
95.2	社会				3
95.7	社会	社会	社会	なし	4
96.10	**社民**	浜田健一（社民）	社民	共	4
00.6	社民	浜田健一（社民）	社民	自公保	2

　旧鹿児島2区は自民2・社会1でほぼ固定．93年も同様で社会党の浜田健一は3位で当選した．小選挙区化後の鹿児島県は96年衆院選において5つの議席をすべて自民党が独占し，00年も自民が4議席を維持した．鹿児島4区は北部地方を中心とする選挙区であり，自民党の小里貞利が強い地区である．96，00年ともに小里は社民・共産をおさえ安定した強さで当選している．

　彼は支持政党も選挙で投票した政党も全て社会（社民）党である．その支持理由は様々あり，記述回答で本人が支持の理由として挙げたのは，「前の職場の組合が支持していた」「友人達が職場や組合で頑張っているから」というもの．また調査結果を見る限り，本人が考える社会党の基本政策と自分の支持する政策が大体合致していることもどうやら支持理由の一つのようである．全体を通して特に彼が重要と考えているのは憲法改正問題であり，94年の社会党の方針転換後も同党を支持しつづけたのは護憲のスタンスが維持されたためであろう．自衛隊や安保に関しては社会党とそろえる形で考えを変えている．

　他の党に対してはかなり手厳しい不支持理由を挙げている．自民党に対しては「金と数で押せばどうにかなると思っている，思いあがりの強い政党」「官僚に頼っている弱腰の政党」，新進党に対しては「政策についても党の方針についても，また党首についてもわかりにくい自民党の分かれ」などと評している．

　批判は社会党に対しても向けられている．彼は分裂前の社会党に関して「内部がばらばらだ，早くどうにかしろ」と喝を入れ，勢力が大きく後退した後は「最近は実力がない」と嘆く．彼は望ましい政権像として，95年2月の調査までは社会党を含めた連立をあげていたが，それ以降は社会（社民）党の名は挙がらない．社会党を庶民の味方と考え政策面についてもかなり強く支持する彼にとっても，55年体制下に比べて一気に勢力が衰えた社会（社民）党は，もはや政権を担当することのできる政党には映らなかったようである．(高園)

第8章

G類型：3新党投票(93)－自公保投票(00比例)

解題　　　　　　　　　　　　　　　　　　　　　　　　　福間　善規

1. はじめに

　本類型には，93年総選挙において新生党，日本新党，新党さきがけのいわゆる3新党に投票し，かつ00年総選挙の比例区において自民党，公明党，保守党の与党3党に投票した有権者27サンプルが属する．これは全473サンプルにおいて93年総選挙で3新党に投票したと回答した88サンプルのうちの30.7%，00年総選挙で与党3党に投票した197サンプルのうちの13.7%にあたる．

2. 定型分析

　本類型27サンプルのうち男性は15，女性は12．平均年齢は57.9歳であり，全473サンプルの平均53.8歳を上回る．教育程度を見ると中学卒11人，高校卒12人，短大・高専卒3人，大学卒1人と大卒の割合が3.7%であり，全体の13.7%を大きく下回る．

　本人職業を見ると勤めが9人，自営・家族従業が11人，主婦が3人，無職が4人と自営・家族従業を営むものの割合が高い．年収1000万円以上のものが6人(22.2%)と全体の14.8%より多い．

　有権者が住んでいた中選挙区制下の選挙区の都市度を見ると，0.49以下が14人，0.50以上が13人であった．

　本類型の全8回の調査にわたる自己認識イデオロギーの平均は6.28であり，全体の平均5.80と比べるとやや保守的と認識している．男性の平均は6.70，女性のそれは5.78と男性のほうが自己をより保守的に認識しているようである．また1回でも共産党を拒否政党に挙げた人は22人にのぼった．

3. 総選挙における投票行動

　G類型に属する27人のうち，93年総選挙で新生党に投票したものが17人，日本新党に投票したものが4人（ただしG-017, G-018は本人が答えた候補者の所属政党と実際のそれとが異なっていた），新党さきがけに投票したものが6人であった．

　しかし90年総選挙においては27人中実に21人が自民党に投票したと答えている(93年総選挙前調査での回答)．全473サンプルをみても，93年総選挙で3新党に投

票した58.0％が90年総選挙において自民党に投票していた．

96年総選挙の比例区では自民党に投票したものが9人（33.3％），新進党に投票したものが14人（51.9％）と新進党に投票したものの方が自民党に投票したものを上回った（その他社会党，共産党に投票したものが1人ずつ，DKが2人）．全サンプルでは自民党に投票したものが39.3％，新進党に投票したものが20.7％であることから，このことは本類型の大きな特徴といえる．本類型と同じく93年総選挙で3新党に投票したものを集めたH類型，I類型の中で96年総選挙において新進党に投票したものは，H類型で27.3％（33人中9人），I類型で37.0％（27人中10人）であり，これらと比較しても本類型の新進党に投票したものの多さが際立っている．一方選挙区の方は，自民党に投票したものが13人（48.1％），新進党に投票したものが11人（40.7％．ただしG-014は本人が答えた候補者の所属政党と実際のそれとが異なっていた）であった．全サンプルでは，自民党に投票したものが42.1％，新進党に投票したものが21.1％と，選挙区でも本類型での新進党に投票したものの多さが目立つ．ちなみに残り3人のうち2人はそれぞれ民主党，共産党に投票し，1人はNAであった．

00年総選挙では，比例区で自民党に投票したものが20人，公明党に投票したものが6人，保守党に投票したものが1人であった．選挙区でも自民党に投票したものが19人にのぼった（ただしG-020，G-021は本人が答えた候補者の所属政党と実際のそれとが異なっていた）．一方で民主党に投票したものも4人いた．

4. 本類型の分析

前節でも述べたが90年総選挙で自民党に投票したと答えたものが実に21人にのぼった．93年総選挙前の調査でも自民党を支持するものは18人いた．だが図8-1が示すとおり，その後自民党を支持するものの数は減り，95年参院選後にはついに新進党支持者よりも下回った．96年総選挙前には15人と盛り返してはいるものの，比例区で自民党に投票したものは9人と，新進党に投票した14人を下回っている．それが00年総選挙後には自民党を支持するものが19人と，93年総選挙前の水準に戻っている．

本節では本類型に属する有権者の政党支持の変遷に着目しつつ，3回の総選挙における投票行動の分析を試みる．

（1）自民一貫支持者

8回の調査すべてに自民党支持と答えたもの，もしくは他党支持（支持なしを含む）と答えたことがあるものの，それがすべて単発であり，基本的に調査期間中継続して自民党を支持していたとみなされるものを「自民一貫支持者」と呼ぶことにする．これに当てはまるのは11人である（G-003，G-006，G-007，G-008，G-009，G-011，G-012，G-018，G-019，G-024，G-027）．

第 8 章　G 類型：3 新党投票(93)－自公保投票(00比例)　383

図8-1　G類型における各政党の支持者数の変遷

(グラフ：縦軸 人 0〜20、横軸 93年衆前、93年衆後、94年2月、95年2月、95年参後、96年衆前、96年衆後、00年衆後)

凡例：―◇― 自民支持　―▲― 日本新支持　--●-- 新進支持
　　　―■― 新生支持　―◆― さきがけ支持　--×-- 支持なし

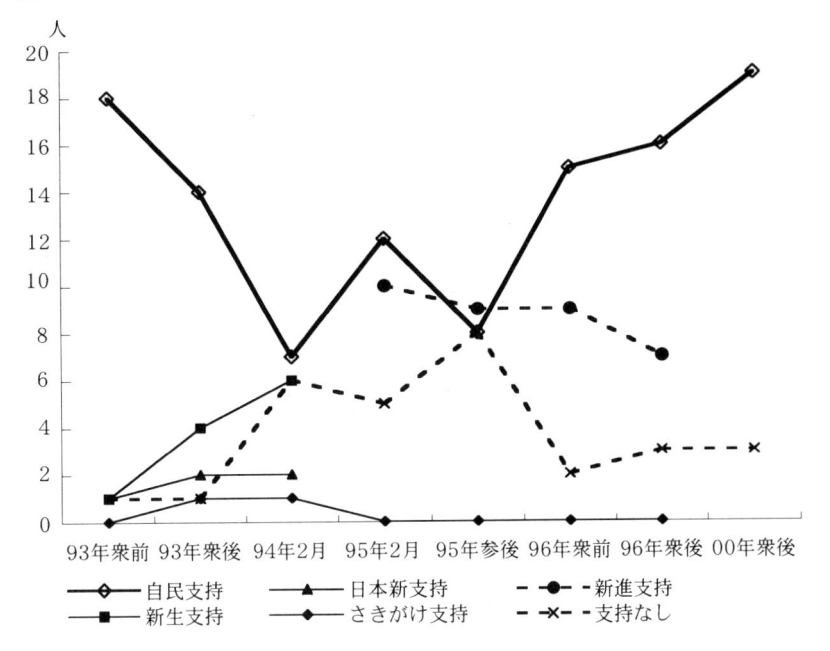

　自民一貫支持者といっても自民党を常に評価しているわけではない．93年総選挙前の自民党に対する感情温度の平均は54.5と低い．自民党の金権体質や「なれあい体質や口先ばかりの政治」(G-008)「長老主体」(G-009) には不満を抱いていた．
　90年総選挙では11人中10人が自民党に投票したと回答した．彼らが93年総選挙で3新党の候補者に投票したのは，地元選出の自民党代議士が自民党を離党し新党結成に参加したことが大きかった．ただし例外として，G-006は家計の問題を考慮し，政党を重視して日本新党の新人候補に投票した．G-012は新生党と日本新党の両新人候補を比較し，新生党のほうが実績があると判断して投票した．G-018は自民党候補への投票を依頼されたにもかかわらず，家族が後援会に加入していた等候補者個人を重視して日本新党推薦の無所属候補に投票した．またG-011は唯一90年総選挙で民社党に投票していたが，今回は家族が後援会に加入していることや報道からの影響で新党候補者に投票した．
　93年には低かった自民党に対する感情温度も，95年には64.5，96年には65，00年には70.7と尻上がりに上昇した．これと相まって選挙制度が小選挙区比例代表並立制に変わると，彼らの投票行動にも変化が生じた．比例区では，96年総選挙では自民党に投票したものが6人，新進党に投票したものが4人（G-003はNA）．ただし新進党に投票したもののうちG-012は自民党にはっきりとした不満を抱いていたが，

あとは以前から投票していた新進党候補者に引きずられた形であったり，周囲からの投票依頼を受けたものであった．00年総選挙では11人全員が自民党に投票した．選挙区のほうでも，区割りの変更等で以前投票した候補者が自分のいる選挙区で出馬しなかったために自民党候補に投票したり（96年でのG-011, G-018, G-027），これまで継続して投票してきた新党の候補者ではなく自民党候補に投票したものもいた（96年のG-019, G-024, 00年のG-007, G-008）．

しかしながら，選挙区では新党さきがけから民主党に移った候補者に継続して投票しているもの（G-009）や，00年総選挙で自公保の連立を嫌って，候補者の資質を考慮に入れて自民党以外の選択肢を求めたもの（G-003, G-018）もいた．魅力ある候補者がいれば今後も自民党候補以外のものに投票する可能性もあるのではないだろうか．

（2）一時期新党支持にまわったが，再び自民党を支持しなおした者

このカテゴリーに当てはまるものは7人いる（G-001, G-010, G-013, G-020, G-022, G-025, G-026）．

もともと自民党支持者であったが，自民党の相次ぐ金権スキャンダルを目の当たりにしてその金権体質に嫌気がさしていた．そのような折，地元選出の代議士が自民党を離党．それに呼応するかのように自身も自民党支持を離れていった．93年総選挙ではG-025を除く全員が自民党を離党して新党結成に参加した候補者に投票している．

（1）と異なるところは93年以降も自民党支持を離れていたことである．95年参院選の時点で，G-022を除いた全員が自民党以外の政党を支持している．自民党に対する感情温度は，93年には67.1だったものが95年には59.3と下がっている．一方で新進党に対するそれは67.9と自民党を上回っていた．

それが96年になると，感情温度では自民党が73.6，新進党が75.7とほぼ同じせいか，総選挙前に自民党支持と答えたものが3人と増えた（G-001, G-013, G-020）．G-026は新進党支持と答えるが，自民党に政権担当能力を認め，橋本内閣の続投を望んでいた．96年総選挙の比例区では，自民党に投票したものが2人に対し，新進党に投票したものが4人いた（残り1人は社民党に投票）．しかし新進党に投票したG-013, G-026, 社民党に投票したG-025は選挙区では自民党候補者に投票した．G-001, G-020, G-025は，自民党候補者とこれまで継続して投票してきた新進党候補者のうち，前者を選んで投票した．結局選挙区では5人が自民党候補者に投票した．00年になると7人全員が自民党を支持し，選挙では全員が自民党に投票した（ただし，G-020の選挙区には実際には自民党候補者はいなかった）．

（3）93年以降，自民党支持を離れたもの

G-021, G-023は，93年以前は自民党候補者に投票してきたものの，93年総選挙で

は新しさとこれまでの政治の刷新を期待して新党候補者に投票した．しかし，それ以降永田町レベルにおける政党の離合集散が相次いだことで，政治そのものが理解し難いものになり，政治不信を深めた．その結果，どの政党も支持しきれなくなったのである．

一方G-015は，自民・新進・民主と支持を転々としているが，選挙で投票した候補者の所属政党を支持するという傾向があるようである．

この3人に共通することは，各政党間の差異がつかめなくなったことにより政治への関心を失いはじめ，選挙においても「なんとなしに」(G-015)「知り合いだから」(G-021) という消極的な理由で投票している．

(4) 93年総選挙では選挙区事情により新党候補に投票した非自民党支持者

このパターンはそれまで自民党を支持しておらず，むしろ「金権腐敗」と嫌悪していたものである．これには創価学会員で公明党支持者であるもの (G-002, G-005, G-014) と，旧野党支持者であったもの (G-004, G-016, G-017) とがいる．

a．公明党支持者

政治への関心が高く，他者への働きかけも積極的に行う．そのためか政治に対して無力感を感じていない．

93年総選挙において新党候補に投票したのは，公明党候補がいなかったためである．これは党の指示に従ったところが大きかったのであろう．一方で自民党に対しては批判的である．新進党が結成されると新進党の熱心な支持者となる．村山，橋本両内閣を全く評価せず，新進党に政権担当能力を認め，新進党中心の政権を望んだ．96年総選挙では選挙区，比例区とも新進党に投票．しかし公明党が自民党と連立を組んでむかえた00年総選挙では，自分のいる選挙区に公明党候補が立候補しなかったため自民党候補に投票した（ただしG-002は投票した候補者が誰か不明）．比例区では全員公明党に投票した．全員が森内閣をある程度評価し，無回答だったG-005以外は自公保連立も評価していた．

b．旧野党支持者

自民党に対しては「金持ち優遇」(G-004)「自分勝手な政党」(G-016) と批判的な態度をとっている．一方社会党に対しても，党改革をめぐる対立や政策の不透明さ，党勢の縮小などに愛想を尽かしている．自民，社会という既成政党に失望していた折に誕生した新党に期待を抱くようになった．しかしながらG-017のように細川政権下の与党内の対立，小沢一郎の政治手法に対する嫌悪感から新党への期待が冷め，「他に入れたい党がない」としながらも自民党の政権担当能力を評価して自民党支持に回る有権者もいた．対照的にG-004は小沢への好感度が高く，新進党解党後は自由党を支持するようになった．

また96年総選挙でG-004, G-017だけが「監査役として」「自民党に対する批判票」と述べて共産党に投票した.自己の政治的不満の受け皿を求め続けていた姿が浮かぶ.

5. まとめ

本類型に属する有権者は基本的には自民党支持者である.しかしながら自民党政治には行き詰まりも感じていた.そこに自民党を離党した代議士を中心とする新生党,新党さきがけ,そして日本新党が結成され,それらの政党が政治に新しい「風」を吹き込んでくれるのではないかと期待した.93年総選挙では地元選出の代議士が新党結成に参加したことも相まって新党候補に投票した.その後新党に支持を変えたものもいた.だが,94年に自民党が政権に復帰し,新たにできた新進党も党勢が伸び悩み,やがて解党していくと,再び自民党を評価し,これを支持するようになった.その末に00年総選挙の結果があるのではなかろうか.

G-001　自民党の北村が好き

北海道　旧5区／新13区　1920年代生まれ　男性　①中学　②1200〜1400万円（93年）　③漁業　④農協　自治

	支持政党	選挙区	比例	拒否政党	保革
93.7	自民	北村直人（新生）		なし	5
94.2	公明				6
95.2	（社会）				6
95.7	（社会）	社会	社会	共	7
96.10	自民	鈴木宗男（自民）	自民	共	7
00.6	自民	北村直人（自民）	自民	※	※

　旧北海道5区は，93年は自民3人，新生1人，社会3人（推薦含む）が5議席をめぐって争う激戦区であった．新制度導入後の13区では，本拠地の十勝（11区）を中川昭一（自民）に譲る見返りに比例名簿1位を得た鈴木宗男（自民）と北村直人（新進）が激しく争い，北村が勝利を収めた．97年には自民党に復党した北村と鈴木との間でコスタリカ方式での調整が成立し，00年は北村が当選した．

　対象者は60代半ばの男性．イデオロギーは中道からやや保守．

　彼は自民支持の漁協に加入しており，その影響もあってか自民党を支持している時期が多いが，支持変遷を見る限り自民支持はゆるやかなものといえる．

　93年には自民党を支持していながら新生党の北村に投票しているが，これは北村の実績を高く評価してのことである．彼は根室を地盤とする元自民の北村に以前から投票していたようであり，選挙前の北村の離党は彼に影響を与えていない．政党支持については，新生党には今後期待すると答えているが支持するには至らなかった．彼は自民対非自民という構図で政局をとらえており，新生党を非自民の代表とみていたので，それ以外の政党についてはさほど興味を示していない．新生党については失望したせいか，94年に好感度を急激に下げている．

　95年には社会党を好ましいとみており，同党に投票している．これは政権担当の自社さを，その中でも特に内閣首班を出す社会党の実績を評価したためである．

　96年には支持政党が自民党に戻っているが，これは行革に熱心な橋本政権の実績を高く評価したことによる．衆院選では比例区は「支持している政党だから」という理由から自民党に，小選挙区は北村ではなく鈴木に投票している．比例区での当選が確実な落下傘候補の鈴木に投票した理由としては，鈴木に良い印象を抱いた反面北村に少し嫌気がさしたことが考えられる．鈴木への好感度は93年と変わらないのに比べて北村へのそれはかなり下がっており，また鈴木本人の実績に高い評価を与えている．00年も自民党を支持しており，小選挙区・比例区とも同党に投票した．
（小松）

G-002　創価学会で新党にも期待して新進支持　やがて自公保連立を肯定

青森　旧2区／新1区　1920年代生まれ　男性　①高校　②200～400万円（93年）
③無職→自営業（96年）　④自治　宗教

	支持政党	選挙区	比例	拒否政党	保革
93.7	**公明**	木村守男（新生）		共	1
94.2	**公明**				5
95.2	**新進**				3
95.7	**新進**	新進	新進	自	3
96.10	新進	工藤隆一（新進）	新進	自	3
00.6	公明	公認なし（公明？）	公明	共	NA

　旧青森2区における93年衆院選では，自民党から新生党に移籍した現職の木村守男，自民党の元職竹内黎一，同じく自民党の現職田沢吉郎，社会党現職の山内弘らが争い，前三者が当選して山内が落選した．現1区で行われた96年衆院選では，自民党の津島が社民党の今村修や新進党の工藤隆一らを破り，00年衆院選でも今村や民主党の戸来勉らに圧勝した．

　彼は創価学会の会員で，公明党を「是々非々の政党．中立である．清潔，情熱がある」として熱心に支持しており，党員でもあるらしい．周囲に対しても投票の働きかけを積極的に行なうようである．イデオロギー的には総じて自分を革新的と認識し，護憲や軍縮，福祉の充実などを望んでいる．

　新進党が結成されると，彼の支持も公明党から新進党に移った．比例区の名簿に注意を払うなど，旧公明勢力の党内における位置付けには配慮したようである．とはいえ，支持の理由は学会への帰属意識だけではない．彼はもともと自民党を「金権腐敗．長期堕落」と嫌っており，93年衆院選では「自民党の姿勢を変えていくと期待し」た新生党の木村に投票した．また日本新党にも好意を寄せている．これらの新党も参加した新進党は改革志向の政党と感じられ，彼の期待を十二分に満たすものであったと言えよう．

　一方で彼は社会党への投票経験もあるが，93年以降は「はっきりしない」「だらしない」と感じ，政策転換も支持しないなど否定的である．自分の政策的立場，即ち護憲や軍縮，消費税引き上げ反対や行政改革推進などが新進党にも共有されていると考えており，自社さ連立はこれを阻む存在として認識されている．

　しかし，やがて新進党が解党し，公明党が自民党と連立するとこれを受け入れた．「神の国」「国体」発言に対しては否定的であるが，自民党に対する反発自体は今のところ影を潜めているようである．なお，00年衆院選の小選挙区で公明党に投票したと回答しているが，これは連立相手である自民党の津島を指すのであろうか．（東）

G-003　基本的には自民支持だが，時折反発を見せる辛口の批評家
栃木　旧1区／新2区　1940年代生まれ　女性　①短大　②1000～1200万円(93年)
③福祉ヘルパー　④農協　自治

	支持政党	選挙区	比例	拒否政党	保革
93.7	（日本新）	船田元（新生）		公	6
94.2	自民				8
95.2	自民				7
95.7	（なし）	NA	NA	さ	5
96.10	自民	NA	NA	なし	6
00.6	自民	小林守（民主）	自民	公共	5

　旧栃木1区は1967年以来，自民3，社会2の指定席が続いていたが，93年衆院選では自民現職の渡辺美智雄・簗瀬進・船田元のうち簗瀬がさきがけに，船田が新生党にそれぞれ移籍し当選，自民党は渡辺の他に新人1人を当選させ，社会党は1議席を失った．現2区で行われた96年及び00年の衆院選では2回とも，自民党の西川公也が民主党の小林守を破って当選した（小林はいずれも比例区で復活）．

　彼女はほぼ一貫した自民党の支持者である．ただし，以前から投票し続けていた船田が新生党に移った93年には，汚職に対する反感も手伝って，自民支持と答えるのを一時止めている．しかし細川内閣に失望し，金権体質を伴うにせよ「戦後の日本復興に力を充分発揮した」自民党を再び支持するようになった．船田の移籍先である新生党及び新進党に対する好感度も悪くはないのだが，如何せん新選挙区となって船田との縁が切れたため，特に支持あるいは投票する動機は無かったようである．

　95年参院選の時点では再び支持政党無しとなっているが，これは村山政権に自民党が与党として加わっていることに好感を抱けなかったためと考えられよう．何しろ彼女は社会党を「理想ばかり述べているアホの集団」とまで酷評しており，さきがけも極度に嫌っているのである．同じ自社さ連立でも自民党が前面に出た橋本内閣については，やや好意的に評価して自民支持に戻っている．

　00年衆院選の時点でも自民支持は依然続いており，比例区でこれに投票した．ただし，小渕・森政権の施策や自公保連立に対する不満，森首相への嫌悪感（調査票の欄外にわざわざ「バカ」と書いている）などは厳然としてあり，与野党伯仲の状態を望んでいた．更に民主党の小林の資質を評価していたこともあって，西川の後援会に加入していたにもかかわらず，小選挙区で小林に票を投じている．(東)

G-004 自民・社会への不満から新進・自由支持へ

栃木 旧1区／新2区 1940年代生まれ 男性 ①高校 ②600～800万円（93年）
③商店経営 ④商工 自治

	支持政党	選挙区	比例	拒否政党	保革
93.7	**社民連**	簗瀬進（さきがけ）		なし	6
94.2	新生				5
95.2	新進				8
95.7	**新進**	棄権	棄権	自	7
96.10	新進	小林年治（共産）	新進	社	6
00.6	自由	公認なし（自由？）	公明	※	※

　旧栃木1区は1967年以来，自民3，社会2の指定席が続いていたが，93年衆院選では自民現職の渡辺美智雄・簗瀬進・船田元のうち簗瀬がさきがけに，船田が新生党にそれぞれ移籍し当選，自民党は渡辺の他に新人1人を当選させ，社会党は1議席を失った．現2区で行われた96年及び00年の衆院選では2回とも，自民党の西川公也が民主党の小林守を破って当選した（小林はいずれも比例区で復活）．

　彼は政治に対して疎外感や不満を抱いており，投票についても熱心ではなく，棄権も見られる．このような不満は特に，既成政党である自民・社会両党に向けられる．かつて支持していたという自民党に対しては，調査期間を通じて「金持ち優遇」と評し，社会（社民）党についても「口先だけ」「あきれてる」「だめだ」などと手厳しい．一方で彼は89～92年の選挙において共産党・社民連・公明党・民社党といった中小政党に投票しており，93年には社民連の熱心な支持者であると答えるなど，自民・社会以外の選択肢を追い求めていたことがうかがわれる．

　93年の衆院選では社民連の候補者は選挙区におらず，金権政治に対する批判で最も共感を覚えたさきがけの簗瀬の後援会に入り，これに投票した．しかしその後に彼が惹かれたのはさきがけよりはむしろ新生党や日本新党で，それらに抱いた好感がそのまま新進党に引き継がれる．自民・社会以外という選択肢は新進党に見出されたのであった．小沢一郎への好感度も高く，00年にも自由党を支持し，小選挙区で自由党に投票したと回答している（実際には選挙区に自由党の候補はいない）．

　なお，96年衆院選では新進党の候補者が小選挙区におらず，他の政党はいずれも肯定的に評価出来ない中で，「必要な党だ．監査役として」と考えられる共産党の候補に投票した．このときは西川の後援会に加入していたのだが，投票行動に何ら影響を与えていないのを見ると，加入は何らかの義理によるものであろう．00年衆院選の比例区では公明党に投票しているが，新進支持の名残が公明党にまで及んでいるということだとすれば興味深い．(東)

G-005 熱心な公明党支持者

群馬 旧3区／新4区 1920年代生まれ 女性 ①高校 ②400〜600万円（93年）
③会社役員 ④自治 宗教

	支持政党	選挙区	比例	拒否政党	保革
93.7	公明	駒井実（新生）		共	5
94.2	公明				6
95.2	新進				3
95.7	新進	新進	新進	なし	7
96.10	新進	駒井実（新進）	新進	なし	4
00.6	公明	福田康夫（自民）	公明	共	5

　旧群馬3区は自民党の中曽根康弘，小渕恵三，福田康夫の3人が争う激戦区であり，定数4のうち，自民3，社会1の議席配分であった．小選挙区制になってからは中曽根が比例区に転出し，小渕は群馬5区に動いたため，群馬4区は福田の独壇場となっている．駒井は93年・96年衆院選いずれも次点に終わっている．

　彼女は60代後半で建築資材会社に勤める管理職である．創価学会に加入している．自らを中上流階級に位置付け，暮らし向きについては満足している．しかし，政治に対して満足しきっているわけではない．政治にはいつも興味を持ち，他人と政治の話しをするときも自ら意見を述べる方である．96年には駒井実の後援会に所属し，他人にも駒井を支持するよう働きかけている．

　彼女は熱心な公明党支持者であり，公明党が新進党に合流してからは党の方針に従って新進党を支持している．感情温度計の調査でも，公明党，新進党はかなりの好感を持っていて，政党の中でも公明党，新進党を高く評価している．彼女によれば公明党とは「国民と共に政治を考えている」のであり，新進党は「生まれたばかりでよくわからないが，環境，平和の問題を考えてくれそう」，「行政改革をやってくれそう」という評価になる．

　彼女のその他の政党についての感情温度もそれほど低いものではない．拒否政党に一度共産党があがった程度である．ただし，好感度と政党としての評価は別の問題であり，肯定的な評価を与えていない．例えば，自民党については政権担当能力を評価することもあったが，「野党になったら無責任政党になってしまった」，「戦後からの党なので長すぎてあきられてしまった」，「野党になったときから地に堕ちた感じ．人材がいなくなってしまった」と考えている．ただ，自公連立の00年時点では，自民党を中心とする連立政権を支持，自民党に対する感情温度も民主党などに比べて高くなっている．社会党については「反対ブレーキ以外はめちゃめちゃだ」と考えている．（遠藤）

G-006 身近な問題とリンクさせて

埼玉　旧1区／新3区　1930年代生まれ　女性　①中学　②400〜600万円（93年）③主婦　④自治

	支持政党	選挙区	比例	拒否政党	保革
93.7	自民	今井宏（日本新）		共	5
94.2	自民				NA
95.2	自民				NA
95.7	自民	新進	自民	なし	8
96.10	自民	DK（新進）	新進	さ	5
00.6	自民	今井宏（自民）	自民	※	※

　彼の住む地域の衆院選を概観すると，93年は定数4議席に日本新党の今井宏ら3新人が食い込む結果となった．続く96年は新進党に参加した現職の今井と前回旧4区で当選した民主党の細川律夫，自民党の新人野口卓爾らの争いとなり，今井が接戦を制した．だが，00年衆院選は細川が自民党に再度鞍替えした今井に圧勝した．

　彼女は自民党を支持政党に挙げている．その理由は「政治の事はまったくわかりませんが最初から自民党が好きでした」とあるように，愛着によるものである．その支持は全く途切れていない．他の党に移った元の自民党議員達のことを残念と答え，残って党の改革に努力して欲しかったとも答えている．

　しかし，投票行動は決して自民党一辺倒といったものではない．まず93年の総選挙では日本新党の今井に投票している．この選挙直前に「はじめてもらった退職金の額があまりにも少なかったので多くしてくれそう」な党だと考えて投票したらしい．次に95年の参院選の選挙区，96年衆院選の選挙区・比例区の両方でいずれも新進党に投票している．この投票理由は彼女の身近に創価学会員がおり，その人物の強い働きかけを受けたからである．ちなみに，その新進党に対しては「自民党や公明や色々な党でできたイメージ」とあるように肯定的なものとも否定的なものともどちらともとれないイメージを持っている．だからこそ，働きかけられた時には投票してもよいという気持ちになるのだろう．00年衆院選では小選挙区・比例区ともに自民党に投票した．これは特に働きかけがなかったため，支持する自民党に投票したのだと思われる．

　このように彼女は，できるだけ身近な問題とリンクさせて投票しているようである．ある時は自らの年金額と，ある時は友人との関係と投票行動をリンクさせているのである．自民党のことが好きだからといって，自民党に必ず投票しなければならないとは思っていないらしい．(奥津)

G-007 自民党に対して好感が高く，候補者も見て投票する保守的有権者

千葉　旧1区／新3区　1930年代生まれ　女性　①高校　②800～1000万円（'93年）
③飲食店勤務　④自治

	支持政党	選挙区	比例	拒否政党	保革
93.7	新生	岡島正之（新生）		なし	6
94.2	（自民）				6
95.2	自民				4
95.7	自民	新進	新進	社	5
96.10	**自民**	岡島正之（新進）	自民	進	6
00.6	自民	松野博一（自民）	自民	なし	6

　彼女は夫と2人で住んでいる50代の女性で，飲食店で働いている．

　彼が住む地域は旧千葉1区で，5議席を自民党3人，社会党・公明党が各1人で分けていた．93年衆院選では，自民党から新生党へ転じた現職の岡島正之などが当選した．96年衆院選では千葉3区となり，新進党へ移った岡島が競り勝った．00年衆院選では自民党新人の松野博一が，保守党に移った岡島などを破った．

　彼女は，一貫して支持しているわけではないが，自民党に対する好感度が継続して高い．社会党・公明党・共産党に対する評価は低く，やや保守寄りの考えを持っている．彼女は，政権が安定し現状に満足している時は自民党を支持して投票し，政治に不満を感じているときは，依然として自民党に対する好感度が他政党に比べて高い場合であっても他の政党に投票する傾向にあるといえる．しかし，その場合も投票する政党は自民党の流れを含んだ政党に限られており，自民党への根強い信頼を感じる．

　彼女が保守的傾向を持つに至った理由としては，戦後の日本の復興と成長を実際に体験し，それを牽引してきた自民党に対して安心感を持っていること，現在の生活にだいたい満足しており，政治に対してあまり反感を感じていないことが考えられる．しかし，政党・政治家を完全に信頼しているわけではなく，不正や汚職が蔓延しているのではないかという不信感もある．このあたりが熱心には自民党を支持しきれない原因ではないかと思われる．

　彼女は，投票に際しては政党だけではなく候補者も重視し，地元の利益や生活の利益を代表しているので，93年衆院選・96年衆院選ともに岡島に投票していたが，00年衆院選では保守党に移った岡島ではなく，支持政党通りに小選挙区・比例区とも自民党に投票している．95年参院選では近所の人のすすめで新進党に投票している．(村上)

G-008　自民党を支持するが，支持する候補者の移動に伴って投票政党を変える
千葉　旧１区／新３区　1920年代生まれ　女性　①中学　②1400万円〜（93年）　③スーパー店員→主婦（95年）　④自治

	支持政党	選挙区	比例	拒否政党	保革
93.7	自民	岡島正之（新生）		共	7
94.2	自民				NA
95.2	自民				9
95.7	新進	棄権	棄権	社共	DK
96.10	自民	岡島正之（新進）	新進	なし	6
00.6	自民	松野博一（自民）	自民	※	※

　彼女は，この地域に生まれてからずっと住んでいる70代の女性で，夫はコンビニを経営している．

　彼女が住む地域は旧千葉１区で，5議席を自民党３人，社会党・公明党が各１人で分けていた．93年衆院選では，自民党から新生党へ転じた現職の岡島正之などが当選した．96年衆院選では千葉３区となり，新進党へ移った岡島が競り勝った．00年衆院選では自民党新人の松野博一が，保守党に移った岡島などを破った．

　彼女は，基本的には自民党支持者である．政策についての考え方は，改憲賛成，原子力容認，小さな政府志向などである．政権形態としては一貫して自民党を含む連立政権を望んでおり，政権担当能力のある政党にも，ほとんどで自民党をあげており，自民党の参加する政権に対して信頼感を持っているといえる．ただ，自民党のなれあい体質や口先ばかりの政治に不満を感じてはいる．

　彼女の投票行動に特徴的なのは，彼女の住む選挙区から立候補している岡島正之との関係が密接なことである．93年衆院選でも96年衆院選でも，彼女の家族が岡島の後援会に所属しており，彼女もその影響を受けているようだ．96年衆院選前の調査では，問題が起こった時に助けてくれそうな候補者として岡島をあげており，選挙後の調査では新進党に投票した理由に，地元の利益や生活上の利益を代表しているからとしている．岡島は新生党，新進党と所属政党を変えているが，彼女は93年衆院選・96年衆院選の選挙区では岡島に投票し，96年衆院選比例区では新進党に投票した．

　しかし，00年衆院選では保守党から立候補した岡島には投票せずに，小選挙区では自民党新人の松野に投票している．比例区も自民党投票である．この選挙で岡島は落選しており，選挙区における影響力の低下があったのではないかと推測される．
（村上）

G-009　自民党と佐藤謙一郎を愛して

神奈川　旧4区／新1区　1930年代生まれ　男性　①大学　②1000～1200万円（93年）③不動産業　④自治

	支持政党	選挙区	比例	拒否政党	保革
93.7	**自民**	佐藤謙一郎（さきがけ）		公共	8
94.2	**自民**				4
95.2	自民				7
95.7	自民	自民	自民	共	7
96.10	自民	佐藤謙一郎（民主）	自民	共	7
00.6	自民	佐藤謙一郎（民主）	自民	共	5

　彼の住む地域の選挙区では，93年はさきがけの佐藤謙一郎がトップ当選を果たした．96年は自民党の新人松本純が民主党に合流した佐藤をかわして当選．差はわずか900票弱であった．00年は逆に佐藤が1万票の差をつけて松本に勝利した．
　彼は熱心な自民党支持者であり，すべての調査で支持政党を自民党としている．他の政党にはあまり関心がない．この背景としては，彼の父親が自民党の議員をやっていたことが一番に考えられる．彼は，「自民党が戦後をつくってきた」と答えているが，これも父親がやってきたことと自民党がやってきたことを重ね合わせることによって出た発言であろう．さらに，父親が自民党の議員であることと関係があってか，政党員であった経験や政治家の選挙活動を手伝った経験があるという回答をし，こういった活動を通じても自民党への支持が強まったと考えられる．また，思想的にも自民党に近く，国内秩序の維持を重視し改憲を主張している．このことも自民党支持の一因と言える．ただし，かつての自民党の実績には敬意を払うものの，現在の自民党の姿には戸惑い気味である．「長老主体」「保守的すぎる」という言葉で批判もしている．自民党には何らかの体質改善を望んでいるようだ．
　自民党以外の政党に目を移すと，新進党はその金権体質を猛烈に批判したが，同じ新党である民主党には設立当初から評価をしている．自民党好きの彼の目を他党が惹くには，彼自身今の自民党に欠けているとするクリーンな印象が必要なようだ．
　投票行動を見ると，比例区の選挙では全て自民党に投票している．95年の参院選の選挙区の投票も自民党の候補に対してである．しかし，衆院選の小選挙区では一貫して佐藤に投票し続けてきた．支持する議員が所属政党を変えたとしても支持政党は変更しない一方，その候補には投票し続けているのである．彼が自民党の熱烈的支持者であると同時に，佐藤の熱烈的支持者である様がはっきりとうかがえる．佐藤をここまで支持するのは，佐藤が地元出身で元自民党の世襲議員である関係から親しい以上の印象を持っていること，そして自民党以外で評価をできる民主党に佐藤が所属していること等が考えられるだろう．(金子)

G-010　新進党解党で自民党へ回帰

神奈川　旧4区／新1区　1920年代生まれ　男性　①中学　②200～400万円(93年)
③清掃員→無職(95年)　④なし

	支持政党	選挙区	比例	拒否政党	保革
93.7	**日本新**	佐藤謙一郎（さきがけ）		共	5
94.2	日本新				7
95.2	新進				8
95.7	新進	新進	新進	共	8
96.10	**新進**	岡部正久（新進）	新進	共	9
00.6	自民	松本純（自民）	自民	共由社	8

　彼の住む地域の選挙区では，93年はさきがけ公認・日本新党推薦の佐藤謙一郎が独走でトップ当選を果たした．96年は自民党の新人松本純が民主党に合流の佐藤や新進党の岡部正久らに辛勝し，00年は逆に佐藤が大差をつけて松本に勝利した．
　93年以前は自民党を支持し，同党へ投票し続けていた．イデオロギーの点でなんとなく良いと思ったからだろう．しかし，93年以降その金権体質を理由に自民党を支持政党に挙げなくなる．もっとも，支持はしないまでも同党への評価は93年以降も決して低くはなく，また自民党の政策にはある程度信頼を置いている．
　93年には佐藤に投票した．誰に投票するか悩んでいたが，新聞・テレビでその個人的魅力に惹かれたらしい．また一党優位に飽き新党に興味のあった彼にとって，佐藤がさきがけ・日本新党に関係があることも評価すべき点だったのだろう．
　続く94年に至っても新党の評価は高く，また細川護熙と武村正義に対する信頼は絶大である．一方，小沢一郎への評価は低く，新生党への評価はそれほどでもない．また社会党，公明党，共産党には相当な不信感を持っている．
　95年には93・94年と同様非自民の政権を望んだ．そして，小沢へのアレルギーがあるものの「新しいから悪いところが見えない」と評価する新進党に大いに期待し始める．他の党に関しては自民党への信頼は少々回復する一方，さきがけの評価は大きく下がる．非自民政権の継続を望んだ彼にとって，信頼していたさきがけの連立参加は裏切りに映ったようだ．以前は期待していなかった社会党については，連立を組んだものの，党首イメージにより評価が高まっている．
　その後，彼は友人や創価学会（彼自身は所属せず）に支持を頼まれたことや，政党全般に対する信頼の回復もあって，新進党支持を強め，95・96年の選挙では選挙区・比例区ともに同党へ投票した．96年には同党への投票を妻に働きかけている．
　しかし，00年には不信感を持っていた小沢の党を離れた．そして，主に小渕恵三の死去に対する同情から元来評価の悪くなかった自民党へ支持を回帰させ，同党へ投票した．学会の働きかけについては不明だが，公明党に対する評価は高い．(金子)

G-011 地縁ある候補者の所属政党が支持政党に

神奈川　旧4区／新4区　1920年代生まれ　女性　①高校　②200～400万円(93年)
③主婦　④生協

	支持政党	選挙区	比例	拒否政党	保革
93.7	自民	佐藤謙一郎（さきがけ）		共	6
94.2	日本新				5
95.2	自民				6
95.7	（なし）	自民	自民	共	DK
96.10	自民	飯島忠義（自民）	自民	共	7
00.6	自民	飯島忠義（自民）	自民	NA	NA

　彼女の住む地域の選挙区では，93年はさきがけの佐藤謙一郎がトップ当選した．その佐藤が他の選挙区へ去った96年は自民党の元市議飯島忠義が激戦の末初当選を果たした．00年はその飯島を民主党の女性新人大石尚子が大差で破った．

　彼女は多くのニュース番組を見ているようであるが，一方「世事に疎くお役に立てません」と答え，また各政党に対する印象についてもわからないという答えが多い．このことから政策で政党を選び，投票している可能性は少ないと言える．

　93年には，家族が後援会に所属しているさきがけの佐藤へ投票した．当初悩んでいたが，報道を見て投票の意思を固めた．これまで投票してきた自民党については評価を下げている．宮沢内閣への不満かららしい．ただし，完全な否定ではなく，「まともにやってほしい」と答え，期待の裏返しの批判だと言える．投票したさきがけを含めた新党に対する態度については評価を保留している．一方，既成政党には，共産党を拒否政党とするなど，評価が低い．共産党はこれ以降常に拒否政党に挙げられているが，そのイメージについて「勝手にやっている」と答えている．支持する自民党に対する厳しい態度が気に食わなかったのだろう．

　続く94年には細川連立政権自体は評価しないものの，非自民の枠組みそのものは望ましいとする．保留していた新党への評価については高い評価に定まった．95年には自民党の評価も戻り始め，新進党との連立政権を求めている．しかし，同年選挙時には政党全般への評価が下がり始める．投票は選挙区・比例区とも地元の縁から自民党へ行った．96年にも政党全般への評価は低いままである．同年衆院選の比例区には実績重視で自民党に投票した．小選挙区は夫が後援会の会員である自民党の飯島へ投票した．他の候補者については考慮しようともしなかったらしい．00年も96年と同様，比例区は自民党，小選挙区は飯島へ投票した．

　彼女は，支持政党は主に自民党,投票政党も自民党で一貫しているが,自民党支持だから自民党へ投票しているわけではない.あえて言えば,後援会等の地縁で投票した候補者が自民党に所属しているからこそ自民党支持になったと言えよう.(金子)

G-012 政党全般への温かい目

神奈川　旧2区／新4区　1920年代生まれ　男性　①中学　②600～800万円(93年)
③自営業と農業の兼業　④商工　農協　自治

	支持政党	選挙区	比例	拒否政党	保革
93.7	自民	永井英慈（新生？）		公共	6
94.2	自民				6
95.2	自民				6
95.7	社会	社会	新進	なし	7
96.10	（自民）	NA（新進）	新進	共	7
00.6	自民	飯島忠義（自民）	自民	※	※

　彼の投票対象を中心に当該地域の衆院選を見ると，93年は日本新党の永井英慈と新生党の松沢成文の両新人が議席に食い込んだ．96年は自民党の新人飯島忠義が新進党の浅尾慶一郎に辛勝した．00年は飯島を民主党の新人大石尚子が大差で破った．
　彼は政党間で信頼感がそれほど変わらない．「異質な」共産党と「創価学会」の公明党を除く，全ての党に対して好意的な言葉を残している．支持政党は「安定的である」という理由で一応自民党であるが，他の党に対する評価も高い．彼の支持政党というのは多数ある評価の高い政党群からあえてひとつ選んだ程度のものだと言える．そのため，選挙になるとかえってどの政党へ投票するか悩むことになる．
　92年以前は「現実的な」自民党や「協力をしてきた」社会党へ投票してきたが，93年には新生党だと認識して永井に投票した．選挙前は日本新党と新生党のいずれの政党も自民党の古い殻を破ることができるのではと期待し，いずれに投票するか悩んでいた．新生党への投票を決めたのは，報道を見て「実績がある」と思えたからである．94年には，非自民の連立政権を評価し，新党に好感を持っている．ただし，自民党支持はこの年も変わらない．95年になると，自民党との違いがあまりはっきりしないとして新進党の役割を若干軽視する一方，自民党・社会党の評価がぐんと高まっている．自民党はその努力が一般の人には評価されておらず残念であるという感情を持っており，また社会党のことは「労働者の党」と評している．村山内閣への評価もまずまずだ．ただし，新進党の評価も決して悪くはない．同年参院選では，比例区で，自民党より進歩的と考えて，新進党へ投票した．一方，選挙区は92年にも投票した候補者に魅力を感じて投票した．
　96年になると新進党の評価が高まっている．消費税問題で株を上げたようだ．自民党に対しては「現状に不満で支持したくても支持できない」と答えている．民主党は「まだ未知の存在」のようだが期待をしている．投票は，選挙前は自民党への投票も考えたものの小選挙区・比例区ともに新進党へ投票した．だが，新進党消滅後の00年は，評価が戻った自民党へ小選挙区・比例区とも投票している．(金子)

G-013　候補者の魅力に惹かれて投票し，その候補者の所属政党を支持する

新潟　旧1区／新1区　1930年代生まれ　女性　①中学　②200～400万円（95年）
③主婦で農業を手伝う　④農協　自治

	支持政党	選挙区	比例	拒否政党	保革
93.7	**新生**	小沢辰男（新生）		社民共	8
94.2	**新生**				10
95.2	新進				6
95.7	**新進**	新進		共	7
96.10	自民	吉田六左ェ門（自民）	新進	共	5
00.6	自民	吉田六左ェ門（自民）	自民	共	NA

　彼女が生来住んでいる地域では，93年衆院選で自民党の小沢辰男が新生党に移って当選し12選目となった．96年衆院選では小沢は新進党から比例区単独で立候補して当選し，小選挙区では新潟県議出身の自民党新人の吉田六左ェ門が，新進党や民主党の推薦を受けた現職の関山信之を破って当選し，93年衆院選で関山に敗れた雪辱を果たした．00年衆院選でも吉田が関山に勝った．

　彼女は3世代で暮らしており，家族で農業をしている．政治的関心はあまりないようで，投票義務感も高くなく，選挙が周囲との話題になることも少ない．だが，小沢の後援会に入っており，選挙区割りが変わった後は吉田の後援会に入っている．

　投票決定の要因は候補者である．小沢の後援会に入っており，話したり握手をしたりする中で，「人柄が望ましかった」と感じたようで，小沢の魅力に惹かれている．彼女の住む地域を小沢が地盤にしており，地元の利益を代表していることも支持につながっている．支持政党が自民党から新生党（新進党）に変わっていっているのは，小沢の移動について行っていたためである．96年衆院選は，比例区で新進党に投票しているが，これも小沢が新進党から比例区単独で立候補していたからである．小選挙区で吉田に投票しているのは，人柄がいいと感じ，後援会に入っていることが投票要因になっている．96年には再び自民党を支持するようになっているが，選挙区で立候補する吉田と接触する機会が多くなり，小沢よりも親近感がわくようになったことが原因だろう．

　また，農業を営んでいることから，農産物自由化などが争点になるかと思いきや，そういうことはなく，争点自体も意識していないらしい．政党イメージを問う質問にも空欄が多く，投票における政党イメージの影響は小さいようである．ただ，共産党は「絶対好きになれない」として，一貫して拒否政党になっている．(水野)

G-014 公明党を支持し，その動きに従って投票する

新潟　旧3区／新2区　1950年代生まれ　女性　①高校　②600～800万円（93年）
③軽作業者→主婦（95年）　④自治　住民　生協　宗教

	支持政党	選挙区	比例	拒否政党	保革
93.7	公明	星野行男（新生）		共日	4
94.2	**公明**				4
95.2	**新進**				4
95.7	新進	新進	新進	共	6
96.10	**新進**	近藤基彦（新進？）	新進	共さ	5
00.6	公明	桜井新（自民）	公明	民共社	4

　彼女が住んでいる地域は，93年衆院選で田中真紀子など有力7候補が5議席を激しく争い，新生党の星野行男などは当選し，社会党現職や自民党現職が落選した．96年衆院選では県内最多の6人が争い，元環境庁長官で自民党現職の桜井新が，新進党や公明の推薦を受けた近藤基彦に競り勝った．00年衆院選では逆に近藤が，自公保の推す桜井を破った．

　30代であった彼女は，育児のためであろうか，調査期間中に職を離れた．政治にはそれほど関心を持たないようだが，近藤の演説会に行ったり，握手をしてからは，周囲に投票依頼をするまでになっている．また，テレビをある程度見ているが，信頼できる番組は少ないと答えており，投票への影響は小さいと思われる．

　支持政党通りに投票しており，投票決定の要因は政党である．両親も公明党を支持していた影響で支持し始め，小さい子供がいて福祉に興味を持ち公明党の公約に惹かれたことで，公明党の存在が大きくなったのだろう．加入している宗教団体が支持していることも公明党への支持を強くさせており，好感度はもちろん一番高くなっている．00年衆院選で自民党の桜井に投票しているのも，公明党が推薦しているからである．

　以前は社会党にも投票したようだが，「反対だけで自党の政策がない」のでいやになり，新生党や公明党の「今後に期待する」として，それらが合同した新進党を支持するようになった．そしてその後も新進党を「将来を見てきっと何かをやってくれそう」で「すべてに期待しておる」と評価していた．

　自民党を「金権腐敗」で「だらしがない」と考えていたため，望ましい政権像についても非自民連立政権や新進党単独政権を考えていたのが，自公保連立政権下での00年調査では自民党中心の連立政権を望み，自民党の好感度も上がっている．彼女が政治を公明党中心に考えていることがよくわかる．また，共産党が拒否政党になっているのは，「怖い」からのようで，公明党支持者と共産党支持者との犬猿の関係がうかがえる．（水野）

G-015 確固たる政治的態度を持たない有権者
長野　旧4区／新2区　1950年代生まれ　女性　①高校　②不明　③製造業　④農協　自治

	支持政党	選挙区	比例	拒否政党	保革
93.7	自民	村井仁（新生）		なし	7
94.2	（なし）				6
95.2	新進				5
95.7	（なし）	新進	新進	DK	5
96.10	自民	望月雄内（自民）	自民	なし	DK
00.6	民主	下条みつ（民主）	自民	なし	DK

　旧長野4区は自民党の唐沢俊二郎と村井仁，社会党の北沢清功が3議席を分けてきた．93年には新生党に転じた村井がトップ当選．唐沢が引退した96年衆院選では新2区は新進党の村井が圧勝，自民党新人と社民党の北沢らを退けた．北沢は比例復活．00年には民主党新人の下条みつが健闘するも，自民党に復党した村井に及ばず．社民の山口わか子は比例で復活当選．共産党清水啓司はいずれも及ばず．

　彼女は，特に強い政党支持や政治思想を持ってはいない．政治に対する積極的な行動や意見表出はあまりなされず，彼女の周りで政治が話題となることもめったにないが，投票することは有権者の義務であって当然行かねばならないと考えており，棄権したことは少なくとも調査期間中はない．

　彼女は政治全般について特に不満は持っていないようで，また自民党に対してわりと好意的であるようだ．93年衆院選では，宮沢政権の評価は普通であるが，選挙後は選択肢の中では自社連立が望ましいとし，社会・新生党に政権担当能力を認めた上で，新生党に移った村井に投票した．彼女は前回も村井に投票しており，かつ投票に際しては候補者を重視すると回答している．新進党結成後は支持政党に同党を挙げたこともあり，参院選では投票しているが，その投票理由は「なんとなしに」というものであった．96年衆院選では比例・選挙区とも自民党に投票し，それにつられてか支持政党も選挙後に自民党に復した．この頃は橋本政権へ好感を持ち，政党を投票において重要としている．さらに00年では，選挙区は支持政党である民主党の下条に投票し，比例区は自民党に入れている．政権担当も自民党が最適とした．

　彼女は政治への関心は薄く，能動的な活動は見られない．また諸政策に関して個人的な意見は特になく，また各政党の主張の差異に注目したりはしておらず，調査期間を通じた彼女の投票規定要因は見出しにくい．自民党に対して深層で許容心に近い感情を持っているようだが，投票に際してはその時々の候補者，政党を勘案しているのであろう．(国枝)

G-016 強い政党支持はなし，話題性が重要か

長野　旧4区／新2区　1940年代生まれ　男性　①中学　②800～1000万円（93年）③運転手→農機具部品製造（96年）　④労組　農協　自治

	支持政党	選挙区	比例	拒否政党	保革
93.7	自民	村井仁（新生）		共連	4
94.2	（日本新）				3
95.2	（新進）				5
95.7	（新進）	新進	新進	なし	DK
96.10	（新進）	村井仁（新進）	新進	なし	6
00.6	なし	下条みつ（民主）	公明	※	※

　旧長野4区は自民党の唐沢俊二郎と村井仁，社会党の北沢清功が3議席を分けてきた．93年には新生党に転じた村井がトップ当選．唐沢が引退した96年衆院選では新2区は新進党の村井が圧勝，自民党新人と社民党の北沢らを退けた．北沢は比例で復活．00年には民主党新人の下条みつが健闘するも，自民党に復党した村井に及ばず．社民の山口わか子は比例で復活当選．共産党清水啓司はいずれも及ばず．

　調査以前の89年参院選は自民党に投票し，92年参院選では社会党に入れている．93年衆院選時調査では，自民党は「自分勝手な政党．我々のためにもっとやってもらいたい」と批判し，以前から支持してきたとする社会党は「今までは労働者にとって正当な見方」を持ち，「労働者を親身になってやってくれている」と労組加入の影響を感じさせる肯定的なものである．この時の支持政党は社会党とするが，選挙後には自民党支持に変わった．投票したのはこのどちらでもなく，政党を重視した結果新生党の村井であった．新生党は「これから期待できる．新しい政治に意欲が見られる」とし，他2新党も好感度は高い．細川護熙個人に大変期待をしており，日本新党の今後にも関心を持っていた．この後は連立期の各政権をある程度評価し，支持政党こそなしとするが，好ましい政党は日本新党，新進党へと移ってゆく．95年参院選，96年衆院選では選挙区比例区とも新進党に投票しているが，村井個人への候補者要因も働いているようである．自民党には政権担当能力を継続的に認めており，橋本政権下では「期待はしたい」とする．一方社会党はその党勢の縮小と共に心も離れていったようで，96年にはもう「期待できない」党に分類された．

　労組の影響で支持していたと思われる社会党は凋落し，とりあえず新進党寄りに落ち着いたと言えるが，政治への熱意は強いとは言えず，諸政党の主張政策の異同についての考慮はさほどなされていない．強い政治的思想や政党支持を持たない浮動層であり，細川首相誕生後に日本新党，新進党結成後に新進党寄りを強めるなど，その時々の話題性が投票行動を左右する割合は大きいだろう．00年衆院選では支持政党はないが，選挙区は民主党候補，比例区は公明党に投票している．（国枝）

G-017　社会党への支持をなくし，政治手腕に期待して消極的に自民党支持へ

愛知　旧2区／新7区　1920年代生まれ　男性　①中学　②200〜400万円（93年）
③美装業→守衛（96年）　④自治

	支持政党	選挙区	比例	拒否政党	保革
93.7	自民	青山丘（日本新？）		共	7
94.2	（なし）				8
95.2	（なし）				6
95.7	（なし）	自民	自民	進	6
96.10	自民	丹羽太一（自民）	共産	共	6
00.6	自民	鈴木淳司（自民）	保守	※	※

　旧愛知2区は4議席を自社公民の4党が争い，各党現職が交代で落選してきた激戦区．93年は民社の青山と公明系草川，社会党網岡が当選，自民は久野のみ議席を確保．96年小選挙区制では7区に入り，新進の青山が自民・民主の候補らに圧勝．00年には選挙協力で保守党の青山が自民から比例転出．新人の争いは民主の小林が自民の鈴木に競り勝った．社民大島は比例復活，共産らは敗退．

　93年衆院選前調査での各党へのコメントは，自民党「金権腐敗政治」，社会党「労組の代表」，共産党「左傾しすぎて協調性なし」，新生党「竹下・金丸のイメージ，不安」，日本新党「今のところクリーンで期待」．自民・さきがけ・日本新党以外は好感度が低い．それまで社会党を支持し，選挙でも福祉や年金問題を重要争点として挙げている．93年衆院選では日本新党に投票を意図するも候補者が立たず，社会党網丘でなく民社党の青山に投票した．社会党への好感度は低下していたが，党改革や政策をめぐる対立と迷走に愛想を尽かしてきたようである．革新か中道か保守かわからず選挙民が迷うと言い，左右の決別をたびたび勧める．日本新党には「期待したが細川の登場が早すぎた」と言い，連立政権中の少数党の弱さに落胆する．新生，新進党には政策の非一貫性や小沢一郎の政治手法に期待を持てないとする．

　このような中で「他に入れたい党がない」ため，自浄能力は十分回復されず公約を実行できていないと批判しつつ，政治の経験豊富さと外交などの力を比較評価して，かなり消極的だが自民党支持に回るのである．95年参院選と96年衆院選の選挙区では自民党に投票しているが，比例区は，かつてから拒否政党であり「のびては困るが批判する党としてあってもよい」とコメントする共産党に，「自民党に対する批判票」と明言して投票した．自民党への批判を新進党や民主党ではなく共産党に託した点には留意したい．彼の政党支持条件は，明確に政策を打ち出し着実に改革に取り組める党であるように受け取れる．00年衆院選時には自民党を支持して選挙区は投票したが，比例区は保守党に入れている．自民党支持が確立していないことの表れか，または保守党との選挙協力の影響も考えられる．(国枝)

G-018　小選挙区では候補者重視, 比例区では支持政党重視

愛知　旧5区／新14区　1940年代生まれ　男性　①高校　②1000～1200万円(93年)
③事務職（交通）　④労組　農協　自治

	支持政党	選挙区	比例	拒否政党	保革
93.7	自民	近藤豊（日本新？）		なし	8
94.2	自民				8
95.2	自民				4
95.7	自民	棄権	棄権	共	7
96.10	**自民**	浅野勝人（自民）	自民	共	10
00.6	自民	非特定（無所属）	自民	公	2

　彼の政治意識でまず注目すべきは，労組に加入していながら一貫して自民党を支持しているという点である．社会党を，自分のような職業の人々を最もよく代表する党であると認識し，自分の職場の人は社会党を支持しているにもかかわらず，支持政党は自民党としている．これは，93年衆院選前に，社会党を除く自民党と諸政党の連立政権を望むと述べ，社会党を政治倫理に最も欠けている党であると見ていることから，社会党に対してあまりよいイメージを持っていないためと考えられる．
　投票も基本的には政党支持に基づいている．89年参院選，90年衆院選，92年参院選では自民党に投票した．93年衆院選では無所属で日本新党の推薦を受けた近藤豊に投票した．自民党を支持し，しかも自らが所属する農業系団体から自民党の村田敬次郎への投票を依頼されたにもかかわらず，である．これは，彼が候補者個人を重視して投票行動を決定したこと，彼の居住地が近藤の強い地盤であり，家族が近藤の後援会に入っていたことによると考えられる．95年参院選は棄権しているが，それは他の予定があるためであった．96年衆院選においては，小選挙区では当選した浅野勝人（自民）に投票した．その理由を「支持している自民党の候補だから」としており，93年とは異なり政党を重視して投票を決定したことがうかがえる．一方比例区では，選挙前には成立間もない民主党に二大政党の一翼を担う政党への成長を期待し，民主党に投票するつもりであったが，実際には自民党に一票を投じた．00年衆院選においては，小選挙区では候補者の人柄を重視して無所属の候補に一票を投じ，比例区では支持する自民党に投票した．なお，小選挙区で，前回96年に投票した自民党の浅野に投票しなかったのは，彼が拒否政党としてあげている公明党の推薦を浅野が受けていたためかもしれない．
　このように，彼の政党支持および投票行動は基本的に自民党を軸としていることから，今後も自民党への投票が多いと考えられる．しかし，望ましい政党制を政権交代可能な二大政党制としていること，投票に際し人柄など候補者個人を重視することから，民主党をはじめ自民党以外（の候補）に投票する可能性もある．(今井)

G-019　候補者の離党に引っ張られて新党に投票した自民党員

滋賀　旧全県区／新2区　1930年代生まれ　男性　①高校　②不明　③建設作業者
④商工

	支持政党	選挙区	比例	拒否政党	保革
93.7	さきがけ	武村正義（さきがけ）		共	9
94.2	自民				8
95.2	自民				8
95.7	**自民**	自民？	自民	なし	9
96.10	自民	小西哲（自民）	自民	共	10
00.6	自民	小西哲（自民）	自民	共	8

　彼は妻・子供夫婦・孫と暮らしている．国政への信頼感をかなり持っており，選挙活動を手伝った経験などもある．暮し向きには満足している．争点に関しては，職業柄か，景気対策を重視しているようである．

　彼は自民党員であり，基本的に自民党を支持する．93年より前の国政選挙でもいつも自民党に投票していたようだ．彼の父親は自民党支持者だったと答えている．ちなみに，彼が加入する商工関係の団体の支持政党はわからないとしている．自民党に対しては，特に政権担当能力や地元の利益に役立つという面で評価しているようだ．自民党およびその総裁の好感度も常に高い．ただし93年だけは自民党の評価がやや低く，自民党に「清潔な政治を目指してほしい」と言い，自民党政権だが与野党伯仲状況を望んでいた．

　彼は新党にそれほど拒絶的ではない．93年には彼自身選挙制度改革を主張し，それは新党と近い立場だと認識していた．93年と94年にはさきがけの好感度は最高であり，この選挙区の武村正義の影響が強いと考えられる．新生党・日本新党にも高い評価を与えていたが，小沢一郎や新進党には次第に嫌悪を示すようになる．96年時の民主党への好感度は高い．社民党や共産党にも共感できる部分もあるようだ．

　93年衆院選ではさきがけ代表の武村に投票した．彼は，大体いつも武村に投票していて，候補者重視で投票したと答えており，武村に引っ張られる形でさきがけや新党に好感を持った可能性が高い．95年参院選で選挙区で投票したのは無所属で自民党等の推薦候補・高田三郎だと思われる．96年衆院選では，立候補者の中で武村の業績を認めて好意を抱くが，自民党の小西哲への投票を家族や知人に働きかけつつ，小西に投票した．このとき，政党重視で投票したとしている．

　00年には，小西の後援会に加入していると回答している．自民党と故小渕恵三の好感度は高いが，森喜朗には中立的で，小渕・森内閣を，調査中の内閣評価で初めてあまり評価しないとした．00年にも，自民党政権だが与野党伯仲を望むと答えたのはそのような評価の現れかもしれない．(山本)

G-020　自民党下野時に浮気をした自民党支持者

兵庫　旧3区／新4区　1940年代生まれ　男性　①高校　②600〜800万円（96年）③建設業　④なし

	支持政党	選挙区	比例	拒否政党	保革
93.7	新生	井上喜一（新生）		なし	4
94.2	**社会**				5
95.2	**自民**				7
95.7	社会	棄権	棄権	なし	8
96.10	自民	小西俊一（自民）	自民	なし	8
00.6	自民	公認なし（自民？）	自民	※	※

　93年衆院選．彼の住む兵庫3区は，選挙直前に自民党を離党した新生党公認の井上喜一のほか，さきがけ，社会が議席を獲得．96年衆院選，兵庫4区では自民・新進・民主・共産の4候補が出馬して新進党所属の井上が当選した．00年衆院選は保守党から出馬した井上が，自民，公明の推薦を取り付けて当選した．

　彼は改憲，非軍事分野に限らない国際貢献，常任理事国入り賛成，消費税引上げなど，自己の意見と自己の認識する自民党の政策スタンスが近似している．にもかかわらず93年から94年にかけて自民党を支持していないのは，その頃の自民党に対して「金権政治」「頭がかたい．いやらしい．年配の人が退陣しないとどうしようもない」と否定的なイメージを抱いていたからであろう．それが自民党の政権復帰とともに自民党の評価が高くなった．一方で社会党に対しても高く評価し，村山政権当初の基本政策の転換も支持した．自民党の印象が下がった時には社会党を支持政党に挙げており，村山政権時も高い評価は持続していた．だが橋本政権になり，さらに民主党と分裂すると，社民党に見切りをつけたようである．00年も引き続き自民党を支持している．

　次に彼の投票行動であるが，93年衆院選は新生党の井上に投票した．彼の中で井上のイメージが他の候補者に比べて群を抜いて高く，彼自身候補者要因が投票の決め手となったようだ．さらに井上が彼の住む地域を票田としており，これまでにも時々井上に投票していたことも今回の投票行動に影響があったものと思われる．96年衆院選では，前回投票した井上ではなく自民党の小西俊一に投票した．彼は小西が地元の利益を代表しており，彼が考える選挙の重要争点「福祉」に関しても小西が一番近い考えにあると感じていた．小西の評価も全候補者中最高であった．

　00年衆院選では比例区で自民党に投票した．選挙区も自民党に投票したと答えているが，兵庫4区には自民党は候補者を擁立しておらず自民党の推薦を得た保守党の井上に投票したのだろうか．(福間)

G-021　政党不信の無党派層

兵庫　旧3区／新4区　1940年代生まれ　女性　①短大　②600～800万円（93年）
③会社事務　④自治

	支持政党	選挙区	比例	拒否政党	保革
93.7	（さきがけ）	渡海紀三朗（さきがけ）		共	DK
94.2	さきがけ				4
95.2	（なし）				5
95.7	（なし）	棄権	棄権	なし	7
96.10	社民	井上喜一（新進）	白票	なし	DK
00.6	なし	公認なし（自民？）	公明	なし	DK

　93年衆院選．彼女の住む兵庫3区は，選挙直前に自民党を離党した新生党公認の井上喜一とさきがけ公認の渡海紀三朗，さらに社会党公認の永井孝信が当選した．96年衆院選，兵庫4区では自民・新進・民主・共産の4候補が出馬して新進党の井上喜一が当選した．00年衆院選は保守党から出馬した井上が，自民，公明の推薦を取り付けて当選した．

　彼女は政治に対して時々は注意を払っているものの，各政党の政策スタンスについては興味がないようである．政治に対して常に不満を抱いており，信頼度も低い．全政党に対する評価も常に低いのが特徴である．

　93年衆院選では彼女はさきがけの渡海に投票した．だが選挙前には渡海によい印象を持っておらず，できたばかりのさきがけにも実力を計りきれずにいた．それが選挙後には政策が一番優れている政党にさきがけを挙げ好感を抱いた．選挙期間中のさきがけに対する評価のアップが投票につながったと思われる．

　だが95年2月調査では彼女は再びどの政党に対しても評価をしなくなった．95年7月調査では，自民，新進，社会，さきがけに対し「自分勝手」と切り捨てている．支持政党について「信頼できる政党があれば支持する」が今はそういう政党がない，政権担当政党について「どれも不適任」と答えている．参院選には「投票する価値がないので行かないことによって権利を主張」すると言って棄権した．

　96年衆院選．彼女は選挙の重要争点に「消費税」を挙げ，この問題に関して自分の考えに一番近い政党は社民党であると認知している．社民党に対して「やってくれそうな気がする」と期待をかけ支持政党に挙げていた．また民主党に対しても「これからやってくれそうな気がする」と期待をかけていた．だが，実際投票したのは選挙区では「知り合い」という理由で新進党の井上であり，比例区においては白票を投じている．

　00年衆院選では比例区は公明党に投票している．選挙区では自民党と答えているが，この選挙区には自民党候補者はおらず，保守党の井上のことだろうか．(福間)

G-022　候補者に従って新生党，新進党を支持

香川　旧2区／新3区　1920年代生まれ　男性　①中学　②600〜800万円（93年）
③農業　④農協　自治

	支持政党	選挙区	比例	拒否政党	保革
93.7	自民	月原茂皓（新生）		共	6
94.2	**新生**				9
95.2	新進				8
95.7	自民	棄権	棄権	NA	8
96.10	新進	月原茂皓（新進）	新進	共	8
00.6	自民	大野功統（自民）	自民	共社	10

　旧香川2区は93年衆院選で，新生党元職の月原茂皓が立候補した．月原はトップ当選を果たす．96年衆院選では新進党から立候補した月原と自民党の大野功統が現職同士で争い，月原が敗れた．00年選挙では自民党の大野が社民党，共産党の候補を下し，圧勝した．

　彼は当初自民党を支持していたが，昔から票を入れてきた月原が自民党を離党して新生党に入党した．93年衆院選では一応自民党を支持政党に挙げていたが，自民党は「汚職が多い」，新生党は「良いと思う．一番好き」と，事実上新生党が意中の政党になっている．家族や農協は自民党を支持し，農協から自民党の大野への投票依頼を盛んに受けていたようであるが，彼は後援会にまで加入して月原に投票した．選挙後も党首，基本的な立場や政策，政権担当能力などで新生党が最も優れた政党であると評価している．

　94年には躊躇することなく熱心に新生党を支持するようになり，非自民連立政権の枠組みを支持している．細川護熙には好感を抱いているが，小沢一郎にはさほど好感を持っていない．新生党は「期待している党」で，自民党は「何事も反対をして好ましくない」党と思うようになった．

　95年参院選は棄権しているが，再び自民党支持になっている．自民党，新進党，新党さきがけにはほぼ同じぐらいの好感度をもっているが，その中で支持政党に挙げた自民党に対しては「お金中心の党」と批判めいたコメントを述べている．96年衆院選では月原の後援会に所属し，「月原さんが好きなので」新進党を支持した．00年衆院選では月原が立候補しなかったため，自民党の大野功統に投票している．

　彼は基本的には自民党を支持していたが，月原という候補者の所属政党に従って新生党・新進党と支持政党を変えてきた．月原が立候補しないときには自民党に投票する傾向がある．(鍋島)

G-023 変動期を経て特定の支持政党を失った例

福岡 旧1区／新2区 1930年代生まれ 女性 ①短大 ②400〜600万円（95年）
③主婦 ④なし

	支持政党	選挙区	比例	拒否政党	保革
93.7	日本新	山崎広太郎（日本新）		DK	5
94.2	(日本新)				5
95.2	(なし)				5
95.7	(なし)	白票	共産	なし	8
96.10	自民	山崎拓（自民）	新進	共	5
00.6	なし	城野美代子（その他）	自民	公共	NA

　旧福岡1区は90年までは定数5，自民2ないし3，社会2ないし1，公明1という構成であった．93年は定数6に増員され，日本新党の山崎広太郎が全国最多得票をあげて議席を獲得した．新2区は96年衆院選では新進や共産などを抑えて，00年衆院選では民主・共産・自由連合を抑えて自民党の山崎拓が当選している．

　政策的には中立の立場．政治的関心は高い．特定の政党への帰属意識はない．

　92年以前の選挙では彼女は自民党に投票していた．「現在の日本の繁栄は自民党のおかげ」「戦後のこの日本は自民党が積極的にやって来た．経済，福祉，高齢化社会など作ってきた」という政権政党への信頼感からであろう．それが93年以降変化を始める．重要争点を「改革」とした93年衆院選では，日本新党の山崎に投票した．94年でも日本新党を好ましい政党とし，日本新党・さきがけに高い好感を寄せている．

　しかし95年7月にはおしなべて政党・政治家に対し嫌悪感を持つようになっている．自民党に「主義主張がはっきりしない」，新進党に「はじめはすごく魅力があったけど，今ではピントがはずれてしまっている」，社会党に「何を考えているかはっきりしない」との評価であり，村山連立政権の成立や新進党結成の過程で，彼女にとって政治がどんどん理解し難いものになっていったことがうかがえる．相対的に「主義主張が一貫してはっきりしている」共産党への評価が高まる．95年参院選では「誰も同じで似たり寄ったりなので良く分からなかった」から選挙区で白票を投じ，比例区で共産党に投票するに至った．

　96年になると，政治への関心・投票への義務感そのものが低下した．同年の衆院選では，選挙区においては前回投票した山崎広太郎が新進党から立候補していたが，彼女は自民党を支持して山崎拓に投票する．ただ96年で比例区は新進党に入れていること，00年は比例区で自民に投票したものの支持には至らず，小選挙区では候補者を重視して自由連合に投票していることから見て，自民支持の強度はかなり弱かったといえる．（岡田）

G-024　農業問題にのみ関心を寄せる自民支持者

福岡　旧3区／新6区　1930年代生まれ　女性　①高校　②〜200万円（93年）　③農業　④農協　自治

	支持政党	選挙区	比例	拒否政党	保革
93.7	自民	古賀正浩（新生）		共	6
94.2	（自民）				6
95.2	自民				5
95.7	自民	棄権	棄権	DK	DK
96.10	自民	根城堅（自民）	自民	DK	6
00.6	自民	古賀正浩（自民）	自民	由	NA

　旧福岡3区は，都市部の久留米，三池炭田の大牟田市，筑紫平野の農村部など，バラエティに富んだ地域を抱える選挙区．定数5で，自民3社会1公明1が基本．新6区は，久留米市を中心とする筑後川流域．96年衆院選では新進党の古賀正浩が，自民党の根城堅に35000票の大差をつけて4選．00年衆院選でも自民党に復党した同氏が民主・共産・自由連合をおさえて勝利．民主党の古賀一成は比例区で復活当選．

　本対象者の政治的満足度はだいたい中立，イデオロギーも中立とする．政党・政治家に対する評価については有効回答が少なく，また各種政策についてもほとんど関心がない．

　彼女が高い関心を寄せるのは農業問題である．93年衆院選では「（生活がかかっているから）米の自由化反対」，96年衆院選でも「米の価格（農家の経済面）」を最重要争点として挙げ，一貫して自民党を支持し，投票している．

　唯一の例外は，93年衆院選で新生党の古賀正浩に投票したことである．彼女が住む地域では，古賀正浩が2位の自民党候補に倍近い差をつけて得票している．さらに農協から同候補への働きかけを受けたとしている．地盤，支援団体の力によって古賀は彼女の1票を勝ち取ったと言えよう．また古賀は元農水官僚で自民党に以前在籍しており，候補者要因も働いたと思われる．96年衆院選では古賀は6区内の農政連全支部の単独推薦を得ていたが，彼女のもとにはなんら働きかけが無く彼女は自民党の根城に投票した．00年衆院選では自民党に復党した古賀以外には彼女にとって選択肢はなかったであろう．(岡田)

G-025 小選挙区化によって支持を変化させた例

長崎　旧2区／新3区　1930年代生まれ　男性　①中学　②200～400万円（93年）
③農業　④なし

	支持政党	選挙区	比例	拒否政党	保革
93.7	自民	山田正彦（新生）		なし	6
94.2	新生				3
95.2	新進				4
95.7	新進	無所属	新進	なし	5
96.10	（社民）	虎島和夫（自民）	社民	なし	8
00.6	自民	虎島和夫（自民）	自民	※	※

　彼は93年衆院選の時点においては自民党を支持していた．また彼の住む地域は3人の候補合わせて全投票の4分の3を得票するほどの自民党の地盤である．しかし，93年衆院選で彼は新生党の山田正彦に投票した．農作物の輸入問題で自民党へ反発し，新生党を自らの立場に最も近いとしており，争点投票であったと思われる．この選挙で山田は90年の得票に25000票上乗せしてトップ当選した．

　94年には連立政権への評価もあって新生党を支持するようになる．以後の1年間は政治に大体満足しており新生党・新進党支持で安定していた．しかし96年になって政治満足度が低下し，無党派になった．小選挙区は投票直前まで悩んだ末，結局自民党の虎島和夫に投票した．この選挙では新進党の山田を15000票引き離し，虎島が当選している．比例区では「あってほしい政党」として好ましい政党に挙げた社民党に投票した．選挙区で前回選挙で投票した山田から離れたのは小選挙区制になり，選挙区選出の代議士の役割が変化したことに起因すると考える．彼は，93年は国全体の問題で活躍する政治家に投票するとしていたが，96年になると小選挙区では地元の世話役活動にもっぱら努力する政治家に投票するとしている．周りの人と「新進党と自民一騎うち．どちらが落ちても町にとってはマイナスになるのでは」と話していたことも考えると，地元利益のために野党新進党の1年生代議士より与党自民党の当選3回の代議士を選択しよう，という判断が働いたと推測される．

　選挙区選出の議員の役割見直しにともなって自民党の評価が再び高まったのであろうか，00年衆院選では自民党支持に戻り，小選挙区・比例区ともに自民党に投票する．この選挙でも虎島は民主・自由らをおさえて当選した．（岡田）

G-026 新進党支持へ移るも自民党を十分認め，長期的に復帰した例
大分　旧1区／新1区　1920年代生まれ　男性　①中学　②200～400万円（93年）③無職　④自治

	支持政党	選挙区	比例	拒否政党	保革
93.7	新生	NA（新生）		共	9
94.2	新生				7
95.2	新進				9
95.7	新進	無所属	新進	社共	9
96.10	新進	衛藤晟一（自民）	新進	社共	9
00.6	自民	衛藤晟一（自民）	自民	民共由社	9

　旧大分1区は，93年衆院選では社会党の村山富市，自民党の衛藤征士郎と衛藤晟一，新生党に移った畑英次郎の4現職が当選．日本新党候補は届かず．小選挙区下の新1区は，96年では前首相となった村山と衛藤晟一が争う構図．村山が圧勝し，衛藤は比例復活．00年には村山が引退．社民党の推薦を得た民主党の釘宮磐が僅差で当選．衛藤は公明・保守の推薦を得るも議席を奪えず．共産は毎回伸びず．

　国の安定性や政局の安定を重視するという彼は，調査以前は自民党に投票してきたようであるが，93年衆院選に際して新生党に移った畑に初めて投票し，支持政党も選挙後からは新生党に変えた．自民党の金権政治体質を批判する以外は宮沢政権の実績にも肯定的で，好感度も比較的高く保たれている．自民党に対する負の要因よりも，新生党や羽田孜らへの期待によっての支持遷移と思われる．94年調査では新生党への好感度が飛び抜けており，非自民連立政権の中で新生党が主導的に発言していくよう求めている．一方でさきがけと日本新党については，「日本を治める考えがない」と対照的な評価をしており，細川護熙個人への好感度は高いものの，日本新党には新生党との合併を望んでいる．

　村山政権成立後に結成された新進党をそのまま支持するが，自民党との政策的な違いはほとんど感じておらず，新進党の好感度が若干上回る程度である．95年参院選において選挙区は新進党推薦の無所属候補，比例区は新進党に入れた．村山政権の実績にはやや否定的で，これ以後社会党が拒否政党に分類されるようになっている．96年衆院選で比例区は新進党に票を投じているが，選挙区では新進党が候補者を立てなかったため，候補者個人を重視して衛藤に投票した．ただし自民党と新進党に対し「天下をとった時の党首によって趣きが違う」としており，政権担当も自民党が適任だとし，橋本の続投を望むなど，微妙な温度変化を見せている．果たして，00年衆院選に際しては支持政党が自民党に回帰し，選挙区・比例区とも自民党に投票した．民主党は，結成時には鳩山・菅個人も含め好感を抱いていたが，00年には自由党とともに拒否政党とされている．(国枝)

G-027　非自民連立政権に失望し，元の自民党支持に回帰

大分　旧1区／新1区　1920年代生まれ　男性　①高校　②1000〜1200万円(93年)
③無職　④なし

	支持政党	選挙区	比例	拒否政党	保革
93.7	自民	畑英次郎（新生）		共	8
94.2	新生				8
95.2	自民				6
95.7	自民	社会	自民	社さ共	8
96.10	自民	衛藤晟一（自民）	新進	社	8
00.6	自民	衛藤晟一（自民）	自民	民社	8

　旧大分1区は，93年衆院選では社会党の村山富市，自民党の衛藤征士郎と衛藤晟一，新生党に移った畑英次郎の4現職が当選．日本新党候補は届かず．小選挙区下の新1区は，96年では前首相となった村山と衛藤晟一が争う構図．村山が圧勝し，衛藤は比例復活．00年には村山が引退．社民党の推薦を得た民主党の釘宮磐が僅差で当選．衛藤は公明・保守の推薦を得るも議席を奪えず．共産は毎回伸びず．

　以前からの自民党支持者であった彼は，93年衆院選の最大争点を政治改革，汚職をなくすことと考えていた．自民党政権への反感が高まっていたようで，3新党に期待して与野党逆転を望んだ．日本新党候補に興味を感じたが，新生党に転じた畑の後援会にも属し，票を投じている．94年調査では，細川政権に総論肯定的であるが，具体的実績には満足していない．支持政党とする新生党は，よくやっているが謙虚さが足りないとし，小沢一郎を引っ込めよと言う．日本新党にも好感度が高くクリーンさを買っているが，まだわからないとしている．また当初から冷視していた社会党の党内対立にも更に厳しい評価をしている．非自民連立政権を望みながらも順調には行かない様を見て，村山政権下となる95年調査では新進党を「期待はずれ」に感じてしまう．そして，「このままでは政権復帰はますます遠のき，国民の支持も得られぬ」と見ていた自民党の支持に消極的ながら復帰している．大企業中心庶民軽視の印象は相変らずで，リーダーシップの不在と社会党との連立を批判し，野にあって力を蓄え単独政権を目指すべきだったと言っているが，政権担当能力は十分に認めているようだ．

　これ以後は自民党の単独政権を望むようになり，95年参院選では比例区は自民党，選挙区は自民党推薦の社会党候補に投票した．また96年衆院選では，選挙区は政党を重視して後援会にも加入した自民党の衛藤に，比例区は周りの働きかけなどにより新進党に入れている．自民党や新進党にない改革を期待した民主党は，00年衆院選では社民党と共に拒否政党とされている．選挙区比例区とも自民党に投票し，安定した自民党支持に戻ったように見受けられる．(国枝)

第9章

H類型：3新党投票(93)－民主党投票(00比例)

解題　　　　　　　　　　　　　　　　　　　　　　　　　　国枝　玄

1. はじめに

　本類型には，93年衆院選において3新党の候補者に投票し，00年衆院選比例区では民主党に投票した33の有権者が属する．ここで「3新党」とは，新生党・新党さきがけ・日本新党を指す．

　93年衆院選以後の国政選挙とそれ以前の選挙との大きな相違は，政権交代への現実的な予感である．89年参院選は自民党が大敗し，参院での自民党過半数割れをもたらしはしたが，多くの有権者は自民党政権が倒れるという事態までは考えていなかった．いわゆる逸脱選挙である．しかし93年以後は，自民党に代わり政権を担おう，政権を奪おうとする新たな政党，また政権党たり得ると有権者に広く認知される政党が，現実に存在するようになった．93年衆院選時の3新党を中心とする非自民非共産の各党，95年参院選と96年衆院選における新進党，そして00年の民主党である．しかし，新たに登場したと言っても新進党や民主党はゼロから生まれたわけではない．多くの議員が既存政党からの移行者であり，有権者がその候補者や政党の何を求めて投票したのかは，まさに千差万別である．本稿はこの類型に属する有権者を通して，その投票行動の根底に流れるものを見出そうとするものである．

　なお本稿では，「民主党」は，指導部の構造や有権者の認知の点から実質的に考えて，96年9月に結成された民主党が民政党，新党友愛などを吸収した（合併ではない）と捉えるため，表記に差を設けていない．

2. 定型分析

　本類型所属者の属性であるが，まず性別は男性20，女性が13で男女比は全体に比し男性がやや多めである．平均年齢は54.0歳で全平均53.8歳とほぼ同じである．93年3新党に投票した人の中では普通だが，00年民主党に投票した類型の中では高い．教育程度は類型E（旧野党→民主党），類型F（旧野党→その他）に次いで大卒者割合が高い．就労者は21人で，非就労者との比率は全体と大差ない．世帯年収に関しては全体と有意な差はない．保革イデオロギー値は平均よりやや革新寄りであることが多い（図9-1）

図9-1 保革イデオロギー分布

イデオロギー値（縦軸、4.6〜6.6）

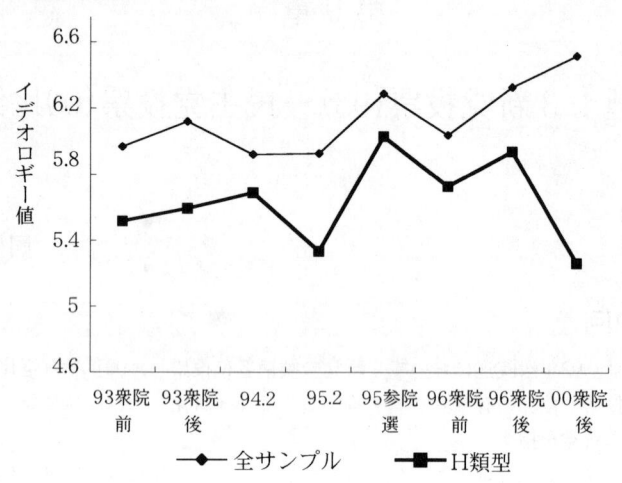

横軸：93衆院前、93衆院後、94.2、95.2、95参院選、96衆院前、96衆院後、00衆院後

凡例：◆全サンプル　■H類型

　全473サンプルの中で，H類型に属する33人は，93年衆院選で3新党に投票した88サンプルのうちの37.5％，00年衆院選比例区で民主党に投票した126サンプルのうちの26.2％にあたる．3新党それぞれに分けてみると，93年新生党に投票した全54人のうち00年で民主党に投票したのは16人（移行率29.6％），新党さきがけから民主党に移ったのは11人中4人（同36.4％），日本新党から民主党へは23人中13人（同56.5％）である．

　政党支持との関係をみると，93年衆院選後では新生10，さきがけ0，日本新8で，ほかは支持なし7，自民3，社会3，公明1，社民連1であった．00年では民主党を支持したのは21，残りは，支持なし8，自民2，共産1，社民1となった．

3. 投票政党による分析

　まず，投票政党に注目して分類してみよう．「3新党→X→民主党」のXには95年参院選と96年衆院選，00年衆院選小選挙区における投票が含まれている．重複も許して，大まかに流れとして考える（表9-1，表9-2，表9-3参照）．

(1)「3新党→新進党→民主党」

該当サンプル：H-001，H-002，H-007，H-008，H-009，H-017，H-019，H-020，H-021，H-023，H-024，H-026，H-028，H-030，H-031，H-032，H-033

　このグループがやはり一番多く，過半数の17のサンプルが属する．H-020を見ていこう．彼は以前からの自民党の支持者だったが，自民党政権の体質に反感を抱き，支持してきた羽田孜が新党を結成したのに従って，彼の支持も新生党から新進党，

民主党へと移った．自民党の政権担当能力等は認めているものの，羽田・民主党への支持は安定している．次に H-030 である．この女性は，'新党'への期待が常に大きく，支持政党は新生党，新党さきがけ，新進党，民主党へと移る．これはその時々の党首イメージの高さとも一致している．興味深いのは H-002 で，自民党政権を望みながらも，新進党・民主党に自民党への対抗軸としての役割を求め，投票している．

　93年衆院選において新生党に投票したサンプルはかなりの確率で新進党にそのまま移行している．日本新党，さきがけに票を投じたサンプルと比較すればその差は歴然としている．また93年に日本新党に投票した者は，この後は新進党一色か新進党に一度も投票しないかの２極に分化している点が興味深い．H-020 のように全期間中一貫して支持する候補者の転籍に従うものは，96年には小選挙区移行もあってかさほど多くないが，00年衆院選で新進党から民主党へ移った候補に従ったものはH-019，H-020，H-021，H-024，H-032 がある．

（２）「３新党→自民党→民主党」
該当サンプル：H-001, H-003, H-005, H-006, H-012, H-016, H-022, H-023,
　　　　　　　H-025, H-026, H-027

　95年から00年にかけて，自民党または自民党候補に票を投じたことのあるサンプルは11存在する．H-022 は一貫して自民党を支持する女性である．93年こそ新党に

表9-1 （１）類型の投票政党

	93衆院	95参選	95参比	96衆選	96衆比	00衆選	00衆比	重複
H-007	生	進	進	無	民主	民主	民主	3
H-008	生	進	進	無	進	民主	民主	
H-009	生	進	進	進	進	無	民主	
H-019	生	棄	棄	進	進	民主	民主	
H-020	生	進	進	進	進	民主	民主	
H-021	生	進	進	進	進	民主	民主	
H-023	生	進	進	進	自	保	民主	2
H-024	生	進	進	進	進	民主	民主	
H-026	生	進	進	自	自	NA	民主	2
H-030	生	進	進	進	民主	民主	民主	
H-031	生	進	進	進	進	民主	民主	
H-017	さ	進	進	さ	民主	民主	民主	3
H-001	さ	進	進	民主	民主	自	民主	2
H-002	日	進	進	進	進	民主	民主	
H-028	日	進	進	進	進	民主	民主	
H-032	日	棄	棄	進	民主	民主	民主	
H-033	日	進	進	進	民主	民主	民主	

政治改革を期待して、自民党から新生党に移った候補に投票したが、96年衆院選では菅直人に期待した民主党と、依頼を受けた社民党に分割投票し、00年も比例票は民主党だが選挙区は自民候補に票を投じている。自民党を基本に据えつつ、政局や候補者をその都度勘案して票を使い分けている結果である。

だがこのような例はH類型には他になく、残りのほとんどは社会党支持者のH-027など、かつてからの自民党の安定的支持者ではないタイプである。彼は、社会党の凋落と、自民党の政権復帰、無風と言える選挙区の影響で自民党支持に転じていたが、00年では投票・支持政党とも民主党であった。このグループでは、個人を重視して投票したか、非自民政党・候補への支持がゆるく、強力な自民党候補に乗ったと思われる場合、また政権担当能力で自民党を最適としていることなどからの、「さしあたり投票」であることが考えられる。また、H-011, H-016, H-027のように、自公保連立が自民党投票を控えさせる大きな要因となっているものも見逃せない。

表9-2 （2）類型の投票政党

	93衆院	95参選	95参比	96衆選	96衆比	00衆選	00衆比	重複
H-005	生	自	他	民主	民主	民主	民主	
H-006	生	社	社	自	民主	民主	民主	3
H-023	生	進	進	進	自	保	民主	1
H-022	生	自	自	民主	社	自	民主	3
H-025	生	自	自	自	共	自	民主	
H-026	生	進	進	自	自	NA	民主	1
H-027	生	自	自	自	自	民主	民主	
H-001	さ	進	進	民主	民主	自	民主	1
H-012	日	共	さ	自	共	共	民主	3
H-016	日	自	自	自	自	民主	民主	
H-003	日	社	さ	自	自	他	民主	3

（3）「3新党→さきがけ，社会党→民主党」

該当サンプル：H-003, H-006, H-011, H-012, H-013, H-014, H-015, H-017, H-018, H-022, H-029

新党さきがけと社会党・社民党は、共に非自民連立政権に与しながら、羽田政権が倒れた後自民党と連立を組み、村山政権、橋本政権（第一次）を生んだ。（1）と（2）よりは少数であるが、2つの明らかな投票傾向を持つ。一つは、そのほとんどが新進党に投票したことがない（投票したことがあるのはH-007, H-017のみ）ことである。いま一つは、96年衆院選時から民主党へ投票している割合が高いことである。自民党の金権的イメージを嫌い、クリーンさを重視するH-015は、93年衆院選では日本新党やさきがけへの好感度が高いのに対し、新生党の評価は低い。この後も「自民党的」に映る新進党より、さきがけや社民党を支持し、96年以降は民主党に投票している。H-011ではさらに、小沢一郎への反感や、自公保連立への厳しい

表9-3 （3）類型の投票政党

	93衆院	95参選	95参比	96衆選	96衆比	00衆選	00衆比	重複
H-006	生	社	社	自	民主	民主	民主	2
H-007	生	進	二	無	民主	民主	民主	1
H-022	生	自	自	民主	社	自	民主	2
H-017	さ	進	進	さ	民主	民主	民主	1
H-018	さ	棄	棄	さ	民主	民主	民主	
H-029	さ	棄	棄	さ	さ	民主	民主	
H-011	日	社	社	民主	民主	民主	民主	
H-012	日	共	さ	自	共	共	民主	2
H-013	日	さ	他	棄	非該当	民主	民主	
H-015	日	さ	さ	民主	民主	民主	民主	
H-014	日	さ	さ	民主	民主	民主	民主	
H-003	日	社	さ	自	自	他	民主	2

評価が加わっている．他のサンプルでも，自民党政治，小沢，自公保連立への批判が顕著である．

4. 各グループの比較分析

　以上の3つのグループを見てくると，結果が「3新党→民主党」で同じH類型に属してはいるが，(3)は(1)及び(2)とはやや異なる政治志向を持っているように考えられる．
　新進党に対して，自民党と大差ない政治姿勢，小沢の手法，公明党との合併に反発を覚えるとコメントし，自民党が相対的に再評価されるというのは，95年から96年にかけての典型的有権者像である．(2)においては自民党政権からの変化を求めたはずの彼らが自民党に投票するに至っているが，(1)との相違は，新進党への幻滅が自民党への投票にまで結びついたかどうかの相違であると考えられる．96年衆院選前の好感度を自民党への投票の有無で調べると（図9-2），自民党に投票していない者（(1)と(3)）のほうが自民党への好感度は低く，新進党への好感度が高い傾向がある．00年調査では，(1)に比べて(2)のほうが，森喜朗に対する好感度がやや低く，また公明党を拒否政党に挙げる割合や自公保連立に否定的な考えがやや多い傾向がある．このことから，自民党に投票したことのある人のほうが，逆に森首相個人や自公保連立への反発が強く，それが自民党でなく民主党投票の一因ともなっていると考えられる．
　次に，(1)，(2)とは傾向の違う(3)について検討する．民主党支持・投票への移行時期で考えてみる．社会党内でのリベラル新党結成の流れが行き詰まる中で，さきがけを離れた鳩山由紀夫らが主導権を握り，衆院選直前の96年9月，さきがけ

図9-2 96年投票政党別好感度

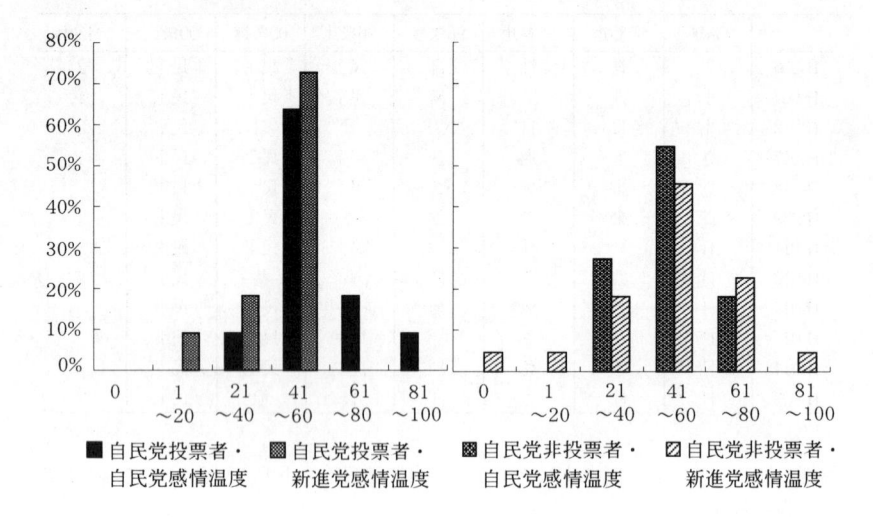

[棒グラフ: 横軸 0, 1〜20, 21〜40, 41〜60, 61〜80, 81〜100]
凡例: ■ 自民党投票者・自民党感情温度　▨ 自民党投票者・新進党感情温度　▦ 自民党非投票者・自民党感情温度　▥ 自民党非投票者・新進党感情温度

と社会党の多くを取り込む形で結成された．これに，新進党分党後に小沢と袂を分けた羽田の民政党や，旧民社党系の新党友愛などを併せ，新・民主党となったのは98年4月である．この結党過程を反映して，96年衆院選から民主党に投票しているのは，(3)のさきがけ・社民党経由者がほとんどである．00年に初めて民主党に投票したのは，新進党からの移行者が大半となっている．好感度に関しては(3)とそれ以外で有意な差は見受けられなかった．00年調査では，(1)と(2)に比べて森首相個人の好感度，自公保連立，「神の国」発言等に否定的な考えが明確で（肯定的，わからない，という回答は皆無），公明党と共に保守党も拒否政党に挙げられる割合が高い．

5. 小沢一郎への好感度

ここでは，この時期の政界のキーマンであった小沢一郎に対する好感度を用いる．本類型に限らず小沢に対する自由回答での意見は良きにつけ悪しきにつけ大変多いのだが，小沢と新生党・新進党に対する好感度の相関はかなり高い（相関係数0.75前後．小沢と自由党（00年）に至っては0.91）．本類型に属するサンプルは，新党には期待するが，小沢には反発して新・新党である民主党へ移行したとも考えられ，これを検証してみる．

「94年全サンプル」ほどではないが，H類型にも根強い反小沢が当初存在していたことがわかるが，それでも全体的な好感度は高めである．しかし00年になると，H類型では強い反感は持たれていないものの，好感度は大きく低下していることが明らかである．これは全サンプルの変化と比較しても顕著である（図9-3, 図9-4）．

また，本類型とは違って，新進党分裂後も小沢・自由党を支持したグループとの相違もはっきりしている（図9-5）．

6. まとめ

以上で見てきたように，H類型の有権者は，93年，00年の選挙において自民党政権に対抗する新しい勢力に投票してきたという点では同じ範疇に入るが，自民党投票者，新進党投票者，社民党・さきがけ投票者という，異なる傾向を持つ3つのグループに分けることができる．3新党の中でもどの党に投票したのか，新進党をどう評価したか，民主党がどのような位置付けにあるかによって，あるいは地元選出議員の所属政党の変遷をどう捉えるか等によって，各人の投票行動はかなり異なったものになっている．本H類型は，55年体制崩壊後の'有権者の再編'を表わす，興味深い類型といえるのではないだろうか．

図9-3 小沢一郎好感度全サンプル

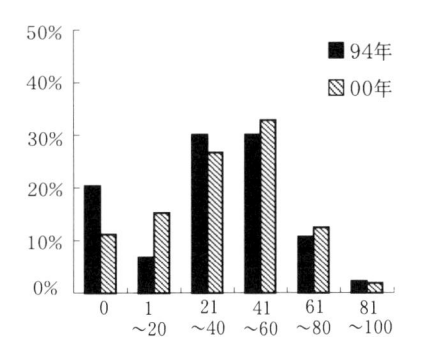

図9-4 小沢一郎好感度H類型

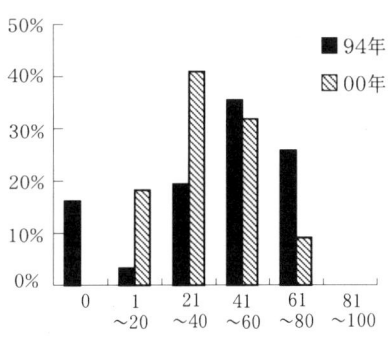

図9-5 小沢一郎好感度00年自由党投票者

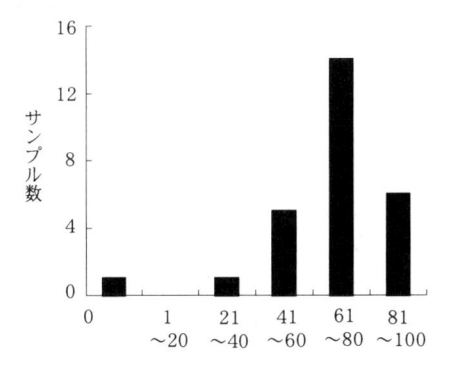

H-001 政党・候補者のクリーンさと改革期待度を重視

北海道　旧4区／新9区　1940年代生まれ　男性　①高校　②400〜600万円(93年)　③バス運転士　④労組　自治

	支持政党	選挙区	比例	拒否政党	保革
93.7	社会	鳩山由紀夫（さきがけ）		なし	6
94.2	（さきがけ）				3
95.2	社会				3
95.7	社会	新進	新進	なし	7
96.10	社民	鳩山由紀夫（民主）	民主	なし	4
00.6	民主	岩倉博文（自民）	民主	※	※

　旧北海道4区は鳩山由紀夫のお膝元であり，池端清一（社会），高橋辰夫（自民）などがそれを追うという選挙状況であった．新制度導入後の9区（室蘭市・苫小牧市など）では96年，鳩山が高橋，紙智子（共産）を大きく引き離して当選した．00年は岩倉博文（自民）が鳩山を急追したが，あと一歩のところで涙をのんだ．

　40代後半の男性．イデオロギーは中道からやや革新．96年には鳩山後援会に加入．彼は政党を支持するにあたって，改革への期待とクリーンさを重視している．もっともそれらは政党のイメージに立脚しており，政党間の違いについては彼自身あまり把握していない．社会党については大体の時期で好感度が高い．93年衆院選直前には共産党の清潔なイメージを評価しており，同党を支持している．94年のさきがけへの好意，96年衆院選直前と00年の民主党支持も同様の理由による．その一方で彼は自民党を「金権政党」とみており，調査期間中一度も支持していない．

　投票については，選挙時に最も改革の期待を抱かせる清潔な党や候補者に一票を投じているといえる．(だから支持政党と投票政党のズレが生じる．)93年衆院選でさきがけに投票したのは，自民党を飛び出した鳩山に期待したためである．95年は新進党に投票しているが，その理由として自社さ政権の新鮮味のなさと新進党主導による改革への期待があげられる．選挙区は「改革を期待して」，比例区は「新鮮さを感じるから」新進党に投票したと答えている．96年の民主党への投票は，社民党候補者が選挙区にいなかったこともさることながら，民主党や鳩山に対して今後政治を変えてくれそうなイメージがあったことが最大の理由である．彼は民主党が行革に一番熱心であり，マスコミでの印象がよかったと答えている．00年の衆院選では比例区は民主党に投票したが，小選挙区は自民党の岩倉に投票した．これについては「当初は鳩山に入れようと思っていたが，北海道，特に室蘭は今元気がなく，この現状を打破するために岩倉の若さに期待した」と語っており，自民党候補者に投票する場合にも変革への期待がこめられているといえよう．(小松)

H-002　自民党の存在を前提に，対抗軸を新進党・民主党に求める

青森　旧1区／新1区　1910年代生まれ　男性　①高校　②200〜400万円（93年）
③無職　④自治

	支持政党	選挙区	比例	拒否政党	保革
93.7	日本新	山崎力（日本新）		共	3
94.2	日本新				9
95.2	新進				7
95.7	新進	新進	新進	なし	6
96.10	新進	工藤隆一（新進）	新進	DK	6
00.6	民主	戸来勉（民主）	民主	公	7

　旧青森1区での93年衆院選では，自民党現職の田名部匡省（選挙後に新生党に移籍）・大島理森・津島雄二と社会党の新人今村修が当選し，日本新党から出馬した山崎力は落選した．現1区で行われた96年衆院選では，自民党の津島が今村や新進党の工藤隆一らを破り，00年衆院選でも今村や民主党の戸来勉らに圧勝した．

　彼は以前は一貫して自民党を支持してきたが，93年衆院選の際に自民党を「長年政権についてきたのでおごりがある」として，日本新党を支持するようになった．他の新党にも大きな好意を寄せており，その好感はそのまま新進党に引き継がれる．「じっくり時間をかけて，国民の期待にそえるような政党に育て行ってほしいと願」う新進党への支持は96年まで続き，解党後の00年には民主党を支持するようになっている．

　しかし，自民党を頭から否定するに至ったわけではない．例えば93年衆院選で日本新党に投票しながらも，彼が期待していたのは与野党伯仲の状況であって，自民党の下野までは望んでいなかった．細川政権については高く評価し，やがて新進党の単独政権を望むようになってはいるが，自民党に対する好感度は依然として高く，支持政党として挙げる新進党への好感をむしろ上回る傾向にある．村山内閣時代の，「社会党と組んでの自民党だなんていささか驚きである．もう少ししっかりした，頭に立てる人物が出てほしいと思う」という自民党へのコメント，及び2大政党制への志向などを併せて考えれば，彼は自民党の存在を前提に，その対抗軸としての役割を新進党に求めたことがうかがわれる．00年においても自民党政権の存続を望んでおり，民主党を支持しているのは自公保連立に対する拒否反応の要素が大きいようである．彼の意識の中で自民党は依然，一方の極として存続し続けるべき存在なのだろう．(東)

H-003 新しい政治を期待して転々とする有権者

茨城　旧2区／新4区　1960年代生まれ　男性　①大学　②1000～1200万円(96年)　③事務　④労組

	支持政党	選挙区	比例	拒否政党	保革
93.7	自民	斎藤全一郎（日本新）		公共	DK
94.2	日本新				3
95.2	さきがけ				5
95.7	さきがけ	社会	さきがけ	共	5
96.10	民主	梶山静六（自民）	自民	なし	6
00.6	民主	白票	民主	公共保	5

　旧2区では日立製作所が自民党候補2人を当選させるため久慈川協定という集票体制を続け、これに対し労組が組合出身候補を立てて企業選挙を展開してきた．93年衆院選は集票活動の廃止や日本新党（斎藤全一郎前知事）の参入で選挙体制が変化したが、自民2社会1の議席配分は維持された．選挙制度改革後は4区．前回次点の斎藤は新進党からの出馬．結果は梶山静六（自民党）の圧勝に終わった．00年衆院選では自民党の梶山弘志が父の地盤を継いで大勝した．

　20代後半の男性．収入も多く生活に不満はない．投票義務感が強く政治への関心も高い．政治に不満を抱いており厳しい批判を繰り返している．期待を託すも裏切られるばかりで、1票の影響力や政党・間接代議制に不信感を強めている．

　93年衆院選では自民党を支持していたが、新鮮さを感じて斎藤に投票した．そして社会党右派・民社・さきがけ・日本新の合体政党が政権を担うべきだと考えるようになった．選挙後も日本新党を支持するが次第に「自民寄り」の姿勢に幻滅し、さきがけの方が信頼できるとして支持政党を変えている．続く村山内閣への評価は概して低い．社会党自身にも「こんなに無能さをさらけだした時代はない．無能さゆえに首相がつとまる現実を何と説明するつもりか．あきれはてるばかり」と酷評している．そこで「政策でまとまれる党」を求めて新進党に期待するが、自民党と同じ体質に失望し長続きしなかった．95年参院選では依然さきがけを支持するが候補者が立っていなかったため小選挙区は仕方なく社会党に投じている．

　96年衆院選では「思い切った政治をやってくれそう」と民主党を熱心に支持しながらも、2票とも自民党に投じている．選挙区は民主党候補がいなかったためだが、なぜ比例まで自民党なのかは本人も答えていない．ただ選挙後は民主党が「もう少し票をとれると思った」と落胆し、支持熱が冷めている．00年衆院選では再び民主党支持を盛り返した．小選挙区は今回も民主党候補がいないため白票を投じている．梶山に入れず敢えて白票にしたことに民主党支持の強さがうかがえる．(内)

H-004　自民党と日本の政治に失望し，日本新党を経て民主党に望みを繋ぐ

茨城　旧2区／新4区　1930年代生まれ　男性　①大学　②200〜400万円（93年）
③無職→農業（95年）　④農協　自治

	支持政党	選挙区	比例	拒否政党	保革
93.7	（日本新）	斎藤全一郎（日本新）		生	3
94.2	日本新				4
95.2	（なし）				3
95.7	（なし）	棄権	棄権	進社	2
96.10	（民主）	棄権	棄権	社	2
00.6	なし	大和田喜市（共産）	民主	自	3

　旧茨城2区における93年衆院選では，自民党の梶山静六・塚原俊平，社会党の大畠章宏という3人の現職が揃って当選し，日本新党から出馬した新顔候補の斎藤全一郎は落選した．96年衆院選では塚原・大畠らが5区に回り，現4区においては梶山が，新進党から出馬した斎藤を圧倒的な票差で破った．00年衆院選では静六の長男弘志が地盤を受け継ぎ，共産党の候補に圧勝した．

　彼の場合，投票は有権者の自由であると考えるためか棄権が多い（96年の調査では，投票が「めんどい」から棄権したと述べている）．政治的無力感を抱いていることも，棄権を助長しているようである．しかし政治的関心は高く，政治や政治家には常に不満や不信を抱き，日本の民主主義は誇りではないと考えている．

　彼はかつては自民党を支持していたが，「大企業と癒着」しているのに愛想を尽かし，「今までの古い体質の改善と金権体質とボス議員の排除が必要」で「再分割して再出発すべきである」と考えるようになった．93年の時点ではまだ自民党に対する未練が残っているが，94年になると完全にこれを見捨てている．自民党に対する否定的な意識は，00年には自公保連立で更に強まったようである．

　自民党から離れた彼は，日本新党に期待を寄せ，93年衆院選で同党の斎藤に投票する．一方で新生党は「自民党と変わらない」と判断して拒否政党に挙げており，日本新党が新生党に接近するのを懸念した．新進党が結成されるに至っては無党派となり，どの政党も支持する意欲を失った．

　しかし，96年に結成された民主党が彼の興味を引き付ける．当時は「少数党のためあまり期待できない」とも感じたせいか棄権しているが，00年には比例区で民主党に投票し，支持には至らないものの，政権に適任の政党としてこれを挙げた．ただし，小選挙区では民主党の候補がいなかったため，共産党の候補に投票している．
（東）

H-005　改革志向と清潔さ重視

群馬　旧3区／新4区　1950年代生まれ　女性　①高校　②600～800万円（93年）
③主婦　④自治　生協

	支持政党	選挙区	比例	拒否政党	保革
93.7	日本新	駒井実（新生）		共	8
94.2	さきがけ				6
95.2	（なし）				5
95.7	新進	自民	その他	社	8
96.10	民主	中島政希（民主）	民主	なし	8
00.6	なし	中島政希（民主）	民主	※	※

　旧群馬3区は自民党の中曽根康弘，小渕恵三，福田康夫の3人が同時に争っており，定数4のうち自民3，社会1と固定されていた．小選挙区制になってから中曽根が比例区に転出し，小渕は群馬5区に動いた結果，福田の独壇場となっている．00年衆院選も，民主党県役員の中島をおさえ4選を果たした．

　彼女は会社員の夫，子供と共に生活している．政治の知識等は主にテレビから仕入れているようである．彼女にとっての重要争点は政治改革，行政改革，消費税であり，新しい，クリーンといった事を評価する傾向が見られる．自民党候補（小渕・福田）の後援会に加入していたこともあるが，積極的な参加ではなかったようだ．以前は自民党支持者であった．しかし，金権政治に嫌気がさしたのか，93年以降自民党の改革派及び新党に期待するようになり，日本新党，さきがけ，新進党，民主党と支持を変えている．

　93年衆院選では自民党政権を望みつつも与野党伯仲を期待していたためか，実際には新生党の駒井に投票した．96年には民主党の中島政希に投票している．彼女は小選挙区においては国全体の事を考える政治家に投票し，比例区では地元利益を考えた投票をしたいと考えている．このため，民主党の中島に投票したのであろう．00年も支持政党はなしとしつつ，民主に2票投じている．

　現在の政治にはかなり不満を抱いていて，新しく何かをやってくれそうな党や人物に期待を抱くようだ．彼女は自民党について,「クリーンなイメージがない」とする一方で,「改革派の人には好感が持てる．…過去の実績からもう一度国民を引き付けるような政策を打ち出して，他の党との連立などにより，再度政権を担当してもらいたい」と感じている．日本新党について，93年には「期待できそう．政策はよくわからないが，クリーンな感じがする」と考えていた．新進党について95年には「新しいことを何かやってくれそう」と考えている．民主党について96年には「菅直人に希望を持っている」と回答し，また新聞，ニュース，ワイドショーで良い印象を持った，とも回答している．(遠藤)

H-006 政党よりも政治指導者に着目する有権者

埼玉　旧3区／新11区　1920年代生まれ　女性　①短大　②不明　③主婦　④商工自治

	支持政党	選挙区	比例	拒否政党	保革
93.7	日本新	増田敏男（新生）		共生	5
94.2	日本新				6
95.2	さきがけ				5
95.7	さきがけ	社会	社会	なし	6
96.10	民主	加藤卓二（自民）	民主	進	7
00.6	民主	黒田達也（民主）	民主	共由	5

　93年の衆院選では保守系3人が議席を独占した．96年は新進，民主推薦で再起を期す田並胤明（無所属）が，新住民の多い北部で自民現職の加藤卓二に優ったものの及ばず，このとき善戦した無所属の小泉龍司が00年は勝利した．
　彼女は調査期間の途中から子供の家族と同居し始めている．生活には特に不満はない．憲法の改正に関しては，当初賛成であったが社会党支持のときに反対に転じているように一貫した意見を持っておらず，保守的，革新的どちらとも言えない．
　彼女は投票政党も支持政党も頻繁に変えており，政党への態度は一貫していないように感じられるが，政治全体に対しては常に自分なりの視点で一貫して見ている．
　彼女は，かつて支持していた自民党に対して強く幻滅している．「長期間政治の中心であったため汚職にたいして無感覚になり非常によくない」とコメントし，選挙では与野党逆転を願い投票している．自民党に批判的だと感じている朝日新聞や久米宏に好感を抱いている．自民党に対して全否定というわけではなく，外交政策と地元への貢献で一定の評価をし，96年は地元利益と実績を考慮して加藤に投票した．
　彼女は政党よりも個人の働きを注意深く見ている．政治指導者の方が感情温度のばらつきがあり全体として高めである．評価基準は自分の意見との一致ではなく仕事ぶりである．特に連立期の首相と改革派指導者は大概がんばっていると感じており，村山内閣に関しては大きく評価している．このときの仕事ぶりを見て社会党を政権適任政党と認識し，95年は「村山さんが一生懸命やっているから」という理由で同党に投票している．ただし「久保（亘）さんが正論を言っている」としているところから，旧来の社会党を評価しているわけではない．なお，小沢は自民党と同等と考えているようで，設立当初を除いた新生党と新進党には辛い評価をしている．
　一方，日本新党など政治の現状を変えようという勢力には高い評価を与えている．民主党へは「国民を主とした政党．期待する」と答え，政策面で特に評価している．00年は，比例区・選挙区ともに民主党に入れており，支持政党も民主党としている．この支持が定着するかどうかは，やはり党のリーダーの活躍次第だろう．（菅原）

H-007 新しい政治を求めるアンチ自民

埼玉　旧3区／新11区　1950年代生まれ　女性　①高校　②200～400万円（93年）
③販売事務→主婦（96年）　④自治　生協

	支持政党	選挙区	比例	拒否政党	保革
93.7	社民連	増田敏男（新生）		なし	3
94.2	（新生）				5
95.2	（なし）				4
95.7	（なし）	新進	二院ク	なし	3
96.10	民主	田並胤明（無所属）	民主	なし	3
00.6	なし	黒田達也（民主）	民主	自公	4

　93年は自2，社1という議席配分が崩れ，元自民の増田（新生）と糸山英太郎（無所属），自民現職の加藤卓二の保守系3候補が当選し，社会現職の田並が落選した．96年は再起を図る田並が無所属で出馬，新進，民主の2大野党の推薦を得て加藤に挑戦したが，やはり無所属の小泉龍司と非自民票を分け合い，及ばなかった．

　彼女は夫，子供と暮らしている．自らが中の下の層であると感じ，その暮らし向きに少し不満を感じている．政治に対しても絶えず不満を感じている．憲法改正には一貫して賛成し，一方でアジアの人々への謝罪にも賛成している．

　彼女の基本的な立場は，反自民である．金権政治や派閥政治という印象を自民党に抱いている．一方，彼女の両親は社会主義政党の支持者であるが，本人は89年の参院選で投票した以外は社会党に投票していないし，支持もしていない．「しっかりしてほしい」とコメントしているように，彼女は同党が嫌いなわけではなく，期待しているようにも感じられる．しかし，「たよりない」とも回答しているように，同党が何かをしてくれるとの印象がなく，彼女の関心は常に新党に向いている．

　彼女は調査以前から支持政党が無かったが，それは既成政党に対する不信が原因で，新党については支持しないまでも概ね評価が高い．特に新生党の羽田の評価が高く，選挙でも新生党候補に投票した．日本新党についても「何かやってくれそう」とコメントしている．民主党については，やはり代表であった菅を非常に高く評価しており，「若い力がある」としてそれまで無党派であったのが，96年衆院選前調査で熱心な民主党支持者であると答えるまでになった．このように，彼女の政党に対する態度にもっとも大きな影響を与えるのは党リーダーの好感度である．95年参院選の比例区では，「青島さんの二院クラブだから」と同クラブに投票している．

　00年もこの傾向に変わりなく，与野党逆転を望んで比例区，小選挙区ともに民主党に投票しており，自民，公明両党は拒否政党に挙げられた．民主党支持から支持なしに戻っているが，同党を政権担当政党として最も適任だとし，感情温度も政党中最高であるため，同党への期待感はむしろ増していると言えそうだ．（菅原）

H-008　既成政党に幻滅し，クリーンな新党に新しい政治を期待
埼玉　旧3区／新11区　1940年代生まれ　女性　①短大　②800～1000万円（93年）
③主婦　④自治　生協

	支持政党	選挙区	比例	拒否政党	保革
93.7	日本新	増田敏男（新生）		公	5
94.2	日本新				3
95.2	（新進）				5
95.7	（新進）	新進		なし	6
96.10	新進	加藤裕康（無所属）	新進	共	4
00.6	民主	黒田達也（民主）	民主	※	※

　93年は，新生党から出馬した現職増田が浮動票を集めトップ当選し，唯一の自民党公認で現職の加藤卓二と，無所属の元自民党代議士・糸山が議席を獲得した．96年は，93年に落選し，無所属で出馬した元社会党代議士・田並を破り，加藤が当選した．無所属で出馬した加藤裕康は，引退した糸山の地盤深谷市で3位の票を獲得するなどしたが，当選には遠く及ばない5位に終わった．
　彼女は管理職の夫，および未婚の子供と暮らしている．両親は保守政党の支持者であった．政治には若干の不満を抱いている．
　彼女は争点に関する質問などで自分自身の意見を社会党や共産党と同じ立場に置くことが多い．しかしこの両党を一度も支持しておらず，また，社会党を改憲の立場に置くなど必ずしも正しい認識をしているわけではない．つまり，政策的，思想的にある党を支持するという行動様式を持っていないのである．以前は自民党を支持し，89年，90年の選挙では自民党に投票しているが，93年以降彼女は一貫して非自民の姿勢をとっている．
　彼女が自民党の支持をやめたのは，その金権体質を嫌ったからに他ならない．自民党に「金権政治」「腐敗色の濃い党」とコメントし，93年の争点として「お金のかからない政治」を挙げている．一方で新進党について「クリーンな政治」とコメントし，代表の海部が「クリーンだから」という理由で95年参院選で同党に投票している．彼女は，清潔さを重要な要素として政治的態度を決定している．
　彼女の最大の特徴は，新党に対する期待の高さである．さきがけは「好感が持てる」民主党は「期待する党」とし，新党指導者の評価はどの時期でも高めである．その逆に既成政党に対する幻滅はかなり強く，村山首相に高い感情温度を示している以外は低い評価にとどまっており，共産党にいたっては温度さえ示していない．96年，新進党と民主党が支持していながらも田並に投票しなかったのは，このような既成政党への低評価が一因なのではないだろうか．逆に00年に前回立候補していなかった黒田に投票したのは新鮮味を感じたからではと思われる．(菅原)

H-009　古い体制・政策を嫌い，新進党支持者に
埼玉　旧3区／新11区　1920年代生まれ　男性　①高校　②1400万円～（93年）　③設備工事　④商工　自治

	支持政党	選挙区	比例	拒否政党	保革
93.7	**新生**	増田敏男（新生）		共	10
94.2	自民				9
95.2	**新進**				8
95.7	**新進**	新進	新進	共	8
96.10	新進	田並胤明（新進？）	新進	さ	9
00.6	民主	小泉龍司（無所属）	民主	公共	6

　93年は現職の増田，加藤卓二（自民）と元職・糸山英太郎（無所属）が当選，社会現職の田並が落選した．96年田並は新進，民主の推薦を受け無所属で出たが，秩父の非自民票を保守系の小泉（無所属）に取られ，加藤に大差をつけられた．
　彼は会社の経営に携わっているが，その職業柄か政治家との接触がかなりある．年収はかなり高めである．両親とも保守政党の支持者であった．
　93年以前，彼は自民党を一貫して支持し，以後も同党を「日本の再建に尽くした」と評価している．一方彼が後援会に加入している増田が新生党に移ったためか，同党にも高い評価を与え新進党にも受け継がれる．自民，新生，自民，新進と支持政党は一定ではないが，感情温度やコメントから両党とも支持していたと考えられる．
　しかし，95年から新進党の方を「自民党より上」であると感じるようになる．背景として自社連立もあると考えられるが，新進党の方がより現代的な政党だと感じたことが大きいようだ．新進党には「行革・あらゆる問題を解決し，道を開いていける党」と回答し，一方の自民党には「旧日本の政治をうけついでやってきているので，行革はできない」としている．「55年体制の自民党では」顕在化した現在の問題に対処しきれないと感じ，自民党政治に徐々に嫌気がさしてきたようだ．新進党への期待は，96年にはかなり高まり，当初小泉に投票しようとしていたところを田並に変更しているのも，同党の推薦を受けたことが影響していると思われる．
　民主党は未知数としながらも評価している．菅に小沢と並ぶ感情温度を示して最もよい党首であるとし，同党が最も政権担当能力のある党だとしている．一方共産党について「ロシア，旧ソ連体制にならなければ」という条件つきで「良い政党」だとしている．これは消費税率を上げない，福祉サービスを充実すべきという彼の意見と一致したためと思われる．このように彼は地元利益などはあまり考慮せず，日本全体に関わる争点から政治に対する態度を決定している．00年は比例区で民主党に投票しているが，選挙区で無所属候補に投票し，自民，民主は感情温度50度で並んでいる．新進党の解党後，最適解を見つけられていない状況のようだ．(菅原)

H-010　新党への幻滅から自民党を支持するも，投票には結びつかず

千葉　旧4区／新6区　1940年代生まれ　男性　①高校　②800～1000万円（93年）
③事務職　④自治

	支持政党	選挙区	比例	拒否政党	保革
93.7	（日本新）	長浜博行（日本新）		自共	5
94.2	（さきがけ）				5
95.2	（なし）				6
95.7	自民	棄権	棄権	進社	7
96.10	自民	中嶋誠（共産）	共産	進	8
00.6	自民	生方幸夫（民主）	民主	公保	7

　彼はクレジット会社の事務をしていて，世帯収入も95年からは1400万円以上と，妻や子供と共に裕福な暮らしをしているようだ．

　彼が住む地域は旧千葉4区であり，定数4で自民2人，社会2人であったが，93年衆院選では定数が5となり，自民党から新生党へ転身した現職井奥貞雄，日本新党の長浜博行などが当選した．96年衆院選では千葉6区となり，長浜は8区に移り，新進党候補不在の中，自民党の渡辺博通が共産党の中島誠などの追走を振り切って当選した．00年衆院選では民主党の生方幸夫が井奥らに勝った．

　彼は，基本的に無党派層の一人であり，投票政党の変動も激しい．自民党の政権担当能力を認めつつ，その金権体質には批判的で，93年には絶対支持したくないとしている．「未知数」であった新党については，94年2月頃から小沢一郎に対する嫌悪感が強くなり，新生党について「小沢に好きなようにされている．まず同代議士の自民党時代の金権腐敗をただして欲しい」と述べている．一方自民党に対しては「政治改革に不熱心」「金に汚い政治家が多くうそつきが多い」と批判的であったのだが，新進党を「小沢に牛耳られた党」，さきがけを「自民党との間で裏で何かがあり，なれあいがある党」として不満を持ち，95年7月には自民党支持になっている．期待していた新党に幻滅したため相対的に自民党の評価が上がったのだろう．

　その後96年衆院選前調査では，民主党を「菅さんのイメージを売りにしてやっていける党」と期待を感じて支持している．しかし，関心をもつ消費税問題で主張の近い共産党への好感度も高く，実際に投票もしている．共産党には「恐いイメージ」「危険性がある」と感じていたが，消費税問題についての意見の一致がそれらの印象を払拭したのではないだろうか．選挙後の調査では，自民党の外交・経済政策と政権担当能力を評価して自民党支持に戻っている．

　しかし，00年衆院選では，自民党支持だが，民主党の単独政権を望み，小選挙区・比例区とも民主党に投票している．自公保連立，景気対策，森首相の「神の国」発言に厳しい評価を下しており，これらが影響したと考えられる．（村上）

H-011　自民党への対抗政党を求め続ける都市有権者

東京　旧4区／新7区　1920年代生まれ　男性　①中学　②800～1000万円（93年）
③医療メーカー事務→無職（95年）　④なし

	支持政党	選挙区	比例	拒否政党	保革
93.7	社会	山田宏（日本新）		自共	5
94.2	日本新				5
95.2	社会				5
95.7	その他	社会？	社会	共	5
96.10	民主	三木立（民主）	民主	共	5
00.6	社民	長妻昭（民主）	民主	公共保由	4

　彼は70歳前後の男性で，93年には医療メーカーで事務をしているが95年からは無職となっている．妻と子供と暮らしており，世帯収入は安定している．

　彼の住む地域の93年衆院選では日本新党の山田宏がトップ当選した．96年衆院選では東京7区となり，山田は8区に移り，自民党現職の粕谷茂が民主党の三木立らを抑えて当選した．00年衆院選では民主党の長妻昭が，粕谷らを破って当選した．

　彼は自民党の金権政治と腐敗に強く不満を感じている．92年までは自民党に対抗する政党として社会党を支持してきたが，93年衆院選前の調査で「どうもはっきりせず力不足で頼りなく困っている．労働者の味方というのは遠い昔のことになる」と社会党に対する不満を表明し，それに代わって新党に興味を持ち始める．彼は新生党の小沢一郎を警戒し，さきがけには小さくて無力である印象を受けており，日本新党に対する好感度が一番高い．93年衆院選では日本新党の山田に投票し，94年2月には日本新党の熱心な支持者となっている．彼は2大政党制と非自民連立政権を望んでいるので，細川政権の誕生に満足しており，さらに2大政党制に近づくために，日本新党に対して「新人を集め，また主義の近い党と合同し大きく前進を期待する」と期待を寄せている．

　ところが，94年12月に結成された新進党に対しては，自民党と大差ないと感じ，小沢嫌いも手伝ってかあまり良い印象を持たず，95年には社会党支持に戻る．社会党について「新基本政策で進んでいくなら支持していきたい．連立政権でいろいろ勉強して国民から安心して政権を渡される政党になってほしい」と述べており，与党となった社会党に新鮮さを感じて期待し，95年参院選で投票もしている（実際はおそらく推薦候補）．しかし，村山首相が退陣し橋本政権に変わった96年には菅直人に好感を持って民主党支持に変わっており，民主党に現状の改革を期待している．

　00年衆院選では社民党支持に戻ったが，民主党に投票し，民主党を政権担当に適任とし，民主党の単独政権を望んでいる．自公保連立政権に対して厳しい評価を下していることから，政権交代を期待しての投票行動といえよう．(村上)

H-012 あまり熱心でない共産党支持者

東京　旧5区／新10区　1940年代生まれ　女性　①短大　②1200～1400万円(95年)
③冠婚葬祭業自営　④なし

	支持政党	選挙区	比例	拒否政党	保革
93.7	(社会)	鮫島宗明（日本新）		なし	5
94.2	(日本新)				4
95.2	さきがけ				6
95.7	さきがけ	共産	さきがけ	なし	5
96.10	共産	小林興起（自民）	共産	なし	5
00.6	共産	山本敏江（共産）	民主	公由	6

　豊島区在住，自営で葬祭業を営む家庭で夫の手伝いをしている中年女性の有権者．
　本選挙区の93年衆院選は定数3を日本新党・新生党・公明党で分け合い，自民党は議席を逃した．96年衆院選では再選を目指した新進党の鮫島宗明を自民党の小林興起が撃破，自民が面目を保った．00年衆院選で民主に移った鮫島であるが，またも小林に敗れている．
　まず彼女の政治的指向であるが，自民党は「金権政治」「自分たちの勝手なことをしている」と嫌っている．また，新党には期待するもすぐ裏切られたようだ．新生党・日本新党に対してそれぞれ，「未知数なのでこれからの活躍に期待」「多くの人に支持されるようにがんばれ」と期待を寄せていたものの，はや95年には新進党に対して，「党名だけ変えても考え方は同じ．いいかげん国民を馬鹿にするのもやめてほしい」と憤る結果になっているのである．また，95年2月に「何かやってくれそう，期待したい」として支持政党にしたさきがけに対しても，同年7月には，「名前は『さきがけ』なんていっているけど中身はぜんぜんダメ」ということもあった．
　そのような中，共産党だけは違ったようである．「力はない」が，「弱いものの見方という感じはする」と，新党誕生前から好意は抱いており，結局96年・00年には「勤労者の立場を代表しているから」と，支持政党になっているのだ．様々な政党が無原則に政策を変えて，信頼できなくなったのは確かであり，一貫した政策をとっていた共産党は魅力的に映ったのであろう．当然96年衆院選の比例区では共産党に投票．しかし小選挙区は「あと一歩で当選するし，地元の利益を代表しているので」と，自民の小林に投票している．小選挙区で共産党の候補に入れて死票になるのを避けようとした側面もあろうが，"自民党"全体のイメージが悪くとも良質な候補者をそろえているために自民党に投票した部分もあろう．「あまり熱心でない」共産党支持者なら，地元の利益や候補者個人の魅力，投票効果等を比較衡量して，自民党に投票することもあるということだ．00年衆院選では小選挙区で共産，比例区では政権担当適任政党とする民主党に投票している．(原)

H-013　社会党拒否型

東京　旧11区／新22区　1920年代生まれ　男性　①大学　②600～800万円（93年）
③画家　④自治

	支持政党	選挙区	比例	拒否政党	保革
93.7	新生	伊藤達也（日本新）		社共	9
94.2	さきがけ				8
95.2	さきがけ				5
95.7	さきがけ	さきがけ	その他	社共	5
96.10	（なし）	棄権	棄権	進社共	6
00.6	民主	山花郁夫（民主）	民主	公共保	6

　東京に親子で住む70代の男性で，画家である．
　政治への関心は非常に高く，自ら政治家の後援会に加入している（誰なのかは不明）．各政党に対して明確に意見をもち，社会党は「政策がなく国民不在の政党である」とし，また，共産党は「排他的政党である」として両者に強い嫌悪感を抱いている．
　87年ごろより「吉田，鳩山のイメージから急転悪いほうへ墜落．国民不在の権力闘争」として自民党を見限ってから，彼の新党遍歴は始まる．まず，保守系新党として新生党を支持するが，細川政権を通じてイメージがダウンする．特に小沢一郎に対して強い拒否感を抱き，「小沢一人のせいでのイメージダウンではない」と新生党全体に対してまで否定的になる．日本新党に対しても同様の理由で否定派に転じる．その後支持政党はさきがけへとシフトし，社民連，民社との連立を望むようになる．続く村山政権期にはさきがけへの支持の強化と自民党の再評価が始まる．95年2月には，「自民党は政権奪取だけを夢見る国民不在の政党である」と批判しつつも，特に社会党に対する反感から，自・さきがけのみの連立を望むようになる．参院選後の7月には，「日本の戦後作りに貢献した」「穏健な国づくりに努力してきた」と，自民党の評価は高いものとなるに至った．さきがけが分裂し民主党が登場すると，「さきがけは無政策になってしまった」と述べ民主党へと支持を転換した．96年衆院選で，それまで強い反感を抱いていた山花貞夫（社会党出身）が自らの選挙区の民主党候補となると，あっけなく従来の姿勢を捨て，山花に投票すると表明した．しかし実際の選挙においては，比例区では民主党に投票したものの，選挙区の投票用紙には候補者名を書かずに批判を書いたという．政党本位の選挙になったとの認識を示しながらも，候補者に対するこれまでの反感を覆すことは実際にはできなかったようだ．00年衆院選では，鳩山由紀夫の感情温度が最高（100度）であることと，「神の国」発言への怒りなどもあり，小選挙区，比例区とも民主党に投票している．
　　　　　　　　　　　　　　　　　　　　　　　　　　　　　　　　（原）

H-014　クリーンであるというイメージを重視

神奈川　旧2区／新4区　1910年代生まれ　女性　①高校　②〜200万円（93年）
③無職　④自治　住民

	支持政党	選挙区	比例	拒否政党	保革
93.7	日本新	永井英滋（日本新）		共	5
94.2	**日本新**				6
95.2	さきがけ				6
95.7	さきがけ	さきがけ	さきがけ	自共	5
96.10	**民主**	中島章夫（民主）	民主	進	5
00.6	民主	大石尚子（民主）	民主	公共	4

　彼女の投票対象を重視して当該地域の衆院選を概観すると，93年は日本新党の永井英慈が初当選した．96年は自民党の飯島忠義が激戦の末，初当選を果たした．民主党の中島章夫は完敗だった．00年は飯島を民主党の新人大石尚子が大差で破った．

　彼女は物質よりも精神を重視すると常々答えている．また，自らの暮し向きに満足し，たとえ暮し向きが悪くなったとしても自らの責任だと答えている．そのためか，選挙争点に経済問題を据えず，93年は「清潔」，96年は「環境問題」を争点にしている．これらの争点に対する選挙前の時の内閣の対応には満足していない．

　調査期間中，第1党である自民党へのイメージは，93年は「一部の人が悪い事をする」，94年は「金権体質」，95年は「政治屋」，同年参院選時は「金権汚職」，96年は「数を頼んでいる」となっている．また，他党を批判するときには「自民党的である」という言葉で批判することが多い．時期により好感度自体は変化するものの，政策以前の政治手法の点で自民党にあまり良い印象を持っていないことが分かる．金銭的なクリーンさを追求する彼にとって，自民党の経済手腕は大して興味がわかず，逆に自民党の金権的イメージばかりに目が行くのだろう．

　投票は政党を基準に行っていると思われる．候補者自身のことは良く知らないと述べているからである．投票と政党観を時系列的に見ると，以前は自民党への対抗勢力として社会党に期待してきたが，93年には先程の「清潔」というテーマを重視し，また与野党逆転を求めて，日本新党へ投票した．この時日本新党とさきがけの評価は高いが，新生党の評価は低い．クリーンさが評価の基準なのだろう．95年もクリーンさを重視し，「自民党的」とする新進党は評価しなかったが，「党首がよい」とするさきがけは評価した．社会党への評価も悪くない．結局同年参院選ではさきがけに投票した．96年になると，「与党になってダメ」とする社民党と「小さくなってしまった」とするさきがけの評価は下がり，その将来に期待する民主党への評価が高まっている．党首の印象も良い．投票も小選挙区・比例区とも民主党へ投票した．00年も同様の傾向で，小選挙区・比例区とも民主党へ投票している．(金子)

H-015　民主党誕生により受け皿見つかる

神奈川　旧5区／新15区　1940年代生まれ　男性　①大学　②1000～1200万円（93年）　③技術者　④自治　生協

	支持政党	選挙区	比例	拒否政党	保革
93.7	（なし）	小泉晨一（日本新）		共	5
94.2	（さきがけ）				6
95.2	（さきがけ）				6
95.7	さきがけ	さきがけ	さきがけ	共	5
96.10	民主	富塚三夫（民主）	民主	共	5
00.6	民主	鈴木毅（民主）	民主	共	4

　彼の地域の衆院選を見ると，93年は自民党の河野洋平ら現職に加え日本新党の小泉晨一が初当選．現職全てが他選挙区に去った96年は自民党の河野太郎が父洋平の地盤のもと民主党の富塚三夫に勝利し，00年も河野が民主党の鈴木毅に圧勝した．

　93年衆院選当時，彼は政治に非常に不満を持っており，彼が投票の基準と答える政党に対する評価も大変厳しい．当時既成政党と言われていた全ての政党に絶対的なアレルギーをもっており，支持政党も持っていなかった．一方，新党に対しては評価をつけずそのイメージを聞かれても「分からない」とするなど戸惑いを見せる反面，選挙では新党のひとつである日本新党へ投票をするなど期待もうかがえる．彼自身選挙の争点とした政治改革を成し遂げてくれるのではと考えたのだろう．

　その後，それらの新党への評価は党ごとに明暗を見せ始め，新生党については，「小沢氏の独占政党」と切り捨てる一方，さきがけについては支持を与え始めている．95年参院選では小選挙区・比例区ともにさきがけへ投票している．しかしその支持も「他によい政党がない」という理由のもので消極的なものにとどまっている．自民党や社会党への評価は相変わらず厳しいが，自民党や社会党の政権参加自体は否定していない．安定性を追求した結論だと言える．

　そして，95年時点で一緒に政権を担ってほしいと考えていた社会党右派・さきがけが中心となって96年に民主党をつくると，同党へ支持を変え，同年衆院選では小選挙区・比例区ともに民主党へ投票した．民主党には自民党・新進党につぐ「第三極として無党派層を取り込むことを期待」している．新進党を「自民党的」であると批判することからして，新しい形の政治のイメージをもう一方の新党である民主党に求めたのかもしれない．この時期政府への満足度はそれほど高くないが，自らの意見を代弁する政党ができたこともあって，政治自体に対する満足度は高い．

　民主党の成立は待望であったようで，00年に至ると支持は極めて強いものになっている．同年衆院選でも小選挙区・比例区ともに民主党へ投票した．この支持の高まりには民主党が安定した印象を持つようになったことも関係があろう．(金子)

H-016　公明党・共産党を利さないように

神奈川　旧5区／新16区　1920年代生まれ　男性　①中学　②600〜800万円(95年)
③無職　④自治

	支持政党	選挙区	比例	拒否政党	保革
93.7	新生	小泉晨一（日本新）		共	6
94.2	(NA)				NA
95.2	自民				6
95.7	**自民**	自民	自民	進	6
96.10	自民	亀井善之（自民）	自民	進共	8
00.6	民主	山条隆史（民主）	民主	自公共	NA

　彼の住む地域の衆院選を概観すると，93年は河野洋平・亀井善之の自民党現職2人と日本新党の新人小泉晨一が当選した．96年は河野が他の選挙区に去り，亀井が河野の地盤を受け継いで小泉らを破った．00年も亀井が民主党の山条隆史らに圧勝した．

　彼はそれほど政党への信頼が厚くない．特に公明党（その流れを汲んだ新進党も含む）・共産党両党に対する評価は辛辣である．公明党のことを「宗教団体」と呼び，共産党のことを「ソ連の手先」とする（ちなみに彼はシベリアに抑留されていたらしい）．特定の大きな支持母体を持つことが嫌悪感の理由なのであろうか．

　時系列的に見てみると，93年から94年にかけては新党を支持している．そして93年には日本新党に投票している．当該選挙の争点として政治改革をあげていることから，新党に政治改革を期待したと言えよう．その後嫌悪感を示す公明党が日本新党・新生党両党と合流したことから，これらの勢力に対する支持は95年ごろから急速になくなる．96年には新進党のことを「宗教団体の急先鋒」と呼び拒否政党に挙げている．また同時期さきがけに対しては「わからない」と答え，少数政党ゆえに印象にも残らなくなる．この間代わって支持を伸ばしたのが自民党である．元々評価自体は悪くなかったが，95・96年には支持政党にすら挙げている．自民党の印象について「第一党」(95年),「日本で一番」(96年) と答えているが，これらのフレーズには大きさゆえの安定感を評価している姿がうかがえる．そして，95年・96年の選挙では自民党に投票している．ただし，96年の衆院選に限って言えば，本人が言う通り，政党を重視して投票しているとは言えない．彼の家族が自民党の亀井の後援会に属していたという地縁が一番の要素となっていると思われる．

　しかし，00年には小選挙区・比例区ともに民主党に投票した．前回支持していた自民党はこの時拒否政党になっている．公明党勢力と結んだからであろう．民主党に投票したのは，自民党がそんな状況下にある中で，民主党が新しいイメージを持ちかつ大政党になりうると考えたからだと思われる．(金子)

H-017 明確な支持政党を持てず，新しさを期待して民主党へ

長野　旧1区／新1区　1930年代生まれ　男性　①大学　②600～800万円（93年）
③社会福祉団体　④自治

	支持政党	選挙区	比例	拒否政党	保革
93.7	（さきがけ）	田中秀征（さきがけ）		公共	4
94.2	新生				8
95.2	新進				7
95.7	（新進）	新進	新進	なし	7
96.10	（新進）	田中秀征（さきがけ）	民主	共	5
00.6	民主	金久保喜一（民主）	民主	共	5

　旧長野1区は，さきがけの田中秀征，自民党の若林正俊，小坂憲次と社会党の清水勇が3議席を争い，共産党が食い込みを図る．93年衆院選で社会党が議席を失った．小選挙区制新1区となる96年は新進党に移った小坂が田中，若林らを抑えて当選．00年では自民党に復党した小坂が民主党の金久保喜一をかわした．

　大学卒で市の社会福祉団体に勤める彼は，保革イデオロギー，投票政党ともやや革新的な傾向が認められる．再編期の各政党の党内対立や，政策や連立の不透明さによるのか，自由回答にも政治に対する肯定的な記述は殆ど見られない．93年衆院選前には，弱いながら支持する自民党に対して期待と不安が相半ばし，社会・公明・共産党などの既成政党には総じて批判的である．3新党の好感度は既成政党に比べやや高いが，不透明であると警戒している．結局政党を重視してさきがけの田中に投票した．この後は，新生党・新進党と支持なしの間を左右する．新生党に対しては主張政策があまり見えず，反自民だけで頼りないと感じる．新進党移行後は責任政党としていつでも政権を取れる健全な政党を望んで改革を期待する反面，宗教団体に引っ張られる体質を嫌い，党内構想も固まらない「連合艦隊」と揶揄する．田中の所属するさきがけに対しては，結党精神は素晴らしいが少数で凝り固まっており，離合集散にしか関心がない．社会党はいずれ二大政党に加わって欲しいが，左右対立に苛立っている．自民党の再分裂含みの動きには党内不統一で頼れぬと見る．

　このようにどの政党，政治家にも支持ができず，政治不信が高まる．95年参院選時には，各党党首ら政治家個人への好感度が同じ25度を指し，以後も殆ど差がない．自社さの大連立を組んで，各党の優れた人物に政権を担わせることを提案するのは象徴的である．96年に登場した民主党には先行き不安だが新しいものを期待するとしており，衆院選では選挙区では候補者を重視して田中に，比例区は「政治の現状を改めるのに最適」な民主党に投票した．00年衆院選では民主党を支持するとし，選挙区比例区とも民主党に投じ，民主党中心の連立政権を望むようになっている．96年では流動的だった支持が，固まってきたように見受けられる．(国枝)

H-018　政局の混迷に落胆して，新党にのみ期待

長野　旧1区／新1区　1920年代生まれ　女性　①高校　②～200万円（93年）　③美容師　④商工　自治

	支持政党	選挙区	比例	拒否政党	保革
93.7	**新生**	田中秀征（さきがけ）		なし	6
94.2	さきがけ				7
95.2	さきがけ				6
95.7	さきがけ	棄権	棄権	自共	6
96.10	民主	田中秀征（さきがけ）	民主	なし	5
00.6	民主	金久保喜一（民主）	民主	自公保	NA

「どの党も党利党略に終始している感じで党の特色が見えません．前回は自民党から政権が離れるだろうとの期待がありました．今回は投票に苦しみます．」村山政権成立後の95年調査でのコメントである．それまで熱心かつ詳細に調査に回答していただけに落差は大きい．さきがけ支持こそ保っているが，どの党にも期待が持てなくなり，政党，政治家とも感情温度計は全て10度を指す．選挙時にどの候補者に投票すればよいか「とても困っています」と言う．彼女のイデオロギーはやや保守的で，単身サービス業を営んでいた．自民党の一党支配，金権政治体質を嫌い，社会党には政権が取れるような人物がいないとして，3新党に改革の期待を寄せる．93年衆院選ではさきがけに転じた田中秀征に投票し，細川政権時の調査では，新生党など3新党に政治を変えたいという熱意を貫いて欲しいとエールを送っている．一方下野した自民党の思い上がりや強引さを責める傍ら，これを機に変化していくであろうと望みを持って見ていた．それからの1年間の，羽田政権から村山政権，新進党結成へとつながる政局の混迷に落胆して出たのが冒頭のコメントである．

この後の調査では，自民党は古い体質から抜けられず，村山首相を裏で操っていると批判する．また好感を持つ羽田の属する新進党には良くなって欲しいと95年にはまだ期待を持っていたが，後に「がっかりしている」と見放してしまった．支持してきたさきがけに対しては，鳩山由紀夫など言うことは大変良いけれど力がないとして新進党との連立を望んだ時期もあったが，その後「政治は難しいものだと思う」と述べて少数政党の苦しみを吐露すると共にあきらめが混じる．96年衆院選において，新たに結成された民主党を「よくわからないが新しい党に期待する」として熱心に支持するとし，選挙区では田中，比例区では民主党に投票した．

既成政治に反発して改革を訴える新党に希望を託すも，彼女の期待は裏切られ続けた．最早，とにかく新しいものにしかすがるものはなかったように見受けられる．00年調査では自公保3与党を拒否政党に挙げ，比例区選挙区とも民主党に投票した．民主党が彼女の期待を受け止め得る存在となり得たのであろう．(国枝)

H-019　弱い自民党支持，羽田に従って政党支持も遷移

長野　旧2区／新3区　1940年代生まれ　男性　①高校　②600～800万円（93年）
③たたみ職人　④商工　自治

	支持政党	選挙区	比例	拒否政党	保革
93.7	新生	羽田孜（新生）		なし	6
94.2	新生				5
95.2	新進				6
95.7	新進	棄権	棄権	なし	6
96.10	新進	羽田孜（新進）	新進	なし	6
00.6	なし	羽田孜（民主）	民主	公	6

　旧長野2区は自民党の羽田孜，井出正一と社会党が議席を分ける無風区だったが，93年には羽田が新生党，井出はさきがけへ移り，超党派議員集団シリウスをまとめる社会党の堀込征雄が立つ，改革派揃い踏みの選挙区．自民新人が落選．新3区での96年衆院選は新進党の元首相羽田が圧勝，さきがけ代表の井出は落選．堀込は新進党から比例区へ．00年も民主党の羽田が勝ち，自民党新人は比例復活．

　'自民党・羽田孜'を支持していた者は，その投票決定要因が政党本位であったか候補者本位であったかによって二分された．その後者に属する彼は，保革イデオロギーは弱保守で商工・自治団体に属し，政治には大体満足している．以前は自民党に投票していたようだが，89年参院選では社会党に票を投じているように支持は強固ではない．93年衆院選時には自民党の一党支配に嫌気がさしていると言って，「これからの日本を担う」新生党の羽田孜に投票した．その後も自民党の旧態依然とした体質に辛口で，自民党には投票していない．その一方で羽田の後援会に加えて自民党候補の後援会にも名を連ねるなど見切りをつけたわけではなく，自民党の好感度は新生党・新進党に比しさほど低くもない．政権交代当初は新生党を支持しながらも自民党中心の政権を望むとしていた．この姿勢は新進党結成後に変化し，弱い支持ながらも投票（意図）政党，候補者も新進党一色となり，政権担当能力も新進党のみに認めている．羽田政権が倒れた後の村山政権への評価は大変厳しい．

　自民党の消極的支持者で，投票決定要因として候補者個人が重要とする彼が，自民党離党後も羽田に投票し続けるのは自然な流れである．自民党長期政権への潜在的な批判と，支持する羽田の新党結成が結びついて，新進党支持は熱心でないと言いつつも強固となった．支持政党・比例区投票は羽田に従っており，羽田がいる限り自民党支持に回帰することは考えにくい．太陽党・民政党・民主党へと移る羽田の行く末を案じつつ個人への支持は継続しており，00年衆院選では支持政党なしとしながら選挙区・比例区とも民主党に投票した．自民党の好感度も高いが，民主党政権を理想としている．安定的な'民主党・羽田'の支持者と言えるだろう．(国枝)

H-020　羽田について新進党支持に回り失望するも，共に民主党へ

長野　旧2区／新3区　1940年代生まれ　男性　①高校　②1000〜1200万円(95年)
③理容業　④商工　自治

	支持政党	選挙区	比例	拒否政党	保革
93.7	新生	羽田孜（新生）		共	6
94.2	**新生**				9
95.2	新進				6
95.7	新進	新進	新進	自社さ共	8
96.10	新進	羽田孜（新進）	新進	共	8
00.6	民主	羽田孜（民主）	民主	公共由	6

　旧長野2区は自民党の羽田孜，井出正一と社会党が議席を分ける無風区だったが，93年には羽田が新生党，井出はさきがけへ移り，超党派議員集団シリウスをまとめる社会党の堀込征雄が立つ，改革派揃い踏みの選挙区．自民新人が落選．新3区での96年衆院選は新進党の元首相羽田が圧勝，さきがけ代表の井出は落選．堀込は新進党から比例区へ．00年衆院選も民主党の羽田が勝ち，自民党新人は比例復活．
　彼の大きな特徴は，自民党に対する強い反感である．従来から自民党・羽田孜を支持し，89年参院選でも自民党に投票していたが，調査開始時から自民党批判が噴出する．自民党は生活に密接した保守政党だとするが，長期政権で進んだ金権政治体質を強く批判し，大臣ポストを取り合う派閥集団だと切り捨てる．93年衆院選では与野党逆転を望んで新生党の羽田に投票した．さらに社会党と連立を組んで成立した村山政権を嫌悪し，自民党はもはや支持できぬとする．一方自民党を割った羽田個人への支持が高く，新生党も「この人が党首になれば（中略）問題なし」とし，小沢一郎でなく党首である羽田の意見を立てることを求めている．
　しかし熱心な新生党への支持は，羽田政権が倒れた後の新進党移行頃から微妙に変化する．右派社会党や公明党を結集させた2大政党の一翼としての役割を期待しつつも，しっかりした行政改革と「確かな責任者」を要求する．95年参院選では「自民社会の与党に反対して」新進党に票を投じたとしてそれまでの積極的な支持が見られなくなり，96年調査では新進党は「政治改革を唱えている」と客観視されている．混迷する新進党に熱意が冷めても，その受け皿が見当たらない状況であったと思われる．村山政権への評価はかなり低かったが，自民党中心の橋本政権が登場すると，橋本個人への好感も手伝ってそれまでの反自民的な言動はトーンダウンしている．96年衆院選では選挙区は羽田，比例区は新進党に入れたが，鳩山由紀夫と菅直人への好感度も高い．新進党離脱後の羽田らを併せた民主党を支持するようになり，00年衆院選では選挙区比例区とも票を投じた．自民党の対抗軸としての地位を認め，羽田支持とあいまって民主党支持は固いものとなっているだろう．(国枝)

H-021　新党に乗ってみた社会党支持者，古巣を見限り保守系新党から民主党へ
長野　旧2区／新3区　1920年代生まれ　女性　①中学　②600〜800万円（95年）
③主婦　④なし

	支持政党	選挙区	比例	拒否政党	保革
93.7	（新生）	羽田孜（新生）		公共	5
94.2	新生				5
95.2	新進				NA
95.7	（新進）	新進	新進	自	7
96.10	新進	羽田孜（新進）	新進	なし	5
00.6	民主	羽田孜（民主）	民主	なし	NA

　旧長野2区は自民党の羽田孜，井出正一と社会党が議席を分ける無風区だったが，93年には羽田が新生党，井出はさきがけへ移り，超党派議員集団シリウスをまとめる社会党の堀込征雄が立つ，改革派揃い踏みの選挙区．新3区での96年衆院選は元首相羽田が圧勝，さきがけ代表の井出は落選．堀込は新進党から比例区で選出．00年衆院選も羽田が勝ち，堀込は民主党から比例区で当選．

　社会党の支持者であった両親を持つこの女性は，現在職はなく団体加入等もないが，「働く人たちの代表，人の気持ちがわかる」党として従来から社会党に投票してきた固定層であった．93年衆院選前には支持政党に社会党を挙げたが，3新党に好感を抱き，初めて新生党の羽田孜に票を投じた．新生党には「若い力の集まり，何かやってくれそう」と期待を寄せる．一方自民党に対しては，自党の考えに固執して他党の意見を聞かず改革を実行する力がないとして冷視が続く．細川政権の成立を大いに歓迎してはいるが，与党内最大となった社会党の党内対立に苛立ちを見せ，また村山政権への評価は村山富市個人への好感度の高さと社会党への不安が混じって複雑である．社会党の混乱に将来分裂するのではないかと危惧していたが，大敗した95年参院選時には分裂騒ぎに愛想を尽かし始め，96年調査では「本来の党の資格なし」と完全に見放してしまった．

　新進党への支持は一貫して高いものの，若い力を生かしてもっと努力せよ，出来ることと出来ないことをわきまえよ，ともどかしい思いを吐露する．これに代わって橋本政権下の自民党には，「今までにこだわらず積極的に，いさぎよく」と初めて肯定的になり，政権担当政党も新進党でなく自民党が最適と答えている．

　旧来の社会党支持者にとって93年衆院選は新党ブームに乗った一過性のものであったはずだが，その後の社会党の党内対立への失望がそれを保守系政党支持に変えてしまった例と言える．ただ，鳩山と菅への期待は高く，しかも羽田や旧社会党の大半をも取り込んだ民主党に対して，高い関心を抱くことは容易に想像でき，果たして，00年衆院選時には民主党を支持し，選挙区比例区とも票を投じた．(国枝)

H-022　自民党支持だが金権批判，投票依頼，党首イメージ，懲罰などで他党に投票
岐阜　旧1区／新1区　1940年代生まれ　女性　①高校　②不明　③飲食店自営
④商工　自治

	支持政党	選挙区	比例	拒否政党	保革
93.7	自民	松田岩夫（新生）		なし	7
94.2	自民				7
95.2	**自民**				DK
95.7	**自民**	自民	自民	共	8
96.10	自民	渡辺嘉蔵（民主）	社民	進	8
00.6	自民	野田聖子（自民）	民主	共	8

　彼女は夫と親と子と暮らしており，夫と飲食店を営んでいる．政治への関心は高くないが，不満は大きい．93年には自民党の大野明の後援会と公明党の河合正智の後援会，96年には民主党の渡辺嘉蔵の後援会に加入しているが，それによる候補者との接触は特にないようだ．支持政党は一貫して自民党であり，92年以前の国政選挙でも自民党に投票したようだが，93年以降の衆院選では1票しか自民党に投票していないところが興味を引く．
　彼女の自民党支持の要因は，彼女自身が語るように，「子供のときから親が自民党と言ってきたので自然に自民党になった」ということが大きい．彼女の職業柄，景気対策は特に重要であり，自民党なら「生活が安定し暮らしやすい政治」をしてくれると彼女は考えている．ただし，彼女は自民党の金権体質，数の支配に反感も抱いている．
　他党に関しては，新党への期待はかなり高く，新生党を政治改革に熱心な党と見ていた．新進党には自民党をよい方向に引っ張る党として好意を示したが，好きではない小沢一郎が党首になったためか，96年には新進党の評価は一変して悪くなる．96年の民主党に対しては，菅直人への好意と，行革への期待により，好感度が高い．
　自民党の金権体質などへの不満のためか，93年衆院選では政治改革を重要争点だと考え，政治改革に熱心だと感じる新生党の松田岩夫に投票した．95年参院選での投票理由は「以前からずっと自民支持」であった．96年衆院選では，小選挙区で民主党の渡辺嘉蔵に投票したが，これは民主党の好印象に加え，店の客などから働きかけを受けたことが大きい．比例代表での投票は土井たか子・村山富市といった政治家が好きだからという理由による．
　00年衆院選では，小選挙区で自民党の野田聖子に投票したものの，森首相の「神の国」「国体」発言などに反感を持ち，与野党逆転，民主党単独政権を望んでいる．野田については地域出身であるなど関わりが深い候補として挙げており，これが投票の理由であろうと思われる．(山本)

H-023　新党支持の熱は冷めて民主党支持へ，海部も捨てず

愛知　旧3区／新9区　1930年代生まれ　男性　①高校　②200～400万円（93年）
③無職　④自治　宗教

	支持政党	選挙区	比例	拒否政党	保革
93.7	**新生**	江崎鉄磨（新生）		社共	7
94.2	(NA)				7
95.2	新進				6
95.7	新進	新進	新進	社共	7
96.10	新進	海部俊樹（新進）	自民	共	6
00.6	民主	海部俊樹（保守）	民主	共	NA

　旧愛知3区は3つの議席を自民党の海部俊樹と江崎真澄，社会党の佐藤観樹が独占してきた無風区．93年衆院選では江崎の息子鉄磨が新生党に移籍，民社・共産党は議席を奪えず．小選挙区となる96年新9区は（江崎は8区へ），新進党へ転じた海部が大勝，民主党から立った佐藤は自民党新人にも及ばず落選．00年には（佐藤は8区へ）海部が自公の推薦を得て保守党から大勝．民主・共産の新人らを退けた．
　93年衆院選時には政治に全く不満である彼は，弱い自民党の支持者だが金権体質や癒着構造に批判的であった．3新党の好感度が高く，日本新党には自民党にない政治を期待する．新生党は党首や政策運営などが最も良いとし，江崎に投票した．細川政権はある程度評価するが非自民連立に全面賛成ではなく，社会党と共産党を拒否政党としているため社会党の政権参加には否定的で，社会党を除いた自民党中心の連立が好ましいとした．新進党移行後はその単独政権を望むが，かつて新党に寄せたような熱意はない．95年参院選では「他党がパッとしない」という理由で「自民党より少し良い」新進党に投票した．党首に担がれた海部には好意的だが，96年衆院選時には，党首を交代した小沢への好感度が低い．小選挙区こそ候補者を重視して海部に投票したが，比例区では新進党より透明感があって好感を持つ民主党と，評価する橋本政権を支える自民党とで迷い，結局自民党に投じた．新進党と民主党の連立を期待はするが，新進党はコマーシャルとワイドショーで目立つと感じるのみで政策等への共感は見られず，党首や政権運営も自民党が最適であるとしている．
　彼の新党支持は自民党政権への問題意識や具体的な政策に対してではなく，あえて言えば政治に変化とショックを期待したのであり，それが思ったほどでもないことがわかり熱が冷めていったようである．海部は従来から支持してきた代議士ではなく，96年衆院選では自民党への回帰と民主党の好感度が高いことから，自民・民主・海部の3要素の衡量と，選挙時の政局に左右された投票行動をすると予想された．果たして，00年衆院選では選挙区は保守党の海部に入れたが，比例区は支持政党である民主党に投票し，政権交代を望んだ．(国枝)

H-024　候補者重視の有権者

三重　旧1区／新2区　1930年代生まれ　女性　①中学　②800〜1000万円（93年）
③製造業　④自治

	支持政党	選挙区	比例	拒否政党	保革
93.7	**新生**	岡田克也（新生）		公共連日	7
94.2	新生				5
95.2	新進				5
95.7	新進	新進？	新進	なし	7
96.10	新進	中川正春（新進）	新進	共	6
00.6	民主	中川正春（民主）	民主	なし	DK

　夫は農林関係の仕事をしており共働きであるが，彼女自身は労組には加入していない．もともとは自民党支持者であったが，93年の衆院選前には「あまりにも悪いことをする人が出てきたので自民党については考えたい」として，新生党に期待を持っている．一方日本新党については「あまり好まない」として，共産党や公明党と共に拒否政党に挙げていることから，新党全てに期待したわけではない．むしろ新生党への支持は，彼女が応援する候補である岡田克也が自民党から移ってきたことによるものと考えるべきであろう．これに加えて，最重要問題として位置づける消費税問題について，これ以上の増税はいらないと自民党に対して批判を加えていることから，経済政策に対する不満も自民党から離れる原因となったことがうかがえる．代わりに支持するようになった新生党や新進党にも早期の景気回復を達成する力となることを望んでいる．

　投票に際しては候補者個人を重視して行動を決定している．95年の参院選においても支持政党の推薦を受けた候補に投票しているものの，投票理由としては「候補者に好意をもったから」と答えている．衆院選の際にはそれぞれ93年は新生党の岡田の，96年は新進党の中川正春の後援会に加入している．00年の衆院選では民主党に投票しているが，三重2区の民主党候補は96年に彼女が投票した中川が新進党から移ってきたものであり，この時も候補者の人となりを重視して投票している．

　選挙区で投票する候補者の所属する政党と支持政党および比例区での投票政党は常に一致している．これは彼女が候補者を通じて政党を捉えているためであり，比例区での投票理由としても候補者の政策や主張に賛成だからということを挙げている．そして政治家に対してはもっぱら地元の利益のために働くことを望んでいる．
（下田）

H-025　自民党が大企業に目を向け過ぎるのを諫めたいとする有権者

奈良　旧全県区／新3区　1920年代生まれ　男性　①大学　②200〜400万円(95年)　③無職　④自治　生協

	支持政党	選挙区	比例	拒否政党	保革
93.7	日本新	NA（新生）		なし	8
94.2	自民				5
95.2	共産				5
95.7	自民	自民？	自民	他	8
96.10	(DK)	奥野誠亮（自民）	共産	NA	5
00.6	なし	奥野誠亮（自民）	民主	公共	5

　93年衆院選，奈良全県区には8人が立候補し，無所属の高市早苗，新生党の前田武志，自民党の奥野誠亮，公明党の森本晃司，自民党の田野瀬良太郎が当選した．96年衆院選，奈良3区は自民党の奥野が新進党の森本に8千票余りの差をつけて12選を果たした．00年衆院選も奥野が民主，社会，共産の候補を破っている．

　93年衆院選では，彼は新生党の前田に投票している．彼は前田から投票依頼の電話や葉書をもらい，演説会にも出席している．彼自身，知人に前田への投票依頼をしたようである．前田個人への思い入れの強さが，前田への投票理由と思われる．

　彼は自民党について「今日の経済成長に寄与」と述べて，これまでの実績を評価している一方で，自民党の「国民不在，企業重視の政治」を大変嫌っていた．93年衆院選後には日本新党が政治改革に一番熱心であると映り，「見える政治の実現」を期待していた．細川政権下での政治改革関連4法案の成立過程で，彼は連立与党側に好印象を抱き自民党には悪いイメージを持っていた．94年2月調査で彼が自民党を支持するも非自民連立与党の政権枠組みが好ましいとしたのも，これまでの自民党政権の負の部分を改めて欲しいと願ったからであろう．

　だが新進党が結成されると，「何を考えているか分からない．ガラス張りの政治を望む」「ある宗教の力を利用して第一党になろうとしているずるさが許せない」と批判している．自民党に対してはその政権担当能力を認め，実績を高く評価しているものの，「もう少し弱者の立場にもなって欲しい」と述べて大企業ばかり重視して弱者を顧みないと批判している．自民党の大企業重視の政治を戒める役割として彼が期待したのは共産党であり民主党であった．この両党にはそれぞれ96年，00年衆院選の比例区で投票している．

　選挙区では過去の実績や地元の利益を考慮して自民党候補に投票するものの，比例区では自民党が大企業ばかり重視するのを抑制するために自民党以外の政党に投票する，典型的なバッファー・プレイヤーと言えるのではないか．(福間)

H-026　無党派層の移ろいやすい投票行動

和歌山　旧2区／新3区　1960年代生まれ　男性　①高校　②400〜600万円(93年)　③運輸業→スーパー店員(95年)→建設業(96年)　④自治

	支持政党	選挙区	比例	拒否政党	保革
93.7	(なし)	二階俊博（新生）		なし	4
94.2	(なし)				5
95.2	(なし)				7
95.7	(新進)	新進	新進	なし	4
96.10	自民	野田実（自民）	自民	なし	7
00.6	なし	忘れた	民主	※	※

　93年衆院選．和歌山2区は定数が1つ削減され定数2のところに4人が立候補した．自民党を離党し新生党結成に加わった二階俊博と自民党現職の野田実が当選したが，自民党現職の東力は落選した．96年衆院選では新進党公認の二階と自民党公認の野田との激しい選挙戦を二階が制した．破れた野田は重複立候補していた比例区で復活当選を果たした．00年は保守党から立候補した二階が今回は無所属で立候補した東らを破った．

　彼は93年までは自民党を支持していたが，自民党の相次ぐ汚職事件に嫌気がさしたらしく，自民党支持から離れていった．一方，自民党を離党した議員達で結成された新生党に対して期待感を抱き，93年衆院選においても自民党を離党した新生党の二階に投票した．

　それ以降も彼は支持できる政党がないと言って特定の政党を支持することはなかった．政治には大変不満を抱いていた．ただ支持には至らなかったものの新進党に対しては比較的好意的に見ていたらしく，政権担当能力を有する政党に新進党を挙げ，新進党中心の政権を望んでいた．

　そのような彼の政治観に変化が生じたのは96年に橋本政権が誕生してからであった．96年衆院選前，自民党について「消費税には言葉もない」と批判的なコメントを残しながらも，自民党を最も好感の持てる政党に挙げ，選挙後の政権像についても自民党と民主党との連立政権を希望するようになった．96年衆院選においては，選挙区では支持する政党の候補者であり，かつ人から働きかけを受けたという理由で自民党の野田に投票している．比例区も，支持政党という理由で自民党に投票している．

　しかし00年になると彼は再びどの政党も支持しなくなった．それでも比例区で民主党に投票したのは，結成当初の民主党について「面白い政党である．たのしみである」と期待していたが，その期待をこのときも抱いていたからなのだろうか．(福間)

H-027　社会党のまとまりのなさに失望

徳島　旧全県区／新2区　1920年代生まれ　男性　①短大　②1000〜1200万円（93年）　③無職　④農協　自治

	支持政党	選挙区	比例	拒否政党	保革
93.7	社会	岩浅嘉仁（新生）		なし	5
94.2	社会				4
95.2	社会				4
95.7	（共産）	自民	自民	なし	6
96.10	自民	山口俊一（自民）	自民	自	8
00.6	民主	高井美穂（民主）	民主	公保	5

　93年衆院選で徳島全県区は社会党から現職の井上普方，仙石由人が立候補し，新生党からも岩浅嘉仁が立候補した．混戦となったが，結果は自民党（3人），公明党の候補と岩浅が当選し，社会党は2議席とも失うことになった．

　彼は93年衆院選の重要争点を「政治改革，非自民政権の樹立」と認識していた．「自民党の単独政治が長すぎたために政官財の癒着を招き，汚職政治家が多くなった」と問題を把握し，選挙制度の改革は不必要で政権交代こそが政治改革につながると信じている．選挙前には新生党への評価が定まっていなかったが，羽田孜には期待し好感を持っていた．

　93年には彼は熱心な社会党支持者で仙石の後援会にも加入していたが，新生党の岩浅に投票した．彼は人柄よりも所属政党を重視して候補者を選ぶ傾向があり，新生党は社会党よりも政治改革に熱心であると評価していたためである．

　93年以後も彼は社会党を支持したが，社会党のあり方には「消費税など弱者の立場になってよく頑張っているのはよいが，党のまとまりが今一つで残念に思う」「すっきりしてきたが，二つに別れた方がよい」と苦言を呈している．村山内閣はある程度評価しており，社会党の政策転換もどちらかといえば支持していた．

　95年参院選では支持政党をなくして自民党に投票した．比例区で自民党に投票した理由は「一番政治に近い」からであり，自民党の政権担当能力への評価が投票につながったようだ．選挙区で自民党に投票した理由は「社会党が出ていないから」としているが，民改連の候補は社会党の推薦を受けている．

　96年衆院選では新進党，社民党や民主党が候補を立てず，事実上の無風選挙となった．自民党は絶対支持したくないと思っていたが，選挙では自民党の山口俊一に投票し，選挙後支持政党までも自民党へと変化している．民主党についてはメディアからよい印象を受けたようである．00年衆院選では自民党現職の山口が民主党新人の高井美穂の挑戦を受けたが，退けている．彼はこの選挙で高井に投票した．公明党，保守党には嫌悪感を抱いている．(鍋島)

H-028　創価学会関係者からの働きかけ

愛媛　旧1区／新1区1930年代生まれ　女性　①中学　②200～400万円(93年)　③パート労働者　④なし

	支持政党	選挙区	比例	拒否政党	保革
93.7	公明	中村時広（日本新）		共	4
94.2	**公明**				6
95.2	新進				3
95.7	社会	新進？	新進	なし	7
96.10	社民	中村時広（新進）	新進	なし	5
00.6	民主	宇都宮真由美（民主）	民主	自	3

　旧愛媛1区は93年衆院選で自民（2人），社会，日本新，共産の各党から5人の候補が立候補した．日本新党の中村時広は33歳（当時）であったが93年衆院選で当選し，96年衆院選では新進党から立候補して善戦したものの，自民党当選7回の関谷勝嗣に僅差で敗れた．00年衆院選では民主党元職の宇都宮真由美が立候補したが，関谷とコスタリカ方式をとっている自民党の塩崎恭久に大差で敗れた．

　彼女は当初熱心な公明党支持者だと自認していたが，宗教団体には加入しておらず，増税を伴う福祉拡充には反対するなど公明党の政策を何もかも支持していたわけではない．「今後公約通りにやってくれたら良いと思う」と新生党に期待しており，公明党よりも好感を感じていたほどである．93年衆院選では選挙区に公明党の公認候補がいなかったこともあり，知り合いから投票依頼を受けた日本新党の中村に投票した．中村への投票は候補者の人柄よりも所属政党を重視してのことである．

　94年に彼女は新進党を支持するが，新進党は「実行力がない」と考えている．95年参院選で彼女は新進党に変わって社会党を支持し始めるが，新進党について「ワンマン」，社会党について「まあまあ」，共産党について「なくしてはいけないなと感じる」としか述べておらず，社会党支持に転向した理由はよくわからない．小沢一郎には若干嫌悪感を持っており，村山内閣の業績はある程度支持している．参院選では選挙区で新進党・公明推薦の民改連候補に，比例区は新進党に投票した．

　96年衆院選でも社民支持は続くが，相変わらず支持は弱い．衆院選では選挙区，比例区とも新進党に投票した．新進党について「期待が持てそう」とコメントしているが，他の政党と比較して新進党にとりわけ好意を示しているわけではない．彼女は友人，宗教団体から投票依頼を受けており，比例区への投票には団体や組合が推薦したことを投票理由の一つに挙げている．彼女の投票行動は公明党支持者からの働きかけに大きく影響をされていると思われる．

　00年衆院選では小選挙区，比例区とも民主党に投票した．自民党を極度に嫌っており，公明党も嫌っている．自公保連立枠組みも支持していない．(鍋島)

H-029 自民を拒否し新党を支持した保守層の例

福岡 旧2区／新9区 1970年代生まれ 男性 ①大学 ②1200〜1400万円(95年) ③セールスマン ④なし

	支持政党	選挙区	比例	拒否政党	保革
93.7	日本新	三原朝彦（さきがけ）		公民共	4
94.2	（なし）				3
95.2	（なし）				4
95.7	さきがけ	棄権	棄権	共	6
96.10	(さきがけ)	三原朝彦（さきがけ）	さきがけ	進共	6
00.6	民主	北橋健治（民主）	民主	※	※

　旧福岡2区は北九州市西部と筑豊地区が範囲．戦後のすべての選挙において必ずひとりは現職が落選しているほどの激戦区．93年衆院選ではさきがけの三原朝彦は2位で当選．選挙制度改革で旧2区は，筑豊西部の新8区と北九州市西部の新9区に分割され，96年衆院選で9区は新進党の北橋健治がさきがけ，共産をおさえ当選．00年も民主党に席を移した北橋が自民党に席を移した三原をおさえ当選している．

　自由回答に冷静かつ充実したコメントを記入するなど政治的関心は高い．政党や政策に関する理解も行き届いている．改憲・小さな政府・地方分権・規制緩和に賛成しており，新保守的傾向がうかがえる．

　92年以前は社会党に投票していた．彼の政策志向とは異なるが，一貫して自民党に「旧態依然」と批判的で，公明党・共産党を拒否し，また「社会党の革新勢力の政治のあり方みたいなものは個人的には好感がもてる」という考えをみると不自然ではない．

　93年衆院選での新党ブームは，既存野党には懐疑的であるが，さりとて自民党を支持したくはないと考える彼にとって，待望の政治状況であったのでなかろうか．日本新党を支持し，旧福岡2区唯一の新党候補者だったさきがけの三原朝彦に投票している．細川内閣をある程度評価し，3新党やそのリーダーたちに高い好意を示している．望ましい政権枠組を「自民・公明・共産・社会の加わっていない連立政権」とし，新党への期待感を強く打ち出している．

　その新党が合流して結党された新進党に対しては，「名前の割に中道連合的」とみなし，かつての新党に抱いたほどの期待感を持てていない．その後公明党を含んでいることに嫌気が差したのか，新進党は拒否政党に転落した．日本新党・新生党なきあと，村山政権に参加したとはいえ最も純粋な形で残った新党さきがけを支持し，96年衆院選で，小選挙区では再び三原に，比例ではさきがけに投票した．そのさきがけ支持も三原が自民党に移ったこともあって00年には消失し，代わって元さきがけの政治家が多く所属する民主党に支持を移して投票している．(岡田)

H-030　新しい党に興味を持つ人物

福岡　旧4区／新10区　1940年代生まれ　女性　①高校　②1000～1200万円(93年)
③音楽教室講師　④自治　生協

	支持政党	選挙区	比例	拒否政党	保革
93.7	新生	山本幸三（新生）		なし	4
94.2	さきがけ				6
95.2	さきがけ				5
95.7	新進	新進	新進	なし	5
96.10	民主	弘友和夫（新進）	民主	なし	4
00.6	民主	島津尚純（民主）	民主	なし	3

　旧福岡4区は北九州市東部と筑豊地区が範囲．定数4で，3つは自民・社会・公明で決まり，残り1議席を自民と共産が争う構図が多かった．93年衆院選で山本幸三はトップ当選．小選挙区制導入で旧4区の北九州市東部地区が新10区となる．96年衆院選で新10区は自民現職の自見庄三郎と新進現職の弘友和夫がぶつかり，自見が勝利．00年衆院選でも民主・共産らをおさえ自見が当選．
　常に政治について関心をもち，やや不満を感じている．イデオロギーはほぼ中立，政策に関しては，福祉の充実，消費税など生活に身近な事柄を重視している．生活者・庶民重視の公明党に92年以前は投票していた．
　彼女は新しいものへの期待感をとても強く持つタイプの人物のようで，支持政党の変遷にそれが現れている．93年衆院選時点では新生党．「これからとても期待しています」「国民の選んだ政党なので何とか頑張って欲しいものです」と語っている．94年から95年かけてはさきがけを支持したが，95年夏になると「期待できない」とさきがけを見限り，結党6ヶ月の新進党を「これから期待できる政党」とする．96年になると，「今までの政党にない新しい感覚」の民主党を支持し，衆院選比例区で同党に投票した．小選挙区では新進党の弘友に投票したが，その理由は福岡10区に民主党候補がいなかったため，また弘友は元公明党の代議士であり，彼女は中選挙区時代には彼に投票していたためと推測される．
　もうひとつ彼女の特徴は，自分の支持政党への好感度とその党首への好感度がおおむね一致している点である．93年では羽田孜と新生党，95年2月は武村正義とさきがけ，95年7月は海部俊樹・細川護煕と新進党，96年になると菅直人と民主党，そして00年には鳩山由紀夫と民主党．党首イメージを政党に投影して支持政党を決めていると察せられる．
　以上の支持政党の変遷に投票行動も従う．93年衆院選は新生党，95年参院選では選挙区・比例区とも新進党，96年衆院選の小選挙区は新進党，比例区は民主党，00年衆院選では選挙区・比例区ともに民主党にそれぞれ彼女は投票した．(岡田)

H-031 争点投票の傾向が見られる例

福岡 旧4区／新10区 1950年代生まれ 女性 ①高校 ②600〜800万円（93年）
③歯科助手→銀行員（95年） ④自治 生協

	支持政党	選挙区	比例	拒否政党	保革
93.7	新生	山本幸三（新生）		公	5
94.2	民社				4
95.2	新進				4
95.7	新進	新進	新進	共	5
96.10	新進	弘友和夫（新進）	新進	なし	5
00.6	民主	島津尚純（民主）	民主	※	※

　旧福岡4区は北九州市東部と筑豊地区が範囲．定数4で，3議席は自民・社会・公明で決まり，残り1議席を自民と共産が争う構図が多かった．93年衆院選で新生党の山本幸三はトップ当選．小選挙区制導入で北九州市東部地区が新10区となる．96年衆院選で新10区は，自民現職の自見庄三郎と新進現職の弘友和夫がぶつかり，自見が勝利．00年衆院選でも自見が民主党や共産党らをおさえ当選している．

　彼女は政治への関心は高いようだが満足度は低い．一連の投票行動を見ると政党帰属意識を持ちながら争点投票をしていると考えられる．90年，92年では自民党に投票しており自民党支持であったことがうかがえるが，89年参院選では社会党に投票していた．消費税反対の意思を込めたものであろう．

　93年衆院選前は自民党候補に投票するつもりであったが，実際には新生党の山本に投票した．選挙前調査では自民党支持ではあったが新生党も「好感が持てる」と評価しており，政権担当能力政党に自民党と新生党を挙げている．このとき彼女の中で自民党と新生党はかなり競っていたのだろう．選挙後の調査では新生党を党首や政策など様々な面で評価する．選挙戦を通して新生党のイメージが大きく向上したことが認められる．また，政治改革を非常に重要な問題と考えていたことから，争点投票の要素もあったと考えられる．

　95年参院選では，「新しいことをやってくれそうな感じ」と新進党を支持し，「会社からの依頼と私自身もそれでいいと思って」選挙区・比例区とも新進党に投票．

　96年衆院選でも小選挙区・比例代表とも新進党に投票．支持している政党だからという理由に加え，ここでも争点投票の傾向が見られる．争点を「消費税（一度上がるとどんどん上がっていきそうなので反対．またそのお金を住専などに回されるので）」とし，新進党に「消費税を3％でいくといっているのでそのまま実行してほしい」と語っており，消費税反対→新進党という発想があったと推測できる．

　00年衆院選では民主党に投票しているが，95年参院選がそうであったように夫の会社からの依頼による．(岡田)

H-032　政治不信の強い無党派

佐賀　旧全県区／新1区　1950年代生まれ　男性　①大学　②200～400万円(93年)
③薬品会社勤務　④労組　自治

	支持政党	選挙区	比例	拒否政党	保革
93.7	日本新	横尾俊彦（日本新）		社共	5
94.2	日本新				6
95.2	（さきがけ）				5
95.7	（なし）	棄権	NA	自社さ	3
96.10	民主	原口一博（新進）	民主	進	8
00.6	なし	原口一博（民主）	民主	公共保	6

　佐賀県は自民党の勢力が強い．全県区であった93年衆院選では無所属の原口一博や日本新党候補の追撃をかわし自民党候補は全員当選．小選挙区への移行を受けて96年には3区に分割．うち佐賀1区は佐賀市を中心とする東部地区．96年は新進党から出馬した原口が自民党の坂井隆憲を下した．00年は坂井が雪辱を果たしている．他には社民・共産・連合の候補が両年とも立候補している．

　彼の特徴は特定の支持政党がなく，あった時期でも支持の程度が弱いことである．いわゆる無党派の一人．社会・共産に対しては「言いっぱなしの政党はだめ」と拒否反応を示す．具体的投票行動をみると，93年衆院選は政党本位で日本新党に投票している．しかし重要と位置付けた問題のひとつである選挙制度改革に対して自民を支持するなど，党政策に合意した行動とは思えない．94年の調査で日本新党に対して「きれいな党」と語っていることから，イメージが先行したと推測される．95年参院選では棄権しているが，「全議員をもう一度選びなおしたい」と答えるなど相当な政治不信に陥ったことがその要因であろう．96年衆院選では拒否政党に新進党を挙げつつ小選挙区で新進党の原口に投票しているが，原口は当時好感を持っていた民主党の推薦を受けていた．この民主党支持も菅直人に対する個人的愛着が大きいことが影響しているようだ．その後も彼は民主党に対して好感を維持したようで，00年衆院選は小選挙区・比例区ともに民主党に投票している．

　調査全体からは彼の選挙と政治，それに政党への不信が伝わってくる．選挙の民意反映力や政党のそれに対してはまったく信頼を置かず，政治満足度も低い．政党に対する信頼を失った理由としては不正に対する憤りが大きなウェイトを占める．少数の者の利益のために政治がなされ，政治家の大半が不正を行い，派閥闘争に明け暮れて国民の生活をなおざりにしていると思っている．なぜこのように思うようになったかについてははっきりとはわからないが，テレビニュースの影響が多くあるのかもしれない．彼はニュース23とニュースステーションに対しかなりの信頼と好感を示している．(高園)

H-033　細川護熙と呼応しつつ新党ブームにのり支持政党を変えた有権者
熊本　旧1区／新1区　1920年代生まれ　男性　①高校　②600〜800万円（93年）
③ガラス工事業　④商工　自治

	支持政党	選挙区	比例	拒否政党	保革
93.7	自民	細川護熙（日本新）		共	9
94.2	日本新				8
95.2	新進				9
95.7	新進	新進	新進	共	10
96.10	自民	細川護熙（新進）	民主	社共	8
00.6	民主	松野頼久（民主）	民主	公共社	NA

　旧熊本1区は自民2無所属1がほぼ固定で，残り2議席を自民・社会・公明が争っていた．93年衆院選では細川護熙が2位得票者に対して約12万票の大差をつけて勝利している．松岡利勝は3位で当選．96年も自民・民主らをおさえ細川が勝利．96年細川引退後の00年衆院選では，補欠選挙で当選した自民党の岩下栄一をおさえ，民主党新人の松野頼久が当選した．

　彼は95年参院選までは比例区においても細川の動向に呼応する形で支持を変えていく．93年までは自民党を支持していた．しかし，徐々に自民党は馴れ合いの政党と感じるようになり，新鮮味があり地元で知名度抜群の細川護熙率いる日本新党に期待を寄せるようになっていく．一方で政権担当能力のある政党を自民党とし，政治腐敗防止問題について自民党の政策に賛同するなど自民党支持の思いもまたあったようだ．彼は自民党と諸政党の連立政権を理想像として持っていたが，その意に反して成立したのは自民党以外の政党で構成された細川連立政権であった．だが94年の調査で細川政権に対し高い評価を下す．政治改革関連4法案につき彼は賛成の立場にあったし，政権担当能力のある政党には連立政権を構成する党の名前が挙げられた．この時期は日本新党に対し熱心な支持をあらわしている．その思いは日本新党などが新進党にまとまった後は新進党に対して引き継がれた．その背景には細川個人への支持のほかに新進党に対して政治改革を望んでいたことが挙げられる．新進党に単独で政権を担える能力があると考えていた事からもその期待がかなり大きかったことがうかがえる．

　しかし，95年の参院選後その期待はしぼみ，同時に自民党に対する負の感情も薄れていった．新進党は単に「少しは自民よりよい」だけになる．96年衆院選では細川よりも菅直人や羽田孜に好感を持ち，比例区においては民主党に投票した．若い人々が集まる民主党が彼の目には希望に映ったようである．00年には小選挙区でも民主党に投票し支持政党にも同党を挙げるが，その一方で自民党に対する好感もある．おそらく選挙ごとに民主党と自民党の間で揺れ動くことだろう．(高園)

第10章

I 類型：3新党(93)－他党投票(00比例)

解題　　　　　　　　　　　　　　　　　　　　　　　　　金子　幸正

1. はじめに

本類型では，93年総選挙で3新党（新生党・日本新党・新党さきがけ）のいずれかに投票し，かつ00年総選挙比例区で自民党・公明党・保守党・民主党以外の政党（自由党・共産党・社民党など）に投票または棄権をしたサンプル群である．このようなサンプルは27サンプルあり，全体の5.7％を占める．また，93年総選挙で3新党に投票した88サンプルのうちの30.7％，00年総選挙で自民党・公明党・保守党・民主党以外の政党に投票または棄権した152サンプルのうちの17.7％を占める．

2. 定型分析

性別構成を見ると，男性15人，女性12人であり，男女比は全体と大差がない．

年齢構成を見ると，93年時点で20代2人，30代3人，40代6人，50代11人，60代5人となっている．40代から50代が中心であり，他類型で多数見うけられる70歳以上のサンプルは本類型には存在しない．また，平均年齢は49.1歳で，全体平均の53.8歳よりかなり低い．

図10-1　政治への満足度

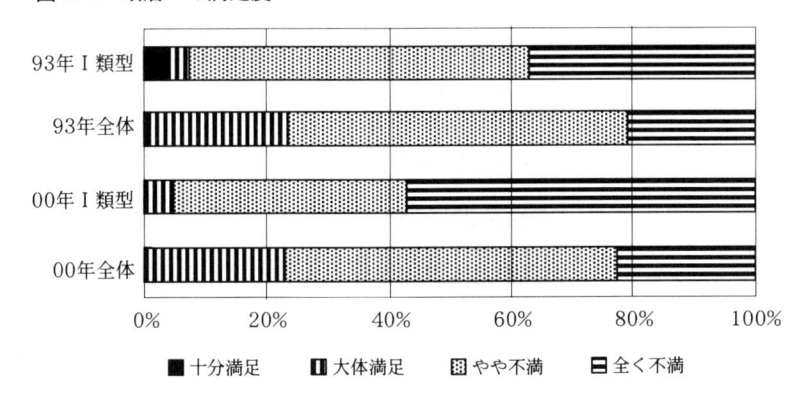

教育程度は，中卒5人，高卒13人，短大卒3人，大卒6人という構成で，大卒割合は22.2％と全体平均の13.7％と比べてかなり高いと言える．

世帯年収は93年回答で見ると800万円以上のサンプルが33.3％であり，全体では800万円以上が24.9％であるのに比べⅠ類型のサンプルはやや世帯年収が高いようだ．

職業は93年時点で見ると，男性で勤め6人，自営7人，定年後退職2人，女性で勤め3人，自営1人，家族従業2人，学生1人，主婦5人となっている．

本類型の政治に対する主観的な満足度については，93年では全体に比し若干不満の割合が多い．00年でも全体に比し，強い不満を持つものが多数で，満足感を持つものはほとんどいない（図10-1）．

次に，新党が93年に特に強く主張した選挙制度改革と政権交代に対する本類型のサンプルの態度を見ると（図10-2），まず選挙制度改革については，「非常に重要」・「重要」と答えた割合が本類型では当時の有効回答中77.3％にのぼったが，全体平均の68.1％を若干上回った程度である．あまり本類型の特徴とは言いがたい．一方，93年における政権の交代については本類型の88.5％が肯定的であり，全体平均の57.1％に比し，きわめて高い．93年に本類型と同様3新党に投票したものの00年には自公保に投票したG類型の48.0％と比べると，政権交代を求める本類型の特徴がさらに明らかになる．これらから，93年における本類型の3新党への投票は選挙制度改革よりも政権の速やかな交代を求めたものであると言える．

00年に小政党に投票した本類型の望む政党制のあり方を00年時点で見ると，00年における有効回答中，二大政党制志向が16人，多党制志向が5人となっている．全体サンプルの中に多数見うけられた一党優位制志向者はさすがにおらず，また多党制志向者の比率も全体平均より高かったが，それでも00年に小政党に投票しながら二大政党制を志向しているものが多数いることがうかがえる．

図10-2　選挙争点について（93年事前）

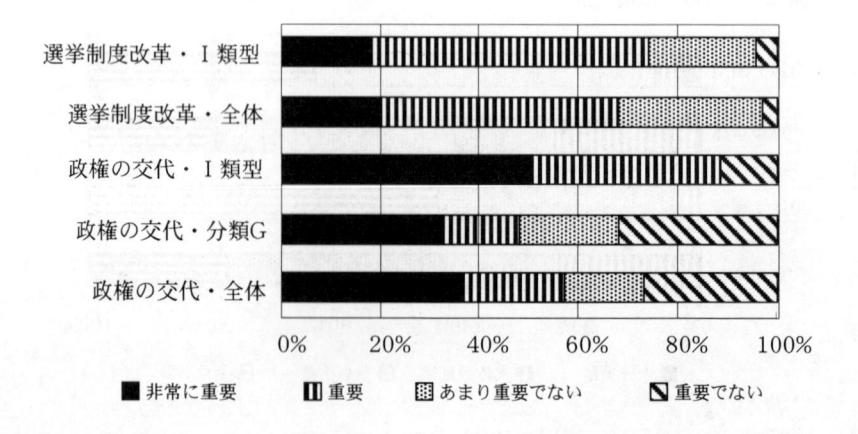

表10-1 投票行動による類型化

89年比例区	90年選挙区	92年比例区	93年選挙区	00年比例区
自民4 社会2 民社1 棄権3 不明2	自民8 社会2 民社1 棄権1	自民9 連合1 社民連1 不明2	新生12	自由12
社会4 その他1 不明1	社会3 自民1 不明2	社会2 棄権2 不明2	新生3 日本新3	社民6
共産3 棄権1 不明1	共産3 自民1 不明1	共産2 社会1 二院1 不明1	新生3 日本新1 さきがけ1	共産5
自民2 棄権・無権2	自民2 棄権・無権2	自民2 棄権・無権2	新生2 日本新2	棄権4

3. 投票行動の表化

　92年以前の選挙と93年衆院選,00年衆院選の投票政党は表10-1の通りである.89・92年参院選,00年衆院選では比例区のデータを用いた[1].

　以上の表の通り,92年以前の投票政党と00年比例区投票政党との間にある程度の対応関係があることがうかがえる.過去の自民党投票者は00年自由党投票者に,過去の社会党投票者は00年社民党投票者に,過去の共産党投票者は00年共産党投票者に,それぞれ移行するという具合にである.89年選挙は消費税問題の影響力の大きさから,過去の長期における政治姿勢をストレートに反映していないとの考えに立つと,このことがさらにはっきりとする.そこで,この関連性に着目し,本類型の有権者を3つにグルーピング化して分析を行う.（1）00年に比例区に投票した有権者（2）00年に社民党・共産党に投票した有権者[2]（3）00年に棄権した有権者[3]の3つのグループである.

4. 00年以前の投票政党による区分

（1）00年自由党投票型

　このタイプは00年比例区で自由党へ投票したサンプル群を指す.全27サンプル中のうち,12サンプルが該当する.00年選挙区でも同種候補に投票したサンプルは3サンプルのみであり,そのうちの2サンプルは候補者に着目して結果的に自由党の候補者に投票したらしい.イデオロギーについて言えば,平均をとると,93年は6.17

となっており，Ⅰ類型全体の平均5.19よりも保守的だと認知している．しかし，00年における平均をとると4.5とⅠ類型全体の平均4.53とほとんど変わらない[4]．

00年自由党投票型では92年以前には，I-005のように一度も自民党への投票を経験していなかったものもいるが，おおむね一度は自民党への投票を行っている．しかし，自民党へ一貫として投票し続けていたサンプルはI-004，I-009の2サンプルのみで，他のサンプルは自民党以外の政党への投票を行っている．特に89年には，5サンプルが社会または民社に投票，3サンプルが棄権を経験している．必ず自民党への投票を経験しつつも，自民党への投票に固執することはなく，政治状況に応じて投票行動を決めていた姿が浮かびあがる．

そして，00年自由党投票型に属する12サンプルのうち93年には，11サンプルまでが新生党へ投票したが，そのうちの6サンプルが93年も自民党支持であった．93年以前の自民党支持が継続された格好である．また，その6サンプル以外でも新生党へ支持を移したのはたった2サンプルのみである．このことからもわかるように，93年に新生党へ投票したのは，自民党の体質改善を望んだからか候補者個人に好感

図10-3　小沢一郎と「小沢の党」に対する感情温度

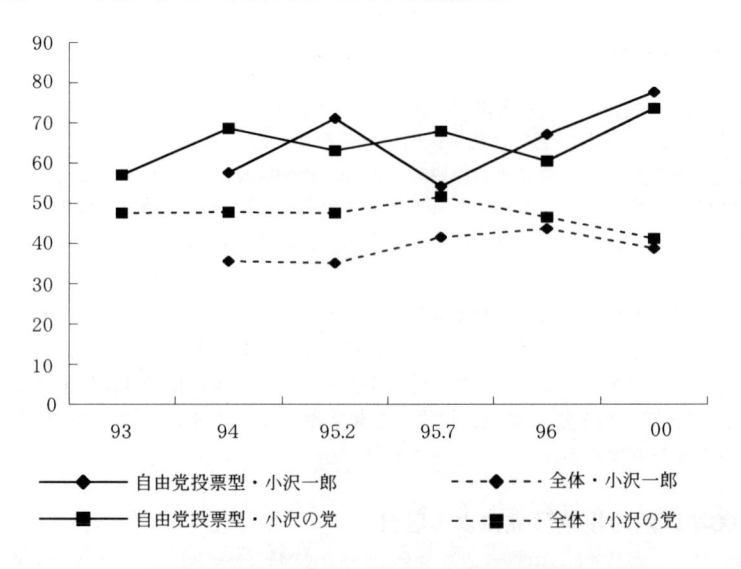

表10-2　00年自由党投票型の96年衆院選支持政党に着目した細類型化

	新進収斂型	I-004, I-008, I-009, I-011, I-026, I-027
00年自由党投票	自民収斂型	I-002, I-014, I-015, I-024
	無党派収斂型	I-005, I-009

を持ったからかのいずれかがほとんどであった．次に図10-3は，このタイプの小沢一郎への好感度の平均ならびに小沢が所属していた新生党，新進党，自由党（以下「小沢の党」と言う）への好感度の平均を，全473サンプルとの比較で表したものである（93年は小沢自体の好感度はデータなし）．

　これを見ると，00年自由党投票型では小沢・「小沢の党」とも全体平均より好感度が高くなっている．これは93・00年に「小沢の党」に投票したこのタイプにとって当然の帰結であると言えよう．また，00年自由党投票型では96年以降，小沢への好感度が党への好感度を上回る傾向がある．00年衆院選では小沢に対する支持が自由党への支持を生み出していると言えよう．さらに，00年自由党投票型・全体とも，96年以降小沢自体の好感度と「小沢の党」の好感度が接近している．このことは，96年新進党・00年自由党のイメージの多くが小沢により作られていることと関係があろう．以上のような傾向をもつ00年自由党投票型も，96年での支持政党である程度の区別はでき，新進党支持に収斂していく6サンプル（以降「新進収斂型」と呼ぶ），自民党支持に収斂していく4サンプル（同様に「自民収斂型」），安定的に無党派であるものの民主党に好感を示し始める2サンプル（同様に「無党派収斂型」）の3つに分けられる（表10-2）．

a．新進収斂型

　ほとんどが新生党を経由して投票を移行しており，両党間の組織・構成員に同質性を見出しての投票だと見られる．新進党支持に移行した中で唯一新生党を一度も支持政党に挙げた経験のないI-009も，支持政党に挙げていた自民党よりも新生党の方が好感度が高く，同様の傾向があると考えられる．96年小選挙区では新進収斂型のもののほとんどが候補者個人の魅力を感じて結果的に新進党の候補に投票している．そしてその後，新進収斂型はI-004を除いて全て自由党に支持を移し，I-004も00年は無党派ながらも同党への好感度自体は00年も高まっている．かつて投票していた自民党への好感度はサンプルによりまちまちであった．

b．自民収斂型

　自民党の金権体質やおごりにうんざりし，また政治改革を求めて，自民党から一時期はなれたが，各自，自民党に反省の色が見られると考えた時期から再び自民を支持し始めたのがほとんどである．ただし，自民党支持を一時期やめたものの同党への好感度は継続して高いものもあり，また96年小選挙区では全てのサンプルが自民党に所属しているからという理由で自民党の候補へ投票した．しかし00年には，全てのサンプルが自由党へ支持を移し，同党に投票した．このうち公明党に強い嫌悪感を抱いていたのはI-015のみであり，自公保選挙協力はこのタイプの支持変更に影響をそれほど及ぼしていない．

c．無党派収斂型

　政権再編の時期からともに無党派であったが，96年には菅直人に心惹かれ民主党に好感を抱いている．その後00年になると，今度は小沢への好感から，依然無党派であるものの自由党へ好感を抱き始めている．いずれも96・00年小選挙区では候補者個人に注目した投票を行っている．

（2）00年比例区社民党・共産党投票型

　このタイプは00年比例区で社民党・共産党へ投票したサンプル群を指す．全27サンプル中のうち，11サンプルが該当する．ほとんど全てが同年の選挙区でも社民党・共産党へ投票した．イデオロギーについて言えば，93年における11人のイデオロギーの平均をとると4.19となっており，I類型全体の平均5.19よりも革新的である．00年においては，11人のイデオロギーの平均は5.14とI類型全体の平均4.53より逆に保守的である[5]．

　00年比例区社民党・共産党投票型の93年における投票政党の内訳を見ると，新生党6サンプル，日本新党4サンプル，さきがけ1サンプルとなっている．3党のサンプル数の比率は93年に新党へ投票したもの全体の比率と異なり，日本新党の割合が3倍ほど多い．93年においては候補者自身に魅力を感じて投票している例は少なく，候補者が所属する政党に注視しての投票がほとんどである．この93年における調査では，すべての既成政党の好感度よりもすべての新党の好感度の方を高くしたサンプルが6サンプルあり，他にすべての既成政党より好感度を高くした新党が2つあったものも1サンプル存在した．彼らが投票した新党に対してだけでなく，それ以外の新党に対しても評価が高いことがうかがえる．

　00年社民党・共産党投票型の自民党への好感度は低い．個別のサンプルを見ても一貫した反自民の傾向が見られるが，過去に自民党へ傾斜した経験があるものもいくつか存在する[6]．

　このような00年社民党・共産党投票型は00年の投票政党やその政党に対する00年以前の態度などを基準にしてさらに細分することができる．

a．00年社民党投票

（ⅰ）以前より社会党（社民党）支持だったもの　　これには，I-003・I-007・I-017があてはまる．かつてはいずれも93年に投票した新党にはすぐに冷めたものの，その政策に魅力を感じて信頼してきた社会党の政策転換にも失望していた．96年ごろには唐突な投票行動をとっていることが多い．その後の社民党への回帰は同党が政策的に独自性を発揮し始めていることと関係があろう．

（ⅱ）93年以前は自民党を支持していたもの　　これにはI-016・I-018があてはまる．ともに自民経験型として先に紹介したものであり，再び述べれば，I-016は自民党から完全に離れずに同党におごりが見られると感じた時のみ他党に投票し，一方I-018

は自民党の金権体質に嫌気をさして他党に改革を求めつづけるというスタンスを取っていた．そして，両サンプルとも00年にはその「他党」の役割を社民党に託したのである．しかし，00年において両サンプルとも社民党支持には至っていない．
（ⅲ）93年以前は無党派だったもの　　これにはI-002のみあてはまる．社会党の政策転換に大いなる支持を与え，その頃から社会党・社民党に投票し続けている．

b．00年共産党投票
（ⅰ）共産党から新党群へ支持を移し再び共産党へ戻ってきたもの　　これには，I-012・I-020・I-021・I-022があてはまる．共産党への評価は一貫として高く安定し，93年以外は共産党へ投票することが多いものの，はっきりとした支持政党を持たないのが特徴である．
（ⅱ）93年以前は自民党へ投票していたもの　　これには，I-019のみあてはまる．金権政治であるとして自民党を離れた後は二院クラブや新党に投票し，結果的には主義主張が一貫しているとして95年参院選から共産党に投票し続けたサンプルである．

（3）00年比例区棄権型
　このタイプは00年比例区で棄権をしたサンプル群を指す．4サンプルが該当する．このタイプに該当するサンプルは00年の投票において比例区だけではなく，小選挙区も棄権をした．このタイプのサンプルは93年から00年における一連の投票行動によって以下の二つのパターンに明確に分けることができる．

a．93年のみ投票，あとは棄権
　これには，I-013とI-023の2サンプルがあてはまる．いずれも女性である．93年にはともに日本新党へ投票したがその後，すぐに無党派に転じ継続して選挙を棄権している．イデオロギー平均はともに革新的で，また住んでいる地域は大都市圏である．ともに政治に対してシニカルであり，また個人の自由・人権の重視派でもある．

b．自民党→新生党→棄権→新進党・民主党→棄権
　これには，I-001とI-025があてはまる．ともに，共産党を拒否政党に挙げている点が共通している．92年以前に投票しつづけていた自民党を93年も支持していたが，以前から投票してきた候補者についていく形で，93年は新生党へ投票した．96年小選挙区も93年に投票した議員へともに投票している．この間自民党に対する評価は他党に比べともに高いものの薄れつつあり，それが95年や00年の棄権につながっているといえる．

5. まとめ

　本類型は00年衆院選比例区での投票政党により（1）自由党投票型（2）社民党・共産党投票型（3）棄権型に類型化できる．
　（1）自由党投票型の中でも，96年衆院選での支持政党により①新進収斂型②自民収斂型③無党派収斂型に類型化できる．一方，（2）社民党・共産党投票型は00年の投票政党と93年以前の支持政党によって①93年以前も社会党支持の社民党投票者②93年以前は自民党支持の社民党投票者③93年以前は無党派の社民党投票者④93年以前も共産党支持の共産党投票者⑤93年以前は自民党支持の共産党支持者の5つに類型化できる．また（3）の棄権型も①93年のみ投票しあとは棄権②自民党→新生党→棄権→新進党・民主党→棄権，の2つのパターンに分けることができる．

（1）政党による区分を行いやすくするためである．
（2）00年に社民党に投票したものと共産党に投票したものを一括して扱うのは，（1）55年体制下における社会党と共産党との区別は自民・非自民の区別ほど重要でなく，近年の社民党の純化路線や共産党の柔軟化により両者の思想的・機能的差異は絶対的にも少なくなっているというイメージがあるという筆者自身の考えと，（2）社民党・共産党投票者が自民党にほとんど投票しない一方，自由党投票者は自民党へ投票しているという表10‐1の事実があるからである．
（3）この中には，自民党→新生党→棄権という具合に，00年に至る一連の投票政党において00年自由党投票型とある程度の同質性が見られるものもあったが，自由党が純化路線をとった00年に同党へ投票しなかったことを重視し，00年自由党投票型と別に扱った．
（4）ただし，00年は有効サンプル数が少ない．
（5）ただし，00年は有効サンプル数が少ない．
（6）I-016は，96年に経営者へ昇進し，そのことにより同業者組合の影響を受け自民党へ投票したが，その96年以外は自民党への評価が低い．また，I-014・I-017は「金権体質」に嫌気をさして93年頃には自民党から離れている．これらの点で，当該3サンプルは反自民の点で一貫していたものとそれほど大差ないと言える．一方，I-018は自民党におごりが見られるときには自民党以外の党へ投票するものの，自民党への評価は継続して高めなサンプルであり，その点で00年社会党・共産党投票型の例外的存在と言える．

I-001　政党支持というより北村支持

北海道　旧5区／新13区　1940年代生まれ　男性　①中学　②400〜600万円(93年)
③漁業　④農協　自治

	支持政党	選挙区	比例	拒否政党	保革
93.7	自民	北村直人（新生）		社	6
94.2	**自民**				NA
95.2	新進				6
95.7	（なし）	棄権	棄権	なし	7
96.10	新進	北村直人（新進）	新進	共	7
00.6	なし	棄権	棄権	※	※

　北海道東部を抱える旧北海道5区は，93年は自民3人，新生1人，社会3人（推薦含む）が5議席をめぐって争う激戦区であった．新制度導入後の13区では，本拠地の十勝（11区）を中川昭一（自民）に譲る見返りに比例1位を得た鈴木宗男と北村直人（新進）が激しく争い，北村が勝利．97年には自民党に復党した北村と鈴木との間でコスタリカ方式での調整が成立し，00年は北村が当選した．

　50代前半の男性．イデオロギーは中道からやや保守．93年には農協に加入しているが，特定政党を支持するように，といった働きかけは受けていない．

　彼の支持政党は自民党から新進党へと移り変わっている．自民支持の理由として彼は，自分の職業を代表するからと答えている．95年2月には支持政党を新進党に変更しているが，これは新進党への好感度が上がったのではなく自社さ連立への評価が下がった結果である．95年7月は「たまたま支持できる政党がない」という理由でどの党も支持していないが，新進党に対する好感度は高い．96年衆院選後の新進党支持は自分の考える重要争点（消費税）への対応がよいと感じたことによる．ただ以前から北村に投票していたこと，93年，96年ともに北村への好感度が高く実際彼に投票していることを考えると，北村の党籍変更は新進党への支持変更に非常に大きな影響を与えたと考えられる．

　93年は自民党を支持していながら新生党の北村に投票している．これは，まだ未知数である新生党を支持する気にはなれないが北村には投票するという気持ちのあらわれであろう．新党に対する好感度が無回答であること，以前から北村に投票してきたこと，候補者個人を重視して投票したと答えていることからそのことがわかる．95年は特に投票したい政党・候補者もおらず，他の予定があったため棄権している．96年は小選挙区・比例区ともに「支持している政党だから」という理由で新進党に投票しているが，小選挙区では特に候補者を重視して投票したと答えている．00年には再び支持政党なしとなっており，棄権している．(小松)

I-002　自民党に対する感情と反比例して，社会（社民）党や民主党に期待を寄せる
青森　旧1区／新1区　1940年代生まれ　女性　①高校　②400〜600万円（95年）
③パート→主婦（96年）　④自治　生協

	支持政党	選挙区	比例	拒否政党	保革
93.7	（日本新）	山崎力（日本新）		なし	5
94.2	（社会）				4
95.2	社会				4
95.7	社会	社会？	社会	なし	5
96.10	（民主）	棄権	棄権	DK	6
00.6	社民	今村修（社民）	社民	公保	4

　旧青森1区での93年衆院選では，自民党現職の田名部匡省（選挙後に新生党に移籍）・大島理森・津島雄二と社会党の新人今村修が当選し，日本新党から出馬した山崎力は落選した．現1区で行われた96年衆院選では，自民党の津島が今村や新進党の工藤隆一らを破り，00年衆院選でも今村や民主党の戸来勉らに圧勝した．

　彼女はもともと無党派であった．自民党に対しては「どうも好きではない」という感情を抱いているが，政権担当能力は認めており，これまで他党を支持するには至らなかったようである．93年衆院選では新党ブームに影響されて日本新党の山崎に投票したが，細川内閣についてはあまり評価せず，当時の与党の中でも政治改革関連法案の審議で印象が良かった社会党やさきがけに対して好感を抱くようになった．この2党に自民党が加わって村山内閣が成立すると明確に社会党を支持するようになり，党の政策転換にも賛成している．

　しかし一方で，村山内閣及び社会党への支持は，そこまで強固なものではない．95年参院選に至っては，「友人や夫から言われていたので」社会党に投票したと述べている（選挙区で社会党に投票したと回答しているのは，社会党推薦の無所属候補のことか）．これに対して自民党への評価は村山・橋本内閣期を通じてやや好転する．特に橋本首相に対する好感度は高く，同内閣で迎えた96年衆院選では社民党の評価も大きく落ち込み，棄権するに至った．

　ところが00年には再び社民党を支持し，小選挙区・比例区双方でこれに投票した．同年の調査で彼女は，自公保連立や森首相に対して著しい反発を見せており，社民支持に戻ったのもこの反発が刺激となったのかもしれない．一方では96年に結成された民主党にも好意を寄せるようになっており，特に政権政党としては民主党に期待している．(東)

I-003　**自民党1党支配打破の可能性を模索**
青森　旧1区／新3区　1940年代生まれ　男性　①大学　②400〜600万円（93年）
③大学の教員　④自治

	支持政党	選挙区	比例	拒否政党	保革
93.7	（日本新）	山崎力（日本新）		自	6
94.2	さきがけ				4
95.2	さきがけ				5
95.7	（なし）	社会？	社会	進	5
96.10	（社民）	NA	NA	進	5
00.6	民主	松橋三夫（共産）	社民	保由	6

　旧青森1区での93年衆院選では，自民党現職の田名部匡省（選挙後に新生党に移籍）・大島理森・津島雄二と社会党の新人今村修が当選し，日本新党から出馬した山崎力は落選した．現3区での96年衆院選は，自民党の大島，新進党の田名部という現職同士の一騎討ちを大島が制し，民主党から田名部匡省の娘である田名部匡代が出馬した00年衆院選も大島の勝利に終わった．

　彼は大学の教員で，学生ともよく政治に関する話をしている．自民党に強烈な反感を持っているというわけではないが，長期1党支配による「政・官・財の癒着」に閉塞感を感じていたようである．

　現状に不満を抱く彼にとって，93年の新党ブームは変革の好機と映った．特に日本新党に好意を寄せ，同年の総選挙では同党の山崎に投票している．しかし，やがて日本新党が新進党の結成に加わるとこれから離れた．小沢一郎への嫌悪感がその理由で，「小沢氏が居なければ期待したいところである」というコメントを残している．代わって一時はさきがけを支持するが，これも結局は「ポリシーはよいが，指導力が欠ける」と見捨てた．

　一方で彼は，時に「反対のための政党」と評してはいるものの社会党に一定の好感を抱き続け，95年参院選では「社会党にも政権を取らせたいので」これに投票したと述べている（選挙区で社会党に投票したと回答しているのは，社会党推薦の無所属候補のことか）．ただし，党の先行きに不安も感じており，自社さ連立後には「主義主張をもう少しはっきりさせるべきだ」との不満を抱いた．

　このようにいずれの政党にも満足出来なかった彼にとって，新たな選択肢として浮上したのが民主党であった．96年には「出来たばかりでなんとも言えない」と態度を保留するが，00年には支持政党に挙げている．もっとも，衆院選においては小選挙区で共産党に，比例区では社民党に投票した．特に小選挙区での投票行動は唐突な観を与えるが，同年の調査で彼は政党よりも候補者個人を重視する傾向を示しており，候補者要因が影響している可能性が高い．(東)

I-004 アンチ社会党の自民支持

宮城　旧1区／新1区　1930年代生まれ　男性　①高校　②1400万円～(93年)　③金融機関管理職　④自治

	支持政党	選挙区	比例	拒否政党	保革
93.7	新生	愛知和男（新生）		社	6
94.2	新生				5
95.2	自民				4
95.7	(なし)	新進？	新進	他	6
96.10	新進	愛知和男（新進）	新進	社さ	NA
00.6	なし	今野東（民主）	自由	社	3

　彼は都市に住む管理職サラリーマンであり，世帯年収が多く富裕な暮らしぶりであるとうかがえる．税負担が不公平であると感じる階層であり，実際彼はそのようにコメントしている．彼の政治的関心は常に高く，政治の現状にはやや不満である．

　彼の投票行動は基本的に先代から支持している愛知和男（自民→新生→新進→自民）を追っている．しかし，00年のみは愛知が立候補しているにもかかわらず，民主党の今野東に投票した．

　彼の政党評価を見てみよう．93年には，従来一貫して投票してきた自民党に対して行き詰まりを感じ，自民党に方向転換を望んでいる．与野党逆転の期待もあって，新生党の愛知に投票した．同じく新党である日本新党に対しては「かっこつけてる」として，親しみを感じていない．また，社会党に対して「単なるだだっ子」「クタバレ」と激しく非難している．このように新生党に期待するも，基本的には自民党支持であったことが，94年と95年の調査において，比例区への投票には自民党を意図した点や，95年調査において自民党を支持政党とした点に表れている．95年参院選で新進党に投票し，自民支持から強い支持なしとなったのは自社さ連立政権への拒否ゆえである．96年には愛知のいる新進党支持となり，かつて自民党と組んだ「社さ」を拒否政党に挙げ，自民党・新進党は「現実的な」政党であり政権担当能力もあると述べている．00年には再び支持政党なしになり，小選挙区では民主党・比例区では自由党に投票したが，同時に政権の形としては自民党中心の連立政権を望み，与野党伯仲の二大政党制を望んでいる．

　彼の行動は基本的に自民党を支持しながら，二大政党制を望む点でバッファープレイヤーに近い．しかしながら，同時にアンチ社会党であるため，新党登場以前に彼が自民党を牽制しようと思ったかは不明だが，牽制しようにもそのための受け皿政党が彼の選択肢にはなかった．彼にとって，新党登場は自民党牽制の好機であり，新党はその格好の受け皿となった．00年はそれが比例区での非自民への投票のみならず，小選挙区において従来の愛知支持をもやめるまでになったのだろう．(中條)

I-005　既成政党への根強い不信から，政治の刷新をもとめる無党派
宮城　旧1区／新3区　1960年代生まれ　男性　①大学　②200～400万円（93年）
③会計事務→無職（95年）　④自治

	支持政党	選挙区	比例	拒否政党	保革
93.7	（新生）	愛知和男（新生）		自共	3
94.2	（なし）				3
95.2	（新進）				3
95.7	（その他）	その他	DK	共	4
96.10	（民主）	三塚博（民主？）	民主	共	4
00.6	なし	小山克博（民主）	自由	自公共	3

　彼は調査対象者の中では比較的若く，世帯年収はやや低い方である．政治には強い不満を表明している．詳細なコメントからは政治への強い関心が見て取れる．
　彼は，政党への強い不満と不信を調査票の端々で表現している．自民党は「もうごくろうさん」であり，同党の金権体質の根絶と1党支配解体の必要から政治改革を重要な争点としている．社会党には，左派を切り捨て「新生党から実務処理を教わ」り，一人前になれと主張している．各政党の政策的立場を尋ねる問いで，政策は見せかけの主張で政党との関係は薄いと意見した上で，全ての政党について答えないを選んでいる．
　一方で新党には若干の期待を寄せている．新生党党首小沢については，「内容は別」としながらも「グランドデザインを描くことができる数少ない人材」であると高く評価している．新生党，新進党は政権担当能力をもっとも認められている．日本新党は，本格的な政党ではないが「既成政党に対する不満の受け皿としての役割」と認識している．民主党には「これからなので期待して」おり，好ましい政党であるとし，菅に政党リーダーとして小沢とともに最も高い感情温度75を与えている．
　上で挙げた，政策と政党の関係は薄い，という意見もそうであるが，彼は質問に対して様々な補足意見をつけている．投票の際に基準とするのは何かという質問では「政党を中心には考えていない」，選挙改革後の調査での，小選挙区でどの党に投票するかという問いでは「人を見て決める」，比例区では「大前（研一）氏らの動きにも注目している」と記入している．いずれも政党への不信を強調した意見である．
　彼はコメントなどからも反自民の立場であることが明らかだが，一方でかつて投票した社会党にも深い幻滅を抱いていた．彼の場合，政治への関心の大きさが政治への不満を生み出したと言えるだろう．彼の政治不信を払拭するためには，新しい政治勢力の今後の働きが重要であるが，00年調査では民主，自由両党と両党党首に対する高い好感度は維持されている．なお，00年選挙区では，候補者の政治的立場はまったく考慮せず，与野党逆転を望んで投票したと記入している．(菅原)

I-006 自民党への評価が低下するのと反比例して新進党・自由党に接近

秋田　旧2区／新3区　1920年代生まれ　男性　①中学　②200〜400万円（93年）
③無職　④なし

	支持政党	選挙区	比例	拒否政党	保革
93.7	自民	笹山登生（新生）		公民	6
94.2	さきがけ				6
95.2	自民				7
95.7	**自民**	自民	自民	共	7
96.10	自民	村岡兼造（自民）	自民	なし	6
00.6	自由	笹山登生（自由）	自由	共	DK

　旧秋田2区での93年衆院選は，自民党現職の村岡兼造・御法川英文と新生党から出馬した元職の笹山登生が当選し，社会党現職の川俣健二郎が落選した．現3区の96年衆院選では，村岡と御法川が5年間のコスタリカ方式の約束を交わして村岡が小選挙区から立候補し，新進党新人の寺田創に圧勝する．00年衆院選では自由党現職の笹山，民主党新人の中島達郎が村岡に挑戦したが，一蹴される形となった．

　もともと彼は自民党を支持していたが，93年衆院選では「自民党はおごっている感じ」で投票する気になれず，「小沢・羽田コンビは良くない」と考えつつも，政治改革に期待をかけて新生党の笹山に投票した．しかし彼にとって，細川内閣は政治改革関連法を除いて余り評価出来ないものであった．一時はさきがけを支持しているが，これも長続きはしていない．結局彼は，「今まで行ってきたことに反省し改革してもらいたい」と述べて自民党の政権復帰を望むようになる．村山内閣が成立すると，「今のところは国民の為に一番働いてくれる党」と評価して，95年参院選では自民党に投票した．ところが96年になると，地元の利益を代表しているという理由で自民党に投票してはいるが，「なれあいでどうにでもなると思っている．国民をばかにしている」と，党に対する評価は低下の様子を見せている．

　一方，この間に評価を上昇させたのが新進党である．当初は前述した小沢一郎に対する反感もあってあまり好感を抱いていないが，95年には「自民党と力を合せてやって欲しい」と述べている．当時の彼は自民党を再評価しているが，一方で社会党に対する反感があり，自社さ連立よりは自民・新進の連立を望んだのであった．このこともあって新進党の好感度は着実に上昇し，小沢の評価も好転する．もっとも，96年には消費税の公約を口先だけと考えたこともあって，自民支持を覆すには至っていない．これが00年になると，小渕・森政権に対する否定的な感情が後押しして明確に自由党を支持するようになり，小選挙区・比例区双方でこれに投票している．(東)

I-007　社会党の政策転換に失望して迷走
秋田　旧2区／新3区　1950年代生まれ　女性　①高校　②400～600万円（93年）
③主婦　④自治

	支持政党	選挙区	比例	拒否政党	保革
93.7	（なし）	笹山登生（新生）		自	6
94.2	社会				5
95.2	社会				5
95.7	(DK)	自民	新進	DK	DK
96.10	（民主）	村岡兼造（自民）	新進	民	5
00.6	なし	和賀正雄（共産）	社民	自	4

　旧秋田2区での93年衆院選は，自民党現職の村岡兼造・御法川英文と新生党から出馬した元職の笹山登生が当選し，社会党現職の川俣健二郎が落選した．現3区の96年衆院選では，村岡と御法川が5年間のコスタリカ方式の約束を交わして村岡が小選挙区から立候補し，新進党新人の寺田創に圧勝する．00年衆院選では自由党現職の笹山，民主党新人の中島達郎が村岡に挑戦したが，一蹴される形となった．
　彼女は護憲・軍備削減・原発増設停止・福祉重視などのいわゆる革新的な意見の持ち主で，これまで社会党を支持していたが，93年衆院選では左右両派の対立に嫌気が差し，新生党の笹山に投票した．もっとも新生党の評価も「表札だけ変えても朝鮮漬が白菜からキャベツに変ったようなもの」とあまり芳しいものではない．彼女が期待を寄せるのは依然として社会党で，「本来の趣旨を再認識し，弱者救済等庶民の立場や声を反映させる様な政治活動を行って欲しいし，又内部基盤をしっかりと若手と老体格のコミュニケーションを進める事必要と思う」と希望している．
　そのような彼女にとって村山内閣時の政策転換は衝撃的で，「何ともなさけない!!」と厳しい非難を浴びせている．その失望感は95年参院選及び96年衆院選で，さしたる理由も無しに自民党や新進党に投票したことに表れていよう．この時期には政党イメージや個々の政治争点に対してもわからないという回答が多く，政治に対する興味自体が薄れかけたことをうかがわせる．96年には社民党を「バブルではじけた党」と総括するに至ったのであった．
　このようにして社会（社民）党に失望した彼女だが，民主支持に移る気配は見られない．民主党については当初から「流行に乗った党」と冷めた評価で，00年にもその好感度は自民党と同じ位に低い．鳩山党首の改憲志向が気に入らないのかもしれない．同年の衆院選においては，比例区では過去の義理に引きずられるように社民党に投票し，その社民党の候補がいなかった小選挙区では，一定の好感を抱く共産党の候補に票を投じている．依然として，旧社会党に代わる有力な選択肢を見出せないでいるのであろう．(東)

I-008 政治改革と候補者個人を重視

福島　旧1区／新2区　1940年代生まれ　男性　①高校　②600〜800万円（93年）
③設備工事業→事務用品店経営（96年）　④商工　自治　生協

	支持政党	選挙区	比例	拒否政党	保革
93.7	新生	金子徳之助（新生）		自	5
94.2	新生				3
95.2	新進				2
95.7	（なし）	新進	新進	なし	2
96.10	新進	増子輝彦（新進）	新進	社共	4
00.6	自由	増子輝彦（民主）	自由	自公保	1

　旧1区は定数4，93年衆院選では9人の候補者が乱立し，大混戦であった．自民党から新生党に移籍した金子徳之助がトップ当選した．自民党からは他に現職の増子輝彦（県議出身），元建設官僚の根元匠らが立候補した．96年衆院選では，金子と前回初当選の佐藤は1区へ転出（金子は出馬断念），自民党の根元が当選した．00年衆院選も根元が，民主党から出馬した元職の増子を破り当選している．

　40代後半の男性で，現在の政治に対して全くの不満を抱いている．政治家に対する不信・不満を持ち，官僚に対しても不信感を持っている．彼にとって政治改革，行財政改革は重要な争点である．

　政治には常に関心を持っているせいか，選挙にも高い関心を寄せている．他人と政治の話をするときにも積極的に自らの意見を述べるほうである．

　彼の政党への評価で特徴的なのは，羽田，小沢に対する高い評価と新生党，新進党に対する高い評価である．新生党を評価する理由としては，新しいという理由を挙げ，「少し強引なので心配」している程である．新進党を評価する理由も新しいから，であり，「政治改革をするのに最適な政党」なので期待している．しかし，新党の中でも日本新党に対する評価はそれほどでもない．また，民主党に対する評価もあまり高くなくイメージがわかないようだ．自民党については政権担当能力があると，評価していることもあるが，官僚政治というイメージを持ち，「世代交代をして，新しい考え方を持った人を前面に出してほしい」と考えている．

　もうひとつ特筆すべきは小沢一郎への好感度の高さであろう．94年までは新生党，その後は新進党を支持，00年は自由党支持と，小沢の政党を常に支持しているのである．実際の選挙でも93年衆院選では新生党，95年参院選，96年衆院選では新進党，00年比例区は自由党に投票している．

　彼の回答によれば，政治改革に関心を持っていて，その観点から候補者個人の要素を重視して，投票行動を決定しているらしい．00年小選挙区は民主党政権への希望と候補者評価で投票したのであろう．(遠藤)

I-009 自民党から小沢一郎へ

群馬　旧3区／新4区　1940年代生まれ　男性　①中学　②600〜800万円（93年）
③食品販売業自営　④商工　自治

	支持政党	選挙区	比例	拒否政党	保革
93.7	**自民**	駒井実（新生）		なし	7
94.2	自民				7
95.2	新進				8
95.7	新進	棄権	棄権	なし	7
96.10	**新進**	駒井実（新進）	新進	なし	8
00.6	自由	公認なし（社民？）	自由	公共保社	4

　旧群馬3区は自民党の中曽根康弘，小渕恵三，福田康夫の3人が争う激戦区であり，定数4で自民3，社会1の議席配分であった．93年衆院選の選挙区全体での得票数は小渕，福田，山口，中曽根の順であった．小選挙区制になってからは中曽根が比例区に転出し，小渕は群馬5区に動き，群馬4区は福田の独壇場となっている．駒井は93年・96年とも次点に終わっている．00年は民主党から中島が出馬するも，次点に終わっている．
　彼は50代で妻・子供と暮らしている．政治には常に関心を持っていて，現在の政治にはかなり不満を抱いている．政党や政治家はあまり信頼することが出来ないと感じることもある．他人と政治の話をするときは自ら積極的に意見を述べる方である．96年には駒井実の後援会に加入し，演説会等に参加し，他人にも駒井を支持するように働きかけたりしている．
　94年までは比較的熱心な自民党の支持者であり，93年には熱心な支持者と回答するほどであった．しかし，95年以降新進党の支持に変わっている．支持政党の変遷から見ると，彼はおそらく熱心な小沢一郎支持者なのであろう．新生党については「政治改革を実現するために生まれた党」「せっかく自民から出たのだから，今(94年)の与党をしっかり守る」と，新進党については「今以上に頑張ってもらいたい」「政治を変えてくれそう」と期待している．そして00年比例区では自由党に投票している．彼の回答で特徴的なことは，自営業者でありながら，地元の利益よりも国全体のことを考える候補者を望んでいることである．
　各政党に対する感情温度の調査を見てみると，自民党は好感度の60を超えることはないが，新進党については75度から100度と回答し，かなりの好感を抱いている．00年調査でも，鳩山由紀夫の60度，森喜朗の10度に比べて，小沢・自由党ともに100度ととびぬけて高い数値を答えている．(遠藤)

I-010 　自民党による政権担当能力イメージ独占が崩れる
埼玉　旧3区／新11区　1940年代生まれ　男性　①高校　②800～1000万円（93年）
③販売員　④自治　生協

	支持政党	選挙区	比例	拒否政党	保革
93.7	（自民）	増田敏男（新生）		社公民共	5
94.2	（なし）				7
95.2	自民				5
95.7	（自民）	新進	新進	共	6
96.10	（民主）	加藤裕康（無所属）	民主	共	8
00.6	なし	小泉龍司（無所属）	自由	公共	5

　93年は増田（新生）が全域で浮動票を集めて圧勝したため，社会党が議席を失った．96年は浮動票が割れ，加藤卓二（自民）が楽に再選した．銀行員出身の加藤裕康（無所属）は，地元深谷市で3位だったが，全域的な支持がなく5位に終わった．
　彼は自民党に対し複雑な態度をとっていた．95年までは，自民党を支持するか好ましい政党に挙げる一方で，他党にも一定の評価をしている．社会党には「（労働者の代表から）脱皮し，頑張ってもらいたい」「大変努力している」とし，「清潔な」共産党は最もよい党首をもつ党としている．逆に自民党は「金権政治」で，感情温度も新党より低い．なにより，調査期間中自民党に投票したことは1回もない．
　彼は各党の主張・政策の違いに無関心で，自身の考えにもぶれがあり，この方面から政党を選んでいるわけではない．彼が自民党を好いているのは，政権運営能力＝自民党という認識からである．彼は単に自民党を政権担当能力のある政党として挙げるだけでなく，「日本の経済を安定させてくれた党」として敬意を表明している．
　しかし彼は，自民党の「一党独裁」は終わったと認識しはじめる．細川，村山両内閣を評価し，政策の違う政党の連立でもうまくいくと感じ，「リーダーシップを取り続けてもらいたい」とのコメントと考え合わせると，この数年間は，自民党が唯一の政権党であるというイメージが溶けていく期間だったのではないか．そして，菅直人に好感を抱いてからこれが決定的となり，96年は比例区で民主党に投票した．
　投票に際して彼は候補者を重視している．93年は新鮮さを感じた増田に，96年は商売上の代表として泡沫候補の加藤に入れた．加藤とは本人や秘書に会うなど深い接触がある．95年参院選では企業ぐるみでの応援を理由に新進党候補に投票した．
　00年の選挙区では自民現職を破り当選した小泉に投票している．比例区では最も好感度の高い民主党ではなく自由党に票を投じた．与野党伯仲状況のもとでの自民中心の連立政権を望みつつ，公明党を拒否政党としているところから，自民党の連立相手として自由党を選択したのかもしれない．調査を通じ彼は小沢一郎を特に好んでおらず，むしろ嫌っている時期もあり党首を評価しての投票ではない．(菅原)

I-011 既存政党の古い体質への不満から，新党に期待を寄せる自営業者
千葉　旧4区／新5区　1940年代生まれ　男性　①短大　②800～1000万円（93年）
③理容業　④自治

	支持政党	選挙区	比例	拒否政党	保革
93.7	民社	井奥貞雄（新生）		公共	5
94.2	新生				5
95.2	共産				NA
95.7	新進	新進	新進	さ	6
96.10	**新進**	狩野勝（新進？）	新進	さ	7
00.6	自由	中島誠（共産）	自由	民	8

　千葉県に長年住む50代の男性で，理容業を営み，妻と子供と暮らしている．
　彼が住む地域は旧千葉4区であり，93年衆院選では定数が5に増え，自民党から新生党へ転身した現職の井奥貞雄，自民党現職の狩野勝，さきがけ新人の田中甲などが当選した．96年衆院選では千葉5区となり，さきがけから民主党へ移った田中が，自民党の狩野と激しく争った末，僅差で勝利をおさめた．00年衆院選でも田中が，狩野や共産党の中島誠を破った．
　彼は，政党・政治家の古い体質に対して反感が強く，自民党も社会党も解党して出直すべきだとしている．自民党には不満を感じて支持をとりやめた．「やはり金に苦労せず大学を出ている人達が今の政治をやっている．国民の望みをほとんどわかっていない」と記すなど，政治全般に不信感がある．特に大企業との癒着体質に不満を感じていて，重要な政策上の問題点にあげている．また，自営業者として，税金の調査と徴収のシステムについて不満があり，苛立ちを感じている．
　そのためか既存政党への好感度が低く，新党に対して期待が大きい．特に好感度が高いのが新生党で，94年調査では，不安もあるとしながら自民党から出たことを評価し支持している．新進党結党後の95年7月調査では「未知数でなんとなく未来がありそうだ．期待が持てるかもしれない」と感じて新進党を支持し，選挙区・比例区とも投票している．投票理由は，比例区では「2大政党が必要なのでとりあえず新進党にもやらせてみようと思った」と答え，選挙区ではさきがけの田中を当選させたくなかったからと答えている．その後一時共産党支持に転じるが，好感度の高い新進党への投票を続けている．小沢一郎を気に入っており，96年10月に好感度が最高値に達している．
　小沢に対する好感度は新進党解党後も高く，00年衆院選時には自由党を支持し，比例区では自由党に投票している．自由党候補のいなかった小選挙区では共産党の中島に投票している．一方，96年調査では好印象だった民主党の評価は下がり，拒否政党になっている．(村上)

I-012 無党派的共産党投票者
東京 旧2区／新4区 1940年代生まれ 女性 ①高校 ②600～800万円（93年）
③修理業・家族従業 ④自治 生協

	支持政党	選挙区	比例	拒否政党	保革
93.7	新生	宇佐美登（さきがけ）		なし	6
94.2	（さきがけ）				5
95.2	（なし）				NA
95.7	共産	共産	共産	進	6
96.10	（なし）	小墳三男（共産）	共産	進	5
00.6	共産	徳留道信（共産）	共産	公	5

　大田区在住の中年の女性，家族で機械修理業を自営している．

　東京都大田区中南部は旧東京2区，現東京4区にあたる．中選挙区時代は定数5で，石原慎太郎（自民），大内啓伍（民社），新井将敬（自民）などがいた．小選挙区になると無所属の新井，自民党の大内の争いになり，新井が3万票差で勝利している．00年総選挙では自民党執行部に反発した森田健作が無所属で出馬，絶大なる人気によって圧勝した．

　さて，彼女の政治的指向であるが，イデオロギーだけ見ると平均は5.3と一見中道だと勘違いしそうである．だが，実際の投票政党はほとんど共産党であり，さすがに"中道"とよべそうにはない．では共産党支持者かといえばそうでもないようだ．8回の調査のうち5回は「支持政党なし」と答えており，分類上は一応無党派層のカテゴリーに属すると判断するのが妥当と思われる．00年調査では「共産党支持」と答えている．

　次に，各政党に対する評価を見ていくと，自民党に対しては「庶民の味方ではない」「大企業にやさしい」「お金持ちの味方」「いやな党」と反感しか抱いていないようだ．自民党の有力候補が豊富な選挙区としてはやや意外である．また，新進党も自民同様「庶民の味方ではない」から嫌いであるという．結局好感を持っているのは消去法も加味しつつ，「庶民的」「ブレーキの役割として評価」とする共産党のみのようである．

　最後に実際の投票行動であるが，93年衆院選でさきがけの候補に投票した以外はすべて共産党に投票している．そのときはさきがけを政党として評価していたようだ．ところがその後すぐ，さきがけへの評価は急落し「主張する内容が良く分からない」「いいかげん」と，もはや嫌いな政党の一部になってしまったようであり，結局は共産党に帰ってきた．なお，共産党への投票に対しては候補者を評価したのではなく，政党要因がすべてと答えている．(原)

I-013 支持政党を決めかね，棄権が続く若い有権者
東京　旧4区／新8区　1970年代生まれ　女性　①大学　②不明　③学生　④なし

	支持政党	選挙区	比例	拒否政党	保革
93.7	日本新	山田宏（日本新）		自	5
94.2	日本新				4
95.2	（なし）				3
95.7	（DK）	棄権	棄権	DK	DK
96.10	（民主）	棄権	棄権	自	4
00.6	なし	棄権	棄権	※	※

　彼女の住む地域の93年衆院選では日本新党の新人山田宏がトップ当選し，自民党現職の石原伸晃なども当選した．96年衆院選では東京8区となり，現職の石原が，新進党へ移った山田らに勝利した．00年衆院選でも石原が当選した．

　彼女はこの地域に生来住んでいる20代の女性である．93年衆院選が初めての選挙であり，それまでは選挙権がなかった．世帯収入は不明であるが，家計維持者が医師であることから推測すると比較的安定した生活をしているようだ．政治的関心は高くはなく，95年参院選，96年衆院選，00年衆院選は棄権している．

　イデオロギー的にはやや革新的という自己分析をしている．自民党に対して批判的で，拒否政党にもしている．長年の一党優位体制から生じた自民党のおごりと金権体質に悪いイメージを持っている．政策的には，大きな政府，自衛隊増強に反対，護憲に賛成という考えである．

　彼女にとって初めての衆院選で期待を感じたのは日本新党であった．93年から94年にかけて日本新党を支持しており，93年衆院選では日本新党の山田に投票している．その他の新党にも好意的で，自民党や社会党などの既成政党のいずれよりも好感度は高い．95年調査では支持なしに変わっていて，新進党，社会党，さきがけ，民主党，共産党などの政党の好感度が比較的高いが支持にまで結びついてはいない．どの政党を支持して投票するべきか迷っている様子で，それが95年参院選，96年衆院選，00年衆院選を棄権するという結果を生んだのかもしれない．

　彼女は自民党の流れをくんだ政党を政権担当能力のある政党としており，自民党に対する反感は強いが激しく革新に振れるわけでもなく，中道の立場にいるようだ．96年衆院選時には無党派層となって政治状況を見守っていたといえよう．その状態は00年衆院選でも続いており，長期の無党派層といえ，選挙も棄権している．（村上）

I-014 自民党の体質改善を求めた果てにたどり着いたもの
神奈川 旧4区／新4区 1940年代生まれ 女性 ①高校 ②1000〜1200万円（96年） ③主婦 ④なし

	支持政党	選挙区	比例	拒否政党	保革
93.7	自民	土田龍司（新生）		なし	6
94.2	自民				10
95.2	自民				7
95.7	自民	自民	自民	なし	8
96.10	自民	飯島忠義（自民）	自民	なし	7
00.6	自由	公認なし（自由？）	自由	なし	NA

　彼女の投票対象を中心に当該地域の衆院選を見ると，93年の衆院選では新生党の土田龍司などの若い顔ぶれが多数当選した．96年は自民党の飯島忠義が激戦の末，初当選を果たした．00年はその飯島を民主党の女性新人大石尚子が大差で破った．
　彼女は長期間自民党へ投票し続けた後，92・93年には連合・新生党など勢いのあった批判勢力に投票し，その後95・96年には再び自民党へ投票するに至っている．その間の彼女の支持政党を見ると，常に自民党を支持政党に挙げている．しかし自民党のいわゆる金権的イメージに満足しているわけではない．特に自民党の野党転落時に不満が多く，当時の自民党に対するコメントの中には「お金による政治」，「派閥の争い」といった言葉が踊っている．にもかかわらず自民党支持が継続的だったのは，自民党が安定的なイメージを持ち合わせているからであろう．彼女は阪神大震災にとても衝撃を受け，また大震災時の村山内閣の対応に強い不満を持ち，改めてそのことから安定的な政治の必要性を感じている．このような安定志向が，「安定的だ」という自民党へのイメージと結びついて自民党支持となったのだと思われる．
　ただし，自民党に継続的な信頼を置いているにもかかわらず，他の政党への信頼も決してないわけではない．評価の低い政党はひとつもない．政党全般への温かい目があることがうかがえる．一方，橋本内閣を除く時の内閣に対する信頼はそれほどなく，政党全般に対する支持とおおよそ乖離する結果となっている．それほどまでに自民党首班内閣を望んでいたと言えるかもしれない．これらをまとめて考えると92・93年は自民党に体質改善を望みつつ，他の政党に投票したと言えよう．そして，自民党の党改革が実現できたと見るや自民党に回帰したのである．
　しかし，00年に至ると，その自民党から完全に離れた．森政権への強い不満からしい．また，従来通りの安定性を評価しなくなったのかもしれない．支持政党も自由党へ変化し，小選挙区・比例区ともに両党へ投票したと答えている（実際には選挙区に自由党候補はおらず）．この時，以前とうってかわって政治・政治全般に不満を見せており，自由党支持も消去法で小沢一郎を評価した結果であろう．(金子)

I-015　**候補者に惹かれ，その移動に従って所属政党に投票**
富山　旧1区／新1区　1950年代生まれ　女性　①短大　②800〜1000万円　③主婦→貸金業（95年）　④自治

	支持政党	選挙区	比例	拒否政党	保革
93.7	自民	広野允士（新生）		社公共	6
94.2	新生				10
95.2	新進				9
95.7	新進	新進	新進	共	10
96.10	自民	広野允士（新進）	自民	共	6
00.6	自由	広野允士（自由）	自由	公共	7

　彼女が住んでいる地域の93年衆院選では，有力5候補が3議席を争い，自民党現職の長勢甚遠と住博司，新生党新人広野允士が当選した．96年衆院選では，自民党の長勢甚遠が3選を果たし，新進党から出た広野は敗れた．00年衆院選でも長勢が勝ち，自由党から出た広野はまたも敗れた．

　彼女は40歳代で子供もおり，3世代で暮らしている．投票に行くのは有権者の義務だと考えており，住の後援会に属していて演説会に行くなど，政治に関わりを持っている．その後援会からは選挙区割りの変更から離れることになるのだが，選挙になると長勢や広野から投票を求める葉書が送られてきている．

　彼女の投票決定要因は候補者である．広野に毎回投票しているが，その理由は広野を「個人的に好きで，知っているから」としている．広野の動きに合わせて，彼女の支持政党も変わっていく．新生党→新進党→自由党という流れであり，この流れを代表する小沢一郎への好感度はもちろん高い．自民党を「自分のために政治をしていると思う」，「あなた自身が偉いのではありません．勘違いしないで下さい」と批判している一方で，新進党を「正しい政治家になってくれる事を信じています」，「国民のことをかんがえてくれそうな党」と評価していた．それが一時自民党支持に戻る．だがそれも，自民党が彼女の拒否政党である公明党と連立政権を組むことで失われた．好感度が高いにも関わらず自民党への支持はなくなり，広野のいる自由党を支持するようになった．

　政治について「国民の為の政治家になって下さい」との記述があり，投票意図政党であった日本新党を「ふんぞりかえっていない姿勢が好感が持てる」としていることから，「庶民の気持ち」に合った政治をすると，彼女の支持を得られそうである．それは，政党イメージの記述欄に一度ならず出てくる「ボランティア精神」という単語ともつながっているように思える．（水野）

I-016 加入団体や候補者接触の影響が強く，強者への反発ものぞかせる

岐阜　旧1区／新1区　1950年代生まれ　女性　①高校　②600～800万円（96年）
③自営商店の家族従業　④商工　自治

	支持政党	選挙区	比例	拒否政党	保革
93.7	自民	松田岩夫（新生）		なし	8
94.2	社会				5
95.2	新進				4
95.7	自民	自民	社会	なし	5
96.10	**新進**	松田岩夫（新進）	新進	共	5
00.6	社民	戸田二郎（社民）	社民	※	※

　彼女は夫・親・子と暮らしている．89年参院選と90年衆院選では社会党に投票したようだが，93年調査では，大体いつも自民党の武藤嘉文に投票していると答えている．調査を通じて，"おごり"への警戒や強者への反感が読み取れる．

　93年衆院選では自民党を支持しつつも新生党の松田岩夫に投票した．このときは自民党政権で与野党伯仲を望んでいた．新生党について，選挙前から「明るい未来がある党」として党と党首の好感度が最高であり，特に政治改革について期待していた．所属する商工関係の団体の人たちは主に新生党支持で松田への投票を彼女にはたらきかけ，さらに彼女の家族は松田後援会に加入していた．

　95年参院選時には，新進党の単独政権を望んでいるにもかかわらず，自民党を支持し，選挙区では以前世話になったという自民党の元代議士である大野明に投票した．比例代表では，「社会党の支持が落ちているような気がした．岐阜県は保守が強いため反発したくなった」として社会党に投票した．強者への反発の心理が興味深い．

　96年衆院選時，小選挙区では新進党に加わった松田に，比例代表でも新進党に投票した．彼女が仕事柄重要争点とする消費税の問題について，新進党および松田が自分と近い立場だと認識している．このとき，彼女自身が松田の後援会に加入している．松田が地元の利益に役立ち，実績があるとし，演説会への出席などもあって接触も多い．新進党への好感度は高いが自民党にそれほど嫌悪感はなく，新進党を「自民党と同じような政党」とすることから，新進党は松田が所属するという点と消費税に関する公約のみが評価されているようである．

　00年には小選挙区では社民党新人の戸田二郎，比例代表も社民党に投票した．96年，00年ともに小選挙区で自民党が議席を独占した岐阜県で，彼女はまたも強者への反発を表現したのかもしれない．ちなみに，00年衆院選では野党から社民党以外に民主党・共産党・自由連合も候補者を立て，非自民票は分散し，自民党の野田聖子が大勝している．（山本）

I-017 人柄の社会党から利益誘導型の自民党へ

静岡　旧1区／新4区　1920年代生まれ　男性　①大学　②1000～1200万円(93年)
③流通業経営　④商工　農協　自治

	支持政党	選挙区	比例	拒否政党	保革
93.7	社会	牧野聖修（日本新）		公	3
94.2	新生				3
95.2	社会				3
95.7	社会	社会	社会	なし	3
96.10	自民	倉田雅年（自民）	自民	なし	4
00.6	社民	川井健男（民主）	社民	公共	NA

　社会党を，土井たか子党首や村山富市元首相らの「人格の良さ」や「若干の理想を掲げているところに魅力を感じて」支持してきた．彼は高学歴，高収入で，支持の形成においても労組等の影響は見られず，むしろ社会党の政策や，反自民勢力としての役割，その人柄を評価していることがうかがわれる．しかし93年の衆院選では支持する社会党の候補ではなく，当時勢いのあった日本新党の牧野聖修に好感を持ち，票を投じた．「観念論が強すぎる」のが社会党の欠点であると考え，94年には「最も社会経済を熟知している」新生党にいったん支持が移っている．新生党同様「現状の行政，財界には最も力を発揮できる」と評価した新進党に対しては，公明党への拒否感から「党の解散」を望み，支持は再び社会党に戻った．

　96年にそれまでほとんど好意を抱いていなかった自民党を突然支持するようになり，自民党候補の後援会にも加入している．このような変化の背景には，社会党の政策転換への失望や，経営者に就任して同業者組合に参加するようになり自民党を事業上の利益代表と考えるようになったことがあったと考えられる．もっとも現実路線への転換を求めていた彼は，社会党の政策転換を必ずしも否定的に評価していたわけではない．なお96年衆院選において，彼の住む静岡4区で元自民党市議でありながら新進党の推薦を受けて無所属で立候補した望月義夫が，自民党公認の倉田雅年に大勝するなどをはじめとして，自民党は静岡県で伸び悩んでいる．

　00年には，自民党が彼が拒否感を持つ公明党と連立を組んだこともあって，また社民党へ支持が戻っている．衆院選では小選挙区では民主党候補に，比例区は社民党に投票した．この選挙区では社民党は候補者を立てておらず，彼の投票した民主党の新人川井建男が当選を果たした．政権担当政党としては民主党がふさわしいと考え，与野党の勢力逆転を望んでいる．(下田)

I-018 改革を望む有権者

静岡 旧2区／新5区 1940年代生まれ 女性 ①高校 ②1000〜1200万円(93年) ③寮母→サービス業(95年) ④商工 自治 生協

	支持政党	選挙区	比例	拒否政党	保革
93.7	新生	杉山憲夫(新生)		なし	5
94.2	(さきがけ)				5
95.2	(新進)				4
95.7	(新進)	新進	さきがけ	なし	4
96.10	(なし)	斉藤進(新進?)	新進	なし	4
00.6	なし	菊地薫(社民)	社民	※	※

　自身のイデオロギーはほぼ中立と回答しているが，改革を求め，守旧的なものに対する嫌悪感がみられる．93年以前は自民党を支持していたとするが，過去の投票について尋ねる調査では2度の参院選で社会党に投票したとしており，「金権政党」に嫌気がさして支持を離れてからの自民党に対する評価は低い．新党の登場に「少しは日本を変えてくれる政党」であることを期待し，93年衆院選では，夫の所属する労組の働きかけから民社党候補の後援会に加入していたにも関わらずその候補には投票せず，改革推進を掲げた新生党の杉山憲夫に票を投じた．しかし選挙後に成立した非自民連立政権についてはその枠組みは評価するものの，「今はまだ自民党時代の私利私欲の政治に見える」と改革がなされないことへの不満を漏らしている．

　新進党が結成されると「保守でない，新しい政党」であると考えて期待し支持するようになり，早期に政権獲得を果たすことを望んでいる．しかし新進党に対する評価は次第に陰りを見せ，96年の衆院選前には「企業優先」の「自民党と同じようなもの」と考えるに至った．もっとも新進党に対する支持が完全に失われたわけではなく，当時彼女は選挙区で有力であった自民・社会両候補者の後援会に加入していたが，実際投票する段になって無所属の候補者（新進党の候補者と認識）を選び，比例区でも新進党に投票している．政党に対する好感度調査からはこの頃民主党と共産党に比較的好感を持っていたことがうかがわれるが，結局これらの政党には支持や投票はつながらなかった．00年の衆院選では選挙区・比例区とも社民党に投票しているものの，支持する政党はないと回答している．

　彼女は改革的な政治を求め新しく誕生した政党によってそれがなされることを期待したようである．しかし93年以来誕生してきた新党によってはその要請は十分には満たされず，結局従来からの革新政党に回帰してきたものと思われる．(下田)

I-019 結局，共産党支持者に落ち着く例
愛知　旧1区／新2区　1940年代生まれ　女性　①短大　②1200〜1400万円(93年)
③主婦　④生協

	支持政党	選挙区	比例	拒否政党	保革
93.7	(日本新)	青木宏之（新生）		自	5
94.2	(日本新)				5
95.2	新進				3
95.7	(DK)	共産	共産	DK	4
96.10	共産	石山淳一（共産）	共産	なし	4
00.6	共産	古川元久（民主）	共産	※	※

　96年衆院選で新愛知2区から当選したのは新進党現職の青木宏之であった．民主党の古川元久は3位であったが比例区で復活当選を果たした．00年衆院選では，古川が9万票を獲得して圧勝，公明党の推薦を得て保守党から出馬した青木はわずか2万票あまりで大敗した．新進党王国と呼ばれた愛知県は，つつがなく民主党王国に変身したようだ．

　彼女は新聞記者を夫に持つ主婦である．イデオロギー的には弱革新であることを自認している．調査開始前には自民党に投票したこともあるようだが，それ以後は「大企業の味方，金権政治」であるとして不支持，もしくは拒否政党としている．社会党，新生党については党として政策などが結集していないと捉え，積極的には支持していない．95年には新進党支持になり，同党の単独政権も望むようになるが「急に人数を集めただけ」と，次第に冷めていく．そのような中，当初は「イデオロギーが強すぎる」と敬遠していた共産党に好意を抱き始める．「一貫して主義主張を変えない」ところに魅力を感じ，96年から支持政党とした．彼女は護憲を最重要視しているようであり，過去に社民連に最高の評価を与えたことがあった．その流れからいけば，民主党か社民党支持になりそうなものであるが，前者はその正体の不明さゆえ，後者は政権入りの過去によって「持っているものがなくなった」として支持できなくなったのである．

　実際の投票行動であるが，95・96年と共産党候補に投票している．特に衆院選では，共産党自体に対する評価もさることながら，候補者の石山淳一も評価したようだ．00年衆院選では比例区については支持政党どおり共産党に投票しているが，小選挙区では民主党の古川に投票した．共産党は候補者を変えたのが響いたのであろうか．死票になるのを避けようとした部分もあるにはあろうが．(原)

I-020 根底に流れるのは反自民思想

愛知　旧6区／新3区　1960年代生まれ　女性　①高校　②200～400万円（93年）
③主婦　④なし

	支持政党	選挙区	比例	拒否政党	保革
93.7	新生	大谷忠雄（新生）		なし	6
94.2	新生				5
95.2	新進				6
95.7	（新進）	棄権	棄権	自	DK
96.10	（DK）	棄権	棄権	DK	DK
00.6	共産	西田一広（共産）	共産	自公	5

　新愛知3区において，96年衆院選では新進党の吉田幸弘が公明党の推薦を得て当選した．次点は自民党の片岡武司，3位の近藤昭一（民主）は比例区で復活当選を果たした．近藤は00年衆院選では片岡に3万票差をつけ当選している．なお，共産党の候補は柳田さえ子→西田一広と，一定していない．

　彼女は自動車の部品製造工具を夫に持つ主婦である．政治的関心については「全くない」の肢を3度も選ぶほど興味ないようであり，棄権が多い．今回の投票理由は，自公政権という枠組みへの批判が第一であるようだ．

　彼女の支持政党の変遷は共産→新党→共産となるが，与野党逆転を志向していることは一貫している．新党を支持している間も共産党に対しては感情温度が50度を下ることはなく，肯定的な評価をしていたようだ．父母ともに共産党支持者であったことの影響が大きいのであろう．

　そもそも政治家自体への感情温度が低い彼女が新進党を支持した理由は，「羽田さんがいるから」であった．自民党に対する温度は常に25度以下と低いが，「人数が多いので意見が通ることが多い」といった程度の反感しか持たない．

　政権担当能力ある政党としては，新党支持時代は新進党，現在は民主党を挙げている．

　この有権者は基本的には共産党支持者であるが，改憲志向を持っていたり，増税してまで福祉を充実させる必要はないと考えるなど，必ずしも共産党の政策を十分に把握した上での支持というわけではなさそうだ．反自民を旗印とするイメージに惹かれている部分も強いのであろう．(原)

I-021 緩やかな改革を望む男性

京都 旧1区／新2区 1930年代生まれ 男性 ①高校 ②400～600万円（93年）
③無職 ④自治 住民

	支持政党	選挙区	比例	拒否政党	保革
93.7	（社民連）	菱田健次（新生）		なし	5
94.2	（さきがけ）				4
95.2	（さきがけ）				5
95.7	（なし）	共産	共産	なし	4
96.10	（なし）	前原誠司（民主）	共産	なし	4
00.6	なし	井上哲士（共産）	共産	公保	4

　旧京都1区は往年自共対決区という性格を帯びていた．93年は7政党が8議席を争う全国屈指の激戦区であり，自民が2議席，日本新・公明・共産はそれぞれ1議席を獲得した．トップは共産の穀田恵二．新制度導入後の2区でも熾烈な争いがみられ，96年は奥田幹生（自民）が井上哲士（共産）をかわして当選．前原誠司（民主）は3位に終わった．00年衆院選では前原が山本直彦（自民），井上に競り勝った．

　60歳代の男性．保革イデオロギーは中道からやや革新．政治への関心はまずまずある．彼は改革を志向している．護憲以外に一貫した主張は見られないが，現状を変えて欲しいという願いはきわめて強い．ただ94年には「自民リベラル派＋社会党右・中間＋民社党＋さきがけ＋日本新党で新党を結成して欲しい」と答えており，改革といっても彼は漸次的なものを求めていると思われる．共産党の改革路線には共感を示しておらず，同党をあくまで「政治のブレーキ役」(95年7月) として考えている．もっとも共産党に対しては，大体の時期でまずまずの印象を抱いている．

　93年以降の新党については，その改革志向から概ね好意を抱いている．ただ後期の新生党と新進党については「企業側に偏った自民党と同じ」だと考えている．小沢への拒否感も手伝って，両党への好感度は継続して低い．民主党については「大きい組織になるとつぶれるかも」と答えており，期待半分といったところである．

　93年衆院選では，自らの最重要争点である選挙制度改革について新生党の主張に共感したことから，同党の菱田健次に票を投じている．この時期は新生党に大きな期待を寄せていた．95年は改革を期待できる政党がないため「ブレーキの役目」である共産党に投票している．96年には，小選挙区は候補者の主張への共感から民主党の前原誠司に，比例区は現状を改めるのにふさわしいという理由で共産党に投票している．00年は民主党への好感度が最も高いにもかかわらず，小選挙区・比例区とも共産党に投票し，小選挙区では政党を重視したと答えている．(小松)

I-022 反自民姿勢に期待．共産党投票は個人的つながりも
大阪　旧2区／新4区　1940年代生まれ　女性　①高校　②600〜800万円（93年）
③自営食品加工業　④商工　自治　生協

	支持政党	選挙区	比例	拒否政党	保革
93.7	日本新	吉田治（日本新？）		自公連生	2
94.2	日本新				5
95.2	（なし）				4
95.7	新進	棄権	棄権	社	4
96.10	民主	山中智子（共産）	民主	社	7
00.6	なし	長谷川良雄（共産）	共産	公	10

　旧2区は定数5．共産党の東中光雄は長年議席を維持している．93年衆院選では無所属の吉田治(民社党・日本新党が推薦)が初当選した．新4区となった96年衆院選では新進党の前田正(元自民党)が自民党の中山正暉を破り返り咲いた．共産党からは山中智子が出馬していた．00年衆院選では中山が民主党の吉田を振り切り当選，共産党の新人長谷川良雄は連立批判で浮動票の獲得を狙ったが遠く及ばなかった．
　50代前半の女性．職業柄，景気対策や消費税問題を重要な争点として捉えている．
　彼女は根っからの自民党嫌いで「自分本位」「人数だけでまだアグラをかいている」と厳しく批判し強い不信感を抱いている．この横柄に居座り続ける自民体制を変えてほしいという思いが強く働いており，主義主張に賛同するというより自民党と対抗しうる党・距離のある党に好感を抱く傾向がある．ただいずれも期待しては裏切られてばかりである．
　この傾向は支持政党の変遷によく表れている．以前は一貫して共産党に投票していたが，93年時には新党への好感度が非常に高くなっている．中でも日本新党には「新しい事をやってくれそう」と最も大きく期待し，投票でも日本新党推薦の吉田に入れている．一方他の2新党には「自民党そのもの」「何も出来ない気がする」と早々に期待を裏切られてしまう．社会党にも以前は「もっと自民党に立ちはだかってくれると期待していた」が，「自民党より」となり対立政党として機能しなくなった村山内閣以後はまったく否定している．次に期待したのは新進党だが自民党と「裏でつながっている様である」点を不快に思い，「反旗を翻してくれた」民主党を支持・投票するようになる．00年衆院選ではこの民主党支持までも弱まり元の鞘に収まったかの如く共産党に投票している．
　以前からの共産党への投票は「言っている事は自民党に対抗しているので良い」と反自民姿勢に賛同していることによる．加えて個人的に世話になっていることも大きな要因で，その点では候補者重視の投票といえる．ただ「議席が足りず実現できない」ことや反対ばかりであることには不満を持っている．(内)

第10章 I類型：3 新党(93)－他党投票(00比例)　485

I-023　政治・政党不信→93年の新党への投票を除きすべて棄権
大阪　旧3区／新8区　1940年代生まれ　女性　①大学　②1200～1400万円(93年)
③小学校教師　④労組　自治

	支持政党	選挙区	比例	拒否政党	保革
93.7	（なし）	藤村修（日本新）		なし	4
94.2	（日本新）				3
95.2	（なし）				4
95.7	（なし）	棄権	棄権	5党以上	5
96.10	（なし）	棄権	棄権	社	3
00.6	なし	棄権	棄権	5党以上	3

　ニュータウンにある旧3区は定数5．93年は藤村修が日本新党から出馬し（さきがけが推薦）トップで初当選した．新8区となった96年衆院選ではここを地盤とする新進党の中野寛成（元民社）が民主党の井上一成らに圧勝した．00年衆院選でも民主党副代表の中野は高い知名度で余裕の当選を果たした．
　40代半ばの小学校教師．夫は管理職である．彼女は政治に強い不信感を抱いている．自民党には「傲慢・腐敗」「TVに出て来る数が減って喜んでいる．観ただけで胸が悪い」と嫌悪感を抱き，社会党には「無能・馬鹿・無知」で「組織というものについてどう考えているのか理解できない」と心底「あきれて」いる．さらに村山内閣期には自民党・新進党に対し「どうにでもなれ，全く興味がない」と突き放している．また与党社会党の政治には「反感だけを覚える」らしい．そのため政党や選挙にも否定的になる．この不信感は棄権として彼女の投票行動に表れている．
　唯一投票したのが93年衆院選である．争点に政治改革を挙げ，自民党の安定政権の崩壊を望んでいた．そこで僅かながら期待する日本新党に投票したのである．とくに働きかけはなく，期待できる党が現れたことや政権交代の実現可能性があったことが彼女を投票所に向かわせたのかもしれない．その証拠に新党への好感度がかなり高い．その後も新党には「弱体」としながらも「悪党ではない，素人くさい良さがある」(新生党)，「がんばりが見られる」(日本新党)と前向きに評価している．
　96年衆院選では不信感がやや弱まり「将来夢や希望を持てる政策」を争点に挙げ，職業柄「閉鎖的で締め付けの多い社会で平和ボケしているので，先の見える大きな夢・青空があるということを知らせて教育できる」社会の実現を望んでいる．しかし民主党でさえも「学校で言えば席替えをして居るようなもの」に思われ，結局棄権せざるを得なかった．00年衆院選も例によって棄権している．支持政党はなく自民党と民主党以外はすべて拒否政党で，自公保政権にも批判的である．政治に対しては不満と不信感のみといったところである．(内)

I-024 **自民支持にまわるも00年には自由党を支持**
兵庫　旧3区／新4区　1940年代生まれ　男性　①高校　②1000〜1200万円(93年)
③製造業経営者　④商工　自治　生協

	支持政党	選挙区	比例	拒否政党	保革
93.7	民社	井上喜一（新生）		社共	7
94.2	民社				8
95.2	自民				7
95.7	自民	自民	自民	共	8
96.10	自民	小西俊一（自民）	自民	共	8
00.6	自由	魚井健一（その他）	自由	※	※

　93年衆院選．彼の住む兵庫3区は7人の候補者が争い，選挙直前に自民党を離党した新生党公認の井上喜一とさきがけ公認の渡海紀三朗，さらに社会党公認の永井孝信が当選し，民社党公認の元職，塩田晋は落選した．自民党は公認候補を擁立しなかった．96年衆院選では新進党から出馬した井上が自民党の小西俊一を破った．00年は保守党に回った井上が共産，自由連合の候補を大差で破って当選した．

　93年当時彼は政治に大変不満を抱いており，衆院選における重要争点にも「政治改革」を挙げていた．彼の目には宮沢内閣は政治改革に積極的ではないと映りその評価は著しく低い．その一方で政治改革を標榜していた3新党に共感を覚えたのか新生党，日本新党，新党さきがけに対する評価は高かった．彼は選挙前に支持政党を変え新生党を支持するようになり，選挙でも井上に投票した．しかし選挙後は90年衆院選で投票した塩田の所属する民社党支持に戻った．

　細川内閣が誕生すると，彼は細川内閣の行う政治改革に失望を覚えた．その過程で悪い印象が残った政党として自民党，社会党と並んで新生党を挙げていた．その新生党に対しては「リーダーの身辺が気になる」とのコメントを残している．さらに新進党が結成された後は，「一部のものに牛耳られるな」と批判している．新生党・新進党の評価が低くなるのに反比例して，自民党の評価が上がった．94年2月の調査では93年衆院選に落選した塩田の所属する民社党を支持政党に挙げていたが，政党好感度では自民党が一番高かった．自社さ連立政権が誕生すると自民党を支持政党に挙げるようになった．95年参院選では「他に適当な人がいない」といって，選挙区，比例区とも自民党に一票を投じている．96年衆院選も，支持する政党の候補者ということで選挙区では自民党の小西に投票し，比例区でも自民党に投票している．

　だが00年衆院選では選挙区で自由連合の魚井和志に，比例区で自由党に投票した．支持政党も自由党と答えている．(福間)

I-025 候補者重視の投票行動

兵庫　旧3区／新4区　1920年代生まれ　男性　①中学　②200～400万円（95年）
③金物製造　④生協

	支持政党	選挙区	比例	拒否政党	保革
93.7	（自民）	井上喜一（新生）		共	6
94.2	自民				6
95.2	自民				6
95.7	自民	棄権		共	8
96.10	自民	井上喜一（新進）	民主	なし	7
00.6	自民	棄権	棄権	公共	1

　93年衆院選．彼の住む兵庫3区は7人の候補者が争い，選挙直前に自民党を離党した新生党の井上喜一ほか，さきがけ，社会が議席を獲得．このとき自民党は公認候補者の擁立を見送った．96年衆院選では，兵庫4区は新進党の井上が当選した．
　この調査を通じて，彼は一貫して自民党を支持政党，もしくは好ましい政党に挙げており，その感情温度も全政党の中で常に最も高かった．しかし自民党のイメージについての自由回答欄には「腐敗の温床」「天下を取るため数合わせに走っている」などネガティヴなものも多かった．それでも自民党の評価が高いのは，彼が「今までの功績大」というようにこれまでの実績からその政治能力を認めているからであろう．彼は政権担当能力を有する政党に常に自民党を挙げている．
　一方93年以降に新しく結成された新生党・新進党については，「自民党みたいなもの」「宗教と関係しているので良くない」とネガティヴな印象を抱いていた．
　彼は常に自民党を高く評価しているにもかかわらず，93年，96年衆院選では自民党に投票しなかった．これは，彼がこれまで支持し，投票し続けていた井上が，93年衆院選前に自民党を離党し新生党結成に参加したのであった．彼は井上に対して極めて高い評価を下している．従って彼がこの候補者に投票したのも候補者に対する思い入れの強さからであろう．一方96年衆院選においては，選挙区では新進党の井上に一票を投じ，比例区では民主党に投票している．このときは自民党も選挙区に公認候補者を擁立していた．にもかかわらず井上に投票したのは，今回もこの候補者に対する支持が政党に対する支持を上回っていたからであろう．次に比例区であるが，選挙前彼は選挙の重要争点に「政治・行政改革」を挙げ，自分の考えに一番近い政党，行政改革に一番熱心な政党に民主党を挙げていた．彼は政治の現状の変革を希求して比例区では民主党に投票したと思われる．しかし00年衆院選では拒否政党に挙げた公明党が参加している自公保政権を全く評価していない．選挙区には自民，公明の推薦を得た保守党の井上が立候補したが「自公保談合の候補者の一人であり選挙の意味がない」と言って棄権した．（福間）

I-026　**候補者に対する高い好感が政党支持に反映される例**
福岡　旧3区／新6区　1930年代生まれ　男性　①中学　②400〜600万円（93年）
③畜産業　④農協　自治

	支持政党	選挙区	比例	拒否政党	保革
93.7	**自民**	古賀正浩（新生）		公	10
94.2	**新生**				6
95.2	新進				5
95.7	新進	無所属	新進	社さ	6
96.10	**新進**	古賀正浩（新進）	新進	民社さ	10
00.6	自由	古賀正浩（自民）	自由	民公保	5

　旧福岡3区は，都市部の久留米，三池炭田の大牟田市，筑紫平野の農村部など，バラエティに富んだ地域を抱える福岡県南部の選挙区であった．定数5で，自民3社会1公明1が基本．新6区は，久留米市を中心に大分県境から有明海にかけて細長く連なる，筑後川流域の地域である．

　彼の政治的関心は高く，政党の党員や後援会員になったことがあり，選挙活動の手伝いや陳情，有力者・政治家との接触の経験もあり，政治参加度はかなり高い．イデオロギーや改憲・経済成長志向など，保守的な思想の持ち主である．

　92年以前は自民党に投票していた．93年衆院選では，自民党を熱心に支持していたものの，新生党の古賀正浩に投票している．自民党時代から通して古賀に投票するのは初めてであったが，最重要争点として挙げた「農業問題（日本の自給率を守ってもらうこと）」において元農水官僚の古賀を最も自分と近い候補者とみなしており，後援会にも加入するなど候補者要因に基づいて投票したものと思われる．自民党支持ではあるが，政権交代が必要と考えていたことも一因であろう．

　その後，彼は新生党を経て新進党支持に移った．95年2月調査において，次の総選挙で小選挙区では新進党候補に投票するが，比例区では棄権すると答えている点が興味深い．彼の新進党支持の理由はあくまで古賀が所属する党だからなのであって，新進党そのものが支持の対象であるわけではないのだ．

　彼の古賀正浩への支持は非常に強い．96年調査では地元のために尽くしてくれた，自分の問題で頼めば助けてくれそう，清潔さ・新鮮さの点で印象深いなど古賀に対する評価は他候補を圧倒する．96年衆院選では，古賀は自民党候補に35,000票の大差をつけて4選を果たした．彼は00年衆院選でも自民党に復党した古賀に投票し，古賀はこの選挙でも勝利した．

　ただ00年においては支持と比例区投票は自由党に向けられた．これは小沢一郎への好感が比較的高いこと，公明党を拒否しているため自公保連立を認めがたかったことが理由であると思われる．(岡田)

I-027 小沢一郎の改革姿勢を支持

大分　旧1区／新1区　1930年代生まれ　男性　①大学　②600〜800万円（93年）
③公務　④労組

	支持政党	選挙区	比例	拒否政党	保革
93.7	自民	佐藤佑一（新生？）		共	5
94.2	民社				8
95.2	新進				5
95.7	新進	無所属	新進	なし	5
96.10	新進	衛藤晟一（自民）	新進	なし	5
00.6	自由	釘宮磐（民主）	自由	公共	DK

　旧大分1区は，93年衆院選では社会党の村山富市，自民党の衛藤征士郎と衛藤晟一，新生党に移った畑英次郎の4現職が当選．日本新党の佐藤佑一は届かず．小選挙区下の新1区は，96年では前首相となった村山と衛藤晟一が争う構図．村山が圧勝し，衛藤は比例復活．00年には村山が引退．社民党の推薦を得た民主党の釘宮磐が僅差で当選．衛藤は公明，保守の推薦を得るも議席を奪えず．共産は毎回伸びず．
　彼は以前から基本的に自民党を支持していたようであるが，89年参院選では社会党に投票，93年衆院選ではさきがけを支持し，新生党の畑と迷った末に日本新党の佐藤に投票したようだ．宮沢政権の実績に不満で選挙後には非自民連立政権の成立を望み，選挙結果に大変満足してはいるが，自民党に見切りをつけてしまったわけではない．金権政治に反省して再出発に期待，良きにつけ悪しきにつけ政治を良く知る政治集団，日本の体質に合う，とコメントしており，好感度も96年調査まで高く保たれている．社会党に対して勉強不足で政権参加の資格なしと断じる彼は，自己改革不足と映る自民党に代わり，保守系で改革を唱える3新党，特に細川を擁する日本新党や「ひとくせある」新生党に期待を寄せたのである．
　新進党の結成以後は「熱の冷めないうちに何かをして欲しい」と望み，政権担当政党として最適としていたが，彼の支持は改革の推進自体よりもそのキーマンである小沢一郎への共感にあった．新生党の頃から注目しており，政治手腕の欠点を認めながらもその先見性を高く評価するとしている．選挙においても新進党に投票し続け（95年参院選での無所属候補は新進党推薦，96年衆院選には新進党が候補者を立てず），新進党解党後の00年衆院選時には，自由党を支持して比例区で票を投じた．選挙区では自由党が候補者を立てず，民主党の釘宮に投票している．民主党は結党時から「将来的には伸びる」と見ており，高い好感度は00年には自由党に並んだ．'小沢党'の細分化後は2大政党の一方として民主党を見ているようで，民主党中心の連立政権を理想とする．感情的には小沢支持であるが，現実的に民主党を核に政権を構想している．(国枝)

第11章

J類型：共産党投票(93)

解題 水野　忠幸

1. はじめに

　ここでは，93年以降の連立政権の時代にあって，日本の諸政党間にあまり違いが見られない中でも，独自の存在感を示している共産党に注目してみたい．依然として共産党に対するアレルギーが強いためか，共産党が政権の枠組みの中で語られることは少ない．93年衆院選の結果自民党が過半数割れして細川連立政権が発足した時にも，そこで言われていたのは「非自民・非共産の連立政権」であった．近年ではややその垣根が低くなったようであるが，一貫して野党である．
　そこで，93年衆院選で共産党の候補者に投票した人について，その後の投票行動などをやや詳しく見てみたい．サンプル数は23で，全サンプル（473）中の4.9%にあたる．

2. 定型分析

(1) 属性

　男性11人，女性12人となっていて，全サンプルよりも女性の割合が多い．93年での平均年齢は54.7歳であり，全サンプルでは53.8歳なので，やや高いことがわかる．年代別構成比では50代が10人（43.5%）と多くなっている．
　教育程度は，高卒が17人で73.9%と，全サンプルでの47.8%と比べると圧倒的に多くなっている．職業については，自営業，主婦が全サンプルでの割合よりも多くなっており，共産党の支持基盤を表していそうである（93年の回答を使用）．
　地域別にサンプルを見てみると，東京都が5人，大阪府が3人など，大都市がある都道府県が多くなっている．選挙区の都市度では，全サンプルよりわずかに集中度が高い．

(2) 政治的志向

　共産党という革新政党に投票しているので，その投票者の保革自己イメージはやや革新寄りであり（00年調査では4.4），全体平均（5.5）と比べると，その違いが見

て取れる．憲法に対する00年における態度を見たところ，全サンプルでは護憲派が32.6％でしかないが，J類型では63.2％もいる．同様に93年から96年までの各調査でも，J類型の方が全サンプルよりも護憲派の割合が高い．

公明党への拒否感は強く，J類型に入る23人の中で，00年の郵送調査に回答した19人のうち17人が拒否政党に挙げている．全サンプルでも46％の人が公明党を拒否政党に挙げてはいるが，それと比較してもかなり多い．共産党と公明党は組織政党というイメージを共有するが，勧誘対象が重なるためか両党は犬猿の関係であるようだ．一方，J類型の00年調査では，民主党には誰も拒否感はもっておらず，社民党を拒否政党にしたのも1人だけであることから，イデオロギーが近い，民主党や社民党に親和的であることがうかがえる．自民党については7人が拒否政党に挙げており，この2党と比べると多くなっている．

感情温度についても00年では，公明党は17.8度でやはり低く，共産党は64.2度である．民主党は63.3度とほぼ共産党と同じで，自民党は32.5度と低い．しかし，00年衆院選の比例区で民主党に投票した全サンプルを見ても，共産党に対する感情温度は31.1度でしかない．民主党と共産党が接近することを望んでいるのはJ類型からだけのようで，片想いになっている．

（3）投票先

3回の衆院選における，J類型に入るサンプルの投票先を示したのが表11-1である．3回連続して共産党に投票している人は23人中9人と多くない．96年，00年と連続して同じ政党に入れている人も，共産党に入れ続けた9人以外では自民党と社民党

表11-1　J類型各サンプルの投票先

93年衆院選	共産（23）			
96年衆院選（比例区）	共産（13）		自民（3）民主（2）新進（2）社民（2）棄権（1）	
00年衆院選（比例区）	共産（9）	民主（3）公明（1）	共産（4）	自民（2）民主（2）社民（1）自由（1）

の1人ずつしかいない．投票先は揺れ動いているようである．

また，3回の衆院選で共産党に投票した人の投票先が，どのように変化していったかを示したのが図11-1である．共産党投票者として固まらず出入りは激しく，各党にまんべんなく投票している．その中でも，96年衆院選での社民党からの流入と00年衆院選での民主党への流出は目立って多い．

93年衆院選で周囲に共産党に投票するよう働きかけをしたのはJ類型で1人しかいない（J-012）．知人から共産党に投票するよう働きかけを受けたのは全サンプルでは27人で，そのうち9人（J-004, J-005, J-008, J-014, J-015, J-017, J-019, J-022, J-023）がJ類型に入る．また，住民・市民運動団体から働きかけを受けたのは全サ

ンプルでは5人で，J類型では3人（J-014, J-015, J-016）である．生活協同組合からの働きかけを受けた人（J-005）もいる．

　J類型において，投票で候補者個人と政党どちらをより重視するかという質問には，93年調査では同じくらい，96年・00年調査ではやや政党を挙げる人が多くなっている．共産党に投票する人は，政党の要素を重視するというイメージがあるが，候補者も意外に重要なようである．各選挙で共産党に投票した人を全サンプルについて調べても，同様の結果が出てきた．

図11-1　共産党投票者の変動

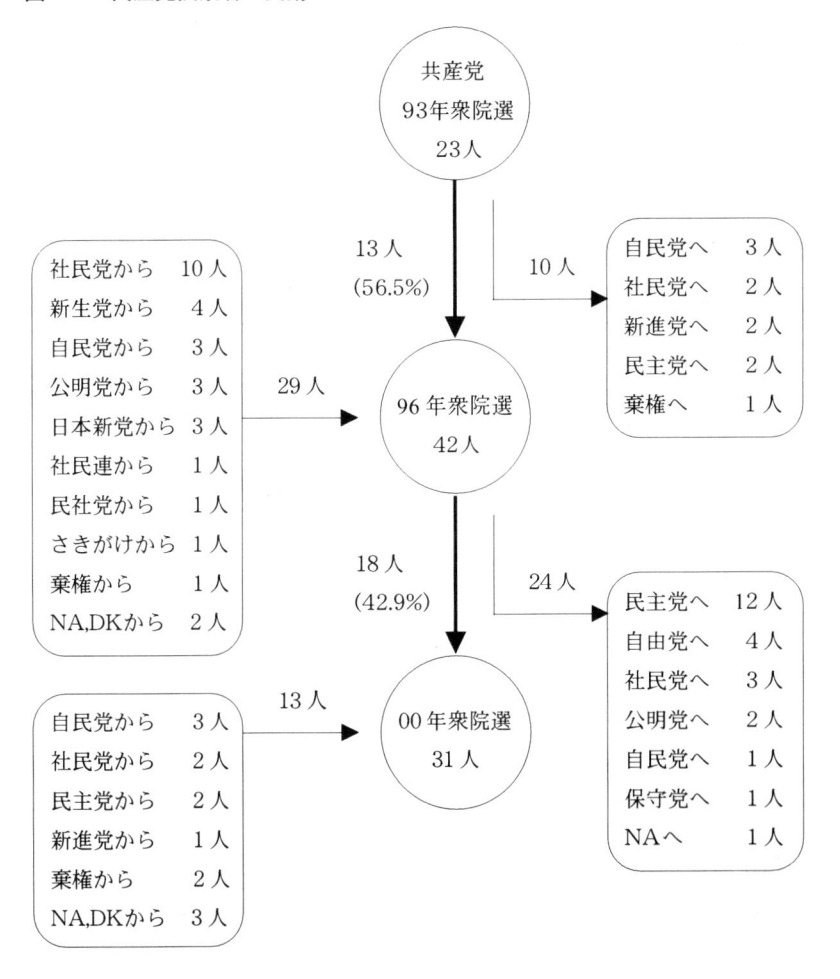

共産党
93年衆院選
23人

96年衆院選
42人

00年衆院選
31人

13人（56.5%）
18人（42.9%）

10人　→　自民党へ　3人／社民党へ　2人／新進党へ　2人／民主党へ　2人／棄権へ　1人

24人　→　民主党へ　12人／自由党へ　4人／社民党へ　3人／公明党へ　2人／自民党へ　1人／保守党へ　1人／NAへ　1人

29人　←　社民党から　10人／新生党から　4人／自民党から　3人／公明党から　3人／日本新党から　3人／社民連から　1人／民社党から　1人／さきがけから　1人／棄権から　1人／NA,DKから　2人

13人　←　自民党から　3人／社民党から　2人／民主党から　2人／新進党から　1人／棄権から　2人／NA,DKから　3人

3. 分類

(1) 共産党一貫投票型 (J-006, J-007, J-009, J-011, J-012, J-015, J-016, J-022)

93年，95年，96年，00年の各選挙で，共産党に一貫して投票しているサンプルである．棄権が多いが93年衆院選で共産党に投票したサンプル (J-009) も含む．共産党そのものが好きであったり (J-011, J-012, J-015)，知り合いがすすめるから (J-022) などの理由により共産党に投票し続けている．自民党への目付け役として共産党に期待している場合 (J-006, J-007, J-016) があるが，加えて自民党を支持するサンプル (J-009) もあるなど，自民党の力量を認めていることが多い．

この分類に属する人は，男性が5人，女性が3人である．教育程度，職業，イデオロギーはJ類型全体とほぼ同じである．憲法に対する，94年・95年・96年調査における態度を見たところ，各回とも護憲派が圧倒的に多くなっており，同様に福祉サービスに対する96年調査でも，増税しても福祉サービスの充実を求める意見が大勢を占めていて，党の方針との一体性が見られる．

(2) 共産党非一貫投票型

a．**野党投票型** (J-001, J-002, J-004, J-005, J-008, J-010, J-014, J-018, J-019)

民主党，社民党などの野党に投票しているサンプルである．候補者を見て決めたり (J-018)，候補者が女性だから (J-004)，区議に世話になったから (J-008) として共産党に投票している．現実路線に変わった社民党に投票していたり (J-014)，自民党に投票しているわけではないが自民党を認めたり (J-008) することもある．

ここに属する人は，女性が6人，男性が3人である．年齢，学歴はJ類型全体と同様である．職業では，女性が多いためか主婦が4サンプルと目立って多い．

b．**自民党投票型** (J-003, J-013, J-017, J-020, J-021, J-023)

共産党の対極にあるはずの自民党に一回でも投票しているサンプルである．共産党の議席数の少なさに失望し，現実としては自民党に期待したり (J-017, J-021)，バッファー・プレイヤーとして自民党が勝ちすぎないようにしている (J-023)．候補者を重視したり (J-013)，友人関係の義理のため (J-003) に共産党に投票していることもある．

ここに属する人は女性が4人，男性が2人である．年齢はバラバラで，30代から70代までいる．全員が高卒である．職業，イデオロギーはJ類型全体と同様である．

4. 民主党との関係

J類型においては，00年調査で民主党への期待の大きさが感じられる．結党直後の96年調査では民主党への感情温度は50.5度と，中立の感覚しか持たれていなかっ

たのが，00年調査では共産党と同じくらい好意的になり，加えて，どのような政権形態を望むかの質問に，19人中12人が民主党の与党入りを望んでおり（投票したのは3人），自民党への対抗勢力としては共産党よりも民主党が頼もしいと感じているのではないだろうか．

　このことを裏付けるデータとしては，図11-1でわかるように，96年衆院選の比例区で共産党に投票した42サンプル中の12サンプルが，00年衆院選の比例区で民主党に投票しているというものがある．

　また，比例区では共産党に投票するが，小選挙区では共産党の候補者が勝つのは難しいため民主党の候補者に投票する，という分割投票をした人は，予想に反して少なく，96年，00年の2回の衆院選とも全サンプル中で5サンプルしかない．

5. まとめ

　J類型全体としては，共産党に投票するという結果は同じでも，共産党自体に惹かれている人，自民党への牽制役として期待している人，区議に世話になった人など様々な人がいることがわかる．現実の国会で共産党が独自の地位を持たされているのとは少し異なり，共産党に柔軟に対応している有権者の姿が見られる．

J-001 保守系には虫唾が走る女性　社会党に失望し共産党，のち民主党へ

北海道　旧3区／新8区　1940年代生まれ　女性　①主婦　②800～1000万円（93年）　③主婦　④自治　住民　生協

	支持政党	選挙区	比例	拒否政党	保革
93.7	社会	伏木田政義（共産）		自公生	3
94.2	社会				5
95.2	（共産）				6
95.7	共産	共産	共産	なし	DK
96.10	**共産**	高橋佳大（共産）	共産	自	3
00.6	民主	鉢呂吉雄（民主）	共産	公	5

　旧北海道3区では93年，佐藤孝行（自民）と鉢呂吉雄（社会），金田誠一（無・社推薦）が当選し，社会党系で2議席を獲得した．新制度下で8区となった96年選挙では，比例にまわった金田の票と労組票を得た鉢呂（民主）が佐藤を破り当選した．高橋佳大（共産）は最下位．00年衆院選でも鉢呂は佐藤を破って当選した．
　40代後半の主婦で夫は公務員．イデオロギーは中道からやや革新．96年には家族が鉢呂の後援会に加入しているが，彼女はその影響を受けていない．
　95年あたりでみられる共産党への支持変更は，社会党に失望したこと，共産党の主張には基本的に賛成であること，保守系政党に対して拒否反応があったことによるものと思われる．彼女は政治に関心があり，各党の政策をある程度理解したうえで，保守系の政党はどれも自民党と同じだと考えている．
　93年には保守系政党について「選挙に金をかける」「（新生党は）自民党と似たり寄ったり」と答えている．共産党については「考え方が固すぎる」と答えており，力のなさを感じながらも社会党を従来通り支持している．ただ自らの重要争点である金権政治の打破については共産党が一番熱心であると考えていた．94年から95年にかけては，共産党に対しての評価が着実に高まっており，95年7月には自民党と手を組んだ社会党に失望する一方で，「（共産党は）唯一うそをつかない」と答えている．96年になると「自民党は自己主義，民主党は昔の自民党と同じ，社会党は反対党で主義・主張がない」と答えるかたわら，「公約を1つずつ確実に実現してくれそう」な共産党を高く評価する．争点の消費税・軍備費削減については，共産党の主張を全面的に支持していた．しかし00年には民主党に支持変更している．
　投票については，93年は社会支持にもかかわらず争点重視で共産党に，95, 96年は政党支持により共産党に投票している．00年の小選挙区は民主党に投票しているが，比例区で共産党に投票していることを考えると，民主党支持の度合はそれほど大きくないと思われる．いずれの投票でも候補者要因はほとんどないといってよい．
　（小松）

J-002　政治には関心があるが政党には関心がない

北海道　旧3区／新8区　1920年代生まれ　男性　①高校　②200～400万円（93年）
③協同組合事務　④商工　自治

	支持政党	選挙区	比例	拒否政党	保革
93.7	（なし）	伏木田政義（共産）		なし	3
94.2	（NA）				NA
95.2	（新進）				4
95.7	（なし）	棄権	棄権	なし	4
96.10	（なし）	高橋佳大（共産）	新進	なし	4
00.6	なし	原田有康（共産）	共産	※	※

　旧北海道3区では93年，佐藤孝行（自民）と鉢呂吉雄（社会），金田誠一（無・社推薦）が当選し，社会党系で2議席を獲得した．新制度導入後の北海道8区では96年，00年と鉢呂が当選，共産候補は続けて完敗した．

　彼は60代前半の男性．単身だが，妹夫婦の家に住んでいる．イデオロギーはやや革新．政治には常に不満を感じている．

　彼は支持政党なしを貫いているが，決して政治に無関心というわけではない．その現れとして，彼は改憲・軍備増強賛成・小さな政府志向といった考えをもっている．しかし政党の主張やその違いには関心がなく，どの政党の好感度もほぼ中立である．彼の支持政党なしは政治ではなく政党への無関心によるものといえるかもしれない．95年2月には例外的に新進党を好ましい政党だと答えているが，これは海部俊樹個人に好感を抱いたことによる．

　95年7月には再び好ましい政党すらなくなっている．彼は新進党について「海部さんはよいが他はダメ」と答えており，その結果全ての政党に無関心であった94年以前の姿勢に戻っている．96年以降も基本的にはこれと同じであるが，共産党については「（他党と違って）純粋に政治をやっている」とやや評価している．

　彼の投票義務感はかなり高い．95年参院選での棄権は「どうしても用事があったので」と答えている．毎回の投票要因は一貫していない．93年衆院選では鉢呂・金田について商工団体から働きかけを受けたが共産党に投票している．同時に「共産党は批判ばかり」と答えており，投票の理由はよくわからない．96年の小選挙区は，政治の現状を改めるのにふさわしい人物だからという理由や共産党の姿勢への好意から同党の高橋に投票している．一方比例区については特に関心を示しておらず，新進党に投票したのは他人に薦められたからであった．00年衆院選では小選挙区・比例区ともに共産党に投票している．（小松）

J-003 自民党から社会党，再度自民党を経て民主党へ

青森　旧2区／新1区　1950年代生まれ　女性　①高校　②800～1000万円（96年）
③店員　④商工　農協　自治　住民　生協

	支持政党	選挙区	比例	拒否政党	保革
93.7	日本新	工藤章（共産）		自	2
94.2	**日本新**				3
95.2	自民				5
95.7	（なし）	新進	NA	共	5
96.10	自民	津島雄二（自民）	自民	DK	9
00.6	民主	戸来勉（民主）	民主	自公共	3

　旧青森2区における93年衆院選では，自民党から新生党に移籍した現職の木村守男，自民党の元職竹内黎一，同じく自民党の現職田沢吉郎，社会党現職の山内弘らが争い，前三者が当選して山内が落選した．現1区で行われた96年衆院選では，自民党の津島が社民党の今村修や新進党の工藤隆一らを破り，00年衆院選でも今村や民主党の戸来勉らに圧勝した．

　彼女は93年の衆院選で共産党候補の工藤章に投票しているが，これは単なる友人関係の義理のためで，共産党自体については「いつも自分ばかり正しいと言っている」とむしろ反感を抱いている．彼女のもともとの支持政党は自民党であったが，消費税が争点となった89年参院選に際して社会支持に転じたらしい．しかし93年になると社会党についても「土井さんのときは良かった．最近はよくわからない」として，新生党や日本新党などの新党に現状変革の期待を掛けるようになった．

　やがて，新党への期待感は政策が分からないということもあって姿を消す．95年参院選では新進党の候補に投票しているが，これは「新進党ではなく候補者の公約に共鳴した」ためであると言う．だが，元の社会党支持に戻ろうにも，自社さ連立やそれに伴う政策転換は，「いったい，どうなってるのですか！」とのコメントに示されるように，彼女にとっては衝撃的なものであった．連立の枠組みは支持し，政策転換にも賛成してはいるのだが，それでも「無責任」という感情面での反発があったようである．結局彼女は自民党を「日本を代表する政党」として支持するようになり，96年衆院選では小選挙区・比例区の双方でこれに投票した．この時期，イデオロギー認識も保守寄りに大きく触れているのは興味深い．

　しかし00年になると自民党は評価を下げる．小渕・森政権について全般的に好感を抱いておらず，特に自公保連立や森首相への反発が著しい．自民党に対する反感から彼女が向かったのは民主党であった．これまで社会党や新党に裏切られた期待は現在，民主党の中に見出されているようである．（東）

J-004　女性を優先するが，民主党にも傾斜

埼玉　旧5区／新4区　1930年代生まれ　女性　①中学　②600～800万円（93年）
③主婦→和服仕立（95年）　④自治　生協

	支持政党	選挙区	比例	拒否政党	保革
93.7	共産	高村雅子（共産）		公	3
94.2	社会				4
95.2	社会				7
95.7	社会	その他	社会	なし	3
96.10	共産	綾部澄子（共産）	共産	進	3
00.6	民主	上田清司（民主）	民主	※	※

　彼女の投票対象を中心に当該地域の選挙結果を概観すると，93年衆院選では得票数の多い順に新生党の上田清司，日本新党の枝野幸男，公明党の若松謙維，自民党の福永信彦が当選し，共産党の高村雅子は次点に泣いた．続く96年衆院選では新生党から新進党に合流した現職の上田が圧勝した．共産党の綾部澄子は3位であった．00年も民主党に鞍替えした上田が，再度圧勝した．

　彼女は93年以降3度の選挙区選挙でいずれも女性の議員に投票している．どうやら彼女には基本的に女性候補に投票する傾向があるようだ．95年の参院選で新時代の女性候補に対して「若い女性で細かい点も気がつくのでばくぜんと」投票していることや，93・96年衆院選後の調査で政治上の出来事に全く注意していないと答えていることから推測されるように，彼女は政党や候補者の政策の内容でどの政党・候補者に投票するかを決定しているのではなく，主に候補者が女性であるかどうか，あるいはその党や候補者が女性の利益を代表していそうかどうかで決定しているのである．

　また，政党に対する支持も「末端の声を女性議員で中央に」と期待する社会党（社民党）や選挙区で女性候補者のいた共産党に強いものとなっている．ちなみに自民党に対しては95年2月の調査で「総理大臣になってほしい」政党と答えているように決して印象は悪くないが，それ以外の特別の考えを持ち合わせていないようだ．一方，96年時点では「わからない」としていた民主党に関しては，00年になると評価が急上昇．女性的ともとれる，民主党のクリーンなイメージが作用したのだろうか．同年衆院選の比例区でも民主党に投票し，女性候補のいた小選挙区でも民主党の上田に投票している．

　彼女は政党・候補者が女性的であるか否かで多くを判断しているが，それは政治的関心のなさと女性の存在への評価から来るのだろう．ただし，近年の民主党への評価は女性候補すら蹴散らすものとなっている．また，政治的な知識がないものの，投票行動は欠かさず行っている．投票に義務感を感じているからだろう．（奥津）

J-005 反自民で有力な政党を支持

東京　旧8区／新2区　1920年代生まれ　女性　①高校　②600〜800万円（93年）
③主婦　④自治

	支持政党	選挙区	比例	拒否政党	保革
93.7	（共産）	金子満広（共産）		公	4
94.2	（さきがけ）				4
95.2	（さきがけ）				4
95.7	さきがけ	新進	新進	社	4
96.10	（新進）	鳩山邦夫（民主）	新進	社	4
00.6	なし	小松一彦（その他）	自由	公保社	4

彼女は60代で母子家庭，世帯年収は年々下がってきている．主婦であり，年金と息子の収入とで暮らしているようである．

現東京2区といえば，自民党の深谷隆司と，もはや党名を超越した政治家・鳩山邦夫が激しく対立，熱い選挙を繰り広げていることに留意しておく必要がある．00年衆院選において彼らは和解したが，深谷のみ落選という悲劇的な結末に終わった．

ではまず当該有権者の政治的指向についてであるが，政治にはいつも関心を持っており，政治的満足度はやや不満から全く不満，といったところである．「金権体質は嫌い」であるとしており，それゆえ自民党に対しては「族議員がいやらしい」として嫌悪感を抱いている模様である（感情温度は30度）．一方社会党に対しては，「マドンナ議員の強情さが見苦しい」とこちらも嫌悪感を抱いているようであり，自社さ政権成立後には「死んだ．やはり野に置け蓮華草．なんでも言いなりになる村山さんはやめてほしい」とネガティブな評価を決定的にしたようである．

その反面共産党に対しては一貫して「清潔なイメージ」「正論を言っている」と好感を抱いているし，諸々の新党に対しても「若い人が多いので将来性がある」（日本新党），「小沢さんは嫌われ者だが，言っていることは正しいのではないか．何か改革してくれそう」（新進党）と大方よい評価を与えている．また自民党代議士の中でも渡辺美智雄やYKKには特に好感を抱いているようである．以上の価値判断の態様は，毎日新聞購読，平均イデオロギー3.8という革新的思想の強さからある程度推測できた姿であるとは言える．

実際の投票行動であるが，新党誕生前は共産党に，それ以後は法則性があり，さきがけ→新進→民主と反自民の有力政党を支持していることが見て取れる．ただ，小沢一郎に好感を抱いているのか新進党支持の度合いは殊のほか強いようで，95年以降比例区では新進党・自由党に投票しているようである．選挙区では候補者を重視して選んでいるようだ．（原）

J-006　好感度が高いからではなく多党制を求め共産党に投票する都市有権者
東京　旧3区／新6区　1940年代生まれ　男性　①高校　②400～600万円（93年）
③会員権売買　④なし

	支持政党	選挙区	比例	拒否政党	保革
93.7	共産	大田みどり（共産）		なし	3
94.2	（共産）				3
95.2	（共産）				4
95.7	自民	共産	共産	社さ	4
96.10	共産	水無瀬攻（共産）	共産	社さ	3
00.6	共産	水無瀬攻（共産）	共産	公保	3

　彼の住む地域の93年衆院選では，日本新党新人の石井紘基などが当選し，共産党の大田みどりは及ばなかった．96年衆院選では東京6区となり，新進党新人の岩國哲人が，民主党へ移った現職の石井，共産党の水無瀬攻を破っている．石井は比例区で復活当選した．00年衆院選では現職4人が争う激戦であったが石井が当選し，共産党の水無瀬は敗れた．

　彼は共産党を支持し，常に投票している．しかし，共産党を一貫して支持しているわけではなく，自民党支持になっている時期もある．共産党について「偏ったイメージが強い」という印象を語るなど，共産党自体への好感度は高くなく，政権担当能力も認めていない．政権交代よりも政局の安定を求めていて，共産党政権を望んではいないことがわかる．多様な価値観を反映した多党制を望んでおり，その意味で共産党のような政党も必要であると感じている．実際，95年参院選で共産党に入れた理由を「特にないがバランスも考えて反対党も必要」と答えた．

　多党制を望んでいるが，社会党については「役目が終わった」「完全に駄目．実行力なし」と辛い評価をしている．自民党と組んだ後には一層評価が下がった．新党については，自民党の分派なので大して変わらないのではないかとしながらも，その未知数な部分にかすかな期待をしている．94年12月に新進党が結成されると「政党としては未熟な子供のような存在．育つか否かはこれからの努力をみるしかない」と不安を感じつつも期待を寄せていたが，その評価も次第に低下し，結局「自民の分裂」した一派という色が強く「数を求めている」と感じるようになった．その後登場した民主党にも，結成直後の新進党と同様に不安と魅力を感じている．

　00年衆院選でも，共産党を支持して投票している．しかし，96年と同様，政権担当政党には民主党が適任としており，民主党の単独政権を望んでいる．公明党・保守党を拒否政党として挙げていて，自公保政権を厳しく評価しており，その影響が出ているようである．(村上)

J-007 自民党の政権担当能力を認める, 野党としての共産党の支持者

東京　旧4区／新7区　1940年代生まれ　男性　①高校　②800～1000万円（93年）③自動車部品開発　④自治

	支持政党	選挙区	比例	拒否政党	保革
93.7	共産	松本善明（共産）		公生さ	3
94.2	共産				3
95.2	共産				4
95.7	社会	共産	共産	進	3
96.10	共産	亀井清（共産）	共産	進	3
00.6	共産	小堤勇（共産）	共産	公保由	3

　彼は自動車会社で働き, 世帯年収は高く, 裕福な暮らしをしているようである.
　彼が住む地域の93年衆院選では日本新党の新人山田宏がトップ当選. 前回次点で泣いた共産党の松本善明が2位で当選. 96年衆院選では, 共産党の亀井清などの新人を抑えて自民党現職の粕谷茂が勝利をおさめた. 00年衆院選では民主党の長妻昭が, 自民党現職の粕谷や共産党の小堤勇などを破って当選した.
　彼は共産党支持者であり, 一貫して共産党に投票しつづけている. 96年衆院選では, 家族が共産党の亀井の後援会に所属しており, 家族ぐるみで共産党を支持していると思われる. イデオロギーの自己認識も革新的である. だが, 政権交代よりも政局の安定を求め, 共産党政権を望んでいるわけではない. 自民党に政権担当能力を認めており, 金権政治やマンネリ化を批判してはいるが, 自民党に対する好感度も低くはない. 自民党政権だが与野党伯仲という状況を望んでおり, 共産党が批判や反対ばかりになりがちなことを認めつつ, 野党である立場を好んでいるようだ. 野党としての共産党を支持しつづける彼が, 多様な価値観を表現できる多党制を望んでいるのも理解できよう. 00年衆院選でも, 共産党支持・投票に変わりはないが, 公明党・保守党を拒否政党として挙げており, 自公保連立政権に対しての厳しい評価が表れている.
　社会党に対しても好感度は割合高いといえるが, 93年には「政策がなにもない」, 94年には「浅沼さん時代の強い目的を持った政党に. 今の社会党は労組の代表で民衆の代表ではない」, 自社さ政権になると「自分の身ばかり考えている. 昔の社会党はもっと大衆的でしたよ」などと批判している. 新党に対する好感度は全体的にあまり高くなく, 特に小沢一郎に対する反感が強く, 新生党や新進党の評価も低い. 小沢のイメージを「独裁」「ハイルオザワ」と語っている. 新進党に関しては,「ファシスト的な面が見えたり色がくすんで見えたり, なにか汚れた感じが強い」「最右翼政党. 怖い」「金権政治型政党」と悪い印象を持っている. (村上)

J-008　自民党を支持しながらも，共産党区議への恩義に基づいて投票している

東京　旧5区／新10区　1920年代生まれ　女性　①高校　②200～400万円（93年）
③無職　④自治

	支持政党	選挙区	比例	拒否政党	保革
93.7	自民	増村耕太郎（共産）		なし	6
94.2	(NA)				6
95.2	自民				8
95.7	自民	共産	共産	なし	6
96.10	自民	長妻昭（社民？）	民主	なし	6
00.6	民主	鮫島宗明（民主）	民主	公由	5

　彼女が住む地域の93年衆院選では，新党ブームにのって日本新党の鮫島宗明などが当選し，共産党の増村耕太郎は敗れた．96年衆院選では，自民党支持票を一本化した元職小林興起が，新進党に転じて再選を狙う鮫島や民主党の長妻昭などを抑えて返り咲きを果たした．00年衆院選でも小林が鮫島を破った．鮫島は比例区で復活当選した．

　彼女は70代の無職の女性で，95年からは一人で暮している．年金で生活しているため，老人福祉問題に関心がある．

　彼女は基本的に自民党を支持しているが，実際には共産党や民主党に投票している．共産党には，自民党とほぼ同程度の好感を持っており，「困った人の面倒をよくみる」「考え方は偏っているが，庶民のことを割とよく考えてくれる政党」「他の政治家（政党）みたいに悪いことはしないだろう」と述べている．95年参院選では「区議の方にお世話になり，その方が共産党なので」共産党に投票している．共産党は「もともとあまり好きではない」と述べていることを考え合わせると，この区議の存在は共産党への好感度を高めるのに大きな役割を果たしていると思われる．

　新党に対しては初めは温かい目を向けていた．しかし，95年頃から好感度が下がり，新進党に対しても「よくわからない」「選挙のための公約なような気がする」とあまり良いイメージを持っていない．96年に登場した民主党に対しては好感度が高く，「菅さんが頑張っているからどうなるか多少楽しみである」と述べている．00年衆院選では，自民党支持から民主党支持へと変わり，小選挙区・比例区とも民主党に投票している．また，政権担当適任政党も民主党へと変わり，民主党を中心とした連立政権を望むようになっている．森首相の発言問題や自公保連立政権への評価が低いことが原因ではないだろうか．

　彼女は自民党を基本的に支持しながらも他の政党に投票しており，自民党を牽制しているようである．世話になった区議に恩義を感じて自らの一票を使うという一面も見落とせない．(村上)

J-009　共産党に投票するも消去法で自民党支持型

東京　旧11区／新22区　1940年代生まれ　女性　①短大　②1000〜1200万円（95年）　③主婦　④なし

	支持政党	選挙区	比例	拒否政党	保革
93.7	自民	岩佐恵美（共産）		なし	5
94.2	自民				6
95.2	（なし）				NA
95.7	（なし）	棄権	棄権	なし	5
96.10	自民	棄権	棄権	なし	6
00.6	なし	忘れた	共産	※	※

　運送会社で運転手をしている夫を持つ中年主婦．
　彼女の居住する選挙区は93年衆院選では定数5を日本新党，社会党，公明党，自民党，共産党で分けあった．96年衆院選では新進党所属で公明党の推薦を得た伊藤達也が8選を目指す民主党の山花貞夫を僅差で破っている．なお，山花は比例区で復活当選を果たしている．00年衆院選では山花の息子郁夫が民主党から出馬，初当選を果たしている．
　まず，この有権者の支持政党であるが，自民党は嫌いであるにもかかわらず，大方自民党支持である．政権担当能力があるのは結局自民党のみである，ということを終始一貫見抜いていたことがその要因であるようだ．
　各政党に対する論評としては，自民党も含めすべてに対して辛らつである．自民党に対しては「自分たちのことだけしか考えていない」「自分の利益ばかり考えないで国民の立場にたって考えてください」「改革できないのに改革，改革，といっている」などと厳しい．公明党に対しては「学会が強すぎ」と，共産党に対しては「趣旨が良く分からない」と，それぞれ好感は持てないようである．また，諸新党も支持の対象とはならなかったようで，「小沢さんが見えすぎていや」（新生），「細川さん以外は知らない」（日本新），「名前の変わった自民党．本音を言ってない．消費税問題でも極端なことを行って信用できない」（新進）と，各々不支持理由を挙げている．
　実際の投票行動であるが，政治不信にもとづく諦めの強さに比例して，やはり棄権の回数が少し多いようである．自民党支持でありながら実際に投票したことがあるのは93年衆院選での岩佐恵美（共産）と00年衆院選での比例区共産党の2回だけである．確かに投票をしても，「経済の安定を望む．これだけの不況を何とかしてほしい」とのこの有権者の希望をかなえることに直結するわけではないかもしれない．とはいっても，せっかくの一票を有効に行使しないのはもったいない感じもするが．
（原）

J-010　共産党支持は絶対も他の政党への評価は流動的

神奈川　旧4区／新6区　1930年代生まれ　男性　①高校　②800～1000万円（93年）　③通信メーカー事務　④宗教　自治

	支持政党	選挙区	比例	拒否政党	保革
93.7	共産	大森猛（共産）		自公	1
94.2	共産				3
95.2	共産				3
95.7	共産	共産	新進	社	3
96.10	共産	堀野祐吉（共産）	共産	なし	3
00.6	共産	藤井美登里（共産）	共産	自公保	2

　彼の住む地域の衆院選を見ると，93年は若い新人候補が多数当選．96年は民主党の元職池田元久が当選，00年も当選した．共産党候補は3回続けて完敗した．

　革新的だと自己分析する彼の支持政党を見ると，革新のイデオロギーそのまま全ての調査で共産党と答えており，根強い支持を感じる．この支持の要因には革新勢力は「サラリーマンのために働いてくれる」と考えていることや仕事場で支持していることもあろうが，最たる要因は共産党が何らかの変化を起こしてくれるのではと考えていることであろう．保守よりともとれる新党全般の評価が高く，社会党をも含めた既成政党全般の評価が低いことを併せて考えればそのことが理解できる．

　時系列的に見ると，93年は所得税減税を求めて，支持政党の共産党候補に投票した．当時日本新党を共産党の次に評価していた．自民党のことは「歴史の中で馴れ合いになっている」と批判，絶対的な拒否感を持っていた．また，政治的活動を行う宗教団体を信仰していることもあって，公明党にも絶対的な拒否感を持っている．

　94年も政党観はあまり変化ないが，新生党と日本新党の評価が下がり，さきがけの評価が上がっている．いずれも執行部イメージと関係があるようだ．

　95年になると政党観は変化を見せ始める．共産党支持はもちろん変化しないものの，自民党と新進党に対してともに「政治能力がある」と答え，ともに評価が高まっている．そして，選挙があれば自民党へ投票すると答えている．同年参院選時も政党観はかわらず，組合の支持のもと選挙区は共産党に投票したものの，比例区は新進党に投票している．新進党には「社会党と違って期待が持てる」そうである．この時，彼は新進党と自民党の連立政権を希望している．

　だが，96年には新進党の評価は急激に下がる．創価学会の影響力を考えてのことらしい．自民党についてもその経済政策は評価するも，全般的な評価は低い．一方，民主党には期待し始めている．選挙では結局，支持政党の共産党へ投票した．

　00年は共産党に再び投票した．民主党も変わらず好感している．一方，自民党には公明党ともども絶対的拒否感を示している．自公保政権の影響だろう．（金子）

J-011　候補者も見て，一貫して共産党に投票

新潟　旧4区／新6区　1930年代生まれ　男性　①中学　②400～600万円（93年）
③農家　④農協　自治

	支持政党	選挙区	比例	拒否政党	保革
93.7	共産	田中徳光（共産）		自公民	3
94.2	共産				3
95.2	共産				4
95.7	共産	共産	共産	進	3
96.10	共産	阿部正義（共産）	共産	自進民	1
00.6	共産	阿部正義（共産）	共産	自公保	DK

　彼が生来70年近く住んでいる地域で，93年衆院選は自民党の2人（白川勝彦，高鳥修）が勝ち，96年衆院選では白川はコスタリカ方式で比例区に回り当選し，高鳥も激戦を制した．00年衆院選では白川は民主党元職の筒井信隆に敗れた．共産党は毎回の選挙に候補者を擁立しているが，得票は当選者の10％ほどでしかない．

　彼は農家であり，3世代で暮らしている．投票に行くことに義務感を感じており，いつも政治に関心を持っている．また，選挙になると葉書や電話があり，演説会にも顔を出すなど，政治参加に積極的である．

　支持政党は共産党であり，毎回共産党に投票している．共産党は「国民のために働いてくれる政党」で，「庶民の味方になってくれる」ので投票している．政権担当能力についても，共産党を挙げていることが多い．望ましい政権像については，共産党に近い社会党が絡む連立政権を考えていることが多く，村山政権はある程度評価した．ただ，「米の自由化まで賛成するとは社会党というものはあってもなくても同じ」として，政策を変えたことを批判している．彼は農家なので農産物輸入自由化などの農業問題は非常に重要なのであろう．共産党は農産物輸入自由化に強く反対していて好印象を持ち，自民党については「農業を駄目にしたからあまり好きでない」と言っている．他に重視しているのは憲法問題や福祉サービスについてであり，ともに共産党が他党と比べて目立っている分野である．なお，共産党支持者である彼の投票決定要因は政党だけになりそうなところ，候補者の人柄も見ていると回答している．

　他党については，新生党を「小沢を切れば別ですが今の新生党は国民の敵である」とまで言っているのが目に付く．他には，自民党，新進党，民主党を「消費税，福祉など大きな問題をその場で決めている．真剣に政治にとりくんでいない」として評価せず，いずれも拒否政党にしている時期もある．（水野）

J-012　共産党の熱心な支持者像
長野　旧4区／新2区　1930年代生まれ　男性　①大学　②800〜1000万円（93年）
③農業　④農協　自治　生協　住民

	支持政党	選挙区	比例	拒否政党	保革
93.7	**共産**	清水啓司（共産）		5党以上	1
94.2	**共産**				1
95.2	**共産**				1
95.7	**共産**	共産	共産	自進社	1
96.10	**共産**	清水啓司（共産）	共産	民社	1
00.6	**共産**	清水啓司（共産）	共産	自公保由	1

　旧長野4区は93年には新生党に転じた村井がトップ当選．自民党の唐沢俊二郎と社会党の北沢清功が続いた．96年衆院選では，新2区は新進党の村井が圧勝，自民党新人と社民党の北沢らを退けた．00年には民主党新人の下条みつが健闘するも，自民党に復党した村井に及ばず．社民の山口わか子は比例で復活当選．共産党は毎回清水啓司を立てるが，いずれも票を伸ばせず議席に届いていない．

　典型的な共産党の支持者像がうかがわれる．保革イデオロギーは1，政治の現状に全く不満，政治にいつも関心を持ち，共産党を熱心に支持する．投票履歴は共産党一色で，他党を意図したこともない．共産党へのコメントを追うと，正直で清潔，筋が通っている，これから伸びるとあるが，政策が良いから昔から支持していると言う程には具体的に共産党の主張政策について述べていない．他党の評価を見ると，自民党は財界と結びつき金持ちのための政治をし，うそを平気でつく．新生党は中身は金権腐敗で自民党の悪い所の塊であるとして，新進党となってからも自民党より下位に置く．日本新党には，新鮮な印象を受けるとして共産党以外では唯一否定的でない言及が見られるが，中身がないマスコミ政党でそのうち消滅すると見る．同じ革新系の社会党に対しても厳しく，信念がなく頼りにならず少数政党として見放されていくとする．96年にできた民主党は選挙目当てのかけこみ寺だといって一顧だにしない．宮沢政権から橋本政権に至るまでのどの政権も全く評価せず，またできるわけがないと留保しながらも，共産党を含む連立政権が理想としている．

　このように強い共産党の支持者であるが，その今日での根拠は具体的政策や能力ではなく，共産党だからというのが一番近いだろう．他政党間の政策の異同にはほとんど関心がなく，他党は全てAかA寄りであるが，共産党はBだという回答が多い．他政党をまとめて共産党と対抗した位置に置くことで，共産党への支持を補強しているように見えなくもない．とにかく，彼の共産党支持は，それが政権に結びつくか否かにかかわらず強固かつ硬直的で，他党に投票することは考えられない．ただ，00年調査で民主党の政権担当能力を最適としていることは興味深い．(国枝)

J-013　福祉重視か商売重視かで自民と共産の間で揺れる都市自営業者

愛知　旧6区／新4区　1920年代生まれ　女性　①高校　②1000～1200万円(93年)
③染物屋　④自治

	支持政党	選挙区	比例	拒否政党	保革
93.7	自民	瀬古由起子（共産）		なし	6
94.2	（なし）				5
95.2	（なし）				NA
95.7	（共産）	無所属	NA	なし	7
96.10	社民	塚本三郎（自民）	自民	なし	6
00.6	共産	瀬古由起子（共産）	自民	公	5

　76年に定数4に増えた旧愛知6区は，民社党塚本三郎，公明党石田幸四郎が当選を続け，残り2議席を自民・社会・共産が争ってきた．しかし，93年は新生党新人の元県議大谷忠雄が当選し，塚本が落選した．選挙制度改革によって旧6区は3・4・5区に分割され，4区は新進党の元プロ野球選手三沢淳，自民に移った塚本，共産党新人瀬古由起子が争い，三沢が当選，瀬古が比例区復活当選した．00年は保守党に移った三沢を民主党新人牧義夫が破り，瀬古は再び復活当選した．

　彼女の支持政党，投票政党には揺らぎがあるものの，基本的には自民党に好感を抱いているようである．自民党について「昔は父が商売をしている者は自民党と言っていた」,「自営業に対して好意的」と述べていることから，自営という職業が影響しているようである．

　しかし，93年衆院選，00年衆院選小選挙区では候補者を重視して，共産党の瀬古に投票している．00年比例区は自民党に投票しているものの，支持政党も共産党となっている．これは，小選挙区での瀬古への評価が影響したのであろう．96年衆院選小選挙区では瀬古には投票せずに，政党を重視して，自民の塚本に投票している．彼女は選挙結果を考えて投票するとしており，1人しか当選できない小選挙区では共産党の瀬古が当選する見込みがなく，死票となることを懸念したためと推測される．しかし，瀬古は比例区で復活当選し，新選挙制度の下でも瀬古が当選する可能性があることが分かり，00年では再び瀬古に投票したと考えられる．

　瀬古に投票はしているものの，90年代は一貫して，共産党に対して「こわい感じがする」,「全然問題外」という印象を抱いており，好感度も高くはない．従って，理由は明らかではないが，瀬古個人に強く引き付けられているといえよう．彼女は高齢であることを理由に社会福祉を重視するとしており，共産党が自分の認識に一番近いとも感じている．これを瀬古に共感したために形成された共産党イメージととらえれば，瀬古の社会福祉への姿勢が理由ともいえよう．また，瀬古が女性であることも影響しているとも考えられる　（松田）

J-014 「信念」の共産党から現実味の社民党，再び共産党へ
愛知　旧2区／新7区　1940年代生まれ　男性　①中学　②1000～1200万円(93年)
③公務員　④労組　自治

	支持政党	選挙区	比例	拒否政党	保革
93.7	共産	佐々木朗（共産）		自	5
94.2	社会				5
95.2	共産				5
95.7	共産	共産	共産	なし	4
96.10	社民	伊藤啓子（社民？）	社民	なし	5
00.6	共産	坂林卓美（共産）	共産	自公	5

　両親ともに1955年以前の社会主義政党の支持者であった家庭で育ち，彼自身は現業の公務員として労働組合に加入している．共産党を「労働者の味方」として支持してきた．しかし社会党が連立に参加したことを受けて，この支持に変化が生まれる．すなわち，まず94年に社会党が非自民連立政権へ参加したのを好意的にとらえ，「政権政党を確立してほしい」と支持するようになっている．もっともこの時は細川政権の実績を評価しなかったため，「野党で信念を通している」共産党にすぐに支持が戻った．次に村山政権下での社会党の政策転換を受けて，「政策を貫いている」が「政権を取る意欲がな」い共産党よりも，「がたがたになって」いるが「巻き返しをはかる」社民党に好感を持ち，再び共産党から社民党に支持が移っている．支持の変遷の背景には労働組合の影響もみられ，所属する労組が93年には共産党を，96年には社民党を支持していると回答している．
　93年・96年の衆院選とも当時支持していた政党が地元の利益代表であると考え，政治家にはもっぱら地元のために働いてほしいと望んでいる点が，社民党や共産党の支持者としては特異的であると思われる．ただし，どちらの場合も，投票した候補者が当選する可能性が低いということは認識している．93年トップ当選した民社党の青山丘は，96年新進党から出馬すると労組に加え創価学会の組織票にも支えられ圧勝，'新進王国'愛知をみせつけた．
　00年には支持政党として共産党を挙げ，選挙区・比例区ともに共産党に投票している．一方で政権担当政党としては民主党に期待を寄せているようで，共産党に次いで高い好感度を示している．この選挙で愛知7区では民主党の新人候補が自民党候補に競り勝っている
　政策や政党のあり方という点では共産党に好感を持っているものの，政権を取ることができない同党ではその政策の実現がままならないと考え，比較的考え方が近くかつ政権に関わる可能性のある政党に惹かれている様子がわかる．しかし結局は野にあって「信念を通す」共産党に対する支持は固い．(下田)

J-015　共産党一筋．労働者の味方＝共産党・社会党

京都　旧1区／新2区　1930年代生まれ　男性　①中学　②600〜800万円（93年）
③タクシー運転手　④労組　自治　生協

	支持政党	選挙区	比例	拒否政党	保革
93.7	**共産**	穀田恵二（共産）		自民	3
94.2	**共産**				2
95.2	**共産**				3
95.7	共産	共産	共産	進	4
96.10	共産	井上哲士（共産）	共産	進社	3
00.6	共産	井上哲士（共産）	共産	公	6

　旧1区は定数5，うち3議席は自民党・公明党・民社党の指定席であった．93年衆院選では共産党が候補者を1人に絞ったため穀田恵二がトップで初当選，日本新党の前原誠司がこれに続いた．新2区となった96年衆院選では共産党の井上哲士が健闘したが，この地域を地盤とする自民党の奥田幹生が議席を守り抜いた．00年衆院選では民主党の前原が自民党の山本直彦や共産党の井上を振り切り当選した．

　50代後半のタクシー運転手．景気にも暮らし向きにも強い不満はない．彼にとって経済成長は争点足りえず，政党があまりに経済優先であることを批判している．政治への関心は強く，選挙や国会・政党は民意反映の重要な手段と捉えている．

　イデオロギーは革新寄り，支持・投票政党は共産党で一貫している．井上の後援会員でもある．社会党にも好意的で共産党に次いで評価してきた．これは資本家vs労働者という軸を想定し労働者の立場から政治に接しているためで，自民党を「資本家ようご」「財界にかたよりすぎる」「大企業中心から脱皮してほしい」「資本家サイドになってきた」とする一方で，共産・社会党を勤労者の代表と捉えている．

　政権党としては共産党ではなく社会党が望ましいと思っている．しかし「労働組合が持てて本来の活動が出来ている労働者は労働貴族化している（所得の差の拡大）ことを認識せず，低所得層の対策は何らなしえていないのではないか」「公約を簡単に破ってなれあいである」と次第に不満が高まり，ついには「労働者の立場からかけはなれた体制になってしまったので存在かんがない」と拒否政党にまで落ちてしまった．代わって浮上したのが民主党である．金権政治や官僚政治を問題視していたため「旧体制にとらわれずに活動できるかもしれない」と期待し，新進党（党自体には否定的）との連立政権を望んでいる．民主党へのこのプラス評価はメディアの影響も大きかったようだ．00年衆院選でも民主党の政権担当能力を評価し高い好感を持っていたが，彼の共産党支持を揺るがすほどではなかった．(内)

J-016　自民党の目付け役として共産・社会を支持

大阪　旧2区／新4区　1930年代生まれ　男性　①高校　②600～800万円（93年）
③音楽関係の自営業　④商工　自治

	支持政党	選挙区	比例	拒否政党	保革
93.7	社会	東中光雄（共産）		自公	5
94.2	社会				4
95.2	共産				5
95.7	社会	共産	共産	なし	5
96.10	共産	山中智子（共産）	共産	進	4
00.6	共産	長谷川良雄（共産）	共産	自公	5

　旧2区は定数5．共産党の東中光雄が長年議席を維持している．社会党もほぼ毎回議席を得ており近年は左近正男が立っていた．新4区となった96年衆院選では新進党の前田正（元自民党）が中山正暉（自民党）を破り返り咲いた．共産党からは5区の東中に代わり山中智子が出馬した．00年衆院選では中山が民主党の吉田を振り切り当選，共産党の長谷川良雄は連立批判で浮動票の獲得を狙ったが及ばなかった．

　50代後半の男性．自営業を営みながら夫婦2人で生活している．彼は政治全般に強い不信感を抱いている．政党への評価や認識もあまり差別化されておらず，彼自身も確固たる思想信条を持っているわけではない．ただ自民党に対して金権政治・腐敗体質がひどく「庶民の為になっていない」と批判しており，数を頼んで権力をほしいままにする行き過ぎた態度に警鐘を鳴らしたいという思いは一貫して持ち続けている．その思いが支持・投票行動に強く働いている．

　社会・共産党を自民党の対抗政党として支持・投票するが積極的な支持ではない．それは共産党への「特に支持しているわけではない，目付け役として」「これといって投票する党がない，自民党を反省させるために投票した」というコメントからもわかる．ただ目付け役としてだけでなく生活利益の代表者・候補者への好感といったプラス評価も共産党支持を手伝っていると思われる．社会党については「もう一つはっきりしない」「積極性に欠ける」と否定的なコメントが続く．しかし支持していた時期が与党であった時期と重複することから，自民党に代わって政治を引っ張ってほしいという期待があったのかもしれない．結局は「不言不実行」と力不足を感じ，96年時にはやはり頼れるのは自民党であるという思いを強めていた．

　彼は自民の対抗政党としては新党にあまり期待していなかったが，唯一民主党に対してのみ「これからの党」（96年）であると期待を寄せていた．そして00年衆院選時には（投票こそ共産だが）自民・公明党への拒否感も手伝って，民主党中心の政権を望むまでに至っている．(内)

J-017　魅力ある党がなければ共産党
大阪　旧2区／新5区　1930年代生まれ　男性　①高校　②200～400万円（93年）　③無職→マンション管理人（95年）　④自治

	支持政党	選挙区	比例	拒否政党	保革
93.7	民社	東中光雄（共産）		自公	4
94.2	民社				5
95.2	（なし）				4
95.7	共産	共産	共産	進	6
96.10	共産	中山泰秀（自民）	自民	進	6
00.6	共産	東中光雄（共産）	共産	※	※

　旧2区は定数5．93年衆院選では無所属の吉田治（民社党・日本新党が推薦）が初当選，共産党の東中光雄も長年の議席を維持した．新5区となった96年衆院選では前回トップの谷口隆義（新進党）や共産党の東中らに対し中山正暉の長男泰秀が旧2区の自民支持基盤を継いで戦ったが，谷口が勝利を収めた．00年衆院選では東中は30年の実績を訴えたが届かず，自公協力で自民票を得た公明党の谷口が当選した．

　彼は政治不満や政党不信は強いが無関心ではなく，厳しい目を持ってしっかりと見据えている．例えば自民党について「言行不一致」「職権を利用した政治の中での悪業をする人が多い」「立場が変われば性質まで変わるのか，情けないと思う．自分の信念を貫くと云う人を私は支持します」といった具合である．

　もともと民社党を支持していた彼は，93年の衆院選直前に共産党支持に転じている．民社党が独自候補を立てず，直前に出馬を決めた吉田の推薦に回ったためなじみのない吉田より親しみのある東中の方が良いと感じたのだろう．新進党結党後に民社党支持が新進党支持につながらなかったのは海部俊樹や小沢一郎らに嫌悪感を抱いていたからである．また彼は党の政策より態度で甲乙を決める傾向があり，批判ばかりである上にやり方が汚いと感じたことも一因である．結局95年衆院選は依頼を受けたこともあって「他にないから期待をこめて」共産党を支持・投票している．

　96年衆院選でも当初は共産党に投票する予定だったが，実際は自民党に投じるという劇的な変化を見せている．共産党は職業・地元利益の代表者で，東中個人にも思い入れがある．政策にも「野党の見本で云う事はよい事を云う」と肯定的である．しかし「天下をとっていないので言うだけかもしれない」と実行力に疑問を感じており，その点で実績ある自民党に期待したのだろう．好感度に差がないことから実行力が決め手となったようである．以前から自民党評価は上向きだったが，選挙期間中マスコミから受けた好印象が追風となったと思われる．ただこの自民党支持は一時的で，00年衆院選では再び支持・投票とも共産党に戻っている．(内)

J-018　政党不信．イメージや党首・候補者への好感，非自民で政党を評価
大阪　旧3区／新7区　1950年代生まれ　女性　①高校　②800〜1000万円（93年）
③主婦→商店の販売員（95年）　④自治

	支持政党	選挙区	比例	拒否政党	保革
93.7	(社会)	菅野悦子（共産）		自公共	6
94.2	(日本新)				6
95.2	(なし)				8
95.7	社会	棄権	棄権	他	6
96.10	(共産)	中務正裕（民主）	共産	なし	8
00.6	なし	藤村修（民主）	民主	公保	10

　旧3区は定数5．93年衆院選では共産党の菅野悦子が次点に泣いた．新7区となった96年衆院選では民主党の中務正裕（さきがけが推薦）らが前回トップの藤村修（新進党）に挑んだが，藤村が議席を維持した．00年衆院選では民主党の藤村，保守党の井上一成，共産党の藤井幸子の戦いとなったが藤村に軍配が上がった．
　30代後半の商店の販売員，夫は公務員である．彼女は政治にあまり関心がない．政党には信頼がなく，党の主義主張も十分認識していないため新鮮なイメージや党首・候補者への好感に左右される．例えば社会党には「団結力がない」「何も出来ない」と批判が多く好感度も他党と大差ないが，山花・村山・土井党首への好感が飛び抜けて高く，そのことが党を支持政党にまで高めたようである（家族が井上の後援会員であることも一因だろう）．それに加え，「保守的」「悪徳政治家がはびこる党」「裏工作の好きな党」といった自民党嫌いも政党評価に影響しているようである．
　93年衆院選では「清い政治・国民のための政治」を望んで政治改革を争点にしていた．そのため腐敗政治を正すのは共産党だけと清潔さを訴えていた菅野に共感を覚えたようだ．新党にも好感を抱き日本新党の政権担当能力に期待していたが，結局は細川内閣をあまり評価していない．日本新党には「口先だけで終わらずもっと努力してよ」と不満と期待が入り混じり，新生党には「期待していたのにお前もかという感じ」を抱いて落胆している．続く村山内閣にも満足できず，政権担当政党に「適任と思うものはない」など完全に政党不信に陥っている．このため95年参院選は棄権するが，選挙で新進党が躍進したせいか，政権担当能力に期待してその単独政権を望むようになる．しかしその思いは96年衆院選に結びつかず，政策に共感でき，地元利益の代表者でもある中務を選んでいる．比例区は「かたいイメージ」に好感を持ち共産党に投じている．00年衆院選では支持には至らないまでも民主党に好感を持ち，2票とも民主党に入れている．自公保批判から対抗馬である民主党に何かしら期待感を抱いたものと思われる．(内)

J-019　革新政党支持者

岡山　旧1区／新2区　1930年代生まれ　女性　①高校　②200～400万円（93年）
③主婦　④自治　生協

	支持政党	選挙区	比例	拒否政党	保革
93.7	社会	松田準一（共産）		自公	3
94.2	（社会）				5
95.2	社会				NA
95.7	社会	社会	社会	進	3
96.10	社民	NA（社民？）	社民	DK	5
00.6	社民	松本安正（社民）	社民	公保由	2

　93年衆院選．岡山1区は社民連代表の江田五月がトップで当選したほかは自民が3，公明が1獲得し，社会党は議席を失った．96年衆院選，岡山2区は自民，民主，共産の3人が立候補し，自民党の熊代昭彦が当選した．次点だった民主党の中桐伸五は比例区で当選を果たした．00年衆院選も熊代が当選した．

　彼女は護憲，軍備増強反対，大きな政府，労働者の地位向上，消費税引き上げ反対，課税最低限引き下げ反対という意見を持ち，社会党や共産党といった革新政党は高く評価している．社会党については「何でも反対するといわれるが，自民党の独走を防ぎ，真の自由が生まれたと思う」とその政治的存在意義を評価している．一方で保守政党の評価は低い．自民党に対して政治腐敗を招いた原因と批判し，新生党に対しては「自民党のイメージが強い」「党をリードしている人に不信感を持っている」，日本新党に対しては「どちらに向くか危険な感じがする」と述べ懐疑的な印象を抱いている．93年衆院選では印象に残り，考えが近いと思った共産党の松田準一に投票した．

　ところが94年に自社さ連立政権が誕生すると，これまで厳しく批判してきた自民党の評価が驚くほど高くなった．自民党について，「一年間の野党で，反省もしていると思う．新進党以外の党との連立で長年の経験を生かすのが一番良いのではないか」と述べ，長年培ってきた政治手腕を自社さ政権のなかで生かして欲しいと思うようになった．三党の党首についてもいずれも好印象を抱いていた．

　しかしながら96年1月に村山首相が退陣し，新しく橋本政権が発足すると，彼女は橋本内閣の実績についてはある程度の評価を下しているものの，連立政権における自民党色が強まったのか自民党に対する評価が再び下がった．一方でこれまで好印象を抱いていた社民党や共産党の評価は依然高かった．96年衆院選前に結成された民主党に対しては「期待出来る」と述べていた．

　00年には公明党，保守党，自由党を拒否政党に挙げ，自公保連立の森内閣を批判している．彼女は社民党を支持し，民主党に政権担当能力を認めていた．(福間)

J-020　93年以降自民党から様々な新党に支持を移すが自民党に戻ってきた有権者

広島　旧2区／新5区　1940年代生まれ　女性　①高校　②200～400万円（93年）
③スーパー販売員　④労組　商工　自治

	支持政党	選挙区	比例	拒否政党	保革
93.7	**日本新**	角谷進（共産）		自公	5
94.2	**日本新**				3
95.2	新進				NA
95.7	自民	共産	共産	進	5
96.10	民主	森井忠良（民主）	民主	進	7
00.6	自民	佐々木修一（民主）	自民	公	4

　彼女の在住する地域は，旧広島2区にあたり，中川秀直，谷川和穂，池田行彦，増岡博之ら自民党勢が激戦を繰り広げていた．しかし，新広島5区になってからの96年衆院選では，自民党は池田のみとなり，その池田を追う形で，社民党から民主党に移籍した森井忠良が立候補したが，結局池田が勝利を収め，00年衆院選でも池田が民主党の新人佐々木修一を抑えて当選した．

　彼女は，単身で生活をしている50歳代の女性で，スーパーの販売員をしている．彼女は，中川と増岡の後援会に加入しており，以前は自民党を支持していたが，93年衆院選から自民党を批判し始め，様々な政党の登場にともない支持・投票政党を変化させている．具体的に見てみると，93年衆院選時には，かつて支持していた自民党に対して「ぬるま湯にどっぷりつかっているような」政党であると批判し，日本新党に対して「自信を持ってはばたいてほしい」とエールを送り，支持政党を日本新党としている．しかし，旧広島2区には日本新党の候補者がいなかったため，自らが重要な争点と考える金権政治の是正について近い立場であるとして，共産党の角谷進に投票している．その後日本新党は解散し，95年には新進党を支持するようになるが，民主党の登場により鳩山由紀夫や菅直人に好感を持ち，96年衆院選では民主党を支持し，旧社会党議員で民主党から立候補した森井に，自分と考えが近いとして投票した．00年衆院選でも，小選挙区では民主党新人の佐々木に投票している．彼女の自己イデオロギー認識は中立からやや革新よりとかつて自民党を支持していたわりには革新的で，社会党系の労働組合に加入していることもこのような投票行動に影響を与えたと考えられる．しかし結局，00年には，小渕・森内閣の実績を評価するとして，自民党支持に戻り，比例区では自民党に投票している．

　このように，彼女は，93年衆院選から新たに登場した様々な政党に自民党から支持を移していったが，再び自民党に戻ってくる様子の見える有権者であるといえる．
（石高）

J-021　共産党に好感を持つが，政党帰属意識は希薄な例

福岡　旧1区／新2区　1930年代生まれ　男性　①高校　②600～800万円（93年）
③電気店経営　④商工　生協

	支持政党	選挙区	比例	拒否政党	保革
93.7	日本新	本庄庸（共産）		なし	4
94.2	さきがけ				4
95.2	新進				5
95.7	社会	共産	共産	なし	3
96.10	共産	山崎拓（自民）	共産	進	6
00.6	共産	岩本司（民主）	民主	公	4

　旧福岡1区は90年までは定数5，自民2ないし3，社会2ないし1，公明1という構成であった．93年は定数6に増員され，日本新党の山崎広太郎が全国最多得票をあげて議席を獲得した．共産党は及ばず．新2区は96年衆院選では新進や共産などを抑えて，00年衆院選では民主・共産・連合を抑えていずれも自民党の山崎拓が当選している．

　政治に常に不満を抱いている．支持政党は移り変わっているが，共産党に対しては全調査通じて「態度が一貫している」という好感を持っている．公明党には「宗教的」とあまりよい感情は持っていない．

　92年以前は社会党支持者であったが，93年になると「頼りない」と思うようになり，代わって「清潔な」日本新党に期待を抱くようになる．93年衆院選前は支持には至らず選挙では共産党に投票したが，選挙結果をみて満足し日本新党を支持政党とした．94年には細川内閣への低い評価により日本新党から離れ，武村正義への個人的支持からさきがけを支持するようになる．新進党結党後の95年にはいったん新進党に支持を寄せるものの，「実力不足」と評するなどその支持は弱く投票意図政党はさきがけとする．95年参院選時には「武村さん1人ではどうしようもない」とさきがけからも離れる．社会党支持とするも「パッとした公約がない」という評価である．96年衆院選では「あまり好きではないが今はやはり頼らなければならない」として自民党を支持し，小選挙区で山崎拓に投票する．この背景には細川，村山政権と比べて橋本政権に対する評価が高く，自民党の政権担当能力を認めていることがあろう．ただし消費税問題に関しては自民党に反発したため比例区では共産党に投票し，選挙後は自民よりも共産のほうが好感度が高い．00年衆院選では共産党支持としながらも，与野党伯仲の状況を作るために民主党に投票する．

　政党帰属意識が低く，その時々の政治状況により投票政党を柔軟に変える例といえよう．（岡田）

J-022　共産党支持だが，民主党にも好感を抱く例

福岡　旧1区／新5区　1960年代生まれ　女性　①高校　②200〜400万円（93年）
③主婦　④自治　生協

	支持政党	選挙区	比例	拒否政党	保革
93.7	**共産**	本庄庸（共産）		公	6
94.2	共産				4
95.2	(共産)				1
95.7	(共産)	共産	共産	DK	DK
96.10	共産	木原民也（共産）	共産	なし	5
00.6	共産	森山皓子（共産）	共産	自公	8

　旧福岡1区は福岡市と周辺市郡を合わせた地域．90年まで定数5，自民2ないし3，社会2ないし1，公明1という構成だった．93年は定数6に増員され，日本新党の山崎広太郎が全国最多得票をあげて議席を獲得した．共産は及ばず．新5区は旧1区の南部である．96年衆院選では新進・連合・共産をおさえて自民党の原田義昭が当選，00年も原田が民主・連合・共産をおさえて議席を維持した．
　彼女は自身の暮らし向きには満足している．政治に強い不満を抱いている．
　支持政党はほぼ共産党で一貫している．政党に対する評価では他政党にはほとんど無回答だが，共産党に対しは「けっこう自分たちと同じ意見のような印象」としている．政策に関する意見で，経済成長より環境重視，企業よりも消費者重視，軍備増強よりも軍備削減を選択していること，96年衆院選における最重要争点として「（3％でも大変なのに5％になったら今以上に生活にひびくから）消費税」を挙げていることから，共産党の大企業批判，消費税廃止の主張に共感を覚えていると思われる．政治的にあまり関心と理解を有しないと見える彼女が，共産党を支持するようになったのは，95年参院選での投票理由にあるように「夫の職場の人にすすめられた」のがきっかけであろう．
　政権担当能力のある政党にも共産党の名が常に挙がっていたが，00年には支持政党は共産党のままだが民主党を政権担当能力のある政党とし，民主党単独政権を望んでいる．政党別の好感度でも共産党と並んでいる．政治争点においては共産党よりもむしろ民主党のほうが自身に立場が近いと考えているようでもある．96年は同党に対して「まだわからない」としていたが，「自民党よりの考え方」であるとして拒否した新進党とは違い，共産党と同じく自民党と一線を隔する政党と感じるようになったのか．強い共産党支持者とも見えたが，近い将来ひょっとすると民主党に支持を変える可能性を秘めているといえよう．(岡田)

J-023 バッファープレイヤー的考え方も持つ共産党支持者

熊本　旧1区／新1区　1920年代生まれ　女性　①高校　②200〜400万円（95年）
③主婦　④宗教

	支持政党	選挙区	比例	拒否政党	保革
93.7	共産	下城正臣（共産）		なし	5
94.2	さきがけ				5
95.2	共産				4
95.7	（なし）	新進	共産	なし	5
96.10	共産	川上紗智子（共産）	共産	なし	4
00.6	なし	岩下栄一（自民）	公明	なし	5

　旧熊本1区は自民2無所属1がほぼ固定で，残り2議席を自民・社会・公明が争っていた．93年衆院選では細川護熙が2位得票者に対して約12万票の大差をつけて勝利している．下城正臣は及ばず．96年も自民・民主らをおさえ細川が勝利．96年細川引退後の00年衆院選では，補欠選挙で当選した自民党の岩下栄一をおさえ，民主党新人の松野頼久が当選した．

　年金生活者で，低所得層に属する．そのためか，消費税問題や福祉問題に対しかなりの関心を持つ．そのような彼女は自民党は庶民的ではないと見ている．自民党について「立派な人はたくさんいると思う」としながらも，「福祉面であまりやってくれないお金がらみの政党」と全体的にはマイナスの評価をしている．彼女は96年衆院選後の調査までは共産党を支持しているが，このような反自民党的性格からなのか，他の党にも好感を持った経緯が認められる．まず93年には公明党と日本新党に期待している．94年には細川政権に対する不満から社会・さきがけに期待が移っているが，このときの調査で新生党に対する評価を「小沢が嫌い」の一言で断じているのは興味深い．95年には政権を取って政治を変えてほしいという期待から新進党に好感を持っている．96年には社民党に対してエールを送っている．

　彼女の共産党支持理由としては政策（特に福祉問題）に対する共感の他に,「与党を批判してほしい」というというのがあった．これは自民党に対して政権担当能力を認めつつ他党に投票するバッファープレーヤー的考え方といえる．ただ彼女の場合は他の保守政党に対して好感を持てず革新政党たる共産党を選んだ点が特徴である．

　共産党を応援してきた彼女であったが，00年には無党派になり小選挙区では自民，比例区では公明という与党へ投票する行動を取った．しかし小渕・森内閣に対する好感度も低く，政党に対する評価もすべて中立の立場をとっているため，与党に好感を抱いたということは考えにくい．各争点に関する政党の立場に無回答であったこと，選挙では候補者を重視して投票するとしていることを考えると，もはや政党に対して興味を失っているのかもしれない．(高園)

第12章

K類型：公明党投票(93)

解題　　　　　　　　　　　　　　　　　　　　　　　　　　　鍋島　学

1. はじめに

　公明党は64年，創価学会を支持母体にして結成され，衆議院で40議席から50議席を確保してきた．93年衆院選後は細川・羽田連立政権の一角を占め，新生党との提携を深めていったが，94年11月，公明党は衆院議員52人と改選組の参院議員12人からなる公明新党と，非改選参院議員12人と地方組織からなる公明に分党し，公明新党は94年12月に新進党に合流した．当初予定されていた公明の新進党合流は行われず新進党と創価学会の協力関係には微妙にひびが入りつつあったが，98年1月に新進党は分裂し，参院の公明と衆院の新党平和の旧公明党勢力は98年末に合流することで一致した．そして，99年8月，公明党は結党以来の「反自民」路線を捨て，自民党・自由党連立内閣への閣内協力を決断した[1]．

　K類型には93年衆議院選挙で公明党候補に投票した24人の有権者が属し，全体(473人)に占める割合は5.1％である．公明党の新進党合流，新進党解体，自自公連立という流れに対して支持者はどのように反応したのだろうか．本章ではこの24人の有権者の投票行動・政治観について明らかにしていきたい．

2. 定型分析

　93年衆院選後調査における属性では，性別は男性13人，女性11人，平均年齢は53.1歳と，年齢・男女比とも平均的な類型である．教育程度で分類すると大学卒1人となっており，高学歴の人がやや少ない．職業は勤め10人，自営3人，家族従業3人，主婦5人，無職2人，その他1人と家族従業がやや多いものの大体平均的である．世帯年収で見ると1400万円以上の人が5人と高収入の人がやや多い．地域的な分布では大阪府が6人と多く，以下，東京都3人，埼玉県，神奈川県，岡山県が2人ずつとなっている．本書に収められている大阪府の有権者は23人なので，大阪府ではK類型の有権者が占める割合は26.1％となる．イデオロギーの平均値は4.6と全体に比べ革新的である（図12-1）．

図12-1 保革イデオロギー分布

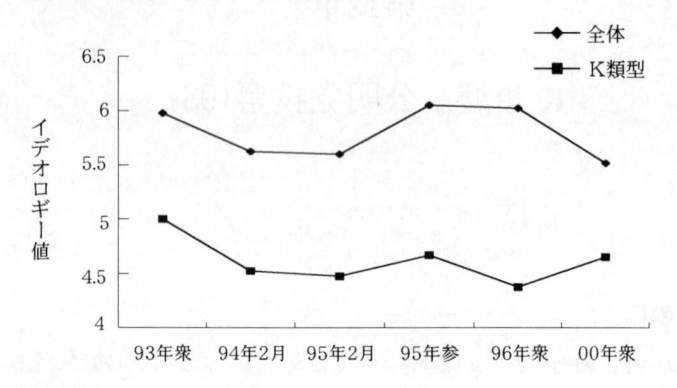

3. 投票政党による分析

　投票政党に着目して分類すると，93年衆院選，96年衆院選（比例区），00年衆院選（比例区）での投票行動からおおまかに3つの類型に分類できる．

(1)「公明党→新進党→公明党」
　24人のうち，12人がこのパターンの投票行動をとっている．彼らの多くは創価学会に加入し，選挙の際には周囲の人に公明党への投票を働きかける熱心な公明党・新進党支持者である．彼らは一貫して公明党・新進党を支持し，公明党が新進党に合流したときも，新進党が解体後に自自公連立政権を成立させたときもその支持が揺らぐことはなかった．

(2)「公明党→新進党→他党」
　24人のうち，4人は96年衆院選（比例）で新進党に投票し，00年衆院選（比例）で公明党以外の政党に投票している．00年選挙（比例）では2人が自由党，1人が民主党，1人が「その他」の政党に投票している．K-020は宗教団体に加入し，96年調査までは熱心に公明党・新進党を支持していたが，00年調査では支持政党をなくしている．これに対し，K-013・K-014・K-022はもともと支持強度の強くない公明党支持者であった．

(3)「公明党→新進党以外→公明党以外」
　24人のうち8人は93年衆院選以後，新進党にも公明党にも投票しなかった．この8人のうち，2人は96年選挙，00年選挙とも共産党に投票した(2)．両選挙とも自民党に投票した人，民主党に投票した人はそれぞれ1人ずつである．また，共産→自由，民主→自民，その他の政党→民主，自民→棄権という投票パターンをとった人はそ

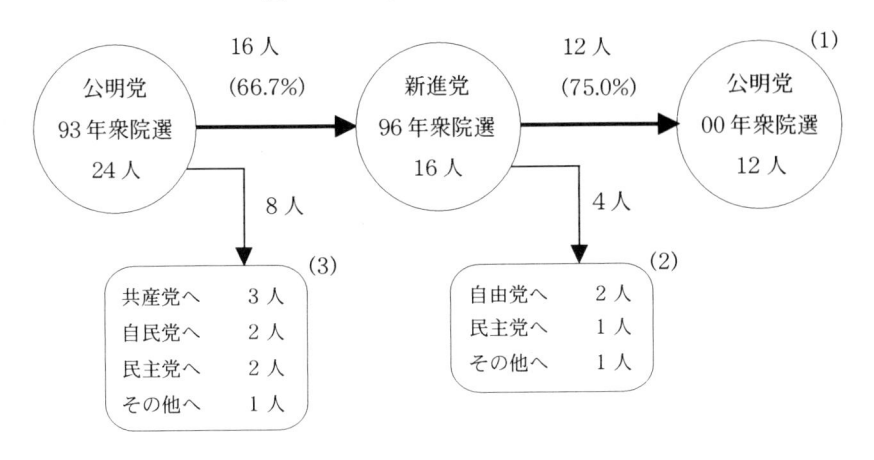

図12-2 93年公明党投票者の変動

```
公明党              16人            新進党           12人          (1) 公明党
93年衆院選 ─────(66.7%)────▶ 96年衆院選 ────(75.0%)────▶ 00年衆院選
  24人                          16人                        12人
    │                            │
   8人                           4人
    │         (3)                │        (2)
    ▼                            ▼
 共産党へ   3人              自由党へ   2人
 自民党へ   2人              民主党へ   1人
 民主党へ   2人              その他へ   1人
 その他へ   1人
```

表12-1 支持態様による分類

宗教的支持者	K-001・K-002・K-003・K-004・K-005・K-015・K-016・K-017・K-018・K-019・K-020・K-021・K-024（A-110・F-011・G-005・G-014）
消極的支持者	K-006・K-007・K-008・K-009・K-010・K-011・K-012・K-013・K-014・K-022・K-023

れぞれ1人ずつである．彼らはもともと他の政党を支持していて，93年選挙では創価学会関係者から投票依頼を受けて公明党に投票したという人たちが多い．

以上，3つの類型をあわせて図12-2にまとめた．

4. 支持者の実像

本章に収められている有権者のプロフィールを読み進めていくと，そこには2つの有権者像が存在することに気がつく．ひとつは，創価学会に加入し，積極的に選挙運動に参加しながら熱心に公明党を支持するタイプの有権者像である．他は，宗教団体に加入しているわけではなく，創価学会に加入している知人の働きかけなどを受けて投票するタイプの有権者像である．93年衆院選で公明党候補者に投じられた票の約半数は前者のタイプ（宗教的支持者）の有権者によるものであり，残りの半数は後者のタイプ（消極的支持者）の有権者によるものであった（表12-1）．

（1）宗教的支持者

本章に収められている宗教的支持者としてはK-001・K-002・K-003・K-004・K-005・K-015・K-016・K-017・K-018・K-019・K-020・K-021・K-024の13人を指摘することができる．彼らは8回の調査のうち7回以上公明党・新進党を支持するとい

う熱心な支持者である．彼らの大半は93年，96年（比例区），00年（比例区）の選挙で公明党・新進党に投票した．（例外はK-020・K-021）

ところで，93年衆院選は中選挙区制で行われたが，公明党は全ての選挙区で公認候補を立てたわけではなかった．そのため，93年衆院選での投票政党で有権者を分類した本書においては，熱心な公明党支持者でありながらこの章に収められていない有権者も存在する．宗教的支持者の分析にあたっては特に断りのないかぎり，A-110・F-011・G-005・G-014を併せて分析する[3]．

宗教的支持者と分類した17人のうち，16人が宗教団体に加入していた（例外はK-017）．この宗教団体の大半は創価学会であると見られる．

a．選挙運動

宗教的支持者の多くは自ら公明党に投票するのみならず，知人に対しても積極的に投票依頼を行っている（図12-3）．93年衆院選で見ると，17人中少なくとも9人[4]が知人へ投票依頼を行っており，他の類型には見られない高率で投票依頼を行っている．96年選挙では17人中11人が投票依頼を行っている．ちなみに働きかけをした相手（重複回答）は96年衆院選の場合，配偶者5名，その他家族4名，親戚6名，仕事関係の人7名，趣味団体の人3名，近所の人4名，友人7名などとなっている．特にK-016は親戚家族からサークルの人まで幅広く投票依頼を行っており，このタイプの支持者の鑑とも言える存在である．

なお，93年衆院選で消極的支持者は11人中1人（K-023）しか投票依頼を行っておらず，宗教的支持者と消極的支持者の性格の違いをよく表している．

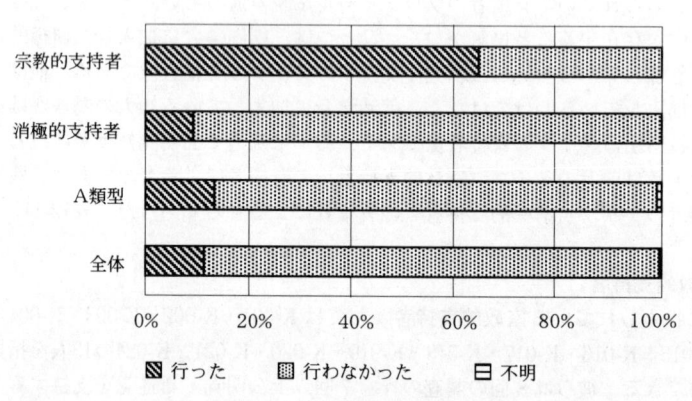

図12-3　友人・知人への働きかけ

第12章　K類型：公明党投票(93)　523

図12-4　宗教的支持者の感情温度

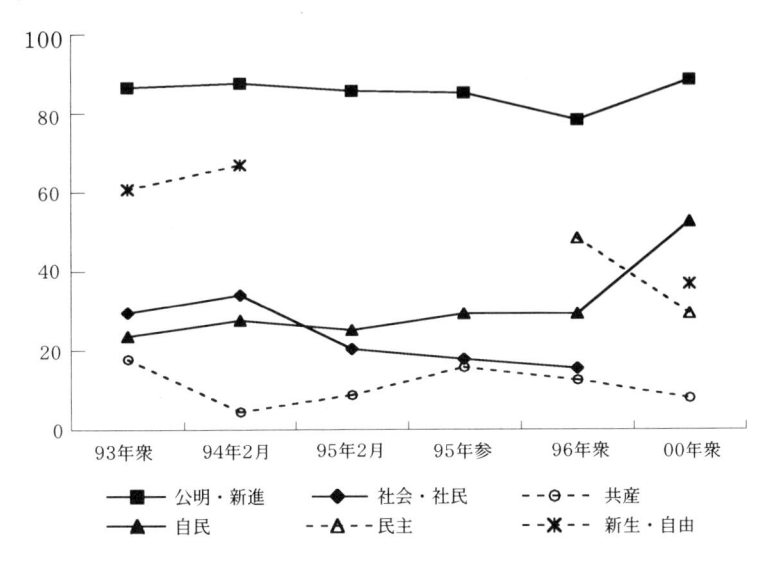

凡例：
- ■ 公明・新進
- ◆ 社会・社民
- --⊖-- 共産
- ▲ 自民
- --△-- 民主
- --✳-- 新生・自由

横軸：93年衆、94年2月、95年2月、95年参、96年衆、00年衆

図12-5　政府は増税してでも社会福祉を充実させるべきか

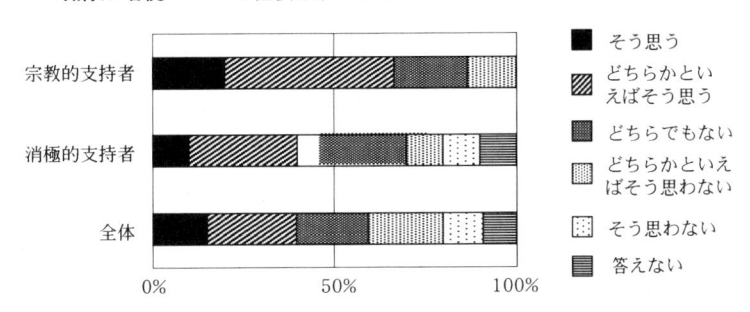

分類：宗教的支持者／消極的支持者／全体

凡例：
- ■ そう思う
- ▨ どちらかといえばそう思う
- ▨ どちらでもない
- ▨ どちらかといえばそう思わない
- ▨ そう思わない
- ▨ 答えない

図12-6　政治関心

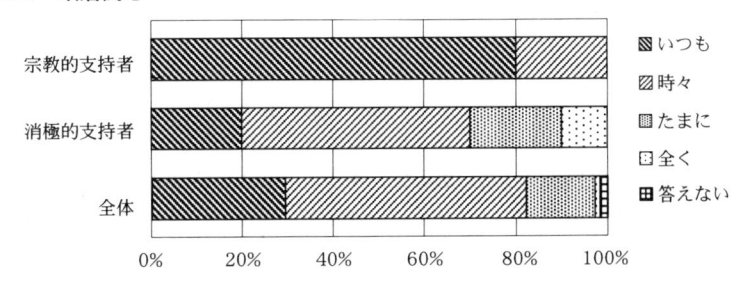

分類：宗教的支持者／消極的支持者／全体

凡例：
- ▨ いつも
- ▨ 時々
- ▨ たまに
- □ 全く
- ▨ 答えない

b．自民党への感情

元来宗教的支持者は自民党を嫌っており，93年選挙前調査で自民党の感情温度（0度から100度までの間で政党への親近感を答えてもらう調査）は，宗教的支持者17人平均で23.5度であり，その後第7回調査まで30度を上回ることはなかった．この章に収められているプロフィールでも彼らの自民党への嫌悪感が読み取ることができ，例えば，K-015は「日本をダメにしたのは，国民を苦しめたのは自民党では」「権力奪取のため事後を選ばず」「私利私欲にはしっている」と自民党を痛烈に批判している．しかし，自自公，自公保連立以降は自民党に対しても親近感を抱くようになっており，00年選挙では彼らの自民党感情温度平均は52.5度に急上昇した（図12-4）．「自民党との連立は党の決めたことだから」と党の決定を支持する向きが多いが，依然として自民党に拒否感を抱いている人もいる（K-005）．

c．望ましい政党制と政権形態

宗教的支持者は望ましい政党制として二大政党制を挙げつつ，現実的な連立政権を望む傾向がある．細川内閣時の94年2月調査では，「日本の政党制のあり方としてあなたが最も望ましいと思うのは次のどれですか」との設問に対し，新進党を見越してのことだろうか，17人中14人が「政権交代可能な2大政党制」と回答している．しかし，新進党が解党し，自民党と連立を組んだ00年調査になっても，同じ設問に回答者15人中9人が「政権交代可能な2大政党制」を希望した[5]．

望ましい政権形態としては，93年衆院選では17人中14人が与野党逆転を望み，10人が社会党と諸政党の連立政権を望んでいた．そして細川連立内閣時代には，9人が非自民連立内閣を望み，95年新進党結党後は，12人が新進党の単独政権実現を期待していた（95年参院選後調査）．しかし，自自公，自公保連立政権が成立した後の00年調査では15人中12人が「自民党を中心とする連立政権」を望ましいと思っている．

なお，自公保連立政権の枠組みについては15人中6人が「大いに評価する」，7人が「ある程度評価する」と答えた[6]．

d．福祉政策・政治関心

福祉政策に関して，宗教的支持者はより一層の福祉の充実を希望している．00年に行った調査では「政府は増税してでも，介護保険や年金などの社会福祉を充実させるべきである」という設問に対し，回答者15人中10人が「そう思う」「どちらかといえばそう思う」と答えた（図12-5）．同じ設問に対し消極的支持者は回答者10人中4人が「そう思う」「どちらかといえばそう思う」と答えている．

政治について宗教的支持者は高い関心を持っている．00年に行った調査では「あなたは政治上のできごとに，どれくらい注意をはらっていますか」との設問に対し，回答者15人中12人が「いつも注意をはらっている」，3人が「時々注意をはらってい

る」と答えた（図12-6）．同じ設問に対し消極的支持者は10人中3人しか「いつも注意をはらっている」と答えていない．

（2）消極的支持者の態様

ここまでは宗教的支持者の態様を見てきたが，消極的支持者の態様についても簡単に触れておく．消極的支持者とは，93年衆院選で公明党に投票した人で，宗教的支持者ではない有権者を指す[7]．この章に収められた有権者の中では，K-006・K-007・K-008・K-009・K-010・K-011・K-012・K-013・K-014・K-022・K-023の11人を指摘できる．

これら11人の93年衆院選挙後の支持政党の内訳は自民党（4）社民連（2）公明党（1），日本新党（1）である．彼らのうち，00年選挙で公明党に投票した人はいなかった．

a．選挙運動

消極的支持者は創価学会関係者から投票依頼を受けている場合が多い．例えば，93年選挙では，11人中7人が，公明党への投票依頼を受けている．JES Ⅱでは約50%の人が選挙の際にいずれかの党から投票依頼を受けたと答えているため，7人という数字はやや高い程度でそれほど多くはない．なお，7人中，宗教団体から働きかけを受けたと回答した人は4人である．

96年選挙では11人中8人が知人から投票依頼の働きかけを受け，そのうち4人が新進党への投票依頼を受けている（2人は自民党への投票依頼を受けた）．

K-007は飲食店経営者だが，「商売柄いつもお客さんと政治や社会について語り合っているようで，（中略）事実，自民党支持者でありながら現実に自民党に投票した

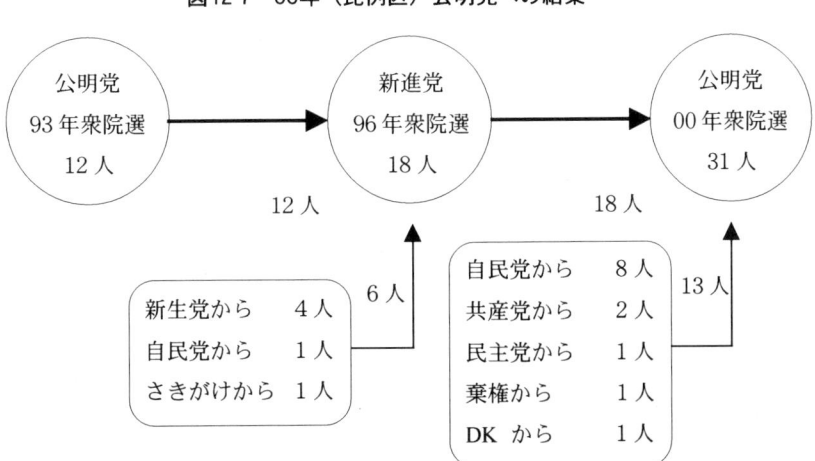

図12-7　00年（比例区）公明党への結集

```
公明党            新進党            公明党
93年衆院選  ──→  96年衆院選  ──→  00年衆院選
12人              18人              31人
           12人              18人

                   ↑                 ↑
                  6人               13人
   新生党から   4人       自民党から   8人
   自民党から   1人       共産党から   2人
   さきがけから 1人       民主党から   1人
                          棄権から     1人
                          DK から      1人
```

回数はわずかであり，93年・96年とも，親戚・客・宗教団体から投票依頼を受けたとして，公明・新進党に投票している.」創価学会関係者から投票依頼を受ける消極的支持者の代表例に挙げたい．

5. 自公保選挙協力

00年衆院選では，自公保選挙協力が行われた．宗教的支持者は17人中16人が比例区で公明党に投票しているが[8]，選挙区では公明党に投票した人が4人，自民党に

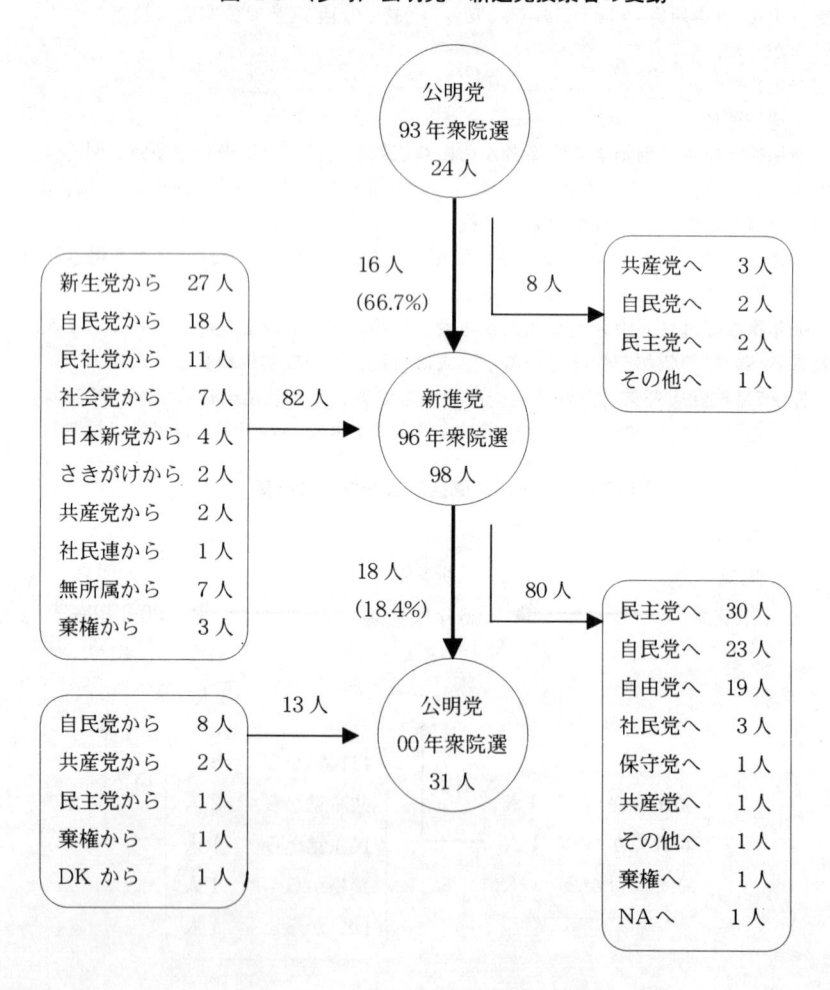

図12-8　(参考) 公明党・新進党投票者の変動

```
                          公明党
                       93年衆院選
                          24人
                            │
         16人              │              8人
       (66.7%)             ▼                      共産党へ   3人
                                                  自民党へ   2人
                                                  民主党へ   2人
                                                  その他へ   1人

新生党から   27人
自民党から   18人
民社党から   11人
社会党から    7人      82人      新進党
日本新党から  4人     ──────▶  96年衆院選
さきがけから  2人                 98人
共産党から    2人
社民連から    1人
無所属から    7人
棄権から      3人
                            │
         18人              │              80人
       (18.4%)             ▼                      民主党へ   30人
                                                  自民党へ   23人
                                                  自由党へ   19人
自民党から    8人      13人      公明党            社民党へ    3人
共産党から    2人     ──────▶  00年衆院選        保守党へ    1人
民主党から    1人                 31人            共産党へ    1人
棄権から      1人                                 その他へ    1人
DKから       1人                                 棄権へ      1人
                                                  NAへ       1人
```

投票した人が10人，その他の政党に投票した人が3人であった(9).

一方，宗教的支持者以外では，00年衆院選の選挙区で公明党候補に投票した有権者は，全類型中でもE-012のみである．宗教的支持者以外で比例区で公明党に投票した人は15人で，A-045・A-057・A-073・A-094・A-098・A-104・A-113・D-011・D-012・G-002・G-004・G-016・G-021・J-023・L-006・L-010である．00年調査での支持政党別にみると，自民党が7人，無所属6人，公明党1人，自由党1人であり，96年衆院選での投票政党別にみると，自民党が8人，新進党2人，共産党2人，民主党1人，棄権1人，DK1人となっている．

6. まとめ

これまで見てきたK類型の有権者像をまとめてみたい．K類型は公明党・新進党を支持した期間によって，宗教的支持者と消極的支持者の2グループに区分できる．

宗教的支持者の典型的なイメージは以下のようなものである．彼らは創価学会に加入していて，党の方針に従って行動する．選挙のないときは熱心に党を支持し，選挙があれば周囲の人に対して公明党・新進党への投票を依頼してまわる．政治関心は高く，自己のイデオロギーを革新的と自認し，より一層の福祉の充実を求める．93年選挙では非自民連立政権樹立を目指し，新党に比較的好感を持っていた．元来自民党は好きではなかったが，自公保連立政権の枠組みもあって00年には反感も和らぎ始めている．社会党，共産党は従来から嫌悪しており，00年調査から民主党にも嫌悪感を抱くようになった．彼らは党の合流・分裂に関わらず創価学会の支援する党を支持し続けてきており，現在の公明党の強固な支持基盤となっている．

一方，消極的支持者のグループには多様な有権者が含まれる．彼らは93年衆院選で創価学会関係者から投票依頼を受けて公明党に投票しただけで，もともと公明党への支持は弱い．事実，彼らの中で00年衆院選で公明党に投票した人はいない．また，政治関心もあまり高くない．

熱心な公明党支持者の代表例としてはK-016が挙げられる．創価学会関係者から投票依頼を受け，公明党に投票した有権者の代表例としてはK-013が挙げられる．

興味深い有権者としては，消去法的に公明党を支持していたK-022や福祉を重視して公明党から共産党に支持が移ったK-023が挙げられる．

（1）　記述に当たっては『現代用語の基礎知識』『知恵蔵』『imidas』などを参考にした．
（2）　本書の分類は有権者が実際に投票した政党ではなく有権者が投票したと認識した政党を基準になされているため，93年衆院選で実際には無所属候補に投票したが有権者が公明党候補に投票したと間違って回答したサンプル（K-012）がK類型に含まれている．彼は共産党支持者であった．
（3）　これら4サンプルも8回の調査中7回以上公明党を支持している．
（4）　友人・知人への働きかけをした宗教的支持者は11人存在するが，2人についてはどの政党への投票を働きかけたか不明である．グラフでは単純に友人・知人への働きかけを

行った人数を用いている．
（5） 94年調査と00年調査の設問はほぼ同様であるが，他の選択肢は異なる．94年調査では他の選択肢として「現在の政党を集約した3～5党制」「多様な価値観を反映した多党制」があり，00年調査では「安定的な一党優位体制」「多様な価値観を反映した多党制」があった．なお，00年調査で「多様な価値観を反映した多党制」と回答した宗教的支持者は15人中4人である．
（6） 残る2人は設問に答えなかった．
（7） K-009は宗教団体に加入しているが，支持の態様から消極的支持者に分類した．
（8） 例外は K-020で，自由党に投票した．
（9） K-005は公明党候補に，K-019は自由党候補に投票したと回答したものの，選挙区で公認候補が立候補していないため実際にどの候補者に投票したか不明である．K-020は社民党候補に投票した．

K-001　典型的公明党支持者

宮城　旧1区／新1区　1920年代生まれ　女性　①高校　②400～600万円(96年)
③主婦　④自治　宗教

	支持政党	選挙区	比例	拒否政党	保革
93.7	公明	千葉国男（公明）		共	5
94.2	公明				2
95.2	新進				NA
95.7	新進	新進？	新進	DK	1
96.10	新進	愛知和男（新進）	新進	自共	3
00.6	公明	公認なし（公明？）	公明	共	5

　彼女の住む宮城1区は二世議員である愛知和男（自民→新生→新進→自民）が強い選挙区であるが，00年衆院選で愛知は落選し，民主党の今野東が当選した．
　投票に対する義務感・有力感が高く，政治そのものへの関心も高い．熱心な公明党支持者であり，彼女の周囲も公明党支持者であるらしく，よく政治・選挙を話題とする．宗教団体への所属のみならず，その団体の支持する候補者の後援会にも加入し，候補者を積極的に評価する．所属する宗教団体の方針にしたがって，新進党結成以降は支持政党として新進党を挙げている．投票を決定する最大の要因は支持政党であるが，候補者の政策・主張にも賛同し，政治家を"選挙の時だけの人"とは考えていない．
　政権のタイプとしては政権交代可能な二大政党制を望んでいる．政党に対しては自民党・社会党を批判し，共産党に対しては嫌悪感まで抱いている．93年段階では新生党・日本新党などに期待し，非自民連立政権を支持していた．選挙区でも公明党候補者に投票する一方で新生党候補者にも好感情を持っている．新進党結成以後は新進党単独政権を望むようになる．かつて好感情を抱いた新生党候補者が96年衆院選で新進党候補者となり，その候補に投票している．ただし，後援会には加入してない．比例名簿に大いに注意し，新進党内で公明党出身者がどの順位にいるかチェックしたことがうかがえる．細川政権に対しては高く評価したが，村山・橋本両内閣は全く評価していない．00年には公明党の参加する自公保政権を高く評価し，公明党推薦の候補に投票していると思われる．
　彼女の投票行動を決定する最大の要因は支持政党である．それは組織加入によるものである．政治的関心・政治的有力感・政治的義務感がともに高く，政治的信頼も失ってはいない．彼女の政治参加は，ほとんどが所属する組織を通しての行動であり，地域につながる要因は希薄である．(中條)

K-002 保守的な公明党支持者

茨城 旧3区／新1区 1910年代生まれ 男性 ①中学 ②1400万円～(93年) ③無職 ④商工 宗教

	支持政党	選挙区	比例	拒否政党	保革
93.7	公明	二見伸明 (公明)		共	6
94.2	公明				8
95.2	新進				4
95.7	新進	新進	新進	共	5
96.10	新進	塚田延充 (新進)	新進	社共さ	3
00.6	公明	赤城徳彦 (自民)	公明	共	5

　旧3区の二見（公明）と旧1区の塚田（民社）はバーター協力関係にあった．このため，選挙制度改革で旧1区と旧3区の一部で新1区となっても，塚田（新進に移籍）は旧3区地域で浸透できた．だが96年衆院選では，旧3区地域を圧倒的な地盤とし，旧1区の候補の地盤継承にも成功した赤城（自民）が塚田の倍近い票で圧勝した．00年では，民主党の候補擁立の遅れもあって再び赤城が圧勝した．
　彼は，政治に強い関心と若干の不満を抱いている．96年以前の全選挙で，自身が熱心に支持しているという理由で公明党・新進党の候補者に投票している．議員が政党を変えたら，その議員を支持するのをやめると答えている．
　彼は政治がクリーンになることを希望している．93年衆院選では重視する争点として政治資金の問題をあげ，「お金を使わない選挙」を目指すべきだとしている．このような認識は自民党に対するイメージと重なっている．自民党は政治倫理に欠け，利権に左右されやすい党であると認識され，「利己主義」「民衆の味方ではない」とコメントしている．
　このように彼は自民党に好意を抱いていないが，にも関わらず他の野党を支持しないのは宗教団体の影響である．それに加えて，他野党の否定的イメージや彼の考えとの不一致も影響している．拒否政党の共産党は「国情には合わない」とし，社会党は「一方的」で「労働者のみの党」だとしている．さらに彼は環境やジェンダーの問題では革新的な考えを持つが，軍備増強と改憲をすべきという考えも一貫して持っており，これが公明・民社以外の他党を低く評価する要因となっているようだ．
　00年調査では，彼は自公連立を大いに評価している．上述のように否定的な自民党イメージを持っている一方で，一部保守的な考えも持っているため，彼はそれほど違和感なく自民党を受け入れたと推測される．選挙区で投票した赤城の若さ，清潔さも影響しているかもしれない．財政・憲法等，自公両党と彼の意見は一致していると認識しており，政権の政策は概ね評価しているが，介護保険のみは評価しておらず，高齢である彼自身の考えがここでは表明されている．(菅原)

K-003　信仰心に影響されて行動するが，ときには違う立場で思考

埼玉　旧1区／新3区　1940年代生まれ　男性　①中学　②800～1000万円（93年）
③トラック運転手　④労組　自治　宗教

	支持政党	選挙区	比例	拒否政党	保革
93.7	公明	福留泰蔵（公明）		共	5
94.2	**公明**				3
95.2	**新進**				3
95.7	自民	新進	新進	なし	6
96.10	新進	今井宏（新進）	新進	社	5
00.6	公明	今井宏（自民）	公明	共社	10

　彼の住む地域の衆院選を概観すると，93年は定数の4議席に公明党の福留泰蔵ら3新人が食い込む結果となった．続く96年は新進党に参加した現職の今井と前回旧4区で当選した民主党の細川律夫，自民党の新人野口卓爾らの争いとなり，今井が接戦を制した．だが，00年は，細川が自民党に再度鞍替えした今井に圧勝した．

　彼は創価学会に加入しており，95年7月調査では自民党支持と答えているもののそれ以外の調査では公明党・新進党支持と答えている．そして投票も公明党が新進党に改組されるまでは公明党に，それ以降は新進党へと創価学会の指示通り行っているようである．00年においても，傾向は同様で，比例区は公明党へ，小選挙区も公明党と選挙協力をした自民党の今井へ投票を行っている．選挙における創価学会の影響は絶大のようだ．

　ちなみに，彼は自民党を「日本をささえてきた，リーダーシップを取ってきた党」と回答しているように，実績の観点から自民党に対しても印象がなかなか良い．95年7月の自民党支持もその延長だと捉えることができよう．また，公明党と連立を組んだ00年にはその公明党よりも高い評価を与えている．一方，共産党は彼にとって異様な存在であると言える．「怖い存在」と回答するなど共産党を忌み嫌い続けている一方，それにも関わらず一番良い党首を持ち，基本的な立場や政策で一番優れ，行政改革に一番熱心な政党であるという，かなり肯定的な評価もしたことがあるからである．おそらく，創価学会と対立する共産党は感情的に許しがたいが，冷静に見ると主張自体は納得できるということなのだろう．

　彼にとって政治的な立場を決める一番の要素は，所属する創価学会の立場のようである．ただし，時々ではあるがその立場から離れて政治を見ようとすることもあるようだ．（奥津）

K-004　宗教団体の影響強く

埼玉　旧5区／新4区　1930年代生まれ　男性　①中学　②200〜400万円（93年）
③守衛　④自治　宗教

	支持政党	選挙区	比例	拒否政党	保革
93.7	**公明**	若松謙雄（公明）		自共	5
94.2	**公明**				4
95.2	新進				5
95.7	**新進**	新進	新進	社共	6
96.10	新進	上田清司（新進）	新進	共	4
00.6	公明	公認なし（公明？）	公明	※	※

　彼の住む地域の選挙結果を概観すると，93年衆院選では得票数の多い順に新生党の上田清司，日本新党の枝野幸男，公明党の若松謙維，自民党現職の福永信彦が当選した．続く96年衆院選では新生党から新進に合流した現職の上田と新人4人の争いとなり，上田が圧勝した．00年には民主党に鞍替えした上田がまたも圧勝した．

　彼は創価学会に属し，全ての小選挙区・比例区で公明党・新進党に投票したと答えている．（00年小選挙区には，実際には公明党候補はいなかった）公明党に対する支持はきわめて強く，また好感度調査でも最大の好感を抱いている．さらに，職場や親戚にも公明党・新進党支持の人物が多く，彼らともお互いに影響を与えあっているのであろう．公明党・新進党支持者でない人達にも投票を呼びかけ，ポスター貼りを手伝うなど後援活動も積極的である．

　そして，他の政党・政治家に対する評価も公明党に親和的であるか否かが大きな影響を与えている．新生党・日本新党や小沢一郎など公明党と組もうとした勢力に対する評価はすこぶる高い．一方，96年までの自民党に対する回答は「年寄りが多い，青年が少ない」，「政権を取るためには何でもかまわず組んでしまう」，「政権を取るために右翼といっしょになった」というように絶えず否定的で，また共産党に対しても絶対的な嫌悪感を抱いている．ただし，創価学会の機関紙はとっていないようだ．職場や親戚の創価学会員との交流が政党観に大きな影響を及ぼしているのであろう．00年の自民党に対する考え方ついては詳細が不明だが，自公保連立の影響から，96年と比べてその評価が逆転していることだろう．

　まとめると，彼の政治的思想・投票行動は創価学会の影響を大きく受けていると言って間違いない．（奥津）

K-005　安定した公明支持者

東京　旧10区／新13区　1930年代生まれ　男性　①中学　②200〜400万円（96年）
③個人タクシー　④商工　宗教

	支持政党	選挙区	比例	拒否政党	保革
93.7	公明	山口那津男（公明）		NA	4
94.2	公明				3
95.2	新進				2
95.7	新進	新進	新進	なし	4
96.10	新進	鴨下一郎（新進）	新進	自	4
00.6	公明	城島正光（民主）	公明	自共	2

　彼は60代前半の足立区在住のタクシー運転手である。世帯年収は200万から400万円と、平均よりは低めのようだ。

　東京都足立区は旧東京10区、現東京13区に位置する。93年衆院選にて公明党の山口那津男がトップ当選したことからも分かるように、創価学会の勢力の強い地域である。96年衆院選では公明党推薦の新進党候補、鴨下一郎が1万票差で自民党の新人を撃破、学会票が大きくモノをいったことが見て取れる。00年衆院選では鴨下は自民党から出馬、民主党候補に4万票差をつけて3選を果たしている。

　さて、この有権者の政治的指向の分析に入るが、表を見ていただければ一目瞭然のように創価学会に加入している公明党支持者のようである。94年までは支持政党は公明、それ以降は新進党であり、毎回欠かさずその一票を行使しているようだ。もちろん他の政党は嫌いなようで、「派閥争いばかり。独裁政党で悪いことをする議員ばかり。汚職と慣れあい」（自民）、「頼りなき野党」（社会）、「どんなことがあっても付き合いをしたくない」（共産）と辛らつである。その点公明党は「組織がしっかりしている。きちんと前向きにやってくれる」と信頼の置ける存在のようであり、自身の要望や希望を託し、同僚や友人にも投票の働きかけを行っているという。また、公明が新進党に合流して以降も「新鮮であり期待したい」「できたばかりでよい」と評価は変わらなかったようである。ただ、93年と96年の衆院選において山口那津男と鴨下一郎に投票した際に、「個人要因と政党要因のどちらともいえない」としていたように、盲目的、機械的に支持政党のみの縛りで投票しているのではないようである。もっとも、支持政党の印象に引きずられた部分も相当強いであろうが。00年衆院選で比例区は公明党だが、選挙区では民主党に投票している。推測するに、自民党への反感と民主党への好意、候補者イメージが影響したのであろう。

　本有権者はまさしく典型的な"日本の固定票"と呼べ、よほどのことがないかぎり将来にわたって同一政党に投票しつづけるであろうと想像できるサンプルといえる。(原)

K-006 なんとなく自民党支持型

東京　旧7区／新18区　1940年代生まれ　女性　①短大　②1400万円以上（93年）
③自営業の店員と主婦　④自治

	支持政党	選挙区	比例	拒否政党	保革
93.7	自民	大野由利子（公明）		共	6
94.2	自民				5
95.2	新進				NA
95.7	自民	新進	新進	なし	5
96.10	自民	菅直人（民主）	民主	共	6
00.6	自民	片岡久義（自民）	自民	共	1

　武蔵野市在住，木材卸業を営む家で店員や主婦として働く中年の女性．

　東京都武蔵野市は旧東京7区，現東京18区に位置する．なんといっても菅直人の選挙区である．菅は93年衆院選で社民連の候補としてトップ当選，96年衆院選にいたっては民主党の代表として11万票を獲得，次点に9万票差をつける圧勝であった．小金井市ともども，菅抜きにこの選挙区は語れない．

　彼女の面白い点は，実際にはあまり自民党に投票したことはないにもかかわらず，ほぼ「自民党支持」と答えていることである．しかも，「お金に関してとってもだらしがない」「マンネリ化して目標がない」など自民党に対する印象は悪く，なおかつ感情温度も極端に低かった（0度）．それに対して公明党や新進党には期待しており，93年衆院選では「他の政党にないものがある．あとは少しでも実行してほしい」と公明党に投票，95年の衆院選でも「何かやってくれそう」と新進党に投票している．公明党や新進党には，党や候補者を評価して自発的に投票したようで，とくに創価学会から依頼を受けたことはないようだ．

　96年衆院選では候補者を重視して菅に投票，それに引きずられる形で比例区も「なんとなく」民主党に投票している．やはりこのように浮動的な有権者にとっては，自分の選挙区に"菅直人"というビッグネームが存在するのは投票行動に及ぼす影響が大きいようだ．00年衆院選で片岡久義（自民）に投票したのも"元総理・橋本龍太郎の女婿"といった肩書に引きずられた部分があったのかもしれない．

　以上のようにこの有権者は，その時点での争点・各政党の主張・候補者の魅力等を吟味して投票を行う．だが，それらの投票した政党は支持しているとまでは言い切れず，結局支持政党を聞かれると「なんとなく」自民党を挙げてしまうのだと推測できる．逆にいえば，「なんとなく」自民党支持と答える人が多いのというのも，自民党の武器のひとつといえるのではないだろうか．あとは，それを自民党がどう生かすか，ではあるが．(原)

K-007　お客との対話の中で決める型

東京　旧11区／新24区　1950年代生まれ　男性　①中学　②800〜1000万円（95年）
③飲食店経営　④商工　自治

	支持政党	選挙区	比例	拒否政党	保革
93.7	自民	高木陽介（公明）		なし	6
94.2	（公明）				4
95.2	（なし）				4
95.7	（なし）	棄権	棄権	なし	5
96.10	自民	高木陽介（新進）	共産	なし	5
00.6	なし	藤本実（共産）	自由	公保	4

　飲食店を経営しており，年収は800万から1000万円と比較的裕福であるようだ．平均イデオロギーは4.7と，やや革新といったところである．
　まず，この有権者の支持政党は基本的に自民党であると分類するのが妥当と考える．ただ，その根拠は自ら「職業代表」と位置付け8回の調査中3度支持政党に挙げていることぐらいであり，単に好感を持っている程度の支持と見るのが適当かもしれない．もっとも，時を経るにつれて，現実の自民党は彼の理想とする自民党像からかなりかけ離れていっているようであり，「下野してからは，今までの政党と変わりなく少し失望しました」（94年），「最近特徴なし」（96年）と，次第に疎遠になっていく．その流れを止めるべきと判断したのかどうかは定かではないが，96年には小林後援会に加入しており，再び自民党支持の度合いを強めていることも付記しておく．ところが00年，自民に対する好感度は急落し，共産党や民主党に好意を抱くようになる．「神の国」発言に激怒していること，彼があまり好意を抱いていない公明党と連立を組んだことなどがその原因と推察できる．
　次に実際の投票行動であるが，商売柄いつもお客さんと政治や社会について語り合っているようで，そのことが投票する際に大きく影響を及ぼしているようである．事実，自民党支持者でありながら現実に自民党に投票した回数はわずかであり，93年・96年とも，親戚・客・宗教団体から投票依頼を受けたとして，公明・新進党に投票している．熱心な自民党支持者をとり込むこともあるほど創価学会の選挙活動は活発で強力である．この有権者のようにあまり熱心ではない，最近は失望すら感じている自民党支持者なら，たとえ後援会に加入していようとも，学会票に取り込まれるのは当然といえるのかもしれない．00年衆院選では，創価学会から勧誘を受けなかったのか，小選挙区で共産党，比例区では自由党に投票している．（原）

K-008 社会党から民主党へ　投票は争点投票も

神奈川　旧2区／新4区　1930年代生まれ　男性　①高校　②1400万円～（93年）
③販売の企画立案→無職（96年）　④労組

	支持政党	選挙区	比例	拒否政党	保革
93.7	社民連	市川雄一（公明）		共	6
94.2	社会				4
95.2	社会				6
95.7	社会	棄権	棄権	共	7
96.10	民主	高野良裕（その他）	その他	共	7
00.6	民主	大石尚子（民主）	民主	公共由	4

　彼の投票対象を中心に当該地域の衆院選をみると，93年は激戦だったが，公明党の市川雄一は勝ち残った．96年は自民党の飯島忠義が初当選する一方，自由連合の高野良裕は最下位であった．00年は飯島に民主党の新人大石尚子が大勝した．
　支持政党を見ると96年以前は社会党を支持していた．93年調査で社会党自体に対する印象があまり良くないにもかかわらず社会党を支持していると述べていることからも分かるように，加入していた労働組合から強く促されていた結果なのだろう．しかし，与党入りして政策がゆれた社会党にはうんざりし，民主党結党と同時に同党へ支持を変更した．同党に対しては「将来に期待をもてる」と回答し，また社会党に代わる「リベラル政党」と見ている．
　投票行動を見れば，92年以前は，支持政党の社会党へ一貫して投票し続けていた．しかし，93年の衆院選では社会党へ投票せず，公明党の市川に投票した．メディアを見て決めたらしく，市川個人に注目しての投票であるそうである．当時はまだ公明党に特段のアレルギーを持たず，「考え方自体は納得できる」としていた．
　次の国政選挙である95年参院選は棄権した．他にどうしても用事があったそうである．ちなみに，この間自民党に対する評価が急上昇している．下野したことにより謙虚に見えた模様だ．かつての自民党に抱いていた「ごり押し」のイメージは，今度は新進党に抱くようになっている．
　96年衆院選では，小選挙区・比例区とも自由連合に投票している．自由連合が彼の地域にまだない大病院の建設を訴えていることに賛同しての投票であるそうだ．この候補は当選の見込みが薄いと彼自身知っていたそうであるから，この候補者自身に病院建設に動いてもらうというより，投票によって病院建設を他の候補に知らせたかったのだと思われる．
　00年衆院選では小選挙区・比例区ともに民主党に投票している．自公保の政権の枠組みに反対であったこと，共産党・自由党には嫌悪感を抱いていたこと，民主党の将来を期待したことなどが投票の理由であろう．(奥津)

K-009 地縁関係と公共事業推進派を使い分けて

神奈川　旧2区／新9区　1930年代生まれ　男性　①高校　②400〜600万円(93年)
③建築大工　④商工　自治　宗教

	支持政党	選挙区	比例	拒否政党	保革
93.7	**自民**	市川雄一（公明）		日	5
94.2	自民				9
95.2	自民				8
95.7	自民	新進	自民	共	9
96.10	自民	上田晃弘（新進）	自民	共	8
00.6	自民	菅義偉（自民）	自民	共由社	5

　彼の投票対象を中心に当該地域の衆院選を見ると，93年は候補者9人の激戦であったが，公明党の市川雄一は議席を守った．96・00年は新進党さらには民主党へ移った松沢成文が自民党の小川栄一らを破り，連続して再選を果たした．

　彼は創価学会に属している．学会員という立場だけで彼の政治行動が決まるわけではないが，支持政党・投票行動の決定に幾分影響がある．

　まず支持政党を見ると，93年衆院選前には公明党を，それ以外の時には自民党を支持政党に挙げている．公明党を支持していた理由としては，当時そのイメージについて「いざとなったとき助けてくれる」と答えているように，創価学会に属していることにより何らかの恩恵を受けていて，かつその創価学会と公明党を同視していることが一番に挙げられる．さらに他の党についてあまりにも批判的な意見を残しているから，他に目立った政党がないことも公明党支持の理由に挙げられよう．一方，その後自民党に支持を移した理由としては，自民党が彼の仕事を増やしてくれる公共事業の推進派であることがまず何よりも一番に挙げられ，他に，所属する商工業団体の支持，自民党の政権担当能力への信頼などが考えられる．この自民党への支持はかなり熱烈なものがあり，他の政党に比べ，同党の評価は圧倒的に高い．

　次に投票行動を見ると，93年衆院選では公明党へ投票し，95年参院選・96年衆院選ではともに小選挙区は新進党へ，比例区は自民党へ投票している．95・96年の小選挙区において支持政党の自民党へ投票したのはある程度妥当だと言えるが，94・95年の調査で選挙があれば小選挙区も自民党に投票すると答えていることとの比較からも，95・96年小選挙区で新進党に投票しているのは少々意外である．このように実際には小選挙区で新進党へ投票した理由としては，やはり創価学会に属していることが考えられる．実際，彼自身選挙直前に投票するよう頼まれたと答えている．彼は公共事業推進派を伸張したいのと同時に，学会との地縁関係も捨てきれないのであろう．00年衆院選では，地縁を持つ学会と公共事業推進派である自民党がちょうど重なる形となり，小選挙区・比例区ともに自民党に投票している．(金子)

K-010　愛国心と職業代表により自民党支持だが依頼により公明党に投票
岐阜　旧1区／新2区　1940年代生まれ　女性　①短大　②400〜600万円（93年）
③自営の理容業　④商工　自治

	支持政党	選挙区	比例	拒否政党	保革
93.7	自民	河合正智（公明）		共生	7
94.2	自民				7
95.2	自民				7
95.7	自民	新進	自民	共	7
96.10	自民	棚橋泰文（自民）	自民	進	6
00.6	自民	棄権	棄権	自	6

　彼女は親と夫と子と暮らし，理容業を営んでいる．国民にもっと愛国心を育てる必要を強く感じているなど総じて愛国的である．支持政党，政権担当を期待する政党はともに一貫して自民党で，自民党への好感度が常に最高だが，投票は公明党・新進党にもなされている．共産党と小沢一郎へは嫌悪感があるようだ．
　彼女は自民党を基本的に信頼し，大きな不満もないようだ．子供の頃母親は今の自民党の支持者であり，彼女の夫も96年衆院選で自民党候補に投票したらしい．彼女は自民党を「昔からある」「日本の中心の政党」と表現し，日本の本流にある国民的政党といったイメージで自民党をとらえており，そのために愛国心から自民党を支持する面もあるのだろう．加入する商工関係の団体が自民党を支持しており，彼女は自民党が自分のような職業を代表し，地元の利益に役立つ党だと考えている．彼女は，国民的政党であるという基本的な信頼感と，経済的利益を望んで団体の推薦に従うことにより，自民党を支持しているようである．
　彼女の公明党あるいは新進党への投票は，知人に頼まれてのものであり，宗教団体からの働きかけもあると答えていることから，知人（あるいは彼女自身）が創価学会と関わっているものと考えられる．そのためか公明党は「言っていることはよい」とし，93年衆院選での河合正智（公明党），96年衆院選での小嶋昭次郎（新進党）の両候補にも比較的好意的である．ただ，94年2月調査での公明党を含む非自民勢力への好感度は軒並み低く，その後新進党も拒否政党とするなど厳しく評価するが，これには小沢への嫌悪が影響していると考えられる．
　00年衆院選での棄権は，重要な所用による．自民党単独政権を望んでおり，もし投票に行っていたなら，小選挙区，比例代表ともに自民党に投票するつもりであったと記してある．この選挙区の自民党候補である棚橋泰文は公明党の推薦を受けている．拒否政党に自民党を挙げたのは記入ミスであろう．(山本)

K-011 消極的理由により投票する有権者
静岡　旧1区／新4区　1950年代生まれ　男性　①高校　②1000～1200万円（93年）
③不動産業　④商工　自治

	支持政党	選挙区	比例	拒否政党	保革
93.7	日本新	大口善徳（公明）		自共	4
94.2	公明				3
95.2	（さきがけ）				5
95.7	新進	共産	共産	社さ	6
96.10	（なし）	望月義夫（無所属）	民主	社さ	5
00.6	民主	該当なし（無所属？）	民主	公共	3

　30代の男性で不動産業を営んでいる．妻も医療関係の仕事をしており世帯収入は比較的高い．96年から家計維持者は妻になっている．この地域は公明党の大口善徳が支持基盤としており，彼の両親が公明党の支持者であることもあって本人も公明党に投票するよう働きかけを受け，93年には実際に投票もしている．しかし支持はしておらず，むしろ公明党に対しては「宗教的，創価学会とくっつき，自民党とくっつくのでは」と否定的なとらえかたをしている．93年には自民党を拒否政党として挙げ，日本新党や新党さきがけに好感を持った．同じ新党でも新生党に対しては「羽田さんはよくても小沢さんとか他の方々があやつっている」とマイナスのイメージを持っている．非自民連立政権を望んでいたことから，細川政権を積極的に評価する．一方で，社会党を自民党との勢力均衡を図る存在とみていたため，「自民党が弱くなった今，社会党も必要なくなる」と考えた．
　当然この2党が連立を組んだ村山政権への評価は低く，これにより社会党とさきがけに拒否感を抱くようになっている．新進党を支持政党として挙げているが積極的な支持理由はなく，他に支持できる政党がないということが最大の理由になっているようである．95年の参院選では支持する新進党には投票せず，友人から薦められて共産党に投票している．96年衆院選でもやはり周囲からの働きかけにより自民党候補の後援会に加入していたが，実際に投票したのは自民党を離党して新進党から推薦を受けた望月義夫であった．比例区では民主党に票を投じ，選挙後は支持政党なしとなっている．00年衆院選となると，民主党を支持し，民主党が中心となった連立政権ができることを望んで比例区では民主党に投票している．しかし小選挙区では民主党の候補者がいたにもかかわらず，自由連合の候補者に票を投じたようである（彼自身は無所属の候補者であると認識）．
　彼の投票行動には周囲からの働きかけによる影響が強くみられる．このように周りからの影響を受けやすい原因は，彼自身に積極的に支持できる政党や政治家がいないことにあると思われ，政治に対する強い不信感がうかがわれる．（下田）

K-012　共産党のやわらかい支持者

愛知　旧2区／新7区　1940年代生まれ　女性　①高校　②800〜1000万円（93年）
③主婦　④自治

	支持政党	選挙区	比例	拒否政党	保革
93.7	共産	草川昭三（公明？）		自	3
94.2	共産				5
95.2	共産				5
95.7	(NA)	共産	共産	自	6
96.10	共産	原田秀俊（共産）	共産	なし	4
00.6	共産	坂林卓美（共産）	共産	自公	5

　旧愛知2区は4議席を自社公民の4党が争い，各党現職が交代で落選してきた激戦区．93年は民社の青山と公明系草川，社会の網岡が当選，自民は久野のみ議席を確保．96年小選挙区制では7区に入り，新進の青山が自民，民主，共産の候補らに圧勝．00年には選挙協力で保守党の青山が自民から比例へ．新人の争いは民主の小林が自民の鈴木に競り勝った．社民大島は比例復活，共産坂林は届かず．

　共産党の支持者の中でも，彼女の支持はやわらかいものである．市民団体等の組織に加入して積極的に活動しているわけでもなく，また特に強い政治的信念があるとは言えない．共産党への投票は，あくまで他党との比較によっているようである．彼女は身内に障害者がおり，そのため福祉や弱者の立場に非常に敏感で，選挙の争点には福祉・障害問題や消費税率の問題が何にもまして重要だとしている．政治への関心はほどほどで常に全く不満であるとするが，彼女の共産党評は，弱い立場の味方で福祉に力を入れており，個々人の話を聞いてくれる党であるというものだ．政策は一貫しているがそれが実現しないことも認めている．また共産党の政権樹立を望んでいるふうでもなく，93年衆院選後には非自民・非共産の連立与党の枠組みを望ましいと肯定している．ほぼ一貫して共産党を支持し，自民党を拒否政党としているが，これも絶対的なものではなく，93年衆院選では無所属の草川に投票しているし，細川政権成立後は日本新党候補に投票してもよいと考え，新進党にも注目している．また菅直人への好感度が高く，民主党が行政改革に一番熱心だとする．

　彼女にとって，福祉政策は自らの生活に直結するものであり，公からのサービス提供の拡大がその願うところである．自民党などは強者の話ばかり聞く金権政治そのものとしており，最も縁遠い存在であろう．他政党が政権獲得に奔走する中，共産党は政権には関われず政策も実現し難いが，それゆえにこそ彼女にとって共産党は身近で，頼りになる存在なのであろうか．00年衆院選でも共産党を支持し，選挙区比例区とも投票したが，自由党の政権担当能力を最適とし，民主党中心の連立政権が望ましいと答えている．(国枝)

K-013　政党には無関心．知人の依頼で投票
大阪　旧2区／新5区　1950年代生まれ　女性　①高校　②400〜600万円（93年）
③主婦　④自治

	支持政党	選挙区	比例	拒否政党	保革
93.7	公明	谷口隆義（公明）		DK	5
94.2	（なし）				6
95.2	（なし）				6
95.7	（なし）	共産	共産	なし	5
96.10	（なし）	谷口隆義（新進）	新進	なし	6
00.6	その他	井上琢磨（その他）	その他	他	6

　旧2区は定数5．公明党が強い地域で，93年衆院選では初出馬の谷口隆義が浅井美幸の地盤を継いでトップ当選した．新5区となった96年選挙では新進党の谷口や共産党の東中光雄らに対し中山正暉の長男中山泰秀（自民党）が旧2区の地盤を継いで食い込みを狙ったが，今回も谷口が当選した．00年衆院選でも自公協力で自民票を得た公明党の谷口が当選した．若手新人の井上琢磨は自由連合から出馬していた．30代後半の主婦．自営業を営む夫と未婚の子供とで暮らしている．世帯収入は決して多くはないが暮し向きに不満を感じてはいない．彼女は政治全般に対し無関心な態度で接している．またすべての政党に対して「別に興味なし」と答えているように，政党の主義主張をほとんど理解していないし，政党への好感度もまったく一様である．政権担当能力についても「どの党もあまりよくない」と悲観的で，どの内閣もほとんど評価していない．それゆえ積極的な政党支持は持ち合わせていないが，彼女自身はたまたま支持したい政党がないだけで支持政党を持たない気持ちは弱いと述べている．93年衆院選での公明党支持は「友達が居るので一寸興味がある」ということである．

　一方選挙には多少関心があり，ほぼ毎回投票所に足を運んでいる．93年は公明党，95年は共産党，96年は新進党に投票しているが，どれも知人の依頼による（00年度調査では「その他・中立」といった回答が多いため，00年投票政党の「その他」が必ずしも自由連合の井上を指すとは考えにくい）．投票義務感はそれほど強くないのに棄権しないことから，彼女にとって知人の影響力は並々ならぬものといえる．

　具体的に公明・新進党への投票についてみてみる．彼女は「生活にひびく」ため切実に感じていた税金問題でこそ両党を積極的に評価するが，「好い事ばかり云っていると思うが実行はどうかと思う」（新進党）とあまり信用していなかった．その一方で彼女は自治会をはじめ公明党支持者との付き合いが多い．さらに葉書や電話による接触，友人からの働きかけもあった．このことから外的要因の強さがうかがい知れる．(内)

K-014 反自民への期待＋地元利益＝新進党

大阪 旧7区／新11区 1930年代生まれ 女性 ①高校 ②1000～1200万円(93年)
③主婦 ④自治

	支持政党	選挙区	比例	拒否政党	保革
93.7	（日本新）	福島豊（公明）		共	6
94.2	（日本新）				4
95.2	新進				5
95.7	新進	新進	新進	共	6
96.10	新進	平野博文（無所属）	新進	共	5
00.6	民主	公認なし（自由？）	自由	公共保	5

　旧7区は定数3．93年衆院選では公明党の福島豊がトップ当選した．日本新党の樽床伸二（さきがけが推薦）も初当選を果たす．新11区となった96年衆院選では社民党の中村正男の地盤を継いだ無所属の平野博文（新進・民主・公明各党が推薦）が圧勝した．00年衆院選でも労組票をバックにした平野（民主党）が危なげなく当選．

　50代後半の主婦．夫は会社役員で収入が多く，暮らし向きには大変満足している．政治は複雑で理解しがたいと感じており，一時を除き強い政治不満を抱えている．とくに自民党・社会党・公明党・共産党といった既成政党には拒否感が強い．そのため新党が結成されるようになった93年以降は新党支持で安定している．

　93年衆院選は「これから期待が持てる」と日本新党に強い好感があったにもかかわらず，地元利益の代表者で友人から投票依頼のあった福島に投票している．公明党は「宗教がかってるので嫌い」なのだが，政党をあまり意識しなかったため抵抗は少なかったようである．彼女は実績や政治手腕も認めつつも「年寄りが多く全て金で政治を行っている」「庶民の事を考えていない」と自民政治に批判的なため，細川内閣の政治改革関連法を高く評価し，日本新党に「若い人達にお金のかからない下積の人達の事を考えた政治をして貰いたい」と更なる期待を寄せている．この非自民政権の頑張りにこの時ばかりは政治への不満が全くない．日本新党が解散し新進党となると彼女の期待もそれに従い，さらに地元利益を代表する公明党が吸収されたことも加わって新進党は支持政党にまで浮上する．しかし95年参院選時は「一番まともな人が集まり悪い事をする人がいない」と新進党を評価していたが，早くも96年には「よせ集めで本質がはっきりしない」と不満を感じ，「今はどこも期待が持てず仕方がないか」と消去法的な支持にかわっている．逆に「新鮮さがある」と民主党への好感が高まっている．

　00年衆院選は民主党を支持し強い好感を抱いているにもかかわらず，好感度の低い自由党に投票しており（選挙区は自由党候補がいないため誰に投票したかは不明），新進党支持の延長と思われるが疑問の残るところである．(内)

K-015 一貫して公明（新進）を支持，きれいな政治を期待

大阪　旧4区／新14区　1940年代生まれ　女性　①高校　②1200〜1400万円(93年)
③主婦　④住民　宗教

	支持政党	選挙区	比例	拒否政党	保革
93.7	公明	久保哲司（公明）		自社共	4
94.2	公明				1
95.2	新進				4
95.7	新進		新進	共	1
96.10	新進	中村鋭一（新進）	新進	自	1
00.6	公明	谷畑孝（自民）	公明	民共	3

　93年衆院選では旧4区は自民党の2人公認や日本新党の参入で激戦区に変貌し，日本新党の山本孝史（さきがけが推薦）が社会党の議席を奪って当選した．公明党は矢野絢也元党委員長を継いだ久保哲司が初当選した．新14区となった96年衆院選では新人4人の争いを新進党の中村鋭一が制した．00年衆院選では比例に回った中村の保守票を得た自民党の谷畑（公明党・保守党が推薦）が圧勝した．
　50代前半の主婦．夫は管理職で生活にあまり不満はない．創価学会員で熱心な公明（新進）党支持者である．後援会加入や講演会出席など政治参加に積極的で関心も高い．ただ「マスコミの報道を通じてしか国民は政治を知ることが出来ません．我々は真実のうちどれだけのことを知らされているのでしょうか」ともどかしさを感じ，「国民の判断はマスコミを通じての判断」であることに「これでいいのか」と疑問を抱いている．そのためマスコミが真実を報道するよう強く願っている．
　公明党に絶大な信頼を置いており「明るく清潔で力がある」「新しい日本を作るため，政治をきれいにするため」(投票理由)と清潔さを評価している（海部俊樹・小沢一郎は嫌う）．自民党へは「国民のためにどのような政治を行ってくれたでしょうか」「日本をダメにしたのは，国民を苦しめたのは自民党では」と痛烈に批判し，「権力奪取のため事後を選ばず，依然「私利私欲にはしっている」姿に嫌悪を抱いていた．それでも00年衆院選は自公保連立を評価し，選挙協力に従い自民党候補に投票した．
　社会党には「政権担当への責任ある自覚と実行力・勉強」の欠如から力不足に思い，「新しい哲学を持つ」ことと「労組に頼りきりではなくもっと深く広く国民の欲求を探求していく姿勢」の必要性を感じている．共産党は役立たずの「化石」でしかない．自公保の対抗馬であるためか，00年は民主党にも拒否感を抱く．一方93年の3新党にはクリーンな印象を抱いたのだろう，好感止まりだが大きな期待を寄せていた．とくに新生党には小沢に眉をひそめつつも「日本をにないゆくフレッシュな政党であって頂きたい」と「未来への希望」を託していた．(内)

K-016　創価学会がらみで公明（新進）一筋

大阪　旧4区／新15区　1950年代生まれ　女性　①高校　②800～1000万円（93年）
③自営工場の一般事務　④自治　宗教

	支持政党	選挙区	比例	拒否政党	保革
93.7	公明	久保哲司（公明）		なし	4
94.2	公明				3
95.2	新進				2
95.7	新進	新進	新進	共	1
96.10	新進	北川修二（新進）	新進	共	3
00.6	公明	竹本直一（自民）	公明	※	※

　93年衆院選では旧4区は自民党の2人公認や日本新党の参入で激戦区に変貌したが公明党からは矢野絢也元党委員長を継いだ久保哲司が初当選を果たしている．新15区となった96年衆院選では民主党・公明党の推薦を受けた新進党の北川修二（元社会党）が比例に回った久保の票に期待をかけたが，後一歩自民党の竹本直一に及ばなかった．00年衆院選でも自民党の竹本（公明党・保守党が推薦）が圧勝した．

　40代前半の女性．夫が自営する工場で事務仕事をしている．創価学会員で公明（新進）党を熱心に支持し，00年衆院選では自公協力に忠実に従った．入党・後援会加入・選挙運動への参加・講演会の聴講など政治活動にも積極的に参加している．自治会や友人も公明党関係者が多い．「清潔な党」（公明党），「改革を目ざし前進している」（新進党）と評価し，すべての点で絶対的な信頼を置いている．拒否政党は共産党だが，自民党・社会党にも否定的である．とくに自民党には「政治にかかわりが深い人程私利私欲が強く感じられ，本当に日本の国を良くしようという思いが伝わってこない」「民衆の立場に立ってほしい」と国民からの乖離を批判している．

　93年衆院選では自民党の一党優位を快く思っていなかったため自民党後退・新党躍進の結果に満足している．成立した細川内閣をある程度評価し，連立体制の継続を望んでいる．「心意気は好感がもてます．（略）思い切り行動を起こして欲しい」（新生党），「意欲的」（日本新党）と新党のチャレンジ精神を買っており，政権担当能力も認めている．とくに新生党には公明党に次いで好感を持っている．続く村山内閣は社会党嫌いのためまったく評価していない．かわって新進党単独政権を理想とし「新しい風を政治の世界にふきこんで欲しい」と大きく期待している．96年衆院選では選挙区で投票したい政党が適切な候補者（久保か）を立てていないと感じている．北川が社会党出身のため抵抗があったのだろうが，結局は北川に投票している．「保守的」な橋本政権の続投には反対でやはり新進党単独政権を望んでいたため，北川の落選も加わって選挙結果には不満であった．(内)

K-017　何があっても公明（新進）党

大阪　旧5区／新17区　1930年代生まれ　男性　①高校　②1400万円～(93年)　③水道検査員　④労組　自治

	支持政党	選挙区	比例	拒否政党	保革
93.7	**公明**	北側一雄（公明）		共	8
94.2	公明				6
95.2	新進				6
95.7	**新進**	新進	新進	共	5
96.10	**新進**	西村真悟（新進）	新進	共	3
00.6	公明	岡下信子（自民）	公明	共	6

　旧5区は93年衆院選に1議席増えて定数5．自民党の中山太郎元外相がトップ当選を維持している．公明党は正木良明の後任北側一雄が前回に続き議席を獲得した．新17区となった96年衆院選では新進党の西村真悟（元民社党）が労組票と公明票（16区の北側と連携）を固め今回も余裕の当選を果たした．00年衆院選は府下随一の激戦区となったが，公明票の獲得に力を入れた自民党の新人岡下信子が競り勝った．

　50代後半の技術者で妻子と持家暮らし．収入は多く生活には比較的満足している．政治に強い関心があり知識も豊富だが，全体を通じて政治への不満が非常に大きい．

　彼は以前から熱心な公明（新進）党支持者で，世のため国のため一生懸命に尽くしてくれていると高く評価している．加入している労組も新進党支持者が多い．彼は常に2大政党制が望ましいと考えているのだが，とくに新進党結党以後は新進党がその一翼を担ってくれることを大いに期待している．この熱心な支持態度をみると創価学会員である可能性は大いに考えられるが調査票からは明らかではない．

　自民党嫌いで「経済成長をしたのは日本人が勤勉であるからで自民党がえらいのではない」と考えており，「内部が腐敗している」「懐を殖やし国民の事は少しも考えていない」など長期政権による弊害も強く批判している．新党への好感度は高く，政治改革・コメ問題等細川内閣をずいぶん評価している．しかし次の村山内閣にはまったく否定的で社会党の政権入りを快く思っていない．もともと好いていなかっただけに政策転換は「信念がない」とますます反感を募らせたようである．続く96年選挙では新進党単独政権を望んでいたため橋本の続投が決まり不満に思っている．民主党については新鮮さゆえに好感度は高いものの「さきがけと社民党の一部の人達で，選挙で単独では勝てないから」作った党だと冷めた目で見ている．

　00年衆院選では自公協力に基づき小選挙区で自民党に投票している．自民党嫌いだったが連立政権は大いに評価しており，自民党を政権担当能力のある政党としても認めている．忠実な公明党支持者ゆえの行動といえるだろう．(内)

K-018　何があっても公明（新進）党．理想は2大政党制

大阪　旧5区／新17区　1930年代生まれ　女性　①高校　②600〜800万円（93年）
③タイピスト→主婦（96年）　④労組　農協　自治　宗教

	支持政党	選挙区	比例	拒否政党	保革
93.7	**公明**	北側一雄（公明）		共	6
94.2	**公明**				3
95.2	新進				3
95.7	**新進**	新進	新進	共	3
96.10	**新進**	西村真悟（新進）	新進	自共さ	3
00.6	公明	岡下信子（自民）	公明	共社	3

　旧5区は93年衆院選に1議席増えて定数5．自民党の中山太郎元外相がトップ当選を維持している．公明党は正木良明の後任北側一雄が前回に続き議席を獲得した．新17区となった96年衆院選では新進党の西村真悟（元民社党）が労組票と公明票（16区の公明系の北側と連携）を固め今回も当選を果たした．00年衆院選では府下随一の激戦区となったが，公明票の獲得に力を入れた自民党の岡下信子が競り勝った．

　50代後半の女性．母親と同居し，タイピストとして家計を支えてきたが近年は専業主婦である．景気は非常に悪いと感じているものの暮らし向きには比較的満足している．政治への関心は強く一票の影響力についても肯定的であるが，政治不満は大きい．また政治は複雑すぎてよく理解できないと感じることがあるようである．

　創価学会員で熱心な公明（新進）党支持者である．選挙活動にも積極的に取り組んでいる．自民党へは「独裁的単独になり過ぎた」「近代感覚に欠けている．島国根性的・内弁慶的」「巨大企業寄り」と強く批判するが，その点公明党は「古いしがらみがない」し，新進党も「革新的・漸進的な国民中心の政治を目指している」と感じている．この支持の熱心さゆえに00年度は自公協力に従い選挙区で自民党に投じている．今まで自民党に否定的であったが自公保連立政権は比較的評価している．

　彼女の理想は2大政党制で，いつも自民党に対抗しうる党を模索していた．とくに93年は自民党に「政権交代の危機感を持ってほしい」との思いから拒否政党である共産党以外に党の枠に縛られず新党に結集してほしいと考えていたため，新党躍進という結果に満足している．新進は信頼するには至らなかったが好感を抱いており，実際細川内閣の評価もそれほど悪くなかった．新進党結党後はその役割を新進党に期待するようになる．もちろん単独政権が理想だが実現可能性を考えて，まずは新進党と社会党の一部の連立政権を望んでいる．この社会党には「時代性にそぐわない」し，左右に分かれて立て直すべきだと常に否定的に感じていた．00年衆院選も同じく2大政党制を望んでいたが，彼女にとって公明党支持が前提であるため民主党に投票することはなかった．(内)

K-019　熱狂的公明党支持者の変遷

兵庫　旧4区／新11区　1940年代生まれ　女性　①中学　②600～800万円（93年）
③ホテル従業員　④宗教

	支持政党	選挙区	比例	拒否政党	保革
93.7	公明	赤松正雄（公明）		共	3
94.2	公明				6
95.2	新進				4
95.7	共産	新進	新進	さ	5
96.10	新進	五島壮（新進）	新進	DK	5
00.6	公明	公認なし（自由？）	公明	なし	5

　93年衆院選．彼女の住む兵庫4区は8人の候補者が争い，公明党の赤松正雄，続いて自民党の戸井田三郎，河本敏夫，社会党の後藤茂が当選した．96年衆院選，兵庫11区は自民・新進・民主・共産・無所属の5人が立候補し，自民党の戸井田徹が当選した．なお公明党出身の赤松は新進党の比例名簿4位で当選を果たした．00年衆院選は民主党の松本剛明が自民党の戸井田らを破って初当選を果たした．
　彼女は熱心な公明党支持者であり，これまで一貫して公明党候補者に一票を投じている．これは彼女が創価学会の会員であることに由来する．公明党に対して「完全で，すばらしい」と述べるほどその評価は著しく高い．それに呼応するかのように公明党公認の候補者である赤松への評価も極めて高く，赤松の後援会に加入し友人知人への投票依頼も行った．
　94年12月に新進党が結成されると，彼女も公明党の動きに沿うように新進党支持に移行した．新進党支持者となった彼女は，幾つか興味深い政治態度を示している．第一に，96年衆院選において新進党候補者である五島壮について「知らない」と答えたにもかかわらず選挙では五島に投票している点である．第二に，新進党を自民党（もしくは自社さ政権）に対抗しうる第二の政権軸であると認識している点である．彼女は，自社さ連立政権である村山内閣を支持せず，新進党の単独政権を望んでいた．そして第三の点として，新進党は支持するものの，以前公明党を支持していた時ほど強くは支持していない点である．その一方でほかの政党にも好感を持つようになった．95年7月にはこれまで拒否政党に挙げていた共産党に対し「弱者の味方」といって高く評価し，96年衆院選前には自民党を新進党についで高く評価している．これは，新進党という枠の中で旧公明党の主張が以前よりも表に出にくくなったことへの，旧公明党支持者の不満の表れではないだろうか．
　00年衆院選では彼女は再び公明党支持に戻り，比例区は同党に投票した．（福間）

K-020　無党派層へと変わった公明党支持者

奈良　旧全県区／新3区　1940年代生まれ　女性　①大学　②1400万円〜　(93年)
③医療関係　④商工　宗教

	支持政党	選挙区	比例	拒否政党	保革
93.7	公明	森本晃司（公明）		社共	6
94.2	公明				5
95.2	新進				6
95.7	新進	新進	新進	社共	5
96.10	新進	森本晃司（新進）	新進	社共	5
00.6	なし	植田至紀（社民）	自由	共	5

　93年衆院選，奈良全県区には8人が立候補し，無所属の高市早苗，新生党の前田武志，自民党の奥野誠亮，公明党の森本晃司，自民党の田野瀬良太郎が当選した．96年衆院選，奈良3区は自民党の奥野が新進党の森本に8千票余りの差をつけて当選した．00年衆院選も奥野が民主，社会，共産の候補を破っている．

　彼女は創価学会の会員であり，公明党支持者である．公明党についてはよい党首を持ち，政策が一番優れていると思っている．自民党については「人材は良い人があるように思う」と述べ，ある程度評価をしている．その一方で社会党には「理屈ばかりで実践がない」，共産党には「理解できない党」と述べ拒否政党に挙げている．

　93年8月に細川政権が誕生したあとも彼は公明党を支持し，自民党についても「優秀な人材は多いと思う．古い体質の人がやめて若い人の意見を取り入れると良いと思う」と述べている．3新党に対しては「よく分からない」と答えている．それでも彼女が政権交代可能な二大政党制を望み，次の選挙で非自民統一候補に投票したいと思っているのは，公明党が政権に参加しているからであろう．

　村山内閣が誕生すると，村山内閣を全く評価せず，政治に対して大変な不満を抱いていた．彼女は94年12月に誕生した新進党を支持し，自民党と新進党との連立政権を望んでいた．95年参院選では，選挙区，比例区とも新進党に投票している．

　96年衆院選当時，橋本内閣を全く評価しておらず，橋本内閣の退陣を求めていた．選挙前，「投票したい人がいないのに書かねばならない」と不満を漏らしていた．それでも新進党に対しては政治の現状を改めるのにふさわしいと思っており，選挙区，比例区とも新進党に投票している．

　しかし00年衆院選では，選挙区ではこれまで拒否政党に挙げていた社民党の植田至紀に，比例区では好感度の最も高かった自由党に投票している．公明党の評価は2番目に下がりついに支持を離れた．96年衆院選後の調査で団体加入の問いに宗教団体を挙げていないことと関係があるのだろうか．また政治への不満や不信は依然高く，森内閣や連立の中核である自民党への評価は低かった．(福間)

K-021　公明，新進一貫支持

岡山　旧1区／新2区　1940年代生まれ　男性　①短大　②600～800万円（93年）
③農業機械の設計　④労組　住民　宗教

	支持政党	選挙区	比例	拒否政党	保革
93.7	公明	日笠勝之（公明）		自共	5
94.2	公明				5
95.2	新進				5
95.7	新進	新進	新進	自共	5
96.10	新進	中桐伸五（民主）	新進	NA	5
00.6	公明	熊代昭彦（自民）	公明	民共	5

　93年衆院選．岡山1区は定数5のところを8人が立候補し，自民が3，公明が1，社民連が1獲得し，社会党は議席を失った．96年衆院選では彼が住む地域は岡山2区となり，自民，民主，共産の3人が立候補し，自民党の熊代昭彦が，新進，社民勢力を取り込んだ民主党の中桐伸五を破った．00年衆院選は公明党の推薦を取り付けた熊代が3選を果たした．

　彼は公明党の熱心な支持者である．このことは，他の多くの熱心な公明党支持者と同じように，彼が宗教団体に加入していることに由来するものであろう．また彼は，政治に対する関心も高く，投票義務感を強く感じ，政治に対してシニカルではなく，そして住民運動や選挙活動，後援会の参加経験を有していた．

　94年12月に公明党，新生党，日本新党，民社党などが結集して新進党が誕生すると，彼はすんなりと新進党支持に移行した．しかもその支持強度は強く，新進党に対する評価も高かった．一方，これとは対照的に公明党・新進党以外の政党に対する評価は極めて低かった．宮沢内閣，村山内閣，橋本内閣の評価も低かった．

　93年衆院選では公明党の日笠に，95年参院選では選挙区，比例区とも新進党に投票している．いずれの選挙も，投票の決め手となったのは政党であった．ただし，96年衆院選においては，彼の住む選挙区に新進党が候補者を擁立しなかった．このとき，彼は民主党の中桐に投票しているが，これは中桐の政策や主張，特に消費税問題においての考えが自分と近いと感じ取っていたこと，そして団体や組合の推薦が大きく作用したと思われる．

　00年衆院選になると彼の政治意識に変化が生じる．これまで一貫して批判し，拒否政党にも挙がったことのあった自民党の評価が急激に上がり，その政権担当能力を認めた．自民党中心の連立政権を望み，森内閣も評価した．選挙区では公明党が推薦する自民党の熊代に投票した．一方で96年には「政治改革に本意で取り組もうとしている」と評していた民主党を拒否政党に挙げていた．（福間）

K-022　社会（社民）党を評価しない労組員

岡山　旧1区／新3区　1940年代生まれ　男性　①高校　②400〜600万円（93年）
③運送会社　④労組　自治

	支持政党	選挙区	比例	拒否政党	保革
93.7	社民連	日笠勝之（公明）		なし	5
94.2	公明				5
95.2	新進				5
95.7	**新進**	新進	新進	社共	4
96.10	新進	西岡憲康（新進）	新進	なし	5
00.6	民主	樽井良和（民主）	民主	社	5

　93年衆院選，岡山1区は定数5のところを8人が立候補し，社民連代表の江田五月はじめ自民が3，公明が1獲得した．96年衆院選，岡山3区は自民党の平沼赳夫，新進党の西岡憲康，共産党の長畑竜介の3人が立候補し，平沼が当選を果たした．00衆院選も平沼が民主，共産候補を破った．
　彼は労組に加入しているにもかかわらず社会党を評価していない．「党内でのごたごたが多く党のまとまりがない」「時代に合った考えをはっきりといえる政党になってほしい」と述べている．村山政権に対しては当初ある程度評価していたが，95年参院選時には全く期待できなくなった．このときには拒否政党にまで挙げている．ただし社会党の基本政策の転換は「時代に合った考え」と映ったのか支持している．
　93年衆院選前には「金権政治」と批判するも自民党を支持政党に挙げていた．だが選挙では家族が後援会員になっている公明党の日笠勝之に投票した．彼自身は江田の後援会に加入していたが，候補者個人を重視して日笠に投票したようだ．94年2月の調査でも公明党を支持政党に挙げている．他党については，自民党を「金権政治では正しい政治ができない」，新生党を「自民党の小党」と評してそれぞれ批判していた．
　94年12月に新進党が誕生すると，彼は「金権政治が頭に浮かんでくる．金権政治をやめてほしい」と批判しながらも新進党を支持するようになった．新進党には政権担当能力を認めていた．95年参院選では新進党の単独政権を望んで選挙区，比例区とも新進党に投票した．それが96年衆院選前，彼は新進党に対して「コロコロ変わる」と否定的なコメントを残し，自民党を支持するようになった．だが選挙の時点では再び新進党支持に戻ったらしく，選挙も支持している政党ということで選挙区，比例区とも新進党に投票した．00年になると今度は民主党に政権担当能力を認め，これを支持した．選挙でも選挙区，比例区とも民主党に投票した．
　彼は社会（社民）党の考えはもう時代にあわず，社会党よりは現実に即していると考えて新進党，民主党を支持したのではないか．(福間)

K-023　福祉問題がらみで支持政党を決める例

山口　旧2区／新1区　1920年代生まれ　男性　①中学　②200〜400万円（93年）
③大工　④自治

	支持政党	選挙区	比例	拒否政党	保革
93.7	（公明）	桝屋敬悟（公明）		公	5
94.2	社会				3
95.2	自民				8
95.7	社会	共産	社会	進さ	4
96.10	社民	林洋武（共産）	共産	進	3
00.6	共産	魚永智行（共産）	共産	※	※

　対象者の居住地は93年衆院選では2区，96年衆院選では1区に編入されている．93年衆院選の2区では社会党の現職議員が落選し，議席配分は無所属2自民2公明1という結果であった．96年衆院選の1区は，共産党と無所属の候補を抑え自民党現職の高村正彦が圧勝．00年衆院選も民主・共産を抑えて高村が勝利．

　政党・選挙の民意反映力について否定的にとらえ，中央での議席配分にも気を留めない．暮らし向きに大変不満を持っており，福祉問題にかなりの関心を示す．そのことが彼の投票行動の決定要因となっていることが調査を通じてうかがえる．

　94年調査までは彼の支持は社会党と公明党に向いていた．共通するのは福祉問題について，この2党だけが他の党と違い福祉を充実させるという立場にあると彼が判断していたことである．93年衆院選での投票では前回投票した社会党ではなく公明党に投票しているが，候補者重視の投票行動であった．おそらく二者択一まで絞ってからの選択であり，社会党の積極的な不支持に回る行動ではなかったと思われる．94年調査では社会党により好感を抱いていることもそれを示す．

　彼の公明党への好感は新進党には受け継がれなかった．95年2月調査では様々な政治争点において新進党の立場を批判し，その後の調査では拒否政党にも挙げるほどの冷たい評価である．その背景には，調査を通じて彼が示す自民党議員への不信感が小沢一郎など自民党から離党した議員にまで及んでいることがあると思われる．

　公明党が脱落した後彼の支持は社民党で一本化してもよいはずだが，そうはならなかった．村山内閣を「失敗，自民の言いなりになった」と嘆き，社民党に「もっとがんばれ」とコメントをする彼は，社民党の全面的支持に回ることはできず，ほかの支持政党も模索する．結果注目したのが，それまではあまり興味を抱いていなかった共産党である．「信念を持った人の集まり」とも評しているが，主たる支持要因はやはり福祉問題に対する同党の姿勢であった．96年衆院選でもそれが結局は，比例区で支持政党に挙げた社民党ではなく共産党に投票することの決め手になった．00年衆院選にはその傾向が進み，支持政党にも共産党を挙げている．（高園）

K-024　創価学会の方針に従う例

福岡　旧3区／新6区　1920年代生まれ　男性　①中学　②200〜400万円（93年）
③無職　④自治　宗教

	支持政党	選挙区	比例	拒否政党	保革
93.7	**公明**	権藤恒夫（公明）		共	1
94.2	(NA)				NA
95.2	**新進**				1
95.7	**新進**	新進	新進	自社さ共	1
96.10	**新進**	古賀正浩（新進）	新進	自	1
00.6	公明	公認なし（公明？）	公明	民共由社	NA

　旧福岡3区は，都市部の久留米，三池炭田の大牟田市，筑紫平野の農村部など，バラエティに富んだ地域を抱える選挙区．定数5で，自民3社会1公明1が基本．93年衆院選で権藤恒夫は3位で当選．新6区は久留米市を中心とする筑後川流域．96年衆院選では新進党の古賀正浩が，自民党の根城堅い35000票の大差をつけて4選．00年衆院選でも自民党に復党した古賀が民主・共産・連合をおさえて勝利．

　彼は選挙の民意反映力を信頼しており，選挙の度に周囲の人たちに積極的に自己の意見を述べる．ビラ貼りや事務所手伝いなど選挙運動も一通り経験しており，政治に対する関心度も高い．投票に際しては，候補者個人を評価することはあまりなく，専らその所属政党に着目して投票する．

　彼は一貫して公明党および新進党支持である．その理由には彼の加入する創価学会の影響があることは間違いない．その影響力は想像以上のものである．彼は96年までは護憲・政治改革推進・消費税反対・戦争問題に対する謝罪賛成という立場をとり，自民党の政策に悉く反発していた．また自民党を金権政治と断じてもいる．それが00年には一変する．自民党に対する好感度は跳ね上がり，自民党の安定多数を望んでさえいる．改憲を支持し，その他自民党の政策と自らの政策が悉く一致している．

　彼はよほどのことがない限り，これからも創価学会の方針に従いつつ公明党に投票しつづけることだろう．(岡田)

第13章

L類型：A～K以外のサンプル

解題　　　　　　　　　　　　　　　　　　　　　　　　　　　原　圭助

1. はじめに

　本書では93年と00年比例区の投票に着目して類型化したが，それによっては捉えられない，いわば"その他"として扱わざるを得ないものが本章に並べられることとなる．換言すれば，本書の類型化方法の限界を示すとも言えよう．具体的には，①93年に無所属候補に投票したもの，②93年に棄権したもの，③投票政党を忘れてしまったもの（93年．00年にはいなかった），④93年または00年に回答していないもの（NA），全56サンプルである（表13-1）．これら56サンプルは93年と00年比例区の政党に着眼した分類では特徴付けることができない．しかし，その中には②や③のように政治にあまり関心がないサンプルから，①のように候補者を中心に熟慮した投票行動を行っているがゆえ政党に着眼した類型化ではカテゴライズ不可能であり，仕方なく本類型に入れられているものまで様々ある．従ってA～K類型のように詳細な分析を加えることは行わず，おおよそどういう傾向のものが含まれているかを述べるにとどめる．

表13-1　L類型の内訳

93年	00年比例					計
	自公保	民主	他党	棄権	NA	
自民	他類型				2	2
旧野党					1	1
3新党					1	1
無所属	9	6	5	2	1	23
棄権	7	4	4	3	0	18
忘れた	2	1	0	0	0	3
NA	2	3	2	1	0	8
計	20	14	11	6	5	56

2. L類型のサンプルの内訳

(1) 候補者重視投票型

　上述のように投票政党を中心にした類型化方法を採用した本書では，93年に無所属の候補者に投票したサンプルはA～Kに類型化することができない．その中でも特に，93年に保守系無所属候補に投票したものが多いようだ．L-021・L-022の田中眞紀子，L-023・L-024の栗原博文に投票したものなどが典型的サンプルと言える．L-044は支持する候補者の動きに合わせて支持政党をも一緒に変更するという興味深いサンプルである．

(2) 関心の強い無党派

　支持政党を持たず，投票を棄権したサンプルである．L-004，L-009，L-041などが挙げられるが，なかでもL-009は政治に深い関心と興味を持つがゆえに政治家・政党を忌避し，棄権という選択肢をあえて選ぶという，まさしく無党派と呼ぶべきサンプルである．彼が民主党に惹かれていく過程は面白い．L-047は新生党や社会党などを支持した経験はあるが次第に政党不信が募り，00年総選挙の比例区で白票を投じている．これを"建設的無党派"と呼ぶこともできよう．

(3) 棄権・無関心・回答拒否型

　政治にほとんど関心がないにもかかわらず，奇跡的に8回の調査すべてに答えてくれたサンプルである．L-003・L-033は政治に無関心であるがゆえにすべての選挙を棄権しており，ある意味で"貴重"なサンプルとよべる．

(4) 熱心な自民党支持者

　イデオロギー的に強保守で基本的に自民党を支持しているという，性質上A類型に近いサンプルもいくつかある．L-010は93年に棄権し，また00年には保守系無所属候補に投票している．L-049も熱心な自民党支持者であるが，93年の調査で回答拒否したためA類型にならず．L-034は「なんとなく」自民党に親近感を覚え，毎回欠かさず自民に投票したものの00年総選挙の比例区投票政党だけ回答拒否したためA類型にはならなかった．もっとも，もし自民党に投票していればすんなり回答していたはずであり，00年は自民以外に投票した可能性のほうが高い．

L-001　反自民から新党に期待，そして政治離れへ

北海道　旧1区／新3区　1930年代生まれ　男性　①中学　②400～600万円（95年）
③サービス業→無職（95年）　④労組

	支持政党	選挙区	比例	拒否政党	保革
93.7	（なし）	阿部康彦（無所属）		なし	6
94.2	さきがけ				3
95.2	新進				5
95.7	（なし）	新進	新進	なし	DK
96.10	（NA）	NA（その他）	民主	DK	DK
00.6	NA	棄権	棄権	※	※

　道内最大の都市札幌を抱える旧北海道1区は，93年には定数6に対して12人が争う激戦区であった．小選挙区制導入後の3区では96年，自民・新進・民主・共産の有力4候補が横一線の状態で争い，自民党の石崎岳がこの接戦を制した．00年衆院選では，前回次点に泣いた民主党の荒井聡が石崎を破り雪辱を晴らした．
　60歳前後の男性．調査開始時にはサービス業に従事していたが現在は年金生活者である．イデオロギーはほぼ中道．政治には不満を感じているがあまり関心はない．
　92年までは支持政党はなかったものの社会党に投票しており，93年には「長年の自民党政権が国民をなおざりにしてきた」と不満を口にしていることから，彼は反自民の立場で政治をみていると思われる．もっとも野党に対しても「あまり好きでない」と答えており，新党については「まだよくわからない」と慎重である．その結果特定政党を支持するには至らず，93年衆院選では無所属の阿部康彦に投票した．
　94年には，連立政権を非自民政権として支持しており，政党については特にさきがけを支持している．投票意図政党は日本新党ではあるが，国民福祉税構想を契機として日本新党への評価がやや下がったこと（「日本新党も結局は自民党と同じであった」と答えている），政治改革関連法案の件でさきがけに好感をもったことが同党支持につながったようである．95年2月の支持変更は，新進党こそが自民党に対抗できる政党だと期待したことによる．
　しかしその5ヵ月後には支持政党なしに戻っている．「今の政治は全く信頼できない，自らの一票は政治を左右しない，政府の責任は非常に重い」という回答からは，政治全般に対する無関心さやあきらめが感じられる．95年の参院選で新進党に投票したのは「他に適当な党がなかった」からであり，新進党に対する期待は薄い．
　96年には，小選挙区は新社会党（該当するのは打本智香）に，比例区は民主党に投票しているが，小選挙区・比例区とも投票理由は「わからない」と答えている．00年は棄権している．(小松)

L-002　強い政党不信を抱く旧自民党支持者

岩手　旧1区／新2区　1950年代生まれ　男性　①高校　②400〜600万円（95年）
③老人保険施設の介護士　④自治

	支持政党	選挙区	比例	拒否政党	保革
93.7	新生	棄権		社	5
94.2	（なし）				5
95.2	（なし）				5
95.7	（NA）	棄権	棄権	社	3
96.10	新進	工藤堅太郎（新進）	新進	自民社さ	5
00.6	なし	工藤堅太郎（自由）	自由	※	※

　彼の住む地域は，中選挙区時代は盛岡市と同じ旧岩手1区であったが，選挙制度改革後は盛岡市から切り離され，周辺郡部で構成される2区となった．旧1区は元首相の鈴木善幸の地盤であり，90年衆院選で息子の俊一が当選を果たし，地盤の世襲に成功した．定数が4であるにもかかわらず，自民からは他に中堅の玉沢徳一郎，工藤巌もおり，激戦区であった．93年衆院選では工藤巌が知事に鞍替えしたのをうけて，県議の工藤堅太郎が新生党から立候補し，当選した．選挙制度改革後の96年衆院選では，1区に玉沢，2区に鈴木の棲み分けが行われ，鈴木が工藤を破って2区での当選を果たした．

　彼の投票行動の特徴は，投票義務感が弱く，棄権が多いことである．しかし，政治に関心がないわけではない．政治，特に政党の在り方への不満は高く，以前は支持していた自民党については，大企業優先であると強く批判している．新党，新進党についても，よく分からないという印象をもっている．93年衆院選頃は他の政党に比べて，日本新党に対する好感度が高かったものの，長続きはしなかったようである．社会党に対しては「必要なし」と述べるなど，一貫して拒否を示している．従って，政党不信が強く，自民党支持をやめて以来，95年参院選まで支持政党を見出せなかったことが棄権につながったと考えられる．自民離れを起こしたものの，その代わりとなる受け皿がなかったのである．しかし，徐々に新進党への好感度が高まっていき，96年衆院選あたりから新進党を支持するに至った．小沢一郎に対する好評価，新進党の政権担当能力とともに，消費税問題が新進党支持へ向かわせるはずみをつけたようである．

　新進党解党後の00年衆院選では，小選挙区・比例区とも自由党に投票している．岩手2区の自由党候補は新進党から移った工藤堅太郎である．工藤は比例区にも重複立候補しており，結果的には比例区で当選した．96年衆院選時点では工藤の後援会に加入していたこともあり，工藤との結びつきは強いようである．しかし，自由党を支持するには至っておらず，再び支持政党なしとなっている．(松田)

L-003 常に棄権,政治よりも自分の生計

宮城　旧1区／新1区　1950年代生まれ　女性　①高校　②200～400万円（93年）
③販売員→清掃員（96年）　④なし

	支持政党	選挙区	比例	拒否政党	保革
93.7	自民	棄権		公	6
94.2	自民				6
95.2	自民				6
95.7	自民	棄権	棄権	共	DK
96.10	自民	棄権	棄権	DK	5
00.6	自民	棄権	棄権	公	NA

　彼女は都市に住む40代の女性である．1人世帯で，賃貸住宅に暮らしている．200～400万円と収入はあまり多くない．調査期間中に販売員から清掃員に転職している．消費税問題などの争点によっては，生活における不満が政治不満に結びつくことがあるものの，投票行動などの実際の政治参加には結びついていない．
　政治への関わりはほとんど見られない．投票義務感は全く無く，実際投票していない．ただし，投票が面倒であるという理由ではなく，投票日に他の予定が入ることが多いためであるとしている．政治的関心は低く，政治満足度はまちまちである．政治家への不信はないとしているが，むしろ無関心なのであろう．好感の高い団体には市民運動や農業関係・中小企業を挙げ，社会の下層部に親しみを持っている．
　このように彼女は政治に無関心であるが，政党に対してはコメントをしている．彼女は一貫して自民党の弱い支持を表明している．一方で「自民党一党だけではよくない」という理由で社会党の存在も認め，社会党も政権担当能力のある政党に挙げる．好感度において，かすかに新生党へ親しみを感じていたが，その程度であって支持を表明するまでにはいたっていない．95年には社会党に対して，「政策を他党に左右されないようにしてほしい」と意見を述べている．
　彼女の自民党支持は両親が自民党支持であったということ，現状維持を望んでいることによるだろう．この場合の現状維持とは，現在の状態を良しとしているのではなく，とりあえずこれ以上悪化しないでほしいというものである．社会の下層部に親しみを持ち，消費税問題には興味を示している．00年衆院選では課税最低限の引き下げに反対し，増税してまで社会福祉を充実させる必要はないという意見に賛成し，税金に関して敏感に反応する．
　彼女は全ての選挙において棄権している．これは政治的無関心から来るのであるが，それは彼女の経済状態に余裕がないゆえであろう．（中條）

L-004 革新的だが社会党を見限り無党派に

宮城　旧1区／新3区　1940年代生まれ　女性　①大学　②不明　③販売業　④商工　自治　住民　生協

	支持政党	選挙区	比例	拒否政党	保革
93.7	（日本新）	棄権		自	3
94.2	（日本新）				2
95.2	（なし）				3
95.7	（NA）	自民	自民	NA	3
96.10	民主	大友ひろみ（共産）	民主	自進社	4
00.6	なし	小山克博（民主）	民主	自公	3

　彼女は持家に住んでいる主婦であるが，外に働きに出ている．現状の政治には少なからぬ不満を抱いている．90年代に入り，旧態依然の社会党に見切りをつける支持者が相次いだが，彼女もその一人である．

　彼女は政党支持理由や投票理由で「反自民」と明確に表明している．鳥越俊太郎，筑紫哲也，久米宏，小宮悦子などのキャスターや朝日新聞など，彼女が自民に批判的であると認識しているものには好感を抱いている．周囲の人々も自民党を好いてはいない．当然拒否政党は自民党である．

　一方社会党に対しては，93年衆院選前の調査で支持政党に挙げながらも支持を「これから変える予定」と述べ，実際そのとおりとなっている．同党への印象は，「自民党にかわって政権をとってもよかったはずの政党であったのに，どこか頼りなかった」というところから，「(政権のために)いつも対立していた自民党と手を組んだわけのわからない政党」となり，96年には社民党を拒否政党に挙げるまでになった．しかし，一時好感を示した日本新党を含め，新党に対しても支持を表明することはなく，93年の衆院選では日本新党の候補がいたにも関わらず棄権している．彼女は革新的な考えを持っており，これが新党を支持するまでに至らなかった要因と推測される．結局，社会党支持をやめた後，彼女は無党派を続け，参院選で自民党に投票するなど彼女の政治に対する態度は不安定な状況に置かれた．

　彼女の支持政党なしの状況は，民主党の結党で終わりを告げる．社会党と違って政権を担当する能力があり，かつ，イデオロギーも革新的であると認識された同党は，まさに彼女が待ち望んでいた政党と言えよう．結果，96年の衆院選では比例区で同党に投票している．選挙区では同党が候補を立てず，共産党（好感度2位）の候補者に票を投じた．00年には再び支持政党なしと答えているが，比例区，選挙区ともに民主党に投票している．民主党を唯一の政権適任政党であるとし，同党の単独政権を望んでいる．同党と党首・鳩山の好感度は高く，同党に対する期待は依然大きいままである．(菅原)

L-005 主に有力候補者の印象で投票

山形 旧2区／新4区　1950年代生まれ　女性　①高校　②600〜800万円（93年）
③販売　④農協

	支持政党	選挙区	比例	拒否政党	保革
93.7	自民	棄権		公共	5
94.2	（自民）				5
95.2	（なし）				5
95.7	自民	棄権	棄権	共	5
96.10	自民	加藤紘一（自民）	DK	なし	5
00.6	自民	加藤紘一（自民）	自民	公共	DK

　彼女が住む山形旧2区は定数3，自民党の加藤，近岡理一郎，社会党から社民連に移った阿部昭吾が議席を保ってきた．小選挙区制になり，近岡は3区に，阿部は新進党に移籍し比例区からの立候補となった．そのほかには新進党新人の寒河江孝允らが立候補した．96年，00年衆院選とも加藤の圧勝であった．

　彼女は30代後半から40代前半で，販売の仕事に従事している．夫は電気会社の営業マンで，3世代家族で暮らしている．政治にはたまにしか興味を持たないと回答し，現在の政治にはやや不満を抱いている．調査票を通して見ても全般的に分からない，どちらでもない，といった回答が並び，自由回答もほとんど全て無記入である．投票義務感はあるが棄権することもあり，さらに投票無力感が大きいのかどの政党に投票したのかもあまり覚えていない．政治は難しすぎて自分には理解できないことが多いと感じている．しかし，市民・住民運動への参加，選挙運動・政治活動への参加の経験もあると回答している．他人と政治の話しをするときにはもっぱら聞き役にまわる方，と答えている．

　どちらかというと自民党を支持することが多いようだが，自民党に対する評価としては「今まで先に立ってやってきた」というものを挙げる程度である．

　93年衆院選，95年参院選を棄権している．彼女は93年には自民党を支持していたものの与野党逆転を望んでいたので，投票に行かなかったのであろう．95年には自民の単独政権を望んでいながら投票に参加していない．95年には新進党に投票したいと考えたようであるが，このときは新進党に対する好感がかなり高かった．しかし，結局自民党から新進党に支持を変えるまでには至らなかった．96年衆院選では自民の加藤に投票している．00年は自民党政権だが与野党の伯仲状況がよいとしており，公明を拒否政党としつつも自民党に2票投じている．彼女は投票決定要因として候補者個人を重視し，決定理由に先代の人を支持していたから，これまでの実績があるから，といった理由を挙げている．（遠藤）

L-006　新党ブームには動かなかった消極的自民支持者も，00年には民主候補に投票

栃木　旧1区／新2区　1950年代生まれ　女性　①短大　②600〜800万円（96年）　③家族で飲食店経営　④商工　自治

	支持政党	選挙区	比例	拒否政党	保革
93.7	自民	棄権		なし	6
94.2	自民				6
95.2	自民				7
95.7	（自民）	棄権	棄権	なし	6
96.10	自民	西川公也（自民）	共産	なし	4
00.6	自民	小林守（民主）	公明	なし	6

　旧栃木1区は1967年以来，自民3，社会2の指定席が続いていたが，93年衆院選では自民現職の渡辺美智雄・簗瀬進・船田元のうち簗瀬がさきがけに，船田が新生党にそれぞれ移籍し当選，自民党は渡辺の他に新人1人を当選させ，社会党は1議席を失った．現2区で行われた96年及び00年の衆院選では2回とも，自民党の西川公也が民主党の小林守を破って当選した（小林はいずれも比例区で復活）．

　彼女は「実績がある」「昔からあった党だから」などとして自民党を支持し続け，簗瀬や西川の後援会にも加入しているが，あまり熱心とは言えない．かと言って他の政党に目移りするでもない．そもそも各政党の政策の違いについてあまり知らず，関心も無いようである．投票義務感もあまり高くはなく，棄権が多い．

　このような態度を反映してか，新党ブームなどにも特に影響を受けた様子は見当たらない．自民党の金権体質には反感を感じるものの，それが支持を揺るがすには至らず，細川政権に対しても概して否定的であった．村山政権の成立で自民党が政権に復帰すると，とりあえずはこれに一定の評価を与えたものの，やがて否定的となって自民単独政権を望んでいる．このとき自民党が支持政党から好ましい政党に落ちているが，あるいはこれも自民主導を望む表れであろう．その後成立した橋本内閣に対しては好感を抱き，自民支持に復した．

　しかし前述の通り，支持の度合いはさして強いものではない．96年衆院選の比例区で共産党に票を投じたのは，比例区への無関心も手伝ったであろうが，自民党を全面的に支持するわけでもない感情が，やや気紛れな形で現れた結果と考えられる．

　更に00年に至っては小渕・森政権の諸々の政策に不満を抱いて与野党逆転を願うようになった．そのため，西川個人には好感を抱いているにもかかわらず，民主党の小林に投票している．ただし自公保連立に反発しているのに比例区で公明党に入れているのは珍しい．これも比例区に関心がないためであろうか（あるいは単なる記入ミスであろう）．（東）

L-007　政治に消極的な自民党支持者

群馬　旧2区／新3区　1960年代生まれ　女性　①短大　②600〜800万円（95年）
③主婦　④なし

	支持政党	選挙区	比例	拒否政党	保革
93.7	自民	棄権		なし	8
94.2	自民				4
95.2	自民				5
95.7	自民	棄権	棄権	なし	6
96.10	自民	谷津義男（自民）	自民	社共	5
00.6	なし	谷津義男（自民）	自民	※	※

　旧群馬2区は93年衆院選では現職の谷津（自民），笹川尭（自民から無所属へ），中島洋次郎（自民）が当選している．小選挙区制になってからは笹川が群馬2区に転出，中島は比例区に転出した．中島の地盤である太田市で谷津がどれくらい地盤を固められるかがポイントとなっている．谷津は96年，00年と連続当選し，00年現在5期目である．

　彼女は20代後半から30代前半の主婦であり，夫と夫の親と子供と共に暮らしている．家計維持者（夫）は設計の技術者，もしくは農業に従事している．政治にはたまに関心を持つ程度である．彼女は政治に対して不満，不信を抱き，投票義務感もそれほど高くないので棄権をすることもある．各政党に対する感情温度の調査でも，あまり好感を持っていると答えることはない．

　一貫して自民党のあまり熱心ではない支持者である．しかし，自民党を支持すると表明していても，「自分たちのことしか考えていない」「考え方が古い．変化を好まない」といった回答があったりする．新党に対する評価もそれほど高くはない．その中で日本新党に対して93年には「少し期待している．」と考えていたが，結局94年には「党の方針がわからない」と考えるようになった．

　96年衆院選前には彼女は消費税を重要争点と考え，新進の長沼広（本人の認識による．実際には民主）と考え方が近いと，考えていたようである．しかし，だからといって投票行動に変化を与えるほどの影響力はなかったようだ．彼女にとっては，家族が農業に従事しているせいか地元利益が重要であり，結局は自民の谷津に投票した．00年も，小選挙区・比例区とも自民党に投票している．

　彼女は政治について興味が無く，自民党以外を考える気にすらならない，というほど興味がないのであろう．実際，様々な質問に対して「わからない」と回答することが多く，自由回答もないことが多い．(遠藤)

L-008　消費者の立場と福祉政策を重視する共産党支持者

埼玉　旧5区／新5区　1950年代生まれ　女性　①短大　②600～800万円（93年）
③主婦　④生協

	支持政党	選挙区	比例	拒否政党	保革
93.7	共産	NA		自	2
94.2	共産				2
95.2	共産				3
95.7	共産	共産	共産	自	2
96.10	共産	藤原幸朗（共産）	共産	自進	3
00.6	共産	藤原幸朗（共産）	共産	自公	2

　93年は4議席を10人で争い，新党の2候補が上位を占めた．落選したとは言え，当選ライン低下のため共産党の高村雅子は5位に入った．有力3候補の争いとなった96年，2候補に絞られた00年ともに共産党の藤原は15％前後の票を獲得した．

　彼女は夫，子供と暮らしており，生活には少し不満を抱いている．政治には常に関心を持っており，各党の政策や立場をほぼ正確に理解している．市民運動への参加経験が数回ある．自分の票を有効なものと考え，政治全体には一応の信頼を寄せている．投票は政党を基準に決定している．

　昔社会党支持者であった彼女は，最近は一貫して共産党を支持し，投票している．配偶者も同党を支持し機関紙を購読している．自民党には常に拒否感を示しているが，経済の安定や外交の面で優れている政党だとし，同党の存在を評価している．

　彼女の共産党への支持は革新的な思考から来ている．特に，生協に参加している彼女は消費者の視点を重視している．主婦として期待した法案をことごとく流す，リサイクル法では企業の圧力に屈した，外交を重視して食品添加物の規制を甘くしている等，自民党へのコメントには主婦の怒りが込められている．一方共産党は，消費者の立場を代表していると評価している．

　政党は共産党のみ支持する彼女だが，党首としては土井と菅に不破以上の点数を与えている．菅については厚生大臣としての業績を，武村へは反核実験の運動など，その働きによって他党の政治家も評価している．しかし，共産党への好感が他党を上回り，政党支持に基づき投票しているので今後の投票行動は変化しないだろうと予測され，実際00年衆院選は共産党に投票した．

　両親が社会党支持者だったため，革新的な考えを持つようになったと考えられるが，これだけが彼女を熱心な共産党支持者にしたのではない．彼女の居住する分譲住宅は隣接したマンションとの間に日照権問題を抱えており，これに共産党の市議が関わって力になってくれたと，彼女は述べている．政治を日常の生活と関連させて考える彼女らしさが，ここにも見て取れる．(菅原)

L-009 政治に常に深い関心と興味を持ちながらも棄権を繰り返してきたが…

埼玉　旧5区／新5区　1950年代生まれ　男性　①大学　②800～1000万円（93年）
③公務員　④労組　自治

	支持政党	選挙区	比例	拒否政党	保革
93.7	（なし）	棄権		5党以上	3
94.2	（なし）				2
95.2	（なし）				2
95.7	（なし）	棄権	棄権	自進共	2
96.10	（NA）	枝野幸男（民主）	その他	進	2
00.6	なし	枝野幸男（民主）	社民	自公共	1

　93年は無所属の現職、元職や自民、社会の公認候補が落選するなか、新党の新人2人が当選した．96年は比例区で復活当選することになる枝野など3候補の激しい選挙戦となった．00年は枝野が無党派の票を集めて勝利した．

　政治に常に不満を抱いている彼は、近隣諸国への侵略に対し日本が謝罪することに強く賛成するなど、革新的な考えを持っている．職場の労組は共産党系である．

　彼は、92～95年の国政選挙すべてで棄権している．毎回の調査でも、次の選挙を棄権すると答えている．この一貫した態度は、政治への無関心から来ているわけでなく、むしろ彼は政治に非常な興味を持って観察しており、その結果得た情報が彼に政治家・政党を忌避させていると考えられる．

　各党に対する自由回答欄では、自身の見解を欄外にはみ出るくらいに記入している．赤松広隆社会党元書記長に対しては「おめでた人間」、共産党は偽善的かつ独善的、小沢一郎は「ヒットラーと同様に、小心でコンプレックスが強い」日本新党には「自民党の二軍や予備軍」というように辛辣な言葉が並んでいる．しかしその中身は政治の動きをつぶさに見ていないと書けないものであり、単に過激なだけではなく冷徹な分析を通した結果このように言っている．彼が多くの報道番組を見ており、にも関わらず筑紫哲也、鳥越俊太郎という新聞記者出身の2人のキャスターのみ信頼し、好感を抱いていることも彼の政治に対する批判精神と好奇心を裏付ける．

　96年、その彼が長期間続けてきた棄権をやめて投票所に向かい、選挙区で枝野に投票した．投票しただけでなく、好ましい政党に民主党をあげ、全くの政党不支持からも脱却した．党首の菅には全調査を通じて最高の80度という感情温度を示している．彼は、社会の転換になるという理由で行政改革が重要であると考えているが、これを実行する能力が民主党と枝野にあるとし、00年も枝野に投票している．

　比例区は、96年は新社会党に00年は社民党に投票しているが、これは憲法問題を重視してのものと思われる．激動と言われたこの数年間、自分の考えと合い、なおかつ実行力もある政党、政治家を求めつづけ、棄権していたのだ．(菅原)

L-010 国家の安全と安定を第一と考える，イデオロギー型自民党支持者

埼玉　旧3区／新11区　1940年代生まれ　男性　①高校　②600〜800万円（93年）③現場作業員　④自治

	支持政党	選挙区	比例	拒否政党	保革
93.7	自民	棄権		共	7
94.2	民社				6
95.2	（自民）				8
95.7	自民	自民	自民	共	6
96.10	自民	加藤卓二（自民）	自民	社共	8
00.6	なし	小泉龍司（無所属）	公明	なし	6

　93年は新生党・増田敏男，自民党・加藤の現職と，保守系無所属の元自民党代議士・糸山英太郎が当選し，現職の田並は社会党の議席を守れず自民2社会1の議席配分が崩れた．96年は加藤が，新進と民主の推薦を受けた田並と元大蔵官僚の小泉龍司の無所属2候補を破り当選したが，00年は小泉が議席を獲得した．

　彼は，ほぼ自民党を支持し，投票している．やや改憲を志向し，PKOへの自衛隊の派遣に賛成，愛国心を育てる必要があると感じ，筑紫哲也を嫌うなど，保守的である．両親や配偶者など周囲の人はみな保守政党の支持者であった．自民党の感情温度は，常に政党中最高だが，93年の調査では50度と低めの値であった．公明党，民社党は感情温度が自民党と同程度で，政権担当能力も認めている．日本新党，さきがけも自民と同程度であったが，次第に下がっていった．新生党，新進党には元自民党の「悪の集まり」と，悪者としてのイメージを持っている．民主党には，若い人の集まりで期待できるとしている．自民党についても若い世代の活躍を望んでおり，同時に派閥の足の引っ張り合いをやめよと党の変化を望んでいる．

　彼は投票の際，政党を重視している．参院選比例区の投票理由欄には「好きだから」，選挙区でも「自民党だったから」と答えている．93年は棄権しているが，これは最も親しみを感じていた増田が新生党から出馬したためと考えることができる．

　96年は争点として景気の回復を挙げている．その理由は「失業者が増えると社会が乱れる」ためで，本人の経済的な理由ではない．彼の政治的関心は，住みやすく安全で，安定した社会を維持することである．このことが，彼を熱心な自民党支持者にしていた最大の理由である．警察には農民と並び感情温度100度を示し，自衛隊にも90度と答えるなど，国の安全にはかなりの信頼を感じている．

　00年は，自民党にのみ政権担当能力を認め，最も好感を抱いているにも関わらず，選挙区では無所属の小泉（後に自民入党）に，比例区では公明党に入れている．自民党中心の連立政権を望んでおり，国旗国歌法・通信傍受法の成立を大いに評価していることなどから，彼の投票は与党への支持の結果であると考えられる．(菅原)

L-011　自民党を信頼する地元志向のバッファープレイヤー

埼玉　旧3区／新11区　1920年代生まれ　男性　①中学　②〜200万円（93年）　③無職　④なし

	支持政党	選挙区	比例	拒否政党	保革
93.7	自民	糸山英太郎（無所属）		なし	5
94.2	自民				7
95.2	自民				5
95.7	（新進）	自民	新進	なし	5
96.10	自民	加藤卓二（自民）	新進	なし	4
00.6	自民	加藤卓二（自民）	自民	なし	5

　93年は，社会党がそれまで守ってきた議席を失った一方で，自民党を離党した新生党の増田敏男と自民現職加藤卓二，前回自民公認で落選し，今回無所属の元職糸山の保守系3人が議席を独占した．96年は加藤が固い支持基盤を背景として再選を果たしたが，00年には小泉龍司に敗れた．

　彼は年金生活を送っているようで，子供が家計を支えている．政治について日頃は関心を持っていない．そのため，各党の政策上の立場や，どういう政党・政治家が活躍しているかということを，あまり詳しくは知らない．彼はすでに引退しているので，職業的な面，生活の面で政治に深く関わる理由が存在しないのだろう．

　支持政党は，調査期間中1回だけ新進党を好ましいとしたときがある以外は，自民党で一貫しているが，感情温度90度で他党との間に開きがあった93年調査から，徐々にその支持意識が薄れている．一方で，彼の投票行動はそれほど一貫したものではなく，その時々に応じ自分の考えにもとづいて投票をしている．

　93年に彼が投票した糸山は，彼の住んでいる地域で一定の支持を得ている候補である．彼は地元の世話をする候補を好み，選挙区だけでなく比例区でも地元利益を考えて投票しているが，糸山への投票も同様に地元利益を考えてのことであると考えられる．糸山の感情温度は90度である．彼は，このように政党ではなく個人に対し親しみを持つようで，政党への感情温度よりも各政党幹部への感情温度の方が概して高い．95年，96年と比例区では新進党に入れ，感情温度も高めとなっているが，これも党首であった海部を彼が好いていたためと考えられる．

　このような投票行動をしながら自民党を支持しつづけるのは，同党が地元のためになる党との認識があるだけでなく，「政権を担う」イメージが彼にあるためである．彼は自民党政権下の与野党伯仲状況を望むと答えているが，その彼が自民党以外に投票するのは同党の政権運営に一定の信頼を置いているためである．したがって，自民党が議席を大幅に減らした00年の衆院選で選挙区，比例区ともに同党に投票したのは，同党が政権から離れるのを危惧したためであると考えられよう．（菅原）

L-012　支持は転々とし，自民党への信頼感も薄らいできた

千葉　旧2区／新9区　1920年代生まれ　女性　①高校　②200〜400万円（95年）
③主婦　④なし

	支持政党	選挙区	比例	拒否政党	保革
93.7	自民	NA		共	6
94.2	日本新				6
95.2	新進				6
95.7	自民	自民	自民	なし	7
96.10	（なし）	水野賢一（自民）	自民	共	6
00.6	なし	須藤浩（民主）	民主	公共	5

彼女は70代で，無職の夫と2人で暮らしている．年金で生活しているようだ．政治は複雑でよくわからないと感じており，無回答やわからないという回答も多い．

彼女が住む地域は旧千葉2区（定数4）で，自民3人，社会1人であった．93年衆院選では，自民党現職の水野清や新生党新人の実川幸夫などが当選した．96年衆院選では千葉9区となり，新生党から新進党へ転じた現職の実川が，養父の水野清の後を継いだ自民党の新人水野賢一との激しい争いを僅差で制した．00年衆院選では水野が，民主党の須藤浩などを破って当選した．

彼女が基本的に一貫して好感を持っているのは自民党である．しかし，常に自民党を支持しているわけではなく，支持政党は変化している．もともとは自民党支持者で自民党の安定多数を望んでいたが，94年になると細川護熙に強い好感を抱き，日本新党支持に移った．この時，自民党には「野党になったら前の社会党と同じような気がする」と幻滅している．95年2月には，自民党の好感度も決して低くはないが，新進党について「自民党より少し柔らかい気がします」と述べ，その印象がプラスに働いて新進党を支持するようになった．95年7月には，新進党について「公明が入ったので嫌になった」と述べて，自民党支持に戻っている．この時の参院選では，自民党に投票した理由を「ほかの党がぴんとこないのでやはり自民にいれました」と述べた．その後，96年には消費税引き上げに反対しながらも衆院選で自民党へ投票しているが，支持政党はないと答えている．

00年衆院選でも支持政党はないままだが，小選挙区，比例区とも民主党に投票している．民主党中心の連立政権を望んでおり，森首相の発言問題，自公保連立政権などの評価が低いことが影響しているのであろう．彼女のイメージが良くない社会党と政権を組んでも自民党に投票していたことと比較して，彼女はこの自公保という枠組みに強い違和感を持ったようである．(村上)

L-013　与野党伯仲を望む，長年自民党を支持する高齢者

千葉　旧2区／新9区　1920年代生まれ　男性　①中学　②1200〜1400万円(93年)
③サービス業→無職(95年)　④なし

	支持政党	選挙区	比例	拒否政党	保革
93.7	自民	実川幸夫（自民？）		公共	9
94.2	**自民**				8
95.2	**自民**				10
95.7	（自民）	NA	NA	共	8
96.10	**自民**	水野賢一（自民）	自民	共	9
00.6	自民	NA	NA	※	※

　彼は70歳前後で，95年からは無職となっているが世帯収入は安定している．

　彼女が住む地域は旧千葉2区（定数4）で，自民3人，社会1人であった．93年衆院選では，自民党現職の水野清や新生党新人の実川幸夫などが当選した．96年衆院選では千葉9区となり，新生党から新進党へ転じた現職の実川が，養父の水野清の後を継いだ自民党の新人水野賢一との激しい争いを僅差で制した．00年衆院選では水野が，民主党の須藤浩などを破って当選した．

　彼はイデオロギーが保守的であるという自己認識があり，比較的熱心な自民党支持者といえる．政権担当能力のある政党にもほぼ毎回自民党をあげている．自民党について「民主主義の基本」と述べており，その基本理念に賛同して支持しているようである．ただ，自民党政権だが与野党の伯仲状況を望んでおり，自民党が政権に安住するのではなく国民への応答能力も持っていてほしいと考えている．

　公明党と共産党に嫌悪感があり，拒否政党にしている．社会党も，やや好感度が高いものの「自分のことばかりであまりよくない」と評価はしていない．日本新党と新党さきがけに対しては好感度は比較的高いが，特別に期待や関心を寄せることもなく「わからない」という印象が目立つ．新生党は「党首が良くない」とあまり好感を持っておらず，新進党についても「よくわからないごみみたいな人達」「新しいがどうするのか理解できない」と批判的である．目をひくのは民主党への好感度の高さで「自民党の次に好き」と述べている．

　彼は自民党に投票しているが，その理由には，支持している政党だから，候補者の政策や主張に賛成だから，としているほかに，先代の議員（水野清）を支持していたからという回答もみられ，自民党への息の長い支持を感じる．この自民党支持は00年衆院選でも続いている．（村上）

L-014　クリーンさを重視して…

東京　旧2区／新4区　1960年代生まれ　女性　①短大　②600〜800万円（93年）
③社労士手伝い→主婦（96年）　④生協

	支持政党	選挙区	比例	拒否政党	保革
93.7	日本新	徳永一視（無所属）		共生	3
94.2	（日本新）				5
95.2	新進				4
95.7	（社会）	棄権	棄権	共	5
96.10	民主	新井将敬（無所属）	民主	自	5
00.6	なし	森田健作（無所属）	棄権	なし	4

　旅行会社添乗員の夫を持つ20代後半の女性有権者．新聞は読売と日経，テレビもかなり多数のニュース番組を見ており，政治の情報の収集に余念がない．

　東京都大田区中南部は旧東京2区，現東京4区にあたる．中選挙区時代は定数5で，石原慎太郎（自民），大内啓伍（民社），新井将敬（自民）などがいた．小選挙区になると無所属の新井，自民党の大内の争いになり，新井が勝利した．00年衆院選では自民党を離党した無所属の森田健作が議席を獲得し，大いに話題を呼んだ．

　さてこの方の政治的指向であるが，「クリーンさ」を価値判断の基準にしているようである．それは支持政党の変遷を見ればよくわかる．まず，93年に日本新党を支持した理由，96年に民主党を支持した理由とも，「クリーンだから」であった．当然，自民党や新進党への印象は悪いようで，「カネに汚く公約を守らないイメージ」（自民），「口だけで信用できない小沢のイメージ」（新進）と手厳しい．ただ，95年の調査時にはすべての政党に対して「この間の大震災のように国民が迷っているとき，何が正しいのかを党同士で議論するのではなく，一致団結して力強く国民を導いてくれる政治を期待します」と述べてあり，彼女はイメージをこえた本質をも見据えて政治を判断するよう心がけていることが分かる．なお，客観的に見ると彼女は日本新→新進→民主という改革志向の持ち主であるように読み取ることもできそうであるが，それはあくまで結果としてそういう外観を呈するに至ったに過ぎないのであり，あくまでも彼女は「イメージ」を最重要視していることを付言しておく．

　実際の投票行動であるが「政策に重点をおいて投票．党首も良い」として支持政党どおり民主党に投票した96年の比例区を別にすると，"候補者"で選ぶ傾向が強いようである．例えば93年は「演説などを直接聞いたことがあるので，当選は難しいだろうが投票した」と，無所属の徳永一視に，96年には「これまでの実績と個人の評価」で新井に投票している．そして00年衆院選では無所属の森田に投票，これは候補者イメージの中でもとくに"クリーンさ"を重視した結果なのだろう．（原）

L-015 つまみ食い無党派層
東京　旧3区／新5区　1920年代生まれ　男性　①短大　②200～400万円　③無職　④自治

	支持政党	選挙区	比例	拒否政党	保革
93.7	社会	栗本慎一郎（無所属）		なし	4
94.2	日本新				4
95.2	自民				6
95.7	（なし）	共産	共産	なし	5
96.10	社民	戸沢二郎（社民）	社民	なし	4
00.6	共産	宮本栄（共産）	共産	自公	3

　目黒区在住の70代の年金生活者．生活は安定しているようだ．

　東京都目黒区は旧東京3区，現東京5区である．96年衆院選では新進党から野村沙知代が出馬，話題を呼んだが結局自民党の小杉が6選を果たしている．00年衆院選では小杉は民主党の新人手塚仁雄に敗れ落選，大臣経験者の落選として話題を呼んだ．

　まず彼の政治的指向についてみていくと，平均イデオロギー4.5，支持政党は自民，社会，日本新と何でもありで無党派にも何度もなっていることなどから考えると，固定した価値観に基づく政治的指向はない方だと判断することができる．また，政治的信頼度が高いことも特徴である．村山，橋本両内閣の評価は高く，政治全般についても，「国民全体のために政治は運営されていて，不正をする人はそれほど多くなく，大体満足している」との印象を抱いている．ただ，さすがに94年の調査時には「自民党は永年政権の座にあり汚職等やりたい放題で嫌いな党」「日本新党に大いに期待」「非自民連立政権を望む」と政治不信の流れに身を任せ，日本全体の新党ブームに乗っていたようではある．しかし，この考えも翌年には「自民党は日本の政界のリーダーとして誇りを持って行動すべき」「自民党と新進党の連立政権を望む」と変化しており，新党フィーバーの一過性ぶりと，この有権者の流動性の強さとの両方を味わうことができる．

　次に，実際の投票行動であるが，結果的に投票したのは社会（社民）党か共産党，という2つに限定されている．その理由として社会党については「勤労者の立場を代表しているので」，共産党については「唯一の反対政党なのでもう少し伸びてほしい」と答えている．そういった共産党への好意は00年には支持に変わり，小選挙区・比例区とも同党に投票している．ただ，93年衆院選で「印象」により栗本に投票していること，96年衆院選で「負けると分かった社民党で，かわいそうだから投票した」と答えていることなどをも鑑みると，支持に基づく投票ではなくさまざまな選択肢の中からベターなものを選ぶ投票行動をすることもあるようだ．(原)

L-016 なんとなく自民党不支持型

東京　旧3区／新6区　1940年代生まれ　女性　①高校　②600〜800万円　③事務　④なし

	支持政党	選挙区	比例	拒否政党	保革
93.7	（なし）	棄権		なし	7
94.2	**新生**				5
95.2	新進				4
95.7	（新進）	無所属	二院ク	なし	5
96.10	（なし）	石井紘基（民主）	民主	進さ	5
00.6	社民	保坂展人（社民）	社民	公	5

　東京都世田谷区に住む50代の女性．共働き世帯である．

　世田谷区における93年衆院選は小杉隆，越智通雄といった自民党中堅議員を抑えて，日本新党新人の石井紘基がトップ当選，次点は無所属の栗本慎一郎であった．96年の小選挙区での衆院選では東京5区と6区にあたることとなり，それぞれ小杉と岩国哲人（新進）が当選，越智と石井は比例区での復活当選に甘んじた．石井は00年衆院選でも当選するが，小杉は民主党新人に敗れ落選している．

　この有権者は，あまり政治に興味はないが，マスコミの影響もあり自民党をなんとなく支持できない雰囲気となり，その後新進党単独政権・二大政党制を望み，結局民主党支持に落ち着く，というパターンととらえるのがよさそうだ．望ましい政権のあり方としても，自民政権だが与野党伯仲→非自民連立政権→新進単独政権→自民新進連立，など移り変わりが激しく興味深い．自民党に対してはこれまでの実績は評価しつつも，「金権政治」「官僚の天下」といったマイナスイメージにより支持できなくなったようであり，いったんは新進党を支持するものの，翌年には「公明が嫌い」として，結局「菅さんがよい」とする民主党支持になった模様である．

　さて，実際の投票行動であるが，自民や社会，無所属候補や民主と，一貫してはいない．ただ彼女の場合，党首の評価がそのままその党の評価に直結する面もあるようで，土井たか子への評価が高いときには社会，菅への評価が高いときには民主，といった法則はあるようである．00年衆院選では鳩山由紀夫に対する低い評価も手伝ってか，選挙区・比例区とも社民党に投票している．(原)

L-017　高速自民党リターン型
東京　旧5区／新10区　1950年代生まれ　女性　①高校　②200〜400万円　③飲食店経営　④自治

	支持政党	選挙区	比例	拒否政党	保革
93.7	自民	棄権		公	3
94.2	自民				10
95.2	（なし）				5
95.7	自民	棄権	棄権	進	5
96.10	自民	小林興起（自民）	自民	共さ	7
00.6	民主	鮫島宗明（民主）	民主	自公保由	1

　練馬区在住の40代女性．夫婦でレストランを経営している．

　東京都練馬区は旧東京5区，現東京10区に位置する．93年衆院選では定数3を日本新党・新生党・公明党で分け合い，自民党は議席を逃した．96年衆院選では再選を目指した新進党の鮫島宗明を自民党の小林興起が撃破，自民が面目を保っている．00年衆院選でも小林が民主の鮫島を破り，鮫島は比例区による救済に甘んじている．

　さて彼女の政治的指向の変動で面白いのは，自民党を見限って新党支持になり，その後また自民党に帰ってくるというサイクルが世間一般よりかなり早いことにあるのではないか．まず93年，「今まで独裁的にやってきて，ごく一部の人のために汚職・金権政治といわれている」と自民党を見捨て，「未来がありそう．それに若い」と新生党，日本新党の支持になる．しかし同年の選挙後には即座に自民党支持に戻っており，「これから政治をどんどん仕切ってほしい」と期待を寄せる．その反面新党への支持は急激にさめたようで「最初はいいと思ったが今はあきらめた」（新生），「あまり良い党とはいえない」（日本新）とつれない態度をとっている．

　95年には拒否政党にあげた新進党に対して，96年衆院選前の調査では投票予定政党としているが，これは別に支持政党にしたゆえではない（実際，公明党との連携に対して疑問を抱いている）．新進党と，鮫島宗明双方の消費税に対する取り組みに共感するものがあったようだ．

　彼女は政治不信の度合いが強いせいか投票へいくインセンティヴに乏しくなりがちなようで，96年衆院選で自民党に投票した以外はすべて棄権している．しかも一応5回自民党支持と答えているが「共産党よりは好き」といった程度にしか思っていないことも付け加えねばなるまい．それゆえ，00年衆院選で比例区・選挙区とも民主党に投票したのは納得できるものがある．

　「あまり熱心でない自民党支持者」という日本人で最も多いパターンに属するような有権者は，いったん投票に行けばかなりの確率で自民に投票する．しかし，自民党に失策があれば即座に離れていく傾向も強いであろう．（原）

L-018　自民→新党→無党派型

東京　旧11区／新22区　1920年代生まれ　女性　①高校　②600〜800万円（96年）
③農業→無職（96年）　④自治

	支持政党	選挙区	比例	拒否政党	保革
93.7	自民	NA		公	5
94.2	日本新				6
95.2	新進				6
95.7	（新進）	新進	新進	共	5
96.10	（なし）	山花貞夫（民主）	民主	共	DK
00.6	自民	進藤勇治（自民）	自民	公共保由	DK

　彼女の居住する地域は旧東京11区，現東京22区に位置する．93年衆院選では定数5を日本新党，社会党，公明党，自民党，共産党で分けあった．96年衆院選では新進党所属で公明党の推薦を得た伊藤達也が8選を目指す民主党の山花貞夫を僅差で破っている．なお，山花は比例区で復活当選を果たしている．00年衆院選では貞夫の死にともない息子の郁夫が立候補，地盤を引き継ぎ3万票差で初当選を果たしている．

　本対象者は東京西部在住の70代女性である．数年前までは農業をやっていたが，今は無職のようだ．

　55年体制時はコンスタントに自民党に投票するなど，自民党支持者であったらしい．そして，その崩壊後つまり諸新党誕生後に自民党支持から日本新党支持に移行し，それ以後はもはや自民党は見捨てて，新進党や無党派層へ移っていったようである．ただ，彼女は政治にあまり興味がないようであり，質問に対して「分かりません」と答えた割合もかなり多い．そして，支持政党なしにもかかわらず投票だけは欠かしていない．しかし，投票した理由についても，「先代の議員を支持していた」と山花貞夫に投票したのを除けば，「分からない」が大半で，なんとなく投票していた様子しか分からない．一応福祉問題を重要争点としているようであるが，それに基づいた投票，という感じでもなさそうだ．00年衆院選では山花郁夫には投票せず，政権担当政党として適任とする自民党に小選挙区，比例区とも投票している．

　主権者として一票は確実に行使するが，候補者要因などにひきずられた場当たり的な投票しか行わない有権者，と捉えるのがよかろう．(原)

L-019　棄権が続くも変化の兆し

神奈川　旧4区／新1区　1970年代生まれ　女性　①短大　②1000～1200万円（95年）　③栄養士　④なし

	支持政党	選挙区	比例	拒否政党	保革
93.7	さきがけ	棄権		自	5
94.2	（自民）				6
95.2	（なし）				6
95.7	自民	棄権	棄権	なし	4
96.10	（民主）	棄権	棄権	なし	7
00.6	なし	佐藤謙一郎（民主）	棄権	なし	6

　彼女の住む地域の衆院選を見ると，93年は新人候補が多数当選．96年は自民党の新人松本純がさきがけから民主党に合流した現職佐藤謙一郎をかわして当選．その差はわずか900票弱であった．00年は逆に佐藤が大差をつけ松本に勝利した．

　彼女は92年参院選から96年衆院選における全ての国政選挙を棄権している．このように投票に価値を見出していない理由としては，次のことが考えられる．まず第一にどの政党が政権を担当してもそれほど自らに影響がないと考えていることが挙げられる．選挙のひとつの大きな役割が政権の枠組みの決定であることから，どの党が政権を担うかについて関心ない者にとって選挙への関心が薄れるのは当然であろう．このように政権がどうであろうと自らに影響がないと考えるのは，政治へのあきらめの結果なのだろうか，それとも人生の多くを経済大国日本で暮らしたことによる危機感欠如の結果なのだろうか．第二には，社会に対する自らの影響力はないと感じていることが挙げられる．例えば，国や社会に何かをするよりも国や社会から何かしてもらいたい，自分は政府に対して影響力を持たないなどと答えている．このような国や社会における自らの役割の軽視が，国の政治における個人のひとつの役割である投票というものの軽視につながっていると言える．第三には，政治自体の知識がないことが挙げられる．彼女は政治的な知識に関する問いについてどちらでもない・わからないとすることが多い．投票するとは政治的な判断をすることであり，その判断をするのに十分な知識を持ち合わせていないのであれば，投票することをそれほど楽しいと考えられないのも当然なのかもしれない．

　そんな彼女も00年は投票を行っている．月日を重ね，投票への関心が出てきたようだ．ただし，比例区は棄権し，公約に納得できる佐藤謙一郎がいた小選挙区のみ投票している．この時彼女は森喜朗や小沢一郎という人物にはある程度の好感度を抱いているものの，政党の存在には絶対的な拒否感を抱いており，このことと政党中心の比例区の棄権は関係があろう．（金子）

L-020 経済問題解決を自民党に託す自営業者

神奈川　旧5区／新15区　1950年代生まれ　女性　①高校　②800〜1000万円（96年）　③クリーニング業　④自治

	支持政党	選挙区	比例	拒否政党	保革
93.7	（なし）	棄権		なし	7
94.2	（なし）				NA
95.2	（自民）				6
95.7	自民	棄権	棄権	なし	6
96.10	（なし）	棄権	棄権	なし	DK
00.6	自民	河野太郎（自民）	自民	NA	5

　彼女の住む地域の衆院選を概観すると，93年の衆院選では河野洋平ら自民党の現職2人と日本新党の新人1人が当選し，社会党の現職は落選した．96年衆院選ではその3人は全て他の選挙区に去り，自民党の河野太郎が父洋平の地盤をもとに現職並みの戦いで新進党の新人候補と民主党の元職を退けた．00年衆院選でも河野は強く，さらなる圧勝を収めた．

　彼女の大きな特徴は，政治に対する積極的関心がないことである．つまり，00年の衆院選以外は投票に行っておらず，そして各党の政策についてもわからないと答えることが多い．政治に関する唯一の要求としては，景気回復により夫の経営するクリーニング店の収益を上げて欲しいということである．選挙制度の改革より経済問題に取り組めという意味である．

　政治に特に関心がないことの現われとして，日頃夕刊のスポーツ新聞しか読んでいない上，テレビのニュース番組もほとんど見ていないということがある．そして，それにより情報源が少ないためか，あるいはそもそも関心が少ないためか，政局の変化があっても特に政党支持や各党に対する印象の変化がない．

　ただし，基本的には自民党支持である．彼女は自民党には安心感があると答えている．しかし，その自民党支持はなかなか彼女の足を投票所へ運ばせない．00年も特に自民党への支持の度合いは変わらず，同年に久しぶりの投票を行ったのも，たまたま暇だったからであろう．ただし，投票所に行ったことに自民党支持はあまり関係なかったとしても，投票所で自民党の河野の名前を書いたことには自民党支持が多少関係があるのは間違いない．彼女自身は河野の人柄を最重要視したと答えるが，やはりそれだけではなく河野が自民党候補だったことも河野投票の一因だと言える．

　自民党以外では，新党を含めて，互いに印象の違いはあまりないが，唯一コメントを残している政党として共産党がある．この党には「こわい」と答えている．自営業者である彼女にとって，私有財産を否定するという同党ならびに共産主義への一般的なイメージは，無意識的な脅威であるようだ．(奥津)

L-021 基本的に自民党に投票するが,候補者で変動も

新潟 旧3区／新2区　1920年代生まれ　男性　①高校　②〜200万円（93年）　③酒類販売→無職（95年）　④商工

	支持政党	選挙区	比例	拒否政党	保革
93.7	自民	田中真紀子（無所属）		公共	7
94.2	自民				7
95.2	その他				3
95.7	自民	自民	自民	進	8
96.10	自民	桜井新（自民）	自民	進共	7
00.6	自民	桜井新（自民）	自民	民公共	4

　彼が住んでいる地域は，93年衆院選で田中真紀子が知名度を生かしてトップ当選した．有力7候補が5議席を激しく争い，社会党現職や自民党現職が落選した．96年衆院選では県内最多の6人が争い，元環境庁長官で自民党現職の桜井新が，新進党や公明の推薦を受けた近藤基彦に競り勝った．00年衆院選では逆に近藤が，自公保の推す桜井に競り勝った．

　彼は，一人で暮らしており，今は仕事から離れているようである．政治的関心は常に持っているにもかかわらず，投票義務感は高くない．また，候補者から葉書が送られてきているが，その候補には投票しておらず，効果はなかったようである．

　「昔から自民党がすき」で支持し，毎回自民党に投票しているが，それほど熱心なわけではない．なお，95年調査の支持政党には，「国家と国民」と彼の理想を答えている．政党イメージについては，自民党を「不正をしない政治家ばかりで党内改革をして，新しい自民党を作ってもらいたい」，「行政改革を実行してよりよい党になってもらいたい」と述べていて，その将来への期待感がうかがえる．00年衆院選では，拒否政党である公明党が推薦していても，影響なく自民党の桜井に投票しており，自民党への支持は簡単には変わらなそうである．

　拒否政党については，新進党を「公明党,（小沢）一郎流の政治手法はだめ」としたり，共産党を「言う事は誠に立派だが体質がきらい」としている．これらのコメントから，彼は政策よりも政党が与える印象で拒否政党を考えていることがわかる．だだ，重視する項目として，「長寿大国に年々なるから」「景気対策と老人福祉」を挙げたり，「世の中が暗く，活気がない」から景気対策を求めており，政策も視野には入れている．

　なお，投票を決める要因としては政党のみではなく，候補者もありうる．93年に無所属の田中に投票したのが一例である．田中が保守系ということもあろうが，マスコミでのよい印象が投票につながった．（水野）

L-022 政治に関心薄いが,自公保を嫌い,投票し続けてきた自民党から離れる

新潟　旧3区／新2区　1920年代生まれ　女性　①中学　②200〜400万円（96年）　③主婦　④なし

	支持政党	選挙区	比例	拒否政党	保革
93.7	自民	田中真紀子（無所属）		共	9
94.2	（なし）				NA
95.2	自民				5
95.7	（自民）	自民	自民	共	7
96.10	自民	桜井新（自民）	自民	共	7
00.6	自由	白票	NA	公	DK

　彼女が生来70年程住んでいる地域は,93年衆院選で田中真紀子が知名度を生かしてトップ当選した.有力7候補が5議席を激しく争い,社会党現職や自民党現職が落選した.96年衆院選では県内最多の6人が争い,元環境庁長官で自民党現職の桜井新が,新進党や公明の推薦を受けた近藤基彦に競り勝った.00年衆院選では逆に近藤が,自公保の推す桜井に競り勝った.

　彼女は投票義務感も政治的関心もあまり高くない.選挙のことが周囲との話題になることも全くなかったようである.政党イメージを問う質問についても一つも答えていなく,「誰が何党かあまりわからない」とも述べており,政党に注意を払っていない.ただ,メディアによって,はじめは考えていなかった田中に投票しようと思うようになったのであり,その影響は大きい.また,葉書や電話によって投票への補強効果もある.

　熱心ではないが,自民党を長い間支持し,96年衆院選までは毎回のように自民党に投票していた.「昔から自民党が好きだから」だそうで,政権担当能力のある政党にも多くの場合自民党を挙げている.自民党政権を望んでいたが,政治に変化がほしいからか,非自民連立政権を望むようになった.しかし細川政権は全く評価せず,その後はやはり自民党が政権には必要だと考えるようになった.いつも自民党に投票しているのは,地元の利益を代表していて,これまでに実績があるからのようである.

　しかし,00年衆院選においては,自民党ではなく自由党を支持するようになり,選挙区では白票を投じている.自公保政権を全く評価しておらず,自民党から離れることにしたようである.(水野)

L-023　候補者への支持もあり，自民党に投票し続ける

新潟　旧2区／新4区　1930年代生まれ　女性　①中学　②600〜800万円（93年）
③保険会社→無職（95年）　④労組

	支持政党	選挙区	比例	拒否政党	保革
93.7	**自民**	栗原博久（無所属）		共	9
94.2	自民				8
95.2	自民				9
95.7	**自民**	自民	自民	他	8
96.10	**自民**	栗原博久（自民）	自民	共	9
00.6	自民	栗原博久（自民）	自民	社	NA

　彼女が住んでいる地域の93年衆院選は，無所属の栗原博久など3人の新人が当選し，2人の現職は落選するという波乱に満ちた選挙戦であった．96年衆院選では，自民党に入党した栗原博久，旧新潟3区で当選した民主党の坂上富男などの争いになったが，栗原が2選目を果たし，坂上は比例区で復活当選した．00年衆院選でも栗原が逃げ切り，坂上は落選した．

　彼女は政治的関心をある程度持ち，投票に義務感を持っている．周囲で選挙はあまり話題にならないが，複数の候補者から葉書が送られてくる．現在の政治には満足していて，歴代政権いずれにもプラスの評価をする．

　自民党を強く支持し，毎回のように自民党に投票している．無所属の栗原にも投票しているが，これは栗原が自民党系であり，彼女の住む地域が栗原の地盤で先代から支持してきたためである．栗原が自民党に入党してからは，より自民党を支持するようになっている．「自民党を信頼している」のであり，「国のためにやってくれる政党」だと，高い評価を与えていて，政権担当能力がある政党や望ましい政権像にも自民党を挙げている．イデオロギーの自己認識は保守的な数値で推移しており，保守的な政党を好んでいるのがよくわかる．自民党は「これまでに実績があるから」支持しているのであり，今後も投票していくであろう．

　また，共産党については「わりあいに筋の通ったことを言っているが信頼していない」として拒否政党にしている．

　争点としては，「これからの生活に重要である」介護や年金などの福祉サービスを手厚くしてほしいと考えている．一方，国際貢献や憲法の問題についての考えは，マスコミの報道に影響されたりして，揺れ動いているようである．（水野）

L-024 候補者にもよるが，社会党から民主党へ移動

新潟　旧2区／新4区　1920年代生まれ　男性　①中学　②800～1000万円（93年）
③農家→無職（96年）　④農協　自治

	支持政党	選挙区	比例	拒否政党	保革
93.7	社会	栗原博久（無所属）		共	5
94.2	日本新				5
95.2	社会				4
95.7	**社会**	社会	社会	共	5
96.10	（社民）	坂上富男（民主）	民主	共	5
00.6	民主	坂上富男（民主）	民主	共	5

　彼が生まれてから70年ほど住んでいる地域では，93年衆院選は，無所属の栗原博久など3人の新人が当選し，2人の現職は落選するという波乱に満ちた選挙戦であった．96年衆院選は，自民党に入党した栗原，旧新潟3区で当選した民主党の坂上富男などの争いになったが，栗原が2選目を果たし，坂上は比例区で復活当選した．00年衆院選でも栗原が逃げ切り，坂上は落選した．

　彼は農業をしていて，子供や孫と一緒に暮らしている．政治への関心度は高く，政党の分裂，合同もよく理解しており，投票にも有権者の義務だとして毎回行っている．また，ニュースステーションをよく見ていて信頼もし，その影響ではじめに考えていたのとは違う投票をしている時もある．

　投票決定の要因としては候補者の人柄を挙げているが，政党の影響力も大きそうである．実際には，彼の住む地域が栗原の地盤であることが理由となってか93年衆院選は栗原に投票し，96年衆院選は支持している社民党が候補者を擁立していないため，民主党の坂上に投票している．00年衆院選でも坂上に投票している．比例区は，選挙区で投票した候補者の政党に投票している．

　彼は「むかしからの，農村の関係と旧職場の関係から社会党支持」であり，投票もしていたが，「言うことと実行がちがう．昔とちがって来た」，「考えがまちまちで内部団結がなさすぎる」，「近ごろ落ちて来た．一本の筋を通していない」などと批判するまでになっている．当初は自民党と他党の連立政権を望んでいたが，「闘志満々の議員ばかりで結成された」新生党や「心を同じくする者の集まりである」日本新党に期待し，細川政権も評価していた．しかしその後，これらの党によって新進党が結成されたが「党首の統率がなかなかむずかしい様に思われてならない」として，新進党が政権につくことは望まなくなっている．

　政党の評価基準として，「党首の統率」や「党内の結束」を考えており，政党としてのまとまりを望んでいることがうかがえる．「田中角栄のようなのがいい」とも述べており，リーダーシップを求めているようである．（水野）

L-025　政治にあまり関心なく，メディアや周囲の働きかけの影響大きい

石川　旧2区／新3区　1960年代生まれ　女性　①短大　②400～600万円　③主婦　④なし

	支持政党	選挙区	比例	拒否政党	保革
93.7	自民	棄権		自	9
94.2	新生				7
95.2	自民				8
95.7	自民	棄権	棄権	なし	4
96.10	自民	矢田富郎（無所属）	新進	なし	8
00.6	共産	坂本浩（共産）	共産	※	※

　彼女が住む地域は定数2を自民党が独占しており，93年衆院選では瓦力が8選，坂本三十次が10選を果たしている．96年衆院選では瓦と，新進党・公明の推薦を受けた矢田富郎とが，お互いに10万票近くとりながら差は2000票あまりという激戦を繰り広げ，瓦が勝った．00年衆院選では，共産党の坂本浩などに瓦が圧勝した．

　彼女は主婦で，小さい子供がいる．投票義務感はあるが棄権もしている．政治にあまり興味がないようで，政党イメージを問う質問にも「よくわからない」，「特にありません」と答えることが多い．メディアの影響力は大きく，選挙情勢報道で投票先が変わるようである．投票理由も，メディアを通してなんとなく親しみを感じたから，としている（96年衆院選）．

　93年衆院選は結局棄権したのだが，自民党を「感じが良くない」として拒否政党にしていて，与野党逆転を望んでいた．新党については「よくわからない」としながらも，好感度は高くなっていた．しかし細川非自民連立政権はあまり評価せず，自民党を支持するようになった．政権担当能力のある政党としては自民党を挙げることが多く，自民党を含めた連立政権を望んでいて，「昔からの続きで支持している」のだが，彼女の自民党に対する支持は安定していない．実際，95年参院選は棄権している．

　96年衆院選では親戚から投票依頼を受けたためか，矢田に投票し，比例区も矢田を推薦する新進党に入れている．政治への興味があまりないためか，政党や党首への好感度はどれについても中立の評価にまとまっていて，拒否政党も少ない．00年衆院選では自民党には見向きもせず，以前は「興味ない」としていた共産党に選挙区比例区とも投票している．（水野）

L-026　時々の政権運営に対する役割を重要視して政党支持を決める例
福井　旧全県区／新1区　1930年代生まれ　男性　①短大　②800〜1000万円（93年）　③無職　④なし

	支持政党	選挙区	比例	拒否政党	保革
93.7	自民	笹木竜三（無所属）		共	10
94.2	自民				4
95.2	さきがけ				4
95.7	**さきがけ**	自民	さきがけ	共	3
96.10	**民主**	古川太三郎（民主）	民主	共	4
00.6	民主	青木康（民主）	民主	公共	4

　福井は93年衆院選では全県区．定数4に対して6人が立候補．新党の公認候補が不在の中，自民党現職の牧野隆守が僅差で敗れ，議席配分は自民2・社会1・無所属1となった．96年衆院選での福井1区は，無所属の松宮勲と自民党の平泉渉が保守層の票を食い合い，新進党現職の笹木竜三が漁夫の利を占めた形で当選した．00年衆院選は自民党から出馬した松宮が勝利している．両年とも民主党候補は伸びず．

　96年以外政治への関心度は総じて高い．イデオロギーの本人認識度が保守から革新へ大きく変動しているが，実際彼の望む政策も消費税容認から引き下げへ，原発推進から反対へ，また福祉の充実に慎重になるなど変化が見られる．共産党に対しては一貫して冷淡な態度をとる．以下，時系列順に見る．

　93年衆院選前には従来の自民党支持をやめ，新生党支持に変わる．だがその政策についてはつかんでおらず，主義主張に賛同しての強度な支持ではなかった．日本新党に対しても「ブームに乗っているだけ」と冷淡な目を向け，全調査を通じて自民党には「粒はそろっている」と一定の評価を示している彼は，衆院選後には自民党支持に戻り，投票は個人重視で行っている．

　細川政権誕生後は新党さきがけの存在に注目するようになる．新生党に対し自民党の汚職のイメージと小沢氏の影を感じ警戒する彼は，政権運営には「新党さきがけの助力が不可欠である」と感じるようになった．その役割は自社さ連立政権に移行しても求められ，結果彼のさきがけに対する好感度は高くなり95年には自民党より評価するに至る．この時期結成された新進党に対しては小沢氏への個人的批判に加え，嫌悪感を持つ公明党が編入されたこともあり冷淡な態度である．

　96年衆院選では「自民党と結ぶと政治を変えてくれる」として民主党支持に回り，00年も民主党に投票した．政権担当政党と結んだ上で同党に対して影響を与えつつ改革していくという，彼が以前さきがけに抱いた期待と同種の期待を民主党に抱いているといえよう．（高園）

L-027　新党を渡り歩く有権者

静岡　旧1区／新4区　1930年代生まれ　男性　①中学　②400〜600万円（93年）
③表具師　④自治

	支持政党	選挙区	比例	拒否政党	保革
93.7	自民	大石千八（無所属）		DK	6
94.2	**日本新**				8
95.2	新進				7
95.7	新進	新進	新進	共	8
96.10	自民	望月義夫（無所属）	民主	共	7
00.6	民主	望月義夫（自民）	民主	公	7

「今までは日本の発展につくしたと思う」自民党を支持してきたが，その金権政治に嫌気がさし，既存政党に代わるものとして新たに新党に期待を寄せるようになった有権者である．93年当時「自民党，社会党もはっきりしないので，新しい党にかけてみる」という新党への期待は大きく，日本新党を支持し細川政権を高く評価した．衆院選では，内閣不信任案に賛成して自民党を離党した大石千八に投票している．投票に際しては候補者個人を重視して行動しているようで，政党に関わりなく複数の候補者の後援会に加入しているのが特徴的である．この選挙で大石は2位に6万票近く差をつけて圧勝した．

新進党が結成されると，「自民党では困るし，社会党がふぬけになり甘いので，海部（俊樹）さんにしてみよう」と考え，新しい政党として期待するようになった．96年衆院選では地元のために尽力する政治家を望んで地元市議出身の望月義夫に投票している．望月はもともと自民党の市議であったが，この選挙では党を離れ新進党からの推薦を受けて無所属で立候補，自民党公認候補と争い当選した．しかし選挙後の調査では新進党に対して「一時の集まりで別れる」と否定的な評価をするようになっており，代わって民主党に「これから頑張っていく党」として期待を寄せている．選挙においても比例区では，支持政党として挙げた自民党ではなく民主党に投票した．

00年衆院選でも民主党への期待は維持されており，支持政党として挙げ，民主党中心の連立政権ができることを望んでいる．比例区は支持通りに投票，小選挙区では自民党に復党した望月に引き続き投票した．

彼には調査期間全体を通して，新しく結成された党に期待を寄せ，その期待が裏切られるとまた新たな政党に支持を移すという傾向が見られる．ただし選挙区においては地元の利益代表であることを重視しているため，自民党候補に収束していくようである．（下田）

L-028　小沢一郎に期待

静岡　旧1区／新4区　1930年代生まれ　男性　①高校　②200〜400万円（93年）
③無職　④自治

	支持政党	選挙区	比例	拒否政党	保革
93.7	新生	大石千八（無所属）		DK	DK
94.2	新生				7
95.2	新進				9
95.7	新進	棄権	棄権	なし	8
96.10	新進	望月義夫（新進？）	新進	DK	7
00.6	民主	川井健男（民主）	自由	共	7

　93年当時自民党を「金儲けにはしり，国民のための政治をおろそかにしている」と批判し，新党に「新しい国づくりに進む感じ」があると期待を寄せて新生党を支持した．「テレビを見ていても自分から率先して出て行く政党」（日本新党）と評価しているように，マスコミを通じて良い印象を持ったようである．選挙後に成立した非自民連立政権にも積極的な評価を与え，新党や細川首相への期待は新進党結成に至っても衰えることはなかった．新進党については「次期政権を担う」「改革的な政党」として熱心に支持し，党首の小沢一郎にも好感を持っている．彼は年金生活者で自己のイデオロギーを保守的と答える一方で，改革の力を強く求めており，豪腕で知られる小沢にその旗手となることを期待したようである．96年までの段階では新党，特に新生党，日本新党，新進党などの果たしてきた役割に満足していた．

　選挙に際しても政治・行政改革を常に最重要争点としてとらえている．投票を決定する要因は候補者個人であると回答しているが，93年，96年とも選挙直前に自民党を離党した候補に投票しており，自民党への対抗勢力に投票しているようにもみえる．具体的には93年には内閣不信任案に賛成して自民党を離党した大石千八に，96年には市議出身で自民党離党後，新進党からの推薦を受けて無所属で立候補した望月義夫にそれぞれ投票している．両候補ともその時の選挙で圧倒的な人気を誇り当選を果たした．00年の衆院選に際しても小沢党首への好感が継続していることから自由党を支持し，比例区で同党に投票している．選挙区では自由党の候補者がいなかったこともあって，自由党に次いで高く評価する民主党の新人候補に票を投じ，与野党が逆転して，民主党中心の連立政権となることを望んでいた．(下田)

L-029　小沢に失望自民に戻る有権者

静岡　旧1区／新4区　1930年代生まれ　男性　①中学　②200〜400万円（93年）
③製造業→無職（95年）　④自治

	支持政党	選挙区	比例	拒否政党	保革
93.7	自民	大石千八（無所属）		共	8
94.2	新生				6
95.2	新進				8
95.7	新進	新進	新進	共	7
96.10	新進	望月義夫（新進？）	新進	共	4
00.6	自民	望月義夫（自民）	自民	共社	7

　保守的で，自民党をその安定した経済を保ってきた実績を評価して支持してきた．93年の時点でも「改革だと騒いでいるが，保守の政治支持」と言い切る．選挙では自民党の原田昇左右の後援会に加入していたにも関わらず，実際投票したのは内閣不信任案に賛成して自民党を離党した大石千八であった．候補者個人を重視した結果のようで，大石は2位の候補に6万票近い差をつける圧倒的な人気で当選を果たしている．この選挙で結局自民党は過半数割れを起こしたが，彼は保守系の新党に対しても「自民党といっしょ」と肯定的な評価を与えていたためか選挙結果にもそれほど不満はなく，非自民連立政権を評価している．

　一方，社会党といった革新政党に対する拒否感は強く，自社さ連立内閣の成立によって自民党への支持を失い，代わって新進党に期待するようになった．「田中（角栄）さんは悪いこともしたが，列島改造論など国のためになった」，「小沢さんもワンマン経営をして引っ張っていくくらいがいい」などの回答から，強いリーダーシップをとれる政治家を望んでいることがうかがえ，保守系のリーダーとして小沢一郎を評価したものと思われる．96年衆院選では自民党を離党して新進党から推薦を受けた元県議の望月義夫に投票した．新進党に投票したのは消費税が引き下げられることを期待したからとしている．

　新進党が解体すると自民党に対する支持が戻っており，公明党自体はあまり好まないものの自公保という保守政党による連立の枠組みは評価する．一方小沢に対する評価にはかつてのような勢いはなく，自由党への好感度も民主党のそれに比べれば多少は高いものの，自民党には及ぶべくもない低いものにとどまる．00年衆院選では小選挙区で自民党に復党した望月に，比例区も自民党に票を投じた．（下田）

L-030　なんとなく自民党に投票

愛知　旧1区／新2区　1940年代生まれ　女性　①高校　②1400万円〜　(93年)
③主婦　④なし

	支持政党	選挙区	比例	拒否政党	保革
93.7	自民	棄権		公	5
94.2	日本新				5
95.2	(なし)				5
95.7	社会	社会？	新進	共	5
96.10	自民	棄権	棄権	共	8
00.6	自民	谷口守行（自民）	自民	※	※

　96年衆院選で新愛知2区から当選したのは新進党現職の青木宏之であった．民主党の古川元久は3位であったが比例区で復活当選を果たした．00年衆院選では，古川が9万票を獲得して圧勝，公明党の推薦を得て保守党から出馬した青木はわずか2万票あまりで大敗した．なお，自民党は96年に元職の田辺広雄が，00年には新人の谷口守行が立候補するもそれぞれ次点に終わり，復活当選すらも果たせなかった．

　彼女は建築業を自営する夫を持つ主婦である．世帯年収は高い．イデオロギーは中道よりやや保守よりと自認しているようだ．ところどころで自民支持と答えているため基本的に自民党支持者とみなしてしまいそうだが，実際に自民党に投票したのは89年参院選と，00年衆院選の2回しかない．政治そのものにあまり興味がないようで，「自民党を支持はしているが，よく分からない」と答えるとおり，感情温度はどの党も0度か50度に統一されることが多い．基本的にどの党も同じと感じており，自民党をなんとなく支持しているようだ．

　95年参院選では選挙区で社会党（実際には公認はおらず，おそらく推薦候補），比例区で新進党に投票しているが，前者は候補者の人物重視で，後者は「ちょっと知っている人，よく分かっている人がいたから」投票したという．社会党に対しては消去法で肯定的評価を与えたこともある．また，細川護熙を評価して日本新党を気に入ったことがあることも付け加えておく．(原)

L-031 自民党嫌い，改革望む有権者

愛知 旧2区／新7区　1910年代生まれ　男性　①高校　②200〜400万円（93年）
③無職　④自治

	支持政党	選挙区	比例	拒否政党	保革
93.7	新生	草川昭三（無所属）		自	3
94.2	新生				5
95.2	（新進）				5
95.7	新進	新進	新進	共	4
96.10	新進	青山丘（新進）	新進	自民さ	4
00.6	なし	小林憲司（民主）	民主	自公保	NA

　93年衆院選の最重要問題として「自民党が勝手なことをできなくなる」ように「一党支配をひっくり返してもらいたい」と述べていることからも明らかなように，自民党に対して強い反感を持っており，拒否政党として名前を挙げる．高齢で年金によって生計を立てているが，イデオロギーは比較的革新寄りである．
　自民党が過半数を失った93年衆院選の結果には非常に満足し，この時は新生党を「自民党を離党した新しい会派であり，今暫く行末をみたい」としながらも，一応支持政党としている．他方，同じ新党でも日本新党に対しては「戦略がうまい．本気にしない方がいい」と考えあまり好感を持っていない．また93年の時点では「小沢一郎は新生党にいてもらいたくない」と考えていたが，小沢に対する評価はその後大きく転換し，95年に新進党が結成されると「小沢さんみたいにはっきりした人はいい」と考えるようになっている．政権加入後の社会党を「最も保守的」として切り捨て，共産党を「実際言うことを実行してくれたら我々にはいい政党」と，その革新性については評価（ただし拒否政党でもある）していることなどから，強力に改革を推し進めるリーダーシップを小沢に期待したものと思われる．00年においても小沢への期待は維持されており，政権担当政党として自由党が最もふさわしいとする．しかし支持政党はなしと回答しており，実際に投票したのは選挙区・比例区とも民主党であった．自民・公明・保守の3党を拒否政党として挙げ，与野党の逆転を望んでいることから，対抗勢力となりうる政党を選んだものと思われる．00年衆院選愛知7区では，民主党の新人小林憲司が自民党候補に僅差で勝利している．
　期待する政治家像としては主に国全体の問題について活躍するような者としている一方で，96年の選挙区では地元市議出身の新進党青山丘に投票し，その理由として地元の利益代表であることを挙げている点に矛盾があるようにも見える．しかし政党を重視して投票したと回答しており，実際93年衆院選では当時民社党から立候補していた青山に投票していなかったことから，候補者という要因は投票を決定する際にそれほど働いていなかったのかもしれない．(下田)

L-032 政党に強い不信感持つ有権者

愛知　旧2区／新7区　1920年代生まれ　女性　①短大　②400～600万円（93年）
③医療機関事務　④商工　自治

	支持政党	選挙区	比例	拒否政党	保革
93.7	（なし）	NA		社共	8
94.2	さきがけ				8
95.2	（なし）				7
95.7	新進	新進	新進	共	6
96.10	新進	棄権	棄権	共	6
00.6	民主	小林憲司（民主）	民主	公共社	8

　イデオロギーは保守寄りで，社会党および共産党を「体質的に嫌い」と拒否政党として挙げる．その他の政党についても「どれもこれも同工異曲」と感じており，政党全般についてあまり良い印象を持ってはいない．政治に対しても常に不満を抱いている．わずかに93年衆院選前には日本新党に期待していたが，それも連立政権の実績を見た後には「細川氏には全く失望以外なにものもない」と支持を失った．95年参院選で「ほかよりまし」と考えて投票した新進党に対する期待も高くはない．96年衆院選では選挙前から棄権の意思を表明し，実際投票には行かなかった．この選挙において彼女は「老人介護」の問題を重要だと考え，自分と最も近い考え方をするのは共産党であるとしている．しかし共産党は拒否政党であり絶対に投票したくないため，結果的に投票先として選択しうる肢がなくなり棄権するに至ったようである．

　彼女の政治不信・政党不信は相当に大きく，一応新進党を支持政党として挙げてはいるが，選挙の際にはむしろ投票を回避するといったかなり消極的な支持にとどまっている．96年衆院選は愛知県においては，労組と創価学会の固い組織票に支えられた新進党が，その王国ぶりをみせつける結果となった．愛知7区でも民社党出身の新進党候補，青山丘が圧勝している．その一方で，現状の政治への不満が彼女のような有権者を選挙から遠のかせ，投票率は戦後最低を記録した．

　00年の調査では彼女の政党不信も多少は緩和されたようで，民主党を支持政党として挙げ，選挙区・比例区とも同党に投票している．これと並んで，自由党への期待も大きいが，政権担当能力の面で民主党により大きな期待を抱いているようである．(下田)

L-033　政治に関心がなく，投票には行かない有権者

愛知　旧2区／新7区　1960年代生まれ　女性　①高校　②800〜1000万円（95年）
③無職→事務職（95年）　④なし

	支持政党	選挙区	比例	拒否政党	保革
93.7	（なし）	棄権		なし	5
94.2	（なし）				5
95.2	（なし）				6
95.7	（なし）	棄権	棄権	なし	6
96.10	（なし）	棄権	棄権	なし	6
00.6	なし	棄権	棄権	※	※

　彼女は，調査期間中一度も投票所に足を運んだことがない．彼女は投票に行くかどうかは各有権者の判断により，必ずしも選挙に参加しなくてもよいと考えており，また投票に行くのは面倒だとも思っている．選挙に際し自らの属する選挙区から誰が立候補しているのかも，よく把握してはいない．

　政治全般に関して興味がなく，8度にわたる調査の中で，ある特定の政党を支持する，または好ましいと思ったことも，支持したくないと思ったこともない．各政党や政治家に対する好感度はほとんどが中立の50度である．ただ，93年調査では山花貞夫と共産党が，また95年参院選前では海部が低く，96年には共産党が低いが菅直人には好感を表しているように，全く政治に目を向けていないわけではなく，テレビ番組を通じてそれなりに政治情勢は押さえている．自民党は金権政治体質で大企業寄りの姿勢を取ると一貫して見ており，また新進党は自民党の悪い所だけ受け継いでおり，矛盾していることが多いとし，その国会戦術に反感を持っている．彼女の政治的意見を見ると，全般的には権力や政治に対して信頼感を持てず，もっと個人の生活を重視した政治や行政を望んでおり，個別には消費税や憲法問題，国際貢献などに意見を持っているが，それを能動的に表出しようとはしない．

　彼女がこのような‘投票行動’をするに至った背景は，本調査からはうかがい知ることができないものである．政治に期待が持てなくなって支持も失った場合と異なり，そもそも政治というものは自分の生活と縁のないものと捉えているようである．

　実際にこのような有権者は今日ではある程度まとまった規模で存在すると考えられるが，第1章で説明されているような本研究の抽出プロセスを経ることによって，ほとんど排除されてしまっている．(国枝)

L-034 政権への信頼と地元志向で，自民党に親近感を覚える有権者

愛知　旧5区／新15区　1920年代生まれ　女性　①高校　②不明　③飲食店店員　④商工　自治

	支持政党	選挙区	比例	拒否政党	保革
93.7	自民	浅野勝人（自民）		共	7
94.2	自民				NA
95.2	自民				4
95.7	自民	自民	自民	なし	6
96.10	自民	村田敬次郎（自民）	自民	共	8
00.6	自民	山本明彦（自民）	NA	NA	DK

彼女は夫婦と子供，親と暮らしている．家族で飲食店を経営している．93年衆院選では候補者を重視して，毎回投票しているという浅野に投票している．これ以後のだいたいの選挙では，支持政党だからと投票理由を答えている．彼女は常に自民党を支持，投票しており，感情温度も各党の中で最高であるが，本人はあまり熱心な支持者ではないとしている．

彼女が自民党を支持する理由の1つは，「他の政党より自民党がよい」という消極的なものである．しかし，具体的に他の政党のどこがよくないのかという点についてあまり言及はない．各党の政策的立場についてわからないと回答することが多く，他党への意見欄も空欄か「わからない」という回答が多い．むしろ自民党以外の他党については無関心であると言った方が正確である．

彼女が自民党を支持するのは，安定志向からである．「前から自民支持」という投票理由，「なんとなく好き」という自民党評，93年にすみやかな政局の安定を求めている点，常に政権担当能力のある政党に同党を挙げ，安定多数を望んでいることがその根拠である．「（海部は好きだったが新進党に政党を）変えられた事に不信があります」というコメントにはその安定志向が強く表れている．

一方で彼女は，国全体のために働く政治家ではなく地元のために活動する政治家に投票すると常に答えている．上記とは別の新進党へのコメントで「海部さんが好き」とし，「愛知県出身」と理由を述べ，海部の好感度が自民党総裁を上回っている点にも地元志向傾向が示されている．しかし，新進党ではなく自民党がもっとも地元の利益を代表し，役に立っていると答えており，彼女の地元志向は同党への支持に影響を与えている．

彼女は「あまりわかりませんが自営業ですので自民党がよい様に思います．正直なところあまり分かりません」と述べたことがある．政策などの論理的な根拠からではなく，自分に身近な「庶民的な党」というイメージと安心感によって好んでいるという，彼女の自民党に対する態度を率直に表現したものと言えよう．(菅原)

L-035 新たな政権党を期待する高齢の元自民党支持者
愛知　旧5区／新15区　1920年代生まれ　男性　①中学　②不明　③無職　④自治

	支持政党	選挙区	比例	拒否政党	保革
93.7	（なし）	近藤豊（無所属）		共	7
94.2	（さきがけ）				7
95.2	新進				7
95.7	新進	新進	新進	共	8
96.10	自民	木俣佳丈（新進）	民主	進共	8
00.6	民主	近藤剛（民主）	民主	共	5

　彼は年金生活をしており，家計は同居して子供もいる息子夫婦が支えている．政治には常に関心を抱いており，新聞は3紙読んでいる．護憲志向で，日本の国連安保理の常任理事国入りに強く反対するなど，革新的な一面もある．新生党には「軍国主義に走らぬ党」であって欲しいとコメントしている．

　彼は調査期間以前の89，90，92年の国政選挙では常に自民党に投票しており，元来は自民党支持者であった．しかし93年以降自民党に投票せず，彼の政治認識は大きく変化した．93年衆院選の前の調査では，自民党支持と答えているものの，宮沢首相の感情温度は共産党と並ぶ0度で同党を「マンネリ，金銭で問題が多い」と評している．一方「二大政党になるきっかけを作った」と評する新生党と同党党首羽田に好感を感じており，日本新党には「非自民でいい」と表明し，支持に逆行した意見を述べている．結果，日本新党の推薦を受けた近藤豊に投票している．

　彼が自民党を離れたのは汚職スキャンダルに嫌気がさし，政治改革の必要性を感じたためだが，より決定的なのは，自民党以外に政権を任せられる政党が出てきたことである．新生党，日本新党は93，94年，新進党は95年2，7月と政権に適任な政党として挙げ，新進党へは政権を交代できる政党になって欲しいとコメントしている．このような姿勢は新党に限ったことではなく，94年には社会党にも「政権の取れるような党に変るべき」としている．しかし95年には「なりふりかまわず」の自民党に協力したことに怒り，「あきれて書くことなし」と書いている．

　96年の調査で彼は再び自民党に支持を戻す．しかし，民主党と党首の菅に100度という高い感情温度を与えており，投票したい政党が候補者を出していない，「政策がよい．指導者が新鮮」というコメントなどから判断すると，ほとんど民主党を支持していると言ってよい．一方の自民党は感情温度50度である．新進党に至っては拒否政党であり，選挙区で投票したのも「比較的まし」だからと答えている．

　00年では最も政権にふさわしい政党に民主党を挙げ，完全に支持者となった．ただ，今後もこの傾向が続くかは同党が実際に政権を運営してからだろう．（菅原）

L-036　自民党の過去の業績を評価し，新党に冷淡

三重　旧2区／新5区　1920年代生まれ　男性　①中学　②200～400万円（95年）
③無職　④農協　自治

	支持政党	選挙区	比例	拒否政党	保革
93.7	自民	忘れた		共	5
94.2	自民				10
95.2	自民				NA
95.7	**自民**	無所属	自民	NA	8
96.10	自民	藤波孝生（自民）	自民	進民社共	9
00.6	自民	公認なし（自民？）	自民	民由	10

　彼は妻と子供夫婦と孫と暮らしている．子は技能士のようだ．争点態度は総じてやや保守的といったところである．

　彼は一貫した自民党支持者であり，96年まで，自民党単独政権を望んでいる．自民党には並ならぬ信頼や愛着を感じており，「日本を持ち上げた」「国の平和と復興に力を入れて来た」と戦後復興の立役者として大いに評価する．特に95年2月の郵送調査には，終戦，自民党結成，そして自民党の下野に至る過程と，政権奪回（おそらく単独政権）への期待が切々と書き綴られている．ただし，「これで汚職さえなければ」，「一寸調子にのりすぎて（政権から転落した）」と厳しい見方もしている．

　他党に関して，社会党に対しては93年には「所詮2番．言うだけで何もしない」と否定的だが，自社さ連立成立後の95年には「がんばってやってほしい」と好意的となる．新党には，元は自民党であるとして冷たい．

　93年衆院選では，選挙前には無所属現職・藤波孝生に最も好意的であり，藤波に投票した可能性が高いと考えられる．この選挙区の定数削減とリクルート事件のあおりで藤波は落選している．95年参院選では，選挙区で無所属新人の平田耕一（自民党推薦）に投票し，理由として「昔の上司」と答えているが，平田が昔の上司なのか，昔の上司から働きかけられたのかは定かでない．平田は元建材会社社長であり，当選した．比例代表での投票理由は「前から支持している」であった．96年衆院選でこの選挙区には自民党公認を得た藤波と共産党新人の黒木騎代春しか立候補せず，藤波が大勝している．彼は選挙前の調査では黒木を知らなかった．

　00年にも彼は藤波に投票したようだ．藤波に自民党の公認はなかったが，自民党公認候補はおらず，民主党と共産党の候補に辛勝している．93年には公明党に対して「おもしろくない」と否定的だったが，00年には公明党への反感は特になく，自民党中心の連立政権を望んでいる．森首相の「神の国」・「国体」発言については大いに評価しており，自民党にイデオロギー的な親近感もあるのだろう．(山本)

L-037　基本的に自民党を好み，投票には家族の影響が強い

滋賀　旧全県区／新2区　1930年代生まれ　女性　①中学　②400〜600万円(95年)
③農業も手がける主婦　④住民

	支持政党	選挙区	比例	拒否政党	保革
93.7	(なし)	辻孝太郎（無所属）		公	6
94.2	(なし)				NA
95.2	社会				5
95.7	(なし)	さきがけ	さきがけ	なし	5
96.10	自民	小西哲（自民）	自民	なし	DK
00.6	自民	小西哲（自民）	自民	なし	NA

　彼女の夫は漁業を営み，93年には親と住んでいたが95年には夫婦だけとなった．政治的不満はやや高く，政治にはあまり関心がない．彼女の子供の頃，父母は社会党支持であったと回答している．

　93年時には自民党・社会党への評価は低く，地元の武村正義が代表となった新党さきがけへの好感を示している．さきがけへの高い評価は96年まで見られる．94年以降は自民党や社会党への好感も示すようになる．95年の2月と7月には自社さ連立を望むと答えたのも政党への感情と関わりが深いと思われる．96年には自民党を「現在の日本においてふさわしい党」とし，社民党には「土井たか子さんという強いイメージがする．がんばってほしい党」と好感を示し，さきがけは「これから期待できそうな政党」だと答えている．

　他の党に関しては，公明党は以前「すごくうるさく勧誘されたので何かいい感じがしない」と93年に答えている．96年には，共産党は「昔から全体的に嫌われている」と言う．この2党へはかなり否定的な感情を持っていたようである．さきがけ以外の新党に対しては目立った反応はなく，96年に新進党について「まだ新しい党なので言いようがない」と答える程度であった．

　投票に際して，彼女は候補者を重視すると答えている．93年衆院選時，彼女は，無所属の辻孝太郎に特に好感を抱いていたわけではないが，彼女自身と家族が辻の後援会に加入しており，辻に投票した．95年参院選での投票にはかねてからのさきがけへの好意が影響していると考えられる．96年衆院選でも，選挙前はさきがけへの投票意図を示していたが，夫などの家族が小選挙区で自民党の小西哲に投票したらしく，彼女も小西に投票した．このとき小西は武村に敗れた．

　00年にも，小選挙区では自民党の小西，比例代表でも自民党に投票した．公明党を含む連立の枠組みにもある程度の評価を表明しているが，公明党への拒否感が薄れたということであろうか．00年は小西が武村に勝利している．(山本)

L-038　周囲の影響や生活改善のためか社会党支持から離れた

滋賀　旧全県区／新2区　1940年代生まれ　男性　①高校　②600～800万円(93年)
③農協職員　④労組　自治

	支持政党	選挙区	比例	拒否政党	保革
93.7	社会	辻孝太郎（無所属）		自	4
94.2	（さきがけ）				8
95.2	社会				5
95.7	（なし）	棄権	棄権	進	7
96.10	さきがけ	武村正義（さきがけ）	さきがけ	進	6
00.6	なし	小西哲（自民）	自民	※	※

　彼は，全体的に政治に不満である．投票義務感はそれほど高くない．労組への加入経験があるが，調査からは働きかけなどの大きな影響は見受けられない．93年には暮らし向きに極めて不満だったが，95年にはまあ満足だと答えている．

　彼の子供の頃，父母は自民党支持者であった．彼の周囲では，家族や親戚は主に自民党支持で，同僚や友人も自民党支持者あるいは自民党投票者のようだ．93年時には自民党の山下元利の後援会に彼自身が加入している．

　そのような中，彼は95年ごろまで社会党支持者であった．93年以前も社会党支持であったらしい．自民党は「何か悪いことの多い党」であり，社会党は「自民党に反発してくれる党」ととらえていた．しかし自社さ連立成立後に評価は一転する．与党になって大きく政策内容を変え，阪神大震災後の対応も遅く，親切でないと失望を表明する．93年に生まれた3新党には非常に好意的であったが，新進党に対してはバラバラだという認識があり否定的となった．さきがけも一時評価を下げたが，96年にはさきがけに行政改革への期待を表明し，支持政党とした（この選挙区にはさきがけの武村正義がいることに注意）．

　96年には自民党を高く評価するようになる．選挙前には自民党を支持政党として挙げている．日本の民主主義を代表する党と感じており，基本的な立場を評価している．このような態度の変化の理由は明らかではないが，先述のような周囲の人々の影響や，暮し向きの改善などが考えられる．

　投票については，93年には選挙前調査時には知らなかった無所属の辻孝太郎に投票した．調査票からは辻との接点は不明である．95年参院選では他の予定のため棄権している．96年には，農協から小西哲（自民党）と武村（さきがけ）への投票の働きかけを受け，これまでの実績などを理由として武村に投票した．武村は社民党の推薦を受けていたことに注意すべきであろう．この選挙では小西の出馬表明の遅れが敗因の一つとされたが，彼も選挙前には小西を知らなかった．00年に彼女は小西に投票し，小西は武村を破って当選した．(山本)

L-039　政党は重視せず，候補者個人で投票．党首の好悪も影響
京都　旧2区／新6区　1930年代生まれ　女性　①高校　②600〜800万円（93年）
③無職　④自治

	支持政党	選挙区	比例	拒否政党	保革
93.7	（なし）	NA		なし	5
94.2	（さきがけ）				6
95.2	（なし）				6
95.7	（なし）	棄権	棄権	なし	5
96.10	（なし）	NA	NA	なし	5
00.6	なし	玉置一弥（民主）	社民	なし	6

　旧2区は定数5，93年衆院選では共産党の寺前巌が2位の野中広務（自民党）に大差をつけて当選した．新生党の豊田潤多郎も食い込む．新6区となった96年衆院選ではここを地盤とする新進党の玉置一弥が圧勝した．00年衆院選では民主党の玉置が比例に回った山井和則との共闘でリードしていたが，自民党の菱田嘉明が公明党の支持を取り付け逆転した．

　50代半ばの無職の女性，夫は銀行員であったが調査期間中に再就職している．彼女はまったく支持政党を持たない．投票義務感はあるが1票の影響力には否定的で，選挙や国会・政党にも次第に半信半疑になっている．政党に対しほとんど明確な回答をしていないのは，政党の違いが理解しがたいだけでなく政党を重視しないからでもあろう．現に投票では人物を重視するとのコメントがある．しかし95年参院選は私用で棄権，93・96年衆院選は投票を行ったか不明である．

　以前は自民党に投票していたが，93年衆院選では宮沢内閣・自民に不満を感じ与野党逆転を望んでいる．一方で3新党には強い好感があった．細川内閣下でも新党に好意的で，とくに政治改革関連法の制定過程でさきがけや新生党（社会党も）から好印象を受けている．ただ「やや自民党によりすぎる」（新生党），「力不足」（日本新党）と不満がないわけではない．続く村山内閣はある程度評価するが，ひとえにさきがけと村山首相個人への好感によるものと思われる．96年衆院選では橋本内閣には批判的だが，自民党を比較的好ましく感じ投票する予定であった．清水鴻一郎（自民党）から葉書を受けたことも影響したと思われる．同じく葉書を受け取っていた玉置に心が向かなかったのは小沢一郎嫌いが一因であっただろう．一方菅直人に強い好感を抱き，民主党を最も良い党首を持つ党と評価している．00年衆院選では民主党と社民党に分割投票を行った．とくに社民党には社民党政権を望むほどひどく肩入れしている．彼女の傾向からすると土井党首に何らかの魅力を感じていたのかもしれない．(内)

L-040 護憲，弱者の味方という点で社会党・さきがけに期待

大阪 旧3区／新8区 1940年代生まれ 女性 ①大学 ②1200～1400万円(95年) ③主婦 ④自治 生協

	支持政党	選挙区	比例	拒否政党	保革
93.7	自民	棄権		公	4
94.2	社会				4
95.2	さきがけ				4
95.7	社会	社会？	さきがけ	進	4
96.10	さきがけ	浅野弘樹（共産）	その他	進	3
00.6	民主	中野寛成（民主）	民主	自公	5

　旧3区は定数5．93年衆院選では閣僚経験豊富な自民党の原田憲が14度目の当選を果たした．新8区となった96年衆院選で井上一成は社民党から民主党に移籍して選挙戦に臨んだが，この地域が地盤の新進党の中野寛成（元民社党）が圧勝した．共産党からは浅野弘樹が初挑戦していた．00年衆院選でも民主党副代表の中野が当選．40代後半の主婦．政治には関心があり，不満はあっても強い不信感はない．しかし次第に政治を複雑で理解しづらく感じ，1票の影響力にも否定的になっている．
　村山富一・土井たか子・武村正義への強い好感に後押しされ，94年以降は社会党・さきがけ支持で安定している．社会党には現状では物足りないが護憲や弱者・労働者の味方として頑張ってほしいと大きく期待し，さきがけには「政策を持っている」と感じて「数を増やして頑張ってほしい」と思っている．「力の弱いものが見棄てられる社会が今後も続くのでは」という自民党への不安げな表情からも弱者救済を重視する姿勢がわかる．さらに社会党・さきがけには与党としての活躍を期待しており，とくにさきがけの政権担当能力への評価が高い．しかし影響力の低下した両党にはもはや期待できないと思ったのか，00年衆院選では民主党を支持・投票している．
　彼女はまた人材という面にも注目している．例えば「少数の良心派が出てこられない・出さない集団」（自民），「もっと覇気のある若い人達の出現を期待しています」「人材をしっかり育てバランスのとれた国にしてほしい」「人材不足」（社会党），「細川さんだけしか見えない．やはり人材不足」（日本新党）といった具合である．恐らく政界の世代交代を望んでいるのだろう．
　93年衆院選前には候補者を立てていない社民連を支持し，新党にも好感を持つ．自民党には「利権に群がる政治屋」と批判するが，一方で個人的つながりからか原田への投票依頼をしている．95年参院選の選挙区は社会党に投票したとしているが，社会党公認候補はいないので社会党・さきがけ推薦候補のことと思われる．96年衆院選ではさきがけ候補がいなかったため選挙区は「今のままで良い」と感じる共産党に，比例区では政策に賛同でき現状改革を期待する新社会党に投じている．(内)

L-041　身近と感じる候補に投票する無党派層

兵庫　旧3区／新4区　1950年代生まれ　女性　①短大　②600～800万円（95年）③刃物製造　④なし

	支持政党	選挙区	比例	拒否政党	保革
93.7	（なし）	棄権		なし	7
94.2	社会				4
95.2	（NA）				4
95.7	（なし）	棄権	棄権	なし	6
96.10	自民	井上喜一（新進）	新進	なし	6
00.6	保守	井上喜一（保守）	保守	NA	DK

　93年衆院選において，彼女の住む兵庫3区は定数3のところを7人の候補者が争い，選挙直前に自民党を離党した新生党公認の井上喜一とさきがけ公認の渡海紀三朗，さらに社会党公認の永井孝信が当選した．選挙制度が変わった96年衆院選．兵庫4区は，自民・新進・民主・共産の4候補が出馬して新進党所属の井上が当選した．00年も保守党から立候補した井上が自民，公明の推薦を取り付けて共産，自由連合の候補に圧勝した．

　彼女は今の政治の現状を，自分たちの手の届かないところで物事が決定され，自分たちの意見が反映されていないと思っているようである．投票義務感も薄く棄権を繰り返している．93年衆院選も投票に行くのは面倒と言って棄権した．既成政党に対しては厳しいコメントを並べ，自民党に対しては「守りに徹して古くさい」，社会党に対しては「労働者の味方というが，本当に味方なのか疑問」と切り捨てている．一方で彼女は政治の変革を切に望んでいる．そのことは，「どんな党でもいいから，今までの政治から抜けきれる政治家が欲しい」「国民のための国会であるのなら，もっともっと改革して欲しい．自分たちの選んだ人であるからこそ，希望も大きい」というコメントからもうかがえる．

　棄権を繰り返してきた彼女だが，96年衆院選は投票所に足を運んでいる．選挙前，彼女は新しく誕生した民主党に対して「真新しくて，興味がある」と述べて支持政党に挙げていた．だが実際には選挙区では「知り合いだから」という理由で家族が後援会に入っている新進党の井上に投票している．比例区も新進党に投票しているが，比例区自体あまり関心がなかったようである．

　00年衆院選でも，後援会に加入し，地元出身など特に関わりの深い候補者であると認識している井上に投票している．支持政党に保守党を挙げ比例区でもこれに投票しているが，森内閣，自公保連立ともに評価しておらず，選挙区で井上に投票したことが比例区での投票や支持政党につながっているのだろう．(福間)

L-042 宗教色を嫌い，新進から自民，民主へ

奈良　旧全県区／新2区　1930年代生まれ　男性　①高校　②1000～1200万円（93年）　③流通業管理職　④労組　自治

	支持政党	選挙区	比例	拒否政党	保革
93.7	自民	高市早苗（無所属）		共	7
94.2	自民				3
95.2	新進				3
95.7	(DK)	新進	新進	共	3
96.10	(民主)	滝実（自民）	自民	共	3
00.6	共産	中村哲治（民主）	民主	公保	6

　93年衆院選，奈良全県区は無所属の高市早苗がトップ当選したのをはじめ，自民2，新生，公明がそれぞれ1議席獲得した．96年衆院選では自民党新人の滝実が初当選を果たし，00年も滝が連続当選した．なお00年には民主党の中村哲治が比例区で復活当選した．

　93年衆院選は，候補者のイメージやその政治改革に取り組む姿勢などを評価して高市に一票を投じている．非自民連立の細川内閣が誕生すると，彼は細川内閣の実績を大いに評価した．日本新党や細川，武村に好印象を抱き，政権担当能力を有する政党に新生党を挙げていることから，保守三新党を核とする非自民連立軸に自民党に変わりうる政権担当能力を認めたと思われる．さらに新進党が誕生すると，彼は政権交代可能な二大政党制の実現とそれによる日本政治の発展を望んで同党を支持するようになり，95年参院選では選挙区，比例区とも新進党に投票している．

　しかしこのころから彼は期待を抱いていた新進党の政治能力を疑問視するようになる．新進党が創価学会と密接に関わり合いを持っていることに嫌悪感を抱き，さらに小沢党首誕生に伴う党内のゴタゴタがその政治手法に疑問を抱かせた．彼の中で新進党の評価が下がっていったことにより，以前まで支持しており，かつ政権にかえりついた自民党の評価を再度見直すこととなった．そして96年，選挙前に民主党が結成されると，彼は「将来健全野党として，政権を取ることを希望する」と民主党に対して好印象を抱いている．だが，そのような民主党に対する印象も，彼の投票行動には結びつかなかった．彼は選挙区，比例区とも自民党に投票したのだが，その理由として「新進党，民主党を支持するに不十分な選挙だった」と答えている．

　だが00年衆院選では，拒否政党に挙げた公明・保守が参加している森内閣を評価しなかった．彼は民主党に政権担当能力を認め，与野党逆転を望んで選挙区，比例区とも民主党に投票した．(福間)

L-043　繰り返す新党への期待と不満

和歌山　旧1区／新1区　1940年代生まれ　女性　①高校　②800〜1000万円（95年）　③主婦　④自治

	支持政党	選挙区	比例	拒否政党	保革
93.7	さきがけ	忘れた		なし	7
94.2	さきがけ				8
95.2	社会				5
95.7	（自民）	棄権	棄権	なし	6
96.10	民主	NA	民主	さ	8
00.6	なし	原矢寸久（共産）	自民	なし	6

　93年衆院選では新生，自民，公明が議席を獲得した．なお新党さきがけは候補者を擁立しなかった．96年衆院選では長男の不祥事で議員を辞職していた中西啓介が新進党の公認を得て立候補し，当選した．00年は無所属の谷本龍哉が保守党から立候補した中西や共産党の原矢寸久を破って当選した．

　93年衆院選前，彼女は弱いながらも自民党支持者であった．しかし彼女は政治家があまり国民のことを考えていないと思うなど政治に若干の不満を抱いていた．そんな彼女の目に改革を標榜して自民党を飛び出したさきがけの議員たちは新鮮に映ったらしく，さきがけについては一番よい党首がいる，政策がしっかりしている，政権担当能力があると高い評価を下した．

　94年6月に村山政権が誕生すると彼女はこの政権をある程度評価し，自社さの組み合わせは望ましいと思った．社会党出身の総理や社会党の基本政策の転換を受けて社会党にも期待できると思ったのか，95年2月調査では彼女は社会党を支持政党に挙げた．だが95年参院選後の調査では社会党に対して「政策がない」と切り捨て，支持する政党を持たなくなった．以前まで支持していたさきがけには，自民，社会両党の間に埋没して独自色が出せていないと感じたのか「裏切られた」と言って評価を下げた．好ましい政党に挙げた自民党については「信頼できかねる」と語った．

　96年衆院選前になると新しく結成された民主党に対して新聞やテレビから好印象を得たらしく，一番よい党首を持ち，行革に最も熱心で，なおかつ政権担当能力を有する政党と高く評価し支持政党に挙げた．

　しかし00年には民主党への期待が冷めたらしく，自民党を最も評価し，自民党中心の連立政権を望んだ．森内閣もある程度評価した．だが自民党にはまだ全幅の信頼を置いていないのか，自公保の連立枠組みを批判し，政権担当政党に社民党を挙げていた．選挙区では候補者を重視して共産党の原に投票した．（福間）

L-044　支持する候補者の動きに合わせて支持政党を変更

鳥取　旧全県区／新1区　1940年代生まれ　男性　①高校　②200〜400万円(93年)
③酒屋→無職(96年)　④商工　自治

	支持政党	選挙区	比例	拒否政党	保革
93.7	自民	石破茂（無所属）		共	6
94.2	さきがけ				2
95.2	新進				3
95.7	**新進**	新進？	新進	さ	4
96.10	新進	石破茂（無所属）	新進	民	5
00.6	自民	石破茂（自民）	自民	※	※

　93年衆院選，鳥取全県区は5人が立候補した．宮沢内閣の不信任決議案に賛成票を投じたため自民党の公認をもらえず無所属で立候補した石破茂がトップ当選を果たし，残りの議席は自民党の平林鴻三，相沢英之，社会党の野坂浩賢が獲得した．選挙制度が変わった96年衆院選．鳥取1区は選挙直前に新進党を離党し無所属で出馬した石破が，社民，共産，新社会党の候補者に大差をつけ当選した．

　彼は93年以前までは自民党を支持していたが，93年衆院選を前にして自民党支持を離れ新生党を支持し始めている．また新生党のみならず，日本新党，新党さきがけの評価も高い．これは彼が新生党，日本新党について「頑張って金権政治をなくすようにしている」と述べているように，3新党に対して政治改革の断行を期待している表れなのかもしれないが，それに加えて彼が長年支援していた自民党所属の石破茂が自民党を離れたことも大きく影響しているのではないだろうか．石破は94年4月に新生党に入党し，その年の末の新進党結成にも参加している．これに呼応するかのように，彼も非自民軸，そして新進党を支持するようになった．

　ところが96年9月，衆議院が解散されたまさにその日に石破は新進党を離党し，次の衆院選は無所属で立候補したのであった．この突然の出来事は彼をいささか当惑させたのではないだろうか．この話題は彼のまわりでも持ち上がったであろうし，彼自身積極的に自らの意見を言ったようである．結局彼は選挙区においては石破に一票を投じ，比例区においては新進党に投票している．

　石破はこの選挙に当選し，97年4月には自民党に復党していた．それに呼するように00年衆院選では彼は自民党を支持し，選挙区では自民党から出馬した石破に，比例区も自民党に投票した．(福間)

L-045　政治に不信感を抱く有権者

岡山　旧1区／新3区　1940年代生まれ　男性　①高校　②600〜800万円（93年）
③工員　④自治

	支持政党	選挙区	比例	拒否政党	保革
93.7	（なし）	棄権		共	6
94.2	（なし）				NA
95.2	（なし）				5
95.7	自民	棄権	棄権	進共	5
96.10	自民	長畑龍介（共産）	共産	進	5
00.6	民主	樽井良和（民主）	民主	5党以上	5

　93年衆院選では自民が3，公明が1，社民連が1獲得した．このとき新生党は候補者を擁立していなかった．96年衆院選では自民党の平沼赳夫，新進党の西岡憲康，共産党の長畑竜介の3人が立候補し，平沼が当選を果たした．00年衆院選も平沼が民主党の樽井良和らを破って当選した．

　彼は8回にわたる調査を通じて各政党の感情温度が総じて低く，争点に対する各政党の政策スタンスを問う質問にほとんど有意な回答をしなかった．政党や国会は庶民の声を国政に反映させていないと述べ，「真の政治家がいない」と嘆く．

　93年衆院選前，彼は自民党に対して「国民にうそをつかないで欲しい」，社会党に対して「あまり好きではない」，日本新党に対して「テレビのコマーシャルに過ぎない」と述べていた．宮沢内閣も全く評価しなかった．ただし新生党に対しては「これから期待する」と述べ，一番よい党首を持ち，政治改革に熱心であると感じていた．だが選挙ではその新生党が候補者を立てなかったからなのか棄権した．

　細川内閣が発足すると，彼はこの内閣を全く評価しなかった．そればかりではなく，与野党全ての政党に対して悪い印象を抱いていた．

　しかし村山内閣が発足して1年経った95年参院選挙時には，彼は初めて内閣に対して積極的に評価した．これは村山首相個人に対する評価が非常に高かったことと，連立の一翼を担う自民党を「生まれた時からなので好き」と言って支持政党に挙げていたことに由来するであろう．このとき政治に対する満足度も高かった．だが選挙には行くつもりがなかったとして棄権した．

　96年衆院選では自民党支持でありながら選挙区，比例区ともこれまで拒否政党に挙げていた共産党に投票した．彼は消費税引き上げに反対であり，このことが共産党に投票した要因になったかもしれない．

　00年には支持政党に挙げ，投票もした民主党を含めた全ての政党を拒否政党に挙げていた．小選挙区で投票した理由を「しかたなく」と答えている．自公保連立の森内閣を評価せず，政治にも不満を抱いていた．(福間)

L-046　支持政党の安定しない有権者

広島　旧1区／新2区　1930年代生まれ　男性　①高校　②1000～1200万円（93年）
③食品卸業　④自治

	支持政党	選挙区	比例	拒否政党	保革
93.7	（DK）	新本均（無所属）		なし	6
94.2	さきがけ				3
95.2	（さきがけ）				6
95.7	自民	自民	自民	なし	5
96.10	社民	秋葉忠利（社民）	社民	進	5
00.6	なし	該当なし（無所属？）	社民	自公由	3

　彼の在住する地域は，ベッドタウンとして近年人口増加が見られ，無党派層の多い地域と言われている．旧広島1区の時代は自民党議員の強い地域であったが，岸田文雄が新広島1区で立候補する一方で，新広島2区の粟屋敏信は93年衆院選では新生党，96年衆院選では新進党，2000年衆院選では無所属の会から出馬し，当選している．自民党以外では，96年衆院選時に，秋葉忠利が新2区から県内唯一の社民党候補として立候補し，比例区で当選している．

　彼は食品卸のセールスをしながら，妻と子供と共に住んでいる60歳代前半の男性である．支持政党は安定しておらず，自民党→さきがけ→自民党→社民党と移り変わっている．彼の投票行動を細かく見てみると，93年衆院選時にはまだ自民党を支持しており，自民党安定多数の単独政権を望んでいたが，選挙後の調査によると，支持政党はなくなり，無所属の新本均に投票している．また，93年以降の政界再編の影響からか，それ以降の支持政党が安定していない．94年2月調査では支持政党はさきがけになり，さきがけと社会党右派の連立政権を望むようになる．さらに村山政権成立後の95年2月調査では自社さ連立政権が望ましいとし，96年衆院選ではこれまでの実績と主張に賛成という理由で社民党の秋葉に投票している．00年衆院選では比例区で引き続き社民党に投票するものの，小選挙区では社民党の候補者がいなくなったことから，無所属と認識した候補（おそらく粟屋）に投票している．

　このような変化に伴って各党に対する好感度も変化しており，93年衆院選時には自民党に対する温度が高く，他はそれほど高くなかったのに対し，徐々に自民党に対する温度は低くなり，社会党，社民党，さきがけに対する温度が高くなっている．また，一貫して政治に対する満足度は低いが，政治に対する関心は常に強く持っており，政治家の中に不正をする人はそれほど多くないと考えるなど，必ずしも政治に対して否定的な見方をしているわけではないことも特徴である．

　このように，彼は，政党や政治家，政治全般に関しては必ずしも否定的な見方はしないが，支持政党の安定しない有権者であるといえる．(石高)

L-047　政党不信を深める有権者

広島　旧3区／新6区　1920年代生まれ　男性　①中学　②〜200万円（93年）　③農業　④農協　自治　生協

	支持政党	選挙区	比例	拒否政党	保革
93.7	新生	佐藤守良（新生）		共	6
94.2	（社会）				4
95.2	（さきがけ）				4
95.7	社会	共産	社会	進	4
96.10	（なし）	亀井静香（自民）	共産	進	3
00.6	なし	白票	NA	※	※

　93年衆院選は当時内閣総理大臣であった宮沢喜一，自民党の亀井静香，民社党の柳田稔，社会党の小森龍邦，自民党を離党し新生党から立候補した佐藤守良が当選した．96年衆院選は自民党の亀井が新進党，新社会党，共産党候補を破った．00年衆院選も亀井が当選した．

　93年衆院選前，彼はこれまで支持してきた社会党を「頼りない」と感じ支持を離れた．社会党にはその後も「分党し筋の通った党になって欲しい」と要求し続けた．ただし村山政権での社会党の基本政策の転換についてはその評価を避けた．

　93年衆院選時には社会党に代わり，党首と基本政策，そして政権担当能力を評価して新生党を支持した．選挙でも新生党の佐藤に投票した．しかし94年2月には「解りにくい」と言って支持をやめた．新進党が結成されると「利権の集まりのようで好感が持てない」「宗教色のある政党」と述べて拒否政党にまで挙げていた．

　96年衆院選前に民主党が誕生したが，彼は民主党に対しては「できたばかりで分からない」と言う一方で社民党については「もう少し昔の社会党にならないとだめだが，土井さんなら少し良くなるかもしれない」と社民党の分裂を肯定するかのようなコメントを残した．だがそれも政党に対する不信感を払拭するものではなく，彼はどの党も支持しなかった．

　00年においても「今の政党は保守，革新がはっきりせず，だらしない．もっとしっかりして欲しい」と語り，その政党不信は根強いものであった．

　彼の投票行動であるが，95年参院選では「人物が好きだから」という理由で選挙区は共産党候補者に，「共産党ではあまり当選が出来ない」と言って比例区は社会党に投票した．96年衆院選では，選挙区においては「好きではないが，当選しないと仕事をしてくれない」とその能力を買って自民党の亀井に投票し，比例区では「他の党がでたらめ．一貫した党はここだけ」と言って共産党に投票した．(福間)

L-048 支持政党を頻繁に変える有権者

徳島 旧全県区／新1区 1930年代生まれ 女性 ①高校 ②800〜1000万円（93年）③無職 ④自治 住民 生協

	支持政党	選挙区	比例	拒否政党	保革
93.7	新生	NA		共	5
94.2	さきがけ				4
95.2	自民				6
95.7	(DK)	NA	NA	共	5
96.10	社民	NA	NA	なし	4
00.6	民主	仙石由人（民主）	民主	なし	4

　彼女は政治にあまり関心を持っておらず，やや不満を持っている．政治家一般への不信は強い．93年には政局の安定を重視しながらも，政治改革の必要性は認めていた．自衛隊の海外派遣には反対だが，憲法問題については改憲の立場をとる．

　旧徳島全県区は93年衆院選で社会党から現職の仙石由人，井上普方が立候補し，混戦の末に両候補とも自民党，新生党，公明党の候補に敗れた．彼女は選挙前には自民党を支持し，後藤田正晴に親近感を持っていたが，実際には社会党候補に投票したようだ．

　加入している住民運動団体が新生党を支持しており，彼女自身も選挙後は新生党を支持するようになる．しかし新生党は「小沢議員の態度が好感持てない」らしく94年時点で早くも支持しなくなった．代わりにさきがけを支持するようになるが，これもさほど強い支持ではない．自民党については94年調査で「一党支配のおごりがあり，政治は力，数だという体制が強い．不正，汚職を反省してもらいたい」としているが，95年2月には自民党への支持が復活している．

　彼女は支持政党を頻繁に変えているが，党首イメージと支持政党との間に強い関連性があるようだ．新生党を支持していた93年には羽田孜に，さきがけを支持していた94年には武村に好感を持っている．96年衆院選前に民主党を支持していたときは菅直人を高く評価し，選挙後は土井たか子を評価して社民党を支持した．

　96年衆院選で徳島1区は自民党から出馬した三木俊治と前回衆院選で惜敗した民主の仙石の争いになり，仙石が三木を破って当選した．彼女は96年選挙で投票した政党を答えていないが，選挙前には民主党を支持していた．

　00年衆院選では民主党の仙石が自民，共産，無所属候補を抑えて当選している．彼女は自公保連立や森喜朗は全く評価せず，民主党の仙石に投票し，民主党を支持した．ただし，自民党こそが政権を担当するにふさわしい政党であり，現状通り自民党を中心とする連立政権が好ましいと思っている．(鍋島)

L-049　熱心な自民支持だが，時折無党派に

香川　旧2区／新3区　1930年代生まれ　女性　①高校　②～200万円（95年）　③農業　④農協　自治

	支持政党	選挙区	比例	拒否政党	保革
93.7	（なし）	NA		公共	6
94.2	自民				10
95.2	自民				9
95.7	（なし）	棄権	棄権	なし	DK
96.10	自民	大野功統（自民）	自民	進共さ	6
00.6	自民	大野功統（自民）	自民	由	DK

　旧香川2区は自民党の森田一，大野功統，新生党の月原茂皓と社会党，共産党の候補が立候補した．自民党の森田，大野は現職で，新生党の月原はかつて自民党に所属していた元職である．結果は月原，森田，大野が当選した．96年衆院選で香川2区は大野，月原の一騎打ちとなり大野が当選した．森田は比例区から立候補し当選している．00年衆院選でも大野が社会党，共産党の候補を破り当選した．

　彼女は政治にほとんど興味を持っていない．基本的には自民党を支持しているが，時折支持政党をなくして無党派になっている．93年衆院選でも，選挙前は熱心に自民党を支持していたにも関わらず，選挙後には支持政党をなくした．絶対に支持したくない政党として93年衆院選では公明党と共産党を挙げたが，00年調査でも公明党にはあまり好感を持っていない．小沢は嫌いらしく，95年2月調査では新進党について「小沢一郎さんの意見に言いなりになっているのがダイキライ」と嫌悪感を顕わにしている．当然，新進党に興味をもつことはなかった．社会党も「今までのようにスト決行はダイキライ」（95年2月）と嫌っているが，新党さきがけには興味を示している．

　彼女は森田に親近感を持っており，過去の選挙では大体いつも森田に投票してきた．93年衆院選で投票した候補者の名前は明かさなかったが，自民党の森田と見られる．96年衆院選では，森田が比例区から立候補したため，大野に投票した．大野の後援会に加入しているが，他人への投票依頼などは行っていない．95年の参院選はとくに理由もなく棄権している．

　00年衆院選では自公保連立政権に好意的で，国旗国歌法を高く評価している．相変わらず小沢一郎を嫌っており，絶対に支持したくない政党として自由党を挙げた．
（鍋島）

L-050 候補者の人柄を重視して投票する有権者

愛媛 旧1区／新1区 1960年代生まれ 女性 ①高校 ②200〜400万円(93年) ③主婦→事務(96年) ④なし

	支持政党	選挙区	比例	拒否政党	保革
93.7	自民	宇都宮真由美（社会）		なし	8
94.2	自民				6
95.2	自民				6
95.7	**自民**	自民	自民	共	5
96.10	新進	中村時広（新進）	新進	なし	6
00.6	NA	NA	NA	※	※

　旧愛媛1区は定数は3人，社会党からは現職の宇都宮真由美が立候補したが，落選した．日本新党の中村時広は33歳（当時）であったが，93年衆院選で当選し，96年衆院選では新進党から出馬して善戦したものの，自民党当選7回の関谷勝嗣に僅差で敗れた．00年衆院選では民主から宇都宮真由美が立候補したが，関谷とコスタリカ方式をとっている自民の塩崎恭久に大差で敗れた．

　彼女は政治にほとんど関心を払っておらず，個々の政策についてもさほど注意を払っていない．調査期間中一貫して政治に対して不満を持ち，政治家への不信が見受けられる．

　調査開始時から96年衆院選前調査まで自民党を支持した．調査開始前の89年参院選，90年衆院選，92年参院選でも自民党に投票している．彼女は93年衆院選で自民党の安定多数を望んでいたが，投票理由について「とくにない」としながらも社会党の宇都宮に投票した．彼女は候補者の所属する政党よりも人柄を重視して投票しており，宇都宮が女性候補であることも投票につながった要因と見られる．

　95年参院選では「今までしていたから」と自民党に投票した．96年衆院選では選挙直前まで自民党支持であったが，選挙区は新進党の中村に投票し，比例区も新進党に投票した．支持政党まで新進党支持に変化している．選挙前の調査で消費税問題に強い興味を示しているのでその点から新進党を支持するようになった可能性もあるが，選挙区，比例区とも新進党に投票した理由として「中村さんの人柄がよかったから」と答えている．中村本人との接触や支持者からの働きかけはなかったが，中村に親近感を抱く理由として彼女と中村の年齢が比較的近いことを指摘できる．00年衆院選後の調査では，投票した政党を忘れたと回答した．(鍋島)

L-051　政治腐敗に対する憤りから無党派になったと思われる例

佐賀　旧全県区／新1区　1960年代生まれ　女性　①高校　②200〜400万円(93年)
③主婦→金融機関勤務(96年)　④労組　自治　生協

	支持政党	選挙区	比例	拒否政党	保革
93.7	(日本新)	原口一博(無所属)		なし	5
94.2	(なし)				3
95.2	(なし)				5
95.7	(なし)	棄権	棄権	なし	DK
96.10	(新進)	原口一博(新進)	新進	共	5
00.6	自民	坂井隆憲(自民)	自民	※	※

　佐賀県は自民党の勢力が強い．全県区であった93年衆院選では無所属の原口一博や日本新党候補の追撃をかわし自民党候補は全員当選．小選挙区への移行を受けて96年には3区に分割．うち佐賀1区は佐賀市を中心とする東部地区．96年は新進党から出馬した原口が自民党の坂井隆憲を下した．00年は坂井が雪辱を果たしている．他には社民・共産・自由連合の候補が両年とも立候補している．

　基本的に支持政党がない無党派である．景気に対し非常な関心を示している．彼女の顕著な特徴として政党に対する意識が希薄であることが挙げられる．選挙では候補者重視で投票し，比例代表にあまり興味がない．95年2月時点の「政党はよくわからないが渡辺美智雄さんは信頼できる」というコメントは彼女の政治家個人重視の考え方を物語るであろう．また各党の主な政治上の争点に対する姿勢はほとんどつかめていない．96年当時の大きな争点であった消費税引き上げ問題について，はっきりと反対という姿勢をとっておりまた最重要争点としているにもかかわらず，共産党についてさえも引き上げに対する姿勢がつかめていないほどである．政党の民意反映の力については特に否定的な立場をとっているわけではないので，政党の存在自体に疑問をもっているわけではない．しかし政治家の不正や政党の腐敗に関してはかなり厳しい見方をしていることから，そのあたりに無党派となった原因があるのではないか．

　彼女が政党に求めるものはなかなか興味深い．彼女は政党に考えてもらいたいこととして，「自分のことではなく人のためになることをする」「人間にとって一番大切な命を考えた政治を」「人間を作る政治を」などの一種道徳的な目的を挙げる．腐敗や不正に満ちていると思っている政党に対し道徳的な目標を重視するよう求めるこのような姿勢は，同時に各党に対し反省を促しているように思える．人柄重視の投票行動にもその考えは現れているといえよう．(高園)

L-052　選挙区投票は候補者重視で，支持政党は小沢に従う例

佐賀　旧全県区／新1区　1930年代生まれ　男性　①大学　②不明　③教員　④自治　生協

	支持政党	選挙区	比例	拒否政党	保革
93.7	（なし）	原口一博（無所属）		なし	7
94.2	新生				9
95.2	新進				8
95.7	新進	自民	新進	なし	7
96.10	新進	原口一博（新進）	新進	共	8
00.6	自由	原口一博（民主）	自由	※	※

　佐賀県は自民党の勢力が強い．全県区であった93年衆院選では無所属の原口一博や日本新党候補の追撃をかわし自民党候補は全員当選．小選挙区になり96年には3区に分割．うち佐賀1区は佐賀市を中心とする東部地区．96年は新進党から出馬した原口が自民党の坂井隆憲を下した．00年は坂井が雪辱を果たしている．他には社民・共産・自由連合の候補が両年とも立候補している．

　共産・社会などのいわゆる革新系に対しては嫌悪感を持っていることや戦争問題に対する態度から，全体を通じて保守的イデオロギーの持ち主といえる．92年までは自民党支持者であったが93年以降は自民党支持から離れている．95年の参議院選挙の選挙区で自民党に投票したのは，新進党候補者が立候補していなかったために過ぎない．

　彼の選挙区での投票行動の基準については候補者重視があげられる．93年衆院選においては家族が原口の後援会に加入しているし，自身も候補者を重視して投票したとする．96，00年衆院選においても同様に原口に投票している．衆議院選挙区では原口の登場により自民党への投票をやめたといえよう．

　支持政党と比例区投票政党が自民党から変化したことについては，全調査通じてみられた自民党支配にかわる新しい政治枠組みを求める彼の姿勢の影響が大きいように思う．94年の調査において彼は自民党に対し「新鮮味が欠ける」と評価を下している．また，自民党の派閥体質に対して疑問を持っていることも感じられる．彼は旧態依然の自民党の体質を嫌った結果，「新鮮さがあり」「期待が持てる」新党へ支持を移した．そして自身の保守的イデオロギーの高さと小沢一郎への高い好感から，新生党→新進党という支持政党の流れになったのであろう．新進党解党後の00年には小沢率いる自由党を支持し，比例区で投票した．彼のこれまでの傾向に沿った行動といえる．(高園)

L-053 周囲の影響により主として自民に投票する例

佐賀　旧全県区／新3区　1940年代生まれ　男性　①大学　②1400万円～（95年）
③自営業　④商工　自治

	支持政党	選挙区	比例	拒否政党	保革
93.7	自民	原口一博（無所属）		なし	9
94.2	(NA)				NA
95.2	自民				10
95.7	(新進)	棄権	棄権	社	10
96.10	(自民)	保利耕輔（自民）	自民	なし	8
00.6	自民	保利耕輔（自民）	自民	公共由社	10

　佐賀県は自民党の勢力が強い．全県区であった93年衆院選では無所属の原口一博や日本新党候補の追撃をかわし自民党候補は全員当選．佐賀3区は北部地区を中心とし，自民党で大臣経験者の保利耕輔の支持が根強い地区である．96年は新進・共産・自由連合に，00年は民主・共産・自由連合に大差をつけて保利が当選している．

　彼は自分のイデオロギーの評価を調査全般にわたりかなり保守的としており．00年の森首相の神の国発言や国旗国歌法成立を大いに評価している．唯一イデオロギーを中道的とした93年の衆院選においては，彼は宮沢内閣を評価せず，清新なイメージを抱いた新人で無所属の原口一博に投票している．背景には政治腐敗の問題があったと思われる．96年衆院選においては消費税引き上げに猛反発を示しながらも，過去に実績があるという理由で自民党に投票している．政権担当能力のある政党として一貫して自民党の名を挙げ，投票政党は93年以外はすべて自民党となっている．しかし支持強度は低く政党帰属意識は弱いといえる．

　彼自身は政党の政策重視で投票すると語っているが，93年衆院選においては主な争点で自民と一致した考えをしているのに自民に投票していないし，96年衆院選においても上記のように消費税引き上げを明言していた自民に投票していることから疑問が残る．ただ96年は大幅減税を公約に掲げていた新進党に対し「選挙のためだけの公約はするな」と酷評していることから，政策面で新進党に対して反発したことが自民投票の後押しになったことはいえるかもしれない．

　客観的に見ると，彼が自民党に投票する要因として重要だと思われるのは周囲からの影響である．彼は商工関係と自治関係の2団体に加入しているが，選挙時にはその団体から自民党へ投票するようかなりの働きかけを受けている．また，友人たちからも自民への働きかけがあるようだ．例外的に原口に投票した93年のときには商工系の団体は原口支持に回っており，彼も運動員として活動している．(高園)

L-054　なんとなく自民党

佐賀　旧全県区／新3区　1950年代生まれ　女性　①大学　②1400万円〜（95年）
③主婦　④商工

	支持政党	選挙区	比例	拒否政党	保革
93.7	(NA)	NA		共	NA
94.2	自民				6
95.2	自民				6
95.7	自民	自民	新進	共	6
96.10	自民	保利耕輔（自民）	自民	共	8
00.6	NA	棄権	棄権	※	※

　佐賀県は自民党の勢力が強い．全県区であった93年衆院選では無所属の原口一博や日本新党候補の追撃をかわし自民党候補は全員当選．佐賀3区は北部地区を中心とし，自民党で大臣経験者の保利耕輔の支持が根強い地区である．96年は新進・共産・自由連合に，00年は民主・共産・自由連合に大差をつけて保利が当選している．

　共産党を一貫して拒否政党に挙げる．大体において与党である自民党を支持しているようだが政党帰属意識は高くない．以下時系列順に見る．

　93年段階においては支持政党がはっきりしないが，日本新党などの新党に対する好感度は高い．一方，自民党の安定多数を理想としていることから，以前からの自民党への好感も維持していたと思われる．94年になると支持政党は自民党であるとしつつ，自民党については「心細くなった」とする．95年には村山政権への低い評価のためか，「今までは庶民的だったが最近はわからない」と自民党への好感度は低下している．

　95年参院選では自民党に代わる保守政党として，また海部への好感から新進党に目を向け比例区で投票するが，投票理由は他にいないという消極的理由であり，また自民党への支持も維持するなど，新進党への好感度はそれほど高くなかった．96年になると新進党にも違和感を覚え，今度は民主党に「若い人達ばかりで活気がある」と一定の好感を寄せている．しかし結局衆院選では自民党に投票した．00年衆院選は都合のため棄権している．

　調査結果からは自民支持理由がはっきりしない．調査ごとに政策に対するスタンスはまちまちで政策本位ではないことがわかるのみである．（高園）

L-055　自身の生活環境が政治に対する姿勢を左右することを示す例

長崎　旧1区／新1区　1960年代生まれ　男性　①高校　②不明　③無職→食品関係（95年）　④なし

	支持政党	選挙区	比例	拒否政党	保革
93.7	（なし）	棄権		5党以上	NA
94.2	その他				6
95.2	新進				5
95.7	新進	新進	新進	共	8
96.10	新進	西岡武夫（新進）	新進	DK	8
00.6	民主	西岡武夫（自由）	民主	自共	5

　旧長崎1区は定数5で，自民3，社会1，民社1と分け合っていた．93年衆院選では日本新党が自民党から1議席奪った形になった．新1区になった96年衆院選では，新進党幹事長だった西岡武夫が自民・民主・共産をおさえて当選した．00年衆院選では5人が立候補する激戦区となり，自民党の倉成正和と自由党から出馬した西岡を小差でおさえて民主党の高木義明が当選を果たした．

　93年衆院選において，最重要争点として「福祉の充実（家で介護者がいなく困っている）」と切実な問題を挙げたが，「投票に行きたくても家に老人がいるため行けない」から棄権せざるをえなかった．93年の調査において，政策に関する意見・政党の立場を掴めておらず，政治への信頼感はかなり低く，政治的無力感を強く感じている．暮らし向きを極めて不満としており，おそらくは家族を介護するため家にいることが多く，かなり強い疎外感を感じているのではないだろうか．そうした心境が政治に対しても投影され，無関心や否定的見解につながっていたと推測しうる．

　その後，職につき，くらし向きのレベルが向上すると，政治に関心が向くようになった．彼は政権交代可能な2大政党制を望んでおり，新進党が結成されると以降ずっと支持し，95年参院選・96年衆院選は選挙区・比例区ともに新進党へ投票する．改革推進の意見に強く賛成しており，新進党を改革推進勢力とみなして支持しているようだ．また長崎1区は労組の支持を受けた民社党が伝統的に強く，西岡の地元でもあり，新進党の存在感が大きかったことも影響していよう．新進党への好感度は高いレベルで一定しており，小沢一郎への好感度もはね上がった．特に96年衆院選前では，調査期間中，いずれの党・政治家よりも高い値をマークした．最重要争点を「（直接生活に影響するから）消費税」としており，小沢党首の消費税率引き上げ阻止のアピールに好感をもったものと思われる．

　00年には小沢への好感はなくなり，新進党に代わる自民対抗政党として民主党に支持を寄せる．小選挙区では自由党の西岡に投票しているが，これは後援会に加入していたことと，既述のように西岡の地元であることが影響していよう．(岡田)

L-056　社会（社民）支持者だが，地元利益を重視して一時は自民党に接近
大分　旧2区／新4区　1920年代生まれ　女性　①大学　②400～600万円（93年）
③主婦　④なし

	支持政党	選挙区	比例	拒否政党	保革
93.7	社会	横光克彦（無所属）		なし	5
94.2	社会				4
95.2	**社会**				3
95.7	**社会**	社会	社会	共	5
96.10	自民	横光克彦（社民）	自民	なし	DK
00.6	社民	横光克彦（社民）	社民	共	5

　旧大分2区は長年に渡り定数3を自民2・社会1と分け合っていたが，93年衆院選では定数2に削減され，俳優で社会推薦の新顔・横光克彦（現社民）と自民現職の田原隆が当選したが，自民からさきがけに移籍した現職の岩屋毅は落選した．現4区に移ってからは横光が議席を守り，96年には新進党から出馬した岩屋に，00年には自民党新顔の佐藤錬に，いずれも競り勝っている．

　彼女は現在は家庭の主婦であるが，以前は教職に就いていた．基本的に社会（社民）支持で一貫している．両親も社会党（あるいは戦前の社会主義政党か）を支持していたという家庭環境もその背景にあろう．「人員が少いから政治的な力がない」との失望感を抱いたこともあったが，村山内閣の時代には「総理の出身県」という誇りを抱いたことで支持が強まっている．同内閣に対する評価もきわめて高く，党の政策転換も支持した．

　村山内閣の成立は，自民党に対する意識にも興味深い変化を及ぼした．彼女はもともと自民党を，「金権汚職が多いから好きになれない」と嫌っていたが，自社さ連立を機に自民党の評価を上昇させた．橋本内閣に対する評価も悪くない．さらに彼女は地元利益に関する議員の活動を重視しており，自民党は「議員の地元に貢献度が多い」とも述べている．96年に自民党を支持して比例区でこれに投票したのはやや唐突な観もあるが，その背景にはこうした自民党に対する評価の好転があったのであろう．

　もっとも00年には社民支持に戻っており，民主党にも好感を示すようになった．自民党自体に対する強い反感を抱いているわけではなく，小渕・森政権の経済政策などに対する評価も悪いものではない．しかし自公保連立には反発を感じており，それにも増して森首相の「神の国」「国体」発言は，旧社会党支持者で護憲派の彼女にとっては我慢できなかったらしい．(東)

第2部
論文編

第1章

2000年総選挙——地方の「王国」と都市の反乱

蒲島郁夫

1. はじめに——自民党は勝ったのか？

　今回の衆院選の結果ほど評価が難しいものはない．自民党は勝ったのか，それとも負けたのか．人により，立場により随分と評価が異なってくる．
　自民・公明・保守の与党3党は，過半数（241議席）を大きく上回る，271議席を獲得した．これは，衆議院のすべての常任委員会で委員長を確保し，かつそれぞれの委員会で過半数を占めることができる，いわゆる「絶対安定多数」勢力である．当然，与党執行部は選挙の結果を「信任」されたと受け取った．
　一方，この数字は公示前の3党の勢力である，335議席を大きく下回っている．自民党は公示前勢力の270から37減らし，233議席しか獲得できなかった．また，公明党と保守党も，公示前より共に11議席減らし，獲得したのはそれぞれ31議席と7議席に止まった．選挙速報を伝える，テレビ画面の中の野中広務自民党幹事長の引きつった顔を見る限り，彼がこの選挙を勝ち戦と思っていなかったことは明らかである．
　川人貞史東北大教授は，自民党の公示前勢力が，新進党の離党議員や無所属議員を勧誘して得た水膨れした数字であり，「定数が20削減されて480議席を争う今回の選挙で，自民党が233議席で過半数に届かなかったことは驚くべきことではないだろう．むしろ，これは，前回選挙に勝るとも劣らないよい成績である」（読売新聞，7月6日）と主張する．
　表1-1は96年と今回の総選挙の結果を，小選挙区と比例区に分けて比較したものである．この2回の選挙は同じ小選挙区比例代表並立制の下で行われており，比較が可能である．小選挙区について見ると，96年に自民党は38.6％の得票率で169議席を獲得．今回は41％の得票率で177議席を獲得した．小選挙区で見る限り，川人教授の言う通り，自民党は前回より健闘している．
　しかし，比例区では96年に32.8％の得票率で70議席を獲得したが，今回は28.3％の得票率で56議席を獲得したに過ぎない．これを比較可能なように，比例区を改定前の200議席でシミレーションしてみると，自民党の獲得議席は62議席になる．比例定数が削減されなかったとしても，比例区で8議席失っている．

表1-1 選挙結果の比較（1996年−2000年）

	小選挙区（1996）		小選挙区（2000）		比例代表（1996）		比例代表（2000）		
	当選	得票率(%)	当選	得票率(%)	当選	得票率(%)	当選	200定数の場合	得票率(%)
自民党	169	38.6	177	41.0	70	32.8	56	62	28.3
新進党	96	28.0			60	28.0			
公明党			7	2.0			24	26	13.0
保守党			7	2.0			0	0	0.4
自由党			4	3.4			18	21	11.0
民主党	17	10.6	80	27.6	35	16.1	47	54	25.2
社民党	4	2.2	4	3.8	11	6.4	15	16	9.4
共産党	2	12.6	0	12.1	24	13.1	20	21	11.2
その他	12	8.1	21	8.1	0	3.6	0	0	1.5
計	300	100	300	100	200	100	180	200	100

1）小数点以下を四捨五入しているため計が100%を超える場合がある．
2）比例代表定数が200の場合のシミュレーションは読売新聞 H12.6.26 夕刊を参照した．

　自民党の小選挙区での健闘と比例区での退潮をどう解釈するか．今回の選挙結果を理解する鍵は正にそこにある．結論を先取りして言うと，比例区での成績が自民党の本来の評価を反映しており，小選挙区で善戦したのは公明党との選挙協力が成功したためである．それを，地方における強固な支持基盤が下支えした．言い換えれば，「裸」の自民党は明らかに前回の総選挙よりも後退している．

2. 業績投票と党首イメージ—モデル

　私は自自公連立の枠組みを含め，小渕恵三政権への不満，とりわけ都市部の有権者の不満は，相当強かったと思っている．小渕政権は巨大与党の力を背景に，新ガイドライン法，国旗・国歌法，通信傍受法などの法律を次々に成立させた．これらはイデオロギー的に敏感な法案であり，多くの有権者が，数の力ではなく，もう少し慎重で説得ある議論が必要だと感じていたと思う．小渕政権はまた，財政が逼迫しているなかで，公共事業などの財政支出に積極的だった．それが経済政策として合理的かどうかは別として，有権者の視線からみれば「バラマキ」に映ったのである．実際，小渕政権の末期には支持率も低下し続けていた．
　しかし，小渕首相が脳梗塞で倒れ，森喜朗政権が成立すると，前首相への同情と新政権への期待から，一時，内閣支持率は盛り返していた．この「政権交代効果」をフイにしたのが，森首相の「神の国」発言や，選挙直前の「（無党派層）は寝ていてくれれば」発言である．前政権の業績評価は低いままで，新首相の資質も問われた選挙だった．

業績評価や首相イメージの影響は，比例区と小選挙区では相当異なる．比例区では政党名で投票するために，下記の投票モデルのように，業績評価や首相イメージの影響が，よりストレートに反映する．

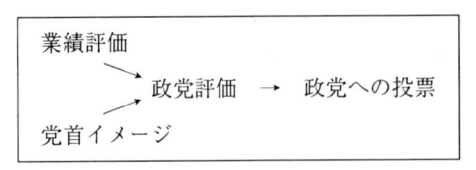

```
業績評価
       ↘
        政党評価 → 政党への投票
       ↗
党首イメージ
```

しかし，小選挙区の場合は，有権者は候補者名で投票する．自民党は支持できないが，○○候補は好きだと考える有権者にとって，業績評価や首相イメージの効果は間接的で希薄になる．その上，小選挙区の自民党候補の多くが公明党の支援を受けている．以上の議論から，小選挙区での投票モデルは次のようになる．

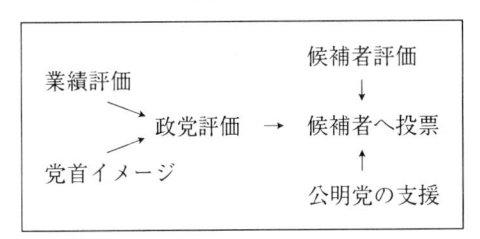

```
                    候補者評価
                       ↓
業績評価
       ↘
        政党評価 → 候補者へ投票
       ↗
党首イメージ
                       ↑
                    公明党の支援
```

小選挙区で自民党が（自民党候補が）健闘した理由は，そもそも制度的に比較第1党の自民党が有利な状況の中で，個人党としての「自民党」候補は支持を減らさず，その上，公明党からの協力票があったからである．

ただ，小選挙区の中でも，自民党の支持基盤が小さく，候補者と有権者の繋がりも比較的弱い大都市の選挙区においては，業績評価や首相イメージが相対的に大きく響く．その場合，公明党の選挙協力があっても持ちこたえられない．たとえば，東京1区で，民主党候補に惜敗した与謝野馨元通産大臣は「反自民の風が吹いていた．『与謝野はいいが，自民党はいやだ』という人が非常に多かったのではないか．個人の力では乗り越えられない」と語っている（朝日新聞，6月26日）．

3. 地方の「王国」と都市の反乱

今回の選挙で，議席の減少以上に自民党に敗北感が広がったのは，与謝野馨元通産大臣など，東京の有力議員が続々と落選したからである．東京5区で民主党候補に敗北した小杉隆氏は次のように語っている．「都市が負けたことに，いまだに党の首脳部の認識は甘い．目標設定を低くしたせいで，奇妙なことに勝ったことになっているけど，都市部は惨敗した．自民党は完全に『田舎政党』だ．都市では戦えない政党になってしまった」（朝日新聞，6月29日）．都市部で自民党はどの程度敗北したのか．これをまず分析してみよう．

方法論的に言うと，都市をどのように定義するかはかなり難しい．東京都にある25選挙区をとっても，人口集中度の高い地域もあれば，人口集中度の低い地域もある．東京都だから大都市とは言えないのである．

本稿の分析では，全国300選挙区を人口集中度の順に並べ，それぞれが100選挙区になるように3等分した．具体的には，人口集中度が最も低い100選挙区を都市度1，中間の100選挙区を都市度2，最も高い100選挙区を都市度3と分類した．この方法だと，それぞれの都市度に100選挙区ずつ含まれるので，信頼できる比較ができる．

(1) 投票率

図1-1はそれぞれの都市度における投票率の上昇を示している．図から，すべての都市度で投票率が上昇していることが分かる．ただ，都市度1と2では，2.5％の上昇だが，都市度3では3.3％上昇している．

80年代には，投票率の上昇は自民党に有利に働いていたが，最近の選挙では逆の傾向がある．それは，現状に批判的な無党派層が投票所に足を運び，その多くが非自民政党，とりわけ第1野党の民主党に票を入れるからである．事実，ＮＨＫの出口調査の結果（図1-2）によると，投票に行った無党派層の37％が民主党に投票し，自民党への投票は15％に過ぎない．

投票率の純粋な影響を測るために，96年選挙と連続して同じ選挙区から出馬している自民党候補者192名をまず抽出した．それらの候補者の相対得票率の伸びと，その選挙区における投票率の上昇の関係を，統計的な手法である回帰分析で推計した．

結論だけ述べると，1％投票率が上がれば，自民党候補の相対得票率は2％減少する．今回，都市度3で投票率が3.3％上昇したが，他の条件を等しいと仮定すると，自民党候補の相対得票率は6.6％減少したことになる[1]．

接戦が多かった都市部での選挙では，6.6％の得票率の減少の影響は無視できない大きさである．今回の選挙では，投票率が予想より低かったが，もっと上がっていれば，自民党は相当苦戦していたはずである．その意味で，森首相の「寝ててくれれば」発言は，自民党の勝利を最も願う首脳として，正直な感想であろう．

(2) 比例区の戦い

図1-3は比例区における各党の相対得票率を都市度別に示している．すでに述べたように，比例区では，選挙協力効果も，候補者にたいする特定の評価も影響しない．選挙時の政党評価を素直に反映している．大都市においては民主党が自民党を抜いて第1党の地位にある．都市度2の選挙区では自民党が優位だが，民主党が急迫している．しかし，地方（都市度1）における自民党は圧倒的に強い存在である．

第 1 章　2000年総選挙——地方の「王国」と都市の反乱　617

図1-1　都市度と投票率の上昇

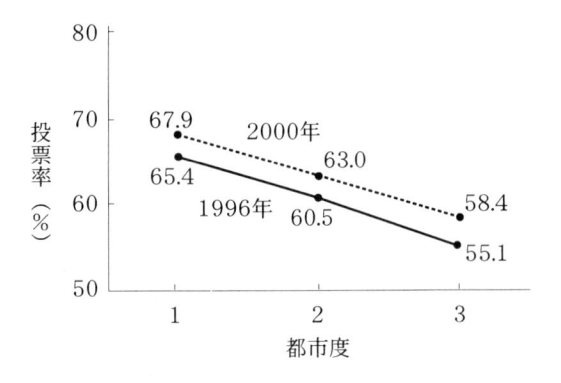

投票率（％）

- 2000年：67.9（都市度1）、63.0（都市度2）、58.4（都市度3）
- 1996年：65.4（都市度1）、60.5（都市度2）、55.1（都市度3）

図1-2　無党派層の投票行動（NHK出口調査）

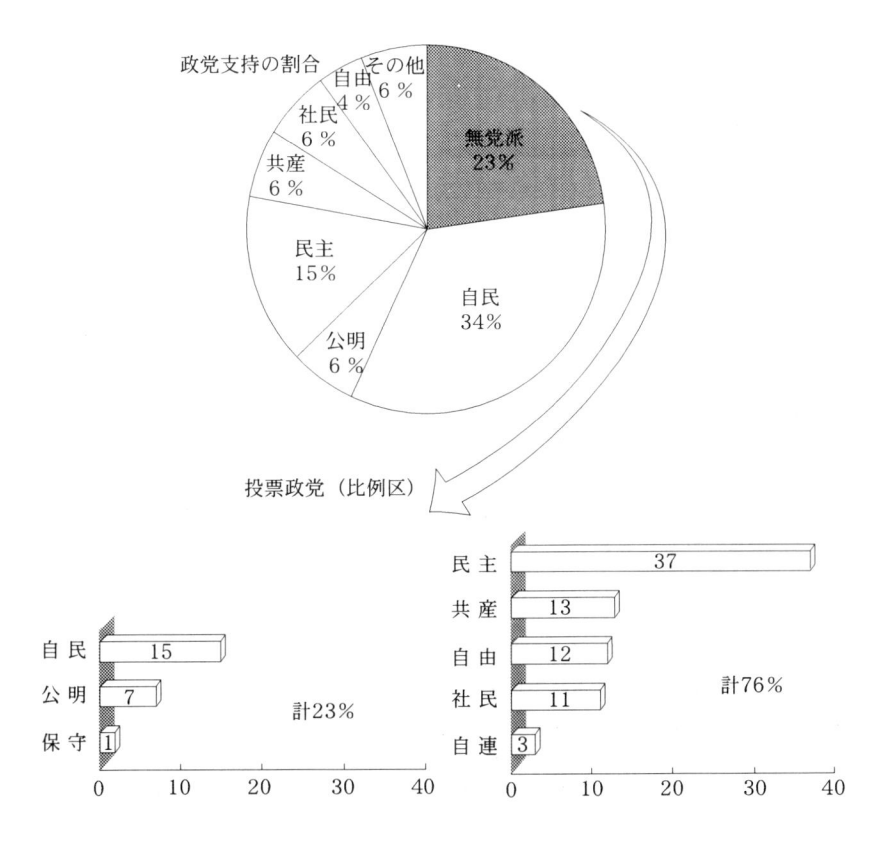

政党支持の割合
- 無党派　23％
- 自民　34％
- 公明　6％
- 民主　15％
- 共産　6％
- 社民　6％
- 自由　4％
- その他　6％

投票政党（比例区）

政党	％
自民	15
公明	7
保守	1

計23％

政党	％
民主	37
共産	13
自由	12
社民	11
自連	3

計76％

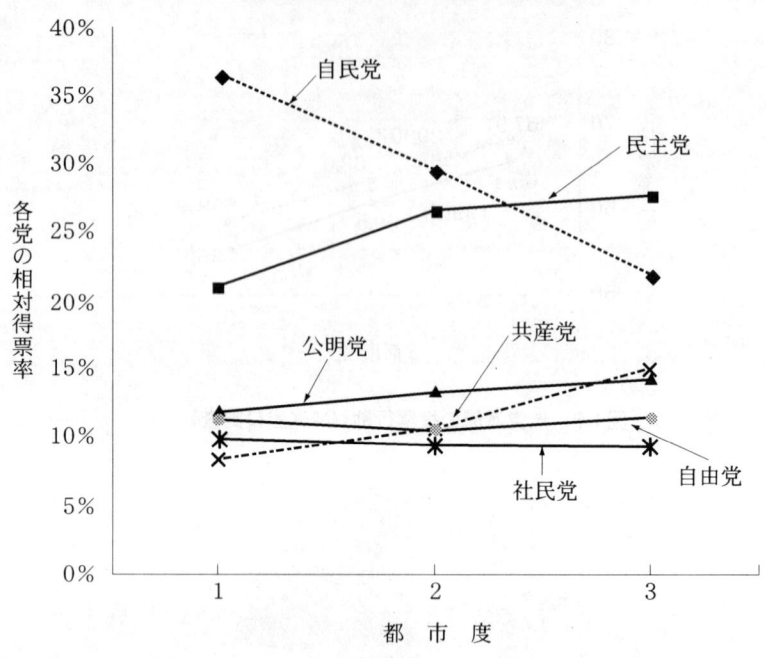

図1-3 都市度と各党の相対得票率（比例区）

(3) 小選挙区の戦い

　図1-4は小選挙区における都市度と相対得票率を自民党と民主党に限って分析したものである．図1-4aは自民党と公明党の選挙協力が行われた今回の選挙の結果である．比例区とは異なり，自民党と民主党の相対得票率は都市度3の選挙区において拮抗しており，両党が大都市で大接戦を演じた状況が窺える．都市度1と2の選挙区では自民党が圧倒しており，小選挙区で自民党が民主党の2倍以上の議席を得ていることもこの図から理解できる．

　ただ，今回の小選挙区における成績を，自民党の実力であり，勝利であると評価すると，大きな間違いを起こすことになる．なぜなら，自民党の相対得票率は公明党の協力票を含んだものであり，自民党の真の力は，それを差し引いたものだからである．

　図1-4bはそれぞれの選挙区の公明票の8割が自民党候補に行ったと仮定して，それを差し引き，自民党と民主党の得票率を比較したものである．計算の基になった公明票は，各選挙区での公明比例票である．この8割はあくまで基準値であり，もう少し低い場合もあろうし，高い場合もあろう．また，公明党との共闘を嫌がって，自民党から逃げる票もあるかも知れない．一応，公明票の歩留りが8割と仮定して

図1-4 都市度と相対得票率（小選挙区）

図1-4a 自民党＋公明党 対 民主党

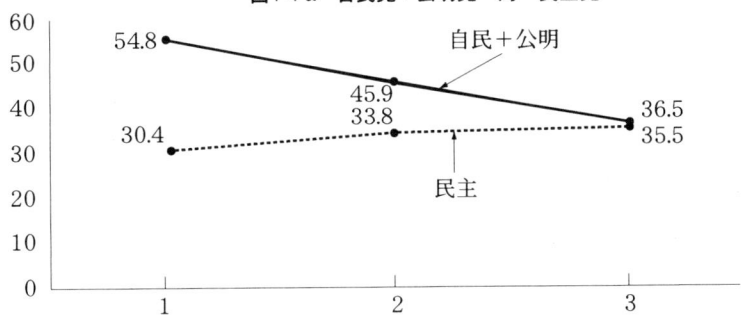

- 自民＋公明: 54.8 → 45.9 → 36.5
- 民主: 30.4 → 33.8 → 35.5

図1-4b 自民党 対 民主党

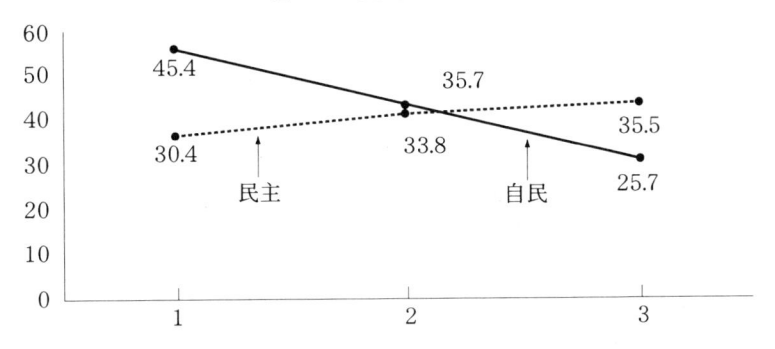

- 自民: 45.4 → 35.7 → 25.7
- 民主: 30.4 → 33.8 → 35.5

図1-4c 自民党 対 民主党＋公明党

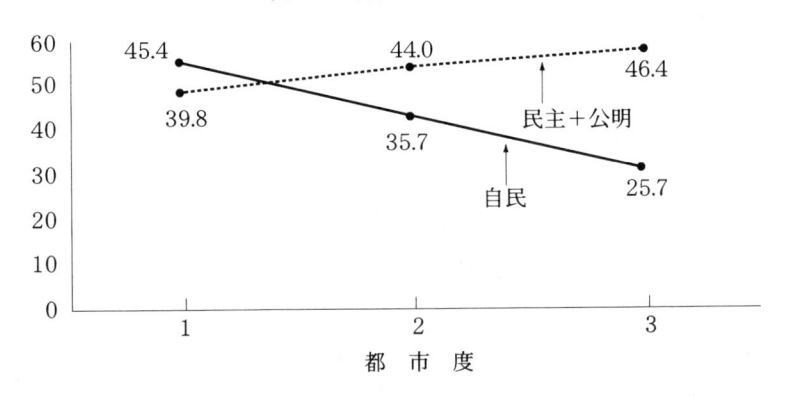

- 自民: 45.4 → 35.7 → 25.7
- 民主＋公明: 39.8 → 44.0 → 46.4

都 市 度

比較すると，比例区の選挙結果とよく似た結果になる．大都市の選挙区では民主党が自民党よりも優勢になる．都市度2の選挙区では自民党と民主党が拮抗している．将来，この都市度2の選挙区での戦いが，自民党と民主党の命運を決めそうだ．都市度1では，公明党の協力がなくても自民党が民主党を圧倒する．

図1-4cは，今回の選挙で，民主党と公明党の選挙協力が仮にあったと仮定して，自民党と民主党の得票率を比較した．民主と公明の選挙協力を仮定すると，都市度2と3で民主党が自民党を圧倒する．都市度1では，たとえ民主党と公明党の選挙協力があっても，自民党が優勢である．

（4）地方の「王国」と都市の基盤縮小

以上の結果から明らかなことは，地方での自民党の支持基盤の強さと，都市部における民主党の急迫である．

比例区，小選挙区のいずれをとっても都市度1では自民党が民主党を圧倒している．まさに自民党の「王国」と言えよう．これらの「王国」は，中央に集まってくる経済成長の果実を，地方への補助金や公共事業に還流することで築かれてきた．もっとも私は，この利益誘導システムを全否定しているわけではない．

政治学的に見ると，わが国の戦後史は実にユニークである．民主化と政治的安定，経済発展と平等を同時に達成した，世界的に稀なケースである．日本は戦後急速な経済成長を達成したが，それには有効で一貫した経済政策と政治的安定を必要とした．農村部住民は自民党を支持することによって政治の一貫性を支え，その体制支持的参加は，戦後の民主化と経済成長に伴うさまざまな要求の表出と分裂を和らげる働きをした．さらに，農村部住民は自民党政権を支える見返りとして，農業補助政策などによって政治的な所得の再配分を享受し，結果的に平等な経済成長に寄与することになったのである．

しかし，高度経済成長の終焉とともに，この政治経済システムの維持は困難になる．問題は，自民党政治家が利益配分の政治システムにどっぷりと漬かってしまい，改革の努力を怠ることである．当選回数で出世が決まる自民党政治の中で，大きな発言力を持つ地方選出の自民党議員はさらなる利益誘導を求める．

一方，利益誘導政治と無縁な都市の有権者は，公共事業による税金の無駄遣いと環境破壊，それに付随する構造汚職の腐臭に反発し，自民党から離れる．その悪循環の中で，地方の自民党政治家が栄え，都市の自民党の支持基盤は弱体化する．都市部における民主党台頭の理由はそこにある．

4. 公明党の協力効果——収穫と限界

公明党の選挙協力の効果をさらに深く分析するために，自民党の当選者177名のうち，対決相手の惜敗率の大きさの順に100人を選んだ．言い換えれば，当選はしたけれども，対決候補に迫られ，危なかった順に100人を選んだのである．表1-2は，

その100人について，もし公明党の協力票がなかったなら，当選できたかどうかの予測を示している．

同表をみると，最も当選が危うかったのは，愛知13区の大村秀章氏である．2位の島聡候補との差はわずか339票である．この選挙区での公明比例票は21657票で，仮にその8割が大村陣営に行かなかったとしたら，当選まで16987票足りずに落選ということになる．たとえ6割でも当選まで12655票足りずに落選である．このようにして，当落の予想をしてみると，6割の歩留り（公明比例票の6割が自民党候補に投票）で，34人が落選を免れている．8割の歩留りでは，44人が落選を免れている．この分析は，相手陣営に公明票が行かなかったと仮定しているが，もし，民主党と公明党が共闘していれば，自民党の当選者は激減したことであろう．

図1-4と表1-2から分かるように，公明党が自民党と民主党のどちらを選挙協力の相手として選ぶかによって選挙結果は一変する．言い換えれば，公明党は選挙過程と政府形成過程において，巨大な影響力を持っているのである．問題はその卓越した影響力をどのように使うかであろう．

公明党のような中位政党には，連立の時代に，強力なバーゲニング・パワーを持つ半面，無原則に陥りやすい限界がある．では，公明党の行動原則とは何か．図1-5には，98年12月に読売新聞政治部と蒲島研究室が行った国会議員調査の結果が示されているが，これをみると，公明党（議員）の政策位置がよく理解できる．①安全保障の強化，憲法改正には慎重である．②社会福祉には積極的である．③自助努力や小さな政府など，新保守主義の政策には賛成ではない．全体的な公明党の立場は，民主党と親和性があり，中道あるいは中道左派勢力として自民党と対峙している．

テレビ番組で，昨日まで野党側にあって自民党を攻撃していた公明党の代表が，次の日には，自民党の政策を擁護している場面に出会ったときの違和感．あるいは，安全保障の争点では慎重な態度を堅持してきた公明党が，新ガイドライン法，国旗・国歌法，通信傍受法を自自とともに成立させようとする違和感．その違和感を引き起こさせるものが，図1-5の公明党の政策位置からの乖離である．連立の時代には「何でもあり」の状況だからこそ，有権者は政党に行動の「正統性」を求める．連立の時代に，公明党が卓越した影響力を持つがゆえに，その行動原則の確立が必要であろう．

公明党の路線転換の揺れに支持者はけなげについていっている．第1部のK類型に該当する有権者プロフィールにそれは如実に表れている．K-015の主婦は，93年衆院選は公明党→95年参院選は選挙区も比例区も新進党→96年衆院選は小選挙区も比例区も新進党→今回衆院選では，小選挙区で自民党，比例区では公明党に投票している．なお，93年の彼女の拒否政党は自民党であった．

5. 分割投票

選挙区で自民党候補に投票しながら，比例区では他の政党に投票するような投票

表1-2 公明協力票の大きさと当落予想シミュレーション

	選挙区	候補者	当選回数	公明推薦	公明の有無候補	得票相対率	次点者の惜敗率	得票数	2位との票差	比例票数公明	公明票8割マイナス	当落	公明票6割マイナス	当落
1	愛知13	大村 秀章	前	1	1	0	45.9	99.68	104731	339	21657	−16987	×	−12655	×
2	秋田1	二田 孝治	前	4	1	0	44.0	99.47	101848	535	23866	−18558	×	13785	×
3	愛知8	大木 浩	新	0	1	0	35.2	99.23	84641	653	26638	−20657	×	−15330	×
4	神奈川1	菅 義偉	前	1	0	0	42.3	97.37	95960	2526	30768	−22088	×	−15935	×
5	埼玉2	新藤 義孝	前	1	0	0	35.3	96.34	82581	3026	37808	公明協力票なし			
6	新潟4	栗原 博久	前	2	1	0	33.2	96.29	72604	2694	15360	−9594	×	−6522	×
7	愛知14	浅野 勝人	前	2	1	0	37.8	96.25	97256	2520	23205	−16044	×	−11403	×
8	栃木2	西川 公也	前	1	1	0	48.1	96.21	77054	2922	17110	−10766	×	−7344	×
9	滋賀3	岩永 峯一	前	1	1	0	43.8	96.04	93044	3686	24105	−15598	×	−10777	×
10	神奈川7	鈴木 恒夫	前	3	0	0	32.3	93.96	85340	5151	28600	−17729	×	−12009	×
11	石川1	馳 浩	新	0	1	0	48.8	93.67	107179	6787	17045	−6849	×	−3440	×
12	神奈川10	田中 和徳	前	1	1	0	39.6	93.20	94183	6408	37445	−23548	×	−16059	×
13	兵庫9	宮本 一三	前	2	1	0	33.3	92.17	70119	5489	32098	−20189	×	−13770	×
14	北海道4	佐藤 静雄	前	3	1	0	42.9	92.10	88825	7020	30199	−17139	×	−11099	×
15	京都6	菱田 嘉明	新	0	1	0	38.2	92.00	96082	7690	31451	−17471	×	−11181	×
16	滋賀2	小西 哲	前	0	1	0	45.7	91.80	125625	10303	25141	−9810	×	−4782	×
17	神奈川1	小此木八郎	前	2	0	0	29.3	90.78	61016	5627	27732	公明協力票なし			
18	北海道7	金田 英行	前	1	1	0	49.2	90.73	94290	8737	23372	−9961	×	−5286	×
19	東京10	小林 興起	前	2	1	0	38.8	90.12	71318	7046	22241	−10747	×	−6299	×
20	佐賀1	坂井 隆憲	前	3	1	0	40.8	89.70	70155	7223	21679	−10120	×	−5784	×
21	鹿児島1	保岡 興治	前	8	1	0	47.8	89.69	87729	9045	19145	−6271	×	−2442	×
22	奈良2	滝 実	前	1	1	0	42.4	89.54	71146	7439	19593	−8235	×	−4317	×
23	福岡2	渡辺 具能	前	1	1	0	47.4	89.47	87327	9199	32879	−17104	×	−10528	×
24	大阪17	岡下 信子	新	0	1	0	23.5	88.16	41781	4947	32523	−21071	×	−14567	×
25	福井1	松宮 勲	新	0	1	0	43.0	87.89	61707	7473	13791	−3560	×	−802	×
26	東京23	伊藤 公介	前	6	1	0	39.6	87.00	100271	13039	27307	−8807	×	−3345	×
27	奈良4	田野瀬良太郎	前	2	1	0	50.1	86.65	93108	12434	26035	−8394	×	−3187	×
28	京都3	奥山 茂彦	前	1	1	0	36.5	86.42	66576	9040	26839	−12431	×	−7063	×
29	福岡6	古賀 正浩	前	4	0	0	48.4	86.19	105423	14562	33384	−11985	×	−5348	×
30	長野2	村井 仁	前	4	1	0	38.0	85.97	95046	13336	26256	−7669	×	−2418	×
31	大阪4	中山 正暉	前	10	1	0	30.7	85.38	63290	9252	34735	−18536	×	−11589	×
32	福岡2	山崎 拓	前	9	1	0	44.9	85.32	93234	13690	33204	−12873	×	−6232	×
33	埼玉12	小島 敏男	前	1	1	0	48.8	84.24	101809	16045	25932	−4701	×	486	○
34	鳥取2	相沢 英之	前	8	1	0	50.2	84.04	80843	12904	25496	−7493	×	−2394	×
35	兵庫5	谷 洋一	前	8	1	0	42.3	84.01	105230	16828	28550	−6012	×	−302	×
36	北海道2	吉川 貴盛	前	1	1	0	31.2	83.86	76276	12311	33891	−14802	×	−8024	×
37	高知1	福井 照	新	0	0	1	31.0	83.12	40765	6882	24271	公明協力票なし			
38	宮崎1	中山 成彬	前	3	0	0	42.9	82.82	91472	15711	31350	−9369	×	−3099	×
39	山形2	遠藤 武彦	前	3	1	0	51.3	82.60	93819	16328	18657	1402	○	5134	○
40	静岡2	原田昇左右	前	8	0	0	36.8	82.16	92905	16571	23429	−2172	×	2514	○
41	新潟1	吉田六左エ門	前	1	1	0	43.2	81.40	98952	18408	21054	1565	○	5776	○
42	福井3	高木 毅	新	0	1	0	52.5	81.27	81698	15300	17198	1542	○	4981	○
43	茨城3	葉梨 信行	前	11	1	0	47.8	80.87	97972	18742	24476	−839	×	4056	○
44	愛知15	山本 明彦	新	0	1	0	48.9	80.49	96086	18742	235	−68	×	4635	○
45	京都1	伊吹 文明	前	5	0	0	42.1	79.19	86490	17997	21950	437	○	4827	○
46	東京17	平沢 勝栄	前	1	0	1	37.6	78.06	95606	20973	46801	公明協力票なし			
47	徳島2	山口 俊一	前	3	0	0	52.7	77.78	76746	17053	17619	2958	○	6482	○
48	福岡3	太田 誠一	前	6	1	0	50.1	77.37	104346	23617	31278	−1405	×	4850	○
49	福島1	佐藤 剛男	前	2	0	0	30.2	77.08	89353	20479	32119	−5216	×	1208	○
50	千葉7	松本 和那	前	1	0	0	38.8	76.67	81252	18960	24907	−966	×	4016	○

第1章 2000年総選挙——地方の「王国」と都市の反乱　623

選挙区	候補者	当選回数	公明推薦	公明の有無候補	得票率相対	次点敗者の惜敗率	得票数	2位との票差	比例明票数公	公明票マイナス8割	当落	公明票マイナス6割	当落
51 宮崎3	持永 和見	前	4	1	0	52.2	76.2	103729	24648	25315	4396	○	9459	○
52 神奈川13	甘利 明	前	5	0	0	45.8	76.0	114351	27472	32761	1263	○	7815	○
53 大分2	衛藤征士郎	前	5	1	0	54.6	75.4	92242	22710	21885	5202	○	9579	○
54 埼玉9	大野 松茂	前	1	1	0	48.6	74.5	110836	28316	28834	5249	○	11016	○
55 奈良1	森岡 正宏	新	0	1	0	44.1	74.0	73851	19167	19566	3514	○	7427	○
56 北海道12	武部 勤	前	4	1	0	53.2	73.8	100502	26339	17404	12416	○	15897	○
57 群馬2	笹川 堯	前	4	1	0	39.7	73.8	76743	20121	21245	3125	○	7374	○
58 千葉1	臼井日出男	前	6	0	0	44.8	73.5	90358	23980	22455	6016	○	10507	○
59 三重1	川崎 二郎	前	5	0	0	50.9	73.4	104484	27811	28211	5242	○	10884	○
60 東京8	石原 伸晃	前	3	0	0	43.7	72.9	105779	28647	19633	12941	○	16687	○
61 奈良3	奥野 誠亮	前	12	0	0	42.1	72.8	68695	18692	23241	99	○	4747	○
62 東京12	八代 英太	前	1	1	0	40.7	72.0	90208	25295	37643	-4819	×	2709	○
63 東京11	下村 博文	前	1	1	0	37.8	72.0	90483	25374	33771	-1643	×	5111	○
64 徳島3	後藤田正純	新	0	1	0	53.6	71.7	77301	21879	21216	4906	○	9149	○
65 東京25	石川 要三	前	7	1	0	48.9	70.8	88007	25655	26512	4445	○	9748	○
66 埼玉7	中野 清	前	1	1	0	34.5	69.8	76366	23032	31881	-2473	×	3903	○
67 愛知12	杉浦 正健	前	3	1	0	45.6	69.7	117475	35649	23557	16803	○	21515	○
68 岐阜3	武藤 嘉文	前	11	0	0	53.0	69.2	129842	39968	29439	16417	○	22305	○
69 鳥取1	石破 茂	前	4	1	0	49.1	68.9	91163	28352	30586	3883	○	10000	○
70 千葉9	水野 賢一	前	1	0	0	42.9	68.9	103381	32197	28722	9219	○	14964	○
71 青森3	大島 理森	前	5	0	0	56.6	68.6	93602	29399	14209	18032	○	20874	○
72 福島2	根本 匠	前	2	0	0	52.5	68.5	116835	36830	20446	20473	○	24562	○
73 北海道5	町村 信孝	前	5	1	0	46.0	68.4	123680	39049	36614	9758	○	17081	○
74 埼玉10	山口 泰明	前	1	1	0	49.2	68.1	91094	29083	24300	9643	○	14503	○
75 福島5	吉野 正芳	新	0	1	0	52.6	67.6	109270	35367	24146	16050	○	20879	○
76 千葉3	松野 博一	新	0	1	0	39.0	67.3	95311	31129	35989	2338	○	9536	○
77 北海道13	北村 直人	前	4	1	0	46.9	64.4	86567	30835	23891	11722	○	16500	○
78 長野1	小坂 憲次	前	3	1	0	48.7	64.0	127010	45721	22415	27789	○	32272	○
79 大阪14	谷畑 孝	前	1	1	0	46.7	64.0	105624	38026	41051	5185	○	13395	○
80 静岡5	斉藤斗志二	前	4	1	0	49.8	63.7	84743	30733	19826	14872	○	18837	○
81 山形3	近岡理一郎	前	6	0	0	57.2	63.5	88069	32178	12225	22398	○	24843	○
82 岐阜2	棚橋 泰文	前	1	1	0	57.3	63.3	120053	44070	17817	29816	○	33380	○
83 山梨3	横内 正明	前	2	1	0	55.8	63.2	86300	31783	21504	14580	○	18881	○
84 香川2	木村 義雄	前	4	1	0	53.6	63.1	84030	31015	21163	14085	○	18317	○
85 福岡5	原田 義昭	前	2	0	0	42.6	62.6	93343	34951	33076	8490	○	15105	○
86 大阪18	中山 太郎	前	4	1	0	47.5	62.1	103402	39143	38209	8576	○	16218	○
87 大阪2	左藤 章	新	0	1	0	47.5	62.1	90470	34318	42630	214	○	8740	○
88 群馬3	谷津 義男	前	4	1	0	57.6	61.2	99345	38509	24017	19295	○	24099	○
89 広島7	宮沢 洋一	新	0	1	0	55.7	61.1	112145	43645	35698	15087	○	22226	○
90 神奈川17	河野 洋平	前	11	0	0	56.4	60.8	140236	55009	30311	30760	○	36822	○
91 富山1	長勢 甚遠	前	3	1	0	42.9	60.6	66576	26210	11970	16634	○	19028	○
92 大阪15	竹本 直一	前	1	1	0	46.7	60.5	100028	39489	35043	11455	○	18463	○
93 兵庫10	渡海紀三朗	元	3	0	0	46.7	60.2	93554	37238	33422	10500	○	17185	○
94 岡山2	熊代 昭彦	前	2	1	0	51.3	58.7	85514	35327	30663	10797	○	16929	○
95 東京13	鴨下 一郎	前	2	0	0	42.0	58.5	90567	37571	33952	10409	○	17200	○
96 広島6	亀井 静香	前	7	0	0	57.9	58.5	138790	57609	36146	28692	○	35921	○
97 広島1	岸田 文雄	前	2	0	0	55.1	58.2	85482	35717	25179	15574	○	20610	○
98 埼玉14	三ツ林隆志	新	0	1	0	37.7	57.9	81652	34347	36004	5544	○	12745	○
99 栃木4	佐藤 勉	前	1	1	0	48.8	57.1	115284	49424	22636	31315	○	35842	○
100 岡山1	逢沢 一郎	前	4	0	0	57.3	56.7	105253	45619	32998	19221	○	25820	○

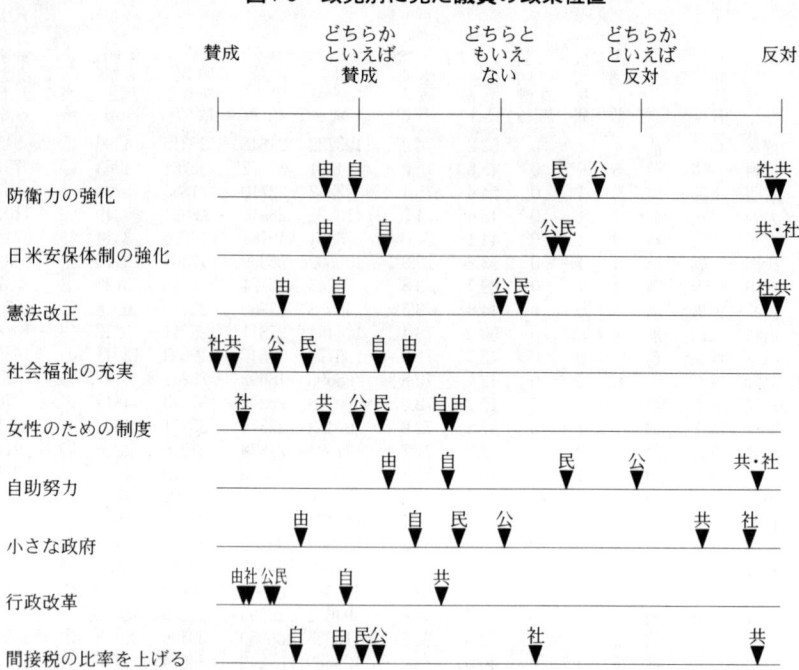

図1-5 政党別に見た議員の政策位置

	賛成	どちらかといえば賛成	どちらともいえない	どちらかといえば反対	反対
防衛力の強化		由 自		民 公	社共
日米安保体制の強化		由 自	公民		共・社
憲法改正		由 自	公民		社共
社会福祉の充実	社共 公民	自 由			
女性のための制度	社	共 公民 自由			
自助努力			由 自	民 公	共・社
小さな政府		由	自民 公		共 社
行政改革	由社公民	自	共		
間接税の比率を上げる		自 由民公	社		共

自民党‥自　民主党‥民　公明党‥公　自由党‥由　共産党‥共　社民党‥社

行動を分割投票（スプリット・ヴォーティング）と呼ぶ．今回の選挙でも，小選挙区での自民党の相対得票率が41.0％で，比例区での相対得票率が28.3％，であるから，12.7％（約800万人）が分割投票を行ったことになる．その影響で，自民党の比例区での議席が伸び悩み，宮沢喜一大蔵大臣が，「この800万人は一体何者なのか」とテレビで語っていたのが印象的である．

　有権者が分割投票を行う理由は様々であろう．本節では，分割投票を説明する要因には公明党効果，自由党効果，候補者効果，牽制的投票効果があると予想しこれを計量的に分析した．複雑さを避けるために，結果の要点だけを説明しよう[2]．

　公明党効果——今回は，公明党が自民党との選挙協力を行ったので，その影響が大きかった．小選挙区で自民党に投票した公明党支持者は，比例区では当然，公明党に票を入れる．よって，公明党支持者が多い（公明比例票で測られる）選挙区では，小選挙区は自民党，比例区は公明党へ投票する分割投票が多かった．また同じ理由で，自民党が公明党推薦を得た選挙区では，分割投票が多くみられた．一方，公明

党の候補者がいる選挙区では，公明支持者は小選挙区も比例区も公明党に投票するので，分割投票は少ない．これらの関係はすべて統計的に有意である．

自由党効果——われわれの仮説は，自由党支持者は，小選挙区で自党の候補者がいない場合，小選挙区では自民党，比例区では自由党に入れるというものである．予想どおり両者に統計的に有意な関係がみいだされた．

候補者効果——小選挙区での立候補者が多ければ，自民党以外の候補者への投票の機会が多くなり，分割投票が少なくなる．これは，統計的に有意である．

牽制的投票行動——分割投票はバッファー・プレイヤー（牽制的有権者）の投票行動の1つの形態とも言える．バッファー・プレイヤーとは，基本的に自民党政権を望んでいるが，政局は与野党伯仲がよいと考えて投票する有権者と定義しうる．世論調査などの結果をみて，与野党の伯仲状態が望ましいと考えて動く人たちである．保守性と批判性をもつバッファー・プレイヤーは新中間大衆の政治行動と考えられる．バッファー・プレイヤーには都市部の40代から50代の高学歴の人が多い．バッファー・プレイヤーの指標として，選挙区における管理職，専門職，公務員，専門・技術職従事者の割合をとった．推定の結果，選挙区により多くのバッファー・プレイヤーがいれば，分割投票が多くなる．両者の関係は統計的に有意である．

R^2の値から，公明党効果，自由党効果，候補者効果，牽制的投票などの要因で分割投票の35%が説明されることが明らかになった．分割投票の理由はいまだ不明な部分が多い．

6. おわりに

今回の衆院選の分析を通して痛感したことは，①地方での自民党の圧倒的パワー，②公明党の影響力の大きさ，③代替政党としての民主党の可能性である．

地方での自民党の強さは，ある意味では自民党のジレンマである．かつて，自民党は包括政党として，都市部を含めて幅広く支持を集めていた．投票率が高ければ自民党が有利な時代もあった．しかし，地方の固い支持基盤に頼り切り，そこに利益誘導しようとすればするほど，多数派である都市部の支持者が離れていく．「部分栄えて，全体滅ぶ」現象といえよう．都市部における支持基盤の縮小は自民党の構造的な弱点である．やがて，人口に比例した区割りが行われるだろうし，そもそも，高い投票率に脆弱であるという体質こそ問題である．

公明党の影響力の大きさとその限界についてはすでに述べた．一言つけ加えると，公明党に対する有権者の拒否度が高いことである．公明党がその影響力の使い方を間違えば，その影響力ゆえに，拒否度はさらに拡大する．逆に，成功すれば，拒否政党からの脱却も可能である．政治における「正統性」とは何か．公明党には，とりわけ重要な問いである．

今回の選挙の最大の特徴は，有権者が代替政党としての民主党を選んだことである．投票率が予想以上に低かったにもかかわらず，また，公明党の協力なしに，民

主党が都市部で健闘し，代替政党の立場を確立した．民主党の都市部での健闘は，敵失によるものである．しかし，民主党が有権者から政権を狙いうる立場を与えられたのは大きい．公明党との共闘をも視野に入れながら，次の選挙までに政権奪取の構想を提示すべきだ．各種世論調査で，民主党の支持率が，自民党に迫っているという．そのふわふわの支持をいかに「結晶化」させるかが，今後の民主党の課題である．

本稿の初出は『中央公論』2000年9月号である．地方の「王国」のネーミング高畠通敏『地方の王国』(潮出版社　1986年)による．なお，再分析の結果表1-3と表1-4に修正を加えた．

(1) 表1-3　自民党候補者得票伸び率の規定要因

従属変数＝2000相対得票率／1996相対得票率

	係数	P-値
切片	1.12	0.00
民主	−0.11	0.03
公明推薦	0.06	0.08
都市度	0.06	0.00
投票率差	−0.02	0.00

補正 $R^2=0.15$　n＝192

例えば，都市部で前回40％の得票を得た自民党候補は，投票率の影響だけで37％に減少する．

(2) 表1-4　分割投票の規定要因

従属変数＝自民党候補者小選挙区得票／自民党比例区得票

	係数	P-値
切片	0.94	0.00
公明比例票	3.98	0.00
公明推薦の有無	0.08	0.01
公明候補の有無	−0.47	0.00
自由比例票	1.07	0.01
自由候補の有無	−0.01	0.84
候補者数	−0.13	0.00
バッファープレイヤー＊	2.58	0.00
都市度	0.04	0.23

補正 $R^2=0.35$　n＝271

＊　管理職従事者割合＋専門職従事者割合＋公務員割合＋専門・技術的職業従事者割合

第2章

2000年総選挙——党首評価と投票行動

蒲島　郁夫・今井　亮佑

1. はじめに

　日本における投票行動研究では，これまで党首評価と投票行動の関連はあまり重視されてこなかった．直観的に考えると，マスメディアに登場することが多く，より豊富で明確なイメージが形成される政党リーダー，とくに首相のイメージは，投票行動に強い影響を及ぼすと予想しうる．しかし，戦後の日本では，中曽根康弘元首相らの一，二の例外を除いて，強いリーダーシップを持つ，個性ある党首を生み出してこなかったことから，党首評価は政党支持や候補者評価などと比べると，選挙結果への影響は小さいとみなされてきた（三宅，1989）[1]．ところが，2000年6月25日に実施された第42回総選挙では，党首評価が大きくクローズアップされた．強いリーダーシップを持った党首が現れたためではなく，森喜朗首相が，「神の国」「国体」発言や，選挙直前の「（無党派層は）寝ていてくれれば」発言[2]で，首相としての資質を厳しく問われたからである．

　本稿の目的は，2000年総選挙を題材に，従来あまり注目されることのなかった党首評価と投票行動の関連を明らかにすることにある．これまでの研究にはほとんどなかった視点から選挙分析を行うことによって，日本の投票行動研究に新たな理論的貢献が可能ではないか．それがわれわれの問題意識である．

　本稿で用いるデータは，1999年度東京大学法学部蒲島郁夫ゼミが，6月の総選挙直後に実施した調査結果である．蒲島らは1993年から96年にかけて7波の全国的パネル調査を実施したが，今回の調査はそれを受け継いだもので，8回目のパネル調査になる[3]．第7波調査から4年近く歳月を経ていたこともあり，被調査者の転居または死亡により多数の調査票が転居先不明で返送されてきた．しかしそれでも803名からは有効な回答を得ることができ，回収率は29.9％であった．郵送による調査であり，また回収率も低いことから，分析結果には一定の留保が必要である．しかし，2000年総選挙時の党首評価に関するデータがこの調査結果にしか存在しないことから，データの制約を考慮してもなお本研究の意義は失われないと思われる．

2. 党首評価と投票行動——先行研究

実証研究の前に，まず日・米・英の党首評価に関する先行研究を紹介しよう．すでに述べたように，日本ではこの分野の研究は少ないが，荒木俊夫らの北海道大学グループが79年総選挙，80年同日選，86年同日選に関して党首イメージと投票行動の関連を研究している．荒木らは79年，80年に，自民党の大平正芳首相，社会党の飛鳥田一雄委員長に関して，指導者の資質と考えられる11項目を5段階で評価させる質問を含むパネル調査を行い，以下のような結果を得た．①79年総選挙における，大平イメージと投票との関連性は，政党支持をコントロールしても残ってはいるが弱い．②80年には大平イメージの投票への影響は一層弱くなり，自民党支持者でありさえすれば，大平に対するイメージが好意的でなくとも自民党に投票する傾向が大きい．③飛鳥田イメージについては，79年，80年とも政党支持をコントロールすると，投票に対して独立した効果をもっておらず，社会党支持者であるか否かが，社会党投票と重要な関連性をもっていた．

　さらに彼らはパネル調査の利点を活かして，党首イメージの変化が投票の変化にいかなる影響を与えているかを分析している．79年から80年にかけて，サンプルの70％に大平イメージの上昇が見られたのに対し，飛鳥田イメージの上昇は35％の人に生じているに過ぎなかった．この大平と飛鳥田イメージ上昇の量的な差違が，自民党得票を2.3％増加させていることを明らかにした．しかし，党首イメージの変化による自民党得票増よりも，自民党へのスィングがより重要だと指摘しており，その意味では党首イメージの影響は相対的に小さいことを示唆している（荒木他，1983）．

　川人貞史は86年の同日選に際し，荒木らが行った5段階で評価させる11項目の質問と全く同一のものを尋ね，その分析を行った．中曽根イメージは政党支持をコントロールすると投票に対して独自の影響力を持っているとは言えないが，支持なし層に対しては，わずかながら自民党への投票を導く効果を持っていた．一方，社会党委員長の石橋政嗣は，飛鳥田前委員長や中曽根首相よりもアピールするものがなく，石橋イメージは社会党の得票の拡大や減少に影響しなかった（川人，1988）．

　日本と比べるとアメリカではこの分野の研究がより進んでいると言える．アメリカは大統領制の国なので，議院内閣制を採用している日本とは制度的に異なる．しかし，大統領評価と中間選挙の関連で，古くから党首評価に関する分析が行われてきた．中間選挙では，ただ1度の例外を除き大統領の政党は敗れている．もっとも，その失った議席の数は4から54議席と大きな幅がある．この現象を説明する理論として，当初は"the coattails theory"や"the surge-and-decline theory"が有力であった．前者は，大統領選挙の年には大統領の人気と，分割投票を避けようとする有権者の性向が，大統領の政党から出馬した連邦議会議員候補にとって"追い風"となる．しかし，中間選挙ではそれがないため大統領の政党から出馬した候補の多くが敗れるというものである．

　一方後者は，大統領選挙は"刺激の強い"選挙であり，情報・関心が増大し，コアな有権者だけでなく周縁的な有権者も投票に行く．しかも周縁的な有権者は強い

政党帰属意識や情報の土台をもたないため情報の影響を受けやすく,その情報が一般に当選する(可能性の高い)大統領候補者に有利なものであるため,それが大統領の政党から出馬した候補者に有利に働く.しかし中間選挙は"刺激の弱い"選挙であり,短期的な情報の影響を受けにくく,より党派的に投票するコアな有権者のみが選挙に参加し,しかも情報が必ずしも現職大統領とその政党にとって好ましいものとは限らず,これが大統領の政党に不利に働くというものである.

これに対し70年代以降は "the popularity theory", "the economic theory" といった理論が主流となった.これは大統領の人気や政府の経済パフォーマンスに焦点を当てるもので,有権者の多くは中間選挙を大統領に対するレファレンダムの機会としてとらえている,すなわち政府への信任／不信任を,大統領の政党の議会議員候補への投票によって示そうとしていると考える理論である.こうして,大統領評価と中間選挙での有権者の投票行動の関係が分析されるようになった[4].

J. ピアソンは,「大統領評価は様々なレベルの選挙における投票決定に影響を与えている」という仮説を立て,その検証を行った.強い民主党支持,弱い民主党支持,無党派,弱い共和党支持,強い共和党支持というように政党帰属意識を5段階に分け,大統領評価についても感情温度に従い0-25, 26-50, 51-75, 76-100の4つに分けた.この政党帰属意識と大統領評価でクロス集計表をとり,できた20のコラムそれぞれについて大統領の政党(共和)に投票した有権者の割合を測定した.表2-1は下院選挙の分析結果である.

表2-1 大統領評価と下院投票；政党帰属意識・大統領感情温度ごとの共和党候補者への投票割合 (1970)

	ニクソン大統領評価				相関係数
	非好意的		好意的		
	00-25	26-50	51-75	76-100	
強い民主党	9% (68)	6% (65)	13% (30)	23% (13)	.09
弱い民主党	28% (21)	26% (54)	24% (51)	8% (25)	.08
無党派	12% (25)	46% (48)	40% (52)	60% (51)	.25
弱い共和党	※	91% (12)	80% (35)	82% (74)	.02
強い共和党	※	※	93% (15)	96% (72)	.07
相関係数	.17	.55	.55	.63	

※ 少サンプル ( )内はサンプル数

共和党支持者にも民主党支持者にも,ニクソン評価が上がるにつれ共和党候補への投票の割合が大きくなるという傾向は見られず,政党帰属意識を持つ人は大統領に対する評価にかかわらず自分の帰属する政党に投票している.一方,政党帰属意識を持たない層に関しては,共和党候補に投票する割合は大統領評価が高まるにつれ大きくなっており,無党派層の投票決定の過程で大統領評価が何らかの役割を果たしているのは明らかである.「この結果は中間選挙が連邦政府のパフォーマンスに

対するレファレンダムとなっていることを実証するものではないが，少なくとも選挙の結果が大統領の政策の成功／失敗に敏感であることを示唆するものである」としている (Pierson, 1975).

A.アブラモヴィッツは，アメリカ議会の中間選挙での有権者の投票行動に対する経済状況と大統領評価の効果を測定するために，74年，78年，82年の3回の中間選挙を対象にした分析を行った．その結果，3回の中間選挙のいずれにおいても，大統領評価が連邦議会議員候補の投票に有意な効果を持っていることを示している．

さらに彼は，この3回のアメリカ中間選挙に関し，家計・経済評価が大統領評価に影響を及ぼしているのではなかろうかという仮説を検証した．従属変数は大統領評価，独立変数は家計・経済評価に関する指標と，政党帰属意識，保革自己イメージ，争点認識である．なお74年のニクソン評価に関しては，ウォーターゲート・スキャンダルについての有権者の意見も独立変数に加えている．分析の結果，74年はウォーターゲート・スキャンダルに関する意見がニクソン評価に圧倒的に大きな影響をもち，かなり厳しい不況下にあったにもかかわらず，経済指標はいずれもニクソン評価に有意な影響を与えなかった．78年は大統領評価への経済状況の影響はあったものの弱く，カーター評価に有意に影響したのは家計・経済の将来見通しのみであった．82年は経済争点が選挙に顕著に現れ，家計の将来見通しと経済の現状評価，将来見通しがレーガン評価に有意な影響を与えたのである (Abramowitz, 1985).

イギリスは日本と同じ議院内閣制の国であり，制度上は本稿の分析に援用できるようなモデルが存在しうる．しかし，イギリスではアグリゲート・データが多用され，有権者1人1人を対象とした調査データの分析を行っている研究は少ない．しかも，首相評価としていわゆる「感情温度計」ではなく，「党首イメージ」を用いているので，日本とアメリカの間の違い以上の差がある．そのような中，M.スチュワートとH.クラークは，政党リーダーの影響が過小評価されているのは正当ではないとして，87年のイギリス総選挙を対象に党首イメージの政党選択への影響について分析した．分析の結果，ある党の党首イメージが良く，他党の党首イメージが悪いと，党首イメージの良い党に投票する傾向があることが明らかとなった (Stewart and Clarke, 1992).

以上の研究結果から，日本では投票行動に及ぼす党首評価の影響は小さいこと，アメリカとイギリスでは党首評価は投票行動に一定の影響力があることがわかる．それでは次節で2000年総選挙における党首評価と投票行動の関連を，主にピアソンの使用した枠組みを用いて分析してみよう．

3. 党首評価と投票行動

蒲島は別稿で2000年総選挙の結果を分析した際，次のような推論をしている．比例区では有権者は政党名で投票するために首相評価の影響がよりストレートに反映する．一方小選挙区の場合は，有権者は候補者名で投票するので，自民党は支持で

きないが○○候補は好きだと考える有権者にとって，首相評価の効果は間接的で希薄になる（蒲島，2000）．この蒲島の推論をサーヴェイデータを用いて検証するために，投票政党と党首評価の関係を，小選挙区と比例区を対比させる形で分析する[5]．また，小選挙区では間接的に，比例区では直接的に首相評価が投票に影響するのであれば，首相に対する評価の低い人が，小選挙区では自民党の候補に投票し比例区では自民党から離反する可能性がある．このように党首評価は分割投票にも影響を与えていると考えられるのでその分析も行う．なお，われわれの分析では，党首評価の尺度は党首に対する感情温度を用いている[6]．感情温度は党首に対する好感度（あるいは拒否度）を表すもので，党首に対する総合的な評価の指標であると仮定した．

(1) 政党支持，党首評価，投票政党

表2-2は自民党，民主党，公明党の支持者及び無党派層に関して，それぞれの支持者集団における党首感情温度の平均を測定したものである[7]．注目されるのは森首相に対する評価の低さと，それとは対照的な小渕恵三前首相に対する高い評価である．民主党支持者（24.7）や無党派層（25.9）はもちろんのこと，自民党支持者（49.4）や連立政権のパートナーである公明党支持者（47.9）も森首相の評価が低い．この森首相に対する評価と比べると，小渕前首相に対する評価は平均20ポイントほど高い．具体的には，自民党支持者では66.0，公明党支持者では74.1に至っている．4月に急病に倒れ，そのまま帰らぬ人となってしまった前首相に対する同情と，首相としての資質に疑問が投げかけられた森首相の不人気ぶりが明快な形で現れている．無党派層は民主党支持者と評価の形態がよく似ている．無党派層ではその平均が民主党支持者と比べ10ポイントほど低いものの，鳩山由紀夫民主党党首を4人の党首の中で最も高く評価しており，しかも好意的評価をしているのは鳩山党首のみである．

表2-2　支持政党ごとの党首感情温度平均

支持政党	自民党評価	森首相評価	鳩山評価	小沢評価	小渕評価	N
自民党	69.1	49.4	38.9	39.3	66.0	240
民主党	37.6	24.7	62.0	40.6	49.9	116
公明党	52.4	47.9	35.6	46.5	74.1	17
無党派	39.2	25.9	50.7	40.0	48.0	117

次に，ピアソンの枠組を用いて，党首評価が投票に及ぼす影響について分析しよう．表2-3は，ピアソンの方法に従って，森首相に対する感情温度を25度ずつ4つに区切りその区分ごとの自民党投票者の割合を求めたものである．

まず，自民党支持者の森首相評価と自民党への投票の関係を見てゆこう．自民党

表2-3 ピアソンモデル——政党支持，党首評価と投票

	森首相評価				相関係数
	非好意的		好意的		
	00-25	26-50	51-75	76-100	
自民党支持者					
(小選挙区)	69% (45)	85% (113)	82% (51)	96% (27)	0.20**
(比例区)	53% (45)	76% (115)	87% (52)	89% (28)	0.29**
無党派層					
(小選挙区)	24% (63)	31% (48)	※	※	0.16
(比例区)	6% (63)	15% (48)	※	※	0.34**

※ サンプル数10未満　( )内はサンプル数　**p<.01

支持者で，小選挙区で自民党候補[8]に投票した割合は，森首相への感情温度が0から25では69%，26から50では85%，51から75では82%，76から100では96%となっている．森評価が高くなるにつれて自民党候補への投票割合が大きくなっており，両者の相関係数[9]は.20で統計的に有意である．一方，比例区で自民党に投票した割合は，森首相感情温度が0から25では53%，26から50では76%，51から75では87%，76から100では89%となっている．自民党への投票と森評価との関連は小選挙区よりも鮮明で，両者の相関係数も.29と相対的に高い．

無党派層の森評価は極めて低い．表2-2で無党派層の森評価の平均が25.9と低いことを示したが，表2-3を見ると，ほとんどの無党派層の森評価が50以下であることがわかる．まず小選挙区では，森首相への感情温度を0から25とした無党派層の24%，26から50とした中の31%が自民党候補に投票している．森評価と自民党候補への投票との相関係数は.16と正の相関を示しているが統計的に有意ではない．一方比例区では，自民党に投票した無党派層の割合は，森首相感情温度が0から25では6%，26から50では15%であった．森評価が上がるにつれ自民党への投票の割合も大きくなっている．実際，森評価と与党への投票との間の相関係数は.34と相対的に高く，統計的に有意である．

アメリカでピアソンが行った分析の結果との比較も含めて，森首相評価と自民党への投票との関係について考察を加えてみよう．アメリカの70年の下院中間選挙に関してピアソンが行った研究では，共和党もしくは民主党に帰属意識を持つ人の大統領評価と共和党候補への投票の相関係数は.10に満たない微小のものであり，政党支持なし層の大統領評価と共和党候補への投票のみ.25と強い相関を持っていた．つまり政党帰属意識を持つ人の投票選択には大統領評価は影響を与えておらず，政党支持なし層にのみ大統領評価の影響が見られた．これに対し2000年総選挙での自民党支持者の森首相評価と自民党への投票の相関係数は小選挙区で.20，比例区で.29とアメリカで政党帰属意識を持つ人の相関係数よりはるかに高い．アメリカの政党帰属意識と日本の政党支持とは全く同一の概念ではないためそのまま比較すること

には注意が必要であるが，それでもやはり日本ではアメリカとは異なり支持政党を持つ人についても与党（自民党）への投票に首相評価の影響が見られる．無党派層に関しては，比例区ではアメリカ同様首相評価の影響が見られるが，小選挙区では影響はないという結果になった．自民党支持者にせよ無党派層にせよ，首相評価の自民党への投票に及ぼす影響は小選挙区よりもむしろ比例区で大きい．これは，小選挙区では多少首相評価が低くともいわゆる候補者要因が働いて自民党候補に投票する人がいるということによるものであり，比例区では小選挙区よりも首相イメージの影響がストレートに反映されるとした蒲島の推論を支持する結果である．

(2) 党首評価と分割投票

有権者は小選挙区での投票，比例区での投票と，2票を持っている．この2票の使い方は，①小選挙区，比例区とも自民党に投票，②小選挙区では自民党，比例区では非自民に投票，③小選挙区では非自民，比例区では自民党に投票，④小選挙区，比例区とも非自民に投票の4つのパターンに分けることができる[10]．この4種の投票と森首相評価には何らかの関係が見られるのであろうか[11]．

表2-4　ピアソンモデル——2票の使い方

	森首相評価				相関係数
	非好意的		好意的		
	00-25	26-50	51-75	76-100	
小選挙区自民党投票者の比例区での歩留り率	52% (56)	75% (116)	98% (43)	96% (24)	.38**
比例区自民党投票者の小選挙区での歩留り率	91% (32)	92% (95)	88% (48)	88% (26)	−.03

（　）内はサンプル数　**p<.01

表2-4は，2票の使い方に関してピアソンの枠組を応用して分析したものである．ピアソンがアメリカで行った分析は，大統領評価と共和党候補への投票との関係を政党帰属意識別に明らかにするというものであった．これは，共和党に帰属意識を持つ人に関しては大統領評価ごとの「歩留り率」を求めていることに他ならない．そこで本稿ではこれを応用して小選挙区・比例区の2票の使い方について分析する．すなわち，小選挙区で自民党候補に投票した人が比例区でも自民党に投票するという歩留り率を，党首感情温度ごとに求めるのである．

小選挙区で自民党候補に投票した人が比例区でも自民党に投票するかどうかには，森首相に対する評価が大きく影響している．小選挙区でも比例区でも自民党に投票したのは，森首相感情温度が0から25の人の52%，26から50の人の75%，51から75の人の98%，76から100の人の96%である．小選挙区で自民党候補に投票した人は森首相を好意的に評価していればほぼ確実に比例区でも自民党に投票しているのだ

が，森評価が低くなるにつれて比例区で自民党に投票する割合は小さくなり，森首相に対する感情温度が0から25の場合はおよそ2人に1人が比例区では非自民に投票する分割投票を行っている．森評価と比例区での自民党への分留り率との相関係数は.38と高い．小選挙区で自民党候補に投票しても，比例区で自民党に投票するかどうかは森首相に対する評価にかかっており，この場合にも比例区での投票選択に森評価の影響が大きかったと言うことができる．

比例区で自民党に投票した人の小選挙区での自民党候補への投票割合は，森首相評価とはほとんど関係ない．両者の相関は-.03で統計的に有意でない．つまり，比例区で自民党に投票するかどうかという選択に森首相評価は影響しているのであり，比例区で自民党に投票した人の小選挙区での投票選択に森評価は全く効果を持っていないのである．

4. 2000年総選挙と党首評価

(1) 仮説と分析手法

前節では様々な角度から2000年総選挙時の党首評価について見てきた．その結果として言えることは，2000年総選挙での投票行動には党首評価の影響があり，その影響は比例区においてより大きいということである．そこで本節では，党首評価と投票行動の関係を，多変量解析を用いて再確認する．分析を行う際の仮説は次のようになる．

仮説1：2000年総選挙での有権者の投票行動に党首評価は影響を与えている．しかもその影響は小選挙区よりも比例区に顕著に見られる．

仮説2：党首評価は2票の使い方，いわゆる分割投票にも影響を与えている．とりわけ，小選挙区で自民党候補に投票した人が比例区でも自民党に投票するか否かに影響を及ぼしている．

仮説3：森首相に対する評価には内閣業績評価,「神の国」「国体」など一連の発言に対する評価，自公保という連立の枠組に対する評価が影響を与えており，中でも発言に対する評価の影響が最も大きい．

仮説1を検証するモデルの従属変数は小選挙区での自民党候補者への投票，比例区での自民党への投票の2つである[12]．独立変数は，党首評価（森首相評価，鳩山党首評価，小沢党首評価，小渕前首相評価），及びコントロール変数としての自民党支持と保革自己イメージである．小選挙区モデルでは，その他に候補者要因（選挙区の人々のために補助金を獲得するなど尽くしてくれる候補，地域との関わりの深い候補，後援会に加入している候補，立派な資質を備えている候補）を加えた．従属変数のカテゴリーが1か0であるので，ロジット分析を用いて推定する．

仮説2を検証するモデルの従属変数は，小選挙区で自民党候補に投票した人の比例区での投票政党[13]，独立変数は党首評価及びコントロール変数としての自民党支

第2章 2000年総選挙——党首評価と投票行動

表2-5 2000年総選挙における党首評価の影響

	小選挙区		比例区	
	B	Wald	B	Wald
(定数)	−7.43	60.25***	−3.73	30.76***
コントロール変数				
自民党支持	1.90	25.64***	4.60	73.27***
保革自己イメージ	.86	1.50	.67	.81
党首評価				
森首相評価	.97	1.68	4.12	20.76***
鳩山党首評価	−3.49	20.34***	−3.94	18.42***
小沢党首評価	−.08	.01	−2.34	8.74**
小渕前首相評価	2.92	12.08***	1.45	2.42
候補者要因				
補助金	1.01	2.96	—	—
地域との関わり	3.12	30.13***	—	—
後援会	3.47	15.26***	—	—
立派な資質	1.62	6.35*	—	—
N	532		542	
−2LogLikelihood	324.18		270.86	
的中率	86.5%		90.2%	

* p<.05　** p<.01　*** p<.001

持と保革自己イメージである．

仮説3を検証するモデルの従属変数は森首相への感情温度である．独立変数は，小渕・森内閣業績評価（経済），森首相発言評価，自公保連立枠組評価，及びコントロール変数としての自民党支持，保革自己イメージである．従属変数が連続尺度なので通常の最小2乗法による回帰分析を用いる．なお，独立変数の定義については注を参照されたい[14]．

（2）党首評価と候補者・政党選択

ロジット分析による推定結果が表2-5に示されている．結果は，われわれの仮説を支持するものである．つまり党首評価は2000年総選挙での有権者の投票行動に影響を与えており，しかもその影響は小選挙区よりも比例区に顕著に見られる．

小選挙区では，鳩山党首を低く，小渕前首相を高く評価し，地域との関わりの深い候補，立派な資質を持つ候補として自民党候補を挙げ，自民党候補の後援会に加入している人が，自民党候補に投票する確率が高い．森首相に対する評価は有意な影響を与えていない．小渕評価が同情効果により高くなっていると仮定すると，亡くなった小渕前首相への同情が小選挙区では自民党への投票にプラスに働いたと言える．小渕前首相に対する同情を森首相の一連の発言が帳消しにしたというのが一

般的な見解であるが，本稿の分析結果からは森首相に対する評価は少なくとも小選挙区では影響を及ぼさなかったことがわかる[15]．

候補者要因として投入した4変数のうち3つが有意な影響を与えているが，これは小選挙区では党首評価より候補者要因の方が大きい影響を与えたということであり，前節で予想したとおりの結果である．なお，このモデルの全体としての的中率は86.5%と高い．

比例区では，森首相評価，鳩山党首評価，小沢一郎自由党党首評価，及びコントロール変数としての自民党支持が有意な影響を与えている．森首相を高く，鳩山党首，小沢党首を低く評価する有権者ほど比例区で自民党に投票している．比例区では政党支持をコントロールしてもなお森評価が有意となっているということは，森首相に対する評価が小選挙区での自民党候補への投票には結びつかなかったが，比例区での投票には直結しているということを物語っている．これは，小選挙区よりも比例区で党首評価の影響が大きいとした仮説1を支持する結果である．森首相に対する評価の低さはこれまで見てきたとおりであるが，その低い評価が2000年総選挙の比例区での自民党の低迷の原因であったことがこの分析により改めて実証された．比例区モデルの的中率は小選挙区モデルより高く90.2%であった．

(3) 党首評価と分割投票

前節のピアソンの枠組を用いた分析で，森首相評価が分割投票に影響を与えていることが示唆された．そこで，ロジット分析によりこの点を検証してみたい．

分析の結果は，やはり我々の仮説2を支持するものである．森首相評価のみなら

表2-6 小選挙区自民党投票者の分割投票（ロジット分析）

	B	Wald
(定数)	1.27	1.66
コントロール変数		
自民党支持	−2.83	13.85***
保革自己イメージ	−1.00	.98
党首評価		
森首相評価	−4.42	10.02**
鳩山党首評価	2.84	4.44*
小沢党首評価	3.48	10.43**
小渕前首相評価	−.59	.20
N		202
-2LogLikelihood		140.61
的中率		84.2%

* $p<.05$　** $p<.01$　*** $p<.001$

ず鳩山，小沢両党首評価も分割投票に影響を与えていることがわかる．森首相を評価せず，鳩山党首，小沢党首を評価する人ほど，小選挙区では自民党候補に投票しながら比例区では非自民に投票しているのである．

（4）森首相評価の源泉

以上の分析の結果，森首相評価が比例区での自民党への投票に政党支持をコントロールしてもなお大きな影響を与えていることが明らかとなった．では，森首相に対する評価の源泉は何か．どのような人が森首相を高く評価し，またどのような人が低く評価したのであろうか．われわれの仮説は，経済面での内閣業績評価[16]，「神の国」「国体」など一連の発言に対する評価，自公保という連立枠組に対する評価の3つが森評価に関連しており，その中でもとりわけ「神の国」「国体」などの一連の発言が影響を与えたというものである．小渕前首相が脳梗塞に倒れ森政権が急遽発足したが，当初は前首相に対する同情からそれなりに高い支持を得ていた．それが

表2-7　森首相評価（回帰分析）

独立変数	B	標準誤差	t
（定数）	6.00	1.89	3.18**
自民党支持	6.39	1.94	3.29**
保革自己イメージ	8.93	3.45	2.59*
内閣業績評価（経済）	15.90	3.55	4.48***
森首相発言評価	37.85	3.70	10.25***
自公保連立枠組評価	21.92	3.45	6.35***

調整済み $R^2 = .50$
N = 585
* $p<.05$　** $p<.01$　*** $p<.001$

「発言」以降急速に低下したのは周知のことである．

表2-7がその分析結果である．調整済み R^2 の値は.50と高く，このモデルで森首相に対する評価の決定因の半分を説明することができる．分析に投入した内閣業績評価（経済），発言評価，自公保連立枠組評価，及びコントロール変数としての自民党支持，保革自己イメージの5変数すべてが森首相に対する評価に統計的に有意な影響を与えている．経済面での内閣の業績，森首相の一連の発言，自公保という連立の枠組を評価する人ほど，森首相を高く評価している．森評価に対する影響の相対的な大きさを比較すると，やはり発言の影響が最も大きい．他の条件を一定にした時，発言を全く評価しない人が評価するに変わると森首相感情温度が37.9ポイント高くなる．国民中から不評を買った一連の発言は森首相評価をこれほどまでに失墜させていたのである．比例区での自民党への投票に森評価が影響を与えていたことから，発言に対する不評が森評価を著しく低下させ，それが自民党の比例区での

低迷につながったと結論づけることができる．2000年総選挙での自民党敗北の一因が森首相の一連の発言にあったことをこの分析は示唆している．

5. 結論と含意

本稿の目的は，現職首相の資質が問われた2000年総選挙を題材に，従来あまり注目されることのなかった党首評価と投票行動の関連を明らかにすることであった．分析の結果，以下のことが明らかとなった．

（1）2000年総選挙時の森首相評価は自民党支持者の間でさえ低い．それとは対照的に小渕前首相に対する評価はどの政党の支持者においても高い．これは，亡くなった小渕前首相に対する同情と，その後を継いだ森首相の不人気ぶりを表している．

（2）政党要因を排除した党首評価の影響をみるために，自民党支持者と無党派層の投票行動をまず分析した．自民党支持者でも森評価の低い人は自民党から離反する傾向が強い．無党派層の場合，比例区での自民党投票と森評価に関連があるが，小選挙区での投票選択と森評価には統計的に有意な関連がなかった．自民党支持者，無党派層いずれの場合も，小選挙区より比例区で党首評価の投票に及ぼす影響が大きかったということは重要な発見である．

（3）続いて，党首評価と投票行動の関係について多変量解析を行った．比例区での投票には党首評価の影響が大きく現れている．自民党への投票には政党支持をコントロールしてもなお森評価が影響を与えている．比例区では森首相を評価しない人は自民党から離反したのである．第一野党の鳩山民主党党首への評価と小沢自由党党首への評価は自民党投票に負の影響を与えている．一方，小選挙区では，森評価と投票の関連は統計的に有意ではなかった．

（4）小選挙区，比例区の2票の使い方，いわゆる分割投票と党首評価の関係も分析した．党首評価は2票の使い方にも影響を与えている．小選挙区で自民党候補に投票した人が比例区でも自民党に投票するかどうかには，森首相に対する評価が大きく影響している．逆に，比例区で自民党に投票した人が小選挙区で自民党候補への投票するかどうかは，森評価とは関連はない．

（5）森首相に対する評価の源泉は何か．経済面での内閣の業績，森首相の一連の発言，自公保という連立の枠組が森評価に影響を与えている．森評価に対する影響の相対的な大きさを比較すると，やはり発言評価の影響が最も大きい．比例区での自民党への投票に森評価が影響を与えていたことから，発言に対する不評が森評価を著しく低下させ，それが自民党の低迷につながったと結論づけることが可能である．2000年総選挙の比例区での自民党敗北の原因が森首相の一連の発言にあったことを統計的に実証した．

日本における投票行動研究ではこれまで必ずしも大きく扱われてきたとは言えない党首評価と投票行動の関係について，海外での研究動向にも目を配りつつ，様々

な角度から分析した．この研究結果からは，自民党への投票に関して，政党名を書いて投票する比例区では党首評価が影響を与えていることは明らかである．しかも，従来は党首評価の観点から論じられることのなかった分割投票にも影響を与えていることを示した．もちろん用いたデータにバイアスがあることや，2000年という1回の総選挙を対象とした分析であることのため，研究結果に留保をつける必要があるのは確かである．しかし，本稿における分析の結果明らかとなったことはこれまでの研究成果にはない新しい知見であり，その意味で本研究は日本の投票行動研究に新たな1ページを書き加えたのではなかろうかと思う．

テレビや新聞等メディアを通じて有権者の前に登場することの多い政党のリーダーは，他の政治家に比べてそれだけ評価の対象になりやすい．しかし中選挙区制の時代は，政党や党首は候補者を通して間接的に影響を及ぼしているに過ぎなかったため，政党のリーダーに対する評価が選挙結果に及ぼす影響も間接的なものであった．それが小選挙区比例代表並立制に変わったことにより，状況は一変した．党首評価は政党に対する評価に結びつくが，この党首評価や政党評価は政党名で投票する比例区でより大きな影響力を持つのである．

図2-1　投票行動における党首評価モデル

```
(比例区) 党首の行動→マスメディア→有権者の党首イメージの確立→政党選択

(小選挙区) 党首の行動→マスメディア→有権者の党首イメージの確立→候補者選択
                                                              ↑
                                                          候補者要因
```

投票行動における党首評価モデルは図2-1のように示すことができる[17]．党首の行動はマスメディアを通じて有権者に伝えられ，有権者はそれをもとに党首イメージを確立する．比例区では政党名で投票するために党首イメージが直接投票行動に影響する．しかし，小選挙区では候補者名で投票するため選挙区の候補者イメージが候補者選択に直接的な影響を与え，党首イメージの影響は相対的に小さくなる．さらに，他党との選挙協力が行われればより一層党首イメージは希薄化する．

しかも，投票行動や選挙結果に党首評価が影響を及ぼすかどうかには，選挙制度の問題に加えて，「党首評価の方向」つまり人気か不人気かが関わってくると思われる．北海道大学グループが行った研究によると，支持が高かった中曽根に対するイメージは自民党支持者の投票行動には影響を与えないが無党派層には影響を与えていること，大平首相の急死への同情は80年総選挙での自民党の得票増に結びついていることが明らかとなっている．今回2000年総選挙に関して本稿で行った分析では，小選挙区での投票に小渕前首相に対する同情が見られたこと，比例区では森首相に対する不人気が自民党離れを引き起こしていたことが明らかになった．

つまり，先行研究と本稿の分析結果とを考え合わせると，日本の党首評価と投票行動については，次のように一般化することができる．①現職首相の不慮の死は，与党に対する同情票に結びつく可能性がある．②首相の高い人気よりも不人気の方が投票行動や選挙結果に重大な影響を及ぼす．なぜなら，首相の高い人気は自民党支持者の動員には結びつかないが，無党派層の動員には結びつく．一方首相が不人気の時には，無党派層の自民党離れはもちろんのこと，自民党支持者でさえ自民党から離反するからである．

　これまで日本の政治では政治的リーダーが重視されてきたとは必ずしも言えない．一国の首相となる自民党の総裁が，党内派閥の力関係などを背景に決められるというのはまさにリーダーシップの軽視を象徴する出来事と言える．小渕前首相が倒れた後，後継には一部の幹部の意向で森首相が選ばれた．この後継人事は政治家，首相としての資質によるというよりも，自民党内の力関係によるということは否めない．資質軽視のリーダー選出の結果が首相の数々の失言であり，また総選挙での自民党の敗北であった．

　本研究結果が示すように党首イメージが重要であれば，これからは自民党も政治リーダーを重視せざるを得なくなるであろう．2000年総選挙に関しては，森首相に対する評価が比例区のみで見られるという結果になったが，これは小渕前首相に対する同情の存在や，小選挙区での自民党候補やその後援会の頑張り，そして公明党の選挙協力によるところが大きい．今後，後援会組織の弛緩によりますます有権者と候補者との間に距離ができると，首相評価の影響は比例区のみには止まらず，小選挙区での投票にも大きく影響を及ぼすようになると考えられる．選挙に勝たなければ政党は政権をとることはできない．政権をとることを目標にするのであれば，政党は優れた資質を持った人をリーダーとする必要がこれからはますます大きくなる．

　党首の不人気が選挙の結果に大きな影響を及ぼすという図2-1の党首評価モデルを仮定すれば，これからの権力闘争が党首の負のイメージを作り出すためのスキャンダル合戦となる可能性がある．それを避けるためには，政治家の自覚，マスメディアの良識，そして有権者の判断の確かさが求められよう．

本稿の初出は『選挙研究』第16号（2001）年である．
（1）　三宅はその上で，内閣の政策に大きな変化がないとすると，首相の個人イメージの違いは多少認知され，政治的効果を持っていること，さらに有権者へのアピールをねらった新しいタイプのリーダーが登場してきたことから，リーダーイメージの効果を無視することはできないとしている．
（2）　「神の国」－5月15日，神道政治連盟国会議員懇談会（会長，綿貫民輔衆議院議員）の結成30周年記念祝賀会で行った挨拶の中で，「…日本の国，まさに天皇を中心とする神の国であるぞ…」と発言．朝日新聞2000年5月16日付夕刊．
　「国体」－6月3日，松山市内で開かれた自民党愛媛県連主催の演説会で，共産党が政権

に入る可能性に関連して,「どうやって日本の国体を守ることができるのか」と発言. 朝日新聞2000年6月5日付朝刊.
「(無党派層は)寝ていてくれれば」－6月20日, 新潟市内での講演で, 有権者の投票態度について,「まだ決めていない人が40％ぐらいある. そのまま(選挙に)関心がないと言って寝てしまってくれれば, それでいいんですけれども, そうはいかない」と発言. 朝日新聞2000年6月21日付朝刊.
(3) 蒲島(1998)などを参照.
(4) アメリカにおける議論の展開については(Campbell, 1985)を参照した.
キャンベルはこの論文で "the coattails/ surge-and-decline theory" と "the popularity/ economic theory" の2つの理論とその融合形で, 10回の中間選挙でのその2年前の大統領選挙と比較しての議席喪失を説明しようとしている.
(5) 本稿の分析, 特に小選挙区での投票に関する分析については, データの問題から次の点に注意が必要である. 調査では, 2000年総選挙での小選挙区の投票政党を,「6月25日投票の衆院選の小選挙区では, あなたはどの党の候補者に投票しましたか. 1つ選んで○をつけてください」という形で尋ね, 自民党, 民主党, 公明党, 共産党, 保守党, 自由党, 社民党, その他, 無所属, 棄権のうち1つに○をつけてもらった. 投票候補者名を尋ねていないため, 回答者が投票候補の政党を誤解していたのか, 当該選挙区でその政党の候補が立候補していないというのが60サンプルあったので, これは分析から除外した. 無所属の候補に投票したと答えた人の選挙区から無所属候補が2名立候補しており, どちらに投票したのか特定できなかった3サンプルも除外した. 広島2区在住の回答者5名が無所属候補に投票したとしていたが, この選挙区からは無所属候補は立候補しておらず, 無所属の会の粟屋敏信が出馬していた. このため, この5名は粟屋に投票したものと推定して, 分析からは除外しなかった.
(6) 感情温度に関する質問文は次のとおりである.
「あなたの政党や政治家に対する好感度をお聞きします. 好感も反感も持たない時は50度, 好意的な気持ちがあればその強さに応じて50度から100度, また, 反感を感じていれば, 0度から50度のどこかの数字を答えてください.」
この質問文で森喜朗首相, 鳩山由紀夫民主党党首, 小沢一郎自由党党首, 故小渕恵三首相の4人と, 自民党, 民主党, 公明党, 共産党, 自由党の5党に対する評価を尋ねた.
(7) 感情温度計の質問に欠損データがなく, 小選挙区・比例区ともに投票したサンプルのみを分析対象としている.
(8) 2000年総選挙の分析を行うにあたっては, 1つの重要な問題がある. 自民, 公明, 保守の与党3党による選挙協力である. 小選挙区では自公保の与党3党が選挙協力をしているので,「自公保」という与党候補で考えることもできるが, 本稿の分析では煩雑さを避けるためにすべて自民党候補とし, 自民党候補への投票に関する分析では公明党, 保守党候補に投票した回答者を除外した. ただ, 分析対象者の中で公明党候補に投票したのが1名, 保守党候補に投票したのが4名しかいないので, どの分析結果に関しても与党候補とした場合も結果自体は変わらなかった.
(9) 本稿のピアソンモデルによる分析においては, アメリカでのピアソンの分析にならい積率相関係数を求めた. しかし, 投票は0, 1という値で与えられる質的データであるので, 順位相関係数を用いる方がよい. そこで, 感情温度を, 0-25を1, 26-50を2, 51-75を3, 76-100を4という形で質的データに変換し, スピアマンの順位相関係数を求めた.

だが結果は，表2-3の上から.16（＊＊），.26（＊＊），.08，.31（＊＊）と，積率相関係数を求めた結果と変わらなかった．
(10) 小選挙区で自民党候補に投票した人の中には，与党の選挙協力により投票した人も含まれる．実際，小選挙区では自民党候補に投票したが比例区では公明党に投票した人が19名，保守党に投票した人が1名いた．これは，この分析で考察しようとしている分割投票とは意味合いの異なる分割投票である．そこで，表2-4の分析では，小選挙区で公明党，保守党候補に投票したサンプルだけでなく，比例区で公明党，保守党に投票したサンプルも除外した．
(11) 政党，党首評価に関して2票の使い方ごとに平均を求めたのが次の表である．

表2-8　2票の使い方と党首評価

2票の使い方（小・比）	自民党評価	森評価	鳩山評価	小沢評価	小渕評価	N
①自民・自民	71.5	51.3	35.6	35.2	66.9	181
②自民・非自民	53.7	30.9	46.2	50.4	54.3	58
③非自民・自民	67.0	53.8	47.9	46.1	69.5	20
④非自民・非自民	35.3	23.0	54.7	40.4	45.8	311

たとえば，小選挙区で自民党候補に投票し，比例区で非自民に投票した集団は，両方自民党に投票した集団と比べて自民党評価，森評価，小渕評価が低く，鳩山評価，小沢評価が高い．この差はいずれも1％水準で統計的に有意である．
(12) 小選挙区で自民党候補に投票した人を1，非自民，非公明・保守に投票した人を0．比例区で自民党に投票した人を1，非自民，非公明・保守に投票した人を0とした．なお，いずれの分析においても公明党，保守党へ投票したサンプルを除外している．
(13) 小選挙区，比例区ともに自民党に投票した人を0，小選挙区では自民党候補，比例区では非自民に投票した人を1とした．
これも比例区で公明党，保守党へ投票したサンプルを除外している．
(14) 独立変数のコーディングは以下のとおりである．
コントロール変数
自民党支持－自民党支持者を1，無党派層を0.5，非自民支持者を0とした．
保革自己イメージ－1が最も革新的，10が最も保守的で，10段階で回答してもらったものを，最も革新的が0，最も保守的が1となるように改めた．
党首評価
党首に対する好感度を0度から100度の間で測ったが，それをすべて100で割ることにより，最小0，最大1に改めた．
候補者要因
「あなたの選挙区から出馬した立候補者についてお聞きします．次のことがらに当てはまる候補者がいれば，それぞれ○をつけて下さい」として，「この選挙区の人々のためにふだんから道路の整備とか，補助金の獲得などで尽くす候補者」，「この地域の出身であるなど，特に関わりの深い候補者」，「あなたが後援会に加入している候補者」，「国のリーダーとして立派な資質を備えている候補者」の4項目について質問した．自民党，民主党，公明党，共産党，自由党の5党の候補者のうち，各項目にあたると思う候補者がいた場

合，その党に○をつけてもらうことにした．
小選挙区での自民党候補への投票の分析では，各項目で自民党候補が該当するとした場合1，誰も該当しないとした場合0.5，非自民の候補が該当するとした場合0とした．複数回答や，その選挙区から立候補していない政党の候補を答えている場合は，サンプル数の減少を避けるために除外せず0.5とした．

内閣業績評価（経済）－「景気対策など経済面での政府の実績をどう評価しますか」という質問に対し，大いに評価するとした人を1，ある程度評価するとした人を0.67，あまり評価しないとした人を0.33，全く評価しないとした人を0とした．
森首相発言評価－「森首相の『神の国』・『国体』発言をどう評価しますか」という質問に対し，大いに評価するとした人を1，ある程度評価するとした人を0.67，あまり評価しないとした人を0.33，全く評価しないとした人を0とした．
自公保連立枠組評価－「自民・公明・保守という政権の枠組をどう評価しますか」という質問に対し，大いに評価するとした人を1，ある程度評価するとした人を0.67，あまり評価しないとした人を0.33，全く評価しないとした人を0とした．

(15) 選挙結果を見る限り，小選挙区の中でも都市部では森首相評価が自民党に負の影響を与えたのではないかと考えられる．そこで，93年総選挙の時点で居住する市町村の人口が25万人以上であった236名に関して小選挙区での自民党候補への投票の分析を行ってみた．その結果，やはり森首相評価は自民党候補への投票に統計的に有意な影響を与えていなかった．

(16) 業績評価については，調査では全般的な内閣業績評価と経済面での内閣業績評価を尋ねた．しかし経済面での評価は全般的評価に含まれると考えられるので，両方は分析に入れず経済面での評価のみ入れることにした．

(17) K.L. ハッカーの A Basic Model of Candidate Image Formation の図を参考にして作成した（Hacker, 1995）．

参考文献（アルファベット順）

Abramowitz, Alan I. 1985."Economic Conditions, Presidential Popularity, and Voting Behavior in Midterm Congressional Elections", *Journal of Politics*, 47, pp.31-43.
荒木俊夫，相内俊一，川人貞史，蓮池穣．1983．『投票行動における連続と変化』木鐸社．
Campbell, James E. 1985."Explaining Presidential Losses in Midterm Congressional Elections", *Journal of Politics*, 31, pp.965-79.
Hacker, Kenneth L. 1995. "Interpersonal Communication and the Construction of Candidate Images", Hacker, Kenneth L. ed, *Candidate Images in Presidential Elections*, PRAEGER.
蒲島郁夫．1998．『政権交代と有権者の態度変容』木鐸社．
蒲島郁夫．2000．「地方の『王国』と都市の反乱」『中央公論』9月号．
川人貞史．1988．「衆参同日選挙と中曽根人気」『北大法学論集』第39巻第2号
三宅一郎．1989．『投票行動』東京大学出版会．
Pierson, James E.1975."Presidential Popularity and Midterm Voting at Different Electoral Levels", *American Journal of Political Science*, 19, pp.683-94.
Stewart, Marianne C., and Harold D. Clarke. 1992. "The (Un) Importance of Party Leaders: Leader Images and Party Choice in the 1987 British Election", Journal of Politics, 54, pp.447-70.

第3章

投票行動と政権形態

―2000年選挙における民主党・自由党投票者―

中條　美和

1. はじめに

　93年以来，日本では選挙において過半数を超える議席を獲得する政党は存在しない．いわゆる55年体制という枠組みで38年間存続した自民党単独政権は，複数政党による連立政権に変わっている[1]．93年選挙において自民党は議席を減らし過半数割れとなったのであるが，それはちょうど自民党を離党した議員の議席数分だけの減少であったという見解がある[2]．しかし，当時の自民党下野は単に政治家の行動によって説明されるものなのだろうか．政権交代，つまり政権形成のプロセスにおいて，政党所属議員数で表される政党の大きさは重要である．その政党所属議員数の増減が政治家の行動によってのみ決まるという立場にたつと，政権形成に関わるアクターは政治家というエリートのみということになる．

　二大政党制である国ならば，政権形成のひとつ前の段階である選挙において，有権者は投票を通して政権の形成に関与することができる．しかしながら，日本ではほぼ固定化された政党配置である55年体制下において，有権者が選挙によって意識的に政権形成に影響を与えるということはありえなかった．それでは55年体制が崩壊し，政権形成において政党が流動的に連立を組むようになった93年から現在までの時期には，有権者は政権形成に影響を与えていると言えるのだろうか．有権者と政権形成というテーマを考える上で，投票行動を政権形態という観点から分析する必要があるだろう．

　本稿は以上のような問題意識に基づき，93年と2000年の両総選挙において有権者の投票行動と政権に対する意識を分析したものである．分析結果から，日本の政党配置を考える上で重要な手がかりを提示したい．

　しかしながら，このような有権者と政権形態という観点から分析した研究は国内外ともにあまり存在しない．というのも，投票行動研究の先進国である米国が二大政党制を維持しているということと，日本において93年まで安定した政党制を保ってきたように世界的にも政党配置がドラスティックに変わった例があまり見られないことによるのであろう．近年，業績評価投票の研究が進んでいるが，それらの扱う変数は政府の業績に対する評価であり，政党システムや政権の形に対する意識を

扱っていない[3]．その意味で，93年以来の日本の経験を分析対象とすることは重要であり，本稿の第一の意義はここにあると考える．従来の研究に見られなかった，投票行動における政権形態に対する意識の重要性を指摘することで，93年以来の日本の政治が政党再編成の過渡期にあることが示唆できるだろう．第二の意義は，政党支持ではなく実際の投票行動に重点をおいていることである．従来の研究では支持者集団を分析単位とするものが多かった．しかし，三宅一郎の分析によれば，本稿の分析対象である93年総選挙において，3新党の候補者に投票した有権者の選択は政党支持に基づくものではなかった．一般に選挙後の支持政党は投票政党との一致度が高いのであるが，3新党に限っては政党一致度が極端に低い[4]．従来の研究においても，政党支持なし層の多様性が指摘されているように，いわゆる「無党派」であっても政治的無関心であるとは一概に言えない．したがって，支持者集団を分析単位とする場合，支持政党は表明していないが政治に関心がある有権者の存在を無視することになる．そこで，有権者の支持政党やその強さを見るよりも，彼らがどのような意識をもち，どのような人々であるのかを支持者集団ではなく投票者集団としてみることは重要である．

　より具体的な研究目的は以下の点を明らかにすることである．第一に93年・2000年選挙において55年体制下に存在しなかった政党（つまり新党や民主党・自由党）に投票する有権者の政治意識はどのようなものであり，その意識は連続しているのか．政権形態に対する態度を含めた政治意識について有権者の分布を明らかにする．第二に，それら政治意識は投票行動に影響を与えているか，特に望ましい政権形態についての意識が投票行動に与える影響の大きさはどのくらいか．これらを明らかにすることで，有権者と政権形態の関係を検証したい．

　分析手法としては，政治意識に関して主成分分析を，投票行動の説明に関してロジスティック回帰分析を用いる．96年総選挙をブラックボックスとし，93年と2000年における有権者の政治意識を主成分分析にかけ，同一方向の政治意識を持つ集団が存在することを確認する．そして得られた結果から，政治意識とりわけ政権形態に対する意識が2000年総選挙の投票行動をどれほど規定しているのかをロジスティック回帰分析によって確認する．

　本稿の限界は第一にデータ上の制約である．本稿で用いる93年のJES Ⅱデータは選挙前後の面接調査であるのに対し，2000年のデータは選挙後の郵送調査である．この2つの調査方法の違いに伴う不都合を考慮していない．第二に93年と2000年の間には選挙制度の変更があるが，制度変更による影響を考慮していない．2000年選挙における分析では比例区を対象とすることで全ての政党を考慮できるが，93年は中選挙区制下の選挙であり，全ての政党の候補が各選挙区において出揃っているわけではないことに注意するべきである．これと絡んで，第三に93年選挙の場合，投票行動における候補者要因も考慮していない．候補者個人への親近感による投票行動の存在を本稿では無視している．この候補者要因をコントロールすれば分析の精

密さは増すかもしれない．

本稿の展開は以下の通りである．次節において93年から2000年の政党の変遷と有権者の対応を説明する．第3節では93年に3新党候補に投票した有権者が以後の選挙でどのように行動したかをフローチャートで確認する．それに基づいて93年と2000年の有権者の政治意識を各々主成分分析にかけ，一定の方向の政治意識を持つ有権者が存在することを確認し，その政治意識を持つ有権者が2000年選挙において民主党・自由党に投票したという仮説を立てる．第4節では仮説に基づき，2000年選挙の投票行動を従属変数に，政治意識を独立変数としてロジスティック回帰分析を行う．第5節では分析から得られた結果に対して考察を述べ，最後に結論と含意を述べる．

2. 93年3新党候補投票者と2000年民主党・自由党投票者

本稿は有権者の投票行動と政権形態に対する意識を分析するために，93年選挙における3新党候補投票者と2000年選挙における民主党・自由党投票者を対象とする．

93年と2000年選挙に注目するのは，以下の理由による．93年の選挙結果により政権交代の可能性が現実的なものとなり，政党にとっても有権者にとっても与党・野党という位置付けが意味を増した．そして2000年選挙キャンペーンでは政党，特に与党側は意識的に与野党対決の構図を用いた．野党における共産党の位置付けの曖昧さや与野党間で明確な争点があったわけではないことから，実際にその対決構図が有権者の目に明確に映ったかは定かではない．しかし，党首討論会では与野党対決型の配置をとり，街頭演説では与党ごと野党ごとに行うこともあった．政党は有権者に「与党がいいのか，野党がいいのか」という政権選択をせまる姿勢も見せていた[5]．何よりも，選挙における獲得議席目標が自民党一党の目標議席数ではなく，自公保政権つまり与党での目標議席数であった[6]．このような与野党対決という構図の起源は与野党逆転の可能性が現実化した93年時点にさかのぼることができる．

前節で述べたように，有権者が政権の形成に事実上関与しなかった55年体制とは違い，93年選挙以来の政党配置によって有権者は政権の形成に関与している可能性があると推測できる．

本稿はこのような与野党の選択，つまり政権形成と有権者という観点から93年選挙と2000年選挙を分析し，3新党候補に投票した有権者（93年）に注目し，その流れから民主党・自由党に投票した有権者（2000年）の投票要因を明らかにする．3新党候補投票者に注目するのは，彼らの行動が自民党単独政権の形成を不可能にしたという見方からである[7]．2000年選挙において民主党・自由党投票者に注目するのは，これら政党が55年体制下に存在しない政党であり，3新党の流れをひいているという点で社民党・共産党と区別できることによる．前二者は90年代の政界再編において新たに結成された政党である．民主党は96年に新党さきがけと社民党の一部による合流という形で生まれ，98年には前年の新進党の分裂を受けて，旧民社党

系と新生党・日本新党系のグループと統合し,野党第一党となった.自由党は新進党分裂の際に小沢一郎を核として結成された政党であり,自自・自自公連立として政権参加したが,2000年4月に政権参加の継続をめぐって党内分裂し,保守党と袂を分かった経緯がある.一方,社民党は55年体制の一翼であった社会党の延長上にあり,共産党は一貫して変わりがない.つまり,2000年選挙において野党は90年代に登場した民主党・自由党と以前より存在する社民党・共産党に二分することができる.

これら野党に投票する有権者には2つの理由があるだろう.1つは元来の支持政党に投票するという理由,もう1つは結局与党であり続ける自民党に対抗して野党に投票するという理由である.後者は単に政党への感情のみならず,政権形態に対する意識も働いていると推測できる.このような投票理由は旧来の政党である社民党・共産党よりも民主党・自由党に投票する有権者に強く現れるだろう.従来指摘されてきた,与党自民党に対する反対票が野党投票理由であるという見方に加えて,本稿ではこれに政権形態に対する意識を導入する.

このような与党に対する反対票の受け皿は,55年体制下では社会党がその役割を担ってきた.その社会党が凋落し,93年選挙に日本新党・新党さきがけ・新生党が登場すると,与党に対する受け皿政党はこの3新党が担うことになった.93年選挙において与党自民党に対する受け皿政党となったのが従来の社会党ではなく,この3新党であったことは多くの研究によって指摘されている通りである[8].言いかえれば,与党自民党の政治に不満を持ち,与党を牽制しようとした有権者は3新党候補に投票したのである.

それでは,政権交代の可能性が現実のものとなった93年選挙において,3新党候補に投票した有権者集団は以後の選挙でどのような投票行動をとってきたのだろうか.3新党候補に投票した有権者集団が政治不満や政権形態という観点から自民党牽制の意識を抱いていたとすれば,2000年選挙においても受け皿政党である民主党・自由党に投票した有権者は同様の意識を持って投票したはずである.

以下の節では,3新党候補者に投票した有権者集団の政治意識とその後の投票行動を確かめ,2000年選挙における民主党・自由党投票者との連続性を見る.

3. 政治意識－93年と2000年

(1) 93年から2000年への投票の流れ

93年に3新党候補に投票した有権者集団は93年以後の政党の離合集散に対してどのように行動したか.3新党は新党さきがけを除き,93年選挙に登場したのみで以後の選挙には登場しない.新生党と日本新党は94年12月の新進党結成に参加した.新党さきがけは96年の民主党結成に多くの議員が参加した.そこで,96年選挙においては,3新党の流れを受け継ぐ政党として新進党と民主党に注目する.96年選挙

図3-1　フローチャート

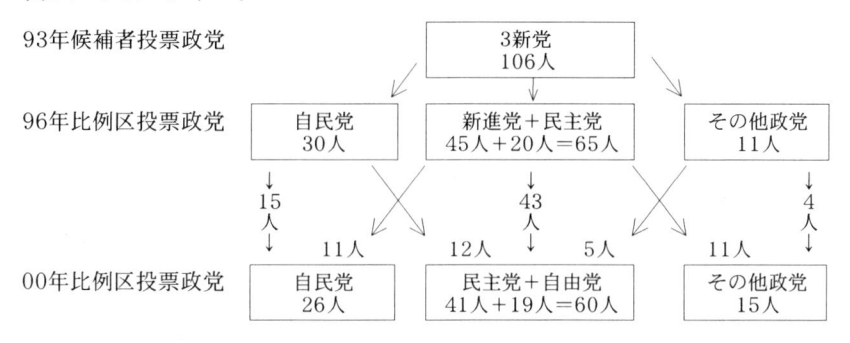

```
93年候補者投票政党                    ┌─────────────┐
                                      │   3新党      │
                                      │   106人     │
                                      └──┬──┬──┬───┘
                                         ↓  ↓  ↓
96年比例区投票政党   ┌──────────┐ ┌────────────────┐ ┌──────────┐
                     │  自民党  │ │新進党＋民主党   │ │ その他政党│
                     │  30人    │ │45人＋20人＝65人│ │  11人    │
                     └──┬───────┘ └────┬───────────┘ └────┬─────┘
                        ↓ 15人     43人 ↓              4人 ↓
                        ↓    11人   12人   5人    11人     ↓
00年比例区投票政党   ┌──────────┐ ┌────────────────┐ ┌──────────┐
                     │  自民党  │ │民主党＋自由党   │ │ その他政党│
                     │  26人    │ │41人＋19人＝60人│ │  15人    │
                     └──────────┘ └────────────────┘ └──────────┘
```

当時に55年体制下に存在しなかった主要野党はこの2つである．97年末新進党は解散し，公明系議員を除いた新進党所属議員のその後の主な行き先は自由党（結成）と民主党（合流）であった．そこで，2000年選挙では民主党と自由党に注目する．この2党が2000年選挙時に55年体制下に存在しなかった主要野党であることは前節でも述べた通りである．

図3-1は93年選挙から2000年選挙までの投票の変遷を，各選挙のデータがそろっているサンプル（106人）について示したものである．93年は中選挙区制なので投票した候補の政党が3新党であるケースを，96年と2000年に関しては全ての政党が有権者の選択肢に入っている比例区における投票政党を示した．

まず，96年選挙においては3新党（106人）から新進党と民主党に移行した人は各々45人と20人（合計65人，61％）であり，自民党へは30人，社民党や共産党など他党へ11人が移行している．さらに2000年選挙においては新進党・民主党からの43人と他党からの17人で合計60人が民主党と自由党に投票した．3新党候補に投票した有権者のうち，96年選挙比例区で新進党・民主党に投票した人は2000年選挙比例区においてほぼ民主党・自由党に投票している（66％）．96年をブラックボックスとすると，93年に3新党候補に投票した人のうち，2000年選挙比例区で民主党・自由党に投票した割合は57％である．政党そのものが変化しているにもかかわらず，「93年3新党→96年新進党・民主党→2000年民主党・自由党」もしくは「93年3新党→2000年民主党・自由党」という投票パターンを一定割合の有権者がとっていることは注目に値しよう[9]．

次項では93年と2000年に着目し，93年の政治意識を主成分分析にかけ，一定の政治意識をもった集団の存在を確認する．そして，それが3新党候補投票者であることを仮説として主成分スコアとの相関係数を見る．

（2）93年3新党候補投票者の政治意識

表3-1　93年政治意識の主成分分析結果

	第1主成分	第2主成分
政治関心	0.13	0.99
政治不満	0.57	0.06
保革自己イメージ	−0.74	0.11
非自民政権	0.78	0.00
与野党逆転	0.78	−0.09
非自民政権担当イメージ	0.74	−0.01
寄与率（％）	44.52	16.61

　93年選挙前後の調査での政治意識に関する項目のうち，政治への基本的態度である政治関心度と政治不満，保革自己イメージの他，望ましい政権の形を問う質問−非自民政権・与野党逆転・自民党政権担当イメージ−の6変数を主成分分析にかけた[10]．結果は表3-1に示した通りである．

　抽出された第1主成分の寄与率は44％である．つまり，有権者の政治意識は大半が一次元の軸に集約される．この軸は政治不満があり，保革イメージにおいては革新よりであり，自民党に政権担当能力を認めずに非自民政権を望み，したがって与野党逆転を望ましく思っている有権者を一方に，もう一方に全く逆の意識を持つ有権者が存在することを示している．言いかえれば，政権の形として自民党単独政権を望まずに非自民政権を望む有権者は93年選挙において政治不満を持っていたことになる．第1主成分は政治不満・政権の形に関する軸と言えよう．第2主成分は政治関心に関する軸である．

　ここで得られた第1主成分スコアと93年総選挙で3新党候補に投票したか否かのピアソンの相関係数は0.56であり，1％水準で統計的に有意であった[11]．つまり，93年に3新党候補に投票した有権者は政治不満があり，より革新的で，与野党逆転の非自民連立政権を望んでいる傾向があることが確認された．第3項では同様に2000年選挙の調査において政治意識と民主党・自由党投票者の関連を分析する．

（3）2000年民主党・自由党投票者の政治意識

　2000年における政治意識を表す指標を主成分分析にかけた．93年の前出6変数と同じ変数（ただし，93年の非自民政権は2000年において民主党政権という指標である）に加え，望ましい政党制のあり方として二大政党制という変数を入れた[12]．

　分析結果は表3-2に示した通りである．第1主成分は93年の政治意識を分析した表3-1と同じ方向性，すなわち一方に政治不満が大きく革新的で，与野党逆転の非自民政権を求める有権者が，もう一方に逆の有権者が分布することを示している．つまり，93年においても2000年においても政治不満のある，革新よりで，与野党逆転の非自民政権を望む集団が存在する．第2主成分は政治関心と二大政党制に関する軸である．政治関心が高く，二大政党制を望む有権者の存在を表している．

第3章 投票行動と政権形態 651

表3-2 00年政治意識の主成分分析結果

	第1主成分	第2主成分
政治関心	0.04	0.83
政治不満	0.62	−0.10
保革自己イメージ	−0.64	0.02
非自民政権	0.85	−0.08
与野党逆転	0.83	0.05
自民党政権担当イメージ	−0.87	0.05
二大政党制	0.20	0.56
寄与率（％）	42.82	14.68

　第1主成分の主成分スコアと2000年民主党・自由党に投票したか否かに関するピアソンの相関係数は0.75であり，これも1％水準で統計的に有意である．第2主成分スコアと2000年民主党・自由党に投票したか否かに関するピアソンの相関係数は0.10であり，係数は小さいが1％水準で統計的に有意である．つまり，2000年に民主党・自由党に投票した有権者は2000年において政治不満があり，革新的で与野党逆転の非自民政権を望んでおり，政治関心がやや高く二大政党制を望ましいと思っている傾向がある[13]．

　第1主成分軸と第2主成分軸に関して有権者の分布を散布図で確認してみた（図3-2）．2000年選挙比例区で民主党・自由党に投票した有権者は第1主成分スコアがプラスの方向へ分布しており，自民党に投票した有権者はマイナスの方向に分布している．第2主成分軸に関しては相関係数が有意となっても，視覚的にはとりたてて偏りは確認できない．

　以上，93年においても2000年においても，政治不満・保革自己イメージ・与野党

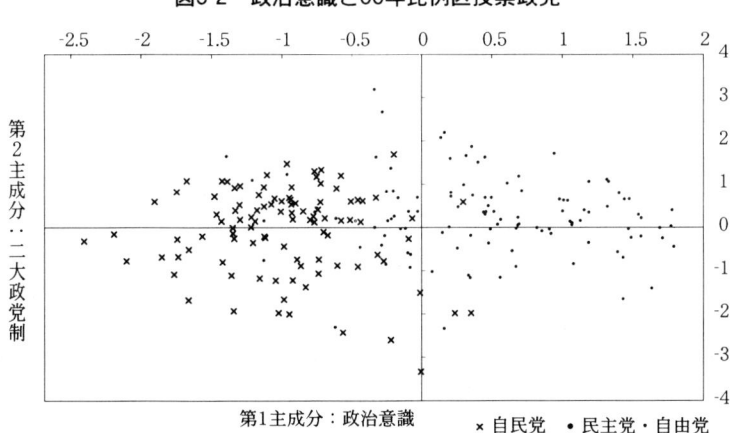

図3-2 政治意識と00年比例区投票政党

第2主成分：二大政党制
第1主成分：政治意識
× 自民党　● 民主党・自由党

逆転の非自民政権を望ましいと思うかどうかに関する軸が抽出され，93年では3新党候補に投票した有権者が，2000年では民主党・自由党に投票した有権者にその傾向が見られた．この2つの集団がほぼ同じ集団であることは，図3-1のフローチャートで確認したのみならず，表3-1と表3-2で得られた2つの第1主成分に関する相関係数が0.62であり，1％水準で統計的に有意であることからも確かめられる．

以上をふまえて，2000年選挙比例区投票政党が民主党・自由党である有権者は93年以来政治不満があり，より革新的で与野党逆転の非自民政権を望んでいたゆえに投票したという仮説を立てることができる．次節でこの仮説の検証を行う．

4. ロジスティック回帰分析

ここでは前節で掲示した仮説を受けて，2000年選挙比例区投票政党が民主党・自由党である有権者を1, 自民党である有権者を0として従属変数として回帰分析を行った．独立変数には社会的属性に加え，前節で使用した2000年における政治意識に関する7つの指標とさらに政策意見を投入するという変数増加法を用いた[14]．

表3-3はそのロジスティック回帰分析の結果である．左から右へ社会的属性に政治意識，政策意見を加えていった．政治意識を加えた際，モデルの説明力の向上が明白である．政策意見を加えてもモデルの説明力は大して向上しない．したがって政策意見よりも政治意識の方が相対的に従属変数の分散に対する説明力が高いと言える．

各独立変数を見ていくと，社会的属性だけのモデルでは，男性で，年齢が若く，居住年数が短い有権者は自民党よりも民主党・自由党に投票する傾向にある．しかし，これらの変数は政治意識を加えたモデルにおいて有意ではなくなり，世帯収入の多さが民主党・自由党投票者の自民党投票者に対する特徴となる．政治意識に関しては与野党逆転と民主党政権担当イメージ，民主党政権，二大政党制といった，政権の形に関する変数が有意となる．つまり，与野党逆転を望み，自民党に政権担当を認めず，民主党政権を望んでおり，政党制としては二大政党制を望ましいと思っている有権者は自民党よりも民主党・自由党に投票する傾向がある．前節の主成分分析でこれら政権の形に関する指標と同じ方向性を示して軸を構成していた政治不満と保革自己イメージは有意とならない．政治関心についてはむしろ，民主党・自由党投票者が自民党投票者よりも政治関心が低い傾向があるという結果になった．政策意見に関しては，民主党の主張であった財政再建に関してはその傾向の通りであるが，もう1つの主張であった課税最低限の引下げという政策はさほど有権者をひきつけるような争点ではなかったようである．つまり，有権者は2000年選挙において政策意見に基づく争点投票，もしくは政治不満に関して業績評価投票を行うという要因は希薄であり，望ましい政権の形を基準として投票行動を展開したと言える．

以上の分析結果により，2000年選挙比例区投票政党が民主党・自由党である有権

表3-3　2000年ロジスティック回帰分析結果

変数	属性 B	属性 Wald	政治意識 B	政治意識 Wald	政策意見 B	政策意見 Wald
(切片)	1.18	1.96	−2.97	2.22	−1.96	0.78
性別	0.59	3.77*	−0.54	1.03	−0.60	1.13
年齢	−1.57	2.95*	0.31	0.04	−0.25	0.02
居住年数	−1.77	5.84**	−1.52	1.60	−1.95	2.14
教育程度	0.72	1.52	−0.55	0.32	−0.95	0.87
農業ダミー	−0.37	0.95	−0.16	0.06	−0.04	0.00
勤めダミー	0.17	0.25	0.20	0.11	0.02	0.00
世帯収入	0.50	0.82	1.68	3.01*	2.59	5.35*
都市度	0.59	1.35	−0.02	0.00	−0.54	0.32
保革イメージ			−1.06	1.13	−1.25	1.35
政治関心			−1.18	2.74*	1.81	2.41
政治不満			0.26	0.05	−0.86	0.37
バッファー			2.49	8.03***	2.41	7.13***
民主党政権担当イメージ			2.53	13.00***	2.83	14.16***
民主党政権			2.90	8.87***	3.05	9.25***
二大政党制			1.39	4.29**	1.14	2.72*
財政再建					1.85	6.08**
社会福祉					−0.63	0.70
憲法改正					0.22	0.07
課税最低限					0.25	0.14
N	263		263		263	
-2 Log Likelihood	331.92		141.32		132.82	
的中率 (%)	63.50		86.69		88.21	

*p＜.05　　**p＜.01　　***p＜.001

者は，93年以来，与野党逆転の非自民政権を望んでいたがゆえに民主党・自由党に投票したという仮説は検証された．とりわけ，2000年選挙においては政権の形態に関する意識が有権者を二分したと言えよう．

5. 考察

以上，第3節で導いた「2000年選挙比例区で投票政党が民主党・自由党である有権者は，93年以来政治不満があり，より革新的で与野党逆転の非自民政権を望んでいるゆえに投票した」という仮説の検証を行った．2000年選挙で民主党・自由党に投票した有権者は93年に3新党候補に投票した有権者の流れをくむという前提のもとに，93年3新党候補投票者には政治不満があり，より革新的で与野党逆転の非自民政権を望んでいたこと，彼らは2000年選挙においても同じ政治意識をもって民主党・自由党に投票したことを確認した．

この投票行動の流れは，政党自体が変化しているという事実から，例えば自民党など同一政党に一貫して投票する行動よりも積極的な意味があるだろう．第1節で述べたように，同一政党への一貫投票は政党支持に基づく行動である可能性が高い．しかし，本稿で検証した「3新党→民主党・自由党」という投票行動が政党支持に基づく行動であると言うことは難しいだろう．

　このパターンの投票行動は何を意味するのであろうか．本稿ではこれらの有権者がある特定の政治意識をもとに投票していると仮定した．その政治意識は93年から2000年に一貫して政治不満があり，やや革新よりで与野党逆転の非自民政権を望ましいと思う意識であった．同時に，二大政党制を好ましい政党制であるとする傾向もある．

　実際，93年において3新党は政権交代の鍵であった．3新党の躍進により自民党長期政権が崩壊し，非自民連立政権が誕生することになった．96年においては，再び自民党が政権についている状況で新進党が最大の野党であり，政権担当能力のある野党として多くの有権者に認識されていた．つまり，与野党逆転の可能性を持ちうる政党であった．96年選挙において新進党は，選挙直前に結成した民主党とともに，与党自民党に対する受け皿政党の役割を担っていたと言える．この受け皿政党の意味は，単に自民党への反対感情という意味に加えて，「もうひとつの政権の担い手」を意味している．政権全体を視野に入れ，政党制という枠組みで政党を選択すると言ってよいかもしれない．2000年選挙における民主党・自由党も，そのような役割を期待され，旧来の野党よりは可能性を持つ野党と認識されている．

　55年体制下で社会党が担っていた受け皿政党の役割は，単に自民党への反対感情の受け皿であったと推測できる．3新党登場とともに55年体制が崩壊し，受け皿政党の役割は3新党が社会党に代わって担った．3新党候補に投票した有権者がかつての社会党支持者ばかりではないことは先行研究によって指摘されている通りである(15)．そして同時に受け皿政党の意味合いも政権形態に対する意識とからんで変化したと言えよう．

　つまり，2000年選挙比例区で民主党・自由党に投票した有権者は，政治不満をもち，与野党逆転の非自民政権を求めるやや革新よりの政治意識であり，民主党・自由党にその役割を求め投票したのであり，この行動は93年にさかのぼることができる．この有権者集団は55年体制終焉直前の93年選挙に新たに出現したカテゴリーであり，55年体制下の既存野党よりも90年代に登場した政党に対して彼らの望む政権形態に近づく可能性をみとめている有権者集団である．93年以来，政権の形を投票行動の強い要因とする新しい有権者集団が形成されていることが，本稿の分析結果によって考えられるのである．

6. 結論と含意

　93年に登場した3新党は多くの有権者の支持を得て長らく続いてきた自民党政権

を中断させた．3新党候補に投票した有権者は55年体制を名実ともに終わらせた．その意味でこの3新党候補投票者集団に注目し，彼らが以後どのような投票行動をとってきたのかを探ることは重要である．そして，彼らが2000年選挙における民主党・自由党投票へと流れることを確認し，93年においても2000年においても同じ政治意識を持つことを発見した．2000年選挙において，政治不満が高く，やや革新的であり，与野党逆転による非自民政権を望ましく思っている有権者は民主党・自由党に投票する傾向にあった．本稿は2000年選挙における民主党・自由党投票者の投票要因を政治意識の観点から明らかにすることを目的とした．政権形態に対する意識を要因として彼らの投票行動を説明できるということがロジスティック回帰分析によって得られた結果である．このように，政権の形・政党配置に対する意識が投票要因において重要であるということは，現在日本の政治のあり方，政党配置，政権形態を考える上で示唆に富む結果であると言えよう．

本稿の分析結果により，55年体制下の固定化された与野党体制では見えなかった，政権の形を要因とする投票行動をとる有権者の存在が明らかになった．このような集団は，政党支持に基づく投票というよりも政党の役割に基づく投票を展開している．彼らは，与野党逆転の非自民政権ができることを望み，二大政党制（もしくは現状では二大ブロック制）を好ましく思っている．

90年代の初めに試みられた一連の政治改革において選挙制度の改革があった．選挙制度改革は二大政党制を良しとし，二大政党制を目指すという意図も含めて実施された．制度改革の効果の有無や実際の政党の姿勢はともかくとして，有権者の側に少なくともそのような二大政党制へ近づけようとする下地があることが本稿の分析結果から言えるのではないだろうか．

政党再編成とはエリートレベルのみならず一般有権者をも巻き込んだ再編成のことであり，93年の政治変動は政党再編成ではなくエリートレベルの行動に終始した政界再編にすぎないという田中愛治の指摘がある[16]．しかしながら，政党レベルではシステム変化は見られないが有権者の側ではマクロなシステム変化の準備ができつつあると田中も述べているように，2000年の選挙において本稿で指摘したような有権者集団が存在するということは，日本の政治はなおも政党再編成の途中にあり，その成否はもはや有権者側ではなく，政党側にあることを示唆している．

(1) 連立政権とは本来，閣僚を送りこんだ政党の参加によるものである．ただし，日本においては閣外協力も連立政権と言われてきた．例えば，第二次橋本内閣は社・さの閣外協力による単独少数政権であり，小渕内閣も自自公連立までは閣外協力を基礎とした政権であった．
(2) 93年の政治変動のアクターについての考察は河野（1995）に詳しい．
(3) 西澤（1993）
(4) 三宅（1995），3頁．
(5) 森喜朗首相は公示日の第一声で「私たちの枠組みが正しいか，野党がどう枠組みを作るかが問われている」と主張した．一方，民主党の鳩山由紀夫代表も「自公保融合政権か，民主党を中

心とする新政権を選択するかが問われる」と訴えた.『朝日新聞』2000年6月13日付夕刊.
(6) 自民党執行部は勝敗ラインを「与党3党で絶対安定多数の269議席」としていた.『朝日新聞』2000年6月3日付朝刊.
(7) このような有権者が政権交代を導いたという見方は蒲島（1994）を参照.
(8) 蒲島（1994）
(9) このパターンの統計的な裏づけとして，2つの回帰分析を行った．まず,「93年3新党→96年民主党→2000年民主党」のパターンを確認するために，2000年比例区投票政党が民主党である有権者を1，自民党である有権者を0とした場合の回帰分析を行った．独立変数として社会的属性と保革自己イメージ・政治関心・政治不満・93年3新党投票のダミー変数・96年比例区民主党投票のダミー変数を加えた．5%水準で有意となる変数は都市規模（＋），保革自己イメージ（－），政治不満（＋），93年3新党投票のダミー変数（＋），96年民主党投票のダミー変数（＋）である．次に,「93年3新党→96年新進党→2000年自由党」のパターンを確認するために，同様に自由党を1，自民党を0とした場合の回帰分析を行った．5%水準で有意となる変数は居住年数（－），世帯収入（＋），保革自己イメージ（－），政治不満（＋），96年新進党投票のダミー変数（＋）である．93年3新党投票のダミー変数は10%水準で有意となる．
(10) 変数コードは以下の通り．政治関心度は4点尺度．政治不満は5点尺度．保革自己イメージは保守10革新1の10点尺度．非自民政権は自民単独政権1，自民党を含む連立政権2，非自民連立政権3．与党党逆転は自民党安定多数1，自民政権だが与野党伯仲2，与野党逆転3．自民党政権担当イメージは政権担当政党が非自民0，政権担当政党がなしかどれでも同じ1，政権担当政党が自民党2．
(11) 第2主成分スコアと3新党候補に投票したかのピアソンの相関係数は-0.05であり，有意とはならない．
(12) 変数コードは以下の通り．政治関心度は4点尺度．政治不満は4点尺度．保革自己イメージは10点尺度．非自民政権は自民党単独政権1，自民党中心連立政権2，民主党中心連立政権3，民主党単独政権4．与党党逆転は自民党安定多数1，自民党政権だが与野党伯仲2，与野党逆転3．自民党政権担当イメージは政権担当適任政党が非自民0，自民党1．二大政党制は一党優位制と多党制0，二大政党制1．
(13) 民主党投票者のみと第1主成分・第2主成分とのピアソンの相関係数は0.78と0.09，自由党票者のみと第1主成分・第2主成分とのピアソンの相関係数は0.66と0.09であった．両方とも第1主成分との相関のみ1%水準で統計的に有意となった．
(14) 属性に関する変数のコードは以下の通り．性別は男性0，女性1．年齢は2000年満年齢．居住年数は5点尺度．教育程度は最終学歴の4点尺度．農業ダミーは自営業と家族従業を1，その他0．勤めダミーは管理職と事務職を1，その他0．世帯収入は200万円ごとの7点尺度．都市度は人口集中地区人口を総人口で割ったもの．
政策意見に関する変数のコードは以下の通り．財政再建は景気回復優先を0，財政再建優先を1とする5点尺度．社会福祉は増税してでも充実を0，増税してまで充実不要を1とする5点尺度．憲法改正は改憲を0，改憲反対を1とする5点尺度．課税最低限は引下げ賛成を0，反対を1とする5点尺度．
全ての変数は影響力の大小を係数の大小で見るために最低0最高1に相対化している．
(15) 蒲島（1994）
(16) 田中（1995）

参考文献

蒲島郁夫「新党の登場と自民党一党優位体制の崩壊」『レヴァイアサン』15号，木鐸社，1994
蒲島郁夫『政治参加』東京大学出版会，1988
蒲島郁夫『政権交代と有権者の態度変容』木鐸社，1998
河野勝「九三年の政治変動」『レヴァイアサン』17号，木鐸社，1995
田中愛治「『55年体制』の崩壊とシステム・サポートの継続」『レヴァイアサン』17号，木鐸社，1995
田中愛治「選挙研究における『争点態度』の現状と課題」『選挙研究』1998
西澤由隆「日本の投票行動における業績評価の役割」『レヴァイアサン』14号，木鐸社，1993
三宅一郎『日本の政治と選挙』東京大学出版会，1995
三宅一郎『投票行動』東京大学出版会，1989
綿貫譲治・三宅一郎『環境変動と態度変容』木鐸社，1997

　本稿の執筆にあたって，蒲島教授はもちろんのこと，同門である今井亮佑氏に有益にして多大なるコメントを受けた．ここに記して感謝したい．

第3部

資料

資料A　JES Ⅱ調査（第1回～第7回）の主な質問文

　JES Ⅱ調査で各対象者に行った主な質問は以下のようなものである（特に記載のあるものを除き各回共通）．ただしここではすべての質問項目が網羅されているわけではなく，プロフィールを読む上で特に必要になると思われる項目のみを収録している．調査票のすべての質問文については『JES Ⅱ コードブック』を参照されたい．なお便宜上【　】で質問の内容を示した上〔　〕でそれをいくつかのカテゴリーに分けているが，調査票においてはこのような区別はなされておらず質問の順番もここでのものとは異なる．またスペースの都合から，質問文自体も省略した上で記載している．蒲島ゼミで行った第8回調査の全質問文および回答状況については資料Bを参照されたい．

（資料A　担当　下田）

〔対象者の属性について〕
【性別】　　　1．男　2．女
【生年月日】　あなたは何年何月何日生まれですか．
【居住年数】　あなたはこの近くに（大体歩いて30分位の範囲）何年くらい住んでいますか．(93衆院前，95参院後，96衆院前)
　　　　　　1．3年　2．3年～10年　3．10年～15年　4．15年～　5．生まれてからずっと
【教育程度】　あなたが最後に卒業された学校はどちらですか．(中退・在学中は卒業とみなす)(93衆院前，95参院後，96衆院前)
　　　　　　1．新中学・旧小・旧高小　2．新高校・旧中学　3．高専・短大・専修学校　4．大学・大学院
【職業（家計維持者が対象者と異なる場合は家計維持者につき同様の質問）】
　　　　　　あなたのご職業についてお伺いします．(93衆院前，95参院後，96衆院前)
　　　　　　1．勤め　2．自営（自由業を含む）　3．家族従業　4．学生　5．主婦　6．無職　7．その他
　　　　　　(勤めの場合)あなたの職業の内容をくわしくおきかせください．(自由回答)
　　　　　　　　あなたは労働組合に加入していますか．
　　　　　　1．加入　2．非加入　3．組合はない　4．わからない
【家族構成】　お宅の家族構成はこの中のどれにあたりますか．(93衆院前，95参院後，96衆院前)
　　　　　　1．単身　2．未婚の兄弟姉妹だけ　3．夫婦だけ　4．夫婦と未婚の子　5．夫婦と既婚の子　6．夫婦と親と子　7．夫婦と親と兄弟姉妹

と子　8．その他
【住居形態】　お住まいはこの中のどれにあたりますか．(93衆院前，95参院後，96衆院前)
　　　　　1．持家　2．分譲マンション・アパート　3．民間借家　4．民間賃貸アパート・マンション・貸間　5．公社・公営・公団賃貸住宅・アパート　6．社宅・公務員宿舎など給与住宅　7．住み込み・寮・寄宿舎など　8．その他
【世帯年収】　去年1年間のお宅の収入はご家族全部あわせると，およそどのくらいになりますか．ボーナスや臨時収入を含め，税込みでお答えください．(93衆院前，95参院後，96衆院前)
　　　　　1．～200万円未満　2．200～400万円未満　3．400～600万円未満　4．600～800万円未満　5．800～1000万円未満　6．1000～1200万円未満　7．1200～1400万円未満　8．1400万円～
【イデオロギー】　1を革新的，10を保守的としたときにあなたの政治的立場は1から10までの数字のどこにあたりますか．
【加入団体】　あなたが加入している団体を，この中からすべてあげてください．(複数回答)(93・96衆院後)
　　　　　1．労働組合　2．商工業関係の同業組合・団体　3．農協その他の農林・漁業団体　4．住民運動・消費者運動・市民運動・婦人運動の団体　5．生協　6．宗教団体

〔政治的態度について〕
【政党支持】　選挙のことは別にして，ふだんあなたは何党を支持していますか．
　　　→（政党名を挙げた場合）あなたは支持する政党の熱心な支持者ですか．それともあまり熱心な支持者ではありませんか．
　　　→（どの政党でもないと答えた場合）支持するまではなくても，ふだん好ましいと思っている政党がありますか．どの党ですか．
　　　(93衆院前・後) 1．自民　2．社会　3．公明　4．民社　5．共産　6．社民連　7．新生　8．新党さきがけ　9．日本新　10．その他　11．どの政党でもない
　　　(94.2) 1．自民　2．社会　3．公明　4．民社　5．共産　6．新生　7．新党さきがけ　8．日本新　9．その他　10．どの政党でもない
　　　(95.2) 1．自民　2．新進　3．社会　4．新党さきがけ　5．共産　6．その他　7．どの政党でもない
　　　(95参院後) 1．自民　2．新進　3．社会　4．新党さきがけ　5．共産　6．その他　7．どの政党でもない
　　　(96衆院前・後) 1．自民　2．新進　3．民主　4．社民　5．共産　6．

　　　　　　　新党さきがけ　7．その他　8．どの政党でもない
【拒否政党】　あなたが絶対に支持したくない政党がありますか．もしあればそれは何党でしょうか．(複数回答)
　　　(93衆院前) 1．自民　2．社会　3．公明　4．民社　5．共産　6．社民連　7．新生　8．新党さきがけ　9．日本新　10．その他　11．そういう政党はない
　　　(95参院後) 1．自民　2．新進　3．社会　4．新党さきがけ　5．共産　6．その他　7．そういう政党はない
　　　(96衆院前) 1．自民　2．新進　3．民主　4．社民　5．共産　6．新党さきがけ　7．その他　8．そういう政党はない

【政権担当能力①】　あなたはどの政党が政権を担当する能力があると思いますか．(複数回答)
　　　(93衆院前) 1．自民　2．社会　3．公明　4．民社　5．共産　6．社民連　7．新生　8．新党さきがけ　9．日本新　10．その他　11．わからない
　　　(94.2) 1．自民　2．社会　3．公明　4．民社　5．共産　6．新生　7．新党さきがけ　8．日本新　9．その他

【政権担当能力②】　政権担当政党としては，どの党が一番適任だと思いますか．
　　　(93衆院後) 1．自民　2．社会　3．公明　4．共産　5．新生　6．日本新　7．その他　8．どれも同じ・そういう政党はない　9．わからない
　　　(95.2) 1．自民　2．新進　3．社会　4．新党さきがけ　5．共産　6．その他
　　　(95参院後) 1．自民　2．新進　3．社会　4．新党さきがけ　5．共産　6．その他　7．わからない
　　　(96衆院後) 1．自民　2．新進　3．民主　4．社民　5．共産　6．新党さきがけ　7．その他　8．どれも同じ・そういう政党はない　9．わからない

【政治満足度】　あなたは現在の政治に対してどの程度満足していますか．(93衆院前，94.2，95.2，95参院後，96衆院前)
　　　1．十分満足　2．大体満足　3．やや不満足　4 全く不満足　5．どちらでもない

【政治関心】　あなたは政治上のできごとに，どれ位注意を払っていますか．(93衆院後，95参院後，96衆院後)
　　　1．いつも注意を払っている　2．時々注意を払っている　3．たまに注意を払っている　4．全く注意をしていない

〔投票について〕

【投票政党・投票候補者①】 先日の衆議院選挙では，あなたは何党の候補者に投票しましたか．(93衆院後)
　1．自民党　2．社会党　3．公明党　4．民社党　5．共産党　6．社民連　7．新生党（羽田新党）　8．新党さきがけ（武村新党）　9．日本新党　10．その他　11．無所属　12．投票には行ったが誰に投票したか忘れた　13．棄権した　14．わからない　15．答えない
　→（1．～11．の場合）あなたが投票されたのはこの中の誰ですか．(候補者リストから)

【投票政党・投票候補者②】 あなたは，7月23日（日）の参議院選挙に行きましたか，行きませんでしたか．(95参院後)
　1．投票に行った　2．投票に行かなかった　3．わからない　4．答えない
　→（1．の場合）「選挙区」の選挙ではどの党の候補者に投票しましたか．「比例代表」の選挙ではどの党に投票しましたか．
　（「選挙区」の選択肢）1．自民党　2．新進党　3．社会党　4．新党さきがけ　5．共産党　6．その他　7．無所属
　（「比例代表」の選択肢）1．自民党　2．社会党　3．新進党　4．共産党　5．平和・市民　6．新党さきがけ　7．二院クラブ　8．スポーツ平和党　9．その他

【投票政党・投票候補者③】 先日の衆議院選挙の小選挙区では，あなたは何党の候補者に投票しましたか．比例代表区では，あなたはどの党に投票しましたか．(96衆院後)
　（小選挙区の選択肢）1．自民党　2．新進党　3．民主（鳩菅新党）　4．社民党（旧社会党）　5．共産党　6．新党さきがけ　7．その他　8．無所属　9．投票には行ったが誰に投票したか忘れた　10．棄権した　11．わからない　12．答えない
　→（1．～8．の場合）あなたが投票されたのはこの中の誰ですか．(候補者リストから)
　（比例代表区の選択肢）1.自民党　2.新進党　3.民主党（鳩菅新党）　4．社民党（旧社会党）　5．共産党　6．新党さきがけ　7．その他　8．投票には行ったがどの党に投票したか忘れた　9．わからない　10．答えない

【衆院選・候補者】 あなたの選挙区から出ている今度の選挙の立候補者について以下のような候補者がいますか．どの候補者ですか．(93・96衆院前)
　・選挙区の人々のためにふだんから道路の整備とか，補助金獲得などでつくしてくれた候補者

- あなたご自身かあなたのご家族のための問題で，もし頼めば助けてくれそうな候補者
- 清潔さとか新鮮さという点で，とくに印象に深い候補者
- あなたが大切だと思う問題について，あなたと近い考え方の候補者
- この地域出身であるなど，とくに係わりが深い候補者
- あなたやお宅と同じ職種の人々がかかえる問題ととりくんでくれそうな候補者
- 業績ある立派な候補者（96のみ）

【投票義務感】 投票に行くことについて，あなたのお気持ちに最も近いものはどれですか．(93・96衆院前)
　1. 投票に行くことは有権者の義務であり，当然，選挙に行かなくてはならない　2. 有権者はできるだけ選挙に参加した方がよい　3. 投票にいくかどうかは有権者が決めることなので，必ずしも選挙に参加しなくてもよい　4. わからない

【投票予定・投票意図】 あなたは今度の選挙で投票に行きますか．
　1. 必ず投票　2. 多分投票　3. 多分棄権　4. 棄権する　5. 未定
　→ （1, 2の場合）誰に投票するか決めていますか．(93・96衆院前)
　1. 決めている　2. 政党は決めているが候補者は未定　3. 党も候補者も未定　4. わからない

【立候補者との接触】 以下に述べるような候補者がいましたか．どの候補者ですか．(93・96衆院後)
- あなた自身か，家族が後援会の会員になっている候補者
- 選挙期間中にはがきをもらった候補者
- 報告会とか演説会に出席したことがある候補者
- 新聞やテレビ番組，政見放送，選挙公報でとくによい印象をもった候補者

【投票理由①】 投票を決定するのに重要だったのは，候補者個人のことですか，それとも政党のことですか．(93・96衆院後)

【投票理由②】 その人／政党に投票した主な理由は何ですか．(96衆院後)
　1. 地元の利益を代表しているから　2. 事業の商売の上での利益代表だから　3. 勤労者の立場を代表しているから　4. 生活の上での利益を代表しているから　5. 候補者の政策や主張に賛成だから　6. 団体や組合が推薦しているから　7. 支持している政党（の候補者）だから　8. 政治の現状を改めるのにふさわしい人物／政党だから　9. テレビや新聞，雑誌などを通じて，なんとなく親しみを感じているから　10. これまでの実績があるから　11. 先代の議員を支持していたから（候補者についてのみ）

【投票理由③】 あなたが衆院選で投票する候補者を選ぶときに最も重視する基準はどれですか.(94.2)
　　　　　1. 人柄　2. 政策　3. 実績　4. 政党　5. その他
【国／地元志向】 仮にこの選挙区で，あなたの支持する政党から，次のA，Bのような候補者が立候補しているときどちらに投票しますか.(93衆院後，96衆院後)
　　　　　A　外交問題など国全体の問題では活躍するが，地元の面倒をあまりみない政治家
　　　　　B　中央への陳述の仲介など，地元のための世話役活動にもっぱら努力する政治家

〔政治への評価・感情について〕
【内閣評価】（93衆院前）宮沢内閣―政治改革，経済面，外交面，全体を5段階に評価
　　　　　（94.2）細川内閣―全般，政治関連法案，コメ部分開放決定，経済面，外交面，国民福祉税構想を4段階に評価
　　　　　（95.2）村山内閣―全般，規制緩和・行政改革，阪神大震災への対応，外交・税制改革法案を4段階に評価
　　　　　（95参院後）村山内閣―全般，規制緩和・行政改革，経済，外交，オウム真理教への対応，全日空機ハイジャック事件への対応，阪神大震災への対応を4段階に評価
　　　　　（96衆院前）橋本内閣―全般，行政改革・規制緩和，経済面，安保・沖縄問題，住専処理，政治改革を5段階に評価
【感情温度（好感度）】 次の政党や政治家について，好意も反感も持たないときに50度とし，好意的な気持ちがあれば，その強さに応じて50度から100度の数字を，また反感を感じていれば，その強さに応じて0度から50度までのどこかの数字を答えてください.
　　　　　（93衆院前）1. 宮沢喜一　2. 羽田孜　3. 山花貞夫　4. 自民党　5. 社会党　6. 公明党　7. 民社党　8. 共産党　9. 社民連　10. 新生党　11. 新党さきがけ　12. 日本新党
　　　　　（94.2）1. 自民党　2. 社会党　3. 公明党　4. 民社党　5. 共産党　6. 新生党　7. 新党さきがけ　8. 日本新党　9. 細川護熙　10. 小沢一郎　11. 武村正義　12. 河野洋平
　　　　　（95.2）1. 自民党　2. 新進党　3. 社会党　4. 新党さきがけ　5. 共産党　6村山富市　7. 河野洋平　8. 武村正義　9. 山花貞夫　10. 海部俊樹　11. 小沢一郎　12. 細川護熙　13. 不破哲三
　　　　　（95参院後）1. 自民党　2. 新進党　3. 社民党　4. 新党さきがけ　5.

共産党　6．村山富市　7．河野洋平　8．橋本龍太郎　9．武村正義　10．横路孝弘　11．海部俊樹　12．小沢一郎　13．細川護熙　14．不破哲三　15．無党派層

(96衆院前) 1．自民党　2．新進党　3．民主党　4．社民党　5．共産党　6．橋本龍太郎　7．土井たか子　8．村山富市　9．鳩山由紀夫　10．菅直人　11．小沢一郎　12．細川護熙　13．不破哲三　14．無党派

【政治への信頼①】　あなたは国／地方／市区町村の政治はどのくらい信用できるとお考えですか．(93・96衆院後)
　1．いつも信頼できる　2．大体信頼できる　3．時々は信頼できる　4．全く信頼できない

【政治への信頼②】　政党／選挙／国会があるからこそ庶民の声が政治に反映するようになる．(93・96衆院後)
　1．賛成　2．どちらかといえば賛成　3．どちらかといえば反対　4．反対

【政党評価】　(93衆院後) 自民，社会，公明，共産，新生，日本新各党の中で，あなたがどの政党を支持しているかは別として以下のような性格を持つ政党はどれですか．

(96衆院後) 自民，新進，民主，社民，共産，新党さきがけの中で，あなたがどの政党を支持しているかは別として以下のような性格を持つ政党はどれですか．

1．一番よい党首をもつ政党　2．基本的な立場とか政策という点で一番すぐれている政党　3．あなたのような職業の人々を一番よく代表する政党　4．地元の利益を一番よく代表する政党　5．景気回復を進め，経済を安定させる上で最も適任な政党　6．行政改革に一番熱心な政党　7．支持層の利害にもっとも左右されやすい政党　8．利権にもっとも左右されやすい政党　9．政治倫理にもっとも欠けている政党　10．批判や反対ばかりにもっともなりがちな政党

【望ましい政権形態】　(93衆院前，94.2) 1．自民党の単独政権　2．社会党を除く，自民党と諸政党の連立政権　3．自民党と社会党を含めた連立政権　4．自民党を除く諸政党の連立政権

(95.2, 95参院後) 1．自民党の単独政権　2．新進党の単独政権　3．自民党と新進党の連立政権　4．自民党，社会党，新党さきがけの連立政権　5．新進党と社会党の一部を含めた連立政権

(96衆院前) 1．自民党の単独政権　2．新進党の単独政権　3．自民党と新進党の連立政権　4．自民党と民主党の連立政権　5．新進党と民主党の連立政権

〔政策に対する考え方について〕

【争点①】　次のA, Bのような意見があります．
　　① あなたの意見はどちらに近いですか．
　　1. Aに近い　2. どちらかといえばA　3. どちらかといえばB　4. Bに近い　5. わからない
　　② この問題は，あなたにとってどれ位重要ですか．
　　1. 非常に重要　2. 重要　3. あまり重要でない　4. 全く重要でない　5. わからない
　　③ a自民　b社会　c公明　d民社　e共産　f社民連　g新生　h新党さきがけ　i日本新　の各党はこの問題についてどのような主張をしていると思いますか．(93衆院前)
　　1. A‐増税をしてでも福祉などの公共サービスを充実させるべきである
　　　 B‐増税をしてまで福祉などの公共サービスを充実させる必要はない
　　2. A‐日本の将来のためにはすみやかな政局の安定が必要である
　　　 B‐日本の将来のためにはこの際政権の交代が必要である

【争点②】　次のA, Bのような意見があります．あなたの意見はどちらに近いですか．(93・96衆院後)
　　1. Aに近い　2. どちらかといえばAに近い　3. どちらともいえない　4. どちらかといえばBに近い　5. Bに近い
　　　 A‐今の憲法は国情に合わなくなっているのでできるだけ早い時期に改憲したほうが良い
　　　 B‐今の憲法は大筋として立派な憲法であるから現在は改憲すべきではない

【争点③】　最近言われているいくつかの意見についてあなたは賛成ですか，反対ですか．(93・96衆院後)
　　1. 賛成　2. どちらかといえば賛成　3. どちらともいえない　4. どちらかといえば反対　5. 反対　6. わからない
　・日本の防衛力はもっと強化するべきだ
　・年金や老人医療などの社会福祉は財政が苦しくても極力充実すべきだ
　・政府のサービスが悪くなっても金のかからない小さな政府のほうがよい
　・日本が過去にアジアの人々に与えた被害に対する反省と謝罪がまだ足りない（96のみ）
　・日本は絶対に核兵器をもってはいけない

・日米安保体制は現在よりももっと強化するべきだ

【争点④】　あなたのお考えはA，Bどちらの意見に近いですか．(94.2)
Aの意見に賛成～どちらかといえばAの意見に賛成～どちらかといえばBの意見に賛成～Bの意見に賛成
1．A－護憲　B－改憲　2．A－地方分権　B－中央集権　3．A－規制緩和　B－規制維持　4．A－環境優先　B－経済成長　5．A－農作物の国内自給　B－自由貿易体制　6．A－軍備増強　B－軍備削減

【争点⑤】　以下の問題についてあなたはどのような考えを持っていますか．またa自民　b新進　c社会　d新党さきがけ　e共産　の各党はどのような考えを持っていると思いますか．(95.2)
1．改憲に賛成（1）～どちらでもない（4）～護憲に賛成（7）
2．常任理事国入りに賛成（1）～どちらでもない（4）～反対（7）

【争点⑥】　次のA，Bのような意見があります．Aの意見に強く賛成（1）～どちらでもない（4）～Bの意見に強く賛成（7）までのうちあなたの考えにあたると思う番号をお答えください．また　a自民　b新進　c社会　d新党さきがけ　e共産　の各党はどのような考え方を持っていると思いますか．(95参院後)
1．A－時代が変わってきたのだから今の憲法は改正すべきである
　　B－今の憲法に書かれた理想は変わらないのだから憲法を擁護すべきである
2．A－第二次世界大戦では日本が中国などの近隣諸国に迷惑を与えたので，この際反省と謝罪をすべきである
　　B－第二次世界大戦では戦争当事者の誰もが被害をこうむったので，日本が反省と謝罪をすべきではない

【争点⑦】　次のA，Bのような意見があります．Aの意見に強く賛成（1）～どちらでもない（4）～Bの意見に強く賛成（7）までのうちあなたの考えにあたると思う番号をお答えください．また　a自民　b新進　c民主　d社民　e共産　の各党はどのような考え方を持っていると思いますか．(96衆院前)
1．A－日本のように所得税の税率が高いと，所得の高い人の勤労意欲がそがれるので，所得税の税率を下げて消費税の税率を上げるべきである
　　B－消費税の税率を上げると，所得の低い人の生活が脅かされるので，消費税の税率を上げてまで所得税の税率を下げるべきではない
2．A－増税をしてでも福祉などの公共サービスを充実させるべきである

B‐増税をしてまで福祉などの公共サービスを充実させるべきではない
　　3. A‐時代が変わってきたのだから今の憲法を変えるべきである
         B‐今の憲法に書かれた理想は変わらないのだから憲法を変えるべきではない

〔自由回答〕
【政党】　　以下に挙げる政党は一般的にいってどういう政党でしょうか．お感じになっていることをおきかせください．どんなことでも結構です．
(93衆院前) 1. 自民　2. 社会　3. 公明　4. 共産　5. 新生　6. 日本新
(94.2) 1. 自民　2. 社会　3. 新生　4. 日本新
(95.2) 1. 自民　2. 新進　3. 社会
(95参院後) 1. 自民　2. 新進　3. 社会　4. 新党さきがけ　5. 共産
(96衆院前) 1. 自民　2. 新進　3. 民主　4. 社民　5. 共産　6. 新党さきがけ

【選挙争点】　今度の選挙であらわれている政策上の問題で，あなたにとって一番重要なことは何でしょうか．その問題のどこがどういう意味で重要なのですか．(93・96衆院前)
【投票理由】　今回の参院選でその候補者／党に投票したのはどのような理由からでしょうか．具体的におっしゃってください．(95参院後)
【選挙の話題】　今回の投票日前に選挙のことがどのくらい話題になりましたか．そのとき，どんなことが話題になることが多かったですか．(96衆院後)

資料B　2000年衆議院選挙調査の概要と全質問文，回答状況

資料B　2000年衆議院選挙調査の概要と全質問文，回答状況

1. はじめに

　ここでは，まず前半で我々が2000年の衆議院選挙にあたって行った「衆議院選挙調査」がどのようにして実施されたかを述べ，後半では実際の質問票をもとに各質問項目における各選択肢の集計結果を掲載することで，我々の調査の概要とする．衆議院選挙調査は，JES Ⅱを引き継いで行われたため「第8波調査」と呼ばれており，以下でもこの呼称を使用する．なお，JES Ⅱの沿革に関しては「本書の目的と構成」をご覧いただきたい．

2. 調査の沿革

　1999年10月にゼミが開始した当初は，「近いうちに衆議院は解散されるだろう」という楽観的な予測のもと，ゼミ生はそれまで7波のパネル調査をプロフィールとしてまとめ，来るべき総選挙を待った．ところが周知のとおり，実際の解散は現役首相が病に倒れるという不幸な事件まで待たねばならなかった．しかし結果的に，この待機中の時間は我々にとって調査に向けての十分な準備期間だったと言えるだろう．第8波調査に向け，我々が行った主な準備は「質問票の作成」，「パンフレットの作成」である．以下それぞれについて振りかえる．

　質問票の作成は，教授を中心として石高，今井，中條，松田という院生以上のグループによって行われた．各自が自分の希望するテーマに沿って案を作り提出した質問項目は，A3の用紙の表裏ではとても足りない膨大なものであった．その中から厳選し練り上げられたのが後に示す「衆議院選挙調査」の質問群である．

　郵送による調査をする場合，問題となるのは回収率の低さである．調査対象者に進んで協力していただくためには，この研究の重要性を理解してもらう必要があると我々は考えた．そこでこれまでの研究成果を披露するパンフレットが作られた．2000年春卒業組である遠藤，岡田，村上らも加わったパンフレットの作成をまとめ，仕上げたのは奥津である．ゼミ生の中では珍しいMACユーザーである奥津の卓越した電脳力が，ここで活かされた．パンフレットの構成は，表がゼミ生の集合写真を中心とする協力依頼文，裏がJES Ⅱ調査を用いて書かれた主な論文，出版物の一覧である．折りたたまれた内側は，過去の調査を引用した新聞記事である．新聞記事はなるべく目を引くように，カラー特集を組んだ讀賣新聞の3本が選ばれた（したがってカラーでご覧いただけないのが残念である）．このパンフレットを印刷し，綺麗に折りたたんでくれたのは㈱日本キャド印刷で，研究室と同社の間の連絡役を進んで担当したのが相沢星樹氏である．

このような前準備と同様に重要なのが，調査対象者の選定である．研究室予算の関係もあり，それまでJES IIが保ってきた3000サンプルを維持することは不可能であった．しかし，小規模な調査では論文の分析に支障が出るという声が院生から上がったため，プロフィールに必要な分量だけで済ますこともできなかった．結局今までの7波を担当し，今回の調査も依頼した中央調査社に住所シールが残っていたという幸運があり，第3波調査の対象者である2682人分に郵送することになった．

以後の作業は上述のとおり中央調査社が担当し，調査票は投票日直前の6月23日に投函されたが，このときの投票率同様，我々の期待に反して回収率は伸びなかった．そこで，プロフィールを完成させるという目的もあり，過去7回の調査全てに協力いただいた方589人のうち，第8波調査に回答いただけなかった227人の方に対して電話による調査を実施した．8月4日から27日にかけて行われた電話調査の結果，96人の方からは電話で回答をいただき，一部の方からは郵送で調査票を送付していただいた．

電話での調査項目は，選挙区で投票した「候補者の政党」，「比例区での投票政党」，「現在の支持政党」，「今後の調査への協力の可否」の必要最低限の4つで済ました．我々が電話をかけたうちの何人かの方はすでに他界されており，辛い電話となることもあった．ゼミ生一同，これまでのご協力に感謝し，ご冥福をお祈りしたい．

郵送期限の9月6日までに815人の方から調査票を郵送していただき，第8波調査は終了したが，中には全くの無回答（該当数7），本人以外の回答（該当数5）があり，これまでの例に習い分析の対象には加えなかった．結果，郵送調査回答803サンプル，電話調査回答96サンプルが第8波調査の全サンプルとなった．以上が第8波調査の沿革である．

3. 質問票と回答状況

集計結果は，最左列より度数，割合，選択肢番号，選択肢，である．実際の選択肢にはない番号は丸括弧で囲んだ．問1，2，6と，最後の「今後の協力の可否」については別個に電話調査の結果を添えた．母数は電話調査を除き803である．問1では，実際には候補者を立てていない場合と無所属候補が複数出馬し判別できない場合があったので，それぞれの選択肢に続いてやはり括弧内で説明を加えた．803人全体では実に56人が選挙区に候補者を立てていない勢力の番号を選んでいる．

(資料B　担当　菅原)

今回も調査に御協力お願いします

東京大学蒲島ゼミ

感謝と御報告

投票行動の調査にご回答下さった大勢の皆様、ご協力どうもありがとうございました。同じ方に継続して回答していただいた調査は世界的に見ても類が無く、貴重なデータが得られ、現代日本の政治研究に大きな一歩を踏み出すことが出来ました。ここに、その研究の一部を御礼に替えてご報告いたします。本来ならば、もう少し早くこのような研究成果を披露すべきところですが、学問の性質上、一回の調査では不充分であり、また、一朝一夕に研究が進むものではないのもまた事実であります。この点、どうかご容赦下さい。

投票は我々一般の有権者にとって、政治に参加する数少ない機会であり、そこでの意見の表明は非常に重要な有権者からのメッセージを含んでいます。93年からの激動の時代に、数回にわたって行われた調査を通じて得られた貴重なデータを基に分析を重ねました。その結果、1) いわゆる55年体制の崩壊をもたらした有権者の投票行動はどのようなものであったのか、2) その後の新党ブーム、連立政権の樹立等の政治変動は有権者の政治意識と行動にどのような影響を与えたのか、3) 長らく続いてきた中選挙区制が廃止され、小選挙区比例代表並立制が導入されたが、その選挙制度改革のインパクトはどのようなものであったのか、等が明らかになりつつあります。

これらのデータ及び研究成果は現代日本の政治学にとって重要であるだけではありません。世界的にも貴重なものとなっています。また、広く一般向けにも新聞等を通じて取り上げられました。

ここでは、出版物と新聞に取り上げられた記事を中心に研究成果をご紹介していきたいと思います。

東京大学教授
蒲島郁夫

3月のゼミ合宿のひとこま

出版物紹介

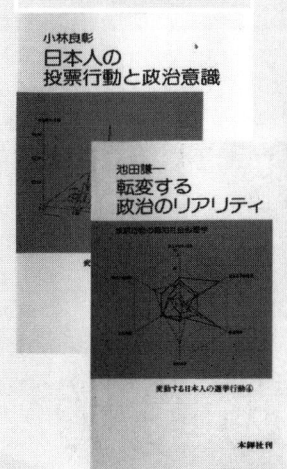

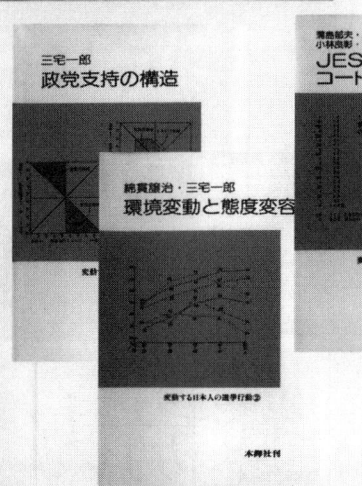

小林良彰
日本人の投票行動と政治意識

池田謙一
転変する政治のリアリティ

三宅一郎
政党支持の構造

綿貫譲治・三宅一郎
環境変動と態度変容

蒲島郁夫・綿貫譲治・三宅一郎・小林良彰・池田謙一
JESⅡ コードブック

蒲島郁夫
政権交代と有権者の態度変容

木鐸社刊

皆様の調査結果は繰り返

読売新聞　内政・総合　社説　1995年8月11日

政界動かす有権者意識

感情温度分析で裏付け

蒲島・筑波大教授ら

有権者に反映された政界地図

（95年2月調査の感情温度による分析、敬称略）

武村正義／新党さきがけ／山花貞夫／海部俊樹／村山富市／社会党／自民党／河野洋平／細川護熙／小沢一郎／新進党

連立政権に対する好感度／新進党に対する好感度

政界地図
村山政権「反小沢連合」浮き彫り

温度変化
自民支持者、新進を好感　保・保連合の土壌も

政治考現学

政党、政治家への感情温度（％）

自民	44
宮沢喜一	36
社会	37
日本新	47
自民	45
社会	37
小沢一郎	35
日本新	53
細川護熙	56
武村正義	53
自民	50
河野洋平	47
社会	39
村山富市	46
武村正義	45
小沢一郎	35
細川護熙	42
武村正義	44

選択肢なければ冷めるばかり

政党支持者の各党への好感度（93、94年の比較）

政党支持者：自民／社会／公明／民社／共産／新生／さきがけ／日本新／無党派

（93年／94年）

95年
政党支持者：自民／新進／社会／さきがけ／共産／無党派

感情温度
70度以上
60〜69度
50〜59度
40〜49度
30〜39度
29度以下

表の見方

考える座標軸

御協力ありがと

新聞記事になりました

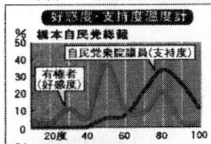

1995年10月10日

政まつりごと
第一部 市民との距離 ②

好・反感の温度差

政界の"相関図"反映

政治家たちの選挙演説「よく繰り返すのは"この人は違う、本音が語れない、どこを向いているかわからない"などの批判。」

陸首相、「私が出張にあったときに八百屋のおかみさんにあいさつに行って、『村山さん(首相)のところは、いろいろ苦労が絶えないね』と言われた。それにしても、と演説は「"村山さん(首相)、どういう方向に走ろうか、というわけですよ」」

こうしたトーンに終始する。町の政治家は、人目を気にせず投げ出すように「もう、こっちの感情も本音的な感情も、わたしも支持者を守れなくてね、民主主義しかないんでしょう。でも、三年で信頼を失ってしまった」と言うのは、第一野党の自民党・森喜朗幹事長である。

感情温度調査
投票行動の全国的・時系列的調査研究で、93年から全国規模で、同一対象1226人の答えを分析した。

有権者の、政党に対する好感度を百度の「感情温度」──50度を境に度数が高いほど好感、低いほど反感をもっている──で示す。その平均値をグラフにすると、自民党一党支配崩壊後の93年7月の衆院選投票日直前の時期では、自民党への好感度は日本新党などを下回り、当時の宮沢氏から民心は離れていた。

国民福祉税騒動と細川内閣の亀裂が表面化したころの調査(94年2月)と、村山内閣が阪神大震災で危機管理能力が問われていた時期の今年2月の調査を比べると、細川氏の人気凋落(ちょうらく)ぶりが著しい。

猪鳥泰夫氏 筑波大教授。著書に「日本人の選挙行動」「政治参加」など。1947年生まれ。

頭字は村上三島 文化功労者・芸術院会員

細川元首相に対する好感度
95年2月調査
94年2月調査

政まつりごと
第二部 政治家解剖 ⑥

党の顔
移ろいやすい国民人気

橋本自民党総裁

自民党は1989年(平成元)の参院選で惨敗、リクルート、消費税、農業、コメなどへの不満が噴出した。九八年、九三年の総選挙でも、敗北の形は違うが選挙後に立ち上がった。加藤氏の。流れを変えたと感じます」

「私は、少なくとも、この一連の党員の動きを通じ、相手の党が今日同じシナリオかは、私には、話します」(酒巻議員)

自民党衆議院議員(四十八歳)は、新進党の海部首長のところで七十九度、橋本氏のところで七十九度。橋本氏の支持率は、平均感度は高い。「支持度」についても、こちらは同様にピークが二つ。海部氏に近い形と見て、ヤマの形の新進党内閣支持のピークも平均より高い。安部元首相の新海部首長は国民の人気に支えられ、不器用が目立つのも橋本氏の特徴です。先月13日の新進党の議員総会でも、橋本氏のラフの変わり身が、ある部分ではとに「もし、あなたが使われるとしたら、どちらの上司に使われるほうがよいと思いますか」(数字は%)

	自民	新進	社会	共産
⑥	さきがけ40		30	
自民11	新進16			
自民80	新進80	社会86	さきがけ80	共産50

全国定点観測調査 筑波大の海鳥帰夫教授らによる「投票行動の全国的・時系列的調査研究」。93年から全国で、日本人の投票行動を中心に、2000人の有権者に繰り返し調査している。読売新聞東京本社世論調査部も共同参加。

頭字は村上三島 文化功労者・芸術院会員

ウノ・カマキリ

読売新聞の3つの記事のみ掲載しましたが、他にも数多く新聞記事として取り上げられています。

ありがとうございました

衆議院選挙調査

問1 6月25日投票の衆院選の小選挙区では，あなたはどの党の候補者に投票しましたか．1つ選んで○をつけてください．

　　　332 (41.3)　1. 自民党（10人が該当候補なし）
　　　248 (30.9)　2. 民主党（5人が該当候補なし）
　　　 14 (1.7)　3. 公明党（11人が該当候補なし）
　　　 65 (8.1)　4. 共産党
　　　 10 (1.2)　5. 保守党
　　　 24 (3.0)　6. 自由党（9人が該当候補なし）
　　　 35 (4.4)　7. 社民党（8人が該当候補なし）
　　　 12 (1.5)　8. その他（6人が該当候補なし）
　　　 25 (3.1)　9. 無所属（7人が該当候補なし，3人が候補者特定できず）
　　　 36 (4.5)　10. 棄権
　　　 2 (0.2)　(99) 答えない

電話調査結果
　40　自民党（4人が該当候補なし）
　17　民主党
　 2　公明党（1人が該当候補なし）
　 6　共産党
　 0　保守党
　 5　自由党（3人が該当候補なし）
　 5　社民党（1人が該当候補なし）
　 1　その他
　 2　無所属
　12　棄権
　 6　答えない

問2 政党に投票する比例代表区では，あなたはどの党に投票しましたか．1つ選んで○をつけてください．

　　　272 (33.9)　1. 自民党　　　　電話調査結果
　　　230 (28.6)　2. 民主党　　　　37　自民党
　　　 48 (6.0)　3. 公明党　　　　17　民主党
　　　 65 (8.1)　4. 共産党　　　　 5　公明党
　　　 4 (0.5)　5. 保守党　　　　 7　共産党
　　　 70 (8.7)　6. 自由党　　　　 1　保守党
　　　 70 (8.7)　7. 社民党　　　　 8　自由党
　　　 7 (0.9)　8. その他　　　　 6　社民党
　　　 35 (4.4)　9. 棄権　　　　　 0　その他
　　　 2 (0.2)　(99) 答えない　　11　棄権
　　　　　　　　　　　　　　　　　 4　答えない

問3 あなたの希望する国会での与野党の勢力比は下のどれにあたりますか．1つ選んで○をつけてください．
　　　139（17.3）　1．自民党の安定多数
　　　435（54.2）　2．自民党政権だが，与野党の伯仲状況
　　　205（25.5）　3．与野党逆転
　　　 24（ 3.0）　9．答えない

問4 あなたは，政権担当政党としては，どの党が一番適任だと思いますか．1つ選んで○をつけてください．
　　　388（48.3）　1．自民党
　　　281（35.0）　2．民主党
　　　 20（ 2.5）　3．公明党
　　　 11（ 1.4）　4．共産党
　　　 1（ 0.1）　5．保守党
　　　 42（ 5.2）　6．自由党
　　　 31（ 3.9）　7．社民党
　　　 29（ 3.6）　9．答えない

問5 あなたは，次の中でどの政権の形態が最も望ましいと思いますか．次の中から1つ選んで○をつけてください．
　　　141（17.6）　1．自民党の単独政権
　　　 48（ 6.0）　2．民主党の単独政権
　　　292（36.4）　3．自民党を中心とする連立政権
　　　260（32.4）　4．民主党を中心とする連立政権
　　　 46（ 5.7）　5．その他
　　　 16（ 2.0）　9．答えない

問6 あなたはふだん何党を支持していますか．1つ選んで○をつけてください．
　　　　　　　　　　　　　　　　　　　　電話調査結果
　　　324（40.3）　1．自民党　　　　　39　自民党
　　　147（18.3）　2．民主党　　　　　10　民主党
　　　 31（ 3.9）　3．公明党　　　　　 2　公明党
　　　 41（ 5.1）　4．共産党　　　　　 5　共産党
　　　 1（ 0.1）　5．保守党　　　　　 0　保守党
　　　 34（ 4.2）　6．自由党　　　　　 9　自由党
　　　 62（ 7.7）　7．社民党　　　　　 4　社民党
　　　 3（ 0.4）　8．その他
　　　155（19.3）　9．どの政党でもない　23　支持政党なし
　　　 5（ 0.6）（99）答えない　　　　 4　答えない

問7 あなたが絶対に支持したくない政党はありますか．もしあれば，いくつでも○をつけてください．
　　　111（13.8）　1．自民党
　　　 56（ 7.0）　2．民主党
　　　363（45.2）　3．公明党
　　　432（53.8）　4．共産党
　　　122（15.2）　5．保守党

126 (15.7) 6. 自由党
121 (15.1) 7. 社民党
  2 (0.2) 8. その他
 93 (11.6) 9. そういう政党はない

問8 ところで，よく保守的とか革新的とかいう言葉が使われていますが，あなたと各政党の政治的な立場は次の番号のどこにあたると思いますか．1が最も革新的で，10が最も保守的です．1から11の番号1つに○をつけてください．

		あなたご自身	自民党	民主党	公明党	共産党	自由党	あなたが投票した候補者
革新的	1.	26 (3.2)	8 (1.0)	13 (1.6)	7 (0.9)	199 (24.8)	13 (1.6)	35 (4.4)
	2.	18 (2.2)	5 (0.6)	14 (1.7)	2 (0.2)	115 (14.3)	24 (3.0)	31 (3.9)
↑	3.	77 (9.6)	10 (1.2)	63 (7.8)	15 (1.9)	82 (10.2)	42 (5.2)	52 (6.5)
	4.	87 (10.8)	10 (1.2)	91 (11.3)	19 (2.4)	49 (6.1)	65 (8.1)	62 (7.7)
中 間	5.	158 (19.7)	40 (5.0)	140 (17.4)	73 (9.1)	29 (3.6)	92 (11.5)	120 (14.9)
	6.	90 (11.2)	40 (5.0)	96 (12.0)	88 (11.0)	24 (3.0)	63 (7.8)	76 (9.5)
↓	7.	72 (9.0)	56 (7.0)	79 (9.8)	86 (10.7)	13 (1.6)	65 (8.1)	50 (6.2)
	8.	60 (7.5)	102 (12.7)	62 (7.7)	114 (14.2)	15 (1.9)	80 (10.0)	63 (7.8)
	9.	22 (2.7)	119 (14.8)	19 (2.4)	70 (8.7)	10 (1.2)	58 (7.2)	41 (5.1)
保守的	10.	61 (7.6)	234 (29.1)	13 (1.6)	61 (7.6)	24 (3.0)	60 (7.5)	77 (9.6)
わからない		132 (16.4)	179 (22.3)	213 (26.5)	268 (33.4)	243 (30.3)	241 (30.0)	196 (24.4)

問9 あなたは政治上のできごとに，どれくらい注意をはらっていますか．1つ選んで○をつけてください．
262 (32.6) 1. いつも注意をはらっている
389 (48.4) 2. 時々注意をはらっている
130 (16.2) 3. たまにしか注意をはらっていない
  9 (1.1) 4. 全く注意をはらっていない
 13 (1.6) 9. 答えない

問10 あなたは，現在の政治に対してどの程度満足していますか．1つ選んで○をつけてください．
  3 (0.4) 1. 十分満足している
145 (18.1) 2. 大体のところ満足している
443 (55.2) 3. やや不満である
174 (21.7) 4. 全く不満である
 38 (4.7) 9. 答えない

問11 あなたは国の政治をどれくらい信頼できるとお考えですか．1つ選んで○をつけてください．
  8 (1.0) 1. いつも信頼できる
215 (26.8) 2. 大体信頼できる
463 (57.7) 3. あまり信頼できない
 82 (10.2) 4. 全く信頼できない
 35 (4.4) 9. 答えない

問12 投票に行くことについて，あなたのお気持ちに最も近いものをこの中から1つ選んで○をつけてください．
504 (62.8) 1. 投票に行くことは有権者の義務であり，当然，選挙に行かなくてはならない

資料B　2000年衆議院選挙調査の概要と全質問文，回答状況　679

　　222（27.6）　2．有権者はできるだけ選挙に参加した方がよい
　　 45（ 5.6）　3．投票に行くかどうかは有権者が決めることなので，必ずしも選挙に参加しなくてもよい
　　 32（ 4.0）　9．答えない

問13　日本の政党制のあり方としてあなたが最も望ましいと思うのは次のどれですか．1つ選んで○をつけてください．
　　112（13.9）　1．安定的な一党優位体制
　　536（66.7）　2．政権交代可能な二大政党制
　　104（13.0）　3．多様な価値観を反映した多党制
　　 51（ 6.4）　9．答えない

問14　あなたの政党や政治家に対する好感度をお聞きします．好意も反感も持たない時は50度，好意的な気持ちがあれば，その強さに応じて50度から100度，また，反感を感じていれば，0度から50度のどこかの数字を答えてください．

温度	自民党	民主党	公明党	共産党	自由党
100	18（ 2.2）	4（ 0.5）	14（ 1.7）	8（ 1.0）	10（ 1.2）
95	1（ 0.1）		2（ 0.2）		
90	17（ 2.1）	7（ 0.9）	1（ 0.1）	1（ 0.1）	3（ 0.4）
89	1（ 0.1）				
88	1（ 0.1）				
87		1（ 0.1）			
85	2（ 0.2）				2（ 0.2）
82			1（ 0.1）		
80	55（ 6.8）	37（ 4.6）	17（ 2.1）	6（ 0.7）	16（ 2.0）
76					1（ 0.1）
75	70（ 8.7）	85（10.6）	6（ 0.7）	25（ 3.1）	22（ 2.7）
70	44（ 5.5）	71（ 8.8）	15（ 1.9）	18（ 2.2）	32（ 4.0）
68				1（ 0.1）	
65	3（ 0.4）	6（ 0.7）	1（ 0.1）	3（ 0.4）	2（ 0.2）
60	53（ 6.6）	97（12.1）	23（ 2.9）	26（ 3.2）	67（ 8.3）
55	4（ 0.5）	6（ 0.7）		1（ 0.1）	7（ 0.9）
52		1（ 0.1）			
50	205（25.5）	234（29.1）	152（18.9）	141（17.6）	239（29.8）
45	3（ 0.4）	1（ 0.1）	2（ 0.2）	3（ 0.4）	3（ 0.4）
40	48（ 6.0）	39（ 4.9）	48（ 6.0）	39（ 4.9）	52（ 6.5）
38			1（ 0.1）		
35	2（ 0.2）	2（ 0.2）	1（ 0.1）		2（ 0.2）
32					1（ 0.1）
30	42（ 5.2）	28（ 3.5）	75（ 9.3）	52（ 6.5）	58（ 7.2）
25	57（ 7.1）	25（ 3.1）	73（ 9.1）	73（ 9.1）	45（ 5.6）
20	24（ 3.0）	17（ 2.1）	53（ 6.6）	63（ 7.8）	49（ 6.1）
15			1（ 0.1）	4（ 0.5）	
13		1（ 0.1）		1（ 0.1）	1（ 0.1）
10	24（ 3.0）	17（ 2.1）	60（ 7.5）	67（ 8.3）	35（ 4.4）
5	1（ 0.1）		4（ 0.5）	4（ 0.5）	3（ 0.4）
3			1（ 0.1）		
0	42（ 5.2）	23（ 2.9）	150（18.7）	156（19.4）	46（ 5.7）
DK・NA	86（10.7）	101（12.6）	102（12.7）	111（13.8）	107（13.3）

温度	森喜朗	鳩山由紀夫	小沢一郎	故小渕恵三
100	6 (0.7)	4 (0.5)	13 (1.6)	29 (3.6)
99				1 (0.1)
95				1 (0.1)
90	11 (1.4)	5 (0.6)	7 (0.9)	23 (2.9)
87		1 (0.1)		
85	1 (0.1)		2 (0.2)	3 (0.4)
81	1 (0.1)			
80	16 (2.0)	16 (2.0)	25 (3.1)	69 (8.6)
76			1 (0.1)	
75	20 (2.5)	55 (6.8)	23 (2.9)	61 (7.6)
70	22 (2.7)	51 (6.4)	37 (4.6)	55 (6.8)
68		1 (0.1)		
65	1 (0.1)	3 (0.4)	4 (0.5)	5 (0.6)
63	1 (0.1)			1 (0.1)
60	36 (4.5)	68 (8.5)	51 (6.4)	61 (7.6)
55	3 (0.4)	3 (0.4)	3 (0.4)	5 (0.6)
52				1 (0.1)
50	175 (21.8)	256 (31.9)	183 (22.8)	228 (28.4)
45	7 (0.9)	5 (0.6)	1 (0.1)	4 (0.5)
40	51 (6.4)	58 (7.2)	61 (7.6)	28 (3.5)
38			1 (0.1)	
35	4 (0.5)	2 (0.2)	1 (0.1)	2 (0.2)
30	49 (6.1)	40 (5.0)	67 (8.3)	41 (5.1)
25	58 (7.2)	30 (3.7)	56 (7.0)	17 (2.1)
20	55 (6.8)	18 (2.2)	41 (5.1)	22 (2.7)
15	2 (0.2)	1 (0.1)	1 (0.1)	
13		1 (0.1)	1 (0.1)	
10	56 (7.0)	26 (3.2)	51 (6.4)	18 (2.2)
5	3 (0.4)		2 (0.2)	1 (0.1)
3		1 (0.1)		
1	1 (0.1)			
0	125 (15.6)	52 (6.5)	73 (9.1)	27 (3.4)
DK・NA	99 (12.3)	106 (13.2)	98 (12.2)	100 (12.5)

問15 あなたは次の（1）から（5）にあげる事柄について，どう思いますか．あなたのお気持ちに最も近いものをそれぞれ1つずつ選んで番号に〇をつけてください．

	大いに評価する	ある程度評価する	あまり評価しない	全く評価しない	答えない
（1）あなたは小渕・森内閣の実績全般をどう評価しますか．	29 (3.6)	366 (45.6)	298 (37.1)	55 (6.8)	55 (6.8)
（2）景気対策など経済面での政府の実績をどう評価しますか．	17 (2.1)	214 (26.7)	407 (50.7)	106 (13.2)	59 (7.3)
（3）今年4月から始まった介護保険制度をどう評価しますか．	16 (2.0)	201 (25.0)	383 (47.7)	141 (17.6)	62 (7.7)
（4）国旗国歌法や通信傍受法などの成立をどう評価しますか．	109 (13.6)	272 (33.9)	209 (26.0)	151 (18.8)	62 (7.7)
（5）森首相の「神の国」・「国体」発言をどう評価しますか．	18 (2.2)	73 (9.1)	274 (34.1)	375 (46.7)	63 (7.8)
（6）自民・公明・保守という政権の枠組みをどう評価しますか．	27 (3.4)	196 (24.4)	275 (34.2)	252 (31.4)	53 (6.6)

問16 あなたの選挙区から出馬した立候補者についてお聞きします．次のことがらにあてはまる候補者がいれば，それぞれ○をつけてください．

	自民党の候補者	民主党の候補者	公明党の候補者	共産党の候補者	自由党の候補者	複数回答	言及なし
(a) この選挙区の人々のためにふだんから道路の整備とか，補助金の獲得などで尽くす候補者	265 (33.0)	35 (4.4)	13 (1.6)	16 (2.0)	7 (0.9)	9 (1.1)	458 (57.0)
(b) この地域の出身であるなど，特にかかわりの深い候補者	230 (28.6)	89 (11.1)	10 (1.2)	18 (2.2)	12 (1.5)	23 (2.9)	421 (52.4)
(c) あなたが後援会に加入している候補者	151 (18.8)	54 (6.7)	12 (1.5)	8 (1.0)	10 (1.2)	2 (0.2)	566 (70.5)
(d) 国のリーダーとして立派な資質を備えている候補者	168 (20.9)	76 (9.5)	6 (0.7)	8 (1.0)	12 (1.5)	5 (0.6)	528 (65.8)

問17 あなたは次のどちらの候補者に投票しますか．1つ選んで○をつけてください．
  143 (17.8) 1．外交問題など国全体の問題では活躍するが，地元の面倒をあまり見ない候補者
  185 (23.0) 2．中央への陳情の仲介など，地元のための世話役活動にもっぱら努力する候補者
  409 (50.9) 3．場合による
   66 (8.2) 9．答えない

問18 90年代以降，当選した国会議員が所属する政党を変えるということがよくありますが，もし自分の支持する議員が所属政党をかえたらどうしますか．1つ選んで○をつけてください．
   56 (7.0) 1．その議員に従って支持する政党を自分も変える
  460 (57.3) 2．支持する政党は変えず，その議員を支持するのをやめる
  210 (26.2) 3．支持する政党は変えないが，その議員を支持し続ける
   77 (9.6) 9．答えない

問19 前回（96年）の衆議院議員選挙であなたの選挙区から当選した議員についてお聞きします．その議員が国会でどのような活動をしていたか，関心がありますか．1つ選んで○をつけてください．
  170 (21.2) 1．関心があるし，実際どのような活動をしていたかよく知っている
  552 (68.7) 2．関心はあるが，そのような情報に接したことがないためよく知らない
   33 (4.1) 3．そもそも議員が国会で行う活動に関心がない
   48 (6.0) 9．答えない

問20 次にあげる事柄についてのあなたのお気持ちに最も近いものを，それぞれ1つ下選んで番号に○をつけてください．

	そう思う	どちらかといえばそう思う	どちらかといえばそう思わない	そうは思わない	答えない
(a) 今の政治家はあまり私たちのことは考えていない．	257 (32.0)	357 (44.5)	104 (13.0)	27 (3.4)	58 (7.2)
(b) 選挙では大勢の人が投票するのだから自分1人くらい投票しなくてもかまわない．	17 (2.1)	54 (6.7)	140 (17.4)	520 (64.8)	72 (9.0)
(c) 自分には，政府のすることを左右する力はない．	256 (31.9)	235 (29.3)	133 (16.6)	108 (13.4)	71 (8.8)
(d) 政治，政府などは，あまりに複雑なので，自分には何をやっているのかわからない．	153 (19.1)	297 (37.0)	184 (22.9)	104 (13.0)	65 (8.1)

問21 次にあげる（1）から（4）までの問題について，あなたの意見はどちらに近いですか．また，政党はどのような主張をしていると思いますか．最も近いと思う番号にそれぞれ○をつけてください．

（1）財政再建，景気回復について，次のA，Bのような意見があります．

> A 政府は財政再建よりも景気回復を優先すべきである．
> B 政府は財政が破綻する前に早急に財政再建に取り組むべきである．

	Aに近い	どちらかといえばA	どちらでもない	どちらかといえばB	Bに近い	答えない
(a) あなたご自身	202 (25.2)	209 (26.0)	44 (5.5)	169 (21.0)	110 (13.7)	69 (8.6)
(b) 自民党	303 (37.7)	190 (23.7)	44 (5.5)	69 (8.6)	24 (3.0)	173 (21.5)
(c) 民主党	37 (4.6)	174 (21.7)	125 (15.6)	205 (25.5)	57 (7.1)	205 (25.5)
(d) 公明党	159 (19.8)	241 (30.0)	134 (16.7)	50 (6.2)	11 (1.4)	208 (25.9)
(e) 共産党	50 (6.2)	72 (9.0)	161 (20.0)	166 (20.7)	138 (17.2)	216 (26.9)
(f) 自由党	59 (7.3)	165 (20.5)	176 (21.9)	157 (19.6)	35 (4.4)	211 (26.3)

（2）社会福祉について次のような意見があります．

> A 政府は増税してでも，介護保険や年金などの社会福祉を充実させるべきである．
> B 政府は増税してまで，介護保険や年金などの社会福祉を充実させる必要はない．

	Aに近い	どちらかといえばA	どちらでもない	どちらかといえばB	Bに近い	答えない
(a) あなたご自身	135 (16.8)	216 (26.9)	132 (16.4)	159 (19.8)	95 (11.8)	66 (8.2)
(b) 自民党	173 (21.5)	230 (28.6)	100 (12.5)	87 (10.8)	22 (2.7)	191 (23.8)
(c) 民主党	78 (9.7)	252 (31.4)	139 (17.3)	103 (12.8)	12 (1.5)	219 (27.3)
(d) 公明党	105 (13.1)	233 (29.0)	157 (19.6)	73 (9.1)	14 (1.7)	221 (27.5)
(e) 共産党	57 (7.1)	112 (13.9)	176 (21.9)	134 (16.7)	99 (12.3)	225 (28.0)
(f) 自由党	67 (8.3)	201 (25.0)	187 (23.3)	107 (13.3)	23 (2.9)	218 (27.1)

(3) 憲法の改正について次のような意見があります．

> A 今の憲法は国状に合わなくなっているので，できるだけ早い時期に改憲した方がよい．
> B 今の憲法は大筋として立派な憲法であるから，現在は改憲すべきではない．

	Aに近い	どちらかといえばA	どちらでもない	どちらかといえばB	Bに近い	答えない
(a) あなたご自身	171 (21.3)	246 (30.6)	98 (12.2)	139 (17.3)	105 (13.1)	44 (5.5)
(b) 自民党	199 (24.8)	227 (28.3)	85 (10.6)	77 (9.6)	36 (4.5)	179 (22.3)
(c) 民主党	61 (7.6)	245 (30.5)	173 (21.5)	92 (11.5)	17 (2.1)	215 (26.8)
(d) 公明党	64 (8.0)	195 (24.3)	206 (25.7)	97 (12.1)	22 (2.7)	219 (27.3)
(e) 共産党	72 (9.0)	76 (9.5)	92 (11.5)	135 (16.8)	211 (26.3)	217 (27.0)
(f) 自由党	157 (19.6)	213 (26.5)	148 (18.4)	62 (7.7)	10 (1.2)	213 (26.5)

(4) 税金問題について次のような意見があります．

> A これまで税金を払っていない人も税金を払うように，課税最低限を引き下げるべきである．
> B 課税最低限を引き下げると，低所得者の増税になるので，引き下げるべきではない．

	Aに近い	どちらかといえばA	どちらでもない	どちらかといえばB	Bに近い	答えない
(a) あなたご自身	125 (15.6)	160 (19.9)	85 (10.6)	216 (26.9)	166 (20.7)	51 (6.4)
(b) 自民党	102 (12.7)	195 (24.3)	115 (14.3)	124 (15.4)	63 (7.8)	204 (25.4)
(c) 民主党	190 (23.7)	175 (21.8)	120 (14.9)	79 (9.8)	23 (2.9)	216 (26.9)
(d) 公明党	35 (4.4)	143 (17.8)	188 (23.4)	161 (20.0)	48 (6.0)	228 (28.4)
(e) 共産党	23 (2.9)	51 (6.4)	107 (13.3)	169 (21.0)	223 (27.8)	230 (28.6)
(f) 自由党	45 (5.6)	193 (24.0)	193 (24.0)	118 (14.7)	27 (3.4)	227 (28.3)

問22 選挙においてあなたが最も重視する基準はどれですか．1つ選んで○をつけてください．

	候補者の人柄	公約	過去の実績	候補者の属する政党	その他	答えない
(1) 小選挙区	238 (29.6)	134 (16.7)	89 (11.1)	301 (37.5)	7 (0.9)	34 (4.2)
(2) 市区町村長選	350 (43.6)	186 (23.2)	132 (16.4)	48 (6.0)	7 (0.9)	80 (10.0)
(3) 市区町村議選	432 (53.8)	115 (14.3)	96 (12.0)	67 (8.3)	13 (1.6)	80 (10.0)

あなたは何年何月何日生まれですか．　大正　昭和　□□年□□月□□日

ご協力大変ありがとうございました．この質問票は，6月30日までにご返送いただければ幸甚です．皆様のご意見は，今後の研究に大事に使わせていただきたいと思います．最後になりましたが，東大法学部・蒲島郁夫ゼミが，研究のため今後もお手紙を差し上げることをお許しいただけるかどうかお伺いしたいと思います．もしよろしければ，「可」に○をつけていただきたいと存じます．それではどうもありがとうございました．

　　　　　　　　　　　　　　　可　または　否

　　　　　　　　　　　　　電話調査結果
175 (21.8) 0. 否　　　　　　31 否
496 (61.8) 1. 可　　　　　　62 可
132 (16.4) 9. 答えない　　　 3 答えない

あとがき

「君たちは，能力・知性・経歴は備えている．しかしこれからの政治にはそれに加えて高潔さ・信頼性・尊厳・謙虚さをも持ち合わせることが重要になる．君たちはこれから，それをどう身に付けるかを学んでいって欲しい．」
──蒲島先生の駒場での学期末講義における，締めくくりの言葉である．満場の拍手とともに，その瞬間の光景は映像として私の脳裏にいまだ焼きついている．

蒲島ゼミの選考は相当厳しいとの噂があったため，私は申し込みのときおおいに迷った．それゆえ申し込むのは敬遠しておこうかと何度も思い，その結果うっかりゼミ申し込みの締め切りを2時間ほどオーバーしてしまう．だが，教務課の方が目をつぶってくれたことによって幸運にも蒲島門下の空気を味わうことができたのである．ちなみに私の後ろにいた学生は門前払いを喰らっていた．人生を分ける大きなドラマがそこにはあった….

当初この本は，『日本的投票モデルの探求』というタイトルで出版される予定であった．作業が進むにつれ，投票行動分析よりも有権者像を捉えることに主眼が置かれていると判断したため，題名は変更されることとなった．この本の完成によって一応，有権者像を捉える研究の成果を世に出せることとなる．ただ，我々は新しい投票行動理論の発見まではできなかった．我々の残した有権者像モデルが，大きなヒントとなりその道筋を照らしてくれることであろう．蒲島ゼミの後輩たちに残りの夢は託したい．

今後の日本には，巨額の財政赤字を解消するために「説得力ある政治家」が必要とされる．「説得力」は能力・知性・高潔さのみでは生み出せない．説得力をもつ開明的リーダーが，現実的な政策を提示し，実行する．そんなあたりまえの政治の先に，「高次元の民主主義」は待っているだろう．だが真の民主主義は，たとえどんなに卓越したリーダーが現れようと，砂粒のような「名も無き大多数」の有権者抜きには達成されえない．本書がそんな有権者像を捉えるうえで手助けとなり，これからの日本の民主主義の発展に資することができるなら，我々編者にとってこれほど嬉しいことはない．

我々3期ゼミは，頑固に参加民主主義を貫き通した集団であった．ゼミ長の指導のもと，あらゆる作業は可能な限り分担し，落伍者が出ないように絶えず皆で気を配り，サポートしあった．また常に全員一致をもって決定方式としたので，院生も含め毎回のように意見は対立したが，最後の一人が納得するまで根気を持って説得しあった（まさしく「説得の政治」である）．伊東での徹夜の議論が懐かしい．と

もかく，これだけ仕事を分担し，編集方針も刻々と変わる中で誰一人として原稿を落とさなかったのは奇跡的ですらある．今後は皆が様々な道に進むであろうが，一人一人の努力と，周囲の方々の支えによって「歴史に残る」学術書を出版できたということを，誇りにしてほしい．

　本書の出版に協力して下さった全ての方々に，今一度，深く感謝申し上げたい．

2000年12月
杉並の学生寮の一室にて
原　圭助

執筆者紹介 （五十音順，2000年12月現在）

石高　晴奈（いしたか　はるな）
1975年　山口県生まれ
1993年　国立広島大学付属高校卒業
1999年　東京大学法学部第2類（公法コース）卒業
現在，東京大学法学部助手
［一言］2期ゼミの経験から蒲島ゼミの味をしめ，今回もまた参加させて頂きました．自身の都合で出版準備が佳境に入る後半にあまり参加出来なかったのが残念です．今回は，ゼミ長をはじめとして2期ゼミとは全く違った個性が集まり，それが運営方法・お酒の飲み方等に反映されており，古参者として興味深く眺めながら楽しませていただきました．本を出版したら終わりというのではなく，末長く温かい関係がつづいていけばと願っています．

今井　亮佑（いまい　りょうすけ）
1977年　京都府生まれ
1996年　私立洛星高校卒業
2000年　東京大学法学部第3類（政治コース）卒業
現在，東京大学大学院法学政治学研究科修士課程在学
［一言］第2期蒲島ゼミ（『現代日本の政治家像』）の出版準備との掛け持ちで，このゼミにはオブザーバー参加をさせてもらった．そのためもあって，最初から最後まで山本君，水野君，原君をはじめ個性的だが大変優秀なゼミ生達にお世話になりっぱなしとなった．この場を借りてお礼を述べたい．
　僕個人としては，研究者を志す者として，このような今までにない学問的貢献となるゼミに多少なりとも関われたことを大変うれしく思っている．ゼミ生みんなのこの成果を，今後の研究生活に活かしていきたい．

内　和美（うち　かずみ）
1979年　東京都生まれ
1997年　私立白陵高校卒業
現在，東京大学法学部第2類（公法コース）在学
［一言］"分析""出版"といった普段の講義とは違う経験をしてみたい，という思いからこのゼミに参加しました．思っていた以上に大変でしたが，みんなにお尻を叩かれながら何とか最後まで頑張ることができました．法学部という場で思いもよらず貴重な経験をし，蒲島先生やみんなと出会えたことをうれしく思います．この本とともに大切にしていきたいです．

遠藤　素子（えんどう　もとこ）
　1976年　東京都生まれ
　1995年　私立桜蔭高校卒業
　2000年　東京大学法学部第2類（公法コース）卒業
現在，株式会社大林組勤務
［一言］「大学を卒業する前に何かやってみたい．今の政治状況なら，ちょうどいいチャンスかもしれない．」と軽い気持ちでゼミに応募したのが，今（2000年12月）から，約1年程前のことでした．調査票を読みながら，様々な背景を持った有権者が投票に至るまでの軌跡を辿るということが，いかに難しいかを実感し，ゼミに入ったことを後悔する時もありました．それでも，半年の間ゼミを続けられたのは蒲島先生やゼミ生の皆との対話が非常に有意義であり，私にとっては"学生らしい"生活を送る最後の機会だったからにほかなりません．卒業してからの政治状況の変化は，ゼミに入った頃の予想をはるかに上回るもので，自分自身としては中途半端なゼミの終わり方をしてしまい，大学に残った方々をうらやましく思うこともありました．残された仕事をやり，出版という形にまで仕立て上げてくれた皆様に感謝いたします．

岡田　芳和（おかだ　よしかず）
　1977年　岐阜県生まれ
　1996年　岐阜県立関高校卒業
　2000年　東京大学法学部第2類（公法コース）卒業
現在，総務省（宮城県庁）勤務
［一言］日々流れゆく人生において，形あるものが残せたというのはとても幸せです．敬愛する蒲島先生と，最後までがんばってくれたゼミ仲間に限りない感謝を捧げます．公務員になって感じるのは，不公平で非合理的な制度やシステムとは，どこかに悪者がいるだけではなく，人々の無関心や諦め，あるいは過度の甘えこそが生き延びさせているのだということです．本書で描き出された有権者ひとりひとりが自分の頭で考え，動き始める時，日本は真に民主的で合理的な社会に生まれ変わると信じます．"面白きこともなき世を面白く"するために，ひとりの社会人として，官や政の世界で生きる者として，自分に何ができるか．面白いのはまだまだこれからです．

奥津　康祐（おくつ　こうすけ）
　1978年　東京都生まれ
　1996年　私立城北高校卒業
現在，東京大学法学部第3類（政治コース）在学
［一言］働き具合がとても悪く，周りの皆様には大変ご迷惑をおかけしました．こ

の場を借りてお詫び申し上げます．良い成績を下さった蒲島先生，ありがとうございました．ところで夏は山中湖が最高です．

金子　幸正（かねこ　ゆきなお）
 1978年　京都府生まれ
 1997年　私立洛南高校卒業
現在，東京大学法学部第2類（公法コース）在学
［一言］子供の頃から僕は，手紙の返事をもらったり，感想文の批評をされたりすると，いつも照れてしまいます．小学校とか中学校とかの卒業文集も決して人の目に付かないところにおいてあります．そこまで照れてしまうのはその場の思いつきで「くさい」ことを書いてしまうからでして，「あんなこと書かなければよかったのにな」といつも後悔してしまいます．だから，この「一言」を書く時はできるだけ「くさい」ことを書かないようにと心に決めております．ところで，「くさい」ことを書かなくてもやはり「文は体を表す」なんでして，他のゼミ生の文章を校正のために読んでいる時にそのことをよく実感しました．客観的に見える文章でも，論理展開やフレーズの用い方から「面白い」とか「優しい」とかその人なりの人柄が伝わってきます．もちろん僕の文章も何かを伝えたはずで，お互い「読み合った」仲なんですよね．そんな仲だからこそゼミが終わってしまうのは残念なのですが，せめてこれからも仲良くできればと，そう思っています．（絶対後悔しません．）

国枝　玄（くにえだ　げん）
 1977年　岐阜県生まれ
 1996年　私立東海高校卒業
 2000年　東京大学法学部第2類（公法コース）卒業
現在，東京大学大学院法学政治学研究科修士課程公共政策専修コースⅠ在学
［一言］政治過程論の授業で私が書いたJESⅡ調査票のレポートを，蒲島先生が著書に引用してくださったことに有頂天になっていた私が，今期の蒲島ゼミで改めてその研究に携わったことに，巡り合せと言うものを感じる．「政」と「官」のせめぎ合いの中に身を置きたいとの私の希望は今春実現されることになったが，そのような志向を持つ人間がえてして失いがちな「有権者」からの視点を，このゼミはしっかりと植え付けてくれたように思う．ゼミの中での私の役割を十分に果たせたかどうか自信がないが，このような機会を与えてくださった蒲島先生と，一年余にわたって一緒に頑張ってきた仲間には，本当に感謝している．

小松　政（こまつ　ただし）
 1976年　京都府生まれ
 1995年　私立洛星高校卒業

現在，東京大学法学部第2類（公法コース）在学
[一言] プロフィールを書くにあたっては，一冊の調査票からどれだけ彼（彼女）の「声」に耳をすますことができるかがひとつの大きな課題でした．ある著名な作家は，その処女作の中で「僕たちが認識しようと努めるものと，実際に認識するものの間には深い淵が横たわっている」と書いています．湖の水がいくぶん透明になり，湖面のボートの上から「淵は確かに，確実に深い」とわかるまでには，実際かなりの時間を必要としたように思えてなりません．「話したがっている」（と私には思われる）調査票のスケッチは果たして成功したのか，今はスケッチされた事実にある種の妙を感じてもらえることをただ祈るばかりです．

下田　玲子（しもだ　れいこ）
1978年　東京都生まれ
1997年　国立筑波大学附属高校卒業
現在，東京大学法学部第1類（私法コース）在学
[一言] 蒲島先生の政治過程論さえ受講しておらず，「例年なら入れなかった」はずの私でしたがなんとか最後まで参加することができました．調査に協力していただいた方の回答を通じて，またゼミの他のメンバーとの話し合いから様々な考え方に触れることができ，貴重な体験をさせていただいたことを感謝しています．

菅原　琢（すがわら　たく）
1976年　東京都生まれ
1995年　私立開成高校卒業
現在，東京大学法学部第3類（政治コース）在学
[一言] 自分を含めプロフィールを書くゼミ生の大部分は，有権者として初めての衆議院選挙を投票したばかりであり，「選ぶ悩み」経験が乏しく十分なものが出来たか不安ではあります．しかし逆に，我々のような者が書くことによってはじめて表現できたこともあるのではないかとも思います．この判断は批判的な読者の皆様方にお任せしたいです．ゼミには途中から加わったのですが，解散がいつになるかをはじめ，なかなかスリリングな展開を楽しめました．これからしばらく下田 vs. 原が見られなくなるかと思うと，なかなか寂しいものですね．

高園　英太郎（たかぞの　えいたろう）
1978年　佐賀県生まれ
1997年　私立弘学館高校卒業
現在，東京大学法学部第1類（私法コース）在学
[一言]「学問の面で一つくらい学生生活の思い出になるようなことをやってみたいなあ」と思いこのゼミに飛び込んだ．生活の充実を目指したのだが，行き着いたの

は過重労働．ブラインドタッチ習得の代償としてわが愛機はクラッシュし，プリンターは弦楽器を彷彿とさせる奇妙な音を奏でるようになった．院に行かずに大学生活5年目を送ることも決定する．なれどこの一年で得たものはそれらの不幸を埋め合わせてなおあり余る．蒲島先生や他のゼミ生のみんな，そして長期間に渡り快く調査に協力してくださった皆様へ感謝．

中條　美和（なかじょう　みわ）
1976年　東京都生まれ
1995年　私立女子学院高校卒業
2000年　東京大学法学部第3類（政治コース）卒業
現在，東京大学大学院法学政治学研究科修士課程在学
［一言］前回の2期ゼミに参加した私は，学習効果により，今回の3期ゼミでただのりすることを決意した．学部のゼミ生のみんなが入力したデータを使わせてもらって論文を書き，載せていただくことになり，ただのり計画はほぼ達成された．地道な作業を重ね，さらに私の悪文にコメントしてくれたゼミ生のみなさんや，論文執筆にあたってコメントを下さった先輩方，とりわけ論文の構成段階から助言をくれた今井君，そして蒲島先生に感謝したい．

鍋島　学（なべしま　まなぶ）
1978年　徳島県生まれ
1997年　私立灘高校卒業
現在，東京大学法学部第2類（公法コース）在学
［一言］教育のみならず，人生観の上でも大きな師である蒲島先生，それぞれに個性的で人間的な魅力にあふれたゼミの仲間たちに心から感謝します．このゼミの一人一人との出会いがとても幸運なことだったと感じています．

原　圭助（はら　けいすけ）
1978年　福岡県生まれ
1997年　福岡県立福岡高校卒業
現在，東京大学法学部第2類（公法コース）在学
［一言］このゼミではたくさんの貴重な勉強をさせてもらいました．蒲島先生や院生の方々のアカデミックな意見はひとつひとつが思い出深いものです．
　突然ですが私は内閣総理大臣志望です．見ておいて下さい．
　「生活崩壊ゼミ」という看板ほどではなかったものの，出版の作業はなかなか骨の折れるものでした．支援してくれた家族と大江夫妻にはこの場を借りて感謝申し上げます．

東　健太郎（ひがし　けんたろう）
1977年　鹿児島県生まれ
1996年　私立ラサール高校卒業
現在，東京大学法学部第3類（政治コース）在学
［一言］とにかく大変なゼミだった．ことに生来怠惰な私の場合，原稿の締め切りを破ることは数知れず，山本君はじめゼミのみんなには迷惑を掛けっぱなしであった（この執筆者紹介も，締め切りを過ぎて書いている……）．そういう人間をも放り出さずに囲っておいてくれた皆様に，心からのお詫びと感謝を申し上げます．

福間　善規（ふくま　よしのり）
1977年　島根県生まれ
1996年　島根県立出雲高校卒業
現在，東京大学法学部第2類（公法コース）在学
［一言］1年以上にも及ぶ，まさに「マラソン」とも言うべきゼミでした．今ゴールに到達した気分は，やり遂げたという達成感と，やり終えたという安堵感でいっぱいです．今後はこのゼミで経験したことを人生において生かせればと思っています．

松田　なつ（まつだ　なつ）
1974年　静岡県生まれ
1993年　愛知県立旭丘高校卒業
1998年　上智大学外国語学部ドイツ語学科卒業
現在，東京大学大学院法学政治学研究科政治専攻博士課程在学
［一言］大学院に入院し，蒲島先生の指導を受けるようになって3年．今回が初めての学部ゼミへの参加でしたが，他のゼミとは異なる楽しさを味わいました．もちろん，楽しさだけではなく，締切という恐怖も経験しましたが，今となってはすべて良い思い出です．また，データを用いて研究を行なう者として，調査票を読み解くという貴重な作業を経験することができ，今後の私の研究にとっても実りあるゼミであったと思っています．なお，修士論文の追い込み時期にゼミが始まったため，この本を見るたびに，私は楽しかったゼミ生との思い出とともに，修士論文を必死に書いていたことを思い出すことでしょう．

水野　忠幸（みずの　ただゆき）
1978年　東京都生まれ
1997年　国立筑波大学附属駒場高校卒業
現在，東京大学法学部第2類（公法コース）在学
［一言］法学部生でありながら法律学よりも政治学が好きな僕は，蒲島ゼミがきつ

いゼミだという噂を聞きつつも，思わず申し込んでしまいました．00年衆院選が公務員試験と重なり，みんなに迷惑もかけましたが，なんとか作業を終えられました．このゼミでは，蒲島先生に学問だけではなく様々なことを教えていただき，ゼミ生とも長い時間を共有し，学生生活最後に印象深い時間を過ごせました．想い出いっぱいの１年間です．このゼミを通して出会った全ての人に感謝したいと思います．ありがとうございました．

村上　史佳（むらかみ　ふみか）
1977年　千葉県生まれ
1996年　私立小林聖心女子学院高校卒業
2000年　東京大学法学部第３類（政治コース）卒業
現在，日本経済新聞記者
［一言］わずか半年の在籍でしたが，蒲島ゼミで勉強できたこと，そしてこのような本の製作に多少なりとも関わることができたことを感謝しています．生のデータに触れ，有権者ひとりひとりの顔を垣間見ることができたのは貴重な体験でした．「政治」について知ろうとするとき，政治の中枢にいる人々に興味を集中させてしまいがちですが，有権者ひとりひとりが重要なアクターであることを忘れずにいたいと感じます．ゼミを通して蒲島先生をはじめ，たくさんの方に出会うことができました．今はまだ駆け出しの記者ですが，蒲島ゼミで得た縁と経験を大切に，少しずつ成長していきたいと思っています．

山本　耕資（やまもと　こうじ）
1978年　滋賀県生まれ
1997年　富山県立富山高校卒業
現在，東京大学法学部第３類（政治コース）在学
［一言］ゼミ長の任を受けてからはや１年余．「データ集めるわけじゃないから，２期に比べると楽だから」と言われつつ作業がはかどらなかったこと，そして本書について指摘されるであろう諸問題点に対する責任を痛感する．個人的な体験を振り返れば，そもそもあどけない頃の私が政治に興味を持ったのも，自らの周辺で政治的関係をうまく御せなかったからのようにも思え，ならばゼミ長を引き受けた浅はかさが憎い．私が犯した数々の失敗が第４期以降に生かされることを強く望むばかりである．だが，そんな私を蒲島先生，諸先輩方，ゼミ生たちは時に優しく，時に厳しく励ましてくれた．たぶん彼らも私のあまりの不甲斐なさに呆れることがしばしばであっただろうが，それにも関わらず忍耐強く私を見守ってくれた．それがなければ私はとうに投げ出していたことだろう．本書の完成とそこに見出されるべき価値はすべてこれらの人たちによるものである．そして全く私的に自分の感情から言っても，このゼミの価値は彼らとの出会いそれ自体にあった．───ありがとう．

指導教授紹介

蒲島郁夫（かばしま　いくお）

1947年　熊本県生れ　1979年　ハーバード大学 Ph.D.（政治経済学）取得　現在　東京大学法学部教授　著書『政権交代と有権者の態度変容』木鐸社，1998年
『現代日本人のイデオロギー』（共著）東京大学出版会，1996年
『政治参加』東京大学出版会，1988年

有権者の肖像
──55年体制崩壊後の投票行動──

2001年5月25日第一版印刷発行　ⓒ

編者との了解により検印省略	編　者	東大法・蒲島郁夫ゼミ
	発行者	能　島　　　豊
	発行所	㈲　木　鐸　社
	印刷　㈱アテネ社　製本　関山製本社
	〒112-0002　東京都文京区小石川 5 -11-15-302
	電話・ファックス (03) 3814-4195番　振替　00100-5-126746番

乱丁・落丁本はお取替え致します
ISBN4-8332-2308-2　C3031

東大法・蒲島郁夫第1期ゼミ編
「新党」全記録（全3巻）

　92年の日本新党の結成以来、多くの新党が生まれては消えて行った。それら新党の結党の経緯や綱領、人事、組織など、活動の貴重な経過資料を網羅的に収録。混迷する政界再編の時代を記録。

第Ⅰ巻　政治状況と政党
A5判・488頁・8000円（1998年）ISBN4-8332-2264-7

第Ⅱ巻　政党組織
A5判・440頁・8000円（1998年）ISBN4-8332-2265-5

第Ⅲ巻　有権者の中の政党
A5判・420頁・8000円（1998年）ISBN4-8332-2266-3

東大法・蒲島郁夫第2期ゼミ編
現代日本の政治家像（全2巻）

　これまで政治学では、政党を分析単位として扱ってきたが、その有効性が著しく弱まってきている。そこで現代日本政治を深く理解するために政治家個人の政治行動を掘り下げる。第1巻は全国会議員の政治活動に関わるデータを基に数量分析を行う。第2巻は分析の根拠とした個人別に網羅的に集積したデータを整理し解題を付す。

第Ⅰ巻　分析篇・証言篇
A5判・516頁・8000円（2000年）ISBN4-8332-7292-X

第Ⅱ巻　資料解題篇
A5判・500頁・8000円（2000年）ISBN4-8332-7293-8

政権交代と有権者の態度変容
蒲島郁夫著

A5判・316頁・2500円（2000年2刷）ISBN4-8332-2237-X

　3年余7波にわたるパネル調査で収集した膨大な選挙調査データを用いて、55年体制の崩壊をもたらした93年総選挙とその後の政治変動期における有権者の態度変容を実証的に分析した日本政治学にとって画期的な業績。（『朝日新聞』評）